博士论文出版项目

收入增长对农村贫困家庭食物安全影响研究

Research on the Impact of Income Growth on Food Security of the Rural Poor Households

高 杨 著

中国社会科学出版社

图书在版编目（CIP）数据

收入增长对农村贫困家庭食物安全影响研究/高杨著.—北京：中国社会科学出版社，2024.2
ISBN 978-7-5227-3053-0

Ⅰ.①收… Ⅱ.①高… Ⅲ.①农民收入—收入增长—影响—农村—贫困—家庭—食品安全—研究—中国　Ⅳ.①F323.8②TS201.6

中国国家版本馆 CIP 数据核字（2024）第 037780 号

出 版 人	赵剑英
责任编辑	范晨星
责任校对	杨　林
责任印制	王　超

出　　版	中国社会科学出版社
社　　址	北京鼓楼西大街甲 158 号
邮　　编	100720
网　　址	http://www.csspw.cn
发 行 部	010-84083685
门 市 部	010-84029450
经　　销	新华书店及其他书店
印　　刷	北京君升印刷有限公司
装　　订	廊坊市广阳区广增装订厂
版　　次	2024 年 2 月第 1 版
印　　次	2024 年 2 月第 1 次印刷
开　　本	710×1000　1/16
印　　张	31
字　　数	432 千字
定　　价	158.00 元

凡购买中国社会科学出版社图书，如有质量问题请与本社营销中心联系调换
电话：010-84083683
版权所有　侵权必究

出 版 说 明

为进一步加大对哲学社会科学领域青年人才扶持力度，促进优秀青年学者更快更好成长，国家社科基金2019年起设立博士论文出版项目，重点资助学术基础扎实、具有创新意识和发展潜力的青年学者。每年评选一次。2021年经组织申报、专家评审、社会公示，评选出第三批博士论文项目。按照"统一标识、统一封面、统一版式、统一标准"的总体要求，现予出版，以飨读者。

全国哲学社会科学工作办公室

2022年

摘　　要

改革开放以来，中国的反贫困工作取得了举世瞩目的成就，2020年中国如期完成了新时代脱贫攻坚目标任务，现行标准下农村贫困人口全部脱贫，消除了绝对贫困和区域性整体贫困。然而，相对贫困仍将长期存在，实现共同富裕依然任重道远。膳食结构不合理，能量摄入水平低，微量营养素缺乏，仍严重影响中国农村低收入居民的营养健康，带来生产力低下—经济收入减少—营养状况进一步恶化的恶性循环，因而，保障低收入居民获得充足的食物与营养是国家全面推进乡村振兴的基础目标。一直以来，中国主要通过增收的方式来解决农村低收入人口的食物保障问题，值得思考的是，收入增长对于改善低收入家庭的食物消费结构与营养均衡状况是否真的有效呢？对于农村低收入家庭内部营养分配状况的影响又如何？为验证这一问题，本书借助宏观数据及2004—2011年中国健康与营养调查（CHNS）数据对全面脱贫前贫困家庭收入与食物营养摄入的关系进行了系统回顾及经验验证，同时，采用2021年农食系统转型调查（TAFSS）数据，对脱贫后相对贫困的农村居民进行了进一步验证。具体来说，运用统计分析及AIDS模型、双向固定效应模型等计量经济模型验证了收入增长对农村相对贫困家庭食物消费行为的影响、对农村相对贫困家庭营养均衡状况的影响及对农村相对贫困家庭内部食物与营养分配的影响。

本书的主要研究结论如下：

第一，目前中国农村低收入家庭的收入仍然很低，农村低收入家庭与其他收入组之间的收入差距随时间推移也呈现扩大的态势，其人均纯收入不足以满足消费。同时，中国低收入人口的营养不良发生率很高，农村低收入居民面临能量摄入不足，膳食纤维、维生素A及钙元素严重缺乏，钠元素摄入过量的问题，低收入人口的营养状况亟待改善。

第二，因子分析与聚类分析的方法对于农村家庭膳食模式的分类结果表明农村家庭的膳食模式可以分为4—5种（不同年份分类结果不同），不同膳食模式的营养均衡程度差异很大，家庭及个人特征对于家庭膳食模式的选择具有显著影响，提高收入、提高家庭平均膳食知识水平均是改善居民家庭食物及营养均衡状况的重要方式。基于CHNS 2004—2011年数据，利用CTS-AIDS模型估算的贫困家庭的食物—支出/收入弹性普遍高于非贫困家庭。贫困家庭不同食物的收入弹性在0.342—0.703之间，其中，饮料的收入弹性最高，超过0.7，羊肉、调味品、禽肉的收入弹性次之，均接近或超过0.6，蛋类、水果、干豆类、食用油的弹性在0.50—0.60之间，其他食物的收入弹性则都小于0.5。收入增长可以提高贫困家庭缺乏的羊肉、禽肉、蛋类、水果和干豆类等食物的消费量，但同时可能会加重薯类、食用油、调味品、饮料等食物的过量问题，表明收入的增长可以改善贫困家庭大部分食物摄入不足的问题，但贫困家庭无法将提高的有限收入以最优方式分配于各类食物，例如，其严重缺乏的奶类、水产品等食物可能囿于其固有的食物消费习惯而改善程度较低。

第三，半参数估计结果显示农村家庭的营养摄入状况与收入存在非线性关系，低收入家庭的营养素—收入弹性高于高收入家庭。基于CHNS 2004—2011年数据，利用食物收入弹性间接估算的贫困家庭不同营养素的收入弹性在0.4—0.6之间，从不同食物对于营养素—收入弹性的贡献来看，收入的提高带来的大部分营养素摄入量的提高仍然主要依赖于粮油、蔬菜、蛋类及调味品等食品消费量的提高。利用双向固定效应模型直接估计的贫困家庭的营养素弹性普遍低于间接估算结果，其中能量弹性为0.151，不溶性纤维弹性为

0.330，胆固醇弹性为0.501，蛋白质、脂肪、维生素A、维生素C、钙和钾元素的弹性在0.21—0.31之间，碳水化合物、铁和锌元素的弹性在0.14—0.18之间，钠元素的弹性则接近于零。虽然收入增长对能量摄入水平影响较小，会带来碳水化合物、脂肪、铁等营养素的摄入过量问题，同时也不会改变钠元素摄入量过多问题，但收入增长总体上对于提高贫困人口的能量摄入量水平特别是消除营养素缺乏问题具有积极意义。膳食均衡指数—收入弹性的估计结果也表明，收入增长会改善贫困家庭食物摄入量不足问题，而无法改变贫困家庭食物摄入过量问题，但总体来看，可促进贫困家庭膳食结构的均衡。基于2021年TAFSS数据对相对贫困家庭的研究结果也验证了这一结论。

第四，依据测算的营养素—收入弹性以及食物与营养的转换关系进行补贴方式的模拟结果表明，在消费习惯及价格水平保持不变的情况下，若实物转移支付的食物边际消费倾向值高于现金，则实现相同的营养目标，其所需金额显著低于现金转移支付。单一食物补贴方式可以更有针对性地改善贫困家庭特定营养素的缺乏状况，但部分情形下所需金额偏高，且无法改善当前较为缺乏的钙、维生素A等营养素的摄入状况。主副食补贴方式补贴金额相对较低，对于营养的补充也更为全面。因此，从成本收益的角度来看，主副食相结合的补贴方式最为合理。

第五，基于CHNS 2004—2011年数据的研究发现，农村家庭内部儿童及老年人的营养素摄入状况整体较差，且贫困家庭的不公平程度高于非贫困家庭。同时，在农村家庭的营养分配中，仍然存在重男轻女的现象。除贫困家庭的老年成员外，其他人群大部分营养素的收入弹性均为正值，表明随着收入的提高，大部分家庭成员的营养摄入状况将会得到改善。农村贫困家庭中，中青年成员营养素的收入弹性普遍高于儿童及老年居民，在儿童与中青年群体中，男性大部分营养素弹性高于女性，因而随着收入的提高，农村贫困家庭内部原本就存在的营养素的年龄及性别分配不公平可能会进一步恶化。贫困家庭公平程度的度量结果同样显示，收入提高后，相对于男性成员，女性成员的营养素摄入状况的改善程度较低；同时，儿童及老年成员营养状况的改善程度显著低于中青年。对农村贫困家庭内部营养分配对于食物支出变动的非对称反应的研究发现，贫困家庭的非对称反应相对较弱，非贫困家庭则是对支出冲击的反应较支出增加的反应更为强烈。

综合以上的研究内容，本书认为：首先，受教育水平、膳食知识水平、市场环境等因素的限制，收入的增长无法解决部分食物与营养素的摄入过量问题，但有助于改善农村低收入家庭食物消费与营养摄入不足的现象；因此，若要保障低收入家庭的食物安全与营养健康，在以提高收入为主要目标的帮扶政策的基础上，需要辅之以其他的干预政策，而模拟结果表明，实现相同的营养目标，实物转移支付所需金额显著低于现金转移支付。其次，农村低收入家庭内部存在严重的营养分配不均现象，收入增长可能会导致营养素的年龄及性别分配不公平程度进一步提高，因此，政府应施行有针对性的食品计划，以改善家庭内弱势群体的营养状况。

关键词： 农村贫困人口；收入增长；食物/营养素—收入弹性；家庭内部食物与营养分配

Abstract

Since the reform and opening up, China has achieved remarkable achievements in poverty reduction. In 2020, China completed the task of poverty alleviation in the new era as scheduled, all rural poor people under the current standard were removed from poverty, and absolute poverty and regional overall poverty were eliminated. However, relative poverty will remain for a long time, and achieving common prosperity is an arduous long-term tusk. Irrational dietary structure, low calorie intake, and micronutrient deficiencies have seriously affected the health of low-income rural residents in China, resulting in a vicious cycle of low productivity-reduced economic income-further deterioration of nutritional status. Therefore, adequate food and nutrition is the basic goals of comprehensive rural development programme. China has been tackling food security for the rural poor mainly through income-increasing policies. Accordingly, it is worth thinking about whether income growth is really effective in improving the overall food and nutrition balance status of rural poor population, and what the impact of income growth on the intrahousehold allocation of food and nutrients is. With that in mind, using macro-data and the large-sample micro-data from 2004 – 2011 China Health and Nutrition Survey (CHNS), a systematic review as well as empirical validation of the relation between income and food and nutrition intake of rural poor households before eradicating nation's extreme poverty is conducted. Meanwhile,

2011 Transformation of Agri-food System Survey (TAFSS), further validation is conducted for relatively poor rural residents. More specifically, statistical analysis, AIDS model, two-way fixed effect model and other econometric models are employed to estimate the impact of income growth on food consumption behavior, nutritional balance and also the intra-household food and nutrition allocation of rural poor/relatively poor households.

The main conclusions of this study are as follows:

First, at present, the income of low-income group in China rural areas is still very low, while the income gap between rural low-income group and other income groups shows a growth trend over time. The capita net income of low-income group is insufficient to meet consumption. At the same time, the incidence of malnutrition among low-income residents in rural China is very high. The nutritional status of rural residents under poverty needs to be improved due to the insufficient intake of calories, dietary fiber, vitamin A, and calcium, and the excessive intake of sodium.

Second, based on CHNS data from 2004 to 2011, the results of factor analysis and cluster analysis shows that there are four or five kinds of dietary patterns in rural families (the results of the classification are different for different years). The degree of nutritional balance varies greatly in different dietary patterns. Household and personal characteristics have a significant impact on the choice of dietary patterns. Rural households with higher household incomes and higher dietary knowledge are more inclined to choose a more balanced diet. The food-expenditure/income elasticity of poor households estimated based on the CTS-AIDS model is generally higher than that of non-poor households. The income elasticity of different foods for rural poor households ranges from 0.342 to 0.703, among which the income elasticity of beverages is the highest, higher than 0.7, followed by that of mutton, condiment, poultry and eggs, close to or higher than 0.6; the income elasticity of eggs, fruits, dried beans and edible oil ranges from 0. 50 to 0. 60; the income elasticity of other foods is less than 0. 5. It's indicated that income growth can increase the consumption of mutton, poultry, eggs, fruits, dried beans that the rural poor lack, but at the same time increase the problem of excessive consumption of condiments, edible oils, beverages and other foods. It means that the increase in income can improve the problem of food shortage, but poor households cannot allocate the increased limited income to various foods in an optimal manner, for example, limited by their inherent food consumption habits, the rural poor's consumption of seriously lacking foods such as milk and aquatic products cannot be significantly improved.

Third, semi-parametric estimation results show that there is a nonlinear relationship between the nutritional intake and income of rural households, and the nutrient-income elasticity of low-income households is higher than that of high-income households. Based on CHNS data from 2004 to 2011, the income elasticities of different nutrients in poor households estimated indirectly by using food income elasticity are between 0. 4 and 0. 6. In terms of the contribution of different foods to the nutrient-income elasticity, the increase in the intake of most nutrients brought by raising income still relies mainly on the increase in the consumption of foods such as cereals, oils, vegetables, eggs and condiments. The elasticity of calorie of poor households directly estimated by the two-way fixed effect model is 0. 151, of insoluble fiber 0. 330, of cholesterol 0. 501, of protein, fat, vitamin C, calcium and potassium 0. 21 – 0. 31, of carbohydrate, vitamin A, iron and zinc 0. 14 – 0. 18, and of sodium close to zero. Thus, although income growth has only a slight effect on calorie intake among poor residents cannot solve the problem of excessive intake of sodium, and may cause excessive problems of nutrients such as iron and zinc, it significantly increases the intake of nutrients such as protein, insoluble fiber, cholesterol, calcium, vitamin A, vitamin C and potassium, and improves the nutritional balance of poor residents. Estimates of income elasticity of dietary balanced index (DBI) also indicate that income growth can improve the problem of insufficient food intake, while it cannot change the problem of excessive food intake, but overall, it can promote the balance of dietary structure of poor households. Results from the study of relatively poor households based on the 2021 TAFSS data confirm this conclusion.

Fourth, based on the calculated nutrient income elasticity and the conversion relationship between food and nutrition, the simulation results show that, under the condition that the consumption habits and price level remain unchanged, the amount of in-kind transfer required to achieve the same nutritional goals is significantly lower than cash transfers while the the value of marginal propensity to consume food is higher for in-kind transfers than for cash. The single food supplement program can be more targeted to improve the deficiencies of specific nutrients in poor households, however, in some cases, the amount of subsidy required is high and it cannot improve the intake of nutrients such as calcium and vitamin A, which are currently more deficient. The subsidy amount is relatively low for the main & side food supplement program, and the nutritional supplement is more balanced. Therefore, from the point of view of cost-benefit, the combination of main and side food subsidies is the most reasonable.

Fifth, findings based on CHNS data from 2004 – 2011 show that the overall nutrient intake of children and the elderly in rural households is poor, and the inequality of poor households is higher than that of non-poor households. At the same time, there is still a preference for men over women in the allocation of nutrition in rural households. Except for the elderly members of poor households, the income elasticity of most nutrients in other groups is positive, indicating that with the increase in income, the nutritional intake of most household members will be improved. For rural poor households, the income elasticity of nutrients of prime-age adult residents is generally higher than that of children and elderly residents. While most of the nutrient elasticities of men are higher than that of women for children and prime-age adults. Therefore, with the increase of income, the inequity of age and gender allocation of nutrients in rural poor households may be further increased. Estimates of intrahousehold allocation equity also show that, as incomes rise, compared with male members, the improvement of nutrition intake of female members is lower, while that of children and elderly members is significantly lower than that of prime-age members. The results of the study on the asymmetric response of nutrition allocation within rural poor households to changes in food expenditures found that poor households had a relatively weak asymmetric response, while non-poor households responded more strongly to expenditure shocks than to expenditure increases.

Based on the above research content, this study shows that: first of all, under the restrictions of education level, dietary knowledge level, market environment and other factors, the income growth cannot solve the problem of excessive intake of some foods and nutrients, but it will help to improve the insufficient food consumption and nutrition intake of low-income households in rural areas. Therefore, in order to ensure the food and nutrition security of low-income households, besides the supporting policies aimed at raising incomes, other intervention policies need to be complemented. The simulation results shows that the amount required for in-kind transfer to achieve the same nutritional goals is significantly lower than the cash transfer. Secondly, there is a serious inequality of nutrition allocation in low-income households in rural areas, and income growth may lead to a further increase in the unfair allocation among different age and gender. Therefore, the government should implement targeted food programs to improve the nutritional status of vulnerable groups in the poor household.

Key words: Rural Poor Population, Income Growth, Income Elasticities of Food and Nutrients, Intrahousehold Allocation of Food and Nutrients

目 录

第一章 导言 … (1)
 第一节 研究背景和意义 … (1)
 第二节 国内外研究现状及述评 … (6)
 第三节 研究目标和研究内容 … (27)
 第四节 研究方法、数据来源及研究思路 … (29)
 第五节 学术创新与贡献 … (33)

第二章 概念界定与理论基础 … (36)
 第一节 农村贫困标准及扶贫政策的内涵 … (36)
 第二节 食物均衡与营养均衡的内涵 … (43)
 第三节 食物及营养消费的理论基础 … (50)
 第四节 家庭内部资源分配的理论基础 … (54)
 第五节 本章小结 … (57)

第三章 农村贫困家庭食物及营养消费演变趋势 … (58)
 第一节 农村贫困演变趋势 … (58)
 第二节 农村不同收入家庭的收支状况 … (66)
 第三节 农村贫困家庭食物消费结构的演变趋势 … (75)
 第四节 农村贫困家庭营养状况的演变趋势 … (87)
 第五节 本章小结 … (99)

第四章　基于食物偏好的农村家庭分类 ……………………（102）
  第一节　农村家庭的食物消费与膳食均衡状况 ……………（103）
  第二节　膳食模式的分类方法与结果 ………………………（108）
  第三节　消费者膳食偏好的影响因素分析 …………………（123）
  第四节　本章小结 ……………………………………………（130）

第五章　收入增长对农村贫困家庭食物消费行为的影响 ……（132）
  第一节　食物消费需求分析：AIDS 模型 …………………（133）
  第二节　农村贫困家庭食物需求的模型估计 ………………（136）
  第三节　农村贫困家庭营养素—收入弹性的间接估计 ……（149）
  第四节　本章小结 ……………………………………………（154）

第六章　收入增长对农村贫困家庭营养均衡状况的影响 ……（156）
  第一节　农村贫困家庭的营养摄入与膳食均衡状况 ………（158）
  第二节　农村贫困家庭营养素—收入弹性的直接估计 ……（165）
  第三节　现金转移支付与实物转移支付营养改善效果的
     模拟 …………………………………………………（183）
  第四节　本章小结 ……………………………………………（196）

第七章　收入增长对农村贫困家庭内部营养分配的影响 ……（199）
  第一节　农村贫困家庭内部的食物与营养分配 ……………（200）
  第二节　收入增长对农村贫困家庭内部营养分配的影响 …（227）
  第三节　本章小结 ……………………………………………（250）

第八章　研究结论和政策建议 …………………………………（252）
  第一节　研究结论 ……………………………………………（252）
  第二节　政策建议 ……………………………………………（256）

第三节　研究展望 …………………………………………（257）

参考文献 ……………………………………………………（260）

附　录 ………………………………………………………（277）

索　引 ………………………………………………………（443）

Contents

Chapter I Introduction .... (1)
  1.1 Research Background and Significance .... (1)
  1.2 Domestic and Foreign Research Status and Review .... (6)
  1.3 Research Objectives and Content .... (27)
  1.4 Research Methods, Data Sources, and Research
       Approach .... (29)
  1.5 Academic Innovations and Contributions .... (33)

Chapter II Conceptual Definitions and Theoretical
         frameworks .... (36)
  2.1 The Connotation of Rural Poverty Standards and
       Poverty Alleviation Policies .... (36)
  2.2 The Connotation of Food and Nutritional Balance .... (43)
  2.3 Theories of Food and Nutrition Consumption .... (50)
  2.4 Theories of Intra-Household Resource Allocation .... (54)
  2.5 Summary of This Chapter .... (57)

Chapter III Trends in Food and Nutrition Consumption of
          Rural Poor Households .... (58)
  3.1 Trends in Rural Poverty .... (58)
  3.2 Income and Expenditure of Rural Households with
       Different Income .... (66)

3.3 Trends in Food Consumption Structure of Rural Poor Households ……………………………………………… (75)
3.4 Trends in Nutritional Status of Rural Poor Households … (87)
3.5 Summary of This Chapter …………………………………… (99)

Chapter IV Classification of Rural Households Based on Food Preferences ………………………………… (102)
4.1 Food Consumption and Dietary Balance of Rural Households …………………………………………………… (103)
4.2 Methods and Results of Dietary Pattern Classification … (108)
4.3 Analysis of Influencing Factors of Consumer Dietary Preferences ……………………………………………………… (123)
4.4 Summary of This Chapter …………………………………… (130)

Chapter V The Impact of Income Growth on Food Consumption Behavior of Rural Poor Households ……………………………………………………… (132)
5.1 Food Demand Analysis: AIDS model ……………………… (133)
5.2 Model Estimation of Food Demand of Rural Poor Households …………………………………………………… (136)
5.3 Indirect Estimation of Nutrient-Income Elasticity of Rural Poor Households …………………………………… (149)
5.4 Summary of This Chapter …………………………………… (154)

Chapter VI The Impact of Income Growth on the Nutritional Balance of Rural Poor Households ……………………………………………………… (156)
6.1 Nutritional Intake and Dietary Balance of Rural Poor Households …………………………………………………… (158)

6.2 Direct Estimation of Nutrient-Income Elasticity of
Rural Poor Households .... (165)
6.3 Simulation of the Nutritional Improvement Effects of
Cash versus In-kind Transfers .... (183)
6.4 Summary of This Chapter .... (196)

Chapter VII The Impact of Income Growth on the Intra-Household Nutrition Allocation within Rural Poor Households .... (199)
7.1 Food and Nutrition Allocation within Rural Poor
Households .... (200)
7.2 The Impact of Income Growth on the Intra-Household
Nutrition Allocation of Rural Poor Households .... (227)
7.3 Summary of This Chapter .... (250)

Chapter VIII Research Conclusions and Policy Implications .... (252)
8.1 Research Conclusions .... (252)
8.2 Policy Implications .... (256)
8.3 Research Prospects .... (257)

References .... (260)

Appendix .... (277)

图 目 录

图 1-1　技术路线 ……………………………………………（33）
图 2-1　1997—2022 年中国居民平衡膳食宝塔变动趋势 ……（45）
图 2-2　收入（a）及价格（b）变动对马歇尔需求函数的
　　　　影响 ………………………………………………（51）
图 2-3　收入变动对不同收入（低收入-a，高收入-b）
　　　　居民食物需求的影响 ……………………………（52）
图 3-1　按照每天 2.15 美元（2017 年 PPP）衡量的世界与
　　　　中国贫困人口比例 ………………………………（64）
图 3-2　城乡居民家庭恩格尔系数（1978—
　　　　2020 年）（%）……………………………………（70）
图 3-3　不同收入组农村居民家庭恩格尔系数
　　　　（2002—2012 年）（%）…………………………（75）
图 3-4　1992 年、2002 年、2012 年不同收入组食物
　　　　消费量差距（%）…………………………………（86）
图 3-5　不同营养素的供能比（1961—2019 年）（%）……（89）
图 6-1　农村非贫困家庭与贫困家庭各类食物的
　　　　均衡程度 …………………………………………（164）
图 6-2　营养素摄入量与人均收入的关系（2004—
　　　　2011 年）…………………………………………（169）
图 6-3　营养素摄入量与人均收入的关系（2021 年）……（171）
图 6-4　膳食均衡指数与人均收入的关系 …………………（182）

图6-5 现金转移支付与实物转移支付补助效果 …………… (185)
图7-1 农村非贫困与贫困家庭男性（a）、女性（b）
　　　儿童与中青年标准人营养素摄入量差异 ………… (224)
图7-2 农村非贫困与贫困家庭男性（a）、女性（b）老年
　　　与中青年标准人营养素摄入量差异 ……………… (225)
图7-3 农村非贫困与贫困家庭儿童（a）、中青年（b）、
　　　老年（c）标准人营养素摄入量差异 ……………… (226)
附图-1 2004—2011年（上）、2021年（下）因子分析
　　　碎石图 ………………………………………………… (277)

List of Figures

Figure 1 – 1 Technology Roadmap ······································ (33)
Figure 2 – 1 Changes in the Chinese Food Guide Pagoda from 1997 to 2022 ··································· (45)
Figure 2 – 2 The Impact of Income (a) and Price (b) Changes on the Marshallian Demand Function ·············· (51)
Figure 2 – 3 The Impact of Income Changes on Food Demand of Residents with Different Incomes (Low Income-a, High Income-b) ································· (52)
Figure 3 – 1 Percentage of People Living below the Poverty Line Worldwide and in China, Defined as Earning less than $2.15 Daily (2017 PPP) (%) ·············· (64)
Figure 3 – 2 Engel Coefficients of Urban and Rural Households (1978 – 2020) (%) ····························· (70)
Figure 3 – 3 Engel Coefficients of Rural Householdsby Income Groups (2002 – 2012) (%) ······················· (75)
Figure 3 – 4 Gap in Food Consumptionby Income Group in 1992, 2002, and 2012 (%) ······························ (86)
Figure 3 – 5 The energy Supply Ratio of Different Nutrients (1961 – 2019) (%) ····························· (89)
Figure 6 – 1 The Equilibrium Degree of Various Food for Rural Non-Poor and Poor Households ······················ (164)

Figure 6-2　Relationship between Nutrient Intake and Per Capita Income (2004-2011) ………………… (169)
Figure 6-3　Relationship between Nutrient Intake and Per Capita Income (2021) ………………………… (171)
Figure 6-4　Relationship between Dietary Balance Index and Per Capita Income ……………………………… (182)
Figure 6-5　The Effect of Cash Transfers and In-Kind Transfers ……………………………………………… (185)
Figure 7-1　Differences in Nutrient Intake Adjusted to Standard Person Equivalents between Children and Prime-Age People in Rural Non-Poor and Poor Households, Males (a) and Females (b) …………………… (224)
Figure 7-2　Differences in Nutrient Intake Adjusted to Standard Person Equivalents between the Elderly and Prime-Age People in Rural Non-Poor and Poor Households, Males (a) and Females (b) …………………… (225)
Figure 7-3　Differences in Nutrient Intake Adjusted to Standard Person Equivalents Between Rural Non-Poor and Poor Households, Children (a), Prime-Age People (b), and the Elderly (c) …………………………… (226)
Appendix Figure-1　Scatter Plot of Factor Analysis from 2004-2011 (Top), 2021 (Bottom) …… (277)

表 目 录

表 2-1　中国居民膳食能量需要量 ………………………………（47）

表 3-1　历年全国农村贫困人口（万人）与贫困
　　　　发生率（%）（1978—2020 年）…………………………（60）

表 3-2　分地区农村贫困人口数量和贫困发生率
　　　　（1998—1999 年）…………………………………………（62）

表 3-3　分地区农村贫困人口数量和贫困发生率
　　　　（2010—2020 年）…………………………………………（63）

表 3-4　世界主要国家不同情况下的贫困人口比例
　　　　（2014—2020 年）…………………………………………（64）

表 3-5　城乡居民家庭实际收入及支出情况
　　　　（1978—2020 年）…………………………………………（67）

表 3-6　不同收入组农村家庭实际人均纯收入
　　　　（2002—2020 年）…………………………………………（70）

表 3-7　不同收入组农村家庭实际人均消费
　　　　总支出（2002—2012 年）…………………………………（72）

表 3-8　不同收入组农村家庭实际人均食品消费总支出
　　　　（2002—2012 年）…………………………………………（73）

表 3-9　城镇居民家庭人均购买食品数量
　　　　（1981—2020 年）…………………………………………（76）

表 3-10　农村居民家庭人均消费食品数量
　　　　 （1981—2020 年）…………………………………………（80）

表3-11	1992年农村不同收入居民的食物消费量	(83)
表3-12	2002年农村不同收入居民的食物消费量	(84)
表3-13	2012年贫困农村与非贫困农村居民的食物消费量	(85)
表3-14	中国居民人均日营养素摄入量（1961—2019年）	(87)
表3-15	不同食物的供能比（1961—2019年）	(90)
表3-16	城乡居民标准人日均营养素摄入量（1982年、1992年、2002年及2012年）	(94)
表3-17	城乡居民营养素的主要来源（2002年及2012年）	(95)
表3-18	1992年、2012年农村不同收入居民的标准人日均营养素摄入量	(97)
表4-1	2004—2011年农村居民家庭人均食物消费量	(105)
表4-2	2004—2011年农村居民家庭膳食平衡指数	(108)
表4-3	2004—2011年因子分析结果：因子及因子载荷系数	(111)
表4-4	2021年因子分析结果：因子及因子载荷系数	(112)
表4-5	2004—2011年不同膳食模式人群的标准人食物消费水平	(113)
表4-6	2021年不同膳食模式人群的标准人食物消费水平	(115)
表4-7	2004—2011年不同膳食模式人群的标准人日营养素摄入状况	(117)
表4-8	2021年不同膳食模式人群的标准人日营养素摄入状况	(118)
表4-9	2004—2011年不同膳食模式人群的标准人营养素摄入充足程度及膳食均衡状况	(119)

表4-10 2021年不同膳食模式人群的标准人营养素摄入
充足程度 …………………………………………… (121)
表4-11 2004—2021年农村非贫困家庭与（相对）贫困
家庭膳食模式选择 ………………………………… (123)
表4-12 2004—2021年不同膳食模式家庭的社会经济学
特征 ………………………………………………… (123)
表4-13 2004—2011年Multinomial Logit模型的估计
结果 ………………………………………………… (128)
表4-14 2021年Multinomial Logit模型的估计结果 ………… (129)
表5-1 农村非贫困家庭和（相对）贫困家庭的人均收入和
食物支出比例 ……………………………………… (137)
表5-2 非贫困家庭和（相对）贫困家庭的基本情况 ……… (139)
表5-3 农村非贫困家庭和（相对）贫困家庭的人均标准人
食物消费量 ………………………………………… (142)
表5-4 农村非贫困和（相对）贫困家庭标准人人均
食物支出份额及累积分布概率均值 ……………… (145)
表5-5 农村非贫困家庭和贫困家庭食物—支出/
收入弹性 …………………………………………… (148)
表5-6 农村非贫困家庭和贫困家庭营养素—支出/
收入弹性 …………………………………………… (153)
表6-1 农村非贫困家庭和（相对）贫困家庭的营养素
摄入量（均值） …………………………………… (161)
表6-2 农村不同收入家庭的营养素摄入充足
程度 ………………………………………………… (162)
表6-3 2004—2011年非贫困家庭和贫困家庭的营养素
收入弹性估计结果 ………………………………… (173)
表6-4 2021年非贫困家庭和（相对）贫困家庭的营养素
收入弹性估计结果 ………………………………… (179)

表6-5	农村非贫困家庭和贫困家庭的膳食均衡指数收入弹性估计结果	(182)
表6-6	达到营养推荐量所需的标准人年度现金补贴金额——以营养弹性计算	(187)
表6-7	达到营养推荐量所需的标准人年度实物转移支付金额——以单一食物补充营养素的结果	(191)
表6-8	达到卡路里和蛋白质推荐量的食物组合方式及补贴金额	(192)
表6-9	不同食物组合方式达到的营养素充足程度	(195)
表7-1	农村非贫困居民和贫困居民基本情况	(201)
表7-2	农村非贫困居民和贫困居民食物消费量的男女差异	(203)
表7-3	农村非贫困和贫困儿童、中青年及老年居民食物消费量的男女差异	(204)
表7-4	农村非贫困居民食物消费量的年龄差异	(205)
表7-5	农村贫困居民食物消费量的年龄差异	(206)
表7-6	农村非贫困和贫困男性、女性食物消费量的年龄差异	(208)
表7-7	农村非贫困居民和贫困居民营养素摄入量的性别差异	(209)
表7-8	农村非贫困和贫困儿童、中青年及老年居民营养素摄入量的性别差异	(211)
表7-9	农村非贫困居民营养素摄入量的年龄差异	(212)
表7-10	农村贫困居民标准人营养素摄入量的年龄差异	(214)
表7-11	农村非贫困与贫困家庭男性、女性标准人营养素摄入量的年龄差异	(215)
表7-12	农村非贫困家庭不同年龄成员标准人营养素摄入量差异	(218)

表 7 – 13	农村贫困家庭不同成员营养素摄入量差异	（220）
表 7 – 14	农村非贫困与贫困家庭成员标准人营养素摄入量性别差异	（222）
表 7 – 15	农村非贫困家庭与贫困家庭不同性别营养素摄入量的收入弹性	（228）
表 7 – 16	农村非贫困家庭与贫困家庭不同年龄阶段营养素摄入量的收入弹性	（231）
表 7 – 17	农村非贫困家庭与贫困家庭儿童和中青年群体营养素摄入量的收入弹性	（232）
表 7 – 18	农村非贫困家庭与贫困家庭老年群体营养素摄入量的收入弹性	（234）
表 7 – 19	农村非贫困与贫困家庭不同年龄人群营养素摄入量性别比的收入弹性	（237）
表 7 – 20	农村非贫困与贫困家庭儿童/老年人与中青年营养素摄入量比例的收入弹性	（239）
表 7 – 21	农村非贫困与贫困家庭不同群体营养素充足程度的支出弹性—对称模型	（244）
表 7 – 22	对称模型（FE）不同群体营养素充足程度支出弹性的相等检验结果	（245）
表 7 – 23	农村非贫困与贫困家庭不同群体营养素充足程度的支出弹性—非对称模型	（247）
表 7 – 24	非对称模型（FE）不同群体营养素充足程度支出弹性的相等检验结果	（249）
附表 – 1	DBI 的分数构成	（278）
附表 – 2	食物多样性的食物构成	（279）
附表 – 3	2004—2011 年家庭人均收入估计	（279）
附表 – 4	2004—2011 年贫困家庭 CTS 模型第一阶段——Probit 模型估计	（280）

附表-5　2004—2011年非贫困家庭CTS模型第一阶段——
　　　　Probit模型估计 ·················· (283)
附表-6　2004—2011年AIDS模型收入对数的系数 ·········· (288)
附表-7　2004—2011年工具变量两步法估计AIDS模型
　　　　第一阶段残差项的系数················· (289)
附表-8　2004—2011年营养—收入弹性的间接估计结果
　　　　（不同食物的贡献）··················· (290)
附表-9　2004—2011年非贫困家庭营养素摄入量
　　　　（对数形式）的影响因素（FE）············· (292)
附表-10　2004—2011年贫困家庭营养素摄入量
　　　　 （对数形式）的影响因素（FE）············· (295)
附表-11　2004—2011年非贫困家庭营养素摄入量（对数
　　　　 形式）的影响因素（IV-FE）··············· (299)
附表-12　2004—2011年贫困家庭营养素摄入量（对数
　　　　 形式）的影响因素（IV-FE）··············· (302)
附表-13　2021年农村家庭营养素摄入量（对数形式）
　　　　 的影响因素（OLS）··················· (306)
附表-14　2021年农村家庭营养素摄入量（对数形式）
　　　　 的影响因素（2SLS）·················· (307)
附表-15　2004—2011年农村家庭膳食均衡指数（对数形式）
　　　　 的影响因素（FE）···················· (310)
附表-16　2004—2011年农村家庭膳食均衡指数（对数形式）
　　　　 的影响因素（IV-FE）·················· (312)
附表-17　2004—2011年达到营养推荐量所需的标准人年度
　　　　 实物转移支付金额——以单一食物补充营养素的
　　　　 结果 ·························· (314)
附表-18　2004—2011年农村非贫困家庭成员营养素
　　　　 摄入量的差异模型估计（IV-FE）············ (316)

附表-19	2004—2011年农村贫困家庭成员营养素摄入量的差异模型估计（IV-FE）	（320）
附表-20	2004—2011年非贫困与贫困家庭不同群体标准人营养素摄入量	（324）
附表-21	2004—2011年非贫困男性营养素摄入量（对数形式）的影响因素（IV-FE）	（325）
附表-22	2004—2011年非贫困女性营养素摄入量（对数形式）的影响因素（IV-FE）	（328）
附表-23	2004—2011年贫困男性营养素摄入量（对数形式）的影响因素（IV-FE）	（332）
附表-24	2004—2011年贫困女性营养素摄入量（对数形式）的影响因素（IV-FE）	（335）
附表-25	2004—2011年非贫困儿童营养素摄入量（对数形式）的影响因素（IV-FE）	（339）
附表-26	2004—2011年贫困儿童营养素摄入量（对数形式）的影响因素（IV-FE）	（342）
附表-27	2004—2011年非贫困中青年居民营养素摄入量（对数形式）的影响因素（IV-FE）	（346）
附表-28	2004—2011年贫困中青年居民营养素摄入量（对数形式）的影响因素（IV-FE）	（350）
附表-29	2004—2011年非贫困老年居民营养素摄入量（对数形式）的影响因素（IV-FE）	（353）
附表-30	2004—2011年贫困老年居民营养素摄入量（对数形式）的影响因素（IV-FE）	（357）
附表-31	2004—2011年非贫困男童营养素摄入量（对数形式）的影响因素（IV-FE）	（361）
附表-32	2004—2011年非贫困女童营养素摄入量（对数形式）的影响因素（IV-FE）	（365）

附表-33　2004—2011年非贫困中青年男性营养素摄入量
（对数形式）的影响因素（IV-FE） ……………… (368)

附表-34　2004—2011年非贫困中青年女性营养素摄入量
（对数形式）的影响因素（IV-FE） ……………… (372)

附表-35　2004—2011年贫困男童营养素摄入量
（对数形式）的影响因素（IV-FE） ……………… (375)

附表-36　2004—2011年贫困女童营养素摄入量
（对数形式）的影响因素（IV-FE） ……………… (379)

附表-37　2004—2011年贫困中青年男性营养素摄入量
（对数形式）的影响因素（IV-FE） ……………… (382)

附表-38　2004—2011年贫困中青年女性营养素摄入量
（对数形式）的影响因素（IV-FE） ……………… (386)

附表-39　2004—2011年非贫困老年男性营养素摄入量
（对数形式）的影响因素（IV-FE） ……………… (389)

附表-40　2004—2011年非贫困老年女性营养素摄入量
（对数形式）的影响因素（IV-FE） ……………… (393)

附表-41　2004—2011年贫困老年男性营养素摄入量
（对数形式）的影响因素（IV-FE） ……………… (397)

附表-42　2004—2011年贫困老年女性营养素摄入量
（对数形式）的影响因素（IV-FE） ……………… (400)

附表-43　2004—2011年非贫困儿童营养素摄入量性别比
（对数形式）的影响因素（IV-FE） ……………… (404)

附表-44　2004—2011年贫困儿童营养素摄入量性别比
（对数形式）的影响因素（IV-FE） ……………… (408)

附表-45　2004—2011年非贫困中青年营养素摄入量性别比
（对数形式）的影响因素（IV-FE） ……………… (411)

附表-46　2004—2011年贫困中青年营养素摄入量性别比
（对数形式）的影响因素（IV-FE） ……………… (415)

附表-47	2004—2011年非贫困老年成员营养素摄入量性别比（对数形式）的影响因素（IV-FE）	(418)
附表-48	2004—2011年贫困老年成员营养素摄入量性别比（对数形式）的影响因素（IV-FE）	(422)
附表-49	2004—2011年非贫困儿童/中青年营养素摄入量比值（对数形式）的影响因素（IV-FE）	(425)
附表-50	2004—2011年贫困儿童/中青年营养素摄入量比值（对数形式）的影响因素（IV-FE）	(429)
附表-51	2004—2011年非贫困老年/中青年营养素摄入量比值（对数形式）的影响因素（IV-FE）	(432)
附表-52	2004—2011年贫困老年/中青年营养素摄入量比值（对数形式）的影响因素（IV-FE）	(436)
附表-53	2004—2011年农村非贫困与贫困家庭不同群体营养素充足程度的支出弹性的影响因素	(440)

List of Tables

Table 2 – 1 Energy Requirements of Chinese Residents ············ (47)
Table 3 – 1 Rural Poverty Population (10, 000 people) and Poverty Incidence in China (%), 1978 ~ 2020 ······ (60)
Table 3 – 2 Rural Poverty Population and Poverty Incidence by Region, 1998 ~ 1999 ································ (62)
Table 3 – 3 Rural Poverty Population and Poverty Incidence by Region, 2010 ~ 2020 ································ (63)
Table 3 – 4 Proportion of Poverty Population under Different Conditions in Major Countries of the World (2014 ~ 2018) ··· (64)
Table 3 – 5 Actual Income and Expenditure of Urban and Rural Households, 1978 ~ 2020 ································ (67)
Table 3 – 6 Actual Per Capita Net Income of Rural Households by Income Group, 2002 ~ 2020 ······················ (70)
Table 3 – 7 Actual Per Capita Total Consumption Expenditure of Rural Households by Income Group, 2002 ~ 2012 ··· (72)
Table 3 – 8 Actual Per Capita Total Food Consumption Expenditure of Rural Households by Income Group, 2002 ~ 2012 ·· (73)

Table 3-9	Per Capita Purchased Food Quantity of Urban Households, 1981~2020	(76)
Table 3-10	Per Capita Food Consumption of Rural Households, 1981~2020	(80)
Table 3-11	Food Consumption of Rural Residents with Different Incomes, 1992	(83)
Table 3-12	Food Consumption of Rural Residents with Different Incomes, 2002	(84)
Table 3-13	Food Consumption of Poor and Non-poor Rural Residents, 2012	(85)
Table 3-14	Per Capita Daily Nutrient Intake of Chinese Residents, 1961~2019	(87)
Table 3-15	Energy Supply Ratio of Different Foods, 1961~2019	(90)
Table 3-16	Daily Nutrient IntakeAdjusted to Standard Person Equivalents of Urban and Rural Residents, 1982, 1992, 2002, and 2012	(94)
Table 3-17	Main Sources of Nutrients for Urban and Rural Residents, 2002 and 2012	(95)
Table 3-18	Daily Nutrient Intake Adjusted to Standard Person Equivalents of Rural Residents with Different Incomes, 1992 and 2012	(97)
Table 4-1	Per Capita Food Consumption of Rural Households, 2004~2011	(105)
Table 4-2	Dietary Balance Index of Rural Households, 2004~2011	(108)
Table 4-3	Factor Analysis Results for 2004~2011: Factors and Factor Loadings	(111)

Table 4-4	Factor Analysis Results for 2021: Factors and Factor Loadings	(112)
Table 4-5	Food Consumption Adjusted to Standard Person Equivalents among Different Dietary Pattern Populations, 2004~2011	(113)
Table 4-6	Food Consumption Adjusted to Standard Person Equivalents among Different Dietary Pattern Populations, 2021	(115)
Table 4-7	Daily Nutrient Intake Adjusted to Standard Person Equivalents among Different Dietary Pattern Populations, 2004~2011	(117)
Table 4-8	Daily Nutrient Intake Adjusted to Standard Person Equivalents among Different Dietary Pattern Populations, 2021	(118)
Table 4-9	Nutrient Intake Adequacy and Dietary Balance Status Adjusted to Standard Person Equivalents among Different Dietary Pattern Populations, 2004~2011	(119)
Table 4-10	Nutrient Intake Adequacy Adjusted to Standard Person Equivalents among Different Dietary Pattern Populations, 2021	(121)
Table 4-11	Dietary Pattern Choices of Non-Poor and Poor Rural Households	(123)
Table 4-12	Socioeconomic Characteristics of Households with Different Dietary Patterns, 2004~2021	(123)
Table 4-13	Estimation Results of the Multinomial Logit Model, 2004~2011	(128)

Table 4-14	Estimation Results of the Multinomial Logit Model, 2021	(129)
Table 5-1	Per Capita Income and Food Expenditure Ratio of Non-Poor and Poor Rural Households	(137)
Table 5-2	Socioeconomic conditions of Non-Poor and Poor Households	(139)
Table 5-3	Food Consumption Adjusted to Standard Person Equivalents of Non-Poor and Poor Rural Households	(142)
Table 5-4	Food Expenditure Share Adjusted to Standard Person Equivalents and Cumulative Distribution Probability Mean of Non-poor and Poor Rural Households	(145)
Table 5-5	Food-Expenditure/Income Elasticity of Non-Poor and Poor Rural Households	(148)
Table 5-6	Nutrient-Expenditure/Income Elasticity of Non-Poor and Poor Rural Households	(153)
Table 6-1	Nutrient Intake of Non-Poor and (Revelant) Poor Rural Hoseholds	(161)
Table 6-2	Nutritional Adequacy of Rural Households with Different Income	(162)
Table 6-3	Estimation Results of Nutrient-Income Elasticity for Non-Poor and Poor Households, 2004~2011	(173)
Table 6-4	Estimation Results of Nutrient-Income Elasticity for Non-Poor and Poor Households, 2021	(179)
Table 6-5	Estimation Results of Income Elasticity of Dietary Balance Index for Non-Poor and Poor Rural Households	(182)

Table 6-6	Annual Cash Subsidy Amount Required to Reach the Recommended Nutrient Intake (Yuan/Person) - Based on Nutrient Elasticity	(187)
Table 6-7	Annual In-Kind Transfer Payment Amount Required to Reach the Recommended Nutrient Intake (Yuan/Person) -Based on the Results of Supplementing Nutrients with Single Food	(191)
Table 6-8	Food Combination Methods and Subsidy Amounts to Reach Recommended Calorie and Protein Intake	(192)
Table 6-9	Adequacy of Nutrients Achieved by Different Food Combination Methods	(195)
Table 7-1	Socioeconomic Conditions of Non-Poor and Poor Rural Residents	(201)
Table 7-2	Gender Differences in Food Consumption among Non-Poor and Poor Rural Residents	(203)
Table 7-3	Gender Differences in Food Consumption among Non-Poor and Poor Children, Prime-age, and Elderly Rural Residents	(204)
Table 7-4	Age Differences in Food Consumption among Non-Poor Rural Residents	(205)
Table 7-5	Age Differences in Food Consumption among Poor Rural Residents	(206)
Table 7-6	Age Differences in Food Consumption among Non-Poor and Poor Male and Female Rural Residents	(208)

Table 7 – 7	Gender Differences in Nutrient Intake Adjusted to Standard Person Equivalents among Non-Poor and Poor Rural Residents Per Standard Person	(209)
Table 7 – 8	Gender Differences in Nutrient Intake Adjusted to Standard Person Equivalents among Non-Poor and Poor Children, Prime-age, and Elderly Rural Residents	(211)
Table 7 – 9	Age Differences in Nutrient Intake Adjusted to Standard Person Equivalents among Non-Poor Rural Residents	(212)
Table 7 – 10	Age Differences in Nutrient Intake Adjusted to Standard Person Equivalents among of Poor Rural Residents	(214)
Table 7 – 11	Age Differences in Nutrient Intake Adjusted to Standard Person Equivalents among Non-Poor and Poor Male and Female Rural Residents	(215)
Table 7 – 12	Differences in Nutrient Intake Adjusted to Standard Person Equivalents among Different Age Members in Non-Poor Rural Hoseholds	(218)
Table 7 – 13	Differences in Nutrient Intake Adjusted to Standard Person Equivalents among Different Age Members in Poor Rural Households	(220)
Table 7 – 14	Gender Differences in Nutrient Intake Adjusted to Standard Person Equivalents among Non-Poor and Poor Rural Households	(222)
Table 7 – 15	Income Elasticity of Nutrient Intake by Gender among Non-Poor and Poor Rural Households	(228)

Table 7 – 16	Income Elasticity of Nutrient Intake at Different Age Stages among Non-Poor and Poor Rural Households	(231)
Table 7 – 17	Income Elasticity of Nutrient Intake Among Children and Prim-age Adults among Non-Poor and Poor Rural Households	(232)
Table 7 – 18	Income Elasticity of Nutrient Intake Among Elderly Groups among Non-Poor and Poor Rural Households	(234)
Table 7 – 19	Income Elasticity of Nutrient Intake Gender Ratio among Different Age Groups in Non-Poor and Poor Rural Households	(237)
Table 7 – 20	Income Elasticity of the Nutrient Intake Ratio of Children/Elderly to Prime-age Adults among Non-Poor and Poor Rural Households	(239)
Table 7 – 21	Expenditure Elasticity of Nutritional Adequatcy for Different Groups among Non-Poor and Poor Rural Households-Symmetric Model	(244)
Table 7 – 22	Equality Test Results of Expenditure Elasticity of Nutritional Adequatcy among Different Groups-Symmetric Model (FE)	(245)
Table 7 – 23	Expenditure Elasticity of Nutritional Adequatcy for Different Groups among Non-Poor and Poor Rural Households-Asymmetric Model	(247)
Table 7 – 24	Equality Test Results of Expenditure Elasticity of Nutritional Adequatcy among Different Groups-Asymmetric Model (FE)	(249)
Appendix Table – 1	Composition of DBI Scores	(278)

Appendix Table –2	Food Composition of Food Diversity	(279)
Appendix Table –3	Estimation of Per Capita Income of Households	(279)
Appendix Table –4	First Stage of the CTS Model for Poor Households-Probit Model Estimation	(280)
Appendix Table –5	First Stage of the CTS Model for Non-Poor Households-Probit Model Estimation	(283)
Appendix Table –6	Coefficients of Income Logarithm in the AIDS Model	(288)
Appendix Table –7	Coefficients of the First Stage Residuals in the AIDS Model Estimated by Two-Stage Instrumental Variables Method	(289)
Appendix Table –8	Indirect Estimation Results of Nutrient-Income Elasticity (Contribution of Different Foods)	(290)
Appendix Table –9	Factors Influencing Nutrient Intake (Logarithmic Form) of Non-Poor Households, 2004~2011 (FE)	(292)
Appendix Table –10	Factors Influencing Nutrient Intake (Logarithmic Form) of Poor Households, 2004~2011 (FE)	(295)
Appendix Table –11	Factors Influencing Nutrient Intake (Logarithmic Form) of Non-Poor Households, 2004~2011 (IV-FE)	(299)
Appendix Table –12	Factors Influencing Nutrient Intake (Logarithmic Form) of Poor Households, 2004~2011 (IV-FE)	(302)

Appendix Table – 13　Factors Influencing Nutrient Intake (Logarithmic Form) of Rural Households in 2021 (OLS) ………………………… (306)

Appendix Table – 14　Factors Influencing Nutrient Intake (Logarithmic Form) of Rural Households in 2021 (2SLS) ………………………… (307)

Appendix Table – 15　Factors Influencing Dietary Balance Index (Logarithmic Form) of Rural Households (FE) ……………………………………… (310)

Appendix Table – 16　Factors Influencing Dietary Balance Index (Logarithmic Form) of Rural Households (IV-FE) …………………………………… (312)

Appendix Table – 17　Annual In-Kind Transfer Payment Amount Required for Standard Person to Reach the Recommended Nutrient Intake-Based on Single Food Supplement Results ………… (314)

Appendix Table – 18　Difference Model Estimation of Nutrient Intake among Non-Poor Rural Family Members (IV-FE) ……………………… (316)

Appendix Table – 19　Difference Model Estimation of Nutrient Intake among Poor Rural Family Members (IV-FE) …………………………………… (320)

Appendix Table – 20　Nutrient Intake Adjusted to Standard Person among Different Groups in Non-Poor and Poor Households ………………… (324)

Appendix Table – 21　Factors Influencing Nutrient Intake (Logarithmic Form) of Non-Poor Males (IV-FE) …………………………………… (325)

Appendix Table – 22　Factors Influencing Nutrient Intake (Logarithmic Form) of Non-Poor Females (IV-FE) ……………………………………… (328)

Appendix Table – 23　Factors Influencing Nutrient Intake (Logarithmic Form) of Poor Males (IV-FE) ……………………………………… (332)

Appendix Table – 24　Factors Influencing Nutrient Intake (Logarithmic Form) of Poor Females (IV-FE) ……………………………………… (335)

Appendix Table – 25　Factors Influencing Nutrient Intake (Logarithmic Form) of Non-Poor Children (IV-FE) ……………………………………… (339)

Appendix Table – 26　Factors Influencing Nutrient Intake (Logarithmic Form) of Poor Children (IV-FE) ……………………………………… (342)

Appendix Table – 27　Factors Influencing Nutrient Intake (Logarithmic Form) of Non-Poor Prime-age Adults (IV-FE) ……………………… (346)

Appendix Table – 28　Factors Influencing Nutrient Intake (Logarithmic Form) of Poor Prime-age Adults (IV-FE) ……………………………… (350)

Appendix Table – 29　Factors Influencing Nutrient Intake (Logarithmic Form) of Non-Poor Elderly Residents (IV-FE) ……………………… (353)

Appendix Table – 30　Factors Influencing Nutrient Intake (Logarithmic Form) of Poor Elderly Residents (IV-FE) ……………………… (357)

Appendix Table – 31　Factors Influencing Nutrient Intake (Logarithmic Form) of Non-Poor Boys (IV-FE) ·· (361)

Appendix Table – 32　Factors Influencing Nutrient Intake (Logarithmic Form) of Non-Poor Girls (IV-FE) ·· (365)

Appendix Table – 33　Factors Influencing Nutrient Intake (Logarithmic Form) of Non-Poor Prime-age Males (IV-FE) ···················· (368)

Appendix Table – 34　Factors Influencing Nutrient Intake (Logarithmic Form) of Non-Poor Prime-age Females (IV-FE) ··············· (372)

Appendix Table – 35　Factors Influencing Nutrient Intake (Logarithmic Form) of Poor Boys (IV-FE) ·· (375)

Appendix Table – 36　Factors Influencing Nutrient Intake (Logarithmic Form) of Poor Girls (IV-FE) ·· (379)

Appendix Table – 37　Factors Influencing Nutrient Intake (Logarithmic Form) of Poor Prime-age Males (IV-FE) ·························· (382)

Appendix Table – 38　Factors Influencing Nutrient Intake (Logarithmic Form) of Poor Prime-age Females (IV-FE) ······················ (386)

Appendix Table – 39　Factors Influencing Nutrient Intake (Logarithmic Form) of Non-Poor Elderly Males (IV-FE) ······················ (389)

Appendix Table – 40　Factors Influencing Nutrient Intake (Logarithmic Form) of Non-Poor Elderly Females (IV-FE) ……………… (393)

Appendix Table – 41　Factors Influencing Nutrient Intake (Log Form) of Poor Elderly Males (IV-FE) …………………………………… (397)

Appendix Table – 42　Factors Influencing Nutrient Intake (Logarithmic Form) of Poor Elderly Females (IV-FE) ……………………… (400)

Appendix Table – 43　Factors Influencing Nutrient Intake Gender Ratio (Logarithmic Form) of Non-Poor Children (IV-FE) …………… (404)

Appendix Table – 44　Factors Influencing Nutrient Intake Gender Ratio (Logarithmic Form) of Poor Children (IV-FE) …………………… (408)

Appendix Table – 45　Factors Influencing Nutrient Intake Gender Ratio (Logarithmic Form) of Non-Poor Prime-age Adults (IV-FE) …… (411)

Appendix Table – 46　Factors Influencing Nutrient Intake Gender Ratio (Logarithmic Form) of Poor Prime-age Adults (IV-FE) ………… (415)

Appendix Table – 47　Factors Influencing Nutrient Intake Gender Ratio (Logarithmic Form) of Non-Poor Elder Members (IV-FE) …… (418)

Appendix Table – 48　Factors Influencing Nutrient Intake Gender Ratio (Logarithmic Form) of Poor Elder Members (IV-FE) …………… (422)

Appendix Table – 49   Factors Influencing Nutrient Intake Ratio (Logarithmic Form) of Non-Poor Children/ Prime-age Adults (IV-FE) ·············· (425)

Appendix Table – 50   Factors Influencing Nutrient Intake Ratio (Logarithmic Form) of Poor Children/ Prime-age Adults (IV-FE) ·············· (429)

Appendix Table – 51   Factors Influencing Nutrient Intake Ratio (Logarithmic Form) of Non-Poor Elderly/ Prime-age Adults (IV-FE) ·············· (432)

Appendix Table – 52   Factors Influencing Nutrient Intake Ratio (Logarithmic Form) of Poor Elderly/ Prime-age Adults (IV-FE) ·············· (436)

Appendix Table – 53   Factors Influencing the Expenditure Elasticity of Nutrient Adequacy among Different Groups of Non-Poor and Poor Rural Households ·················· (440)

第 一 章
导　　言

第一节　研究背景和意义

一　研究背景

改革开放 40 多年来，中国农村经济社会发生了翻天覆地的变化，农村反贫困成就便是其中引人注目的重大变化之一。中国扎实有效的"扶贫脱贫"工作使中国率先完成联合国千年发展目标提出的"极端贫困人口减半"目标，成为世界上减贫人口最多、减贫速度最快的国家（陈永伟等，2022）。具体而言，1978 年，中国农村贫困标准为年人均纯收入 100 元，而当年此标准下的贫困人口约为 2.5 亿人次，贫困发生率为 30.7%；2020 年，中国贫困标准已提高到约 4000 元（2010 年不变价为 2300 元），在此标准下，农村贫困人口于 2020 年末全部脱贫。为更直观地比较，按现行农村贫困标准来衡量 1978 年农村居民贫困状况，当年贫困人口规模约 7.7 亿，贫困发生率高达 97.5%（何秀荣，2019），意味着 1978—2020 年，中国减贫将近 8 亿人次。其中，20 世纪 90 年代后，中国的减贫速度之快世所罕见，按照世界银行以 2017 年购买力平价计算的每日人均 3.65 美元收入的贫困标准，1990 年中国的贫困发生率为 92.7%，远高于世界平均值（56.3%）及中低收入国家（73.6%），至 2019 年中国的贫困发生率已降至3%，降低了90%，而中低收入国家及世界平均贫困发生率则分别仅降低了36.3%、32.8%。

2020年后，中国进入以消除相对贫困为主要目标的新阶段，缓解相对贫困的长效机制将从以往的"扶贫"战略向"防贫"战略转变。健康状况是影响贫困家庭脱贫的重要因素，许多农村低收入人口由于年老、身体残障或智力低下等原因面临返贫风险。既有研究表明，不良的健康状况对于长期贫困人口的贫困贡献度要明显高于暂时贫困（程名望等，2014），而贫困人口物质生活条件差，膳食结构不合理，致其营养失衡，则是影响其健康状况的重要因素。《中国居民营养与健康状况监测（2010—2013年综合报告）》（常继乐、王宇，2016）显示，农村地区，尤其是贫困农村地区的食物消费结构单一，对谷物的依赖性仍然较高，供能比高达63.2%，远高于普通农村居民（56.8%）及城市人口（47.1%），同时，贫困农村居民的蛋白质摄入也主要来源于谷物（62.5%）。相反，贫困居民的肉蛋奶、水产品等高营养含量的食物消费量则远低于非贫困居民。

食物的摄入是身体必需营养素的重要来源，贫困农村居民单一、低品质的食物构成导致其营养摄入严重不足，蛋白质、脂肪、维生素A、维生素C、钾、钙等营养素的摄入量均显著小于非贫困农村及城市居民（常继乐、王宇，2016）。众所周知，蛋白质、脂肪、纤维素、维生素以及各类微量矿物质元素等皆是保证人体健康不可或缺的营养物质，例如，钙、铁、锌、维生素A、碘等关键营养素的缺失，被认为是导致发展中国家上百万儿童和成人营养不良、体质羸弱的重要原因（Bouis和Novenario-Reese，1997；Skoufias等，2009），反式脂肪酸、钠元素等摄入量过多则是近年来水肿、高血压、心血管疾病等慢性疾病频发的诱因。在现实中，宏量及微量营养素缺乏严重影响了中国农村贫困居民的营养健康，2012年，中国贫困农村各年龄阶段儿童青少年及成年居民的身高、体重皆小于同年龄阶段的非贫困农村及城市居民，数据显示，中国贫困农村0—5岁儿童生长迟缓率高达19.0%，远高于普通农村（7.5%）与城市（4.2%），其0—

5岁儿童低体重率也是普通农村及城市居民的2—3倍，同时，贫困农村成年居民的营养不良率及贫血患病率均显著高于其他类型地区（常继乐、王宇，2016），而这又会进一步降低贫困居民的免疫力，提高其患病概率。概而论之，饮食结构不均导致的宏量和微量营养素的缺乏会直接影响居民的身体健康状况和智力水平，进而带来生产力低下—经济收入减少—营养状况进一步恶化的恶性循环，最终落入贫困—营养陷阱（张车伟，2003；Jha等，2009；Salois等，2012）。因而，基于历史数据，研究贫困居民的食物与营养状况，对于"防贫"具有重要意义。

世界各国将提高贫困居民的收入水平视为消除贫困的有效途径，并采取发展贫困地区经济和低收入保障政策等来放松贫困家庭的流动约束。中国既往的一系列扶贫政策，如直接补贴、科技教育扶贫、卫生民政扶贫、产业扶贫等，同样以提高贫困户收入水平及收益能力、改善贫困户生活生存条件为目标。Bennett定律指出，伴随居民收入水平的上升，居民饮食将会趋向多样化，粮食等低价值食物消费量趋于减少，畜禽产品、乳制品、水果等高价值食物消费量则趋于增加（Timmer等，1983）。但同样也应该注意到，贫困地区大都交通不便，贫困人口的教育水平也普遍较低，收入提高后，其是否能将有限的资源合理分配于不同的食物，以最大限度地提高膳食均衡程度，仍是未知。从维持身体健康的角度来说，食物摄入的最终目的便是为身体提供充足的营养，而营养的摄入状况则是直接影响健康的关键因素。因此，应密切关注农村贫困居民收入水平提高后，食物消费结构的变化带来的营养素摄入量的变化。

已有的绝大多数文献将营养状况等同于能量摄入量，聚焦于家庭收入与能量摄入量的因果关系，并通过度量能量收入弹性来反映收入对居民能量摄入量的影响程度（Behrman和Deolalikar，1987；Subramanian和Deaton，1996；张车伟、蔡昉，2002；Meng等，2009；Skoufias等，2011；Nie和Sousa-Poza，2016）。然而，能量摄入量并不能全面地揭示居民的营养结构及其均衡状况，能量收入弹性也无法反映其他必需营养素的摄入情况对收入增长的反映程度。能量收入弹性较高仅意味着居民会随着收入水平的提高摄入更多的高热量食物，但并不由此表明其营养结构也必然走向均衡，相反，可能带来营养失衡进而引致超重肥胖问题；同样，能量收入弹性非常小或接近于零也并不意味着宏量和微量营养元素的摄入量会随着收入提高而恒定不变。因此，要了解收入是否必然促进贫困居民的营养均衡进而缓解营养不良问题，必须明晰收入对贫困居民的能量、宏量元素和关键微量元素摄入状况的影响程度。然而，发展经济学和农业经济学领域关于收入对营养素摄入状况影响的研究文献远少于能量收入弹性方面的研究文献，而且研究结论也存在较大争议（Chernichovsky 和 Meesook，1984；Pitt 和 Rosenzweig，1985；Behrman 和 Wolfe，1984；Behrman 和 Deolalikar，1987；Skoufias 等，2009）。由此，回顾已脱贫农村居民在脱贫前面临的各项约束下，实际收入水平的提高，对于食物消费结构及由此导致的营养素摄入状况的影响，既是衡量增收为主扶贫政策的食物与营养保障效果的有效手段，可为新阶段防止返贫、实现共同富裕提供参考，也可为其他发展中国家扶贫政策提供借鉴。

另外，中国历来的扶贫政策多以农户为基本扶持单位，以提高家庭收入、改善家庭生活水平为目标，因此，目前对于农村居民食物消费与营养的研究也主要以农户为决策单位。一个值得思考的问题是，家庭不同类型的成员之间最基础的资源分配是否公平？家庭收入的增长能否改善所有家庭成员的营养健康状况？答案若是否定的，则以家庭为单位的政策扶持或干预措施将无法有效地改善个人福利。事实上，这一担忧是必要的。长久以来中国仍然受到"重男轻女"的封建思想影响，在家庭的资源分配中，女性常常处于不利地位（Ren 等，2014），儿童与老人也由于处于家庭中被支配的地位而成为易受损害群体。相对于普通家庭，贫困家庭整体收入较低，面临更为严重的资源约束，而在资源总量不充足的情况下，若家庭资源分配不均，则部分群体缺乏营养的状况将会更为严重。因此，了解家庭如何在其不同类型的成员之间分配食物与营养对于制定改善贫困人群营养不良现象的政策至关重要。基于此,本书在回顾收入增长对农村贫困家庭膳食结构及营养均衡状况的影响的基础上,进一步开展了收入增长对于农村贫困家庭内部营养分配的影响研究。

二 研究意义

本书的研究意义主要体现在以下几点:第一,利用不同来源的数据,本书系统梳理了中国贫困农村居民食物消费结构的变迁,归纳并总结了农村贫困家庭营养均衡状况的变化及现状,为政府制定食物与营养保障政策提供事实依据。

第二,本书研究了农村居民家庭的膳食模式,确定不同人群的食物消费偏好,并进一步分析不同偏好家庭的膳食均衡水平及营养状况,开展不同类型的消费者对于膳食模式的选择行为及其影响因素研究,挖掘消费者行为的深层次动因,丰富了农村食物消费行为的研究内涵。同时,反映了目前营养变迁的基本框架,对于了解中国农村居民的食物偏好及相应的营养状况具有重要意义。

第三,本书采用需求系统模型测算了不同食物的收入弹性,以考察收入增长对于改善农村贫困家庭食物消费结构的影响,并进一步深入讨论了食物消费结构调整带来的不同营养素摄入状况的变化,分别采用间接方法与直接方法估计了农村贫困家庭的能量、宏量营养素(蛋白质、脂肪、碳水化合物)、不溶性纤维、胆固醇和 7 种关键微量营养素(维生素 A、维生素 C、钙、钾、钠、铁、锌)的收入弹性,揭示贫困家庭营养均衡状况随收入变动的规律,有助于评估以提高收入为目标的社会救助制度对改善贫困家庭食物消费结构及营养均衡状况的效果,进而为相关政府部门制定相应的干预措施,减缓并消除营养失衡带来的营养健康问题提供依据。

第四,本书利用估算的营养素—收入弹性模拟了实现不同营养目标所需的现金形式的转移支付(Transfer in cash)数额;依据食物与营养的转换系数,估算了以实物转移支付(Transfer in kind,例如食物券等）的方式，在不同情境下实现相应营养目标所需的转移支付数额。评估不同转移方式对改善营养状况的效果，有助于相关政府部门最大效率地利用政策资金，减缓并消除营养失衡带来的营养健康问题。

第五，构建家庭内部资源分配的理论框架，利用计量模型测算了贫困家庭内部不同成员营养素摄入量的差异，估计了不同成员营养素的收入弹性及家庭营养分配不公平程度对收入增长的反应，并进一步验证了家庭营养分配随食物支出增减而变动的非对称行为，揭示了贫困家庭内部营养分配不公平的状况及随收入变动的规律，有助于为建立防贫机制提供有益借鉴，确保营养计划和帮扶政策可以保护老人、儿童、女性群体等弱势群体，以便更好地改善低收入家庭不同个体的营养状况，提高其健康水平。

第二节　国内外研究现状及述评

保障贫困居民的食物安全与营养健康，为国际社会共同关注的民生问题。传统的观念认为收入增长会消除贫困和饥饿，特别是在发展中国家（Subramanian 和 Deaton，1996；Abdulai 和 Aubert，2004；Ogundari 和 Abdulai，2013），这一命题不仅是政府关注的焦点，也是经济学家争相研究的对象。依据研究主体的差异，可将目前的相关研究分为两类，一是以家庭或个人为主体的研究，这类文献中对于收入增长对贫困居民食物消费结构及营养摄入状况的影响研究，通常采用食物与营养素的支出或收入弹性来刻画；二是对家庭内部食物与营养分配的研究，即关注同一家庭中不同群体的食物及营养消费是否均衡，其涉及的理论基础与研究方法皆与前者不同。针对上述两个方面，本书首先详细梳理了对于农村贫困家庭食物与营养素的研究方法与研究结果，然后归纳总结了家庭内部食物与营养分配的相关理论、方法与结论。

一 农村贫困家庭的食物—收入弹性

在需求理论的指导下,关于收入对食物消费的影响研究自 20 世纪 40 年代便已兴起。1943 年 Working(1943)提出 Working 模型,用以分析收入对食物支出份额的影响,此后,Leser(1963,1976)对该模型进行了改进,形成 Working-Leser 模型,以使其在各种情况下都能很好地适应横截面数据。Woring-Leser 模型一般采用单方程形式估计,由于模型中不含价格变量,也被称为恩格尔曲线函数式,这也是最早使用 PIGLOG 系列恩格尔曲线的模型。此后,Stone 于 1954 年开发了线性支出系统模型(Linear Expenditure System,LES;Stone,1954),开创了完整系统分析需求的先河。线性支出系统来自 Stone-Geary 效用函数,因此该模型存在先天缺陷,首先,系统内的所有物品都是正常品,无法估计出劣等品,且系统内的所有物品相互间都是净替代关系,不能反映出互补关系;其次,Stone-Geary 函数为拟位似函数,即假设效用随着商品数量的增加而成比例增加。Lluch(1973)提出的扩展线性支出系统(Extended Linear Expenditure System,ELES),Cranfield 等(2003)所使用并比较的 QES(Quadratic Expenditure System)和 AIDADS(An Implicitly Additive Demand System)皆为对 LES 模型的扩展。此外,Theil(1965)和 Barten(1969)的 Rotterdam 模型与 LES 模型较为类似,不同的是,Rotterdam 模型采用差分形式代替对数形式,且该模型不是从消费经济学理论中推导出来的,可能无法恰当地反映消费者的偏好。因此,以消费经济学理论为基础且可以适应各种数据的灵活(flexible)的需求模型——AIDS(近乎完美的需求系统,Almost Ideal Demand System)模型应运而生,Deaton 和 Muellbauer(1980)于 1980 年提出的 AIDS 模型也是从 PIGLOG 系列的成本函数中推导出来的,该模型具有理性的综合性质(aggregation)、方便运算,且能够应用于可分的需求结构(separable demand structures)。此后,以 AIDS 模型为基础,产生了一系列需求系统模型,例如,采用线性近似的 LA/AIDS

模型、加入差分形式的动态AIDS模型、加入收入二次项的Quadratic AIDS（Banks等，1997）模型、可采用任意恩格尔曲线形式的EASI（Exact Affine Stone Index；Lewbel和Pendakur，2009）模型等。不同的模型，由于理论约束、适用数据、预测能力及计算的简便程度不同，往往适用于对不同问题的分析。需求系统模型可以通过添加加总性、齐次性和对称性理论约束使模型反映出来的消费者偏好符合选择公理，且可以提供相对准确的参数估计值，并可用来检验消费需求理论性质的满足程度，因此更为学者青睐。

多年来，国内外有许多学者运用需求系统模型测算不同食物的收入/支出弹性，研究食物消费系统内部各类食物的消费对于收入变动的反映程度，例如，Rickertsen，1998；Dong等，2004；Yen和Lin，2004；Zheng和Henneberry，2010；Kasteridis等，2011；Gibson和Kim，2013；Zhou等，2014；García-Enríquez和Echevarría，2016；郑志浩等，2015；等等。部分学者也将研究聚焦于发展中国家、农村居民或贫困居民。Abdulai等（1999）于1995年8月至1996年7月调查了印度北部地区哈里亚纳邦和南部地区卡纳塔克邦的1100户家庭，使用LA/AIDS模型估算了城乡不同食物的支出弹性，结果显示农村家庭食用油及谷物的支出弹性最低，分别为0.26、0.45，蔬菜水果的支出弹性略高，为0.58，肉、鱼、蛋的支出弹性为0.70，奶制品的支出弹性则为1.11。同样利用LA/AIDS模型，Sengul和Tuncer（2005）基于1994年土耳其家庭消费支出调查数据估算了不同收入组家庭的食物支出弹性，结果显示，收入较低的家庭，大部分食物的支出弹性相对较高；贫困家庭中肉和鱼、食用油的支出弹性皆超过1，面包和谷物、奶制品和蛋类、蔬菜水果、糖类的支出弹性都在0.9—1之间；极贫困家庭则除蔬菜水果外，其他食物的支出弹性均超过1，其中肉和鱼、食用油的支出弹性最高，分别为1.578、1.454。Yen等（2002）利用Censored Translog Demand System估算了参与1996年与1997年国家食品券计划调查的贫困居民的食物支出弹性，结果显示，面包、牛肉、禽肉与蛋类的支出弹性较低，分别在 0.8—1.0 之间；奶制品、油脂、鱼、猪肉、蔬菜水果及果汁软饮的弹性则都超过 1，其中猪肉及鱼肉的弹性最高，分别为 1.16—1.27、1.33—1.44。Bilgic 和 Yen（2014）利用 2003 年土耳其家庭支出调查估算的农村家庭食物的支出弹性中，牛肉、羊肉、内脏、牛奶、酸奶、奶酪的支出弹性较高，皆超过 1，猪肉、鱼、鸡蛋、动物油、植物油及谷物的支出弹性则都小于 1，其中鸡蛋及谷物的支出弹性最低，分别为 0.797、0.681。Alexandri 等（2015）利用罗马尼亚 2011 年第一季度家庭预算调查数据估算的农村家庭大部分食物弹性基本在 0.9—1.2 之间，酒精类的弹性最小，为 0.761。Oordt 和 Louis（2016）利用 QUAIDS 模型估算了南非家庭食物的支出弹性，结果显示，奶制品的支出弹性最低，仅有 0.308，此外，谷物的支出弹性也不超过 1，鱼和肉、蔬菜水果的弹性则较高，分别为 1.046、1.230。总体来看，虽然数值差异较大，但大部分研究中估算的谷物及蛋类的支出弹性基本在各类食物中最低，其他食物的支出弹性则在不同的研究中差异较大。

对于中国农村家庭的食物消费模式及支出（收入）弹性的研究也很多，其中，大部分研究使用微观数据进行。Fan 等（1994）利用 1982—1990 年国家统计局农村住户调查数据，采用动态 AIDS 模型估算了农村家庭的食物支出弹性，结果显示，1982—1992 年，中国农村家庭大米、小麦、粗粮的支出弹性很低，基本不超过 0.6，蔬菜的支出弹性较高，为 0.994—1.199，肉类、烟草及酒类的支出弹性都很高，超过 1.5，酒类的支出弹性尤其突出，高达 3.391—3.617。Huang 和 Rozelle（1998）、黎东升和杨义群（2001）、周津春（2006）及胡发刚（2016）等估算的谷物类食物的支出弹性均较低。但这些研究估算的其他食物的弹性差别较大，其中，Huang 和 Rozelle（1998）估算的河北省农村家庭肉类的支出弹性（0.42—1.19）低于 Fan 等（1994）的估算结果，其估算的蔬菜、水果的支出弹性高于肉类，分别为 1.33—1.76、1.00—2.13。基于 1993 年中国农村住户调查数据，黎东升和杨义群（2001）利用 ELES 模型估算的

1998年湖北省城乡居民食物的收入弹性普遍较低,皆小于1。周津春（2006）估算的陕西、山东和江西省农村居民家庭大部分食物支出弹性则相对较高,其中肉类、瓜果的弹性在1—2之间;水产品、蔬菜、酒类、奶类及烟草的支出弹性皆高于2。胡发刚（2016）对2010年农业部农户调研数据的研究发现,粮食和植物油对于农村居民是正常品,其他均为奢侈品,其中,农民对蔬菜和猪肉的需求最为迫切。相反,黎东升（2005）与姜百臣（2007）估计的谷物类的支出弹性则很高,均大于1,其中,黎东升（2005）使用LA/AIDS模型估算的1986—2003年湖北省农村家庭食物的支出弹性波动很大,食用油、肉禽蛋奶、烟酒饮料的支出弹性皆为负值,蔬菜的支出弹性则高达4.847—5.477。姜百臣（2007）利用AIDS模型估算的吉林省农村家庭薯类、油脂类、蔬菜、水产品、烟酒的支出弹性皆小于1,谷物类、豆类、肉蛋奶的支出弹性则大于1。

也有少数研究使用省级面板数据研究中国农村居民的食物消费模式。例如,利用1992—2005年省级面板数据,董国新（2007）采用LA/AIDS分别估算了东、中、西部农村居民各项食物的支出弹性及收入弹性,结果显示,农村居民小麦、稻谷、玉米、油脂、蔬菜的支出弹性皆小于1,肉、蛋、奶、水产品、瓜果、酒类的支出弹性皆大于1;西部农村食物的支出及收入弹性最高,中部地区次之,东部地区最低;从收入弹性来看,东部和中部农村仅有奶类的收入弹性高于1,而西部地区的水产品及酒类的收入弹性也大于1,为奢侈品。张玉梅等（2012）利用1985—2009年省级面板数据,采用QUAIDS估算了中国农村居民的食物支出弹性,结果显示,中国农村居民食用油支出弹性最低,1985—2009年其弹性为0.02—0.1,粮食、蛋类的支出弹性也较低,分别为0.2—0.4、0.4—0.54,肉类、水产品及蔬菜的支出弹性较高,分别为1.31—1.86、0.58—2.01、1.36—1.95。基于2003—2012年省级面板数据,徐振宇等（2016）利用AIDS模型估算的农村居民粮食、蛋类、植物油及水果的弹性分别为0.161、0.228、0.371、0.620;蔬菜、肉禽、水产品的支出弹性均大于1，其中肉禽的支出弹性为2.035，水产品的支出弹性则高达3.075。

针对贫困地区食物消费行为的研究较少，结论同样差异很大。李瑞锋和肖海峰（2007）的研究表明，收入增长对于贫困农村地区家庭食物安全具有显著的正向影响。从相反的角度，孙梦瑶（2017）的研究则表明，冲击增加了农户脱离食物不安全的难度，加大了食物安全户陷入食物不安全的风险，且对于贫困户有显著影响的冲击最多。张雪梅（2013）的研究则发现，与非贫困居民相比，农村贫困居民在绝大部分食物消费上对收入变化更敏感，其蔬菜、油脂类、糖类、肉类、水产类、禽蛋等食物的收入弹性值均比中等收入和高收入居民大，只有粮食、奶类消费的收入弹性较低，而从其自身弹性数值的比较可以看出，收入增长对于奶类、禽蛋及水产品消费量的影响最大，弹性超过0.6，粮食的收入弹性则为负值。高帅（2013）的研究也认为，收入是影响贫困地区农户食物消费结构的重要因素，但其AIDS模型与QUAIDS模型的估算结果差异较大，其中，QUAIDS模型估算的贫困地区农户食物消费的收入弹性差异显著，粮食、食用油的弹性显著为负（-0.571，-2.402），其他食物则都为奢侈品，其中豆制品、蔬菜、调味品的弹性则都接近或超过3；相反，AIDS模型估算的不同食物的收入弹性则差异不大，基本都在0.9—1.2之间。毕洁颖（2010）对宁夏贫困县的估计结果差异也很大，其肉类的支出弹性基本为零，粮食、食用油、蔬菜的支出弹性均不超过1，水产品及奶类的支出弹性分别达到3.63、2.56，水果与蛋类的支出弹性则仅略高于1。黄佳琦（2014）利用AIDS模型估计的西部贫困地区农户各类食物的支出弹性均为正数，其中，粮食、蔬菜、油脂类及调味品的支出弹性在0.6—0.9之间，水果、肉鱼奶类、蛋类及豆类的支出弹性则均大于1。使用LES-AIDS两阶段模型，屈小博和霍学喜（2007）估算的陕西省农村家庭的粮食、蔬菜、鸡蛋、水产品、糖、水果的支出弹性为0.722—0.982，猪肉、牛肉、家禽的支出弹性皆大于1；其中，收入较低的农户粮食、猪肉、牛肉、家禽及糖类的支出弹性高于收入较高的农户，蔬菜、水果的支出弹性则低于收入较高的农户。Han 等（1997）利用两阶段（第一阶段使用 LES 模型，第二阶段使用 LA/AIDS 模型）模型估算的畜肉、禽肉、海产品、糖类、食用油的弹性相对较低，都不超过0.8，而小麦、大米、粗粮、蔬菜、水果等植物性食物的支出弹性则较高，都接近或超过 1；其估算的低收入家庭的支出弹性略高于中高收入家庭，但差别不大。李志强等（2013）利用 2009 年中国农村住户调查数据估算的小麦与薯类的收入弹性为负，牛羊肉、奶类、水产品、烟酒的弹性大于 1，其他食物弹性则小于 1；其中，小麦、水果、禽肉、奶类、蛋类、水产品的收入弹性，低收入及中低收入户显著高于中等收入及中高收入户。

由于所用方法、样本的调查范围不同等原因，过去的研究中对中国农村居民不同食物需求的收入弹性的估计结果，无论从弹性数值大小，还是不同食物的收入弹性排序来看均存在较大差异。但总体来看，农村居民对于价格较低、消费量充足的谷物类食物的收入弹性普遍偏高，而对不同收入家庭的分析表明，贫困或低收入家庭的食物收入弹性普遍高于高收入家庭。

二 农村贫困家庭的营养素—收入弹性

《2016 年全球营养报告》指出，目前全球有三分之一的人口营养不良，已经成为全球的"新常态"（IFPRI，2016）。营养不良有很多不同的表现形式，包括儿童生长与发育不良，个体消瘦或易受感染，过度肥胖或高血糖、高血压、高血脂或高胆固醇，缺乏重要的维生素或矿物质等。肥胖症和超重几乎在每个国家每个地区都呈上升趋势，在 129 个受访国家中，有 57 个国家同时面临营养不足和超重肥胖的双重问题。营养不良严重损害居民的身心健康，发病率和死亡率不断上升，工人生产力下降，同时使医疗保健费用飙升，对社会造成严重的经济负担（Welch 和 Graham，2004），消除营养不良已经成为当今社会共同面临的巨大难题，也是农业经济学与发展经济学领域重点关注的问题。

营养素收入弹性表示居民收入每增长1%,其营养素摄入量变动的百分数,是揭示收入对营养均衡状况影响程度的核心指标。发展经济学领域有关营养素的收入弹性方面的研究文献众多,但绝大多数文献是围绕着能量摄入量对收入增长的反映展开,以估计能量收入弹性数值。例如,Sahn(1988)利用1980—1981年的截面数据,采用间接估计方法估算了斯里兰卡不同收入组的能量—支出弹性,高收入组的弹性为0.28,低收入组的弹性为0.76;Skoufias等(2011)使用半参数估计得出2003—2004年墨西哥贫困农村居民的能量—支出弹性,其结果显示,收入低于中位数时弹性为0.39,高于中位数时弹性为0.28;Tian和Yu(2013)利用2004年中国健康与营养调查(China Health and Nutrition Survey,简称CHNS)数据对中国居民的研究则发现,收入位于贫困线以下的居民能量—收入弹性为0.32,而贫困线以上的居民能量—收入弹性只有0.064,且统计上不显著。虽然近年来对能量收入弹性的研究,结果差异很大,估算的弹性从0到1不等(Behrman和Deolalikar,1987;Bouis和Haddad,1992;Bouis,1994;Gibson和Rozelle,2002;Hoddinott和Skoufias,2004),但学界普遍认为能量收入弹性正逐渐下降(Skoufias,2003;Yu和Abler,2009;Skoufias等,2011;Salois等,2012),其重要性也因此逐渐下降。

比较过去的研究可以发现,利用宏观加总数据、使用间接估计法所得的能量弹性通常较高,例如,Ye和Taylor(1995)使用1989年调查的100户农村家庭数据,采用间接估计法估算的能量的食物支出弹性,除最高收入组外,其他各收入组都大于0.2;Huang和Gale(2009)利用中国食物消费和支出调查2002—2005年中国城市居民的分收入组平均数据,估算的低收入居民能量的支出弹性为0.21。相反,使用微观数据直接估计的能量—收入弹性则普遍较低:使用CHNS数据,Guo等(2000)估算的1989—1993年的能量—收入弹性小于0.02;Bishop等(2010)使用1989—2004年数据估算的城市和农村居民的能量—收入弹性都为0；You等（2016）使用1989—2009年数据估算的城乡居民的能量—收入弹性分别为0.097和0.051；Zhong等（2012）、Nie和Sousa-Poza（2016）估算的1991—2009年的中国居民的能量—收入弹性分别为0.039—0.045、0.015—0.022。

过去的研究对能量弹性的估计结果不同，除了上文提到方法的选取以及宏观和微观数据的选择差异，原因主要在于：第一，使用的数据样本量和对食物摄入量的测量方式不同，Meng等（2009）使用的是1986—2000年城市家庭收入和支出调查数据，其食物消费数据为一年的受访者记录数据，测量误差较大，并且未将食物消费的具体用途（食物浪费、客人消费等）列出，实质上得到的是营养的可获性而非摄入量；Zhong等（2012）、Tian和Yu（2013）、Nie和Sousa-Poza（2016）等研究使用CHNS数据，但其能量消费数据多使用CHNS提供的个人能量摄入量或家庭平均能量摄入量，其中后者只包括在家消费部分，而家庭平均消费量无法反映家庭结构异质性导致的个人消费差异。第二，对收入的内生问题的处理方式不同，例如，Zhong等（2012）、Bishop等（2010）未使用工具变量；Meng等（2009）分别使用非食物支出、房产价值和人均收入作为总支出的工具变量；Nie和Sousa-Poza（2016）使用家庭耐用资产作为人均收入的工具变量；张车伟和蔡昉（2002）使用村级水平五类食物的价格指数、家庭用于各类非食品的支出以及家庭住房的价值作为工具变量；Tian和Yu（2013）则采用家庭中获取收入的家庭成员的特征作为工具变量。因此，在营养弹性的估算过程中，内生性问题的处理方式是影响估计结果的重要因素，同时，数据的准确性也是保证结果稳健且合理的必要条件。

能量收入弹性估值虽然对于了解收入增长是否能消除贫困和饥饿、改善营养不良状况有理论和政策意义，但并不能由此推断人体必需营养素的摄入情况是否会随着收入变动而发生变化，因而也不能很好地揭示居民的营养均衡状况。收入提高后，消费者将不再关注能量，而是转而购买营养更为丰富的食品，消费将更加多样化（Logan，2006；Deaton 和 Drèze，2010）。然而，消费者对口味、外观、便利程度及服务的要求也进一步提高（Ye 和 Taylor，1995；Gao 等，2013），对营养均衡的关注是否足够，营养状况是否能够得到改善，仍是一个未知数。蛋白质、脂肪、纤维素、维生素以及各类微量矿物质元素等皆是保证人体健康不可或缺的营养物质。不同的营养素存在于不同种类的食物中，收入变动会改变饮食结构进而带来营养结构的变化。因此，能量收入弹性虽然有助于了解收入增长对提高居民营养水平的作用效果，但并不能由此推断人体必需营养素的摄入情况是否会随着收入变动而发生变化。能量收入弹性较高仅意味着居民会随着收入水平的提高摄入更多的高热量食物，但并不由此表明其营养结构也必然走向均衡，相反，可能带来营养失衡进而引致超重肥胖问题。能量收入弹性非常小或接近零也并不意味着宏量和微量营养元素的摄入量会随着收入提高而恒定不变。例如，当居民家庭收入下降时，家庭成员的能量摄入量可能会通过食物替代而保持不变，但限于预算约束的食物替代会导致必需营养素摄入量的下降，进而有可能带来营养素缺乏问题。因此，了解收入是否必然促进贫困居民的营养均衡进而根除营养不良问题，必须进一步明晰收入对贫困居民的宏量营养素和关键微量营养素摄入状况的影响程度。

然而，发展经济学领域关于收入（支出）对宏量营养素和微量营养素摄入量的影响文献远少于能量收入弹性方面的研究文献，而且相应的研究结论也大不相同（Behrman 和 Delalikar，1987；Bouis，1994）。例如，Chernichovsky 和 Meesook（1984）对印度尼西亚城市和农村地区的研究表明，营养的支出弹性很高，收入低于 40 分位的居民营养素弹性为 0.7—1.2。Pitt 和 Rosenzweig（1985）对印度尼西亚的研究则得到了相反的结果，其计算的能量、铁、维生素 A 和维生素 C 等营养素的收入弹性都小于 0.03。Behrman and Wolfe（1984）估计的尼加拉瓜的营养素—收入弹性也很小，能量、蛋白质、维生素 A 和铁元素的弹性与收入存在非线性关系，弹性位于 0.04—0.11 之间，且在统计上显著。Behrman and Deolalikar (1987) 的研究显示，不同营养素的支出弹性差别很大，例如，他们利用国际半干旱热带作物研究所 (ICRISTAT) 估算的蛋白质弹性为 0.06—0.19，钙为 0.30—0.22，铁为 -0.11—0.30，胡萝卜素为 0.19—2.01，抗坏血酸为 0.15—1.25。Skoufias 等 (2009) 利用墨西哥农村贫困家庭的调查数据，分别使用线性及非线性模型进行估计，并进行敏感性检验；他们发现控制了测量误差问题后，能量的支出弹性接近零；贫困居民最为匮乏的脂肪、维生素 A 和 C、钙和血红素铁等营养素的支出弹性在各个模型中均为正数且数值较大；即使最贫困的家庭，总能量、蛋白质和锌等营养素摄入的充足程度很低，却不具有正向弹性，需要政府加以干预。

近年来，部分学者对中国居民不同类型的营养素与收入的关系进行了研究，研究结果同样存在差异。Huang 和 Gale (2009) 利用全国城市分收入组加总数据，采用间接估计法估算的 2002—2005 年中国城市居民的大部分营养素的支出弹性都在 0.1—0.4 之间，其中，城市收入最低 1/4 分位居民的营养素弹性基本在 0.1—0.5 之间，而其他 3/4 分位的居民则低于 0.2；Tian 和 Yu (2013) 采用 2004 年中国健康与营养调查 (CHNS) 数据估计的中国成年居民 22 种营养素的收入弹性结果显示，除维生素 B_1、维生素 E 和钠元素接近零或小于零外，其他营养素弹性皆在 0.1—0.3 之间。马双等 (2010) 的研究结果表明，2004 年以来实施的新型农村合作医疗保险降低了农民居民未来支出的不确定性，从而显著提高了农村居民的能量、蛋白质、脂肪和碳水化合物的摄入量。Jensen 和 Miller (2011) 基于对 1293 户甘肃和湖南城市低保户的食物补贴实验结果发现，面粉价格补贴对甘肃低保户的能量、蛋白质、10 种矿物质、9 种维生素的摄入量基本没有影响；相反，价格补贴产生的收入效应导致低保户消费了更多的能量价格较高的食品和非食品项目，大米价格补贴反而显著降低了湖南低保户的能量、宏量和微量营养素的摄入量。

与能量收入弹性的估计类似，估算结果的不同主要源于数据与方法的不同，总结过去的研究文献可以发现，间接方法估算的营养素弹性通常高于直接估计，而营养素支出弹性通常高于收入弹性；值得注意的是，同一篇文章内，使用工具变量解决支出内生性问题所得的支出弹性结果通常小于 OLS 结果，但不同文献的比较结果显示，使用工具变量法估算的收入弹性（Abdulai 和 Aubert，2004；Tian 和 Yu，2013）大都高于直接估算结果（Pitt 和 Rosenzweig，1985；Behrman 和 Wolfe，1984）。因此，除地区及数据的选择等因素，关键自变量（收入或支出）的选择以及是否使用工具变量都会对结果造成较大影响，选取适当的数据和方法有助于保证计算结果的准确性。

使用不同的数据和方法，关于营养消费行为与收入的非线性关系，为数不多的研究倾向于得到同一个结论，即宏量与微量营养素的消费行为与能量一样，与收入存在非线性关系，营养素的收入弹性随着收入的提高而下降。例如，印度尼西亚爪哇地区收入最低的 40 分位的居民，各类营养素的弹性均在 0.7 以上，而中高收入居民的弹性则多在 0.2—0.8 之间（Chernichovsky 和 Meesook，1984；Behrman 和 Wolfe，1984），Ecker 和 Qaim（2011）的研究也得到了类似的结论。Salois 等（2012）利用 FAO 提供的 171 个国家的营养素摄入量的宏观数据，研究了 1990—1992 年世界各国整体的营养素弹性，其分位数回归结果显示，摄入量越高，营养素的收入弹性越低。Skoufias 等（2009）使用非参数估计等方法验证了，大部分营养素的弹性随着收入的提高而下降。此外，Huang and Gale（2009）和 Tian and Yu（2013）也在一定程度上验证了国际文献关于非线性的结论，认为低收入居民的营养素弹性更高。过去的文献似乎表明，相对于高收入居民，收入的增长对于贫困居民营养的改善更为有效，尤其是对于较为缺乏的营养素。

三 农村贫困家庭内部食物与营养的分配

目前经济学领域对于家庭内部资源分配的研究理论已非常丰富。Becker 和 Tomes（1976）提出了家庭资源分配的经典模型，假定家庭成员基于"一致追求整个家庭效用最大化"的原则配置家庭资源，孩子是父母偏好的被动接受者（家庭效用最大化即为父母效用最大化），因此，父母在家庭约束条件下对于子女进行人力资本投资及纯粹的馈赠数量的选择以达到家庭效用最大化。进一步，Becker 和 Tomes（1976）假定父母仅关心子女的总财富，即家庭总效用函数对于不同禀赋子女是对称的，该模型被称为"等爱"模型。家庭对此做出的努力是，给予收入能力（禀赋）较高的子女更高的人力资本投资，同时通过转移支付补贴收入较低的子女，使之与收入能力较高的子女可以拥有相同的收入。Behrman 等（1982）认为，该模型存在一定的缺陷，首先，如果一个孩子总是比另一个孩子拥有更高的收入能力，人力资本投资的高边际收益不一定意味着高的平均收益，而且对于贫困的家庭，在没有能力给予子女充足的人力资本投资的情况下，家庭内的均衡便不会出现。基于上述模型的不足，Behrman 等（1982）提出了"收入—馈赠分离模型"，该模型假定父母的效用函数对于子女的收入及给子女的转移支付是可分的函数，家庭内部对于"平等"和"效率"的偏好并无定律，而是取决于不同的文化等因素，这一问题也因此成为经验研究问题。

上述两个模型都以家庭为单一决策单位，假定具有决策权的家庭成员行为一致。这一假定遭到了学者的质疑，他们认为家庭成员（如夫妻）的偏好并不一定是一致的，而这一假定也成为研究的重要课题，例如夫妻的家庭地位、妇女的讨价还价能力等对家庭内部资源分配的影响研究等，而这些研究多以家庭内部博弈模型为理论基础，其中最为常见的为 Nash Bargaining 模型和以合作博弈非一致性为基础的 Collective Household 模型两大类（高梦滔，2005）。对于家庭内部资源分配行为的经验研究，大多数集中于东亚、非洲等地区的发展中国家，这些地区由于文化、宗教传统或劳动力市场的限制等因素，可能存在普遍更偏爱某一类群体的状况，因此成为学者重点关注的对象。例如，Rosenzweig 和 Shcultzl（1982）使用印度 1961 年的地区数据和 1971 年的家计调查数据分析了不同性别儿童死亡率的差异，结果表明，在生存经济条件有限的情况下，家庭对于子女的健康投入对死亡率有重要影响；男女儿童死亡率的差异主要是由于对男女收入的不同预期引起的差别健康投入所导致的，地区数据及微观数据都证明了女性预期收入的增加，有利于其获得更高的家庭健康投入配额。Pitt 和 Rosenzweig（1990）对孟加拉国的研究发现，成年妇女的健康水平与生产力之间的联系以及成年妇女在劳动力市场遭受的限制，似乎是造成成年男女平均营养素消费差异的部分原因，并导致了男性在营养素摄入充足程度的差异。

　　家庭内部食物营养分配为家庭内部资源分配的重要方面，也因此成为许多学者的研究内容。研究家庭内部食物营养分配时，通常将家庭成员依据性别及年龄阶段进行分类，比较不同性别或处于不同年龄阶段的家庭成员的营养摄入差异。在理论和政策方面，性别平等始终是一个有争议的问题，因此，对于家庭内部不同性别之间的研究广受关注，尤其是不同性别儿童之间营养素摄入量的差异，但这些文献的结果由于地区、数据、方法的差异，求得的结果也不甚相同。例如，Backstrand 等（1997）利用墨西哥营养合作研究和支持计划（Nutrition Collaborative Research Support Program）数据统计了不同年龄阶段之间及不同性别家庭成员之间的食物、营养摄入差异，结果显示，婴儿和学龄前儿童的膳食质量或数量没有显著的性别差异；对于学龄儿童而言，各种食物对总能量摄入（膳食质量）的贡献对于女孩和男孩来说也非常相似；即使在经济和人口压力的条件下，膳食质量的公平性仍然存在。Graham（1997）、Pradhan 等（2013）的研究也得到了相同的结果。前者对 1985 年 7 月至 1987 年 1 月随机抽取的 15 个家庭的饮食调查数据显示，幼儿（一至三岁）和学龄前儿童（四至六岁）的能量摄入或生长没有性别差异，而相对于较大的家庭成员，幼儿及学龄前儿童的能量摄入也未受到剥夺。后者对从南亚心脏代谢风险降低中心（CARRS）监测研究中随机选择的 20 户家庭的研究结果表明，家庭内部食物分配没有性别偏见，妇女将食物的获取、准备和分配视为自身价值的一部分，并在家庭中与食物有关的问题中发挥了重要作用。Kramer 等（1997）对 135 户家庭的调查结果则与之相反，经过调查他们认为妇女的能量摄入不足以支持她们观察到的体育活动和建议的生殖活动所需的能量；Gittelsohn 等（1997）对尼泊尔西部 15 个村庄 105 个家庭的研究同样验证了家庭内部营养分配的性别差异，其研究结果表明虽然主食（如大米、小扁豆汤、面包等）的分配相当平均，但含有更多微量营养素（如蔬菜、肉、酸奶、酥油等）的配菜通常优先分配给有价值的家庭成员，包括成年男性和小孩。然而，上述研究都存在同样的问题，即数据量较小，且仅采用统计分析的方式，因而估算结果的随机性较高。

经验研究更多的是采用计量模型的方式衡量家庭内部不同成员之间营养素摄入差异，其中，最为常用的方法为测算家庭 Theil 指数、估算不同类型人群营养素摄入量的收入弹性、计算不同人群摄入量充足程度的比值（与成年男子的相对饮食能量充足率等）或在模型中加入年龄—性别或其组合的虚拟变量。例如，利用 Young Lives 2006 年、2009 年及 2013 年的数据，Aurino（2017）采用虚拟变量模型估算了印度安得拉邦不同性别的儿童饮食多样性、食物消费量、进入青春期的时间、入学率及身体健康水平等的差异，结果显示，男孩在所有年龄段都更有优势，但性别差异在 15 岁时最为突出，青少年女孩往往摄入较少的富含蛋白质和维生素的食物，如鸡蛋、豆类、根茎类、蔬菜及水果等，而这一结果对青少年进入青春期的时间、入学率等方面的性别差异有很大影响。基于相同的方法，Dercon 和 Singh（2013）对 Young Lives 埃塞俄比亚、印度、秘鲁和越南 2006 年、2009 年的调查数据的研究结果发现，不同国家、不同年龄阶段、不同指标的性别差异存在很大的异质性；证据表明印度乃至埃塞俄比亚的教育对女孩存在显著的"制度化"性别偏见，其较差的非认知技能可能是由于劳动力市场状况较差而继续造成性别偏见的结果。Ralston（1997）采用营养、健康、劳动能力联立方程模型估算了印尼农村49个家庭的营养分配状况，结果显示，即使在考虑家庭的劳动贡献后，女孩在食物分配上仍然受到歧视，但男女劳动相对机会的变化可能对家庭内部资源分配产生重大影响。

Roemling和Qaim（2013）、Haddad和Kanbur（1990）则通过计算家庭内营养的Theil指数、相对饮食能量充足率等来衡量家庭内部营养素分配的不公平程度。利用印尼家庭和生活调查1993年、1997年、2000年及2007年四轮数据，Roemling和Qaim（2013）的研究表明，许多印尼家庭中存在超重与营养不良的双重负担，双重负担现象始于较富裕的人口群体，但随着时间的推移，它逐渐出现于收入较低的群体中；在双重负担家庭中，通常都是儿童体重不足、营养不良，而成年人存在超重肥胖问题；此外，研究显示Theil指数随着时间的推移稳步增长，即家庭内部营养分配的不均衡现象正逐渐加剧。Haddad和Kanbur（1990）调查了菲律宾南部农村448个家庭的营养摄入状况，并估算了家庭内部能量Theil指数，其研究结果验证了家庭内部存在分配差异的结论，且结果表明分配差异较难改变。Vijayaraghavan等（2002）的研究也表明在大约43%的家庭中，即使成年人的能量摄入充足，学龄前儿童也没有获得足够的能量。Berti（2012）总结了28个使用与成年男子相比的相对饮食能量充足率（RDEAR）来衡量家庭内部食物营养分配状况的研究，结果显示大多数RDEARs都在1.0的±20%之内（即0.80—1.20之间）；不同地区的家庭对不同年龄、性别的成员的偏爱程度不同，而家庭对于哪个群体更为青睐也很难划分明确的区域模式。Coates等（2018）的研究表明，在埃塞俄比亚农村家庭中，弱势群体经历的看不见的营养素（微量营养素）的不平等现象最为严重；Gittelsohn等（1997）对尼泊尔的研究也得到了类似的结论。

然而，也有部分研究得到相反的结果，如Backstrand等（1997）、

Graham（1997）、Pradhan 等（2013），均认为家庭内部食物分配没有性别偏见，即使在经济和人口压力的条件下，膳食质量分配的公平性仍然存在。Berti（2012）对已有文献的 Meta-analysis 发现，非洲国家的家庭营养分配往往更青睐男性，拉丁美洲和加勒比国家则并不更偏爱男性。

结合 Beckerand Tomes（1976）的经典模型、Behrman 等（1982）的"收入—馈赠模型"以及博弈理论，影响家庭内部资源分配的因素很多，其中家庭财富及收入、家庭成员的偏好及讨价还价能力、家庭成员的禀赋、资本及劳动力市场的性别歧视程度等为学者广泛讨论的对象，具体到家庭层面，主要讨论的因素为父母的职业、受教育程度、营养知识水平、家庭规模、宗教/种族/种姓等。Harris-Fry 等（2017）对家庭内部资源分配的决定因素进行了文献梳理，发现最严重的不平等发生在经历严重或意外粮食不安全的家庭以及较富裕的高种姓家庭；母亲的收入与其摄入的能量相对充足程度呈正相关，同时，男性的健康禀赋决定了他们的食物分配；关于食物特性与饮食行为的文化信仰通常不利于女性家庭食物资源分配；家庭成员的社会地位也是家庭内部资源分配的重要决定因素，但随着社会的现代化及城市化，地位对食物分配的影响正逐渐下降；女性决策者比男性决策者更为关注家庭营养结果最大化，并且女性决策者通常在保证其他家庭成员获得充足的食物后才服务于自身，因此不同家庭成员在家或在外的购物任务分配及讨价还价能力也是影响食物分配的重要因素。

国内对家庭资源分配的关注主要集中于教育资源的分配，例如，郑磊（2013），郑筱婷、陆小慧（2018），王智勇（2006），徐玮（2018）等，多数研究认为中国家庭，尤其是农村家庭内部存在教育投资的性别差异，"有兄弟"对女性教育获得有显著的负向影响，这一现象自改革开放以来有所改善，主要是由于计划生育导致的家庭资源稀释减少及劳动力市场性别歧视逐渐下降。国内发表的文章中对于家庭内部食物营养分配的关注较少，罗巍等（2001）基于1993

年 CHNS 数据研究了家庭内部能量及蛋白质的分配状况，结果显示，男性比女性更有可能分得较多的食物；45 岁以上中老年人会比 18—44 岁年龄组人群获得更多的食物分配；经济收入较高的家庭成员、干部和服务行业人群在家庭内部食物分配中更易受到偏向，农村地区工人职业人群会得到较多的食物分配；家庭中户主分得的食物所占全家的比例会比其他家庭成员要高。吴晓瑜和李力行（2011）则使用 CHNS 1993 年、1997 年、2000 年、2004 年、2006 年五轮数据，证明了第一胎为男孩的妇女在家庭消费中的决策地位更高，营养摄入更多，身体健康状况更好，该结果在农村比较显著，在城镇则不然。

国外文献中对中国家庭内部食物与营养分配的讨论相对较多，其中大部分研究都使用 CHNS 数据。Luo 等（2001）利用 CHNS 1989 年、1991 年、1993 年、1997 年四轮数据统计分析了家庭成员食物及能量份额的差异，结果显示，在大多数情况下，男性的营养摄入量要比女性高，同时，食物和营养的分配往往对中年人更有利。Mangyo（2008）使用 CHNS 1991 年与 1993 年的数据发现男性（尤其是成年男性）的营养摄入量比女性更具弹性，而老年人的弹性则明显不足。Ren 等（2014）利用 CHNS 1989—2009 年农村调查数据，验证了儿童，特别是来自非独生子女家庭的女童的营养不良及分配不均状况。Zhou 等（2018）利用 CHNS 1991—2011 年数据的研究结果表明，外国直接投资显著提高了劳动力的能量摄入量，特别是对于农村家庭；在开放经济中，老年人和儿童对营养摄入的反应可能较其他家庭成员差，而外国直接投资对女性家庭成员的能量摄入量的影响高于男性家庭成员（儿童除外）。Lee（2008）与 Jensen 和 Miller（2010）的研究使用的数据则不同，前者使用 1995 年 7 月在河北和辽宁进行的中国生活水平调查（CLSS）的 576 个农户的数据，其结果表明女性非农工作机会提高了女性的议价能力，并改善了家庭中女童的福利。Jensen 和 Miller（2010）使用 2006 年在湖南省和甘肃省进行的实验数据的研究结果与上述文章存在差异，其结果认为食物价格提高时，男孩和女孩的食物分配没有任何区别待遇。

造成家庭内部营养分配结论不一致的其中一个原因就是忽略了消费行为的不对称性。以往的许多研究通过比较个人特定消费的收入和价格弹性来检验家庭内部不平等的存在及程度，但对于弹性大小的解释却存在争论。部分研究认为，如果一个群体的消费比另一个群体的价格或收入弹性更大，那么这可能表明他们的消费波动性更大。Behrman（1988）、Behrmanand Deolalikar（1990）、Alderman和 Gertler（1997）的研究均证明了这个观点，即与不太受青睐的人群相比，"受青睐"的群体，消费和人力资本投资的价格/收入弹性更小。但这一理论也受到了部分学者的质疑，Mangyo（2008）指出，Alderman 和 Gertler（1997）的结果取决于对效用和个人生产函数形状的假设，通过构建新的理论模型，Mangyo（2008）证明了一个更受青睐的成员的营养摄入相对于收入的弹性大小是不确定的，其对于中国的实证研究表明，当家庭食物资源发生外源性变化时，在所有人口群体中，黄金年龄男性的营养摄入弹性最高，女性的营养摄入弹性低于男性，而老年成员的营养摄入弹性一般低于其他群体。

不成比例的高收入或价格弹性到底意味着优先级高还是低，取决于收入或价格变化的方向。例如，当家庭收入增长强劲时，消费的高收入弹性对个人有利，但在家庭困难时期则意味着更大的冲击。因此，家庭的消费行为和资源配置在压力时期和过剩时期可能不同，不考虑消费行为反应的非对称性，可能会掩盖重要的家庭内部行为。对此，Shimokawa（2010）、Villa 等（2011）分别以非对称消费行为框架研究家庭内部的福利分配，并分别利用中国和东非的数据验证了家庭内部营养分配非对称反应的证据，并进一步证明了当行为不对称时假设对称可能会导致弹性估计中的"非对称偏差"。因此，有必要采用非对称模型对农村家庭的营养分配行为进行更加深入的研究。

四 研究述评

综上可知，国内外关于农村家庭食物与营养摄入对收入增长的影响程度的研究,以及对家庭内部资源分配的研究均较为丰富,但由于选用的数据及方法的不同,研究结论差异较大,同时,聚焦于贫困家庭的研究相对较少,而且前期的研究中存在一些不足,这主要表现在:第一,过去对中国农村居民食物消费结构的研究虽然多采用微观数据,样本量较大,可以充分捕捉农村家庭食物消费偏好的异质性,但多数研究局限于某一省份或几个省份,少数使用全国住户调查数据的研究不仅年份较老,并且不包括在外食物消费数据,对食物的分类也不够细致。第二,过去的文献很少聚焦于农村贫困居民的食物消费,同时忽略了收入的内生性问题;另外,鲜有文献同时关注收入增长对农村贫困居民食物消费结构与营养摄入状况的影响。第三,测算家庭的食物消费及营养素摄入状况时,过去的研究通常使用家庭中所有成员食物及营养素摄入量的算术平均值,而忽略了不同类型家庭成员营养素需求量的异质性问题。第四,前人的研究大多仅关注收入增长对中国农村贫困人口能量及宏量营养素摄入量的影响,而鲜有研究关注其他关键微量营养素的摄入状况,因而无法反映收入增长对于贫困人口整体营养均衡状况的影响,而微量营养素的缺乏是当前农村贫困人口面临的最为严重的营养问题。第五,对于家庭内部食物营养分配的研究,通常采用单一方式测算(单独测算不同家庭成员之间营养素摄入量的差别、测算不同家庭成员的支出或收入弹性、测算家庭营养素分配的不公平程度或不同成员营养素分配的区别),无法完整地识别不同家庭成员的营养摄入状况及收入的变化对其产生的影响,也无法判断家庭处于富足状态和贫乏状态时不同群体的营养状况变化;同时,对中国家庭内部食物与营养分配的研究较少关注老年群体,"百善孝为先"的中国文化以及与老人同住的"大家庭"模式,使得老年群体成为不可忽略的重要家庭成员,因此也应受到关注。

相对于已有文献,本书将做如下改进:

一是将研究对象聚焦于全面脱贫前的农村贫困居民及脱贫后的相对贫困居民,并与农村非贫困居民的状况进行比较分析,以明晰相对贫困居民对于收入增长的行为反应的特殊性。

二是在进行需求系统分析时，将食物划分得更为细致，且使用包括在外食物消费数据的个人消费数据，同时加入农村家庭膳食模式分类的虚拟变量，以控制农村家庭食物消费偏好的差异。

三是在以家庭为单位的研究中，通过构建等价尺度作为权重，将不同性别、年龄及劳动强度的家庭成员个人食物及营养消费转化为标准人消费量，计算家庭加权平均消费量，以控制家庭成员异质性造成的直接平均值的偏差；同时构建家庭资产指数等工具变量，纠正了因家庭收入存在的测量误差和营养素摄入量与收入存在的"同步性"导致的内生性问题。

四是关注除能量与三大宏量营养素外的其他关键微量营养素的摄入状况，并将食物消费结构与营养摄入状况纳入统一框架下进行分析，在测算收入增长对农村贫困家庭食物消费行为的影响的基础上，进一步测算了收入增长对营养摄入状况的影响，分析不同营养摄入量变化的主要来源，并详细对比了直接估计的营养素—收入弹性与利用食物—收入弹性间接估算的营养素—收入弹性的异同点。

五是利用估算的营养素收入弹性及食物与营养素的转换关系，分别模拟实现相同的营养目标所需的现金转移支付与实物转移支付金额，为未来政策的制定提供一个新的视角，而这也是对于国内补贴政策相关研究的一个扩展。

六是在对家庭内部食物与营养分配的研究中，将不同类型的家庭成员转化为标准人，以个人标准人营养素摄入量为基本的研究单位，在测算农村贫困家庭内部成员营养素摄入量差异的基础上，测算了家庭内部不同类型成员的营养素—收入弹性，以确定收入增长对于家庭内部食物与营养分配状况的影响，同时，直接估计了收入增长对于农村贫困家庭营养素分配不公平程度的影响，对上述模型的结果进行有力的验证；采用非对称模型测算了家庭营养分配对于食物支出增加和减少的非对称反应，另外，将老年成员纳入重点研究对象。

第三节 研究目标和研究内容

一 研究目标

基于历史数据，本书以农村贫困家庭的食物与营养消费模式及其家庭内部分配为研究对象，研究了收入增长对于改善农村贫困家庭食物消费行为与营养均衡状况的作用机理及影响程度，并进一步测算了收入增长对家庭中不同成员营养素摄入状况的影响及家庭营养分配不公平程度的变化，为新阶段进一步提高低收入居民营养保障水平提供政策参考。

具体的研究目标为：

第一，分析农村家庭的膳食模式，了解农村家庭的膳食模式选择行为及其影响因素，为政府制定相应的产业政策以及营养知识宣传政策提供依据。

第二，测算贫困家庭的食物—收入弹性，了解收入增长对农村贫困家庭食物消费行为的影响。

第三，测算贫困家庭的营养素—收入弹性，了解收入增长对农村贫困家庭营养摄入状况的影响，并分析不同营养素摄入量随收入变化的主要食物来源。

第四，模拟实现相同的营养目标所需的现金转移支付金额与实物转移支付金额，以及在相同补贴金额的条件下不同转移支付方式的营养改善效果，为政府部门制定相应的帮扶政策及营养保障方式，最大效率地利用政策资金，减缓并消除营养失衡带来的营养健康问题提供依据。

第五，测算贫困家庭内部不同类型成员营养素的分配状况，了解收入增长对于贫困家庭内部不同类型群体营养分配的影响，为政府制订保障弱势群体食物与营养安全的特殊营养计划和制定帮扶政策提供依据。

二 研究内容

为了解收入增长对农村贫困人口食物与营养保障的影响，首先以家庭为单位，分别研究收入增长对农村贫困家庭食物消费行为的影响及营养摄入状况的影响，进一步关注收入增长对家庭内部不同类型成员营养摄入状况的影响，具体研究内容如下。

内容一：分析城乡家庭及不同收入农村居民的收支变化、食物消费结构变化及城乡营养均衡状况的变迁。采用因子分析及聚类分析方法将农村家庭依据食物偏好进行分类，总结不同膳食模式的营养摄入及膳食均衡状况，了解农村贫困家庭的膳食模式选择，并采用多元统计方法分析农村家庭膳食偏好的影响因素。

内容二：分析农村贫困家庭的食物消费结构，利用 CTS-AIDS 模型测算贫困家庭的 17 种食物的收入弹性，了解收入增长对于食物消费行为的影响，在此基础上间接估计农村贫困家庭的营养素—收入弹性，并分析营养素摄入量随收入变化的主要来源。

内容三：分析农村贫困家庭的营养摄入状况及膳食均衡状况，运用半参数方法明确营养素摄入量与收入的关系，采用直接方法估计农村贫困家庭的营养素—收入弹性。进一步，利用估算的营养素收入弹性模拟实现一定的营养目标所需的现金转移支付金额，同时使用食物与营养素的转换关系模拟实现相同营养目标的条件下所需的实物转移支付金额，并进行比较。

内容四：以家庭内部不同类型的成员为研究对象，描述农村贫困家庭内部不同群体的食物消费与营养素摄入状况，使用固定效应模型估计不同类型成员营养素摄入量的差异，并测算不同类型家庭成员的营养素—收入弹性以及收入增长与食物支出变动对于家庭内部食物与营养分配不公平程度的影响。

第四节 研究方法、数据来源及研究思路

一 研究方法

本书选用的研究方法主要有以下几类。

规范分析法：运用规范分析法，对贫困的定义、贫困标准的演变情况及扶贫政策进行了总结，并明确了食物均衡、营养均衡以及食物与营养保障的内涵；描述分析了农村贫困人口的数量演变及空间结构演变特征，并重点分析了改革开放以来农村贫困家庭的收支状况、食物消费结构及营养状况变迁；详细总结过去文献中对于食物—支出弹性、营养—支出弹性的研究及家庭内部食物与营养分配的研究，指出现有文献的不足，并提出本书的不同之处。

比较分析法：农村贫困家庭或贫困居民为农村的特殊群体，受制于收入、生活环境等条件，贫困居民的消费行为较为特殊，其食物及营养消费行为也不同于非贫困居民，因此，本书在描述统计及实证分析部分，皆使用农村非贫困家庭及贫困家庭状况进行对比，以明确农村贫困居民食物消费与营养摄入行为的特殊性，以及其对收入增长的行为反应的特殊性。

定量分析法：首先，使用因子分析与聚类分析方法对农村家庭的食物消费模式进行分类，并用多元统计方法分析了食物消费模式的影响因素；其次，使用近乎完美的需求系统（Almost Ideal Demand System，AIDS）模型分析了收入增长对于农村贫困家庭食物消费模式的影响，估算了不同食物的收入弹性，并进一步采用间接方法估计了营养素的收入弹性；再次，使用半参数模型（Semiparametric Model）估计了营养摄入量与收入的关系，然后使用双向固定效应模型（Two-way Fixed Effects Model）对农村贫困居民的营养素—收入弹性进行直接估计，并估算收入增长对于农村贫困家庭内部食物与营养分配的影响；最后，使用非对称模型验证农村家庭内部营养分

配对于食物支出变动的非对称反应。

二 数据来源

本书使用的主要数据为中国健康与营养调查（China Health and Nutrition Survey，CHNS）数据，该数据由美国北卡罗来纳大学教堂山校区的罗来纳州人口中心（The Carolina Population Center at the University of North Carolina at Chapel Hill）和中国疾病控制和预防中心的国家营养和食品安全所（The National Institute of Nutrition and Food Safety, and the Chinese Center for Disease Control and Prevention）合作建立。该调查开始于1989年，至2015年共进行了10轮，其中2015年食物相关的数据还未公布，目前能够采用的最近年份数据为2011年数据。其中，1989年、1991年、1993年三年食物调查数据所对应的1983年版《食物成分表》中未列出食物编码，无法计算这三年的食物消费量；1997年、2000年食物数据对应于《食物成分表（全国代表值）》（1991年版），2004—2011年数据则对应于《中国食物成分表》（第一册第二版）和《中国食物成分表》（2004年第二册），同一版本所统计的食物种类和食物的营养成分构成相同。为避免不同的食物编码方式造成的营养摄入状况的比较偏差，本书采用2004年、2006年、2009年和2011年4轮农村样本数据，其覆盖辽宁、黑龙江、江苏、山东、河南、湖北、湖南、广西、贵州、北京、上海和重庆12个省份（直辖市）。本书的研究目的是识别农村贫困家庭的食物偏好、食物消费模式、营养摄入量及家庭营养分配关系，由于使用统一的贫困线（每年家庭人均净收入2300元，根据年度农村CPI进行调整）划分贫困居民，因此，所关注的群体变化不大，且消费者偏好变化较为缓慢，2004—2011年数据反映出来的食物偏好类型与2004—2015年数据不会有大的出入。

CHNS的食物数据有两种统计方式，一种为家庭在家食物消费称重数据，另一种为个人食物消费3天24小时回忆记录数据，其包括在外消费食物数据。由于近年来居民在外消费数量越来越多，且大量研究表明，在外与在家食物消费的食物结构与营养含量均存在较大差别（Anderson 和 Matsa，2011），因此本书使用包含在家和在外消费的个人食物消费数据。① 本书的研究对象分别为农村贫困家庭及家庭内部的不同群体，并采用非贫困家庭对应的样本进行对比研究。最终使用的农村非贫困及贫困家庭样本分别为 10085 个、2377 个，非贫困及贫困居民个人样本分别为 26077 个、6061 个。

除 CHNS 数据外，本书第四章至第六章还部分使用了由中国农业大学调查的 2021 年的农食系统转型调查（Transformation of Agri-Food System Survey，TAFSS）数据，以提供农村贫困家庭的食物消费、营养摄入状况及收入增长影响的最新证据。该数据调查了 2021 年山东、河南、河北三省农村家庭的个人、家庭特征及社会经济数据，同时，与 2004—2011 年 CHNS 数据使用相同的食物编码，采用 24 小时回忆法记录了家庭 1 天内在家食物消费数据，但未记录食用油及盐等调味品的消费量。此外，由于 2020 年中国农村已全面脱贫，因此，TAFSS 数据采用相对贫困的方式定义农村贫困家庭，根据 2004—2011 年的贫困比例（以绝对贫困线划分的农村贫困家庭占农村家庭总数的 19.1%），选取收入最低的 20% 农村家庭为农村贫困家庭，最终使用的农村非贫困家庭及农村相对贫困家庭样本分别为 924 个、232 个。另外，该数据对于家庭内部不同成员食物摄入量的调查，仅以家庭成员的"食用比例"粗略计量，而大部分家庭的"食用比例"均以家庭成员平均分配计量，因此无法以该数据进一步测算家庭内部的营养分配问题。

在测算食物及营养素摄入量时，为避免个人异质性导致的偏差，将包括儿童和老人在内的家庭成员个人食物/营养素消费数据，利用

---

① CHNS 样本中的个人食物消费数据中，油脂类和调味品类记录缺失值太多，因此本书用家庭人均在家食用油及调味品消费量（称重记录的家庭三天内消费变化量）加以代替。其他食物消费数据均为"24 小时"回忆法记录的个人消费数据（包括在家和在外）。家庭人均在家食用油及调味品消费量等于家庭食用油及调味品的 3 天消费总量除以这 3 天内实际在家消费人数。

等价尺度折合为标准人，其中第四、五、六章的研究对象为农村贫困家庭，采用家庭人均标准人食物/营养素摄入量，其中标准人食物消费量的计算方法为，以体重为60千克、从事轻体力活动的成年男子（能量消费量为2250千卡）作为标准人，依据《中国居民膳食营养素参考摄入量（2013版）》[中国营养学会，2014；简称《参考摄入量（2013）》] 推荐的不同年龄（a）、性别（g）和劳动强度（l）居民的膳食能量需求量（$\gamma_{a,g,l}$，可参考表2-1 $\gamma_{a,g,l}$），计算出不同家庭成员的标准人系数（$\gamma_{a,g,l}/2250$ $\gamma_{a,g,l}/2400$），据此求得家庭标准人数量（家庭成员标准人系数的加总），进而求得家庭加权人均消费数据（家庭成员消费量加总①/家庭标准人数量），即家庭人均标准人消费量。家庭标准人营养素摄入量的计算方式与标准人食物消费量折算办法稍有不同。《参考摄入量（2013）》推荐的不同营养素需求量的人群划分标准不同，例如，能量需求量的划分标准同时包括性别、年龄和活动水平，蛋白质需求量与身体活动水平无关，钙、钾、钠等营养素的需求量则仅依据年龄划分。本书严格依据《参考摄入量（2013）》规定的不同类型人群的营养素需求量，对应于不同营养素计算不同的标准人系数，同样以体重为60千克、从事轻体力活动的成年男子作为该营养素的标准人（即标准人系数为1）。第七章的研究对象为贫困家庭的家庭成员，采用标准人食物、营养素摄入量（样本摄入量/样本的标准人系数）。

此外，本书使用的主要宏观数据包括：《中国农村贫困监测报告》全国及分省份贫困人口数量及贫困率，世界银行数据库各国不同标准下的贫困率，《中国统计年鉴》收入、支出及食物消费数据；联合国粮食及农业组织食物平衡表中的食物消费与营养摄入数据；国家卫生健康委员会疾病预防控制局、中国疾病预防控制中心营养与健康所共同调查的贫困农村家庭食物消费与营养消费数据。

---

① CHNS 数据的家庭消费总量为个人消费量加总，TAFSS 数据则直接记录了家庭的食物消费量。

三 研究思路

本书的研究思路如图 1-1 所示。

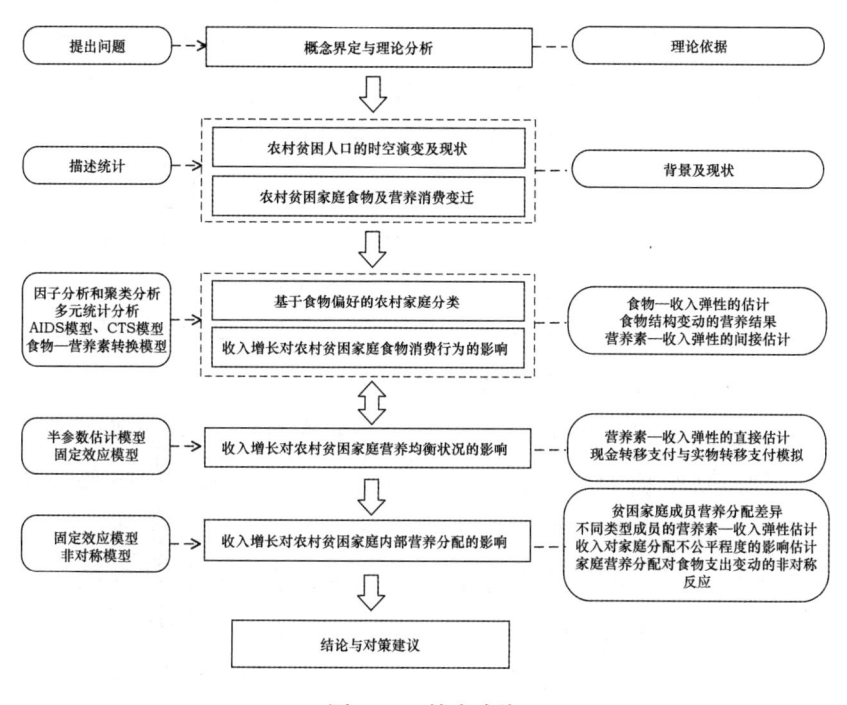

图 1-1 技术路线

第五节 学术创新与贡献

第一，从选题意义来看。本书将研究对象聚焦于 2020 年以前的农村贫困家庭，拓宽了农村贫困家庭食物消费行为及营养均衡状况的研究边界与研究视角，研究了收入增长对于农村贫困家庭食物消费行为及营养均衡状况的影响，估计了 17 种食物的收入弹性，并同时采用间接估计与直接估计方法测算了能量、宏量营养素（蛋白质、脂肪、碳水化合物）、胆固醇、不溶性纤维及其他关键微量营养素

（维生素A、维生素C、钙、钾、钠、铁、锌）摄入量的收入弹性，利用估算的弹性模拟了实现不同营养目标所需的现金转移支付数额，并依据食物与营养的转换关系，估算实现相应营养目标所需的实物转移支付金额；进一步，本书构建了家庭内部资源分配的理论框架，利用计量模型测算了贫困家庭内部不同类型成员营养分配不均衡的状况及其随收入变动的规律。本书既验证了以提高家庭收入为主要手段的扶贫政策对于改善家庭不同食物及营养素摄入状况的效果，同时为低收入人口的食物与营养保障政策的选择提供一个新的视角，有助于相关政府部门制定相应的保障政策，最大效率地利用政策资金，减缓并消除营养失衡带来的营养健康问题，同时可以确保营养计划和帮扶政策能够保护老人、儿童、女性等弱势群体，以便更好地改善低收入家庭个体的营养状况，提高其健康水平。

第二，从学术价值来看。首先，本书系统梳理了中国农村贫困居民食物消费结构的变迁，归纳并总结了农村贫困家庭营养均衡状况的变化及现状，可以为类似的研究提供数据基础。其次，本书扩展了对国内农村家庭，尤其是农村贫困家庭营养摄入状况的研究范围，不仅关注能量及蛋白质、脂肪、碳水化合物三大宏量营养素的状况，同时研究了不溶性纤维、胆固醇及七种关键微量营养素的摄入状况，有助于更全面地了解贫困家庭食物消费及营养摄入的总体情况。再次，将食物消费结构与营养摄入状况纳入统一框架下进行分析，在测算收入增长对农村贫困家庭食物消费行为的影响的基础上，进一步测算了收入增长对营养摄入状况的影响，分析不同营养摄入量变化的主要来源，并详细对比了直接估计的营养素—收入弹性与利用食物—收入弹性间接估算的营养素—收入弹性的异同点。又次，本书分别利用估算的营养素收入弹性、食物收入弹性及食物—营养的转换关系模拟了实现不同营养目标所需的现金转移支付与实物转移支付金额，为收入与营养均衡状况关系的研究提供了新的视角。最后，本书剖析了农村贫困家庭内部成员营养素的分配状况，将对农村贫困家庭营养研究的基本单位由家庭扩展至家庭内部成员，测算家庭在面临严重的资源约束时，将如何分配最基础的生存资源，丰富了家庭内部资源分配的研究内容，另外，本书将老年成员与中青年、儿童共同纳入重点研究对象，扩展了家庭资源分配的研究对象。

第三，从研究方法上看。首先，本书采用 CHNS 包括在外食物消费的个人食物消费数据，以体重为 60 千克、从事轻体力活动的成年男子作为该营养素的标准人（即标准人系数为 1），依据不同年龄、性别和劳动强度居民的能量或其他营养素需求量，计算不同成员的标准人系数，进而计算家庭人均标准人消费量（家庭总消费量/家庭标准人数量），作为估算家庭食物消费与营养摄入量的基本单位，在以家庭为单位的模型中，避免了由于家庭成员异质性导致的直接估算的家庭均值的不准确。其次，为避免宽泛的食物组合导致的食物组内替代关系的损失，本书更细致地对食物进行了分类，结合可获得的 CHNS 社区价格数据，将 1500 多种食物划分为 17 大类，以解决零消费现象的 CTS-AIDS 模型估算 17 种食物的收入弹性，同时，在 AIDS 模型中加入农村家庭膳食模式分类的虚拟变量，以控制农村贫困家庭食物消费偏好的差异，并以此为基础间接估算了营养素的收入弹性。然后，采用面板半参数估计方法探究了营养素摄入量与收入之间的关系，构建村庄和年份双向固定效应模型，更为严谨地估计了农村贫困家庭营养素的收入弹性，避免地区（村庄级别）食物消费偏好及偏好随时间的变化对估计结果的影响。另外，本书采用不同的模型估算了家庭内部不同成员的营养素摄入状况、营养素的收入弹性及家庭内部营养素分配不公平程度对收入的反应，同时，将所有家庭成员转换为标准人，以标准人营养素摄入量作为计量模型的基本单位，避免了由于个体异质性导致的对于不同家庭成员营养素摄入量的错误估计；构建非对称模型验证了贫困家庭资源分配对于食物支出增加和减少的非对称反应。最后，通过构建资产指数等工具变量，纠正了家庭收入在食物与营养素模型中的内生性问题。

第 二 章

概念界定与理论基础

实证分析之前,本章将对贫困的定义及农村贫困标准的变化进行梳理,介绍食物均衡、营养均衡以及食物与营养保障的内涵,并简单分析食物及营养消费的理论框架与家庭内部资源分配的理论基础。

第一节 农村贫困标准及扶贫政策的内涵

一 贫困的定义

民生问题自古有之,贫困现象中外皆存。长期以来,学者和政府机构广泛讨论和研究了贫困及贫困标准的定义。《国富论》中,Smith(1776)指出,"富贵或者贫困,依照他能享受的生活必需品、便利品和娱乐品的多少和品质而定"。Rowntree 在 1901 年发表的《贫穷:对城市生活的研究》中将"缺乏经济资源或经济能力来获取生存和福利所必需的物品和服务的人和家庭的生活状况"称为贫困。Townsend(1979)则认为,"个人、家庭或群体缺乏获得充足食物、参加社会活动所需要的基本资源"即为贫困。Sen(1981)在《贫困与饥荒》中提出从权利视角分析贫困问题:贫困不仅是收入低下,也是对其权利的剥夺。1988 年出版的《贫困真相》(Oppenheim，1988）中指出："贫困是指物质资源、社会资源及情感三方面的短缺，同时其温饱的支出低于平均水平。"

国际组织对贫困的定义也不断发展。欧共体最初将贫困定义为"受限于物质、文化及社会资源，个人、家庭或群体的生活状态无法达到该国可接受的最低限度"（鲜祖德等，2016）。世界银行1990年发布的《世界发展报告》中，将贫困标准定义为"保证生存的最低生活水准"。《2000/2001年世界发展报告》中，世界银行将贫困标准定义得更为广泛：贫困不仅指物质资源、教育资源的匮乏及不良的健康状况，面临上述风险的高频率、缺乏风险发生时的应对能力、无法表达自身诉求以及缺乏对周围的影响力等状况，皆可称之为贫困。联合国《2010年人类发展报告》中，贫困度量标准的测算不再仅依据收入这一单一变量，而是进一步引入多维贫困指数用来识别个人或家庭在生存、健康及教育等方面受到的危害。

二 农村贫困标准的演变

如上文所述，早期对贫困的认知主要局限于狭义的贫困，将面临饥饿或缺乏生存物质保障的人口定义为贫困。因而在实践中，往往采用家庭人均收入或消费支出作为衡量贫困人口的标准。例如，1901年，英国使用维持体力需求的基本食物、衣着、住房、燃料及其他杂物的总支出来确定贫困线。美国于1965年开始分别从食品和非食品两个方面测算满足最低生活需求所需的支出。世界银行同样以满足基本生活的消费支出作为国际贫困标准，核算发展中国家的贫困状况。

近年来，贫困标准逐渐由绝对标准向相对标准转变。相对贫困指一个社会中一部分人的收入低于另一部分人或平均水平的现象，通常将一定比例的低收入群体划定为相对贫困。随着社会经济的发展和人民收入的提高，许多国家逐步消除了绝对贫困现象，贫困标准有所转变，对贫困的衡量不再只关注单一的收入状况，而是从多个维度共同考察。例如，联合国发展计划署提出的多维贫困指数，即采用涉及"生活、教育与健康"三方面的 10 个指标加权计算。中国将社会发展的阶段条件下，维持生存所需要的食品及非食品支出定义为农村的贫困标准，具体的测算方式为，建立食物需求模型，利用住户调查数据估算满足生存所必需的食物支出及非食物支出，并据此设定贫困线。

改革开放以来，中国依次出台过"1978 年贫困标准""2008 年贫困标准""2010 年贫困标准"三个不同水平的贫困标准。1978 年，中国的贫困标准定为 100 元/人·年（1978 年价格），这个标准可以保证每人每天摄入 2100 千卡热量的食物支出，略低于目前的能量摄入标准（体重为 60 千克的从事低强度日常活动的成年男子的推荐能量摄入量为 2250 千卡），且食物的质量比较差，主食中粗粮比重很高，副食中肉蛋比例很低，而且食物支出整体占比很高，达到 85% 左右。自 2008 年起，中国正式实施更新的贫困标准——"2008 年贫困标准"，但事实上，这一标准于 2000 年便开始使用，具体标准为 865 元/人·年（2000 年价格），在保证人均每天 2100 千卡热量的基础上，食物支出所占比重下降至 60%，这一标准，可基本满足温饱。2010 年中国制定了新的农村贫困标准，亦即 2020 年的脱贫标准，这一标准定为 2300 元/人·年（2010 年价格），较之前的标准有了很大的提高，在保障义务教育、基本医疗和住房安全的情况下，同时可以保障居民人均每天摄入 60 克蛋白质及 2100 千卡热量，并将食物支出所占比重进一步降低至 50% 左右。

为了保证生活标准可以维持在同一水平，每年的贫困标准会根据年度的物价水平进行调整。自 2015 年起实行的国际贫困标准为每天 1.9 美元，按照 2011 年的购买力平价指数（1 美元 = 3.52 人民币[①]）换算，每天 1.9 美元的贫困标准相当于每年 2441 元，而 2010

---

① 数据来源于国际货币基金组织网站，"Implied PPP conversion rate"，2023 年 1 月，https：//www.imf.org/external/datamapper/PPPEX @ WEO/OEMDC/ADVEC/WEOWORLD/CHN/USA。

年中国农村贫困标准是 2536 元，高于当时的国际贫困线。若考虑"保障基本住房"，将农村居民自有住房折算租金算进来，则比 2536 元高 20%，若将"三保障"内容全部考虑在内，则代表的标准还要高。

三 扶贫政策梳理及内涵分析

新中国成立以来，为改变中国较为普遍的贫困状况，中国采用了多种手段帮助贫困地区促进生产摆脱贫困。其中，金融、教育、卫生、民政、水利及妇联扶贫为中国最早采取的扶贫手段，20 世纪 50 年代初期便初现雏形。自 80 年代起，扶贫政策及规划陆续出台，财政、科技、农业、林业扶贫，少数民族地区扶贫，残联扶贫等方式也相继而至。本小节梳理了这些扶贫手段的演变路径，并分析了扶贫的政策内涵。

笔者首先总结了改革开放以来我国扶贫政策的提出及发展历程。1980 年 3 月，中共民政部党组在《人民日报》上发表"推动农村扶贫工作的意见"，正式将扶贫任务纳入中共中央议事日程。此后，扶贫工作逐渐深入地方，安徽省作为农村改革的先行者，首先担负起扶贫的重任。1982 年 12 月，国务院办公厅下发了关于成立三西（河西、定西、西海固）地区农业建设领导小组的通知，三西地区农业建设领导小组由此产生，涉及农牧渔业部、水电部、林业部、商业部、财政部、民政部、国家科学技术委员会、国家计委、国家经委、中国科学院等相关部门；而后，对于"三西"地区的扶贫政策不断深入，提出"种草种树、发展畜牧业、调整农业经济结构"的战略方针。

1984 年，中共中央、国务院《关于帮助贫困地区尽快改变面貌的通知》提出集中力量解决十几个连片贫困地区的贫困问题；1985 年，《关于扶贫农村贫困户发展生产治穷致富的请示》提出对贫困户减轻负担，给予优惠；1986 年国务院扶贫开发领导小组正式成立；1990 年该小组《关于九十年代进一步加强扶贫开发工作请示》得到批示：90 年代扶贫开发工作的基本目标和任务是全国贫困地区要在解决大多数群众温饱问题的基础上，转入以脱贫致富为主要目标的经济开发新阶段。此后，国务院连续部署"八五"期间扶贫开发工作、"八七扶贫攻坚计划"，并于 2001 年颁布实施《中国农村扶贫开发纲要（2001—2010 年）》；2005 年国家相关扶贫部门进一步提出将做好整村推进作为新阶段扶贫开发工作的重要手段。2009 年，《关于做好农村最低生活保障制度和扶贫开发政策有效衔接试点工作的指导意见》指出，将农村扶贫开发和最低生活保证制度作为国家扶贫战略的两个重要支点。党的十八大以来，中国进入精准扶贫阶段，2015 年 11 月，中国中央扶贫开发工作会议提出减贫新目标——坚决打赢脱贫攻坚战，"到 2020 年，稳定实现农村贫困人口不愁吃、不愁穿，义务教育、基本医疗和住房安全有保障。实现贫困地区农民人均可支配收入增长幅度高于全国平均水平，基本公共服务主要领域指标接近全国平均水平。确保我国现行标准下农村贫困人口实现脱贫，贫困县全部摘帽，解决区域性整体贫困"。改革开放以来的 40 多年，在党和政府的带领下，经过全国人民的不懈努力，中国成功地开辟了具有中国特色的扶贫道路，使将近 8 亿农村贫困人口顺利摆脱了贫困落后的生活状况。

其次，笔者概括总结了中国历年的主要扶贫手段，概括起来，主要有财政、金融、科技、教育、卫生、民政、水利、农业、林业扶贫，少数民族地区扶贫，妇联及残联扶贫。具体政策措施如下。

（1）财政扶贫。财政扶贫指国家利用财政预算引导和促进贫困地区的经济发展，改善贫困人口的生活与生产条件，并帮助其增强自我发展能力，进而提高收入水平。主要的财政扶贫措施包括农村税费改革、取消农业税，促进下岗失业人员再就业及农村富余劳动力转移，建立"村级发展互助资金"、农村最低生活保障等。

（2）金融扶贫。金融扶贫是指利用银行信贷等方式，促进贫困地区产业开发与经济发展，历年来，中国采取的金融扶贫手段主要包括：基本建设贷款、生产费用贷款、贫农合作基金贷款、牧业生产合作社贷款、生产救灾贷款、扶贫地区专项贴息贷款、小额信贷等。

（3）科技扶贫。科技扶贫是指在贫困地区引进先进的科学技术，提高农民的文化素质与科学素养，改造其封闭的劳动力密集型小农经济模式，促进商品经济的发展，加快农民脱贫致富。1986年以来，有关部门与贫困地区各级政府合作，实现了大别山、井冈山、陕北等55个贫困地区的科技扶贫，效果显著。

（4）教育扶贫。教育扶贫通过在农村普及教育，提高农村居民思想道德意识，掌握先进的科技文化知识，以提升贫困居民脱贫致富的技能，其主要手段为普及中小学义务教育并取消各类农村教育附加费、学杂费。

（5）卫生扶贫。卫生扶贫指改善贫困地区的医疗卫生条件，以改善贫困人口的健康状况，防止因病致贫、返贫等现象。卫生扶贫主要通过建立全国农村医疗系统，改善和加强农村医疗卫生工作，逐步建立与完善农村合作医疗制度；此外，通过加大农村安全供水投入力度，逐步改善中国农村供水卫生。

（6）民政扶贫。民政扶贫主要包括农村低保、特困人员救助供养、临时救助等保障性扶贫措施，充分发挥社会救助在扶贫攻坚战中的作用，保障丧失劳动能力、部分丧失劳动能力、不能依靠产业就业帮助脱贫的贫困人口的基本生活。同时，国家保障农村居民的住房安全，并不断促进社区服务的发展。

（7）水利扶贫。国家支持农村兴修水利，大力普及节水灌溉技术，解决农村人口尤其是贫困人口饮水困难，推行牧区水利试点项目，拨发专项资金补助小型农田水利工程建设。

（8）农业扶贫。自1984年起，中国陆续施行了一系列农业扶贫措施：加强农业技术推广体系建设，推行农村能源建设，扶持和帮助农业建设项目，推进农业服务体系建设，推进西部大开发战略的实施，帮助贫困地区发展特色农业，提高农村劳动力及乡镇企业的素质，通过农业补贴提高农民收入、优化农产品区域布局，促进农村富余劳动力向二、三产业转移。

（9）林业扶贫。从1997年起，中央财政安排专项资金帮助国有贫困林场改善生产生活条件、发展生产。从1999年起，国家启动了退耕还林（草）工作，并给予相应补助，解决退耕农户的长远生计问题。2008年，中共中央、国务院出台《关于全面推进集体林权制度改革的意见》，提出用5年左右时间，基本完成明细产权、承包到户的改革任务。

（10）少数民族地区扶贫。少数民族地区条件差、底子薄，特别是部分贫困地区和边疆地区，群众生产生活存在严重困难，温饱、住房、饮水、地方病等问题都较其他地区更为严重。因此，国家将部分少数民族地区作为重点帮扶地区，设置专项扶贫资金，并制定相应的特殊政策措施，以解决少数民族地区的贫困问题。

（11）妇联扶贫。鼓励妇女参与社会生产劳动，充分发挥妇女在生产中的重要作用，调动广大农村妇女投入生产的积极性，提高妇女的素质；帮助贫困地区失学女童重返校园；普及妇女卫生知识，发展妇幼保健事业，降低孕产妇死亡率，改善妇女生存与发展的环境。

（12）残联扶贫。1991年12月，中国残联首次向中央提出对农村残疾人开展康复扶贫的建议，并得到肯定，拉开了残疾人扶贫工作的序幕。此后国家不断加大康复扶贫贷款投入量，建立残疾人服务组织，帮助残疾人解决工作。

另外，改革开放以来，中国还推行了多种扶贫规划的专项项目。1984年国家计委组织实施了以工代赈扶贫政策；1991—1995年五年内，国家推行了粮食以工代赈，每年动用20亿斤粮食或等价工业品继续在贫困地区开展以工代赈项目；从1993年开始，国家陆续推行了粮棉布糖油、部分日用工业品、库存商品以工代赈。从2001年起，西部地区国家扶贫开发工作重点县异地扶贫搬迁（生态移民）试点工程开始施行。

回顾中国改革开放以来的扶贫工作，中国确定的扶贫对象发生了许多变化。20世纪80年代中期，国家扶贫主要面向县级贫困地区。2001年，国家扶贫重点目标转向15万个村级贫困地区，并实行整村推进扶贫。2011年，国家划定了14个集中连片特困地区进行重点扶贫。实践表明，以区域为对象的扶贫工作，有助于国家短期内集中资金和政策资源，改善贫困地区发展的基础条件，让有能力的贫困人口尽快脱贫，以最快的方式减少贫困人口。扶贫工作越深入难度越大，主要是由于遗留的贫困问题越来越难以解决，从中国扶贫对象的变化也可以看出，中国扶贫对象的确定逐渐向更小更深入的方向发展，2013年中央首次提出"精准扶贫"思想，将扶贫对象由区域层面转到贫困家庭和贫困人口。党的十八大以来，在扶贫战略的指导下，政府始终坚持以人为本的发展理念，实施了一大批惠民措施，扶贫工作取得决定性进展（雷明，2018）。2020年，中国扶贫攻坚战取得全面胜利，消除了绝对贫困和区域性整体贫困，进入以消除相对贫困为主要目标的新阶段（李小云，2020）。

从扶贫政策及各种扶贫手段的目标来看，财政、金融、科技、教育、民政及产业（农业、林业）扶贫等扶贫手段以提高贫困人口的自我发展能力及生产能力、放松其生产面临的资金约束、优化其生产活动的外部环境条件等方式，帮助贫困家庭提高家庭收入、改善其生产及生活水平。少数民族地区扶贫、卫生扶贫及水利扶贫等方式则以直接改善农村贫困人口的生活条件、医疗卫生及饮水安全等问题为目标。而在各项扶贫手段中，仅妇联扶贫及残联扶贫为针对特殊群体的扶贫政策。

第二节　食物均衡与营养均衡的内涵

营养是健康的基础，食物是营养的源泉，均衡饮食则是保持身体健康的重要手段。人体需要热量及营养素以维持生命、生长及维护生理机能正常运作，这些身体所需的各种原料来自每个人每天所摄取的食物。因此，只有均衡地摄取各种食物，才能得到身体必需的热量及各类营养素。

一 食物均衡的内涵

所谓均衡饮食是指每天摄入的食物，足以提供能量和其他必需的宏量及微量营养素，同时保持身体功能和长期健康，帮助预防慢性疾病。为引导居民正确的食物消费行为，改善居民的健康状况，降低营养不良导致的慢性病的发病率，1989 年，中国营养学会发布了《中国的膳食指南》。但当时的指南较为简单，仅提出了较为粗略的八条建议，即食物要多样，饥饱要适当，油脂要适量，粗细要搭配，食盐要限量，甜食要少吃，饮酒要节制，三餐要合理。此后，随着中国居民劳动强度的变化、饮食模式及营养均衡状况的改善及学术界营养知识的不断丰富，《中国居民膳食指南》（简称《指南》）不断更新，并分别于 1997 年、2007 年、2016 年及 2022 年发布了修订版。

1997 年，《指南》进一步提出了食物定量指导方案，并以宝塔图形表示（即膳食宝塔）。与第一版膳食指南相比，新指南强调"常吃奶类、豆类或其制品"，以弥补中国居民膳食钙摄入严重不足的缺陷；提倡居民重视食品卫生，增强自我保护意识。同时根据特定人群的特点需要，制定出不同人群的膳食指南要点，并依据特定人群对膳食营养的特殊需要提出了《特定人群膳食指南》。2007 年，中国营养学会发布《指南》第三次修订版，和 1997 年《指南》的条目比较，新指南增加了每天足量饮水，合理选择饮料，强调了加强身体活动、减少烹饪用油和合理选择零食等内容。2016 年《指南》减少了核心条目推荐数量，突出了实践部分和膳食模式，以及健康饮食文化倡导；并结合新研究和国内现状，对食物量和膳食模式进行修改完善。2022 年发布的第五版《指南》在研究和明晰食物/营养素和公共健康重要性的基础上，对盐、糖、胆固醇等做出明确和调整，同时强调饮食文化对合理膳食的支撑作用，对餐桌文明如分餐、不浪费等良好习惯提供环境支持。

此外，随着居民膳食消费和营养摄入行为的转变，不同版本的

《指南》对膳食宝塔也进行了相应的修订，这里重点就普通人群的膳食宝塔举例分析，不同食物推荐量的变化如图 2-1 所示。2007 年，首次提出食盐日消费量不超过 6 克的建议，然而多年来中国居民食盐消费量有增无减，钠元素摄入量过多导致的高血压等健康问题居高不下，2022 年推荐食盐消费量进一步降低到 5 克以下。1997 年《指南》推荐日油脂类摄入量不超过 25 克，此后，推荐量稳定在 25—30 克。奶制品的推荐消费量不断提升，1997 年仅有 100 克/日，2007 年提高至 300 克/日，2022 年的推荐消费量为 300—500 克/日。1997 年膳食宝塔中豆类及豆制品的推荐消费量为 50 克/日，2007 年则将豆制品及坚果消费量统计在一起，总计在 30—50 克/日，2016 年后，该推荐量下降为 25—35 克/日。

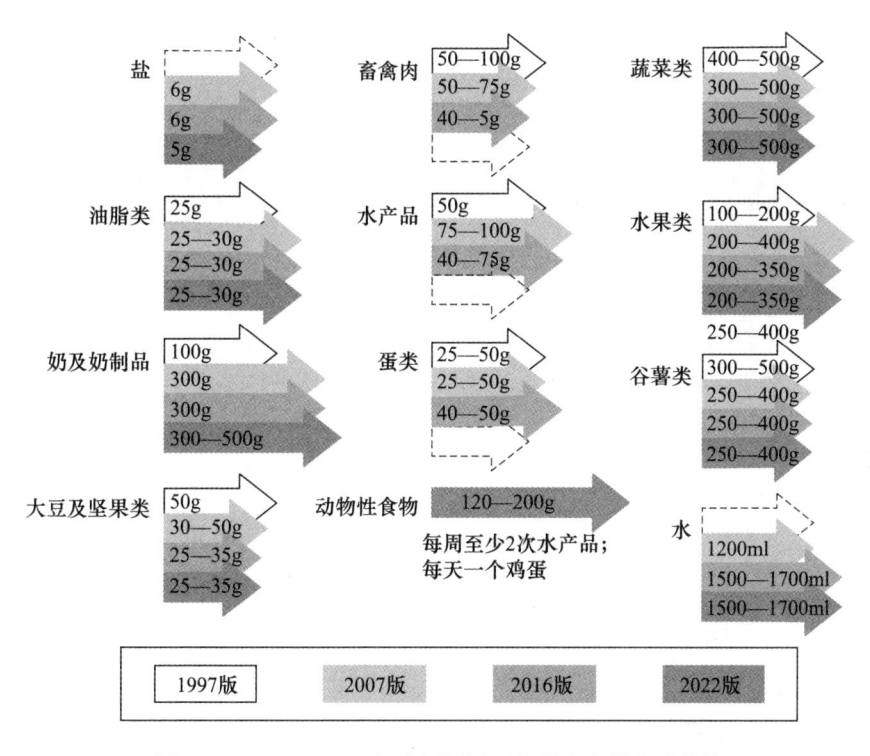

图 2-1　1997—2022 年中国居民平衡膳食宝塔变动趋势

膳食宝塔中关于动物性食物的推荐量调整幅度很大，1997年，畜禽肉、水产品、蛋类的推荐消费量分别为50—100克/日、50克/日、25—50克/日；2007年，畜禽肉的推荐消费量下降为50—75克/日，水产品推荐量则大幅提高至75—100克/日，蛋类推荐消费量保持不变；2016年，畜禽肉与水产品的推荐消费量均有所下降，蛋类推荐量则有小幅提升；2022年，动物性食物的推荐量取消了品种的单独限制，推荐每日动物性食物消费总量为120—200克，同时保证每周至少食用2次水产品，且每日食用一个鸡蛋。此外，蔬菜和谷薯类消费推荐量呈下降趋势，水果类则呈现先上升后下降趋势。2007年《指南》首次提出日饮水量应达到1200毫升，2016年与2022年则推荐日饮水量在1500—1700毫升之间。

二 营养均衡的内涵

生长发育离不开营养，体能与智能的发展也有赖于充足的营养。维持营养均衡，保证身体健康，也是均衡饮食的最终目标。营养均衡指人体能量摄入量与能量消耗量保持均衡，三大宏量营养素碳水化合物、脂肪、蛋白质摄入适量且供能比适中，水、无机盐、维生素及纤维素等常量及微量营养素皆维持在正常水平。例如，《中国居民膳食营养素参考摄入量（2013版）》（中国营养学会，2014）推荐18—50岁从事轻体力活动男性每天摄入能量2250千卡、蛋白质65克，脂肪及碳水化合物的供能比分别保持在20%—30%、50%—65%，摄入膳食纤维30克、维生素A 800微克、维生素C 100毫克，钙、钾、钠、铁、锌的摄入量分别保持在800毫克、2000毫克、1500毫克、12毫克、12.5毫克，胆固醇摄入量则要低于300毫克。

对于不同性别、不同年龄、不同生理状况及不同劳动强度的个体来说，营养素的需求量存在较大区别，以能量需求量为例（见表2-1），女性的需求量显著低于男性，轻体力劳动者的需求量低于重体力劳动者，14—18岁青少年的需求量高于其他年龄阶段，18—49岁的中青年群体的需求量次之，0—13岁的儿童及50岁以上的中老年群体能量需求量较低，其中，0—13岁儿童的能量需求量在不同年龄时差别很大。此外，孕妇和乳母的能量需求量也略高于普通女性。除能量外，蛋白质、脂肪、碳水化合物等宏量营养素及维生素、钙等微量营养素需求量也随性别、年龄、生理状况及劳动强度而变化，因此，不同人群营养素摄入量的充足程度，应严格按照其对应的需求量来判断，或者将其营养素摄入量转化为可比的标准人摄入量，才能在测算家庭营养素摄入量时避免家庭成员异质性导致的家庭营养素摄入量直接平均的偏差，同时可对不同群体的充足程度进行直接比较，进而更加准确地判断家庭内部的营养分配问题。

表2-1　　　　　　　　　中国居民膳食能量需要量　　　　　（单位：千卡/日）

	男性			女性		
	轻体力劳动	中体力劳动	重体力劳动	轻体力劳动	中体力劳动	重体力劳动
0	—	90①	—	—	90①	—
0.5	—	80①	—	—	80①	—
1	—	900	—	—	800	—
2	—	1100	—	—	1000	—
3	—	1250	—	—	1200	—
4	—	1300	—	—	1250	—
5	—	1400	—	—	1300	—
6	1400	1600	1800	1250	1450	1650
7	1500	1700	1900	1350	1550	1750
8	1650	1850	2100	1450	1700	1900
9	1750	2000	2250	1550	1800	2000
10	1800	2050	2300	1650	1900	2150
11	2050	2350	2600	1800	2050	2300
14	2500	2850	3200	2000	2300	2550
18	2250	2600	3000	1800	2100	2400
50	2100	2450	2800	1750	2050	2350
65	2050	2350	—	1700	1950	—

续表

	男性			女性		
	轻体力劳动	中体力劳动	重体力劳动	轻体力劳动	中体力劳动	重体力劳动
80	1900	2200	—	1500	1750	—
孕妇（1—12 周）	—	—	—	1800	2100	2400
孕妇（13—27 周）	—	—	—	2100	2400	2700
孕妇（≥28 周）	—	—	—	2250	2550	2850
乳母	—	—	—	2300	2600	2900

注：①单位为：千卡每天每公斤体重 [kcal/(kg·d)]。
　　②"—"表示未制定。
数据来源：《中国居民膳食营养素参考摄入量（2013 版）》（中国营养学会，2014）。

那么，营养不均衡的表现及危害如何？营养不均衡的表现形式包括摄入能量或营养物质的不足、过度或失衡，这些表现统称为营养不良。据此，营养不良可分为三大类：第一，能量摄入不足，主要表现为消瘦、发育迟缓、体重不足，营养不良使儿童特别容易受到疾病和死亡的威胁。消瘦是指体重低于其身高对应的标准体重，中度或重度消瘦儿童的死亡风险显著高于正常儿童；发育迟缓直观表现为相对年龄的身高不足，这是慢性或经常性营养不良造成的后果，通常与不良的社会经济条件，孕产妇保健和营养不良、频发疾病或对早期婴幼儿的不当喂养和护理有关；发育迟缓会阻碍儿童达到正常的身体和认知能力水平；体重过轻则是指相对于年龄而言体重过轻，可能会导致发育迟缓、消瘦或两者兼有。第二，与微量营养素相关的营养不良，即缺乏生长发育所需的重要维生素和矿物质，微量营养素使身体能够产生对正常生长和发育至关重要的酶、激素和其他物质，微量营养素的不足对全球人口的健康和发展特别是对低收入国家的儿童和孕妇构成重大威胁。第三，部分营养素摄入过量，造成超重和肥胖，异常或过多脂肪积累可损害健康。肥胖和超重的根本原因是摄入能量（过高）与消耗能量（过少）之间的不平衡。在全球范围内，人们正在消费能量更加密集（高糖和高脂肪）的食物和饮料，同时体力活动减少。另外，营养的不均衡可引起其他与饮食有关的非传染性疾病，包括心血管疾病（如心脏病和中风，并常与高血压相关）、某些癌症和糖尿病。目前，不健康饮食和营养不良已成为全球非传染性疾病的首要危险因素。

三 食物与营养保障的内涵

食物保障（Food Security）的定义为"所有人，在任何时候都能够不受身体、社会及经济条件的限制，获得充足的、安全的、富含营养的食物以满足其食物偏好以及积极健康生活的饮食需求"，这一定义涉及四个维度，即食物的充足供应（Availability）、食物的可获性（Access）、稳定性（Stability）与应用价值（Utilization）。其中，食物的充足供应要求国家通过平衡国内产量、进口量及食物库存以满足所有人口的食物需求，同时，具有完备的食物援助系统。可获性要求所有居民，尤其是贫困人口具有充足的食物购买力（Purchasing Power），其所处位置交通便利或市场完备，同时食物分布合理，可保证所有居民可以买到需要的食物。稳定性是指在气候变迁、价格波动或其他政治经济因素的冲击下均能保障充足的食物摄入。应用价值则意味着获取的食物是安全且高质量的，饮用水是干净的，可满足健康与卫生要求，并且可用于护理和喂养。

20 世纪 70 年代的"多部门营养计划"开展以来，营养保障（Nutrition Security）的概念逐步形成，用以敦促各国解决人口的营养不良状况，预防各类疾病，保障身体健康。食物与营养保障（Food and Nutrition Security）的概念则进一步扩展为所有人，在任何时候都不受身体、社会经济条件的限制，可获取数量充足且质量优良的食物以满足饮食需求及食物偏好，并得到充足的卫生、保健、护理服务的支持，享有积极健康的生活。收入增长对于食物与营养保障的主要效用便是提高居民的食物购买力（Purchasing Power），而在其他外部条件一定的情况下，其对食物与营养保障的影响则是本书关注的主要问题。提高贫困家庭的收入水平是国际上普遍采用的保障食物与营养安全的手段,因此,测算食物与营养素的收入弹性,是学术界关于食物与营养保障问题的研究所采用的主要手段,中国当前的扶贫政策同样以提高家庭收入、放松预算约束为主要目标,因此本书也以测算食物与营养素弹性为主要方法来了解收入增长对于贫困居民食物消费结构及营养摄入状况的影响,进而明确收入增长是否能够实现保障贫困居民食物安全与营养健康的目标。

第三节 食物及营养消费的理论基础

一 消费者需求理论

依据微观经济学中的消费者需求理论,理性家庭的需求问题可概述为:在一定的社会经济环境及收入约束条件下,具备不同特征的家庭依据商品的市场价格调整消费结构,通过对商品类型及数量的选择实现家庭效用最大化。

将上述过程简化为对食物的需求分析,可构建需求理论模型如下:

$$U = U(q_1, q_2, \cdots q_i, \cdots q_k \mid p_1, p_2, \cdots p_i, \cdots p_k, x, Z) \quad (2-1)$$

其中,U 为家庭的效用函数,q_i 为家庭对食物 i 的消费量,p_i 为食物 i 的市场价格,x 为家庭的可支配收入或总支出,Z 为家庭结构及其他社会经济特征,例如,家庭性别比例、年龄构成、家庭规模、地区偏好等。

在一定的家庭收入、商品的市场价格等约束下,依据方程(2-1),求解家庭效用最大化便可得到家庭对于食物选择的马歇尔需求函数:

$$q_i = f(p_1, p_2, \cdots, p_k, x, Z) \quad (2-2)$$

根据食物消费量,可进一步得出该家庭食物消费的一系列边际效应,求得收入弹性及价格弹性。

收入变化对马歇尔需求函数的影响如图 2-2（a）所示，对于正常物品，随着收入的增加，两种商品的消费量皆会有所增加，消费束由 A 点移动至 A'。同时，如图 2-2（a）图所示，收入是需求曲线的移动者（Shifter），即随着收入的增加，消费者的预算线将会向外移动。

价格变化对马歇尔需求函数的影响如图 2-2（b）所示，当物品 1 的价格上升，物品 1 的购买量 q_1 将由原来的 B 降到 D。由 B 到 D 的变动可分解为两个部分：一是通过收入变动来维持消费者的效用恒定而导致的消费变化，谓之替代效应，即 $B \rightarrow C$；二是在相对价格恒定的情况下的收入变动而导致的消费量变化，谓之收入效应，即 $C \rightarrow D$。另外，由罗伊等式导出来的马歇尔需求函数是关于价格（p）和收入（x）的零次齐次函数，因此，消费者只关心相对价格的变动而不关心绝对价格的变动，或者说，只有实际价格和收入才是消费者需求的影响因素。

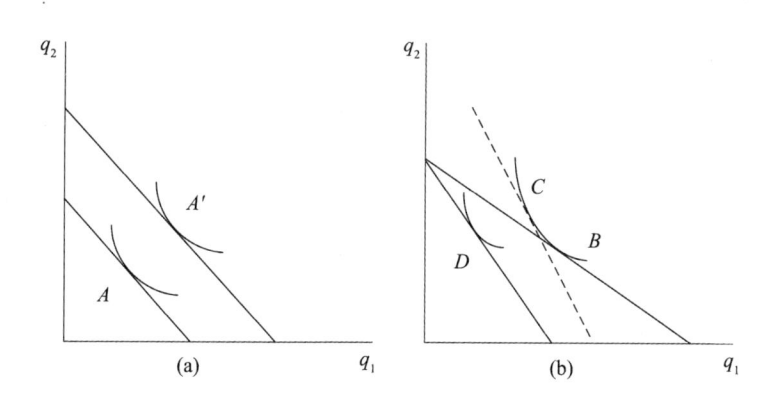

图 2-2　收入（a）及价格（b）变动对马歇尔需求函数的影响

相对于非贫困居民，贫困居民的收入较低，其面临的预算约束更强，即使在食物结构单一、营养严重不均衡的情况下，大多数家庭食物消费支出占总支出的比例仍然非常之高，因而收入的变化对其食物消费行为的影响更高。以图 2-3 为例，假设 F 为农村居民现有膳食知识水平下理想的食物消费水平。对于低收入居民来说，在当前的收入水平约束下，其食物消费量仅为 PF^1，与理想食物消费水平相去甚远，而高收入居民当前的食物消费量则为 NPF^1，已较为接近 F 点；当收入水平上升时，在偏好一定的情况下，低收入居民的食物消费量将会提高到 PF^2，仍然无法达到理想食物消费量，而对于高收入居民，在收入水平增长相同的幅度时，其食物消费水平已可以达到或超过理想食物消费水平，当其食物消费水平随着收入的提高达到 F 点后，居民便不再将更多的收入用于食物消费，而是转而消费于其他产品，因此，当贫困居民与非贫困居民的收入水平提高相同的幅度时，贫困居民用以改善饮食的支出要高于非贫困居民，其食物的支出/收入弹性也相对较大。同理，随着收入的提高，农村居民对于当前较为缺乏的食物消费量的增长幅度要高于当前消费量较为充足的食物。

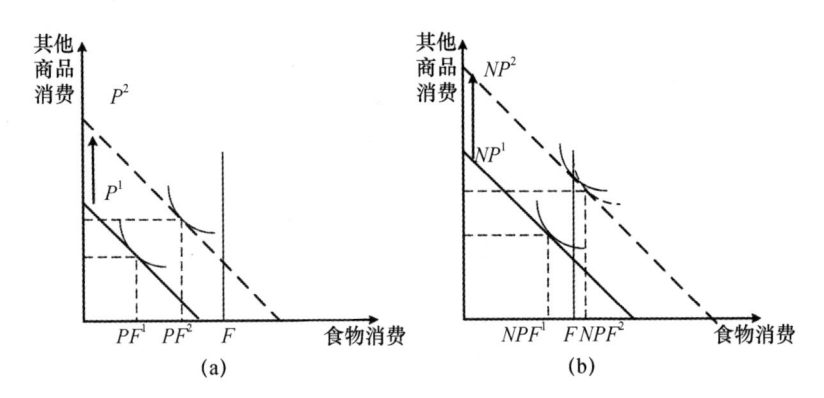

图 2-3 收入变动对不同收入（低收入-a，高收入-b）
居民食物需求的影响

二 营养消费相关的理论

营养摄入状况与食物消费紧密关联，食物消费量及消费结构决定了营养素的摄入状况，因而通过食物消费与营养摄入量的转化，消费者营养素摄入量是在收入预算限制下对食物效用方程最大化的选择。因此，目前的文献通常通过食物需求来衡量营养素的摄入状况。食品支出通常随着收入的增加而增加，而低收入群体在收入方面的食品支出弹性则更高（Ye 和 Taylor，1995）。然而，食物支出的增加并不一定导致更高的营养摄入量及营养均衡程度。许多研究已经表明，相对于食物的营养属性，消费者可能更关注食物的其他属性，如口味、外观、状态、加工程度等，这些非营养属性并不一定与营养价值正相关（Ye 和 Taylor，1995），因此收入的增加不一定能导致更健康的饮食，高食品支出弹性可能与低收入营养弹性共存（Behrman 和 Deolalikar，1987；Ye 和 Taylor，1995；Gao 等，2013；Jensen 和 Miller，2010）。食物价格变化对于营养摄入量及营养均衡程度的影响亦是如此，依据消费理论，食物的相对价格变化直接影响不同食物的消费量，然而食物的价格同样不一定与营养价值正相关，食物价格更高不一定意味着营养价值更高，同时，食物种类众多且不同食物的营养成分千差万别，食物组间或组内的替代皆有可能导致营养摄入量的变化，因此，营养素摄入量对于食物价格变化的影响程度也与食品的价格弹性不同。

相对于非贫困居民，贫困居民食物消费结构往往较为单一，对主食的依赖性强，收入提高后，其食物消费种类必然会更加丰富，正如图 2-3 所示，收入提高后，其用于改善饮食的收入比例也将更高，因此贫困居民的营养弹性通常较非贫困居民高。但限于当地的食物消费环境、自身的膳食知识水平及消费习惯，收入增长带来的食物消费结构的改善未必是完全符合其自身营养需求的，例如，中国的传统饮食习惯中偏爱猪肉，许多贫困地区仍然以"多吃猪肉"为富裕生活的象征，而多数地区缺乏饮用奶制品的习惯。这意味着，收入的提高虽然可以在一定程度上改善贫困居民的膳食质量，进而改善其营养水平，但并不一定可以有效地配置于不同的食物，并有针对性地解决其面临的膳食能量摄入不足、能量和营养摄入过量、微量营养素严重缺乏的三重负担。

世界许多国家和国际组织解决贫困问题的政策主要是发展经济，提高低收入群体的收入水平。如果贫困群体的营养收入弹性值接近于零，那么解决贫困问题的公共政策可能无法有效地改善贫困居民营养健康状况。因此，收入增长对于营养均衡状况的影响研究，对于保障食物与营养安全是非常必要的，而营养素收入弹性是对其最为直接的衡量方式。营养素收入弹性是发展经济学领域的一个重要概念，表示居民收入每增长1%，其营养素摄入量变动的百分比，是揭示收入对营养均衡状况影响程度的核心指标。营养弹性的估计方法分为直接方法和间接方法，直接方法就是将营养素摄入量直接对家庭总支出或人均支出、家庭人口特征及社会经济变量进行回归；间接方法则是先估计出各类食物的收入弹性，再基于每类食物的营养素含量将食物的收入弹性转化为营养的收入弹性，间接方法假定收入提高之后，家庭的食物消费结构不存在同一食物类别之间的替换。然而，当贫困家庭收入增加时，其食物消费组合会发生变化，食物组间及食物组内部的食物间皆会发生替代，这些变化必然导致贫困家庭消费的营养价格发生变化，因此，采用间接方法估计的营养弹性值往往存在高估的问题。

第四节 家庭内部资源分配的理论基础

目前经济学领域对于家庭内部资源分配的研究理论已非常丰富。Becker 和 Tomes（1976）提出的家庭资源分配的"经典模型"及在此基础上建立的 Becker 和 Tomes（1976）的"等爱模型"、Behrman 等（1982）的"收入—馈赠分离模型"都属于"一致家庭行为模型"，即假定家庭成员基于"一致追求整个家庭效用最大化"的原则配置家庭资源，面对劳动力市场的限制、文化宗教信仰、子女的禀赋等条件，父母在家庭现有的约束条件下对于当期及后期资源分配的选择、对于子女进行人力资本投资及纯粹的馈赠数量的选择以达到家庭效用最大化。与之相对，以 Nash Bargaining 模型和合作博弈非一致性的 Collective Household 模型为基础的"非一致家庭行为模型"则主张家庭成员（如夫妻）的偏好并不一定是一致的，例如夫妻的家庭地位、妇女的讨价还价能力等显著影响家庭内部资源分配。

由于本书关注的焦点为家庭收入的增长对于家庭内部资源分配的影响，而夫妻双方的讨价还价能力则不在本书的研究范围内，因此，本书选用"一致家庭行为模型"，即假定家庭主要成员的偏好一致。但为避免估计偏差，在模型中加入了家庭成年女性平均受教育程度以控制女性在家庭中的话语权对家庭营养分配可能产生的影响。具体地，本书借鉴 Mangyo（2008）的理论模型加以说明，假定一个家庭中有两个成员，一个为家庭的主要劳动力（如处于黄金年龄的成年人——中青年群体），即家庭收入的主要提供者，另一个为家庭的依赖者（如老人或孩子），即工作能力相对较低的个人。假定家庭遵从两阶段效用最大化的规则，为了简化讨论，本书假设不同成员的效用函数相同（即以一致性模型为基础），且不同家庭成员的效用是可分离的。此外，家庭同时关注效率和公平。因此，家庭面临如下的效用最大化问题：

$$\mathop{Max}_{X_p,X_d} U(X_p, X_d) = u(X_p) + \beta u(X_d)$$
$$s.t.\ X_p + X_d = Y_0 + w_p y(X_p) + w_d y(X_d) \qquad (2-3)$$

其中，X_p，X_d 分别为主要成员及依赖成员的营养摄入量；w_p，w_d 分别为主要成员及依赖成员的工资率；y 为生产函数。此外，假定效用函数及生产函数分别服从消费、生产理论：效用及产量随着营养摄入量的增加而增加，且为营养摄入量的凹函数，即在效用函数中有 $u'(X)>0$，$u''(X)<0$，生产函数中有 $y'(X)>0$，$y''(X)<0$。进一步，如 Mangyo（2008）所述，我们假设不同人群面临的生产函数相同，但工资率不同，且有 $w_p>w_d$。由于家庭成员面临相同的价格，因此约束条件中将营养的价格看作 1；β 表征对家庭成员的偏好，$\beta=1$ 时表示对不同家庭成员的偏好相同。为保证模型存在唯一解，我们假设最优解处，有 $0 \leq \omega_m y'(X) < 1$（$m=p, d$）。

在此模型中，我们关注主要成员及依赖成员营养摄入量相对于外生家庭收入 Y_0 的弹性；显然，初始收入越高，家庭成员的营养摄入量越高，即 $\frac{dX_p}{dY_0} > 0$，$\frac{dX_d}{dY_0} > 0$，因此，主要成员及依赖成员营养摄入量相对于 Y_0 的弹性为正（$\eta_m = \frac{dX_m^*}{dY_0} \frac{Y_0}{X_m^*} > 0$，$m=p, d$，部分营养素的弹性可能为零）。计算不同成员营养—收入弹性的相对大小则较为复杂，假设家庭的生产函数为线性形式，因此，我们有 $w_m y(X_m) = w_m X_m$，$m=p, d$。与依赖成员相比，主要成员的工资率更高（$w_p > w_d$），因此，将营养分配于主要成员，将会提高家庭的预算约束。因而，从家庭效率的角度来看，家庭更倾向于将营养分配于主要成员，但同时，依据函数式（2-3）的设定，家庭成员的营养素—收入弹性及不同成员间营养素摄入量的不平等程度将会同时取决于效用函数的形状、家庭对不同成员的偏好程度及其对家庭中效率与公平的权衡，其结果的验证为一个计量问题。

相对于普通家庭，贫困家庭整体收入较低，面临更为严重的资源约束，其食物消费总量有限，无法满足所有家庭成员的基本需求，因此即便是最基础的生存资源，也更有可能被集中分配于家庭中受到"偏爱"的成员，而在这种情况下，部分群体缺乏营养的状况将会更为严重。如上所述，收入提高以后，非贫困家庭的食物消费总量相对来说更为充足，因此更有可能同时照顾到不同类型的家庭成员，而贫困家庭的食物消费总量可能仍然低于其理想食物消费量，那么收入增长带来的食物支出的增加，是否能公平地分配于所有成员，以及在食物与营养分配中受到"冷落"的家庭成员是否能得到弥补，贫困家庭的选择可能会与贫困家庭存在较大差异。

第五节　本章小结

本章首先分析了贫困的定义及中国贫困标准的发展，明确了目前中国农村贫困标准的制定原则及扶贫政策目标，为本书贫困家庭选择标准提供政策支撑，同时，明确了收入增长的政策代表性。其次，分析了食物均衡与营养均衡的内涵及标准，描述了食物与营养不均衡的不良后果，反映了食物与营养均衡的重要性，并进一步解释了食物与营养保障的内涵，为本书的研究内容提供强有力的研究动机。最后，梳理了食物及营养消费的理论基础，为下文食物消费模式及营养摄入状况对收入的反应程度的测算提供理论支撑；同时，梳理了家庭内部资源分配的理论基础，为衡量家庭食物及营养分配不均状况及其对收入的反应提供理论基础。

第三章

农村贫困家庭食物及营养消费演变趋势

收入增长对于农村贫困家庭食物及营养消费的影响是本书关注的重点问题，在利用微观数据进行更为严谨的实证分析前，本章首先对农村贫困家庭的相关宏观数据进行了描述统计分析。具体地，首先描述了既往农村贫困状况、收入的变动趋势以及恩格尔系数的变动趋势，限于农村贫困家庭数据的缺失，以农村低收入家庭的状况作为补充；进一步，分析并总结了农村贫困家庭食物消费结构及营养摄入状况的演变趋势，为下文的分析提供事实依据。为了明确农村贫困（低收入）家庭的收入、食物消费结构与营养摄入状况演变的特殊性，本章同时关注城乡家庭及不同收入组农村家庭的演变趋势，以与贫困（低收入）家庭进行比较，另外，也可为未来农村低收入家庭的发展提供借鉴。

第一节　农村贫困演变趋势

一　农村贫困人口的时空演变趋势

在了解农村贫困家庭的食物及营养消费状况前，需首先了解农村的贫困状况。表3-1列出了1978—2020年中国农村贫困人口的数量及贫困率的变化情况。数据显示，1978年以来，中国扶贫工作取得巨大进展，贫困人口及贫困发生率显著下降。1978年，中国贫困人口高达2.5亿人次，贫困率为30.7%。1978年底，党的十一届三中全会做出了"改革开放"的重大决议，农村改革提高了农民的生产积极性，农村社会的经济发展得到了质的飞跃，贫困率在随后的两年内便得到了跳跃式下降，1981年，中国农村的贫困率下降至18.5%，比1978年降低了12.2%。此后，虽然下降幅度较低，但中国的贫困人口及贫困发生率在略微的波动中不断下降，至2000年，1978年贫困标准下的中国农村贫困人口仅有3209万，贫困发生率下降至3.5%。

2000年中国提出了新的贫困标准。标准提高后，2000年贫困人口数量提高至9422万人次，贫困发生率为10.2%，2008年，"2000年标准"变为正式的扶贫标准，并称作"2008年标准"，在这一标准下，2008年中国的贫困人口已下降至4007万人次，贫困发生率则下降至4.2%；至2010年，贫困发生率进一步下降至2.8%。随着中国社会经济的发展，2010年，中国再次提出了新的扶贫标准——"2010年标准"，新标准实施后，中国农村贫困居民数量再次提高至1.6亿人次以上，当年的贫困发生率为17.2%，但在这一新时期，中国脱贫的速度明显高于前期，2010—2020年，中国16567万贫困人口全部脱贫，这一阶段的年均脱贫速度超过了除1980—1981年与1988—1990年之外的其他任何一年。综上，1978年以来，中国贫困标准不断提高，但无论在任何阶段，贫困人口及贫困发生率都在不断下降，扶贫成效显著。

表3-1　历年全国农村贫困人口（万人）与贫困发生率（%）
（1978—2020年）

年份	1978年标准		2008年标准		2010年标准	
	贫困人口	贫困发生率	贫困人口	贫困发生率	贫困人口	贫困发生率
1978	25000	30.7			77039	97.5
1980	22000	26.8			76542	96.2
1981	15200	18.5				
1982	14500	17.5				
1983	13500	16.2				
1984	12800	15.1				
1985	12500	14.8			66101	78.3
1986	13100	15.5				
1987	12200	14.3				
1988	9600	11.1				
1989	10200	11.6				
1990	8500	9.4			65849	73.5
1991	9400	10.4				
1992	8000	8.8				
1994	7000	7.7				
1995	6540	7.1			55463	60.5
1997	4962	5.4				
1998	4210	4.6				
1999	3412	3.7				
2000	3209	3.5	9422	10.2	46224	49.8
2001	2927	3.2	9029	9.8		
2002	2820	3.0	8645	9.2		
2003	2900	3.1	8517	9.1		
2004	2610	2.8	7587	8.1		
2005	2365	2.5	6432	6.8	28662	30.2
2006	2148	2.3	5698	6.0		
2007	1479	1.6	4320	4.6		
2008			4007	4.2		

续表

年份	1978年标准		2008年标准		2010年标准	
	贫困人口	贫困发生率	贫困人口	贫困发生率	贫困人口	贫困发生率
2009			3597	3.8		
2010			2688	2.8	16567	17.2
2011					12238	12.7
2012					9899	10.2
2013					8249	8.5
2014					7017	7.2
2015					5575	5.7
2016					4335	4.5
2017					3046	3.1
2018					1660	1.7
2019					551	0.6
2020					0	0

数据来源：历年《中国统计年鉴》。

中国疆域宽广，不同地区地形、气候、人文差异巨大，经济的发达程度也各不相同，同样，不同地区的扶贫力度也不相同，贫困人口及贫困发生率因此存在较大的区域差异。限于统计数据的缺失，本书仅汇总了1998—1999年和2010—2019年分地区农村贫困人口及贫困发生率，由于这两个阶段的贫困标准不同，因此分开进行讨论。

表3-2列出了1998—1999年中国东、中、西部地区的贫困人口数量及贫困发生率，不同地区差异很大。1998年，中国东部地区的贫困发生率仅有1.7%；中部地区的贫困发生率高于东部地区，为4.8%；西部地区的贫困发生率则高达9.1%，为东部地区贫困发生率的5倍多。1999年，中国各地区贫困人口及贫困发生率皆有所下降，全国平均贫困发生率比1998年降低了19.6%；从不同地区来看，中国东部地区的贫困发生率降低了0.4个百分点，比1998年降低了23.5%；西部地区的贫困发生率降低了1.8个百分点，但仅比

1998 年降低了 19.8%，脱贫速率低于东部地区；中部地区的脱贫速率最低，1999 年中部地区的贫困发生率降低了 0.9 个百分点，比 1998 年降低了 18.8%。

表 3-2　分地区农村贫困人口数量和贫困发生率（1998—1999 年）

地区	1998 年		1999 年	
	贫困人口数量（万人）	贫困发生率（%）	贫困人口数量（万人）	贫困发生率（%）
全国合计	4210.4	4.6	3412.2	3.7
东部地区	622.1	1.7	501.2	1.3
中部地区	1558.8	4.8	1266.9	3.9
西部地区	2029.5	9.1	1644.1	7.3

注：东部地区：北京、天津、河北、辽宁、上海、江苏、浙江、福建、山东、广东、广西和海南；中部地区：山西、内蒙古、吉林、黑龙江、安徽、江西、河南、湖北和湖南；西部地区：重庆、四川、贵州、云南、西藏、陕西、甘肃、青海、宁夏和新疆。下同。

数据来源：《中国农村贫困监测报告（2000）》。

表 3-3 列出了 2010—2020 年东、中、西部地区的贫困人口数量及贫困发生率。数据显示，2010—2019 年，东、中、西部地区的贫困发生率皆呈下降趋势，且不同地区的差异不断下降。2010 年东部地区的贫困发生率为 7.4%，中部为 17.2%，西部地区则高达 29.2%，分别比东、中部地区高 21.8 个、12.0 个百分点；东部与中部的贫困发生率差别相对较小，2010 年其贫困发生率的差异仅有 9.8%。2017 年，东部地区贫困发生率已不到 1%，但中、西部地区仍然高达 3.4% 和 5.6%。随着精准脱贫项目的不断深入，2019 年，东部地区的贫困发生率已降至 0.1%，中部地区仅比东部地区高 0.5%，西部地区的贫困发生率也降至 1% 左右；2020 年，东、中、西部均已摆脱绝对贫困，进入共同富裕时代。

表3-3　分地区农村贫困人口数量和贫困发生率（2010—2020年）

年份	贫困人口规模（万人）			贫困发生率（%）		
	东部	中部	西部	东部	中部	西部
2010	2587	5551	8429	7.4	17.2	29.2
2011	1655	4238	6345	4.7	13.1	21.9
2012	1367	3446	5086	3.9	10.6	17.5
2013	1171	2869	4209	3.3	8.8	14.5
2014	956	2461	3600	2.7	7.5	12.4
2015	653	2007	2914	1.8	6.2	10.0
2016	490	1594	2251	1.4	4.9	7.8
2017	300	1112	1634	0.8	3.4	5.6
2018	147	597	916	0.4	1.8	3.2
2019	47	181	323	0.1	0.6	1.1
2020	0	0	0	0.0	0.0	0.0

数据来源：2010—2019年数据来源于《中国农村贫困监测报告（2020）》。

二　中外贫困率的比较

如前文所述，1978年以来，中国扶贫工作取得巨大进展，东、中、西部地区贫困人口数量及贫困率皆显著下降。那么，中国的贫困状况与其他国家相比如何？图3-1为按照每天2.15美元（2017年PPP）衡量的世界与中国贫困人口比例。如图3-1所示，1990年，中国贫困发生率超过70%，为世界平均贫困比例的1.9倍；此后，随着中国经济的发展及对扶贫事业的投资，这一比例不断下降，2005年后，中国贫困人口比例低于世界平均值；2019年，中国贫困人口比例下降至0.1%，仅为世界平均水平（8.4%）的1.2%。总体来看，1990年以来，中国平均每年贫困发生率下降约2.5%，而世界平均水平则仅为1.0%左右，因此，中国脱贫速率较世界平均水平快很多。

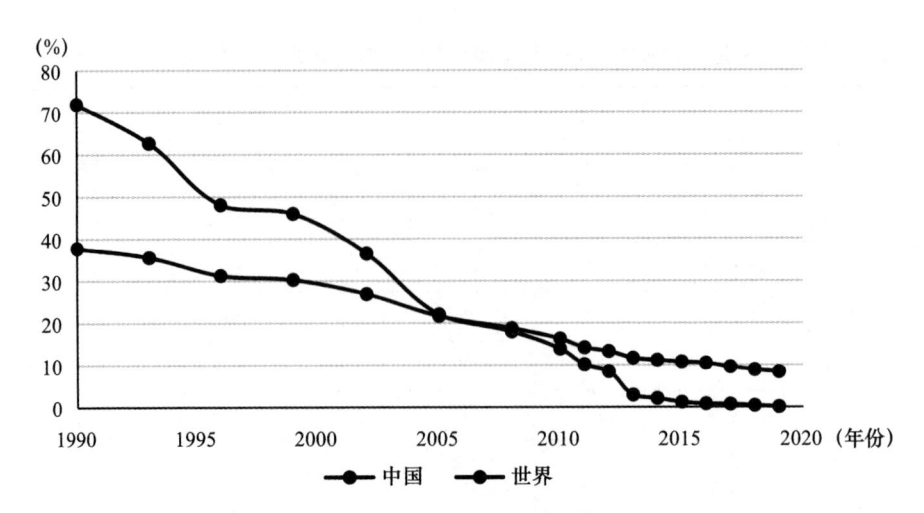

```
(%)
80
70
60
50
40
30
20
10
 0
   1990    1995    2000    2005    2010    2015    2020 (年份)
              ——中国      ——世界
```

**图 3–1　按照每天 2.15 美元（2017 年 PPP）衡量的世界
与中国贫困人口比例**

数据来源：世界银行数据库。

进一步，将中国不同情况下的贫困人口比例与世界主要国家进行对比。表 3–4 显示，大部分高收入国家，无论是以 2.15 美元或是 3.65 美元为标准衡量，2014—2020 年其贫困人口比例皆不超过 2%，事实上，除美国、西班牙及意大利，表 3–4 中所列高收入国家的贫困人口比例都不超过 1%。即使按照 6.85 美元贫困标准测算，2014—2020 年高收入国家的贫困人口比例也基本不超过 3%，其中仅西班牙、意大利的贫困人口比例超过 2%。因此，若按照世界银行标准，大多数高收入国家可以说是已经摆脱了绝对贫困。

表 3–4　世界主要国家不同情况下的贫困人口比例（2014—2020 年）（单位：%）

国家分类	国家	2.15 美元标准	3.65 美元标准	6.85 美元标准	年份①
高收入国家	法国	0	0	0	2018
	英国	0	1	1	2017
	美国	1	1	2	2019
	瑞典	0	0	1	2019
	西班牙	1	1	3	2019

续表

国家分类	国家	2.15美元标准	3.65美元标准	6.85美元标准	年份①
高收入国家	爱尔兰	0	0	0	2018
	荷兰	0	0	0	2019
	比利时	0	0	0	2020
	挪威	0	0	1	2019
	丹麦	0	0	0	2019
	葡萄牙	0	0	2	2019
	加拿大	0	1	1	2017
	意大利	2	2	3	2018
	波兰	0	0	1	2018
中高等收入国家	中国	0	3	25	2019
	俄罗斯	0	0	4	2020
	阿根廷	1	4	14	2020
	墨西哥	3	10	33	2020
	泰国	0	1	13	2020
中低等收入国家	孟加拉国	14	52	87	2016
	印度尼西亚	4	22	61	2021
	埃及	3	22	73	2017
	越南	1	5	22	2018
低收入国家	南非	21	40	62	2014
	也门	20	54	85	2014
	塔吉克斯坦	6	26	66	2015
	卢旺达	52	78	92	2016

注：①2014—2018年数据中不同国家统计的年份不同，具体统计年份在"年份"一列标明。除国家标准外，不同贫困标准均采用2011年购买力平价计算。

②"—"表示未提供该数据。

数据来源：世界银行数据库；国家收入分类来自世界银行分类。

相对于中高收入国家，中国贫困人口比例相对较高，但主要集中在高贫困标准情形下，例如，若按照世界银行最新划定的6.85美元的贫困标准看，中国2019年贫困率可达25%，较大部分高收入国家、部分中高收入国家更高。但从不同标准下中国的贫困发生率来看，目前中国的贫困标准已超过世界银行确定的极端贫困线（2.15美元），且基本达到 3.25 美元的中等贫困标准。

第二节 农村不同收入家庭的收支状况

一 城乡居民家庭的收支状况及恩格尔系数

表 3-5 列出了改革开放 40 多年以来城乡居民家庭实际收入、支出及食品消费的变化状况。数据显示，1978 年以来，中国城乡居民的收入、总支出及食物支出皆有巨大提高。1978—2020 年，城镇居民的人均可支配收入由 343.4 元增长至 5933.9 元，提高了 16.3 倍，农村家庭人均纯收入由 133.6 元增长至 2555.1 元，提高了 18.1 倍，城乡居民的总支出则分别提高了 11.7 倍、13.8 倍（城镇、农村分别使用 1978—2020 年、1980—2020 年数据测算）；城乡居民食品支出的变化差异较大，1981—2020 年，城镇家庭人均食物消费支出由 374.7 元增长至 1066.8 元，提高了 1.8 倍，而农村家庭则由 1980 年的 91.5 元增长至 2020 年的 668.1 元，提高了 6.3 倍，这主要是由于农村家庭的食品消费支出基数很低，因此变化较大。

比较城乡居民的收入及支出情况可以发现，城乡居民的差异很大，1978—2020 年，城镇居民家庭的平均收入、总支出与食品支出分别为农村居民的 2.5 倍、2.2 倍、2.1 倍。1978 年以来，城乡居民家庭的差异经历了先下降后上升然后缓慢下降的过程，1978—1985 年，随着家庭联产承包责任制的实行及大力普及，农村的生产积极性得到极大的释放，收入有了很大的提升，城乡差异逐渐缩小；1986—2007 年，城乡差异在波动中呈持续扩大的趋势，且变化较快，2007—2009 年，城乡收入差异达到顶峰，城市家庭人均可支配收入为农村家庭人均纯收入的 2.8 倍，同一阶段，城乡总支出与食品支出差异也达到峰值，城镇居民人均现金消费支出为农村居民人均消费支出的 2.8 倍，城镇家庭人均食品消费支出则为农村家庭的 2.3—2.5 倍，但值得注意的是，1981—2020 年城乡居民家庭食品支出差异的极值出现在 1981 年，这一年城市居民食品支出为农村居民的 3.7 倍。1981 年，中国城镇居民家庭人均食品消费支出为 374.7 元，而农村居民则仅有 101.7 元；至 2020 年，中国城镇居民家庭的人均食品消费支出增长至 1066.8 元，农村居民虽然增长速度远高于城镇居民，但由于农村家庭基数较低，2020 年农村居民家庭的人均食品消费支出仅有 668.1 元，只达到城镇居民的 62.6%。

表 3-5　　城乡居民家庭实际收入及支出情况（1978—2020 年）　　（单位：元）

年份	城镇			农村		
	人均可支配收入	人均消费支出	人均食品消费支出	人均纯收入	人均消费支出	人均食品消费支出
1978	343.4	311.2	—	133.6	—	—
1979	397.4	0.0	—	157.2	—	—
1980	436.2	376.6	—	174.7	148.1	91.5
1981	446.0	407.1	374.7	199.1	170.1	101.7
1982	467.9	411.7	377.7	236.1	192.5	116.7
1983	483.8	433.5	397.6	265.5	212.8	126.5
1984	543.9	466.6	428.9	296.3	228.4	135.4
1985	550.7	501.6	262.1	308.2	246.0	142.2
1986	627.4	556.4	291.7	309.6	260.8	147.2
1987	641.5	566.2	302.8	318.2	273.9	152.8
1988	626.1	585.7	300.8	319.0	279.1	150.7
1989	626.8	552.5	301.1	295.3	262.8	144.0
1990	680.3	576.1	312.5	322.2	274.5	161.4

续表

年份	城镇			农村		
	人均可支配收入	人均消费支出	人均食品消费支出	人均纯收入	人均消费支出	人均食品消费支出
1991	728.9	623.1	335.4	325.2	284.4	163.9
1992	799.8	659.7	349.2	343.7	288.9	166.3
1993	876.1	717.5	359.7	355.4	296.8	172.3
1994	950.6	775.2	386.8	381.6	317.8	187.1
1995	997.0	823.5	412.5	419.7	348.6	204.3
1996	1035.3	838.6	407.5	474.9	387.6	218.3
1997	1070.8	868.6	403.1	502.7	388.9	214.1
1998	1132.6	904.3	402.3	525.2	386.3	206.4
1999	1238.2	976.3	408.7	545.1	389.0	204.4
2000	1312.6	1048.7	413.6	563.3	412.3	202.5
2001	1422.0	1106.3	419.7	589.5	426.4	203.4
2002	1610.7	1269.2	478.2	621.9	451.1	208.6
2003	1753.3	1358.1	504.2	651.3	470.4	214.5
2004	1885.1	1450.3	547.2	699.0	504.6	238.3
2005	2063.7	1578.8	579.3	761.6	577.5	262.6
2006	2275.7	1703.2	609.5	830.8	629.9	271.0
2007	2549.2	1873.6	679.9	914.1	681.1	293.4
2008	2759.4	1995.2	756.0	991.7	726.3	317.2
2009	3026.6	2196.4	802.0	1081.6	794.7	325.6
2010	3258.6	2337.6	833.7	1204.9	841.7	345.9
2011	3531.1	2498.5	907.4	1342.5	948.0	382.6
2012	3871.4	2675.6	969.3	1486.0	1046.5	411.6
2013	4139.3	2891.5	871.3	1624.7	1289.6	440.0

续表

年份	城镇			农村		
	人均可支配收入	人均消费支出	人均食品消费支出	人均纯收入	人均消费支出	人均食品消费支出
2014	4418.5	3058.8	919.1	1775.2	1418.7	476.2
2015	4708.0	3228.5	959.9	1908.1	1540.7	509.2
2016	4969.1	3411.5	999.6	2026.8	1660.7	535.4
2017	5290.1	3553.1	1017.6	2174.0	1773.1	552.7
2018	5588.1	3717.5	1030.6	2317.0	1921.8	577.9
2019	5866.1	3886.4	1070.8	2460.9	2047.3	614.2
2020	5933.9	3656.1	1066.8	2555.1	2045.3	668.1

注：①2013年后为新口径数据。②城镇与农村居民数据分别采用1978年为基期的城镇与农村消费价格指数平减，其中1978—1985年农村消费价格指数缺失，采用城镇消费价格指数代替。③"—"表示缺失值。

数据来源：历年《中国统计年鉴》。

为了更直接地描述城乡居民食品支出比例的差异，图3-2绘出了1978—2020年城乡居民家庭的恩格尔系数。如图3-2所示，改革开放以来城乡居民家庭的恩格尔系数整体呈下降趋势，1978—2019年，城乡居民家庭的恩格尔系数分别从67.7%、57.5%降低到30.0%、27.6%，分别下降了37.7个、29.9个百分点，2020年由于居家防疫，收入下降，非食物支出降低，恩格尔系数有所提升。城乡居民家庭恩格尔系数的差异与收入差异的变化趋势一致，1978年以来，城乡居民家庭恩格尔系数的差异先下降后上升然后有所下降，1999—2001年，中国城乡居民家庭恩格尔系数的差异最高，农村居民家庭的恩格尔系数为城市居民家庭的1.25倍。同时，图3-2显示，1978年以来，农村居民家庭的恩格尔系数始终高于城镇居民家庭。

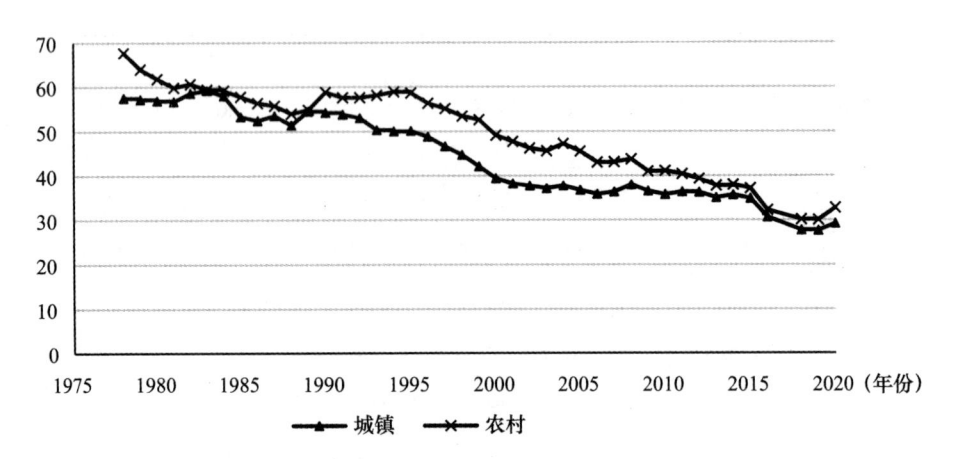

图 3-2　城乡居民家庭恩格尔系数（1978—2020 年）（%）

数据来源：根据中国知网数据库年度数据搜索整理。

二　农村低收入家庭的收入状况及恩格尔系数

城乡居民家庭的收入及食品消费支出差别如此巨大，那么农村不同收入家庭的收入与食品消费支出是否也存在较大差异？表 3-6 列出了 2002—2020 年以来不同收入组农村家庭实际人均纯收入（可支配收入）的变化状况。

表 3-6　不同收入组农村家庭实际人均纯收入（2002—2020 年） （单位：元）

年份	平均	低收入户	中等偏下户	中等收入户	中等偏上户	高收入户
2002	2528.9	857.0	1548.0	2164.0	3031.0	5903.0
2003	2648.3	852.4	1581.4	2237.6	3156.7	6247.8
2004	2842.6	945.8	1730.2	2421.9	3388.7	6509.7
2005	3097.0	980.7	1854.7	2619.9	3678.8	7119.5
2006	3378.4	1070.7	2012.0	2850.9	4026.3	7673.8
2007	3717.3	1157.1	2218.0	3143.2	4407.0	8411.1
2008	4032.8	1210.0	2367.8	3390.9	4782.9	9108.4

续表

年份	平均	低收入户	中等偏下户	中等收入户	中等偏上户	高收入户
2009	4398.3	1253.8	2516.8	3643.3	5233.9	9969.1
2010	4899.8	1460.6	2828.8	4079.0	5812.3	10975.1
2011	5459.3	1477.1	3142.2	4583.4	6566.6	12391.7
2012	6042.7	1668.3	3462.8	5071.6	7305.3	13692.0
2013	6822.1	1809.8	3864.8	5564.2	7967.9	14903.7
2014	7745.5	1905.0	4545.2	6540.7	9255.9	16480.8
2015	8310.5	2096.1	4905.2	7004.1	9875.3	17671.5
2016	8822.5	2004.3	5218.5	7439.4	10484.9	18965.3
2017	9460.8	2173.2	5494.8	7883.6	11151.9	20600.4
2018	9900.6	2363.2	5484.4	8076.7	11635.6	21943.2
2019	10467.0	2662.5	6092.9	8735.3	12325.9	22518.4
2020	10818.8	2839.3	6302.5	8922.7	12666.5	23362.7

注：①表中数据采用2002年为基期的农村消费价格指数平减。②2013年以后为新口径数据，即家庭人均可支配收入；2013年以后皆未提供农村家庭平均数据，因此，采用简单平均方法计算。

数据来源：历年《中国统计年鉴》。

表3-6显示，中等偏下户的人均收入比低收入户高80%—160%，中等收入户、中等偏上户、高收入户的人均收入分别比低收入户高150%—270%、250%—420%、580%—850%。从不同年份的变化来看，2002—2020年，低收入农村家庭人均收入由857.0元提高至2839.3元，增长了2.3倍，中等偏下户、中等收入户、中等偏上户及高收入户农村家庭人均纯收入则分别提高了3.1倍、3.1倍、3.2倍、3.0倍；由上述数据可以看出，低收入农村家庭的收入增长速度最慢，2016年前，农村家庭不同收入组之间的收入差距随时间的推移呈现增长的态势，此后，略有下降。将不同收入组的家庭实际人均收入与农村均值相比可以发现，中等收入户农村家庭的

平均值低于整个农村的平均值,表明农村家庭实际人均收入为正偏态分布。综上,2002以来,中国农村家庭人均收入普遍得到提高,但同时收入差距也在不断扩大。

表3-7列出了2002—2012年农村不同收入组农村家庭实际人均消费总支出的变化情况。数据显示,农村家庭不同收入组人均消费支出的差异远小于人均收入的差异:中等偏下户的人均消费总支出比低收入户高20%—30%,中等收入户、中等偏上户、高收入户比低收入户的人均消费总支出分别高45%—65%、80%—110%、170%—250%。从不同年份的变化来看,2002—2012年,低收入农村家庭人均消费总支出由1006.4元提高至2695.6元,增长了94.7%,中等偏下户、中等收入户、中等偏上户及高收入户农村家庭人均消费总支出则分别提高了1.2倍、1.3倍、1.4倍、1.3倍。值得注意的是,2002—2012年,低收入户的人均消费支出高于人均纯收入,表明其人均纯收入不足以满足消费,而更可能需要依靠农业来获得食物,且基本没有存款;这一现象随着时间的推移逐渐加重,2002年,低收入户的人均消费支出为人均纯收入的1.2倍,2012年则提高至1.6倍。此外,农村家庭不同收入组之间的支出差异随时间的推移略有下降。

表3-7 不同收入组农村家庭实际人均消费总支出(2002—2012年)(单位:元)

年份	低收入户	中等偏下户	中等收入户	中等偏上户	高收入户
2002	1006.4	1310.3	1645.0	2086.6	3500.1
2003	1048.2	1356.1	1705.6	2155.1	3697.0
2004	1172.4	1484.9	1832.9	2310.1	3878.1
2005	1422.8	1758.0	2139.0	2645.8	4220.8
2006	1471.1	1846.4	2325.2	2925.1	4778.1
2007	1589.8	2025.6	2524.4	3163.8	5149.7
2008	1730.3	2140.2	2651.3	3381.4	5529.3
2009	1905.7	2323.3	2869.6	3715.9	6057.7

续表

年份	低收入户	中等偏下户	中等收入户	中等偏上户	高收入户
2010	1980.6	2515.0	3096.4	3925.8	6398.1
2011	2445.8	2925.5	3557.3	4432.2	6755.6
2012	2695.6	3215.6	3911.4	4987.4	7401.2

注：①表中数据采用2002年为基期的农村消费价格指数平减。②2013年以后数据未公布。

数据来源：历年《中国统计年鉴》。

表3-8列出了2002—2012年不同收入组农村家庭实际人均食品消费总支出的变化情况。表3-8显示，农村家庭不同收入组人均食品消费支出的差异与人均消费总支出相比，进一步下降，中等偏下户、中等收入户、中等偏上户、高收入户的人均食品消费分别比低收入户高15%—25%、35%—45%、60%—75%、120%—150%。从不同年份的变化来看，2002—2012年，低收入农村家庭人均食品消费总支出由562.4元提高至1167.1元，增长了107.5%，中等偏下户、中等收入户、中等偏上户及高收入户农村家庭人均总支出则分别提高了99.5%、95.6%、102.7%、92.7%，这与人均收入及人均消费总支出的变化趋势有所不同，相对于其他收入组，农村低收入户的人均食品消费支出的变化幅度更大，因此，随着时间的推移，低收入组与其他收入组人均食品消费支出的差异逐渐下降。

表3-8　　　　不同收入组农村家庭实际人均食品消费总支出
（2002—2012年）　　　　　　　（单位：元）

年份	低收入户	中等偏下户	中等收入户	中等偏上户	高收入户
2002	562.4	686.8	809.0	949.5	1354.3
2003	566.7	702.9	827.7	983.6	1406.8
2004	652.2	790.0	926.2	1096.5	1516.7
2005	731.8	873.1	1030.1	1192.2	1661.1
2006	729.2	887.2	1045.7	1238.5	1779.9
2007	800.8	969.5	1139.7	1350.5	1892.6

续表

年份	低收入户	中等偏下户	中等收入户	中等偏上户	高收入户
2008	878.1	1043.7	1231.9	1464.8	2034.2
2009	895.7	1065.9	1254.1	1506.6	2105.5
2010	966.1	1144.1	1342.0	1599.5	2209.4
2011	1096.7	1277.3	1484.6	1768.7	2410.3
2012	1167.1	1370.5	1582.8	1925.1	2609.4

注：①表中数据采用2002年为基期的农村消费价格指数平减。②2013年以后数据未公布。
数据来源：历年《中国统计年鉴》。

图3-3为2002—2012年不同收入组农村居民家庭的恩格尔系数。如图3-3所示，2002年以来农村不同收入家庭的恩格尔系数在波动中不断下降，2002—2012年，农村低收入户、中等偏下户、中等收入户、中等偏上户、高收入户的恩格尔系数分别下降了12.6个、9.8个、8.7个、6.9个、3.4个百分点，表明随着收入的增长，恩格尔系数的变化程度下降，由此，随着时间的推移，低收入组与其他收入组人均消费支出的差异逐渐下降，且低收入居民人均消费支出相对于食品消费支出增速更高。从不同收入组的恩格尔系数来看，高收入组与其他收入组的差别非常显著，2002—2012年分别比中等偏下户、中等收入户、中等偏上户、高收入户平均低13.2个、11.2个、8.7个、6.0个百分点，其他收入组中，相近的两个收入组间的差异基本一致，基本都在2%—3%之间；更直接地，将低收入组与其他收入组相比，中等偏下户、中等收入户、中等偏上户、高收入户的人均食品消费分别比低收入户低1%—7%、6%—12%、11%—19%、19%—30%。

比较城乡家庭及不同收入农户的人均收入可以发现，农村高收入户的人均收入已接近城镇家庭，但其他收入农户的人均收入则与之存在较大差异，城镇家庭与高收入农户人均收入的增长幅度也超过其他收入家庭。农村低收入家庭不仅人均收入远低于农村其他收入家庭与城镇家庭，且其收入增长幅度远小于其他类型家庭，同时，农村低收入家庭的恩格尔系数仍然远高于农村其他收入家庭及城镇家庭,但其恩格尔系数的变化速率相对较快,且2002—2012年下降幅度也最大。

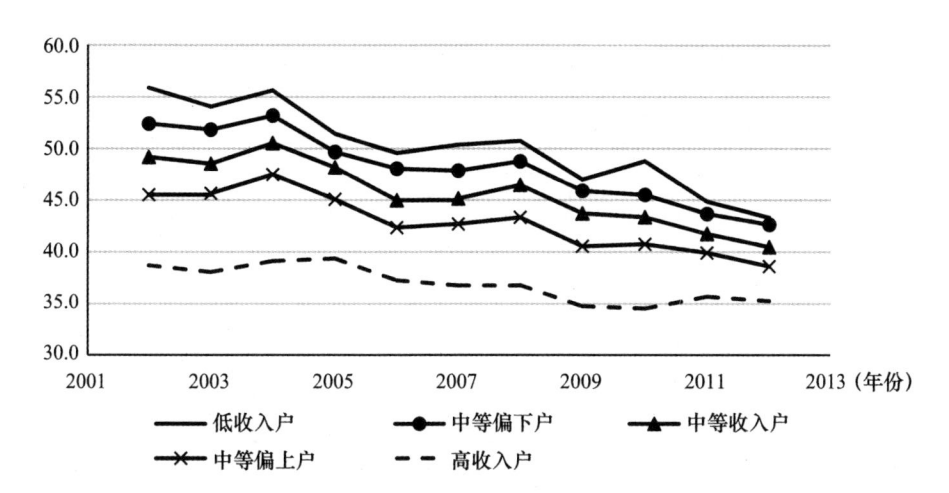

图3-3 不同收入组农村居民家庭恩格尔系数(2002—2012年)(%)

数据来源:依据表3-7与表3-8计算所得。

第三节 农村贫困家庭食物消费结构的演变趋势

上一节分析了中国农村贫困家庭的收入支出及食品消费总支出的演变状况,接下来,笔者将着重分析中国农村贫困家庭的食物消费结构演变。同样,在具体分析农村贫困家庭之前,首先分析中国城乡居民的食物消费结构演变情况,以作为比较。

一 城乡居民家庭食物消费结构的演变趋势

表3-9列出了1981—2020年中国城镇居民家庭人均食品购买数量的变化。由于2013年《中国统计年鉴》中人民生活部分采用新

口径①调查居民家庭人均主要食品消费量,而非购买量,与原数据略有差距,因此,接下来将分别依次分析1981—2012年与2013—2020年城镇与农村居民家庭人均食品消费量的变化。

表3-9　　城镇居民家庭人均购买食品数量（1981—2020年）（单位：千克/年）

年份	粮食	鲜菜	食用植物油	猪肉	牛羊肉	禽类	鲜蛋	水产品	鲜奶	鲜瓜果	酒
1981	145.4	152.3	4.8	16.9	1.7	1.9	5.2	7.3	4.1	21.2	4.4
1982	144.6	159.1	5.8	16.9	1.8	2.3	5.9	7.7	4.5	27.7	4.5
1983	144.5	165.0	6.5	18.0	1.9	2.6	6.9	8.1	4.6	27.1	5.3
1984	142.1	149.0	7.1	17.1	2.8	2.9	7.6	7.8	5.2	32.1	6.8
1985	134.8	144.4	5.8	16.7	2.64	3.2	6.8	7.1	6.4	36.5	7.8
1986	137.9	148.3	6.2	19.0	2.6	3.7	7.1	8.2	4.7	40.2	9.4
1987	133.9	142.6	6.5	18.9	3.1	3.4	6.6	7.9	—	—	9.9
1988	137.2	147.0	7.0	16.9	2.8	4.0	6.9	7.1	—	—	9.5
1989	133.9	144.6	6.2	17.5	2.7	3.7	7.1	7.6	4.2	38.8	9.0
1990	130.7	138.7	6.4	18.5	3.3	3.4	7.3	7.7	4.6	41.1	9.3
1991	127.9	132.2	6.9	18.9	3.3	4.4	8.3	8.0	4.7	41.7	9.5
1992	111.5	124.9	6.7	17.7	3.7	5.1	9.5	8.2	5.5	47.4	9.9
1993	97.8	120.6	7.1	17.4	3.4	5.2	8.9	8.0	5.4	38.9	9.7
1994	101.7	120.7	7.5	17.1	3.1	4.1	9.7	8.5	5.3	40.0	10.0
1995	97.0	116.5	7.1	17.2	2.4	4.0	9.7	9.2	4.6	45.0	9.9
1996	94.7	118.5	7.1	17.1	3.3	5.4	9.6	9.3	4.8	46.2	9.7
1997	88.6	113.1	7.2	15.3	3.7	6.5	11.1	9.3	5.1	52.1	9.6
1998	86.7	113.8	7.6	15.9	3.3	6.3	10.2	9.8	6.2	54.8	9.7
1999	84.9	114.9	7.8	16.9	3.1	6.7	10.9	10.3	7.9	54.2	9.6

---

① 从2013年起,国家统计局开展了城乡一体化住户收支与生活状况调查,2013年及以后数据来源于此项调查,与2013年前的分城镇和农村住户调查的调查范围、指标口径等有所不同,不具可比性。[国家统计局：《数据发布与更新（六）》,2022年2月21日,http：//www.stats.gov.cn/tjzs/cjwtjd/201407/t20140714_580886.html。]

续表

年份	粮食	鲜菜	食用植物油	猪肉	牛羊肉	禽类	鲜蛋	水产品	鲜奶	鲜瓜果	酒
2000	82.3	114.7	8.2	16.7	3.3	5.4	11.2	9.87	9.9	57.5	10.0
2001	79.7	115.9	8.1	16.0	3.2	7.3	10.4	10.33	11.9	59.9	9.7
2002	78.5	116.5	8.5	20.3	3.0	9.2	10.6	13.2	15.7	56.5	9.1
2003	79.5	118.3	9.2	20.4	3.3	9.2	11.2	13.4	18.6	57.8	9.4
2004	78.2	122.3	9.3	19.2	3.7	6.4	10.4	12.5	18.8	56.5	8.9
2005	77.0	118.6	9.3	20.2	3.7	9.0	10.4	12.6	17.9	56.7	8.9
2006	75.9	117.6	9.4	20.0	3.8	8.3	10.4	13.0	18.3	60.2	9.1
2007	78.7	117.8	9.6	18.2	3.9	9.7	10.3	14.2	17.8	59.5	9.1
2008	63.6	123.2	10.3	19.3	3.4	8.5	10.7	11.9	15.2	54.5	7.7
2009	81.3	120.5	9.7	20.5	3.7	10.5	10.6	12.2	14.9	56.6	8.0
2010	81.5	116.1	8.8	20.7	3.8	10.2	10.0	15.2	14.0	54.2	7.0
2011	80.7	114.6	9.3	20.6	4.0	10.1	10.1	14.6	13.7	52.0	6.8
2012	78.8	112.3	9.1	21.2	3.7	10.8	10.5	15.2	14.0	56.1	6.9
2013	91.0	100.1	10.5	20.4	3.3	8.1	9.4	14.0	17.1	47.6	—
2014	87.9	100.1	10.6	20.8	3.4	9.1	9.8	14.4	18.1	48.1	—
2015	84.5	100.2	10.7	20.7	3.9	9.4	10.0	14.7	17.1	49.9	—
2016	83.9	103.2	10.6	20.4	4.3	10.2	10.7	14.8	16.5	52.6	—
2017	82.3	102.5	10.3	20.6	4.2	9.7	10.9	14.8	16.5	54.3	—
2018	83.5	99.0	8.9	22.7	4.2	9.8	10.8	14.3	16.6	56.4	—
2019	83.0	101.5	8.7	20.3	4.3	11.4	11.5	16.7	16.7	60.9	—
2020	90.2	105.4	9.5	19.0	4.5	13.0	13.5	16.6	17.3	60.1	—

注：①2013年后为新口径数据，粮食数据由原粮消费量乘以0.75折合。②"—"表示缺失值。

数据来源：历年《中国统计年鉴》。

表3-9显示，1981—2000年，中国城镇居民的人均粮食消费量显著下降，2000年，城镇居民人均粮食消费量为82.3千克/年，比1981年降低了43.4%；2000年以后，粮食消费量的变化很小，基本保持在70—80千克/年。其鲜菜购买量自1983年起呈现下降趋势，1983

年城镇居民人均蔬菜购买量达到峰值，为 165 千克/年，2012 年则下降至 112.3 千克/年，降低了 31.9%。城镇居民家庭人均购买食用油数量在波动中不断上涨，1981—2012 年，增长了 89.6%，2012 年全年，中国城镇居民人均购买食用油 9.1 千克，相当于每天购买 24.9 克。

肉类食品中，猪肉的消费量一直占据最重要的位置，但由于禽肉及牛羊肉消费量的增加，猪肉消费在肉类中的占比正逐渐下降。我国城镇居民人均猪肉购买量在 2001 年之前变化不大，基本保持在 17—19 千克/年，2002 年，中国城镇居民每年人均猪肉购买量显著提高，比 2001 年增长了 4.3 千克，之后便基本保持在每年 20 千克左右。1981 年以来，城镇居民牛羊肉消费量及禽肉消费量皆显著提高，至 2012 年分别增长了 1.2 倍、4.7 倍，禽肉类食物在肉类中的占比也得到了显著提升，由 1981 年的 9.3% 提高至 2012 年的 30.3%，提高了 21.0%；牛羊肉的占比也有所提高，但变化较小，仅提高了 2%；猪肉消费量的占比则下降了 23.0%。中国城镇居民人均蛋类购买量在 1997 年之前呈增长趋势，1997 年后则呈波动状，基本维持在每年 10—11 千克。1981—2013 年，中国每年人均水产品购买量提高了 1.1 倍，这一增长主要发生于 1995 年以后，1996—2012 年，中国每年人均水产品购买量由 9.3 千克提高至 15.2 千克，增长了 5.9 千克，而 1981—1995 年，则仅增长 1.9 千克。1981—2012 年，中国城镇居民鲜奶及鲜瓜果的消费量皆显著提高，分别增长了 2.4 倍、1.6 倍。酒类的消费量于 20 世纪 80 年代显著增长，一直到 2007 年，城镇居民每年人均食品购买量基本维持在 9—10 千克，此后，呈现下降趋势。

由于 2013 年《中国统计年鉴》以新口径公布居民家庭人均主要食品消费量，因此，本段单独分析 2013—2020 年城镇居民家庭人均食品消费量的变化。表 3-9 显示，2013—2019 年城镇居民家庭粮食的消费量基本呈下降趋势，2020 年有所回升；2012—2020 年，牛羊肉、禽类、鲜蛋、鲜瓜果、水产品的消费量呈上升趋势，鲜菜、食用植物油、猪肉、鲜奶的消费量呈现小幅波动，其中，鲜菜的消费量在 2018 年大幅下降，此后回升，猪肉的消费量则在 2018 年大幅上涨。总体来看，2013—2018 年，中国城镇居民家庭人均食物消费量变化幅度下降，目前，整体消费结构趋于稳定。

表 3-10 列出了农村居民家庭 1981—2020 年人均消费食品数量的变化。对于农村居民家庭，同样首先分析 1981—2012 年其人均食品消费量的变化。数据显示，1981—2000 年，中国农村居民家庭人均粮食消费量基本保持不变，原粮消费量基本维持在 250—260 千克/年；2000 年以后，人均原粮消费量开始呈现显著下降趋势，2012 年下降至 164.3 千克。同时，表 3-10 显示，农村居民人均鲜菜消费量在 1993 年出现断层式下降，1981—1992 年，农村居民每年人均鲜菜消费量在 130 千克左右波动，其中，1984 年消费量最高，为 140 千克/年；1993 年消费量下降至 107.4 千克，此后的十年间基本保持在 100 千克左右；2005 年，农村居民人均鲜菜消费量下降至 102.3 千克，此后呈缓慢下降趋势，2012 年，下降至 84.7 千克。总体来看，中国农村居民人均鲜菜消费量小于城镇居民，城乡之间的差异呈先下降后上升的趋势。此外，表 3-10 显示，中国农村居民家庭人均消费食用油数量在波动中不断上涨，1981—2012 年，增长了 1.5 倍，2012 年，农村居民人均消费食用油 6.9 千克，仍然显著低于城镇居民。

动物性食物中，农村居民蛋类消费量远小于城镇居民，虽然自 1981 年开始一直呈增长趋势，且自 1997 年起，城乡居民人均蛋类消费量的差异有所下降，但至 2012 年，中国农村居民家庭人均蛋类消费量仍然仅有 5.9 千克，为城镇居民的 56.2%。1982—2012 年，中国农村居民人均鲜奶消费量不断增长，2012 年人均消费量比 1982 年提高了 6.6 倍，这一增长主要发生于 1995 年以后，1996—2012 年，中国农村居民家庭每年人均鲜奶购买量由 0.8 千克提高至 5.3 千克，增长了 4.5 千克，而 1982—1995 年，则基本保持不变；中国城乡居民人均鲜奶消费量的差异在各食物中最高，1982 年，城镇居民家庭人均年鲜奶消费量超过农村 10 倍，2012 年仍然超过约1.6倍。肉类食品中，猪肉消费量不断上涨，农村居民人均猪肉消费量的增长幅度明显高于城镇居民，1981—2012年，农村人均猪肉消费量提高了75.6%，与鲜菜消费类似，城乡之间猪肉消费量的差异呈现波动下降后逐渐稳定的趋势。农村居民禽肉消费量的增长幅度也高于城镇居民，31年间人均消费量增长了5.4倍，城乡居民人均禽肉消费量的差异呈波动下降趋势，然而到2012年，中国城镇居民家庭人均禽肉消费量仍然比农村居民高6.3千克（1.4倍）。农村居民牛羊肉的人均消费量缺失值较多，从仅有的数据来看，农村居民牛羊肉的消费量变化很小，1990—2012年仅增长了1.1千克。此外，由于其他肉类消费量有所增加，1981年以来，农村居民猪肉消费量占比也在缓慢下降，2012年占比为69.2%，比1995年下降了11.1%。

1981—2012年，中国农村居民水产品及酒类消费量皆显著提高，分别增长了3.2倍、3.3倍；水产品消费量的城乡差异也很高，其随时间呈现先上升后下降的趋势；城乡居民酒类的消费量的差异不大，且2005年农村居民的酒类消费量超过城镇居民。农村居民鲜瓜果的消费量也存在较多的缺失值，数据显示，1990年以来，中国农村居民鲜瓜果消费量显著增长，至2012年提高了2.9倍，但仍然仅有城市居民的一半。

表3-10　　农村居民家庭人均消费食品数量（1981—2020年）

（单位：千克/年）

年份	粮食	鲜菜	食用植物油	猪肉	牛羊肉	禽类	鲜蛋	水产品	鲜奶	鲜瓜果	酒
1981	256.1	124.0	1.9	8.2	—	0.7	1.3	1.3	—	—	2.3
1982	260.0	132.0	2.1	8.4	—	0.8	1.4	1.3	0.7	—	2.7
1983	259.9	131.0	2.2	9.3	—	0.8	1.6	1.5	0.8	—	3.2
1984	266.5	140.0	2.5	9.9	—	0.9	1.8	1.7	0.8	—	3.5
1985	257.5	131.1	2.6	10.3	0.7	1.0	2.1	0.8	1.6	3.4	4.4

续表

年份	粮食	鲜菜	食用植物油	猪肉	牛羊肉	禽类	鲜蛋	水产品	鲜奶	鲜瓜果	酒
1986	259.3	133.7	2.6	11.1	—	1.1	2.1	1.9	1.4	—	5.0
1987	259.4	130.4	3.1	11.0	—	1.2	2.3	2.0	1.1	—	5.5
1988	259.5	130.1	3.3	10.1	—	1.3	2.3	1.9	1.1	—	5.9
1989	262.3	133.4	3.3	10.3	—	1.3	2.4	2.1	1.0	—	6.0
1990	262.1	134.0	3.5	10.5	0.8	1.3	2.4	2.1	1.1	5.9	6.1
1991	255.6	127.0	3.9	11.2	—	1.3	2.7	2.2	1.3	—	6.4
1992	250.5	129.1	4.1	10.9	—	1.5	2.9	2.3	1.5	—	6.6
1993	251.8	107.4	4.1	10.9	—	1.6	2.9	2.8	0.9	—	6.5
1994	257.6	107.9	4.1	10.2	—	1.6	3.0	3.0	0.7	—	6.0
1995	256.1	104.6	4.3	10.6	0.8	1.8	3.2	3.4	0.6	13.0	6.5
1996	256.2	106.3	4.5	11.9	—	1.9	3.4	3.7	0.8	—	7.1
1997	250.7	107.2	4.7	11.5	1.2	2.4	4.1	3.4	1.0	—	7.1
1998	248.9	109.0	4.6	11.9	1.3	2.3	4.1	3.3	0.9	—	7.0
1999	247.5	108.9	4.6	12.7	1.2	2.5	4.3	3.8	1.0	—	7.0
2000	250.2	106.7	5.5	13.3	1.1	2.8	4.8	3.9	1.1	18.3	7.0
2001	238.6	109.3	5.5	13.4	1.2	2.9	4.7	1.2	4.1	20.3	7.1
2002	236.5	110.6	5.8	13.7	1.2	2.9	4.7	4.4	1.2	18.8	7.5
2003	222.4	107.4	5.3	13.8	1.3	3.2	4.8	4.7	1.7	17.5	7.7
2004	218.3	106.6	4.3	13.5	1.3	3.1	4.6	4.5	2.0	17.0	7.8
2005	208.8	102.3	4.9	15.6	1.4	3.7	4.7	4.9	2.9	17.2	9.6
2006	205.6	100.5	4.7	15.5	1.6	3.5	5.0	5.0	3.1	19.1	10.0
2007	199.5	99.0	5.1	13.4	1.5	3.9	4.7	5.4	3.5	19.4	10.2
2008	199.1	99.7	5.4	12.7	1.3	4.4	5.4	5.2	3.4	19.4	9.7
2009	189.3	98.4	5.4	14.0	1.4	4.3	5.3	5.3	3.6	20.5	10.1
2010	181.4	93.3	5.5	14.4	1.4	4.2	5.1	5.2	3.6	19.6	9.7
2011	170.7	89.4	6.6	14.4	1.9	4.5	5.4	5.4	5.2	21.3	10.2
2012	164.3	84.7	6.9	14.4	1.9	4.5	5.9	5.4	5.3	22.8	10.0
2013	178.5	89.2	9.3	19.1	1.5	6.2	7.0	6.6	5.7	27.1	—
2014	167.6	87.5	9.0	19.2	1.5	6.7	7.2	6.8	6.4	28.0	—
2015	159.5	88.7	9.2	19.5	1.7	7.1	8.3	7.2	6.3	29.7	—

续表

年份	粮食	鲜菜	食用植物油	猪肉	牛羊肉	禽类	鲜蛋	水产品	鲜奶	鲜瓜果	酒
2016	157.2	89.7	9.3	18.7	2.0	7.9	8.5	7.5	6.6	33.8	—
2017	154.6	88.5	9.2	19.5	2.0	7.9	8.9	7.4	6.9	35.1	—
2018	148.5	85.6	9.0	23.0	2.1	8.0	8.4	7.8	6.9	36.3	—
2019	154.8	87.2	9.0	20.2	2.2	10.0	9.6	9.6	7.3	39.3	—
2020	168.4	93.5	10.2	17.1	2.3	12.4	11.8	10.3	7.4	39.9	—

注：①2013年后为新口径数据。②粮食消费量为原粮。③"—"表示缺失值。

数据来源：历年《中国统计年鉴》《中国住户调查年鉴》。

由于2013年《中国统计年鉴》以新口径公布居民家庭人均主要食品消费量，因此，本段单独分析2013—2018年农村居民家庭人均食品消费量的变化。表3-10显示，2013—2018年农村居民家庭粮食、蔬菜的消费量呈下降趋势，2019—2020年有所回升；牛羊肉、禽类、鲜蛋、水产品、鲜奶及鲜瓜果的消费量呈上升趋势，食用植物油与猪肉的消费量呈小幅波动。总体来看，2013—2020年，农村居民家庭仅粮食、蔬菜等食物消费量变化幅度下降，大部分食物消费量的变化幅度仍然较大，食物消费整体结构仍然处在变动阶段。

二 农村贫困家庭食物消费结构的演变趋势

本小节将聚焦农村贫困（低收入）居民的食物消费结构演变，表3-11、表3-12、表3-13分别列出了1992年、2002年及2012年农村贫困居民的食物消费结构，分别来源于《90年代中国人群的膳食与营养状况——1992年全国营养调查》（葛可佑，1996）、《中国居民营养与健康状况调查报告之二——2002年膳食与营养素摄入状况》（翟凤英、杨晓光，2006）、《中国居民营养与健康状况监测——2010—2013年综合报告》（常继乐、王宇，2016）。由于不同时期的样本不同，因此对于农村贫困居民的划分也有所不同，例如，1992年与2002

年按照收入将调查户分组,其中,1992 年划分为低收入、中等收入及高收入三组,2002 年划分为低于 800 元以下、800—2000 元、2000—5000 元、5000—10000 元及 10000 万以上五组;2012 年则根据调研地区将样本划分为贫困农村样本及非贫困(普通)农村样本。

表 3-11　　　　1992 年农村不同收入居民的食物消费量

(单位:克/标准人·日[①])

食物种类	低收入	中等收入	高收入	食物种类	低收入	中等收入	高收入
谷物	503.9	493.6	460.1	禽肉	1.0	5.0	7.7
薯类	130.2	109.8	84.1	奶类及制品	2.4	3.3	5.6
豆制品	9.7	9.9	10.9	蛋类及制品	5.2	7.6	13.4
蔬菜	292.1	308.7	319.3	鱼虾类	12.6	18.5	26.4
水果	23.2	31.6	41.1	食用油	21.1	25.1	30.7
畜肉	17.7	27.7	43.8	调味品	33.9	35.4	36.6

注:①标准人为 18 岁从事轻体力活动的成年男子,能量需要量为 2400 千卡(《中国居民膳食营养素参考摄入量》2000 版;中国营养学会,2000)。②部分食物类型的数据为原数据的加总。

数据来源:《90 年代中国人群的膳食与营养状况——1992 年全国营养调查》(葛可佑,1996)。

表 3-11 列出了 1992 年不同收入组农村居民的食物消费结构。数据显示,随着收入的增长,谷薯类的消费量呈下降趋势,低收入居民谷物及薯类的日均消费量分别比高收入居民多 43.8 克、46.1 克。除谷薯类外,农村居民其他食物的消费量皆随着收入的增长不断增加。总体来看,高收入组与低收入组之间动物性食物摄入量的差异高于植物性食物,其中,高收入组与低收入组的禽肉消费量差距最大,高收入组比低收入组平均每天多消费 6.7 千克,为低收入组的 6.7 倍,畜肉、奶制品、蛋制品与鱼虾类的收入差距也很高,高收入组比低收入组平均每天多消费 1.1—1.6 倍。植物性食物中,水果消费量的收入差距最大,高收入组比低收入组平均每天多消费 77.2%,其食用油消费也比低收入组高 45.5%。蔬菜、豆制品、调味品的收入差距较小,高收入组仅比低收入组多消费 8.0%—12.4%。

表 3-12　　　　2002 年农村不同收入居民的食物消费量

(单位：克/标准人·日①)

食物种类	800 元以下②	800—2000 元	2000—5000 元	5000—10000 元	10000 元以上
谷物	436.6	425.1	418.5	413.0	432.5
薯类	62.4	62.0	55.8	50.0	45.3
豆制品	14.6	16.1	17.0	18.0	13.7
蔬菜	265.5	276.9	282.9	288.7	296.1
水果	21.7	32.7	41.9	52.8	38.6
畜肉	35.0	48.4	60.1	81.6	91.3
禽肉	5.8	8.1	10.9	15.1	16.4
奶类及制品	9.8	7.9	10.6	26.4	41.4
蛋类及制品	14.4	17.7	21.5	27.7	27.0
鱼虾类	16.6	17.8	25.9	29.6	39.0
食用油	37.4	37.1	42.9	48.3	53.5
调味品	26.0	26.0	26.4	28.9	27.8

注：①标准人为 18 岁从事轻体力活动的成年男子，能量需要量为 2400 千卡（《中国居民膳食营养素参考摄入量》2000 版；中国营养学会，2000）。②该数值为四类农村（一类农村、二类农村、三类农村、四类农村）的均值。③部分食物类型的数据为原数据的加总。

数据来源：《中国居民营养与健康状况调查报告之二——2002 年膳食与营养素摄入状况》（翟凤英、杨晓光，2006）。

表 3-12 是 2002 年农村不同收入居民的食物消费量。数据显示，随着收入的增长，不同植物性食物消费量的变化趋势不同，谷类的消费量存在先下降后上升的趋势；薯类的消费量则不断下降，最高收入组比最低收入组居民平均每天消费量少 17.1 克；蔬菜的消费量随着收入的增长不断提高，最高收入组比最低收入组多消费 11.5%；豆制品及水果的消费量则随着收入的增长呈现先上升后下降的趋势，5000—10000 元组的消费量最高，分别比最低收入组高 23.3%、143.3%。动物性食物的消费量则随着收入的增长而不断提高，禽肉不再是收入差距最大的食物，2002 年收入差距最高的食物为奶类及奶制品，最高收入组比最低收入组消费量高 3 倍多，其中，

收入低于5000元时，不同收入组的奶制品消费量差别不大，而收入超过5000元时，奶制品的消费量则显著提高；畜肉、禽肉、鱼虾类、蛋类及制品消费的收入差距也很高，最高收入组分别比最低收入组平均每天多消费1.6倍、1.8倍、1.3倍、0.9倍。此外，食用油与调味品的消费量也基本随着收入的增长而提高，其中食用油的收入差距相对较高，最高收入组比最低收入组平均每天多消费43.0%；调味品的消费则相差不大。

表3-13分别列出了2012年贫困农村与非贫困农村居民的食物消费状况。2012年，贫困农村居民的谷物及薯类的消费量皆高于非贫困农村，分别高出15.1%、88.1%。其他食物的消费量则显著低于非贫困农村，其中，鱼虾类、禽肉类的消费量差异最高，非贫困农村分别比贫困农村的消费量高165.3%与92.5%，豆制品、蔬菜、水果、畜肉、奶类及制品、调味品的差异则在26.5%—36.5%，蛋类及制品的消费差距略低，非贫困农村比贫困农村平均每天多消费14.8%，食用油的消费量则基本不存在差异。

表3-13　2012年贫困农村与非贫困农村居民的食物消费量

（单位：克/标准人·日[①]）

食物种类	贫困农村	非贫困农村	食物种类	贫困农村	非贫困农村
谷物	429.5	373.3	禽肉	8.0	15.4
薯类	63.2	33.6	奶类及制品	10.0	13.0
豆制品	10.4	14.2	蛋类及制品	17.6	20.2
蔬菜	216.5	273.8	鱼虾类	7.2	19.1
水果	27.2	35.4	食用油	40.8	41.0
畜肉	53.8	71.3	调味品	20.8	26.8

注：①标准人为18岁从事轻体力活动的成年男子，能量需要量为2400千卡（《中国居民膳食营养素参考摄入量》2000版；中国营养学会，2000）。②部分食物类型的数据为原数据的加总。

数据来源：《中国居民营养与健康状况监测——2010—2013年综合报告》（常继乐、王宇，2016）。

总结 1992 年、2002 年、2012 年不同收入农村居民的食物消费差距（见图 3-4）可以发现，水果、畜肉、禽肉、奶类及制品与鱼虾类的消费差距始终为各类食物中最高的。从不同年份的变化趋势来看，低收入组的谷薯类食物消费量始终高于高收入组，其差异呈现先下降后上升的趋势；其他食物消费量则始终低于高收入组。植物性食物中，低收入组与高收入组豆制品及蔬菜的消费差距呈上升趋势，水果的消费差距则不断下降。动物性食物中，畜肉、禽肉、蛋类及制品的消费差距不断下降，奶类及制品的消费差距先大幅上升而后显著下降，鱼虾类的消费差距则呈上升态势。此外，食用油的消费差距随时间不断下降，调味品的消费差距则有小幅提高。

总体来看，与城镇家庭和农村其他收入家庭相比，农村低收入家庭谷薯类消费量高，蔬菜、水果、畜禽肉、奶、蛋、水产品的消费量均很低，与其他收入组有较大差异，与城镇家庭的差异更甚，同时，1992—2012 年，其变化幅度也小于其他类型的家庭。

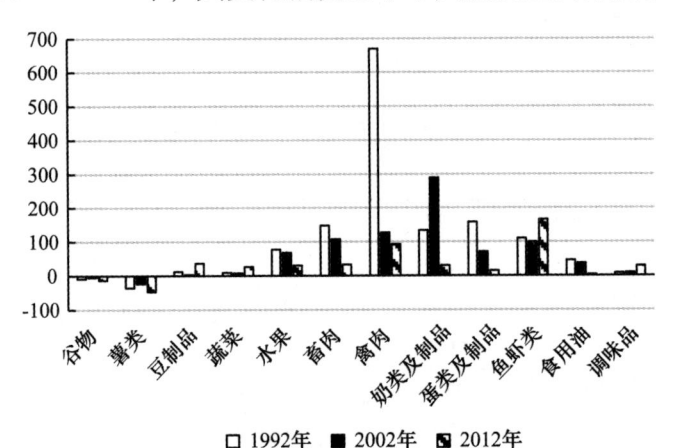

图 3-4　1992 年、2002 年、2012 年不同收入组食物消费量差距（%）

数据来源：依据表 3-11、表 3-12、表 3-13 中数据计算，其中，1992 年计算方式为（高收入组消费量－低收入组消费量）/低收入组消费量×100%；2002 年计算方式为（最高、中上收入组食物消费量之和－最低、中下收入组食物消费量之和）/最低、中下收入组食物消费量之和×100%；2012 年计算方式为（非贫困农村食物消费量－贫困农村食物消费量）/贫困农村食物消费量×100%。

第四节 农村贫困家庭营养状况的演变趋势

营养来源于食物，食物结构的变迁意味着营养结构的变迁，但不同食物的营养素含量多种多样且各不相同，而营养均衡与否是影响身体健康的直接原因，因此有必要分析中国城乡居民及农村贫困居民的营养状况变迁。

一 城乡居民营养状况的演变趋势

由于联合国粮农组织（Food and Agriculture Organization of the United Nations，FAO）的数据较为全面，且年份较长，因此这一小节首先使用联合国粮农组织食物平衡表中的营养数据分析中国居民的营养变迁状况（见表3-14）。表3-14显示，1961年以来，中国居民每天人均能量、蛋白质与脂肪摄入量均呈上升趋势，能量与蛋白质摄入量的变化速度基本相同，2019年中国人均能量与蛋白质摄入量分别比1961年提高了1.4倍、1.7倍，脂肪摄入量的增长速度显著高于能量及蛋白质，2019年比1961年提高了6.2倍。从FAO的数据来看，2019年，中国居民每天摄入能量3340千卡、蛋白质105.1克、脂肪105.3克，远高于《中国居民膳食营养素参考摄入量（2013版）》（中国营养学会，2014）的推荐量。

表3-14　中国居民人均日营养素摄入量（1961—2019年）

年份	能量（千卡）	蛋白质（克）	脂肪（克）	年份	能量（千卡）	蛋白质（克）	脂肪（克）
1961	1415	39.0	14.6	1991	2431	63.2	53.3
1962	1526	42.5	15.9	1992	2456	65.3	54.5
1963	1594	43.7	19.1	1993	2538	69.6	57.8

续表

年份	能量（千卡）	蛋白质（克）	脂肪（克）	年份	能量（千卡）	蛋白质（克）	脂肪（克）
1964	1666	45.6	21.7	1994	2604	73.0	62.3
1965	1797	47.1	23.1	1995	2691	75.4	64.7
1966	1865	48.1	24.5	1996	2695	77.2	64.6
1967	1817	47.0	24.6	1997	2725	79.0	66.4
1968	1758	45.0	23.6	1998	2770	80.5	69.9
1969	1731	43.6	22.8	1999	2763	80.7	71.3
1970	1840	45.6	23.2	2000	2808	83.7	74.6
1971	1845	46.4	24.4	2001	2816	83.4	74.6
1972	1828	45.7	24.7	2002	2832	84.2	76.4
1973	1897	47.0	24.9	2003	2833	84.8	78.3
1974	1893	47.0	25.0	2004	2857	85.9	79.3
1975	1909	47.3	25.2	2005	2879	86.9	81.3
1976	1875	46.5	24.3	2006	2883	87.1	84.3
1977	1914	47.0	25.0	2007	2919	89.2	86.6
1978	2062	50.8	27.2	2008	2977	91.9	88.1
1979	2077	51.6	29.9	2009	2994	92.6	91.1
1980	2146	53.4	33.3	2010	3098	95.3	94.0
1981	2164	54.7	34.6	2011	3111	95.9	92.8
1982	2328	57.7	37.0	2012	3141	96.7	93.8
1983	2399	59.5	37.9	2013	3148	97.4	95.1
1984	2433	60.9	40.6	2014	3202	99.3	97.8
1985	2429	61.6	43.2	2015	3251	101.3	99.2
1986	2424	62.2	44.2	2016	3267	102.9	101.5
1987	2439	62.5	46.0	2017	3293	104.1	101.6
1988	2416	62.8	46.8	2018	3304	104.5	103.3
1989	2404	62.4	48.9	2019	3340	105.1	105.3
1990	2504	64.6	52.4				

数据来源：FAO（联合国粮食及农业组织）- Food Balance Sheet；2010 年后采用新口径，新旧口径的统计区别参见 FAO-Food Balance Sheet 网站说明。

依据表 3-14 中能量、蛋白质及脂肪的摄入量，笔者进一步计算了蛋白质、脂肪及碳水化合物的供能比，并绘制图 3-5。图 3-5 显示，中国居民蛋白质及脂肪的供能比不断提高，其中，脂肪的供能比变化较大；碳水化合物的供能比则逐年下降。具体来说，1961—2019 年，中国居民蛋白质的供能比由 11.0% 提高至 12.6%，提高了 1.6 个百分点；脂肪的供能比由 9.3% 提高至 28.4%，提高了 19.1 个百分点，碳水化合物的供能比则由 79.7% 下降至 59.0%，降低了 20.7 个百分点。2019 年，中国居民脂肪及碳水化合物的供能比皆符合《中国居民膳食营养素参考摄入量（2013 版）》（中国营养学会，2014）的推荐标准：脂肪 20%—30%、碳水化合物 50%—65%。

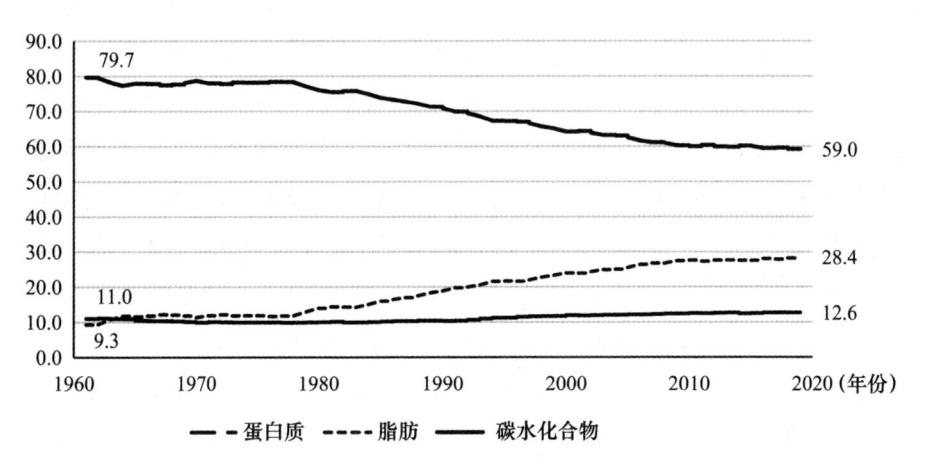

图 3-5　不同营养素的供能比（1961—2019 年）（%）

数据来源：依据表 3-14 数据计算；蛋白质供能比 = 蛋白质摄入量 ×4/能量摄入量；脂肪供能比 = 脂肪摄入量 ×9/能量摄入量；碳水化合物供能比 = 1 - 蛋白质供能比 - 脂肪供能比。

随着食物消费结构的变化，1961—2019 年中国居民不同食物的供能比结构发生了很大的变化，表 3-15 显示，供能比结构的变化主要发生于 1980 年以后。总体来看，中国居民谷薯类、豆类食物的供能比呈下降趋势，蔬菜、水果、肉蛋奶、水产品、酒类及饮料、坚果、油脂的供能比则不断上升。1961 年，中国居民谷薯类食物的供能比为77.5%，豆类及油脂的供能比则分别为7.2%、5.3%，蔬菜的供能比为4.3%，肉类食物的供能比为1.9%，其他食物的供能比则都不超过1%。2019年，不同食物的供能比格局发生了很大变化，谷薯类食物、豆类食物的供能比分别下降为50.1%、0.4%，肉类的供能比提高到15.0%，油脂及蔬菜的供能比则分别提高到11.3%、7.7%，水果、鸡蛋、奶类、水产品、酒精及饮料的供能比都提高到1.5%以上，坚果的供能比也由0.1%提高至0.7%。

具体来看，1978年之前，中国居民谷薯类食物供能比有所上涨，1978年达到峰值81.7%，此后，谷薯类供能比不断下降，至2019年，下降了31.6%。豆类的供能比在1961—1978年显著下降，18年下降了5.0%，此后豆类的供能比持续下降，但下降速度减缓，1978—1992年，居民豆类食物的供能比由2.2%下降至0.4%，1992年以后，则基本保持不变。坚果的供能比在2002年开始有所增长，此前，其供能比基本保持在0.1%，2019年提高至0.7%。油脂类食物的供能比自1980年开始显著提高，1961—1980年，油脂类食物的供能比由5.3%提高至6.5%，仅提高了1.2%，1980—2019年，则由6.5%提高至11.3%，提高了4.8%。蔬菜的供能比呈现先下降后上升的趋势，1961—1980年，中国居民蔬菜供能比由4.3%下降至1.6%，1980年以后，随着蔬菜消费量的提高，其供能比也逐年上升，2019年，蔬菜的供能比为7.7%，仅低于谷薯类、肉类及油脂类的供能比。水果的供能比也于1980年后开始呈现显著增长趋势，1980—2019年，中国居民水果消费量的供能比由0.3%提高至3.4%，提高了10倍。

表3-15　　　　　不同食物的供能比（1961—2019年）　　　　　（单位：%）

年份	谷薯	豆类	坚果	油脂	蔬菜	水果	肉类	鸡蛋	奶类	水产品	酒精及饮料
1961	77.5	7.2	0.1	5.3	4.3	0.4	1.9	0.6	0.4	0.5	0.5
1965	78.7	5.4	0.1	5.5	2.4	0.3	4.3	0.4	0.3	0.6	0.6
1970	81.7	2.9	0.1	5.8	1.7	0.3	4.1	0.4	0.3	0.4	0.7

续表

年份	谷薯	豆类	坚果	油脂	蔬菜	水果	肉类	鸡蛋	奶类	水产品	酒精及饮料
1975	81.5	2.4	0.1	5.4	1.8	0.4	4.7	0.5	0.3	0.5	1.0
1978	81.7	2.2	0.1	5.4	1.8	0.3	4.5	0.5	0.3	0.4	1.0
1979	80.4	2.3	0.0	5.7	1.8	0.4	5.4	0.5	0.2	0.4	0.9
1980	78.7	2.1	0.1	6.5	1.6	0.3	5.8	0.5	0.3	0.4	1.4
1981	78.4	2.0	0.1	6.8	1.8	0.4	5.9	0.5	0.3	0.4	1.3
1982	78.4	1.7	0.0	6.7	1.8	0.3	5.8	0.5	0.3	0.4	1.4
1983	78.8	1.5	0.1	6.5	1.9	0.4	5.7	0.5	0.3	0.4	1.5
1984	77.5	1.5	0.1	6.9	2.1	0.4	6.1	0.6	0.3	0.4	1.6
1985	75.7	1.4	0.0	7.3	2.2	0.5	6.8	0.7	0.3	0.5	1.7
1986	74.9	1.2	0.1	7.6	2.5	0.5	7.1	0.8	0.4	0.5	2.0
1987	73.6	1.1	0.1	7.8	2.6	0.6	7.4	0.8	0.4	0.6	2.3
1988	72.1	1.1	0.1	7.7	2.7	0.6	8.1	1.0	0.4	0.6	2.4
1989	71.9	1.0	0.1	8.2	2.7	0.6	8.4	1.0	0.4	0.7	2.2
1990	71.6	0.8	0.1	8.6	2.7	0.6	8.5	1.0	0.4	0.6	2.3
1991	69.9	0.6	0.1	8.6	2.8	0.7	9.3	1.2	0.5	0.7	2.4
1992	69.5	0.4	0.1	8.4	3.1	0.8	9.9	1.3	0.4	0.9	2.5
1993	68.6	0.6	0.1	9.0	3.3	1.0	10.1	1.4	0.4	0.9	2.6
1994	66.6	0.5	0.1	9.5	3.5	1.1	10.6	1.7	0.5	1.0	2.6
1995	65.4	0.5	0.1	9.3	3.7	1.2	10.8	1.9	0.5	1.2	3.0
1996	65.0	0.5	0.1	8.8	4.0	1.4	10.9	2.2	0.5	1.3	2.5
1997	63.8	0.4	0.1	9.2	4.1	1.5	11.3	2.0	0.5	1.3	2.6
1998	63.3	0.5	0.1	9.2	4.2	1.5	12.0	2.1	0.5	1.3	2.2
1999	63.1	0.4	0.1	9.1	4.6	1.7	12.3	2.2	0.6	1.4	2.1
2000	61.6	0.4	0.1	9.5	5.4	1.7	12.9	2.2	0.6	1.4	2.0
2001	60.7	0.5	0.1	9.4	5.6	1.8	12.8	2.2	0.7	1.4	2.5
2002	59.9	0.5	0.2	9.5	6.0	1.9	13.0	2.3	0.8	1.4	2.5
2003	58.8	0.4	0.2	9.4	6.1	2.0	13.5	2.3	1.0	1.5	2.3
2004	58.2	0.4	0.2	9.5	6.2	2.2	13.4	2.3	1.3	1.6	2.6
2005	57.1	0.3	0.2	9.7	6.3	2.3	13.8	2.4	1.5	1.6	2.6

续表

年份	谷薯	豆类	坚果	油脂	蔬菜	水果	肉类	鸡蛋	奶类	水产品	酒精及饮料
2006	55.6	0.4	0.2	10.1	6.5	2.4	14.2	2.3	1.6	1.7	2.8
2007	54.2	0.4	0.3	10.3	7.0	2.4	14.3	2.4	1.7	1.7	3.0
2008	53.8	0.4	0.4	9.9	7.3	2.5	14.6	2.5	1.7	1.7	3.1
2009	52.6	0.4	0.4	10.3	7.2	2.7	15.0	2.5	1.8	1.8	3.1
2010	52.7	0.4	0.5	10.2	7.0	2.7	14.9	2.4	1.8	1.8	2.8
2011	53.0	0.4	0.6	10.0	7.0	2.9	14.4	2.4	1.8	1.8	2.8
2012	52.7	0.4	0.6	9.9	7.1	3.1	14.5	2.4	1.8	1.8	2.9
2013	52.0	0.4	0.5	10.2	7.1	3.1	14.7	2.4	1.7	1.9	2.9
2014	51.2	0.4	0.5	10.6	7.2	3.2	14.7	2.3	1.8	2.0	2.9
2015	51.2	0.4	0.6	10.6	7.4	3.2	14.7	2.5	1.6	2.0	3.0
2016	50.7	0.4	0.6	11.0	7.5	3.2	14.8	2.5	1.5	2.0	3.0
2017	50.6	0.4	0.6	11.0	7.6	3.2	14.8	2.5	1.5	2.0	2.8
2018	50.4	0.4	0.7	11.2	7.7	3.3	14.9	2.5	1.5	2.0	2.6
2019	50.1	0.4	0.7	11.3	7.7	3.4	15.0	2.5	1.6	2.0	2.5

数据来源：FAO（联合国粮食及农业组织）——Food Balance Sheet，依据不同食物的能量提供量计算；由于表中仅列出了重要食物的能量提供量，因此每年的加总不等于100%；2010年后采用新口径，新旧口径的统计区别参见 FAO-Food Balance Sheet 网站说明。

1961年以来，中国居民动物性食物的供能比皆显著提高，同样，其增长主要发生于1980年之后。其中，肉类的变化程度最高，1980—2019年，肉类食物的供能比由5.8%提高至15.0%，目前已成为除谷薯类食物外最重要的能量来源。鸡蛋及水产品的变化程度次之，1980年以来，中国居民鸡蛋及水产品的供能比分别提高了2.0个、1.6个百分点。1980年以来，中国居民奶类食物的供能比也有小幅提升，1980—2019年，中国居民奶类食物的供能比提高了1.3个百分点。此外，1961年以来中国酒精及饮料的消费量也越来越高，其供能比也呈波动上升趋势，1961—2019年提高了2.0个百分点。

中国于 1982 年、1992 年和 2002 年分别开展了全国性的居民营养调查与监测，并于 2010—2013 年再次进行了全国居民营养与健康状况监测。表 3-16 分别列出了这四次调查中城市与农村居民标准人各类营养素的日均摄入量。数据显示，1982—2012 年，中国城市居民能量摄入量逐渐下降，1982 年，城市居民日均能量摄入量为 2450.0 千卡，2012 年则下降至 2052.6 千卡，低于《中国居民膳食营养素参考摄入量（2013 版）》（中国营养学会，2014）的参考标准（体重为 60 千克的低体力活动男性的参考能量摄入量为 2250 千卡）。农村居民的能量摄入量也呈现下降趋势，但变化相对较小，1982 年，农村居民的日均能量摄入量为 2509.0 千卡，略高于城镇居民，1992 年大幅下降，较城市居民更低；此后，随着城市居民能量摄入量的下降，农村居民的能量摄入量于 2002 年再次超过城市居民，2012 年，中国农村居民日均能量摄入量为 2286.4 千卡，同样低于推荐摄入量。三大宏量营养素中，城乡居民脂肪的摄入量不断提高，同时，碳水化合物的摄入量不断下降；蛋白质的变化趋势城乡有所不同，城市居民蛋白质摄入量 1992 年显著提高，之后呈下降趋势；农村居民则呈波动下降趋势。常量及微量营养素中，城市居民膳食纤维、维生素 A、核黄素的摄入量随时间呈先上升后下降趋势，硫胺素、钙元素及铁元素的摄入量则不断下降；农村居民硫胺素、钙、铁元素及膳食纤维的变化趋势与城市居民一致，但其维生素 A、核黄素摄入量的变化趋势有所不同，农村居民维生素 A 在 1982—1992 年下降了 355.8 微克，2002 年略有提高，但 2012 年再次下降至 375.4 微克；1992 年其核黄素摄入量较 1982 年下降 0.2 毫克，此后基本保持不变。维生素 E、钾、钠、锌、硒只有两年的数据，与 2012 年相比，城市居民钾、钠、锌元素的摄入量略有下降，维生素 E、硒的摄入量则变化不大；农村居民的变化相对较大，除钾、钠、锌元素外，维生素 E 的摄入量也略有下降，硒的摄入量则提高了 12.8%。

表 3-16　　城乡居民标准人①日均营养素摄入量
（1982 年、1992 年、2002 年及 2012 年）

营养素	城市				农村			
	1982	1992	2002	2012	1982	1992	2002	2012
能量（kcal）	2450.0	2394.6	2134.0	2052.6	2509.0	2294.0	2295.5	2286.4
蛋白质（g）	66.8	75.1	69.0	65.4	66.6	64.3	64.6	63.6
脂肪（g）	68.3	77.7	85.5	83.8	39.6	48.3	72.7	76.2
碳水化合物（g）		340.5	268.3	261.1		397.9	341.6	338.8
膳食纤维（g）	6.8	11.6	11.1	10.8	8.7	14.1	12.4	10.9
维生素 A（ug）	515.2	605.5	547.2	514.5	764.8	409.0	439.1	375.4
硫胺素（mg）	2.1	1.1	1.0	0.9	2.6	1.2	1.0	1.0
核黄素（mg）	0.8	0.9	0.9	0.8	0.9	0.7	0.7	0.7
维生素 E（mg）			37.3	37.5			35.0	34.3
钾（mg）			1722.4	1660.7			1691.5	1574.3
钠（mg）			6007.7	5858.8			6368.8	5554.6
钙（mg）	563.0	457.9	438.6	412.4	750.0	378.2	369.6	321.4
铁（mg）	34.2	25.5	23.7	21.9	38.6	22.4	23.1	21.2
锌（mg）			11.5	10.6			11.2	10.8
硒（ug）			46.5	47.0			37.4	42.2

注：①标准人为18岁从事轻体力活动的成年男子，能量需要量为2400千卡（《中国居民膳食营养素参考摄入量》2000 版；中国营养学会，2000）。

数据来源：1982 年、1992 年、2002 年数据来源于《中国居民营养与健康状况调查报告之一——2002 年膳食与营养素摄入状况》（翟凤英、杨晓光，2006）；2012 年数据则来源于《中国居民营养与健康状况监测——2010—2013 年综合报告》（常继乐、王宇，2016）。

2012 年，城市居民能量、碳水化合物、膳食纤维、硫胺素及锌元素的摄入量低于农村居民，其中碳水化合物的城乡差异最大，城市居民比农村居民消费量低 22.9%，其能量、硫胺素的摄入量则比农村居民低 10% 左右，膳食纤维及锌元素摄入量的城乡差异不大。除上述营养素外，城市居民其他营养素的摄入量普遍高于农村居民，其中维生素 A、钙元素摄入量的城乡差异最高，城市居民分别比农村居民日均摄入量高 37.1%、28.3%；脂肪、核黄素、总维生素 E

及硒元素的差异略低,城市居民比农村居民高9%—15%;蛋白质、钾、钠及铁元素的城乡差异则不超过6%。

表3-17列出了中国城乡居民营养素的主要来源。数据显示,2002—2012年,随着社会经济的发展,中国居民能量的食物来源有所变化:谷类提供的能量比例越来越低,动物性食物及其他食物提供的能量比例则越来越高。相比于城市居民,农村居民能量的食物来源变化较大,10年来,农村居民谷类的供能比下降了2.7%,由61.5%下降至58.8%,动物性食物的供能比由10.7%提高至12.5%,提高了1.8个百分点,其他食物的供能比则提高了0.9个百分点;城市居民谷类供能比也有所下降,但仅下降了1.4%,动物性食物的供能比十年间没有发生变化,其他食物的供能比则提高了1.4个百分比。但是,经过10年的发展,农村居民能量的食物来源仍然主要依赖于谷类食物,其谷类食物的供能比比城镇居民高11.7%,农村居民动物性食物及其他食物的供能比则显著低于城市居民,分别比城市居民低5.1%和6.6%。

表3-17　城乡居民营养素的主要来源(2002年及2012年)　(单位:%)

食物分类	城市		农村	
	2002	2012	2002	2012
能量的食物来源				
谷类	48.5	47.1	61.5	58.8
动物性食物类	17.6	17.6	10.7	12.5
其他	33.9	35.3	27.8	28.7
能量的营养素来源				
蛋白质	13.1	12.9	11.3	11.2
脂肪	35.0	36.1	27.5	29.7
碳水化合物	51.9	51.0	61.2	59.1
蛋白质的食物来源				
谷类	40.7	39.7	56.5	54.6
豆类	7.3	6.3	7.6	4.5

续表

食物分类	城市		农村	
	2002	2012	2002	2012
动物性食物类	35.8	36.2	21.0	25.4
其他	16.2	17.8	14.9	15.5
脂肪的食物来源				
动物性食物	36.2	34.3	40.4	37.4
植物性食物	63.8	65.7	59.6	62.6

数据来源：《中国居民营养与健康状况监测——2010—2013 年综合报告》（常继乐、王宇，2016）。

从能量的营养素来源看，碳水化合物仍然是城乡居民能量的主要来源，且农村的碳水化合物供能比远高于城市居民，2002—2012年，城市居民碳水化合物的供能比变化很小，仅下降了0.9 个百分点，农村居民的碳水化合物供能比的变化相对较大，2002—2012 年下降了2.1%，但这仍然无法改变碳水化合物供能比的城乡差异，2012 年，中国城市居民碳水化合物供能比比农村居民低8.1 个百分点。相应地，农村居民蛋白质和脂肪的供能比则显著低于城市居民，尤其是脂肪的供能比，2012 年仍然较城市居民低6.4%。

从蛋白质的食物来源看，农村居民的蛋白质同样主要来源于谷物，占比超过半数，其动物性食物提供的蛋白质仅占20%—25%；城市居民谷物提供的蛋白质仅占40%左右，其动物性食物提供的蛋白质则在35%左右。此外，城乡居民脂肪的主要来源均为植物性食物，占比接近或超过60%，其中，农村居民植物性食物的脂肪供给比例更低。

二　农村贫困家庭营养状况的演变趋势

农村贫困家庭的营养状况如何，又是怎么随着时间变化的呢？表3-18 列出了1992 年与2012 年农村不同收入居民的营养素摄入量。数据显示，1992 年，随着收入的提高，能量、蛋白质、脂肪、维生素 A、总维生素 E、核黄素、烟酸、钠、钙、锌、硒的摄入量皆有所提高，碳水化合物、膳食纤维、维生素 C、钾的摄入量则有所下降，硫胺素、铁元素的变化则很小，不超过 1%。

表 3-18　　　　1992 年、2012 年农村不同收入居民的标准人[①]日均营养素摄入量

营养素	1992 年			2012 年		标准人推荐摄入量[②]
	低收入	中等收入	高收入	贫困农村	非贫困农村	
能量（kcal）	2292.8	2274.0	2315.4	2335.9	2264.2	2400
蛋白质（g）	62.3	62.9	67.7	61.0	64.8	75
脂肪（g）	37.8	46.1	60.8	70.9	78.6	20%—30%[④]
碳水化合物（g）	424.2	399.5	370.5	365.7	326.7	50%—65%[④]
膳食纤维（g）	15.6	14.2	12.6	10.8	10.9	30
维生素 A（ug）[③]	357.3	390.8	478.3	295.2	411.4	800
总维生素 E（mg）	26.6	29.1	32.8	38.0	32.6	14
硫胺素（mg）	1.2	1.2	1.2	1.0	1.0	1.4
核黄素（mg）	0.7	0.7	0.8	0.6	0.7	1.4
烟酸（mg）	14.8	14.7	15.5	13.1	13.9	14
维生素 C（mg）	110.0	103.4	94.6	71.6	77.5	100
钾（mg）	1937.3	1852.2	1801.8	1479.5	1617.0	2000
钠（mg）	6622.2	6998.1	7503.7	5335.2	5653.1	2200
钙（mg）	370.8	365.1	398.8	283.9	338.3	800
铁（mg）	22.5	22.3	22.3	20.7	21.4	15
锌（mg）	11.2	11.2	11.8	10.7	10.8	15
硒（ug）	32.8	35.4	41.8	39.5	43.5	50

注：①标准人为 18 岁从事轻体力活动的成年男子，能量需要量为 2400 千卡（《中国居民膳食营养素参考摄入量》2000 版；中国营养学会，2000）。②2000 年标准。③视黄醇当量。④脂肪与碳水化合物推荐摄入标准为其供能比。

数据来源：《90 年代中国人群的膳食与营养状况——1992 年全国营养调查》（葛可佑，1996）、《中国居民营养与健康状况调查报告之二——2002 膳食与营养素摄入状况》（翟凤英、杨晓光，2006）、《中国居民营养与健康状况监测——2010—2013 年综合报告》（常继乐、王宇，2016）。

各类随收入增长的营养素中,脂肪、维生素 A、总维生素 E 与硒元素的差异最大,高收入组的摄入量分别比低收入组高 60.8%、33.9%、23.3% 与 27.4%;核黄素、钠元素的摄入量差异次之,高收入组的摄入量分别比低收入组高 14.3%、13.3%;能量、蛋白质、烟酸、钙元素及锌元素的差异则不超过 10%。各类随收入下降的营养素,低收入组与高收入组的差异整体较小,其中,膳食纤维、碳水化合物、维生素 C 等,高收入组平均每天摄入量比低收入组分别低 19.2%、12.7%、14.0%;钾元素的差异则不超过 10%。

2012 年部分营养素摄入量随收入变化的趋势有所改变,如表 3-18 所示,与贫困农村相比,非贫困农村的能量更低,与 1992 年趋势相反;总维生素 E 的变化趋势也与 1992 年有所不同,2012 年,贫困农村的总维生素 E 含量更高,而收入更高的普通农村总维生素 E 摄入量略低。碳水化合物则与 1992 年趋势一致,贫困农村的摄入量更高。除能量、碳水化合物、总维生素 E 外,非贫困农村其他营养素的摄入量皆高于贫困农村,意味着随着收入的增加,大部分营养素的摄入量都会提高。总体来看,2012 年贫困农村与非贫困农村之间营养素摄入量差异较 1992 年小,但同时维生素 A、核黄素、烟酸、钙及铁元素的差异则有所增加。

根据表 3-18 列出的标准人推荐摄入量,可进一步测算农村居民的营养素充足程度。2012 年,中国农村贫困居民的能量充足程度为 97.3%。三大宏量营养素中,脂肪及碳水化合物的供能比(27.3%、62.6%)[①] 皆符合推荐摄入标准,然而其蛋白质摄入量仅有推荐量的 81.3%。常量及微量营养素中,总维生素 E、钠元素、铁元素的摄入量皆超过 100%。其他营养素的摄入量皆未达到推荐标准。其中,烟酸的充足程度最高,为 93.6%;膳食纤维、维生素 A、核黄素及钙元素的摄入量充足程度最低,分别只有 36.0%、36.9%、42.9%、

---

① 依据表 3-18 中数据测算,脂肪供能比 =(脂肪摄入量 ×9)/能量摄入量,碳水化合物供能比 =(碳水化合物摄入量 ×4)/能量摄入量。

35.5%；硫胺素、维生素 C、钾、锌和硒元素摄入量的充足程度则在 70%—80% 之间。因此，2012 年，中国农村贫困居民仍然面临能量摄入不足，膳食纤维、维生素 A、核黄素及钙元素严重缺乏，钠元素摄入过量的问题。

总体来看，1992 年，农村低收入家庭除碳水化合物、膳食纤维、硫胺素、维生素 C、钾及铁元素外，其他营养素的摄入量均显著低于农村其他收入家庭及城镇家庭，2012 年，贫困农村家庭的能量摄入量显著提高，超过非贫困农村家庭及城镇家庭，其碳水化合物的摄入量仍然高于其他类型的家庭，除膳食纤维、硫胺素外，其总维生素 E 及锌元素的摄入量也接近或超过其他类型的家庭，但其蛋白质、脂肪、核黄素、维生素 C、硒元素等摄入量仍然较低，同时维生素 A、钾、钙元素的摄入量远低于其他类型的家庭。

第五节　本章小结

1978 年以来，中国扶贫工作取得巨大进展，贫困人口及贫困发生率显著下降。2020 年，中国实现全面脱贫，消除了绝对贫困和区域性整体贫困，按照购买力平价方法测算，脱贫标准已达国际中等贫困标准。

1978—2020 年，城乡居民的人均可支配收入及人均食物消费支出均显著提高，同时，恩格尔系数显著下降，其中，农村的变动幅度显著低于城镇。从农村不同收入户来看，2002—2020 年，低收入农村家庭人均纯收入增长了 2.3 倍，低收入家庭与其他收入组之间的收入差距随时间推移呈现增长的态势；2002—2012 年，低收入农村家庭人均消费总支出由 1006.4 元提高至 2695.6 元，增长了 94.7%，低收入户的人均消费支出高于人均纯收入，且这一现象随着时间的推移逐渐加重。2002—2012 年，低收入农村家庭人均食品消费支出增长了 107.5%，增长幅度高于城镇家庭及农村其他收入组，同时，低收入家庭人均消费支出的增长幅度也高于其他收入组，且相对于食品支出增速更高，因此，虽然农村低收入家庭的恩格尔系数仍然远高于农村其他收入家庭及城镇家庭，但低收入组与其他收入组恩格尔系数的差异逐渐下降。

从食物消费结构来看，1981—2012 年，中国城乡居民粮食、鲜菜消费量呈下降趋势，食用油、猪肉、牛羊肉、禽类、鲜蛋、水产品、鲜奶、鲜瓜果及酒类等食物的消费量则呈现上升趋势。农村低收入家庭与其他类型家庭食物消费的变化趋势较为类似，1992—2012 年，农村低收入家庭谷物、薯类、蔬菜及调味品的消费量有所下降，水果、畜禽肉、奶类、蛋类及食用油的消费量不断上升，豆制品和鱼虾类的消费量则先上升后下降。但 2012 年农村低收入家庭谷物消费量仍然很高，蔬菜、水果、畜禽肉、奶类、蛋类、鱼虾类的消费量均很低，与其他收入组有较大差异，与城镇家庭的差异更甚，同时，1992—2012 年，农村低收入家庭食物消费结构的变化幅度也小于其他类型的家庭。总结 1992 年、2002 年、2012 年不同收入农村居民的食物消费差距可以发现，水果、畜肉、禽肉、奶类与鱼虾类的消费差距始终为各类食物中最高的。

从营养摄入状况来看，1982—2012 年，中国城乡家庭能量、碳水化合物、硫胺素、钾、钠、钙、铁、锌等营养素的摄入量呈下降趋势，脂肪、硒元素的摄入量呈上升趋势，蛋白质、膳食纤维呈先上升后下降趋势，城市家庭的维生素 A 也呈现先上升后下降的趋势，但农村家庭的维生素 A 则首先呈现断崖式下跌现象，小幅回升后，又呈现下降趋势；其他营养素的摄入量则基本不变。1992 年，农村低收入家庭除碳水化合物、膳食纤维、硫胺素、维生素 C、钾及铁元素外，其他营养素的摄入量均显著低于农村其他收入家庭及城镇家庭，2012 年，贫困农村家庭的能量摄入量显著提高，超过非贫困农村家庭及城镇家庭，其碳水化合物的摄入量仍然高于其他类型的家庭，除膳食纤维、硫胺素外，其维生素 E 及锌元素的摄入量也接近或超过其他类型的家庭，但其蛋白质、脂肪、核黄素、维生素 A、维生素 C、钾、钙、硒元素等营养素摄入量仍然较低。2012 年，中国农村贫困家庭仍然面临能量摄入不足，膳食纤维、维生素及微量元素严重缺乏，钠元素摄入过量的问题。

第四章

基于食物偏好的农村家庭分类

多数发展中国家正普遍经历"营养状况变迁",其食物供应和膳食摄入结构皆以越来越快的速度发生变化(Popkin 和 Gordon-Larsen,2004)。《2016年全球营养报告》指出,目前全球有三分之一的人口营养不良,已经成为全球的"新常态"。近年来,传统的高碳水化合物饮食已被脂肪含量较高的饮食所取代,现代中国居民家庭,尤以城市为主,饮食结构逐渐西化,高饱和脂肪、糖和精制加工食品的食用频率不断提高,高纤维含量的食品消费量则逐年下降。与此同时,技术变革使工作时间大幅下降(Philipson,2001),劳动水平明显降低,长期正能量的积累导致中国居民的脂肪沉积和体重增加,进而增加了与饮食相关的非传染性疾病的风险(Adam 和 Nicole,2005;Drewnowski,2003)。营养缺乏与营养过剩导致的健康问题对居民的身心健康、生活质量、社会生产力以及医疗费用带来负面影响(Welch 和 Graham,2004),消除营养缺乏和营养过剩导致的健康问题已经成为当今社会共同面临的巨大难题。越来越多的证据表明,这些转变是随着时间的推移发生的大规模变化,而且这些转变并不仅限于高收入的城市人口,而是影响社会各阶层的更广泛的趋势(Wang 等,2007)。那么,目前农村地区的食物消费结构如何,是否均衡?不同人群是否具有不同的膳食模式,其膳食模式的选择又会受到哪些因素的影响?在研究农村贫困家庭的食物消费行为及其对收入增长的反应前,对当前农村家庭的食物偏好及其影响因素进行测算，一方面有助于加深对贫困家庭的食物消费行为的理解，另一方面，其膳食模式的分类结果作为虚拟变量加入第六章的食物需求系统模型中，以控制食物消费习惯的影响，准确估计收入增长对于农村贫困家庭食物消费行为的影响。

为此，本章致力于研究农村居民家庭不同类型的食物消费模式，以食物消费模式为基础对消费者人群进行分类，确定其食物消费偏好，并进一步分析不同偏好的居民膳食均衡水平及营养状况。开展不同类型的消费者对于膳食模式的选择行为研究，可以挖掘消费者行为的深层次动因，丰富消费者行为的研究内涵（高杨，2017）。同时，这一研究对于了解农村居民的食物偏好及相应的营养状况具有重要意义，有助于政府制定相应的产业政策以及营养知识宣传政策，以改善中国居民的营养健康状况。

第一节 农村家庭的食物消费与膳食均衡状况

一 农村家庭的食物消费状况

第四章以后使用的数据主要来自 CHNS 2004—2011 年 4 轮农村样本数据，该数据是国内研究食物消费及营养健康。由于 CHNS 每年轮换部分样本，因而 CHNS 数据属于非平衡面板数据。CHNS 数据载有详细的超过 1500 种食物条目的食物消费信息，记录了受访者三天内在家和在外的食物消费数量，包含了丰富的个人和家庭特征变量及社会经济变量，能够支撑本书的研究。此外，本书第四章至第六章还部分使用了 2021 年的农食系统转型（TAFSS）数据，以提供农村贫困家庭的食物消费、营养摄入状况及收入增长影响的最新证据，同时，2020 年中国已全面脱贫攻坚，因此 TAFSS 数据的贫困家庭以相对贫困定义，可以进一步验证绝对贫困家庭与相对贫困家庭之间的行为差异。然而 TAFSS 数据的调研过程存在系统偏差，如样本仅包含河北、河南、山东三省，缺乏全国代表性，且调查的家庭样本总量较少，贫困家庭样本仅232户；采用24小时回忆法仅获取一天的食物消费量，食物选择的随机偏差相对较大；未调查食用油及盐等调味品的使用情况；该数据对于家庭内部不同成员食物摄入量的调查，仅以家庭成员的"食用比例"粗略计量，而大部分家庭的"食用比例"均以家庭成员平均分配计量，因此无法以该数据进一步测算家庭内部的营养分配问题；此外，2021年受到疫情冲击的影响较大，以工作性质确定的劳动强度偏差较大，虽然在进行标准人摄入量的调整时已将其考虑在内，但仍然存在较大的系统偏差。综合上述原因，2021年TAFSS数据无法支持第四章到第七章的全部研究，在此概括说明，具体原因在各章节有更为详尽的描述。

第四章至第六章的研究对象为农村贫困家庭，若以家庭人均消费直接代替家庭为单位的食物消费，会忽略家庭内部人员构成的差异。因此，本书将包括儿童和老人在内的家庭成员个人食物消费数据，利用等价尺度折合为标准人，进而构建家庭加权人均消费数据。具体地说，以体重为60千克、从事轻体力活动的成年男子（能量消费量为2250千卡）作为标准人，依据《中国居民膳食营养素参考摄入量（2013版）》（中国营养学会，2014）推荐的不同年龄（a）、性别（g）和劳动强度居民的膳食能量需求量（$\gamma_{a,g,l}\gamma_{a,g,l}$），计算出不同家庭成员的标准人系数（$\gamma_{a,g,l}/2400\ \gamma_{a,g,l}/2400$），据此求得家庭标准人数量（家庭成员标准人系数的加总），进而求得家庭加权人均消费数据（家庭总消费量/家庭标准人数量），即家庭人均标准人消费量。

表4-1报告了2004—2021年[①]中国农村居民家庭对22种食物

[①] 2021年，随着疫情的蔓延，各地不间断发生封控情况，农村居民的工作，尤其是各类农民工，其工作时长可能受到较大冲击，因此，以职业性质衡量的劳动强度偏差较非疫情期间更大。据此，本书将标准人的食物需求量进行调整，考虑到受到较大冲击的农民工等行业劳动强度通常较高，因此重体力劳动的食物需求量调整为正常需求量的83.3%，即全年工期受损2个月；轻体力和中等体力劳动的食物需求量调整为正常需求量的91.7%，即全年工期受损1个月。另外，2011年食物消费量为采用24小时回忆法收集的一天的食物消费数据，相较于3天内的平均食物消费数据，偏差较大。

的标准人消费情况，其中，2021 年 TAFSS 数据未调查食用油及盐等调味品的消费量。数据显示，2004—2011 年，中国农村居民面粉及制品的消费量呈逐年下降趋势；大米及制品、其他谷物以及薯类的消费量则呈现先下降后上升趋势，其中，其他谷物的消费量增长幅度较大。其他植物性食物中，干豆类及坚果的消费量先上升而后有所下降，水果及菌菇消费量逐年上升，蔬菜的消费量则不断下降，尤其是 2009—2011 年，下降幅度较大。动物性食物中，猪肉、禽肉、蛋类、奶类及制品、水产品消费量皆呈波动上升趋势，其中奶制品消费量基数最小，变化最大，2004—2011 年增长 77%；禽肉消费量增长幅度次之，超过 60%，蛋类消费量增长 31%，其他动物性食物的消费量变化程度则相对较小，基本不超过 20%；牛羊肉的消费则刚好相反，呈现波动下降趋势。近年来，糕点小吃类、饮料、糖类及蜜饯类食品消费量越来越多，其增长幅度均超过一倍，尤其是饮料的消费量，增长了 13 倍，成为近年来居民肥胖的重要诱因。婴幼儿食品消费量也逐年提高，表明家庭越来越注重儿童的营养健康。此外，农村居民食用油和调味品消费量一直较高，2006 年以后虽然有下降趋势，但仍然保持较高水平，远超过推荐摄入量。

表 4-1　　2004—2011 年农村居民家庭人均食物消费量

（单位：克/标准人·日）

食物种类	2004 年	2006 年	2009 年	2011 年	2021 年
面粉及制品	152.2	158.0	150.5	137.4	285.0
大米及制品	256.9	237.5	230.1	250.8	58.7
其他谷物	18.0	14.5	16.9	21.8	55.5
薯类	44.4	41.5	38.7	40.8	35.5
干豆类及坚果	50.2	52.8	56.9	51.1	27.2
蔬菜	351.0	329.3	324.5	298.7	291.0
菌菇	2.6	2.7	4.0	4.9	2.6
水果	16.0	40.1	46.5	73.7	39.4
牛羊肉	6.7	5.3	4.2	6.0	4.0

续表

食物种类	2004 年	2006 年	2009 年	2011 年	2021 年
猪肉	50.7	58.0	65.9	61.1	27.5
禽肉	9.5	9.3	12.8	15.3	10.7
奶类及制品	6.9	8.2	7.9	12.1	6.9
蛋类	23.3	29.2	31.3	30.6	36.8
水产品	24.7	26.6	28.7	27.4	7.6
婴幼儿食品	0.0	0.3	0.2	0.8	0.2
糕点小吃类	6.8	8.5	9.7	13.5	7.3
饮料	0.5	1.5	3.6	7.4	2.3
酒类	11.5	16.2	17.8	16.9	12.1
糖类、蜜饯等	0.1	0.2	0.1	0.3	0.1
食用油	43.5	47.7	44.7	43.1	—
调味品	43.2	44.7	42.0	45.4	—
快餐食品	4.3	9.9	16.7	22.6	14.5
样本量	2920	2986	3016	3540	1164

注："—"表示缺失值。

数据来源：由 CHNS 和 TAFSS 数据整理得到。

由于 TAFSS 数据仅调查了山东、河南、河北三省，且劳动强度的测量因疫情冲击而产生偏差，因此无法与 2004—2011 年的数据直接进行比较，例如，山东、河南、河北三省普遍以面食为主，因此其面粉及制品的消费量达到 285.0 克/标准人·日，其他谷物的消费量也显著高于 2004—2011 年，而大米及制品的消费量则远低于 2004—2011 年。此外，2021 年调查的除蛋类的各类食物消费量均低于 2004—2011 年，这可能是由于工作强度的整体下降以及疫情冲击带来的劳动时间的减少，降低了整体的食物需求量。

二 农村家庭的膳食均衡状况

为评价中国居民的食物均衡状况，本书采用何宇纳等（2005）依据 1997 年版《中国居民膳食指南》及平衡膳食宝塔建立的膳食平衡指数。① DBI 通过居民对谷类食物、蔬菜水果、奶类和豆类、动物性食物、酒精、盐、食用油以及食物种类的消费状况来评价膳食的均衡程度，将各类食物的推荐量作为评价标准，当摄入量等于推荐量时，表明该类食物的摄入合理（取值为零），低于推荐量表明该食物摄入不足（取值为负），高于推荐量则表明该食物摄入过多（取值为正），② 因此该指标可同时反映膳食摄入不足及摄入过量问题：表 4-2 中 DBI_TS 为所有指标分值的直接加总，反映总体膳食质量的平均水平，但由于 DBI_TS 数值较小可能表示膳食均衡，也可能表示膳食的摄入不足和摄入过量的问题相互抵消，因此进一步计算了负端分（DBI_LBS）、正端分（DBI_HBS）和膳食质量矩（DBI_DQD），分别表示所有负分绝对值的加总、所有正分的加总，以及负分绝对值和正分的加总。

由于本书所有对于家庭的研究均采用家庭人均标准人消费数据，因此在计算膳食均衡指数时均使用标准人（体重 60 千克从事轻体力劳动活动的成年男子）推荐量。由于 2021 年的 TAFSS 数据未调查食用油及盐等重要调味品，无法计算其膳食均衡水平，因此，表 4-2 仅列出了 2004—2011 年的膳食质量评分。如表 4-2 所示，DBI 总分（DBI_TS）显示，按照 1997 年的标准，中国居民面临的主要问题是摄入不足，结合负端分和正端分，可以发现，2004 年以来中国居民摄入不足及摄入过量问题皆不断得到改善，其中，摄入不足问题的改善幅度较大，摄入过量问题的改善幅度则相对较小，且后期转为上升。因此，膳食质量矩的变化程度略小于 DBI 总分的变化程度。

---

① 如上文所述，《中国居民膳食指南》是随居民饮食及健康状况的变化而进行调整的，然而贫困居民的饮食状况变化较为滞后，因此采用较为早期的《中国居民膳食指南》对其均衡状况进行评价。

② 八个指标中，谷类、肉禽类、蛋三个指标需要同时反映营养不足和过量问题，因此取值有正有负；蔬菜、水果、奶类、豆类、水产品和食物种类，在膳食指南中建议"多吃"或"常吃"，因此不设上限，取值只有零或负值；酒精、盐和食用油则主要强调过剩问题，取值只有零或正值。DBI 指标的具体取值方式见"附录"中的附表-1 与附表-2。

表4-2　　　　2004—2011年农村居民家庭膳食平衡指数

DBI 指数	2004	2006	2009	2011
DBI_TS	-17.877	-17.108	-16.024	-15.032
DBI_LBS	-30.035	-29.248	-27.923	-27.060
DBI_HBS	12.158	12.141	11.899	12.028
DBI_DQD	42.193	41.389	39.821	39.089

数据来源：由 CHNS 数据整理得到。

第二节　膳食模式的分类方法与结果

一　膳食模式的分类方法——因子分析和聚类分析

本书借鉴何宇纳等（2008）和 Zhang 等（2010）的方法，采用因子分析和聚类分析相结合的方法将居民家庭依据食物消费偏好进行分类。因子分析是利用降维的思想，从研究原始变量相关矩阵内部的依赖关系出发，把一些具有错综复杂关系的变量归结为少数几个综合因子，并使因子变量具有较强的可解释性。聚类分析则将个体（样品）或者对象（变量）按相似程度（距离远近）划分类别，使得同一类中的元素之间的相似性比其他类的元素的相似性更强。

因子分析的计算过程如下：首先求解因子载荷，本书使用主成分法。假设有 p 个变量，可以找到 p 个主成分，将主成分由大到小排列为 Y_1，Y_2，…，Y_p，主成分与原始变量的关系可以表示如下：

$$\begin{cases} Y_1 = \gamma_{11}X_1 + \gamma_{12}X_2 + \cdots + \gamma_{1p}X_p \\ Y_2 = \gamma_{21}X_1 + \gamma_{22}X_2 + \cdots + \gamma_{2p}X_p \\ \cdots\cdots \\ Y_p = \gamma_{p1}X_1 + \gamma_{p2}X_2 + \cdots + \gamma_{pp}X_p \end{cases} \quad (4-1)$$

其中，γ_{ij} 为随机向量 X 的相关矩阵的特征值所对应的特征向量的分量。据上式求解出 Y 至 X 的转换关系：

$$\begin{cases} X_1 = \gamma_{11}Y_1 + \gamma_{21}Y_2 + \cdots + \gamma_{p1}Y_p \\ X_2 = \gamma_{12}Y_1 + \gamma_{22}Y_2 + \cdots + \gamma_{p2}Y_p \\ \cdots\cdots \\ X_p = \gamma_{1p}Y_1 + \gamma_{2p}Y_2 + \cdots + \gamma_{pp}Y_p \end{cases} \quad (4-2)$$

将式（4-2）保留前 m 个主成分，后面的部分以 ε_i 代替。则式（4-2）变为：

$$\begin{cases} X_1 = \gamma_{11}Y_1 + \gamma_{21}Y_2 + \cdots + \gamma_{m1}Y_m + \varepsilon_1 \\ X_2 = \gamma_{12}Y_1 + \gamma_{22}Y_2 + \cdots + \gamma_{m2}Y_m + \varepsilon_2 \\ \cdots\cdots \\ X_p = \gamma_{1p}Y_1 + \gamma_{2p}Y_2 + \cdots + \gamma_{mp}Y_m + \varepsilon_p \end{cases} \quad (4-3)$$

将 Y_i 除以其标准差 $\sqrt{\lambda_i}$（即特征值的平方根），可得一组未旋转的初始公共因子 $F_i = \dfrac{Y_i}{\sqrt{\lambda_i}}$，取 $a_{ij} = \sqrt{\lambda_i}\gamma_{ji}$，则式（4-3）可转化为：

$$\begin{cases} X_1 = a_{11}F_1 + a_{12}F_2 + \cdots + a_{1m}F_m + \varepsilon_1 \\ X_2 = a_{21}F_1 + a_{22}F_2 + \cdots + a_{2m}F_m + \varepsilon_2 \\ \cdots\cdots \\ X_p = a_{p1}F_1 + a_{p2}F_2 + \cdots + a_{pm}F_m + \varepsilon_p \end{cases} \quad (4-4)$$

矩阵 A 即为因子载荷矩阵，矩阵 F 则是初始的公共因子。

然后，对因子载荷矩阵进行旋转，即进行线性组合，进而得到旋转的公共因子，使原始变量与某些公因子存在较强的相关关系，而与另外的公因子之间不相关。在因子模型中，使用回归的方法求因子得分。假设公共因子 F 由变量 X 表示的线性组合为：

$$F_j = \beta_{j1}X_1 + \beta_{j2}X_2 + \cdots + \beta_{jp}X_p, \quad j = 1, 2, \cdots, m \quad (4-5)$$

其中 F 和 X 皆为标准化变量，因此不存在常数项，β_{ji} 为因子的分数。

最后，利用样本值，通过最小二乘法或极大自然法可以估计出 β_{ji}。将估计的因子得分系数和原始变量取值代入式（4-5）便可求得因子得分。

聚类分析算法是给定 m 维空间 R 中的 n 个向量,把每个向量归属到 k 个聚类中的某一个,使得每一个向量与其聚类中心的距离最小。聚类可以理解为:类内的相关性尽量大,类间相关性尽量小。聚类问题作为一种无指导的学习问题,目的在于通过把原来的对象集合分成相似的组或簇,来获得某种内在的数据规律。

在进行数据分类前,将居民家庭日均食物消费量按照四分位计分,即消费量低于总体 25 分位的家庭表示为"1",第 25—50 分位表示为"2",第 50—75 分位表示为"3",消费量超过 75 分位的家庭表示为"4"。因此,"1"表示消费量最低,"4"表示消费量最高。接下来,利用食物消费水平数据,采用因子分析(主成分法)减少食物类别,利用特征值碎石图将 22 种(TAFSS 数据为 20 种)食物类别转换为数量较少的综合因子。第三步,将因子分析中获得的综合因子及因子得分应用于聚类分析,其中聚类分析分两步进行:首先,抽取 1% 的样本进行分层聚类分析,根据树状图确定类数;然后,依据该分类数对全体样本采用分层聚类分析。由于 2021 年数据仅有 1164 个样本,因此,抽取 10% 的样本进行分层聚类分析。

二 膳食模式的分类结果

由于 TAFSS 数据与 CHNS 数据统计的食物消费种类不一致,同时两个数据之间可能存在统计偏差,因此将其分别进行估计。2004—2011 年的因子分析结果显示,KMO 值为 0.772,Bartlett-P 值为 0.000,表明该数据适合进行因子分析。碎石图(见附图 -1 上图)显示,从第 6 个变量后,特征值小于 1,且变化的趋势趋于平稳,因此因子数确定为 6。因子及因子载荷系数如表 4-3 所示。表 4-3 显示,因子 1 中,畜禽肉、奶类及水产品等动物性食物,以及菌菇、水果、糕点小吃类、快餐食品的分数较高;因子 2 中,谷物类食物的分数最高,蔬菜、猪肉及水产品的权重也相对较高;因子 3 中,蔬菜、蛋类、食用油及调味品的比重较大;因子 4 则以薯类、粗粮类、禽肉及饮料为主；因子5中，蛋类、酒类及调味品的权数最高；因子6中权重最大的则是干豆类、禽肉、调味品、婴幼儿食品及糖类、蜜饯等。

表4-3　　2004—2011年因子分析结果：因子及因子载荷系数

食物种类	因子1	因子2	因子3	因子4	因子5	因子6
面粉及制品	-0.096	-0.703	0.277	-0.209	-0.116	-0.02
大米及制品	-0.13	0.792	-0.011	0.244	0.023	0.033
其他谷物	0.187	-0.535	-0.023	-0.342	0.197	0.085
薯类	0.048	-0.368	0.174	0.477	0.119	-0.151
干豆类	0.174	0.038	0.383	0.256	0.222	-0.526
蔬菜	-0.173	0.388	0.388	0.024	-0.109	0.176
菌菇	0.489	0.071	-0.026	-0.098	0.001	-0.249
水果	0.581	-0.106	0.071	0.142	-0.108	0.121
牛羊肉	0.373	0.123	-0.143	-0.259	-0.141	-0.115
猪肉	0.346	0.476	0.07	-0.134	-0.037	-0.144
禽肉	0.481	0.232	-0.269	-0.274	0.14	0.038
奶类及制品	0.539	-0.068	0.023	0.043	-0.236	0.013
蛋类	0.329	-0.098	0.393	-0.06	-0.449	-0.034
水产品	0.409	0.337	0.034	-0.267	-0.108	-0.043
婴幼儿食品	0.133	-0.057	0.036	0.101	-0.071	0.392
糕点小吃类	0.49	-0.101	0.085	0.23	0.02	0.006
饮料	0.406	0.041	-0.086	0.311	0.248	0.211
酒类	0.271	0.052	0.088	-0.108	0.512	-0.188
糖类、蜜饯等	0.264	-0.002	-0.072	0.196	0.066	0.466
食用油	-0.022	0.25	0.619	-0.117	-0.067	0.169
调味品	0.127	0.019	0.394	-0.254	0.509	0.31
快餐食品	0.571	-0.211	-0.101	0.199	-0.092	0.026

2021年数据由于样本量较小，虽然其KMO值偏小，仅为0.537，但其Bartlett-P值为0.000，表明该数据仍可用于因子分析。碎石图（见附图-1下图）显示，特征值超过1的变量有10个，但

从第 5 个变量后,特征值的变化趋势趋于平稳,因此因子数确定为 5。因子及因子载荷系数如表 4-4 所示。表 4-4 显示,因子 1 干豆类、牛羊肉、猪肉、禽肉、水产品等高蛋白、高营养含量的食物,以及口味性食物如糕点小吃类、酒类的权重较高。因子 2 的蔬菜、菌菇、水果、蛋类、奶类等各类维生素和微量元素含量较高的动植物食物消费量均较为丰富,快餐食品的权重也较高,同时,因子 2 是 5 个因子中唯一一个杂粮(其他谷物)权重为正的因子。因子 3 较为突出的特点是面粉及制品和蔬菜类的权重较高。因子 4 中,薯类、干豆类、猪肉、婴幼儿食品及饮料的得分较高,同时杂粮(其他谷物)、蔬菜、牛羊肉的权重均为负值,且绝对值较高。因子 5 与因子 3 的构成较为相似,均为主食 + 蔬菜为主的模式,不同的是,因子 5 的主食中大米及制品的权重较高,且因子 5 中面粉、杂粮(其他谷物)、水果及快餐食品的权重均为绝对值较高的负值。

表 4-4　　　　2021 年因子分析结果:因子及因子载荷系数

食物种类	因子 1	因子 2	因子 3	因子 4	因子 5
面粉及制品	0.008	-0.101	0.741	0.169	-0.300
大米及制品	-0.069	-0.080	-0.080	-0.045	0.778
其他谷物	-0.272	0.163	-0.163	-0.514	-0.246
薯类	-0.071	-0.031	-0.207	0.559	0.036
干豆类	0.283	0.180	-0.045	0.227	-0.066
蔬菜	-0.117	0.292	0.662	-0.259	0.196
菌菇	0.159	0.337	-0.080	0.099	0.380
水果	0.049	0.559	0.063	0.026	-0.287
牛羊肉	0.580	0.034	-0.046	-0.237	-0.107
猪肉	0.255	0.364	0.148	0.345	0.235
禽肉	0.524	0.015	-0.030	0.151	0.086
奶类及制品	-0.107	0.591	-0.184	-0.046	-0.037
蛋类	0.071	0.439	0.127	0.008	0.170
水产品	0.662	0.053	0.068	-0.134	0.033

续表

食物种类	因子1	因子2	因子3	因子4	因子5
婴幼儿食品	-0.074	0.010	0.127	0.270	0.081
糕点小吃类	0.263	0.153	-0.182	0.165	-0.080
饮料	-0.133	0.110	-0.077	0.407	-0.149
酒类	0.301	-0.046	-0.016	-0.055	-0.043
糖类、蜜饯等	-0.053	-0.014	0.064	0.048	0.126
快餐食品	0.007	0.353	-0.375	0.039	-0.203

三 不同膳食模式的食物消费水平

第一阶段聚类分析树状图结果显示，消费者应被分为五个类别：膳食模式1—5的样本比例分别为13.1%、27.7%、22.4%、24.6%和12.2%。2004—2011年的第二阶段聚类分析结果如表4-5所示。

表4-5　2004—2011年不同膳食模式人群的标准人食物消费水平

食物种类	均衡型	油腻型	清淡型	主食型	口味型
面粉及制品	2.213	2.326	2.314	3.500	1.519
大米及制品	2.433	3.011	2.607	1.487	3.266
其他谷物	1.628	1.317	1.785	2.498	1.554
薯类	2.097	1.989	2.691	2.488	1.281
干豆类	2.718	2.667	2.836	1.824	1.461
蔬菜	2.091	3.083	2.305	2.225	2.531
菌菇	2.167	1.341	1.307	1.111	1.186
水果	2.531	1.843	1.686	1.789	1.813
牛羊肉	2.110	1.390	1.241	1.172	1.488
猪肉	3.024	2.863	2.263	1.714	2.879
禽肉	2.191	1.348	1.441	1.217	2.497
奶类及制品	1.943	1.258	1.128	1.173	1.131
蛋类	2.829	2.876	1.787	2.477	1.664
水产品	2.698	2.286	1.564	1.332	2.274

续表

食物种类	均衡型	油腻型	清淡型	主食型	口味型
婴幼儿食品	1.000	1.037	1.004	1.064	1.030
糕点小吃类	1.886	1.379	1.408	1.311	1.184
饮料	1.103	1.081	1.247	1.100	1.289
酒类	1.468	1.311	1.838	1.122	1.433
糖类、蜜饯等	1.009	1.059	1.046	1.059	1.095
食用油	2.220	3.172	2.183	2.330	2.203
调味品	2.029	2.574	2.545	2.477	2.801
快餐食品	2.409	1.384	1.605	1.617	1.374
样本量	1635	3444	2796	3070	1517

从表4-5中可以看出，以膳食模式1为主的人群，大米制品与面粉制品消费水平的差值最小，其肉、蛋、奶、水产品等动物性食物的摄入量都相对较高（消费水平均接近或超过消费中位数），其蔬菜、水果、糕点、快餐食品的消费水平在五组中也最高，而其食用油及调味品的消费量则少于其他人群，因此可称为"均衡型"膳食模式。膳食模式2组大米及面粉制品消费总量为五种模式中最高，其蔬菜及菌菇、蛋类及食用油的消费量同样较高（食物消费水平超过2.5），其中，食用油的消费量尤其突出，显著高于其他人群，因此将其命名为"油腻型"膳食模式。以膳食模式3为主的人群，粗粮、薯类及干豆类、饮料及酒类的消费水平为五种模式中最高，但其蔬菜、水果及动物性食物的消费量皆较少，其中水果及奶制品的消费量为五组中最低，因此将其命名为"清淡型"膳食模式。膳食模式4组主食以面粉制品为主，消费水平达到3.5，远超过其他各组，其粗粮及薯类消费量也很高，但与膳食模式3类似，其蔬菜、菌菇、水果及畜禽肉、水产品等动物性食物的消费量都很少，相反的是，其饮料及酒类消费量为五组中最低，因此称为"主食型"膳食模式。以膳食模式5为主的人群，大米及制品消费水平为各组中最高，而面粉制品的消费水平为各组中最低，同时，其粗粮薯类及

干豆类的消费量也为各组中最低。但其畜禽肉、调味品的消费量为五种模式中最高，其他各项消费水平则在各组中居中，因此将其命名为"口味型"膳食模式。

TAFSS数据的聚类分析结果显示，2021年山东、河北、河南三省农村家庭的消费模式可被分为四个类别：主食型、清淡型、肉食型及均衡型，占比分别为41.2%、37.5%、8.9%、12.4%。表4-6列出了2021年不同膳食模式的食物消费水平。由于2021年数据不包含食用油及调味品，因此膳食模式与2004—2011年存在差异，但可以发现，消费模式仍然较为接近。

表4-6 2021年不同膳食模式人群的标准人食物消费水平

食物种类	清淡型	主食型	肉食型	均衡型
面粉及制品	1.958	3.272	2.524	1.938
大米及制品	2.342	2.284	2.146	2.014
其他谷物	2.313	2.227	1.796	2.625
薯类	2.109	1.455	1.631	1.813
干豆类	1.601	1.570	2.427	2.167
蔬菜	1.781	3.304	2.369	2.542
菌菇	1.075	1.069	1.379	1.375
水果	1.119	1.343	1.553	2.667
牛羊肉	1.000	1.000	1.641	1.021
猪肉	1.376	1.817	2.515	2.229
禽肉	1.138	1.096	2.282	1.146
奶类及制品	1.000	1.000	1.058	2.229
蛋类	1.747	2.281	2.437	2.701
水产品	1.006	1.007	2.748	1.042
婴幼儿食品	1.000	1.000	1.000	1.000
糕点小吃类	1.088	1.027	1.437	1.313
饮料	1.044	1.034	1.000	1.146
酒类	1.063	1.062	1.379	1.021
糖类、蜜饯等	1.013	1.034	1.000	1.000

续表

食物种类	清淡型	主食型	肉食型	均衡型
快餐食品	1.244	1.069	1.262	2.208
样本量	479	437	104	144

2021年的四类膳食模式中,"清淡型"和"主食型"膳食模式的食物消费模式较为类似,其各类主食的消费量均接近或超过中位数,其中,"主食型"的面粉及制品消费量远高于其他模式,同时,其蔬菜及蛋类的相对量也相对较高;"清淡型"膳食模式各类谷物的消费量较为均衡,而其他食物的消费量则相对较低。"肉食型"膳食模式以各种肉类、水产品等动物性食物的高消费为主要特点,同时,其干豆类、糕点小吃类、酒类的消费也较其他模式高。"均衡型"膳食模式中谷物类、果蔬类、蛋类、奶类及猪肉等不同类型的食物消费量均相对较高,膳食搭配相对均衡。

四 不同膳食模式的营养摄入及膳食均衡状况

食物是居民获得营养最重要的手段,但由于食物种类十分丰富且不同食物的营养成分千差万别,食物组间或组内的替代皆有可能导致营养摄入量的变化,因此仅仅以上述食物大类的消费情况来判别居民的营养摄入状况可能存在一定的偏差,而最直接的方法便是根据食物消费量估算居民的各类营养素的消费情况,进而判断贫困居民不同营养素摄入过量或不足的情况。本书挑选了能量、三大宏量营养素及重要的常量或微量营养素作为主要研究对象。表4-7给出了2004—2011年不同类型膳食模式组的营养素摄入状况。数据显示,"油腻型"组由于谷物及食用油消费量偏高,其能量摄入量为五组中最高,"均衡型"组由于动物性食物、糕点小吃类及快餐食品的消费量较高,能量摄入量也相对较高;"清淡型""主食型""口味型"组动物性食物及食用油消费水平均较低,且主食消费量低于"油腻型",因此能量摄入量相对较低。

表 4-7　　2004—2011 年不同膳食模式人群的标准人日营养素摄入状况

营养素	均衡型	油腻型	清淡型	主食型	口味型
能量（kcal）	2151.2	2494.5	2065.8	2089.7	2094.3
蛋白质（g）	69.4	72.2	62.4	62.4	62.5
脂肪（g）	84.7	106.5	67.9	64.3	79.3
碳水化合物（g）	292.7	338.0	317.5	329.9	298.2
不溶性纤维（g）	10.0	11.3	10.9	11.5	8.5
胆固醇（mg）	323.3	321.7	146.6	198.2	183.0
维生素 A（ug）	368.2	466.5	341.3	322.5	474.3
维生素 C（mg）	76.6	106.3	92.8	86.0	90.3
钙（mg）	321.8	347.9	306.9	272.6	280.2
钾（mg）	1533.3	1718.7	1587.8	1593.2	1465.4
钠（mg）	4365.3	6255.7	5720.2	5566.3	6795.0
铁（mg）	17.1	19.1	17.7	18.1	16.4
锌（mg）	14.1	16.0	13.6	12.3	14.3

不同膳食模式组三大宏量营养素的摄入量相差较大，其中"油腻型"组蛋白质、脂肪及碳水化合物的摄入量皆为五组中最高；"均衡型"组蛋白质和脂肪摄入量次之，但其碳水化合物摄入量为各组中最低；"清淡型"和"主食型"的蛋白质及脂肪摄入量为各组中最低，其碳水化合物含量则仅次于"油腻型"；"口味型"组宏量营养素的摄入量与"均衡型"类似，但其蛋白质和脂肪摄入量都低于"均衡型"。不同模式间不溶性膳食纤维的摄入量差别较小，其中"口味型"组摄入量最低。导致肥胖及其诱发的一系列慢性疾病的关键元素胆固醇，"均衡型"与"油腻型"组摄入量最高，"清淡型"组的摄入量则最低。不同膳食模式中，"口味型"组的维生素 A 摄入量最高，"油腻型"组次之，"主食型"的摄入量则最低，同时，其钙元素及锌元素的摄入量也为各组中最低。"油腻型"组的维生素 C、钙元素、钾元素、铁元素及锌元素的摄入量皆为各组中最高，"均衡型"组中维生素 C 摄入量为各组中最低，"主食型"与"口味

型"组的钙元素、钾元素、铁元素及锌元素的摄入量则相对较低。此外,"口味型"组的钠元素摄入量最高,而"均衡型"组的钠元素摄入量则为各组中最低。

表4-8列出了2021年不同膳食模式人群的各类营养素摄入状况。数据显示,"肉食型"与"主食型"人群的能量和三大宏量营养素的摄入量均高于另外两组,其中,"主食型"人群的能量及碳水化合物的摄入量尤其高,"均衡型"人群的摄入量整体偏低,"清淡型"人群则非常低。此外,"清淡型"由于各类食物消费量均较低,因此各类营养素摄入量也均显著低于其他群体;"均衡型"虽然能量和宏量营养素的摄入量较少,但各类微量营养素的摄入量较为均衡;"肉食型"的胆固醇、钙、钾等微量营养素的摄入量均较高,但维生素的摄入量偏低;"主食型"则是膳食纤维和维生素摄入量较为丰富,但部分无机盐摄入量偏低。

表4-8　　2021年不同膳食模式人群的标准人日营养素摄入状况

营养素	均衡型	肉食型	清淡型	主食型
能量（kcal）	2063.0	2324.7	1630.3	2577.1
蛋白质（g）	66.2	104.1	43.3	80.8
脂肪（g）	85.0	98.7	65.7	83.6
碳水化合物（g）	277.4	286.9	229.8	395.4
不溶性纤维（g）	13.7	12.0	8.3	15.9
胆固醇（mg）	381.8	569.2	139.4	293.5
维生素A（ug）	502.2	448.3	167.8	693.6
维生素C（mg）	114.1	79.8	49.2	140.3
钙（mg）	364.9	413.4	160.9	347.0
钾（mg）	1880.3	2085.1	1114.2	2195.0
钠（mg）	834.4	779.4	493.2	743.6
铁（mg）	20.0	21.6	12.3	22.3
锌（mg）	11.9	16.9	8.2	14.8

根据《中国居民膳食营养素参考摄入量（2013）》（中国营养学会，2014），本书计算了不同膳食模式人群各类营养素的充足程度，如表4-9和表4-10所示。此外，表4-9同时列出了2004—2011年不同膳食模式人群的膳食均衡状况，由于2021年缺乏食用油及调味品数据，无法计算膳食均衡情况，因此表4-10仅列出了2021年不同膳食模式人群的营养素充足程度。

表4-9显示，2004—2011年"均衡型"的膳食均衡程度最高，其膳食质量矩分值为34.2分，为各组中最低，其负端分与正端分绝对值也同样为五组中最低，但由于DBI总分值的计算为每一项食物分值的直接加总，因此虽然"均衡型"组的负端分值与"油腻型"组类似，但"油腻型"组的正端分值较高，在DBI总分值的计算中负分值与正分值相互抵消，因此，"油腻型"组的DBI总分值绝对值较低，但结合其他指数，可以发现，"均衡型"组的膳食均衡程度最高，其膳食不足及膳食过剩问题较其他各组都更为缓和，膳食模式更为均衡，"油腻型"则次之。总体来看，不同膳食模式的人群面临的摄入不足问题较摄入过量问题皆更为严重，而各类营养素中，不溶性纤维、维生素A、维生素C、钙元素及钾元素的摄入不足程度最为严重。

表4-9　　2004—2011年不同膳食模式人群的标准人营养素摄入充足程度及膳食均衡状况　　（单位：%）

营养素	均衡型	油腻型	清淡型	主食型	口味型
能量	95.6	110.9	91.8	92.9	93.1
蛋白质	106.8	111.0	96.0	96.0	96.2
脂肪[①]	34.1	36.1	27.9	26.5	31.8
碳水化合物	53.2	52.7	60.3	61.7	56.5
不溶性纤维[②]	33.5	37.7	36.4	38.3	28.2
胆固醇[③]	107.8	107.2	48.9	66.1	61.0
维生素A	46.0	58.3	42.7	40.3	59.3

续表

营养素	均衡型	油腻型	清淡型	主食型	口味型
维生素 C	76.6	106.3	92.8	86.0	90.3
钙	40.2	43.5	38.4	34.1	35.0
钾	76.7	85.9	79.4	79.7	73.3
钠	291.0	417.0	381.3	371.1	453.0
铁	142.7	159.0	147.3	151.2	136.4
锌	112.5	127.9	108.7	98.3	114.4
DBI_TS	-14.0	-10.9	-18.3	-20.2	-20.6
DBI_LBS（负端分）	-24.1	-24.9	-29.8	-32.4	-31.0
DBI_HBS（正端分）	10.1	14.0	11.5	12.2	10.5
DBI_DQD（质量矩）	34.2	39.0	41.2	44.6	41.5

注：①碳水化合物和脂肪的充足程度为各自的供能比。②不溶性纤维的充足程度根据膳食纤维总体的推荐摄入量计算。③胆固醇的充足程度根据推荐的胆固醇最高摄入量（300克）计算。

不同膳食模式中，"主食型"摄入不足状况最为严重，从营养素充足程度看也是如此，例如"主食型"组能量的充足程度不到93%，三大宏量营养素中，蛋白质的充足程度为96%，维生素A、钙元素、锌元素的摄入量皆为五组中最低，尤其是锌元素，五组中仅有"主食型"的充足程度不足100%。"口味型"的摄入不足问题略好于"主食型"，其钙元素及锌元素的充足程度皆高于"主食型"，但其不溶性纤维、钾元素的摄入量低于其他各组。"清淡型"的摄入不足问题也较为严重，其最为基础的能量、蛋白质摄入量皆为各组中最低，胆固醇的充足程度也远低于其他各组。相对于其他各组，"均衡型""油腻型"的摄入不足问题较轻，负端分为25左右，但在各组中，"油腻型"的摄入过量问题最为严重，其能量、蛋白质的摄入量皆超过推荐量，碳水化合物的供能比为各组中最低，同时，其脂肪供能比超过了《营养素推荐量》推荐的供能比

（20%—30%），此外，其胆固醇、维生素 C、铁元素及锌元素的充足程度皆为各组中最低，钠元素的过量程度略低于"口味型"，但仍然超过推荐量的 3 倍多。

表 4-10 列出了 2021 年不同膳食模式人群的标准人营养素摄入充足程度。数据显示，"均衡型"人群能量的充足程度超过 90%，蛋白质摄入量也达到了推荐量，但脂肪的供能比过高，而碳水化合物供能比则偏低，这一问题同时发生在"肉食型"与"清淡型"人群中，"清淡型"不仅能量摄入量不达标，同时存在蛋白质摄入不足且供能不合理的情形；"肉食型"人群则是蛋白质摄入量偏高；"主食型"人群能量和蛋白质能量摄入量均超过推荐量，同时脂肪和碳水化合物的供能比均在合理范围内。

表 4-10　2021 年不同膳食模式人群的标准人营养素摄入充足程度　（单位：%）

营养素	均衡型	肉食型	清淡型	主食型
能量	91.7	103.3	72.5	114.5
蛋白质	101.8	160.1	66.6	124.3
脂肪①	38.5	37.0	38.6	30.0
碳水化合物	49.6	46.6	51.6	58.1
不溶性纤维②	45.8	40.0	27.8	53.0
胆固醇③	127.3	189.7	46.5	97.8
维生素 A	62.8	56.0	21.0	86.7
维生素 C	114.1	79.8	49.2	140.3
钙	45.6	51.7	20.1	43.4
钾	94.0	104.3	55.7	109.8
钠	55.6	52.0	32.9	49.6
铁	166.7	180.3	102.9	185.7
锌	95.3	135.3	65.6	118.7

注：①碳水化合物和脂肪的充足程度为各自的供能比。②不溶性纤维的充足程度根据膳食纤维总体的推荐摄入量计算。③胆固醇的充足程度根据推荐的胆固醇最高摄入量（300 克）计算。

从微量营养素的角度来看，"清淡型"人群各类微量营养素的摄入量均显著低于其他人群，且维生素 C、钾、锌等其他人群摄入相对充足的营养素，"清淡型"人群的摄入量也很低。"均衡型"人群由于食物摄入量较为均衡，营养摄入也相对均衡，其各类微量营养素的摄入量均处于不同人群的中等偏上水平。"肉食型"人群胆固醇、铁、锌等营养素摄入量均严重超标，钾元素的摄入量则达到推荐标准，钙元素的摄入量较其他人群更高，然而其不溶性纤维及维生素的摄入量较"均衡型"和"主食型"人群更低。"主食型"人群植物性食物的消费量较高，因此其不溶性纤维及维生素的摄入量较高，铁、钾元素的摄入量也超过了推荐摄入量，但其钙元素和胆固醇的充足程度则较"肉食型"与"均衡型"人群低。

表 4-11 列出了 2004—2021 年非贫困家庭与（相对）贫困家庭的膳食模式选择结果，并进一步测算了（相对）贫困家庭中不同收入组的膳食模式选择。2004—2011 年，与非贫困家庭相比，相对贫困家庭选择"均衡型"与"油腻型"的比例较低，其选择"主食型"的比例则很高。不同收入的贫困家庭中，高收入组选择"均衡型"与"油腻型"的比例最高，而选择"清淡型"与"主食型"的比例则最低。2021 年，与非贫困家庭相比，相对贫困家庭选择"均衡型"与"肉食型"的比例仍然较低，选择"主食型"的比例也略低，而其选择"清淡型"的比例则显著高于非贫困家庭，即相对贫困家庭各类食物消费量与营养素摄入量均较低，这也有可能是因为相对贫困家庭在疫情中收入受到的冲击更大，因此其食物消费量降幅也相对较大。与 2004—2011 年不同的是，相对贫困家庭中，高收入和低收入家庭选择"清淡型"的比例均较高，同时，高收入组选择"均衡型"与"肉食型"的比例也较低。以上结果表明，无论是绝对贫困还是相对贫困家庭，其选择均衡膳食模式的比例均低于非贫困家庭，同时，在绝对贫困家庭（2004—2011 年）中，收入的提高有助于提高贫困家庭选择更为均衡的膳食模式的比例，降低选择非均衡膳食模式的比例，但在相对贫困家庭（2021 年）中，收入对于均衡膳食模式的选择影响不大。

表 4-11　　　2004—2021 年农村非贫困家庭与（相对）
贫困家庭膳食模式选择　　　　　　（单位：%）

年份	分类	均衡型	油腻型/肉食型	清淡型	主食型	口味型
2004—2011	非贫困家庭	14.6	28.8	22.1	22.3	12.2
	相对贫困家庭	6.7	22.6	23.9	34.7	12.1
	低收入	7.3	22.5	24.3	34.7	11.2
	中等收入	5.4	19.1	25.5	36.0	14.0
	高收入	7.5	26.1	21.8	33.6	11.0
2021	非贫困家庭	12.9	10.3	38.7	38.1	—
	相对贫困家庭	10.3	3.0	51.1	35.6	—
	低收入	11.4	1.3	55.7	31.6	—
	中等收入	11.5	6.4	43.6	38.5	—
	高收入	7.9	1.3	53.9	36.8	—

注："—"表示缺失值。
2021 年贫困家庭为收入最低 20% 的相对贫困家庭。

第三节　消费者膳食偏好的影响因素分析

不同食物偏好的人群具有不同的社会经济学特征。表 4-12 显示，2004—2011 年与 2021 年相似膳食模式家庭的部分社会经济学特征也较为相近。例如，选择"均衡型"膳食模式的家庭均呈现人均收入较高、平均劳动水平较低、膳食知识水平较高、家庭规模偏大且男性比例较高的特征，同时，"清淡型"与"主食型"家庭的平均收入、受教育程度及膳食知识水平均偏低。

表 4-12　　　2004—2021 年不同膳食模式家庭的社会经济学特征

	家庭特征	均衡型	油腻型/肉食型	清淡型	主食型	口味型
2004—2011	家庭人均收入（元）[①]	12844.6	10452.4	9013.3	7690.2	8443.5
	家庭平均劳动水平[②]	2.4	2.6	2.9	2.897	2.8

续表

	家庭特征	均衡型	油腻型/肉食型	清淡型	主食型	口味型
2004—2011	家庭平均受教育程度③	1.9	1.5	1.3	1.288	1.3
	家庭平均膳食知识水平（分）④	42.8	41.2	40.9	40.787	40.2
	家庭规模（人）⑤	2.9	2.4	2.6	2.568	2.8
	家庭男性比例（%）	49.7	46.1	48.1	47.4	48.6
	家庭18岁以下人口比重（%）	15.3	9.7	13.3	11.8	14.0
	家庭60岁以上人口比重（%）	18.9	26.9	24.5	27.2	26.1
2021	家庭人均收入（元）①	41396.3	38372.3	27772.2	27731.4	—
	家庭平均劳动水平②	3.0	3.3	3.1	3.1	—
	家庭平均受教育程度⑥	8.2	8.6	8.1	8.0	—
	家庭平均膳食知识水平（分）④	59.5	58.6	57.5	57.9	—
	家庭规模（人）⑤	3.2	3.3	3.4	2.9	—
	家庭男性比例（%）	51.2	50.9	49.7	48.2	—
	家庭18岁以下人口比重（%）	12.1	5.7	14.9	17.8	—
	家庭60岁以上人口比重（%）	23.1	19.9	22.2	17.8	—

注：①CHNS 数据和 TAFSS 数据调查的收入均为上一年份的收入。②1＝极轻体力、2＝轻体力、3＝中度体力、4＝重体力、5＝极重体力。③0＝未上过学或小学未毕业、1＝小学、2＝初中、3＝高中、4＝中等技术学校或职业学校、5＝大专或本科、6＝硕士及以上。④"膳食知识水平"变量来自受访者对12个膳食知识提问答案得分的综合汇总，具体说，12个提问中的每个提问由"极不赞同、不赞同、中立、赞同、极赞同、不知道"6个选项构成，根据提问的正确答案将受访者对提问的回答选项转化为1—5连续有序变量，1表示认知程度最低，5则表示认知程度最高，将"不知道"选项归为1；然后，再将12个题目的得分加总，数值越高，表示其认知程度越高。2004—2011年该问题只针对成年居民，表中数字为家庭均值；2021年该问题针对家庭中的唯一受访者。⑤三天（2004—2011年）/一天（2021年）内平均每天实际在家消费标准人数。⑥2021年受教育程度以受教育年限统计，由于不同地区存在小学五年制和六年制的差别，依据受教育年限判断其所述类别存在偏差，因此表中数据仍然以受教育年限形式统计。

然而，CHNS 和 TAFSS 数据的分类特征也有很多方面存在区别，2004—2011 年，"均衡型"家庭 18 岁以下人口比例最高，而 60 岁以上人口比例最低，同时，其家庭平均受教育程度及膳食知识水平在各组中也最高。"油腻型"组的收入、家庭平均受教育程度及家庭平均膳食知识水平仅次于"均衡型"组，其家庭平均劳动水平则略高于"均衡型"组，同时，与其他各组相比，"油腻型"组家庭规模最小，18 岁以下人口比例最低，而 60 岁以上人口比例最高。"清淡型"家庭平均劳动水平最高，同时受教育程度为各组中最低。"主食型"与"口味型"家庭平均劳动水平及 60 岁以上人口比例偏高，而家庭平均受教育程度及膳食知识水平相对较低。2021 年，"肉食型"家庭平均受教育程度及劳动水平均是各组中最高的，其膳食知识水平及家庭男性比例仅次于"均衡型"家庭，同时，其家庭 18 岁以下成员比例及 60 岁以上成员比例均较低。"清淡型"与"主食型"家庭男性比例均较低，不同的是，"清淡型"家庭规模为各组中最高，而"主食型"家庭规模则偏低。

一 多元统计分析——Multinomial logit 模型

为研究不同人群消费偏好的影响因素，本书采用 Multinomial logit 模型分析家庭和人口特征变量对居民家庭食物消费模式选择的影响。假设个体可选择的方案为 $y = 1, 2, \cdots, J$，其中不同的方案之间互斥，进一步假设样本 i 选择方案 j 的效用为：

$$U_{ij} = x_i'\beta_j + \varepsilon_{ij} \quad (i = 1, \cdots, n; j = 1, \cdots, J) \quad (4-6)$$

其中，x_i 为解释变量。当样本选择方案 j 的效用高于其他选择时，样本便会选择方案 j，因此，个体选择方案 j 的概率为：

$$\begin{aligned} P(y_i = j \mid x_i) &= P(U_{ij} \geq U_{ik}, \forall k \neq j) \\ &= P(U_{ik} - U_{ij} \leq 0, \forall k \neq j) \\ &= P(U_{ik} - U_{ij} \leq 0, \forall k \neq j) \end{aligned} \quad (4-7)$$

假设 $\{\varepsilon_{ij}\}$ 服从 iid 分布，则上式可进一步写为：

$$P(y_i = j \mid x_i) = \frac{\exp(x_i'\beta_j)}{\sum_{k=1}^{J}\exp(x_i'\beta_k)} \quad (4-8)$$

在本书中，y 为膳食模式的类别，x 为人口经济向量，包括家庭人均收入（对数形式）、家庭平均劳动水平、家庭平均受教育程度、家庭平均膳食知识水平、家庭规模、家庭男性比例、家庭 18 岁以下人口比重及 60 岁以上人口比重，变量解释及描述统计结果如表 4-7 所示。此外，为控制价格因素的影响，在 2004—2011 年模型中加入 18 种食物的价格；① 为控制地域及时间偏好的影响，在模型中加入省份及年份双向效应。由于 2021 年样本量较小，且为截面数据，为避免自由度的损失，未在模型中加入价格变量及村级、年份固定效应，同时，选取本村快递收发点个数、本村菜市场个数、本村常用饮用水类型、本村企业数、村里是否有电商服务中心等变量控制村级经济发展水平、食物环境等对于农村家庭实物消费模式的影响。

值得注意的是，2004—2011 年数据中家庭人均收入存在部分缺失值及负值，因此采用固定效应模型将家庭人均收入补齐，并将家庭人均收入的负值以预测值代替。固定效应模型的因变量为实际家庭人均收入（以 2011 年 CPI 平减），自变量为家庭规模，家庭平均日常劳动强度，家庭平均受教育程度，家庭男性比例、18 岁以下人口比例、60 岁以上人口比例，家庭资产指数，家庭中拥有第二职业的人数以及家庭工作人数占比。模型结果见附表-3。

二 消费者膳食偏好的影响因素

上述分析显示，无论是 CHNS 数据，还是 TAFSS 数据，"均衡型"膳食模式的营养均衡水平都比较高，因此在分析膳食偏好的影响因素时，均将"均衡型"作为"参照方案"进行估计。表 4-13

---

① 包括稻米、小麦、粗粮、食用油、糖、鸡蛋、调味品、蔬菜、水果、猪肉、牛肉、羊肉、鸡肉、奶制品、水产品、干豆类及制品、酒类、饮料 18 种食物的价格，使用 2011 年消费价格指数平减。价格数据由 CHNS 提供的 39 种食物社区利伯维尔场价格以食物消费量为权重加权平均得来。

和表 4-14 列出了 2004—2021 年农村家庭膳食模式选择的影响因素估计结果。表 4-13 显示，2004—2011 年家庭收入、男性人口比例、未成年人及老年人口占比、受教育程度、膳食知识水平、家庭规模及平均劳动水平皆为影响家庭膳食模式选择的重要因素。与"均衡型"相比，选择其他膳食模式的家庭收入相对较低，但"油腻型"组与"均衡型"组的差异并不显著，相比之下，膳食均衡水平较差的"清淡型""主食型""口味型"组与"均衡型"组的差别较大，表明收入越高的家庭越倾向于选择更加均衡的膳食模式，对动植物食品的消费量都会有所提高，且对单一食物的依赖性较小。

家庭结构与其他社会经济特征均会影响农村家庭膳食模式的选择。2004—2011 年，家庭男性比例仅影响农村家庭对"均衡型"与"油腻型"的选择，男性更多的家庭更倾向于选择"均衡型"，即对谷薯类及食用油的消费更高。相比"油腻型""清淡型""口味型"组，家庭 18 岁以下人口比例越高，选择"均衡型"的概率越高，表明家庭中孩子越多，家庭选择更为均衡的膳食模式的可能性越高，但该变量对"主食型"的选择影响不大，表明收入最低的农村居民家庭并不会为了保障孩子的营养而改变家庭的膳食模式。相反，农村居民家庭在"均衡型"与"主食型"中的选择更多地受到家庭 60 岁以上人口比例的影响，表 4-9 显示，相对于"均衡型"，家庭 60 岁以上人口比例越高，选择"主食型"的概率越高。家庭规模、家庭平均受教育程度及膳食知识水平对农村家庭选择更为均衡的膳食水平皆有积极影响，家庭日常劳动强度的影响则为负向。因此，总的来看，家庭收入高、女性比例高、18 岁以下人口比例高、家庭平均受教育程度高、膳食知识水平高、家庭规模大、平均劳动水平低的农村家庭，选择"均衡型"的概率更高，即更倾向于选择均衡膳食模式。

表4-13　2004—2011年Multinomial Logit模型的估计结果

家庭特征	油腻型	清淡型	主食型	口味型
家庭人均收入对数	-0.049	-0.171***	-0.142***	-0.093**
	(0.035)	(0.037)	(0.042)	(0.044)
家庭男性比例	-0.294**	0.100	-0.233	-0.23
	(0.145)	(0.156)	(0.177)	(0.180)
家庭18岁以下人口比例	-1.425***	-0.818***	-0.371	-1.041***
	(0.198)	(0.207)	(0.248)	(0.240)
家庭60岁以上人口比例	-0.001	-0.037	0.255*	-0.048
	(0.108)	(0.117)	(0.131)	(0.136)
家庭平均受教育程度	-0.140***	-0.381***	-0.249***	-0.328***
	(0.036)	(0.041)	(0.046)	(0.049)
家庭平均膳食知识水平	-0.022***	-0.026***	-0.011	-0.032***
	(0.007)	(0.008)	(0.009)	(0.008)
家庭规模	-0.169***	-0.104***	-0.273***	-0.094***
	(0.030)	(0.032)	(0.039)	(0.035)
家庭平均劳动水平	0.023	0.323***	0.242***	0.287***
	(0.037)	(0.039)	(0.045)	(0.046)
样本量	12462			
LR chi2	11186.84			
P值	0.000			
Log likelihood	-13830.91			

注：①括号内为标准差。②"*""**"和"***"分别表示在10%、5%、1%的水平下显著。

2021年的估计结果（见表4-14）部分与2004—2011年的估计结果类似，例如，相对于"均衡型"膳食模式，家庭人均收入越低，选择"清淡型"和"主食型"的概率越高；家庭18岁以下人口比例越高，选择"肉食型"的概率越低；家庭膳食知识水平越高，选择"清淡型"和"主食型"的概率越低。也存在部分估计结果差异较大的情形，2021年，相对于"均衡型"膳食模式，人均收入越高、家庭平均劳动水平越高，选择"肉食型"的概率越高；家庭60

岁以上人口比例越低、家庭规模越大，选择"清淡型"的概率越高；家庭男性比例越低、60岁以上人口比例越低，选择"主食型"的概率越高。综合2021年膳食模式选择影响因素的估计系数来看，家庭收入高、家庭规模小、男性比例高、60岁以上人口比例高、平均膳食知识水平高、平均劳动水平低，选择"均衡型"饮食的概率越高。

表4-14　　　　2021年Multinomial Logit模型的估计结果

家庭特征	肉食型	清淡型	主食型
家庭人均收入对数	0.240**	-0.294***	-0.146*
	(0.119)	(0.088)	(0.088)
家庭男性比例	-0.315	-0.526	-0.891*
	(0.674)	(0.511)	(0.512)
家庭18岁以下人口比例	-1.408*	0.194	0.391
	(0.726)	(0.393)	(0.386)
家庭60岁以上人口比例	-0.367	-0.868*	-1.145**
	(0.677)	(0.494)	(0.501)
家庭平均受教育程度	0.054	0.005	-0.018
	(0.055)	(0.040)	(0.040)
家庭平均膳食知识水平	-0.034	-0.065***	-0.055***
	(0.025)	(0.018)	(0.018)
家庭规模	0.145	0.135**	-0.069
	(0.090)	(0.068)	(0.072)
家庭平均劳动水平	0.576**	0.255	-0.076
	(0.267)	(0.181)	(0.178)
村级控制变量	是		
样本量	1164		
LR chi2	140.18		
P值	0.000		
Log likelihood	-1333.0382		

注：①括号内为标准差。②"*""**"和"***"分别表示在10%、5%、1%的水平下显著。

第四节 本章小结

利用因子分析和聚类分析将中国农村家庭依据食物消费特点进行分类，研究结果显示，2004—2011年农村居民家庭的膳食模式可以分为五种，"均衡型""油腻型""清淡型""主食型"及"口味型"。各膳食模式中，"均衡型"膳食模式的均衡程度最高，"油腻型"的均衡程度次之，但其过量问题最为严重，"主食型"的均衡程度则最差，营养素过量与营养素不足问题都最为突出。2021年农村居民家庭的膳食模式略有变化，大体可分为四种，"均衡型""肉食型""清淡型"和"主食型"，同样，"均衡型"膳食模式的均衡程度最高，但2021年"清淡型"膳食模式各类食物摄入量均较低，营养缺乏问题也更加突出。总体来看，当前农村家庭仍然面临较为严重的食物及营养不均衡状况：不溶性膳食纤维、维生素A和钙元素的摄入量严重不足，钠元素的摄入量则严重超标。

贫困家庭选择均衡膳食模式的比例低于非贫困家庭，2004—2011年贫困家庭中，收入的提高有助于提高贫困家庭选择更为均衡的膳食模式的比例，降低选择非均衡膳食模式的比例，收入的影响在2021年数据中有所下降，但是可显著降低选择"清淡型"的比例。家庭及个人特征对于家庭膳食模式的选择具有显著影响，2004—2011年家庭收入高、女性比例高、18岁以下人口比例高、平均受教育程度高、平均膳食知识水平高、家庭规模大、平均劳动水平低的农村家庭，更倾向于选择更为均衡的膳食模式。2021年，不同因素对于膳食模式选择的影响发生较大变化，家庭收入高、家庭规模小、男性比例高、60岁以上人口比例高、平均膳食知识水平高、平均劳动水平低，选择"均衡型"饮食的概率越高。综上，提高收入仍然是改善居民家庭食物及营养均衡状况的重要方式，同时，加强营养宣传教育，提高居民的营养知识水平也是改善营养均衡的重要手段。值得注意的是,"均衡型"膳食模式中,钠元素摄入量仍然严重超过推荐量,且存在过度摄入胆固醇的倾向,因此,政府应出台干预政策,引导农村居民选择合理膳食。

第五章

收入增长对农村贫困家庭食物消费行为的影响

依据微观经济学中的消费者需求理论,在一定的社会经济环境及收入约束条件下,具备不同特征的理性家庭会依据商品的市场价格调整消费结构,通过对商品类型及数量的选择实现家庭效用最大化。对于低收入家庭来说,在当前的收入水平约束下,其食物消费量与理想食物消费水平相去甚远,在偏好一定的情况下,低收入家庭的食物消费量将会随收入的增长而有所提高,但由于其预算约束较强,食物结构单一且营养严重不均衡,食物消费水平提高后仍无法达到理想食物消费水平;而对于高收入家庭,在收入水平增长幅度相同时,其食物消费水平已可以达到或超过理想食物消费水平,便不再将更多的收入用于食物消费,而是转而消费其他类型的商品。因此,当贫困家庭与非贫困家庭的收入水平提高相同的幅度时,贫困家庭用以改善饮食的支出要高于非贫困家庭;同理,随着收入的提高,农村家庭对于当前较为缺乏的食物消费量的增长幅度要高于当前较为充足的食物。另外,对于农村家庭,尤其是农村贫困家庭,限于当地的交通条件、食物供给结构、自身的膳食知识水平及消费习惯等因素,收入增长带来的食物消费结构的改善未必是完全符合其自身营养需求的。据此,提出以下假说:

假说一：贫困家庭食物的支出/收入弹性高于非贫困家庭。

假说二：收入增长可以提高贫困家庭的食物消费水平，但无法全面改善各类食物的均衡水平。

为验证上述假说，本章聚焦于农村贫困家庭的食物消费模式及收入增长对农村贫困家庭食物消费行为的影响，并以农村非贫困家庭的估算结果作为对比。具体地，采用 CHNS 包括在外食物消费的个人食物消费数据，依据不同年龄（a）、性别（g）和劳动强度（l）居民的膳食能量需求量，计算家庭人均标准人消费量（家庭总消费量/家庭标准人数量），作为估算家庭食物消费模式的基本单位。同时，更细致地对食物进行分类，结合可获得的 CHNS 社区价格数据，将 1500 多种食物划分为 17 大类，以解决零消费现象的 CTS-AIDS 模型估算 17 种食物的收入弹性。另外，在此基础上进一步分析了食物消费结构的变化带来的营养素摄入量的变化，并利用估算的食物收入弹性间接估计了能量、宏量营养素（蛋白质、脂肪、碳水化合物）、不溶性纤维、胆固醇以及其他关键微量营养素（维生素 A、维生素 C、钙、钾、钠、铁、锌）的收入弹性。同时，采用工具变量法解决了收入的内生性问题。

第一节　食物消费需求分析：AIDS 模型

本章以 Deaton 和 Muellbauer（1980）提出的近乎理想的需求系统（Almost Ideal Demand System）作为研究的基本框架，估计各类食物的支出弹性。我们假定模型中包含的 17 种食物是弱可分的，即这 17 种食物的需求不受这 17 种食物以外的食物及其他非食物需求的影响。

一　AIDS 函数式

AIDS 模型是从 "Price-Independent Generalized Log（PIGLOG）"

系列的成本函数式（5-1）中推导出来的。

$$\log c(u,p) = (1-u)\log a(p) + u\log b(p) \quad (5-1)$$

其中，$0 \leq u \leq 1$；当 $u=0$，表示生存（subsistence）状态；当 $u=1$，表示幸福（bliss）状态。式（5-1）中 $\log a(p)$ 与 $\log b(p)$ 的形式分别为：

$$\log a(p) = \alpha_0 + \sum_i \alpha_i \log p_k + \frac{1}{2}\sum_i \sum_j \gamma_{ij}^* \log p_i \log p_j \quad (5-2)$$

$$\log b(p) = \log a(p) + \beta_0 \prod_i p_i^{\beta_i} \quad (5-3)$$

将式（5-2）与式（5-3）代入式（5-1），得

$$\log c(u,p) = \alpha_0 + \sum_i \alpha_i \log p_i + \frac{1}{2}\sum_i \sum_j \gamma_{ij}^* \log p_i \log p_j + u\beta_0 \prod_i p_i^{\beta_i} \quad (5-4)$$

由此导出的间接效用函数为：

$$u = V(x,p) = (\ln x - \alpha_0 - \sum_i \alpha_i \log p_i - \frac{1}{2}\sum_i \sum_j \gamma_{ij}^* \log p_i \log p_j)/(\beta_0 \prod_i p_i^{\beta_i}) \quad (5-5)$$

将 $\log c(u,p)$ 对 $\log p$ 求导可得，

$$\frac{\partial \log c(u,p)}{\partial \log p_i} = \frac{p_i q_i}{c(u,p)} = w_i \quad (5-6)$$

综合上式，可求得非线性 AIDS 模型的公式，由于本章采用 CHNS 面板数据估计 AIDS 模型，因此在模型中加入时间角标，该模型的最终函数形式为：

$$w_{it} = \alpha_i + \sum^n \gamma_{ij} \log p_{jt} + \beta_i \log\left(\frac{x}{P_t}\right) + u_{it} \quad (5-7)$$

其中，i，j 为食物代码，n 为食物种类，本书中共 17 种。w_{it} 为第 t 年食物 i 的支出占 17 种食物消费总支出的比例；p_{jt} 表示第 t 年食物 j 的价格；x_t 则表示第 t 年 17 种食物消费的总支出；α，β，γ 为待估参数，u 为误差项。P_t 为 17 种食物的实际价格（根据 2011 年 CPI 平减）构成的价格指数，其表达式为：

$$\log P_t = \alpha_0 + \sum_{j}^{n} \alpha_j \log p_{jt} + \frac{1}{2} \sum_{i}^{n} \sum_{j}^{n} \gamma_{ij} \ln p_{it} \ln p_{jt} \qquad (5-8)$$

通过限制其参数，可以将新古典需求理论的性质强加于模型 (5-7)。

(1) 加总性（Adding up）：$\sum_{i} \alpha_i = 1$，$\sum_{i} \gamma_{ij} = 0$，$\sum_{i} \beta_i = 0$。

(2) 齐次性（Homogeneity）：$\sum_{j} \gamma_{ij} = 0$。

(3) 对称性（Symmetry）：$\gamma_{ij} = \gamma_{ji}$。

根据上述模型，本书所关注的食物支出弹性公式为：

$$e_i = 1 + \frac{\beta_i}{w_i} \qquad (5-9)$$

二 零消费问题的解决：CTS 模型

CHNS 的食物消费数据为调研三天内居民的食物消费量，因此存在大量的零消费现象。但中国居民的食物消费中，蔬菜、调味品及食用油的消费频率非常高，本书所用数据显示，农村家庭这三类食物的零消费比重仅有 0.2%、0.8%、2.8%，贫困家庭的零消费比重也分别仅有 0.3%、0.7% 与 3.4%。除这三种食物外，其他各种食物的零消费比重皆超过 5%。因此，除蔬菜、调味品及食用油外，其他食物在 AIDS 模型的估计过程中皆需要解决零消费问题。本章采用 Shonkwiler 和 Yen（1999）提出的一致两步法（Consistent Two-Step，CTS）来估计解决零消费问题的需求系统方程。

CTS 估计法的第一步是采用 Probit 模型估计除蔬菜、调味品及食用油外其他食物的标准正态概率密度函数（Probability Density Function，PDF）和标准正态累积分布函数（Cumulative Distribution Function，CDF）。Probit 模型的因变量 $Cons_i$ 为家庭是否消费食物 i，当家庭对食物 i 的消费量为 0 时，$Cons_i = 0$，当其对食物 i 的消费量大于 0 时，$Cons_i = 1$。第二步将 Probit 模型估计的每种食物 i 的 CDF（Φ_i）和 PDF（φ_i）加入模型（5-7）中，依据 Yen、Kan 和 Su（2002）的推

导,最终的估计方程为:

$$w_{it} = \left[\alpha_i + \sum_j^n \gamma_{ij}\log p_{jt} + \beta_i\log\left(\frac{x}{P_t}\right) + u_{it}\right]\Phi_{it} + \delta_i\varphi_{it} + \xi_{it}$$

(5-10)

其中,δ_i 为新增的待估参数,ξ_{it} 为误差项。加入 Φ_i 与 φ_i 后,满足上述限制条件(1)时,方程式(5-10)的右侧部分 $\left[\alpha_i + \sum_j^n \gamma_{ij}\log p_{jt} + \beta_i\log\left(\frac{x}{P_t}\right) + u_{it}\right]\Phi_{it} + \delta_i\varphi_{it}$ 加起来不等于1,误差项的 ξ_{it} 的总和也不等于0。因此,系统方程式(5-10)的估计过程中不再需要去除一个方程。利用方程式(5-10)估计的食物支出弹性为:

$$e_i = 1 + \frac{\beta_i}{w_i}\Phi_i$$

(5-11)

第二节 农村贫困家庭食物需求的模型估计

一 样本家庭的基本情况与估计方法

表5-1报告了2004—2021年农村非贫困家庭和(相对)贫困家庭的人均收入和食物支出比重以及(相对)贫困家庭比例的变化情况。从贫困家庭占农村家庭比例来看,随着中国经济的快速发展,2004—2011年农村贫困率逐年下降,从2004年的26.6%下降至2011年的12.6%,其中,2006—2009年降幅最快,2009年的贫困家庭比例比2006年下降了50%以上;[①] 2020年中国已全面完成脱贫攻坚任务,当前标准下的贫困率为零,因此,2021年的贫困人口依

---

① 根据世界银行数据,2005年、2008年、2010年和2011年的中国贫困人口比例分别为18.7%、14.7%、11.2%和7.9%。本书根据CHNS数据计算的城乡贫困户比例,2004年、2006年、2009年、2011年分别为22.3%、21.6%、11.4%和10.0%,略高于世界银行的统计数据。2021年的贫困家庭选取收入最低的20分位的相对贫困家庭。

据相对贫困进行划分。从家庭人均收入来看,贫困家庭人均收入水平极低,2004—2011 年平均仅为非贫困家庭人均收入水平的 12% 左右,不仅如此,随着农村居民人均收入水平逐步提高,贫困与非贫困家庭的收入差距逐步拉大。2004—2011 年,农村非贫困家庭人均收入年均增长率为 12.4%,贫困家庭与非贫困家庭人均收入比由 17.8% 下降至 8.7%;2011 年以后,农村非贫困家庭的收入增幅有所下降,年均增长率为 7.5%,而随着各项脱贫攻坚政策的实施,农村低收入家庭的收入得到显著提高,2011—2021 年,人均年收入提高 63.3%,因此,2021 年相对贫困与非贫困家庭的人均收入比维持在 8.8% 左右。

表 5-1　　农村非贫困家庭和（相对）贫困家庭的人均收入和食物支出比例　　（单位：元,%）

年份	（相对）贫困家庭比例①	非贫困家庭				贫困家庭			
		人均收入②		食物支出比例③		人均收入		食物支出比例	
		均值	标准差	均值	标准差	均值	标准差	均值	标准差
2004	26.6	7750.6	6298.3	40.8	26.2	1379.2	637.9	77.7	25.9
2006	25.9	9493.3	12899.8	37.1	24.8	1418.1	669.0	76.6	26.9
2009	12.9	12542.2	16121.6	32.6	23.3	1328.3	697.8	84.8	22.0
2011	12.6	14468.8	16633.8	34.6	25.2	1259.0	667.8	89.9	18.6
平均	19.2	11440.9	14295.6	36.0	25.0	1361.1	665.6	80.8	24.9
2021	20	25285.5	40613.7	35.9	32.4	2222.2	965.1	69.8	328.5

注：①贫困家庭占农村家庭的比例,2021 年为相对贫困比例。②TAFSS 数据和 CHNS 数据调查的收入均为上一年份的收入,以 2011 年消费价格指数平减。③2004—2011 年食物支出根据食物价格和 3 日消费量求得,个人全年的食物支出 = 3 天内的食物消费量（g）× 价格（元/500g）/ 500（g）/3（天）×365（天）,家庭数据为家庭内所有成员全年食物支出数据加总;2021 年的食物支出数据为直接报告的 2020 年食物支出数据。③食物支出比例 = 家庭人均年食物支出/家庭人均年收入。

从食物支出比重来看,2004—2011 年农村非贫困家庭的食物支出比重平均为38.7%，而贫困家庭的食物支出比重平均为80.8%，表明贫困家庭收入的绝大部分用于最基本的生存支出。① 2021年非贫困家庭的食物支出比例与2004—2011年相比变动不大，这可能是由于非贫困家庭的食物消费更加丰富多样，因此支出更高；也可能受到食物支出测算方式的影响，2021年采用的是直接报告的食物支出数据，而2004—2011年的食物支出数据采用3天的均值与村级价格估算，可能存在低估，相对而言，贫困家庭的食物消费更加单一，因此以3天均值推算的偏差相对较小，同时，2021年的相对贫困家庭收入相比过去的绝对贫困家庭提升幅度更高，食物支出比例也因此有了较大幅度的下降。但是若横向比较，2021年相对贫困家庭的食物支出比例仍然高达非贫困家庭的2倍，面临更加严重的食物支出约束。

表5-2报告了农村非贫困家庭和（相对）贫困家庭的人口特征与社会经济指标的描述性统计结果。农村非贫困家庭18岁以下及60岁以上人口比例都较低，分别为11.5%—12.8%和19.1%—23.9%，女性成员比例稍高于男性；（相对）贫困家庭18岁以下及60岁以上人口比例均高于非贫困家庭，2004—2011年贫困家庭男性比例低于非贫困家庭，而2021年则显著提高，但这可能与样本的选取有关，2021年的调研集中于河北、河南、山东等地，重男轻女的观念相对较高，贫困家庭的思想也更容易受到封建传统观念的影响。农村家庭整体的平均日常劳动强度为中度左右，2004—2011年贫困家庭成员的劳动强度较非贫困家庭更大；2021年劳动强度整体有所提升，且非贫困家庭的劳动强度高于相对贫困家庭。此外，家庭标准人数量受到劳动强度的影响较大，因此，虽然家庭自然人数量接近，但调整后的2021年家庭标准人数量仍然显著高于2004—2011年，表明本研究食物需求量的调整可能无法抵消疫情对于劳动强度

---

① 农村家庭消费的食物来自市场和家庭自产，相对来说，贫困家庭自产自消的食物比例会更大些。另外，相对于非贫困家庭，贫困家庭市场购买的食物质量和价格较低。因此，表5-1给出的贫困家庭食物支出存在高估的可能。尽管食物支出占收入的比重存在高估的可能，但该指标有助于了解贫困家庭的贫困状况。

造成的影响。

膳食知识认知水平表示居民对一系列膳食知识问题的认知程度，表5-2显示，农村家庭平均认知水平为中等偏上，且随着膳食营养知识的宣传及相应营养政策的实施，2021年，农村家庭的膳食知识水平已普遍有了大幅提升，相对贫困家庭的膳食知识水平也仅略低于非贫困家庭。相对于以上指标，家庭成员的受教育程度差异最大，2004—2011年非贫困家庭成员的平均受教育程度以初中为主，贫困家庭成员则基本以小学文化程度为主，意味着贫困家庭成员受教育水平低是致贫与阻碍脱贫的影响因素；2021年相对贫困家庭的平均受教育年限已提高至7.8年，即初中水平，仅略低于非贫困家庭的8.2年，但仍然要注意，当前农村家庭的平均受教育水平仍然普遍较低，未达到9年义务教育水平，亟待提升。

表5-2　　　　非贫困家庭和（相对）贫困家庭的基本情况

变量名	变量解释	2004—2011		2021	
		非贫困家庭	（相对）贫困家庭	非贫困家庭	（相对）贫困家庭[⑤]
男性比例	家庭男性成员占比	0.485	0.440	0.490	0.510
		(0.227)	(0.267)	(0.194)	(0.185)
18岁以下比例	家庭中未满18周岁的未成年人占家庭人口的比例	0.115	0.156	0.128	0.222
		(0.180)	(0.225)	(0.262)	(0.350)
60岁以上比例	家庭中超过60周岁的老年人占家庭人口的比例	0.239	0.313	0.191	0.262
		(0.375)	(0.406)	(0.223)	(0.236)
受教育程度[①]	0=未上过学或小学未毕业、1=小学、2=初中、3=高中、4=中等技术学校或职业学校、5=大专或本科、6=硕士及以上	1.539	0.989	8.173	7.771
		(1.062)	(0.794)	(2.407)	(2.824)
家庭规模[②]	三/一天内平均每天实际在家消费标准人数	2.604	2.565	3.140	3.346
		(1.216)	(1.309)	(1.622)	(1.748)

续表

变量名	变量解释	2004—2011		2021	
		非贫困家庭	（相对）贫困家庭	非贫困家庭	（相对）贫困家庭
日常劳动强度	1=极轻体力、2=轻体力、3=中度体力、4=重体力、5=极重体力	2.722 (1.026)	2.784 (1.057)	3.131 (0.764)	2.121 (0.831)
膳食知识水平③	膳食知识问题答案分数	41.494 (5.291)	39.469 (5.982)	58.102 (5.351)	57.409 (5.278)
样本量		10085	2377	931	233

注：①受教育程度、日常劳动强度均使用家庭成员均值；2004—2011 年受教育程度以类别形式统计，2021 年受教育程度则以受教育年限统计，由于不同地区存在小学五年制和六年制的差别，依据受教育年限判断其所述类别存在偏差，因此表中数据仍然以受教育年限形式统计。②2004—2011 年农村非贫困家庭和贫困家庭户籍人口数平均为 3.369 和 3.898，2021 年分别为 3.386 和 3.940。③"膳食知识水平"变量来自受访者对 12 个膳食知识提问答案得分的综合汇总，具体来说，12 个提问中的每个提问由"极不赞同、不赞同、中立、赞同、极赞同、不知道"6 个选项构成，根据提问的正确答案将受访者对提问的回答选项转化为 1—5 连续有序变量，1 表示认知程度最低，5 则表示认知程度最高，将"不知道"选项归为 1；然后，再将 12 个题目的得分加总，数值越高，表示其认知程度越高；认知程度最高得分为 60 分。2004—2011 年该问题只针对成年居民，表中数字为家庭均值。2021 年该问题针对家庭中的唯一受访者。④括号内为标准差。⑤2021 年贫困家庭为收入最低 20% 的相对贫困家庭。

由于 AIDS 模型的变量较多，且存在非线性，2021 年相对贫困家庭样本量仅有 232 个，模型无法运行，因此食物需求的价格弹性和收入弹性以 2004—2011 年的模型结果为准。在 CTS-AIDS 模型的估计中，本书选取的农村居民家庭的食物消费种类共 17 种，分别为大米及制品、小麦及制品、杂粮等其他谷物、食用油、奶类、蛋类、调味品、蔬菜、水果、猪肉、禽肉、牛肉、羊肉、水产品、豆类及制品、酒精与饮料。价格数据来自 CHNS 2004—2011 年 38 种食物的社区自由市场价格，以每种食品消费量为权重，将这 38 种食品价格转化为 17 类食物价格。价格采用 2011 年 CPI 平减，食物的消费支出为 17 种食物价格与食物消费量乘积的加总。

CTS-AIDS 模型的第一阶段，Probit 模型的自变量为 14 种食物

（蔬菜、调味品、食用油除外）实际价格、居民家庭实际人均收入（以 2011 年 CPI 平减）的对数形式、第四章中划分的膳食模式的虚拟变量、家庭规模、家庭平均日常劳动强度、家庭平均受教育程度、家庭平均膳食知识水平、家庭男性比例、家庭中 18 岁以下人口比例、家庭中 60 岁以上人口比例以及时间虚拟变量（2004—2006 年取值为 0，2009—2011 年取值为 1）。Probit 模型的估计结果（系数及估算的 CDF 与 PDF 值）见附表 -4 和附表 -5。

AIDS 模型中加入双向固定效应，首先，依据第四章划分的偏好相似的 5 个组建立 4 个膳食模式的虚拟变量；然后，加入时间虚拟变量（2004—2006 年取值为 0，2009—2011 年取值为 1）。采用线性嵌入方式将上述 5 个虚拟变量直接嵌入函数式（5-10）常数项内。这样既可以反映不同居民消费偏好的差异以及消费偏好随时间的变化，同时确保了模型运行的自由度。AIDS 模型的估计采用迭代似不相关回归法（Iterative seemingly unrelated regression）进行估计。为了检验并纠正因家庭收入存在的测量误差和营养素摄入量与收入存在的"同步性"导致的内生性问题，采用工具变量两步法估计，首先，使用居民家庭实际人均收入对数对工具变量及其他自变量回归，求得误差项；然后，在 AIDS 模型中加入第一步求得的误差项。

工具变量选取家庭资产指数、家庭工作人数比例、家庭中有第二职业的人数三个变量，其中，资产指数的构建借鉴 Filmer 和 Pritchett（2001）的做法，使用主成分分析方法从 20 种资产指标中提炼出一组新的互相无关的几个综合变量，并尽可能多地反映原来变量的信息。本书使用的资产指标主要为两类：居住条件和耐用品的拥有量，前者包括饮用水方式（是否为室内自来水）、厕所类型（是否为室内冲水）、主要照明工具（是否为电灯）；后者包括三轮车、自行车、摩托车、汽车、录像机、彩色电视机、洗衣机、冰箱、空调、电扇、计算机、照相机、微波炉、电饭煲、高压锅、手机、VCD/DVD 等拥有量情况，所有的资产均为二值分布（0/1）。资产的拥有情况反映了家庭的长期消费行为，其作为工具变量弥补了当年收入无法反映永久收入的局限，同时，以家庭资产种类为基础计算的资产指数，可以有效解决收入测量误差问题。最终，采用计算出来的一维主成分作为资产指数变量。

二 农村贫困家庭的食物消费情况

表5-3归纳了2004—2021年农村非贫困家庭与相对贫困家庭14种重要食物的消费情况。虽然已考虑到疫情的影响对食物消费数据进行了调整，但由于并无可直接参考的疫情对于劳动时长的影响的具体数据，因此调整后两套数据的可比性仍然较差，且疫情对劳动时长的影响，并不局限于封控期的直接影响，还包括对于行业发展趋势的间接影响，因此，尽管有所调整，对受访者疫情期间劳动强度下的食物及营养需求仍然存在高估的可能。另外，2021年食物消费量为采用24小时回忆法收集的一天的食物消费数据，相较于3天内的平均食物消费数据，偏差较大。但比较相对贫困家庭与非贫困家庭的食物消费情况，仍然可反映出相同的趋势，即除谷薯类外，贫困家庭的其他各类食物消费量均明显低于非贫困家庭。此外，2021年食物消费数据中未收集食用油及盐等调味品的消费量，因此仍然以2004—2011年数据为主要参考数据。

表5-3 农村非贫困家庭和（相对）贫困家庭的人均标准人食物消费量 （单位：克/日）

食物种类	2004—2011		2021	
	非贫困家庭	（相对）贫困家庭	非贫困家庭	（相对）贫困家庭
谷薯类	449.8	462.7	433.9	441.2
	(172.2)	(174.8)	(441.2)	(378.9)
干豆类及坚果	58.6	45.6	30.3	15.7
	(77.0)	(70.0)	(87.5)	(59.8)
蔬菜及菌藻类	330.1	319.9	297.8	276.6
	(175.1)	(182.3)	(391.8)	(264.9)

续表

食物种类	2004—2011		2021	
	非贫困家庭	（相对）贫困家庭	非贫困家庭	（相对）贫困家庭
水果类及制品	49.7	27.8	41.3	31.9
	(112.9)	(90.9)	(158.5)	(139.4)
畜肉类及制品	69.5	45.6	36.0	13.1
	(70.0)	(62.3)	(111.5)	(41.5)
禽肉类及制品	13.2	6.6	12.1	5.0
	(34.6)	(26.5)	(50.6)	(31.9)
乳类及制品	10.0	4.4	7.3	5.9
	(40.7)	(27.7)	(40.9)	(41.8)
蛋类及制品	30.0	23.1	39.3	26.4
	(35.5)	(32.7)	(68.2)	(47.4)
水产品	29.9	14.2	9.0	2.5
	(54.5)	(39.2)	(55.1)	(18.1)
快餐食品	14.7	10.2	14.5	14.8
	(41.8)	(41.0)	(68.9)	(76.2)
饮料及酒类	21.5	8.9	15.1	6.6
	(76.7)	(41.1)	(209.4)	(42.7)
油脂类	44.9	43.7	—	—
	(38.7)	(41.3)	—	—
调味品	44.2	42.7	—	—
	(56.2)	(67.4)	—	—
其他	11.1	7.6	9.0	2.2
	(38.2)	(36.3)	(54.4)	(29.0)

注：①括号内为标准差。②"—"表示缺失值。③2021年贫困家庭为收入最低20%的相对贫困家庭。

数据来源：CHNS数据和TAFSS数据整理。

根据《中国居民膳食指南（2022）》［中国营养学会，2022；简称《指南（2022）》］推荐的各类食物的消费量，虽然2004—2011年非贫困家庭和贫困家庭的谷薯类（包括杂豆类）、蔬菜类和干豆类及坚果等人均食物消费量均超过《指南（2022）》建议的每人每天谷薯类食物摄入量（250—400 克）、蔬菜最低消费量（300 克）和干豆类及坚果消费量（25—35 克），但其水果及制品人均消费量远低于《指南（2022）》推荐的消费量（200—350 克）。按照最低推荐量（200 克）计算，非贫困家庭和贫困家庭的水果及制品人均消费量的充足程度分别只有 24.8% 和 13.9%。

对于动物性食物，《指南（2022）》推荐成年人平均每天摄入动物性食物总量 120—200 克。表 5-3 显示，2004—2011 年，尽管非贫困家庭的水产品、畜禽肉、蛋类的家庭人均消费量为 142.6 克，达到了《指南（2022）》推荐的消费量水平，但贫困家庭水产品、畜禽肉、蛋类的人均消费总量只有 89.5 克，远低于《指南（2022）》的推荐标准。不仅如此，若按照 2016 年《指南》（中国营养学会，2016）标准，即水产品、畜禽肉和蛋类消费量分别为 40—75 克、40—75 克、40—50 克，非贫困家庭和贫困家庭对动物性食物的消费均存在严重的不均衡问题，表现为畜禽肉消费量过多，其他动物性食品消费量过少。在各类食品中，奶制品的摄入量最为匮乏，按照《指南（2022）》的推荐量（300—500 克）计算，非贫困家庭的人均消费量只达到推荐量的 2.0%—3.3%，贫困家庭的消费量则更少。奶制品是维生素 A 和钙元素的重要来源，也是目前中国农村居民最需要补充的食物之一。此外，农村居民油脂类和调味品类等容易诱发肥胖以及其他各类慢性疾病的不健康食物的消费量均严重超标（每日油脂类和盐推荐量分别是 25—30 克和小于 5 克）。因此，农村贫困人口的食物消费不仅面临着收入约束，并且不能将有限的食物支出合理分配于各类食物中。

三 食物收入弹性的估计结果

食物支出弹性的估计涉及的人均食物支出份额、累积分布概率的估计结果列于表 5-4，AIDS 模型估算的支出系数则列于附表-6。表 5-4 显示，稻米、小麦、食用油、蔬菜及猪肉为农村家庭支出份额最高的食物种类,但非贫困与贫困家庭的排序有所不同,非贫困家庭的猪肉支出份额最高,占食物总支出的18.4%,稻米及制品次之,占总支出的15.1%,蔬菜、小麦及制品、食用油的份额则分别为12.9%、10.5%和10.1%;贫困家庭小麦及制品的支出份额显著高于非贫困家庭,其稻米及小麦等谷类食物的支出份额最高,分别占16.9%和17.1%,蔬菜及猪肉的支出份额基本相同,分别占13.9%、13.8%,食用油的支出份额也高于非贫困家庭,为12.6%。非贫困家庭中,水产品、蛋类、水果的支出份额也较高,分别占5.8%、4.7%和4.2%,调味品、禽肉、干豆类的支出份额在3%—4%之间,粗粮、奶类、牛羊肉、酒类及饮料的支出份额则不超过3%。贫困家庭中,蛋类、调味品、干豆类、水产品的支出也较高,分别占4.5%、4.1%、3.7%和3.3%,粗粮、奶类、水果、禽肉、牛羊肉、酒类及饮料的支出份额相对较低,不超过3%。

表5-4 农村非贫困和(相对)贫困家庭标准人人均食物支出份额及累积分布概率均值

食物种类	非贫困家庭		(相对)贫困家庭	
	食物支出份额(%)	CDF	食物支出份额(%)	CDF
稻米及制品	15.1	0.907	16.9	0.826
	(11.7)	(0.160)	(ial.145)	(0.222)
小麦及制品	10.5	0.818	17.1	0.793
	(13.7)	(0.155)	(19.9)	(0.213)
粗粮	1.6	0.268	2.3	0.252
	(4.6)	(0.219)	(6.8)	(0.215)
食用油①	10.1	1.000	12.6	1.000
	(8.3)	(0.000)	(10.0)	(0.000)
奶类及制品	0.8	0.105	0.5	0.048
	(3.8)	(0.124)	(3.1)	(0.076)
蛋类及制品	4.7	0.658	4.5	0.509
	(6.2)	(0.194)	(7.3)	(0.224)

续表

食物种类	非贫困家庭		（相对）贫困家庭	
	食物支出份额（%）	CDF	食物支出份额（%）	CDF
调味品	3.6	1.000	4.1	1.000
	(5.1)	(0.000)	(5.5)	(0.000)
蔬菜	12.9	1.000	13.9	1.000
	(9.3)	(0.000)	(9.8)	(0.000)
水果	4.2	0.344	2.4	0.196
	(9.1)	(0.188)	(7.1)	(0.131)
猪肉	18.4	0.760	13.8	0.552
	(15.8)	(0.186)	(16.2)	(0.228)
禽肉	3.0	0.218	1.8	0.102
	(7.7)	(0.193)	(6.7)	(0.121)
牛肉	1.8	0.126	1.3	0.072
	(6.1)	(0.119)	(5.9)	(0.102)
羊肉	0.6	0.033	0.3	0.015
	(3.9)	(0.042)	(3.2)	(0.024)
水产品	5.8	0.381	3.3	0.196
	(9.9)	(0.214)	(8.4)	(0.159)
干豆类	3.8	0.630	3.7	0.510
	(5.7)	(0.203)	(6.0)	(0.201)
酒类	2.6	0.153	1.3	0.082
	(9.0)	(0.124)	(6.3)	(0.089)
饮料	0.3	0.057	0.1	0.023
	(2.2)	(0.075)	(1.2)	(0.045)

注：①食用油、调味品及蔬菜的零消费量较少，因此未计算累积分布函数，取值为1。②括号内为标准差。

表5-5列出了农村非贫困家庭与贫困家庭的食物支出弹性与收入弹性的估计结果。表5-5显示，AIDS模型与两阶段估计法估算的不同食物的支出弹性与收入弹性皆在1%的水平上显著。总体来看，无论是直接估计结果，还是采用工具变量两阶段估计法估算的

结果，均验证了假说一，即贫困家庭的食物支出弹性普遍高于非贫困家庭。工具变量估计法中，非贫困家庭的小麦、粗粮、食用油、蛋类、蔬菜、水果、猪肉、禽肉、牛肉、羊肉、水产品、干豆类、酒类以及贫困家庭的水稻、小麦、粗粮、蛋类、猪肉、禽肉、水产品、酒类和饮料模型中第一阶段残差项的系数皆至少在10%的水平上显著，[①] 因此估算结果以两阶段估计结果为准。表5-5显示，农村家庭的食物支出弹性普遍较高，贫困家庭各类食物的弹性在0.738—1.516之间，非贫困家庭的弹性则在0.610—1.469之间。

收入弹性的数值显著低于支出弹性，各类食物中，非贫困家庭的猪肉、羊肉、饮料、调味品及蛋类的收入弹性最高，超过0.3；水果、粗粮、酒类次之，收入弹性在0.25—0.30之间；水产品、食用油、禽肉、蔬菜、奶类的收入弹性在0.20—0.25之间；牛肉、干豆类及稻米、小麦等谷物的收入弹性最低，不到0.2。贫困家庭饮料的收入弹性最高，超过0.7，其羊肉、调味品、禽肉的收入弹性次之，均接近或超过0.6，蛋类、水果、干豆类、食用油的弹性则在0.5—0.6之间。与非贫困家庭不同的是，贫困家庭猪肉的收入弹性较低，仅略高于非贫困家庭，而禽肉、牛肉的收入弹性则显著高于非贫困家庭。此外，贫困家庭水产品、牛肉、稻米、小麦、蔬菜、奶类、酒类、粗粮及猪肉的收入弹性皆低于0.5，其中粗粮及猪肉的收入弹性不超过0.4。

弹性的估计结果表明，收入增长可以提高贫困家庭各类食物的消费量，可在一定程度上改善其奶类、蛋类、水果、畜禽肉及水产品消费短缺的现象。但也应注意到，其缺乏的奶制品、猪肉、牛肉、水产品等食物的收入弹性数值大小相对较低，表明收入提高以后，贫困家庭对此类食物的消费量变化相对较小；相反，目前消费已严重过量的调味品，以及易导致肥胖等不健康饮品的收入弹性则很高。另外，目前已充足的谷薯类、食用油等食物的消费量也将随收入的

[①] 工具变量两步法估计 AIDS 模型第一阶段残差项的系数见附表-7。

提高继续增长。这意味着贫困家庭无法将提高的有限收入合理地分配于各类食物,在解决食物短缺问题的同时,可能会加重薯类、食用油、调味品等食物的过量问题,而其严重缺乏的奶类、水产品等食物也可能囿于其固有的食物消费习惯而得不到明显改善。据此,假说二得到了验证。

表 5 – 5　　农村非贫困家庭和贫困家庭食物—支出/收入弹性

食物种类	支出弹性				收入弹性[①]			
	直接估计		工具变量法		直接估计		工具变量法	
	非贫困	贫困	非贫困	贫困	非贫困	贫困	非贫困	贫困
稻米及制品	0.778	0.929	0.772	0.957	0.186	0.431	0.185	0.444
	(0.002)	(0.004)	(0.003)	(0.007)	(0.000)	(0.002)	(0.001)	(0.003)
小麦及制品	0.901	0.919	0.721	0.861	0.216	0.426	0.173	0.400
	(0.002)	(0.003)	(0.003)	(0.005)	(0.000)	(0.001)	(0.001)	(0.002)
粗粮	0.956	0.801	1.070	0.738	0.229	0.372	0.256	0.342
	(0.008)	(0.009)	(0.013)	(0.016)	(0.002)	(0.004)	(0.003)	(0.007)
食用油	1.039	1.138	0.925	1.142	0.249	0.528	0.222	0.530
	(0.019)	(0.036)	(0.030)	(0.054)	(0.004)	(0.017)	(0.007)	(0.025)
奶类及制品	0.902	0.777	0.843	0.892	0.216	0.360	0.202	0.414
	(0.010)	(0.020)	(0.016)	(0.029)	(0.003)	(0.009)	(0.004)	(0.013)
蛋类及制品	1.022	1.031	1.320	1.242	0.245	0.478	0.316	0.576
	(0.005)	(0.009)	(0.008)	(0.014)	(0.001)	(0.004)	(0.002)	(0.006)
调味品	1.311	1.241	1.340	1.303	0.314	0.576	0.321	0.604
	(0.021)	(0.042)	(0.032)	(0.061)	(0.005)	(0.019)	(0.008)	(0.028)
蔬菜	0.942	0.992	0.913	1.031	0.226	0.460	0.219	0.478
	(0.015)	(0.032)	(0.023)	(0.046)	(0.004)	(0.015)	(0.006)	(0.022)
水果	1.181	1.212	1.156	1.188	0.283	0.562	0.277	0.551
	(0.005)	(0.010)	(0.007)	(0.014)	(0.001)	(0.004)	(0.002)	(0.006)
猪肉	1.217	0.942	1.350	0.836	0.292	0.437	0.323	0.388
	(0.003)	(0.006)	(0.005)	(0.010)	(0.001)	(0.003)	(0.001)	(0.004)

续表

食物种类	支出弹性				收入弹性[①]			
	直接估计		工具变量法		直接估计		工具变量法	
	非贫困	贫困	非贫困	贫困	非贫困	贫困	非贫困	贫困
禽肉	0.783	1.073	0.922	1.287	0.188	0.498	0.221	0.597
	(0.007)	(0.011)	(0.011)	(0.017)	(0.002)	(0.005)	(0.003)	(0.008)
牛肉	0.969	0.976	0.610	0.964	0.232	0.453	0.146	0.447
	(0.008)	(0.013)	(0.013)	(0.017)	(0.002)	(0.006)	(0.003)	(0.008)
羊肉	1.242	1.364	1.469	1.352	0.298	0.633	0.352	0.627
	(0.007)	(0.016)	(0.013)	(0.023)	(0.002)	(0.007)	(0.003)	(0.011)
水产品	0.982	1.020	0.964	0.989	0.235	0.473	0.231	0.459
	(0.005)	(0.010)	(0.008)	(0.015)	(0.001)	(0.005)	(0.002)	(0.007)
干豆类	0.751	1.135	0.786	1.171	0.180	0.527	0.188	0.543
	(0.005)	(0.009)	(0.008)	(0.015)	(0.001)	(0.004)	(0.002)	(0.007)
酒类	1.169	0.943	1.056	0.887	0.280	0.437	0.253	0.411
	(0.003)	(0.007)	(0.006)	(0.011)	(0.001)	(0.003)	(0.001)	(0.005)
饮料	1.402	1.141	1.464	1.516	0.336	0.529	0.351	0.703
	(0.011)	(0.026)	(0.018)	(0.041)	(0.003)	(0.012)	(0.004)	(0.019)

注：①食物的收入弹性＝食物的支出弹性×食物总支出的收入弹性。②括号内为标准差。③表中所有弹性均在1%的水平上显著，限于表格空间，未列出所有显著性标志。

第三节 农村贫困家庭营养素—收入弹性的间接估计

食物的营养功用是通过它所含的营养成分来实现的，每种食物的营养成分不尽相同，而提供相同的营养素时，不同的食物又是可以互相替代的。因此，收入增长带来的食物消费结构的变化，会如何影响其营养素的摄入状况，仍然是未知的，需要进一步深入探索。解决这一问题的方法便是利用如上所述包含相对少量食品类别的食物需求系统测算的食物—收入弹性，按照恒定的营养素—食物转换因子转换为营养素的收入弹性（例如，Huang，1996、1999；Huang 和 Gale，2009），这样既可以将收入增长对于营养素的影响追本溯源至其食物来源的变化，又可以直接判断收入增长对于营养素摄入量的影响。由于对营养素—收入弹性的估计要通过对食物支出弹性的估计来推断，因此这一方法被学术界称为营养素—收入弹性的间接估计法。

一 营养素—收入弹性的间接估计方法

营养素—收入弹性的间接估计方法如下：

令 N_k 为营养素 k 的家庭标准人三天内平均每天的营养素摄入量（如能量、蛋白质），则有

$$N_k = \sum_i C_{ki} \times F_i \quad (5-12)$$

其中，C_{ki} 为每单位食物组 i 的营养素 k 的平均含量，F_i 为食物组 i 的消费量。这三个变量都与收入有关，因此我们可以对等式（5-12）两边取对数，并对收入 M 的对数取微分，可得营养素 k 的收入弹性：

$$\varepsilon_{N_k M} = \sum_i S_{ki} \times \varepsilon_{F_i M} + \sum_i S_{ki} \times \varepsilon_{C_{ki} M} \quad (5-13)$$

$$S_{ki} = \frac{N_{ki}}{N_k} = \frac{C_{ki} \times F_i}{\sum_i C_{ki} \times F_i} \quad (5-14)$$

其中，$\varepsilon_{N_k M}$、$\varepsilon_{F_i M}$、$\varepsilon_{C_{ki} M}$ 分别为 N_k、F_i、C_{ki} 的收入弹性，N_{ki} 为来自食物组 i 的营养素 k 的摄入量。

值得注意的是，间接方法利用食物—营养转换模型依据食物的收入弹性估算营养素的收入弹性，其隐含地假设方程式（5-13）右侧的第二项为零。这种假设的含义是每个食物组中每种营养素的平均含量是恒定的，换句话说，食物组中的消费结构是恒定的，不存在相互替代的关系，但这是不符合现实情况的，例如，Yu 和 Abler（2009）的研究认为食品质量随着收入的增加而增加，而食物组间与食物组内均会发生食物消费结构的变化，因此，食物分组越宽泛，

间接估计法测算的营养素—收入（支出）弹性偏差越大。

进一步，我们重点关注食物的收入弹性与营养素的收入弹性之间的关系。首先，我们简单地将食物支出表示为食物消费量与价格的乘积：

$$E_i = F_i \times P_i \tag{5-15}$$

其中，E_i 为食物组 i 的支出，P_i 为其平均价格。根据式（5-15），可得食物支出的收入弹性：

$$\varepsilon_{E_iM} = \varepsilon_{F_iM} + \varepsilon_{P_iM} \tag{5-16}$$

也可以表示为：

$$\varepsilon_{F_iM} = \varepsilon_{E_iM} - \varepsilon_{P_iM} \tag{5-17}$$

将式（5-17）代入式（5-13）中，可得：

$$\varepsilon_{N_kM} = \sum_i S_{ki} \times \varepsilon_{E_iM} + \sum_i S_{ki} \times \varepsilon_{C_{ki}M} - \sum_i S_{ki} \times \varepsilon_{P_iM} \tag{5-18}$$

然后，将从食物组 i 中获得营养素 k 的成本表示为 p_{ki}，因此，食物组 i 的平均价格可以表示为：

$$p_i = \frac{p_{ki} \times C_{ki}}{\theta_{ki}} \tag{5-19}$$

其中，θ_{ki} 为营养素 k 对食物组 i 价格的贡献份额。因此，p_{ki} 可以表示为：

$$p_{ki} = \frac{p_i \times \theta_{ki}}{C_{ki}} \tag{5-20}$$

对式（5-20）两边取对数，并对收入进行微分，可得：

$$\varepsilon_{q_{ki}M} = \varepsilon_{P_iM} + \left(\frac{d\ln\theta_{ki}}{d\ln C_{ki}} - 1\right) \times \varepsilon_{C_{ki}M} \tag{5-21}$$

通常，θ_{ki} 被认为是外生变量。因此，$\frac{d\ln\theta_{ki}}{d\ln C_{ki}} = 0$，式（5-21）变为：

$$\varepsilon_{q_{ki}M} = \varepsilon_{P_iM} - \varepsilon_{C_{ki}M} \tag{5-22}$$

营养素 k 的收入弹性可写为：

$$\varepsilon_{N_kM} = \sum_i S_{ki} \times \varepsilon_{E_iM} - \sum_i S_{ki} \times \varepsilon_{pk_iM} \qquad (5-23)$$

如上所述，间接估计方法假设上式中右侧第二项为零，然而实际情况并非如此。Behrman 和 Deolalikar（1987）指出，食品组中营养素的平均成本相对于总支出/收入的弹性通常是正的。因此，间接方法估计的营养素—收入弹性被高估，并且由于需求系统模型中无法加入过多的控制变量，对食物—收入弹性的估计可能略有偏差。因此，第七章将采用 Behrman 和 Deolalikar（1987）倡导的营养素—收入弹性的直接估计方法，即首先从详细食物消费数据转换出各类营养素的摄入量，然后直接对收入进行回归，并将估算结果与本章的间接估计结果做详细比较。

二 营养素—收入弹性的间接估计结果

表 5-6 列出了农村非贫困家庭和贫困家庭营养素—支出及收入弹性的间接估计结果。结果显示，2004—2011 年，农村非贫困家庭不同营养素的支出弹性在 0.796—1.274 之间，贫困家庭不同营养素的支出弹性则在 0.928—1.246 之间。相比支出弹性，本书更为关注的则是各类营养素的收入弹性，表 5-6 显示，农村贫困家庭不同营养素的收入弹性普遍显著高于非贫困家庭。从营养素收入弹性的数值来看，非贫困家庭能量的收入弹性为 0.215，而贫困家庭则为 0.449，为非贫困家庭的 2 倍多。三大宏量营养素中，碳水化合物的收入弹性最小，非贫困家庭为 0.191，贫困家庭则为 0.430，同时碳水化合物的收入弹性也是各类营养素中最低的；宏量营养素中，脂肪的收入弹性最高，非贫困家庭为 0.251，贫困家庭为 0.490；蛋白质的收入弹性则在两者之间，非贫困家庭与贫困家庭蛋白质的收入弹性分别为 0.222 和 0.448。

9 个关键微量营养素中，钠元素及胆固醇的收入弹性最高，非贫困家庭与贫困家庭分别超过 0.3 和 0.5。贫困家庭中，维生素 A、维生素 C 及钙元素的收入弹性也相对较高，分别为 0.500、0.485 和

0.493；不溶性纤维、钾、铁及锌元素的收入弹性则低于0.48。非贫困家庭中，维生素A、钾元素的收入弹性在各类微量营养素中相对较高，超过0.23，不溶性纤维、维生素C、钙、铁、锌元素的收入弹性则低于0.23。营养素—收入弹性的间接估计结果表明，收入提高以后，贫困家庭能量及大部分营养素的摄入量都将有较大幅度的提高，比较贫困家庭不同营养素的收入弹性数值可以发现，其脂肪、胆固醇、维生素A、维生素C、钙及钠元素的弹性均接近或超过0.5，高于其他营养素。

那么收入增长对不同营养素摄入量的影响途径是什么？哪种食物消费量的变化会对能量、三大宏量营养素及9个关键微量营养素的摄入量影响较大？也就是说，不同食物的收入弹性对于营养素的收入弹性的贡献（$S_{ki} \times \varepsilon_{F_M}$）有多大？这一结果列于附表-8。结果显示，贫困家庭能量、蛋白质、碳水化合物、铁和锌元素摄入量随收入增长的变化均主要来源于稻米及小麦消费量的变化，不溶性纤维、维生素A、维生素C、钙元素及钾元素的变化则主要来源于蔬菜及制品消费量的变化，脂肪、胆固醇、钠元素摄入量的变化则分别来源于油脂类、蛋类与调味品。这一结果意味着，收入的提高，虽然可以提高贫困家庭目前短缺的水产品、畜禽肉以及乳类制品的消费量，但由于其目前消费基数较小，改善幅度也相对较小，而大部分营养素摄入量的提高仍然主要依赖于粮油、蔬菜、蛋类及调味品等食品消费量的提高。

表5-6　　农村非贫困家庭和贫困家庭营养素—支出/收入弹性

营养素	支出弹性		收入弹性[①]	
	非贫困家庭	贫困家庭	非贫困家庭	贫困家庭
能量	0.896***	0.967***	0.215***	0.449***
	(0.010)	(0.018)	(0.002)	(0.008)
蛋白质	0.928***	0.966***	0.222***	0.448***
	(0.008)	(0.013)	(0.002)	(0.006)

续表

营养素	支出弹性		收入弹性①	
	非贫困家庭	贫困家庭	非贫困家庭	贫困家庭
脂肪	1.049***	1.056***	0.251***	0.490***
	(0.019)	(0.038)	(0.005)	(0.018)
碳水化合物	0.796***	0.928***	0.191***	0.430***
	(0.005)	(0.009)	(0.001)	(0.004)
不溶性纤维	0.915***	1.001***	0.219***	0.464***
	(0.015)	(0.027)	(0.004)	(0.013)
胆固醇	1.256***	1.141***	0.301***	0.529***
	(0.008)	(0.014)	(0.002)	(0.006)
维生素A	1.028***	1.078***	0.246***	0.500***
	(0.020)	(0.040)	(0.005)	(0.019)
维生素C	0.945***	1.047***	0.227***	0.485***
	(0.022)	(0.045)	(0.005)	(0.021)
钙	0.945***	1.062***	0.226***	0.493***
	(0.016)	(0.031)	(0.004)	(0.014)
钾	0.977***	1.020***	0.234***	0.473***
	(0.014)	(0.026)	(0.003)	(0.012)
钠	1.274***	1.246***	0.305***	0.578***
	(0.029)	(0.054)	(0.007)	(0.025)
铁	0.914***	1.003***	0.219***	0.465***
	(0.012)	(0.021)	(0.003)	(0.010)
锌	0.917***	0.974***	0.220***	0.452***
	(0.009)	(0.016)	(0.002)	(0.008)

注：①营养素的收入弹性＝营养素的支出弹性×食物总支出的收入弹性。②括号内为标准差。③"*""**"和"***"分别表示在10%、5%、1%的水平下显著。

第四节 本章小结

基于CHNS 2004—2011年数据，利用CTS-AIDS模型，本章估算了收入增长对于农村非贫困及贫困家庭食物消费模式的影响,测算了 17 种食物的支出弹性及收入弹性,并利用食物弹性及食物—营养转换系数间接估算了能量、三大宏量营养素及 9 个关键微量营养素的收入弹性。结果显示,农村家庭的食物支出弹性普遍较高,贫困家庭各类食物的弹性在 0.738—1.516 之间,非贫困家庭的弹性则在 0.610—1.469 之间。收入弹性的数值显著低于支出弹性,贫困家庭饮料的收入弹性最高,超过 0.7,羊肉、调味品、禽肉的收入弹性次之,均接近或超过 0.6,蛋类、水果、干豆类、食用油的弹性在 0.50—0.60 之间,水产品、牛肉、稻米、小麦、蔬菜、奶类、酒类、粗粮及猪肉的收入弹性皆低于 0.5,其中粗粮及猪肉的收入弹性不超过 0.4。弹性的估计结果表明,收入增长可以提高贫困家庭各类食物的消费量,可在一定程度上改善其奶类、蛋类、水果、畜禽肉及水产品消费短缺的现象。但也应注意到,贫困家庭无法将提高的有限收入合理地分配于各类食物,在解决食物短缺问题的同时,可能会加重薯类、食用油、调味品等食物的过量问题,而其严重缺乏的奶类、水产品等食物也可能囿于其固有的食物消费习惯而得不到明显改善。

利用食物—收入弹性估算的农村非贫困家庭不同营养素的收入弹性在 0.191—0.305 之间,贫困家庭不同营养素的收入弹性在 0.430—0.578 之间,其中,能量的收入弹性为 0.449,为非贫困家庭的 2 倍多;其碳水化合物、脂肪、蛋白质的弹性分别为 0.430、0.490、0.448。各常量及微量营养素中,贫困家庭维生素 A、钙元素、钠元素及胆固醇的收入弹性较高,均接近或超过 0.5;维生素 C、不溶性纤维、钾、铁、锌的收入弹性相对较低。从不同食物对于营养素—收入弹性的贡献来看,收入的提高带来的大部分营养素摄入量的提高仍然主要依赖于粮油、蔬菜、蛋类及调味品等食品消费量的提高。

第六章

收入增长对农村贫困家庭营养均衡状况的影响

营养摄入状况与食物消费紧密关联，食物消费量及消费结构决定了营养素的摄入状况，因而通过食物消费与营养摄入量的转化，消费者营养素摄入量是在收入预算限制下对食物效用方程最大化的选择。食品支出通常随着收入的增加而增加，然而，食物支出的增加并不一定导致更高的营养摄入量及营养均衡程度。许多研究已经表明，相对于食物的营养属性，消费者可能更关注食物的其他属性，如口味、外观、状态、加工程度等，这些非营养属性并不一定与营养价值正相关（Ye 和 Taylor，1995），因此收入的增加不一定导致更健康的饮食，高食品支出弹性可能与低收入营养弹性共存（Behrman 和 Deolalikar，1987；Ye 和 Taylor，1995；Gao 等，2013；Jensen 和 Miller，2010）。相对于非贫困家庭，贫困家庭食物消费结构往往较为单一，对主食的依赖性强，其营养结构也因此较为单一，收入提高后，贫困家庭的食物消费种类必然会更加丰富，营养素的多样性也将有所提升，同时，目前较为缺乏的营养素摄入量由于基数较低，其改善程度也将较高。然而，限于当地的食物消费环境、自身的膳食知识水平及消费习惯等因素，收入增长带来的食物消费结构的改变未必是完全符合其自身营养需求的。

据此，提出以下假说：

假说一：贫困家庭营养素的收入弹性高于非贫困家庭。

假说二：贫困家庭较为缺乏的营养素的收入弹性较高。

假说三：收入增长可以改善贫困家庭的营养均衡状况，但无法全面解决其面临的膳食能量摄入不足、能量和部分营养素摄入过量、微量营养素严重缺乏的三重负担。

为验证上述假说，本章开展了收入增长对农村（相对）贫困家庭营养均衡状况的影响研究，以了解收入增长与（相对）贫困家庭营养结构变动的因果关系，揭示（相对）贫困家庭营养均衡状况随收入变动的规律，本书的研究结果将有助于评估经济增长对于改善（相对）贫困家庭营养均衡状况的效果，同时也有助于相关政府部门制定相应的干预措施，减缓并消除营养失衡带来的营养健康问题。

如前所述，第五章采用的营养素—收入弹性的间接估计方法无法捕捉食物组中消费结构的变化，造成了营养素—收入弹性的高估，因此，本章将采用直接估计方法（Behrman 和 Deolalikar，1987），测算收入增长对于贫困家庭营养摄入量的影响，即首先从详细食物消费数据转换出各类营养素的摄入量，然后直接对收入进行回归，并将估算结果与第五章的间接估计结果作详细比较。更具体地说，本章基于 2004—2011 年 CHNS 数据，估计农村贫困家庭的能量、宏量营养素（蛋白质、脂肪、碳水化合物）、不溶性纤维、胆固醇与 7 种关键微量营养素（维生素 A、维生素 C、钙、钾、钠、铁、锌）的收入弹性。为了解农村贫困家庭营养摄入与膳食均衡状况以及营养素—收入弹性的最新变动趋势，本章同时采用中国农业大学 2021 年调查的 TAFSS 数据进行估计，由于 2020 年中国农村已实现全面脱贫，因此，采用相对贫困的方式界定农村贫困家庭，依据 2004—2011 年 CHNS 数据的贫困家庭比例（以绝对贫困线划分的农村贫困家庭占农村家庭总数的 19.1%），在 TAFSS 数据样本中选取收入最低的 20% 农村家庭为农村贫困家庭。另外，为考察（相对）贫困和非贫困家庭的营养素摄入量对收入反应的差异，以进一步明晰收入增长对（相对）贫困家庭营养结构的影响程度，本书同时估计了农村非贫困家庭的营养素收入弹性。

相对于已有的相关研究，本章节的研究有以下不同之处。第一，Huang 和 Gale（2009）估计了中国城市不同收入层次居民的营养素收入弹性，Tian 和 Yu（2013）估计了中国成年居民的 22 种营养素收入弹性，本章节则估计了中国农村贫困家庭的营养素收入弹性，扩展了收入对居民营养均衡状况影响的研究对象范围。第二，Huang 和 Gale（2009）采用了未包括在外食物消费的全国城市分收入组加总数据，Tian 和 Yu（2013）采用了未包括在外食物消费的 2004 年 CHNS 家庭数据，本章节则采用了 2004—2011 年 CHNS 数据中涵盖在家和在外消费的个人食物消费记录生成的面板数据。不仅如此，本章节通过构建等价尺度作为权重，将不同性别、年龄及劳动强度的家庭成员个人食物、营养素摄入量转化为标准人食物、营养素摄入量，并据此计算家庭人均标准人营养素摄入量，研究结果会更准确地揭示收入变动与农村贫困家庭营养结构变动的因果关系。第三，通过构建资产指数等工具变量，纠正了家庭收入在营养素模型中的内生性问题；采用面板半参数估计方法探究了营养素摄入量与收入之间的关系；构建了村庄和年份双向固定效应模型，估计了能量、宏量营养素和关键微量营养素的收入弹性；构建了膳食质量指数，估计了收入对膳食质量指数的影响，佐证了收入与贫困家庭营养结构的关系。因此，本章节的研究结果会更准确地反映收入增长对中国农村贫困居民营养均衡状况的影响。

第一节　农村贫困家庭的营养摄入与膳食均衡状况

对营养素的研究也采用家庭人均标准人消费量。家庭标准人营养素摄入量的计算方式与标准人食物消费量折算办法稍有不同。《中国居民膳食营养素参考摄入量（2013版）》（中国营养学会，2014；简称《参考摄入量（2013）》）推荐的不同营养素需求量的人群特质划分标准不同，例如，能量需求量的划分标准同时包括性别、年龄和体力活动水平，蛋白质需求量与身体活动水平无关，钙、钾、钠等营养素的需求量则仅依据年龄划分。本书严格依据《参考摄入量（2013）》规定的不同类型人群的不同营养素需求量，对应于不同的营养素计算不同的标准人系数，同样以体重为60千克、从事轻体力活动的成年男子作为该营养素的标准人（即标准人系数为1），计算出了本书的家庭人均标准人营养素摄入量。

一 农村贫困家庭的营养摄入状况

食物种类众多且不同食物的营养成分千差万别，食物组间或组内的替代皆有可能导致营养摄入量的变化，因此仅仅以上述食物大类的消费情况来判别贫困家庭的营养摄入状况存在偏差，需要根据各种食物的消费量计算出居民的各类营养素摄入情况，进而判断贫困家庭各类营养素摄入量的充足情况。CHNS样本包含的食物超过1500种，所有食物共分为21个大类、93个亚类。本书按照《中国食物成分表》（2009年第一册第二版及2004年第二册）（杨月欣，2005；杨月欣等，2009）的食物营养成分构成，以93个小组内各种食物的消费频率作为权重，计算出了每组的各类营养素含量，① 并据此计算出了农村家庭成员平均每人每天的营养素摄入量。同时，根据《参考摄入量（2013）》计算出了农村家庭和贫困家庭标准人营养素摄入的充足程度。② TAFSS数据采用与2004—2011年CHNS数据相同的食物编码方式，但未记录食用油与食用盐等调味品的消费情况，其营养素的计算方式与CHNS数据一致。

---

① 许多食物消费频率非常低，计算时忽略不计，最终计入的食物品种共有151种。

② 充足程度等于标准人摄入量/推荐量。

表6-1和表6-2分别报告了2004—2021年农村非贫困家庭和（相对）贫困家庭对能量、宏量营养素和关键微量营养素的摄入量及其充足程度。按照标准人营养素摄入量标准，2004—2011年非贫困家庭的能量基本可以满足需求，但贫困家庭的能量摄入量显著低于非贫困家庭，存在一定程度的能量摄入不足问题。需要指出的是，由于CHNS问卷中以农村居民工作性质确定劳动强度，忽略了农业活动的季节性，可能高估了受访者调查阶段的劳动强度及其对能量的需求，因此本书估算的能量充足程度可能存在低估问题。2021年，相对贫困家庭与非贫困家庭的能量摄入量均显著降低，这可能由于随着机械化程度的提高，各类工作的强度整体下降，降低了能量需求量，同时基础代谢随着日常劳动强度的下降而降低，从而进一步降低了能量需求量。再者，随着疫情的蔓延，农村居民的工作，尤其是各类农民工，其工作时长可能受到较大冲击，因此，以职业性质衡量的劳动强度偏差较非疫情期间更大，能量摄入的低估问题也更加突出。其他各类营养素也存在类似的问题，这一点由第五章的食物消费量也可以看出，2021年各类食物消费量都有所下降。

宏量营养素中，按照碳水化合物和脂肪供能比的合理范围，即50%—65%和20%—30%，2004—2011年，非贫困家庭与贫困家庭的碳水化合物供能比都在合理范围内，但其脂肪摄入量偏高，尤其是非贫困家庭，其脂肪的供能比已超过30%；2021年，农村家庭脂肪供能比进一步提高，非贫困家庭与相对贫困家庭均已超过35%，且相对贫困家庭与非贫困家庭基本一致。2004—2011年，非贫困家庭的蛋白质摄入量高于推荐量，但贫困家庭的蛋白质摄入量未达到推荐标准，其充足程度仅有92.7%；2021年，非贫困家庭的蛋白质摄入量进一步提高，相对贫困家庭则有小幅下降。因此，（相对）贫困家庭不仅能量摄入不足，而且存在蛋白质摄入匮乏问题。

表 6-1　农村非贫困家庭和（相对）贫困家庭的营养素摄入量（均值）

营养素	2004—2011 年 非贫困家庭	2004—2011 年 （相对）贫困家庭	2021 年 非贫困家庭	2021 年 （相对）贫困家庭[④]	标准人摄入量
能量（kcal）	2235.4	2075.2	2126.8	1998.2	2250
	(702.0)	(703.6)	(1251.6)	(1239.9)	
蛋白质（g）	67.4	60.3	68.2	55.1	65
	(22.0)	(21.7)	(52.9)	(42.5)	
脂肪（g）[①]	83.7	71.3	79.5	70.9	20—30
	(48.1)	(48.5)	(44.5)	(26.6)	
碳水化合物（g）[①]	321.0	318.9	303.2	301.9	50—65
	(104.7)	(107.8)	(217.5)	(246.8)	
不溶性纤维（g）[②]	10.8	10.5	12.3	11.6	30
	(5.1)	(5.2)	(10.3)	(9.1)	
胆固醇（mg）[③]	248.9	177.8	287.4	177.9	300
	(203.9)	(185.0)	(434.1)	(281.1)	
维生素 A（ug）	399.3	355.4	466.7	291.2	800
	(259.6)	(264.8)	(2702.8)	(288.6)	
维生素 C（mg）	93.2	89.0	96.9	83.6	100
	(47.7)	(48.1)	(174.8)	(85.9)	
钙（mg）	317.7	269.4	295.4	210.5	800
	(153.2)	(140.0)	(537.6)	(168.3)	
钾（mg）	1634.5	1470.6	1764.6	1447.0	2000
	(622.8)	(606.7)	(1784.2)	(1011.5)	
钠（mg）	5791.8	5747.8	686.3	528.0	1500
	(4645.8)	(4852.9)	(846.0)	(629.2)	
铁（mg）	18.2	16.8	18.3	16.2	12
	(7.6)	(7.3)	(16.3)	(13.0)	
锌（mg）	14.3	13.1	12.3	10.5	12.5
	(4.7)	(4.7)	(9.2)	(7.5)	

注：①碳水化合物和脂肪的充足程度为各自的供能比。②不溶性纤维的充足程度根据膳食纤维总体的推荐摄入量计算。③胆固醇的充足程度根据推荐的胆固醇最高摄入量（300g）计算。④2021 年贫困家庭为收入最低 20% 的相对贫困家庭。⑤括号内为标准差。

各类微量营养素中，（相对）贫困家庭与非贫困家庭均对钠、铁和锌元素的摄入量最为充足，且都超过了推荐标准，其中，钠元素的摄入量为推荐量的3.8倍；2021年调查数据中未包含食盐等钠元素的主要食物来源，因此测算的钠元素摄入量远低于实际摄入量。铁元素的摄入总量虽然较高，但从农村家庭的食物消费情况来看，铁元素多来自红肉类，血红素铁占比很小；非血红素铁吸收较差，对补充身体铁储备的贡献较低，因此存在高质量铁元素摄入不足问题。

表6-2　　　　农村不同收入家庭的营养素摄入充足程度　　　（单位：%）

营养素	2004—2011		2021	
	非贫困家庭	（相对）贫困家庭	非贫困家庭	（相对）贫困家庭④
能量	99.4	92.2	94.5	88.8
	(31.2)	(31.3)	(55.6)	(55.1)
蛋白质	103.7	92.7	104.9	84.8
	(33.9)	(33.3)	(81.3)	(65.4)
脂肪①	31.7	28.5	35.2	35.2
	(11.3)	(12.1)	(11.6)	(11.9)
碳水化合物（g）	56.5	60.1	53.0	54.6
	(10.7)	(11.2)	(11.7)	(11.4)
不溶性纤维（g）②	36.1	34.9	41.0	38.7
	(17.1)	(17.3)	(34.4)	(30.3)
胆固醇（mg）③	83.0	59.3	95.8	59.3
	(68.0)	(61.7)	(144.7)	(93.7)
维生素A（ug）	49.9	44.4	58.3	36.4
	(32.4)	(33.1)	(337.8)	(36.1)
维生素C（mg）	93.2	89.0	96.9	83.6
	(47.7)	(48.1)	(174.8)	(85.9)
钙（mg）	39.7	33.7	36.9	26.3
	(19.1)	(17.5)	(67.2)	(21.0)
钾（mg）	81.7	73.5	88.2	72.3
	(31.1)	(30.3)	(89.2)	(50.6)

续表

营养素	2004—2011		2021	
	非贫困家庭	（相对）贫困家庭	非贫困家庭	（相对）贫困家庭
钠（mg）	386.1	383.2	45.8	35.2
	(306.4)	(323.5)	(56.4)	(41.9)
铁（mg）	151.8	149.6	152.1	135.1
	(63.3)	(63.0)	(135.5)	(108.7)
锌（mg）	114.5	104.6	98.2	84.1
	(37.4)	(37.3)	(73.2)	(59.7)

注：①碳水化合物和脂肪的充足程度为各自的供能比。②不溶性纤维的充足程度根据膳食纤维总体的推荐摄入量计算。③胆固醇的充足程度根据推荐的胆固醇最高摄入量（300g）计算。④2021年贫困家庭为收入最低20%的相对贫困家庭。⑤括号内为标准差。

不溶性纤维、维生素A和钙元素是农村家庭最为缺乏的营养素，充足程度皆低于50%；其中，维生素A和钙的摄入量贫富差距很大，2004—2011年贫困家庭比非贫困家庭分别低12.4%和17.8%，2021年贫富差距进一步扩大，非贫困比相对贫困家庭分别高60.2%和40.3%，但这种趋势的呈现可能也要部分归因于样本省份的选择。胆固醇摄入量的贫富差距也相当悬殊，非贫困家庭人均摄入量比（相对）贫困家庭高出40.0%—61.6%。农村家庭整体维生素C摄入量的充足程度接近或超过90%，且（相对）贫困家庭与非贫困家庭差异较小。此外，钾元素的摄入量也相对较少，（相对）贫困家庭的充足程度不到80%，非贫困家庭则为81.7%—88.2%。

本书采用CHNS 2004—2011年的食物消费数据估计的农村家庭营养摄入量与《中国居民营养与健康状况监测（2010—2013年综合报告）》（常继乐、王宇，2016）的结果较为相似，除铁元素和锌元素外，其他营养素的差别基本不超过10%。概括来看，除了脂肪、碳水化合物、钠、铁、锌等营养素外，农村贫困家庭对能量、蛋白质和其他6种微量元素摄入量均低于推荐标准，其中不溶性纤维、维生素A和钙元素的匮乏程度最为突出。

二 农村贫困家庭的膳食均衡状况

根据农村非贫困家庭和贫困家庭的食物消费结构，采用何宇纳等（2005）构建的膳食均衡指数，本章计算的 CHNS 2004—2011 年农村非贫困家庭的 DBI_TS、DBI_LBS、DBI_HBS、DBI_DQD 分别为 -15.6、-27.7、12.2、39.9；贫困家庭的上述四个指标则分别为 -20.2、-31.8、11.6、43.4。因此，农村非贫困家庭和贫困家庭面临的膳食均衡问题主要是某些食物摄入量不足。

食物摄入量不足具体表现为哪些食物呢？图 6-1 展示了具体食物种类摄入量的 DBI_LBS 和 DBI_HBS 分值分布情况。相对于非贫困家庭，贫困家庭的某些食物摄入不足问题较为突出。具体地说，非贫困家庭和贫困家庭对谷薯类和蛋类食品依赖性较高，对食用油、食盐、酒精等消费量过多，同时也存在畜禽肉的消费过量问题；对水产品、豆制品、奶制品、水果和蔬菜的摄入量则普遍偏低。① 如果

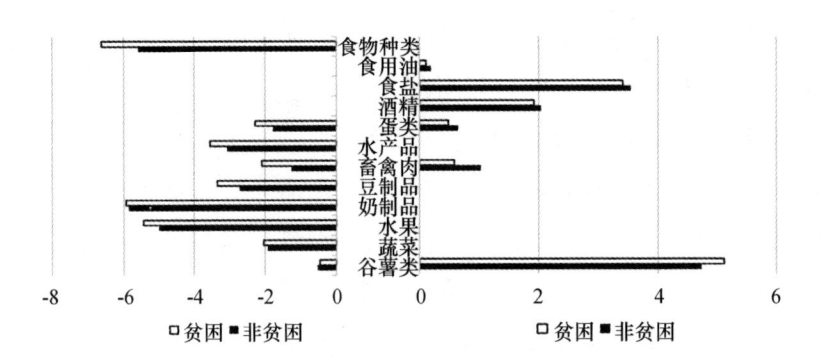

图 6-1 农村非贫困家庭与贫困家庭各类食物的均衡程度

---

① 根据指标的设定，DBI_TS 取值范围为 -58—36，0 分表示食物消费量完全符合《中国居民膳食指南（1997）》[中国营养学会，1997；简称《指南（1997）》] 的推荐标准。八个指标中，谷薯类、肉禽类、蛋三个指标需要同时反映营养不足和过量问题，因此取值有正有负；蔬菜、水果、奶类、豆类、水产品和食物种类，在《指南（1997）》中建议"多吃"或"常吃"，因此不设上限，取值只有零或负值；酒类、盐和食用油则主要强调过剩问题，取值只有零或正值。

非贫困和贫困家庭的食物结构随着收入水平的提高而不发生变化的话,农村家庭特别是贫困家庭的食物摄入不足问题将会得到较大的改善,但某些种类食物消费过量问题也会进一步强化。

第二节 农村贫困家庭营养素—收入弹性的直接估计

一 营养素摄入量与家庭收入的非线性关系

本书首先基于 CHNS 2004—2011 年农村家庭数据,采用面板半参数回归模型,探究农村家庭营养素摄入量与家庭收入的关系,明晰两者营养素收入弹性存在的差异。① 面板半参数模型的设定如下:

$$\ln NUT_{ht} = Z_{ht}\theta + f(\ln I_{ht}) + FE_t + \alpha_h + \varepsilon_{ht} \quad (6-1)$$

其中,h 表示家庭,t 指年份;NUT_{ht} 指营养素摄入量,即农村家庭 h 第 t 年三天内平均每天某营养素(共 13 种)的人均标准人摄入量;I_{ht} 表示以 2011 年 CPI 平减的家庭 h 第 t 年人均年收入;Z_{ht} 为家庭 i 第 t 年的家庭人口特征变量,包括家庭男性成员比例、家庭老年人及未成年人比例、平均受教育程度、平均日常劳动强度、膳食知识认知水平以及家庭规模(见表 5-2);FE_t 表示时间固定效应;α_h 表示家庭固定效应;ε_{it} 为误差项;$f(\cdot)$ 表示非参数估计部分。② 此外,模型中加入了以 2011 年 CPI 平减的稻米、小麦、粗粮、食用油、鸡蛋、调味品、蔬菜、水果、猪肉、牛肉、羊肉、鸡肉、奶制品、水产品、干豆类及制品、酒类、饮料共 17 种食物的

---

① 该方法由 Baltagi 和 Li(2002)提出,Libois 和 Verardi(2013)在此方法基础上编译了 Stata 程序(xtsemipar)。

② 依据 Libois 和 Verardi(2013)推荐,本书使用 B-splines 方法(Degree = 3)进行拟合。

实际价格。①

在估计营养素的收入弹性时，家庭特征变量的控制尤为重要。在人均收入一定的条件下，家庭规模及人口结构均会对其营养摄入状况造成影响，虽然构造的"家庭标准人摄入量"可避免家庭成员异质性导致的家庭成员摄入量直接平均产生的误差，但由于家庭对于不同类型成员的偏好存在差异，例如，抚养比较高的家庭可能更倾向于降低食物支出以满足其他方面的消费需求，因此要进一步控制家庭的人口结构。同时，考虑到家庭食物消费中可能存在的"规模经济"效应，得到相同的营养摄入量，人口数量较多的家庭，其人均资源消耗量可能会相对较少，因此，若不控制家庭规模，可能会造成弹性结果的高估。家庭的其他变量也会影响其营养需求，如家庭的劳动强度、受教育程度及营养知识水平，均会影响其食物选择行为，同样需要加以控制。

为了检验并纠正因家庭收入存在的测量误差和营养素摄入量与收入存在的"同时性"导致的内生性问题，本章节同样使用资产指数变量、家庭工作人数比例、家庭中有第二职业的人数作为工具变量。弱工具变量检验结果显示，工具变量皆为强工具变量（见表6-3倒数第二行）。此外，笔者还进行了收入变量的内生性检验及工具变量的过度识别检验，结果如表6-3所示。内生性检验（Davidson-MacKinnon test）② 结果显示，除钠元素、非贫困家庭的不溶性纤维和碳水化合物、贫困家庭的维生素A与维生素C的收入变量未通过内生性检验外，能量、宏量营养素和其他微量营养素模型中的收入变量均存在内生性问题，非贫困家庭的不溶性纤维、贫困家庭维生素A与维生素C内生性检验的P值也接近10%；过度识别

---

① 价格数据是根据CHNS提供的39种食物的社区市场价格，通过食物消费量为权重加权平均生成。

② Davidson-MacKinnon test（DM test）是Davidson和MacKinnon（1993）开发用于内生性检验的统计值。第二阶段在模型中加入第一阶段的残差项，并联合检验残差项系数是否为0，拒绝原假设表明工具变量结果与直接估算结果存在差异。

检验（Sargan test）的结果表明（根据卡方分布，当自由度为 2 的情况下，要在 1% 的显著水平上拒绝原假设所需要的卡方值要大于 9.210），贫困家庭模型中仅能量、胆固醇、锌元素三个营养素未通过该检验，即不是所有的工具变量都是外生变量，非贫困家庭模型则除上述三个营养素外，其维生素 A 与钙元素也未通过该检验，此外，对于大多数营养素模型，工具变量均为外生的。因此，能量和其他营养素的模型皆以纠正了收入变量内生性问题的结果为准。

据此，本章采用两步法估计半参数模型：第一步，将对数形式的家庭人均收入对工具变量和其他控制变量进行 OLS 回归，取得残差项；第二步，运行加入了第一步 OLS 模型残差项的半参数回归模型（6-1）。图 6-2 展示了农村家庭营养素半参数回归结果，其中，横柱表示人均收入对数，纵柱表示营养素摄入量对数，实线为营养素摄入量随收入变化的拟合曲线，虚线为低收入群体营养素摄入量拟合曲线的切线（即低收入群体的营养素收入弹性）。图 6-2 显示，随着收入水平的上升，能量、宏量元素和关键微量元素的摄入量呈向上弯曲变动，反映了农村居民饮食行为随收入非线性变动的特征。从曲线的变化趋势来看，农村家庭的能量和大部分营养素弹性（即虚线）在收入水平 1808—2981 元（即收入对数为 7.5—8）处发生了由高变低的转折，意味着收入水平上升对贫困家庭营养素摄入状况的影响要大于非贫困家庭。

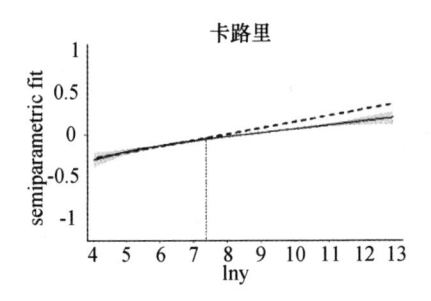

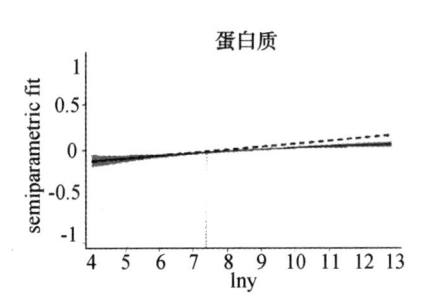

脂肪

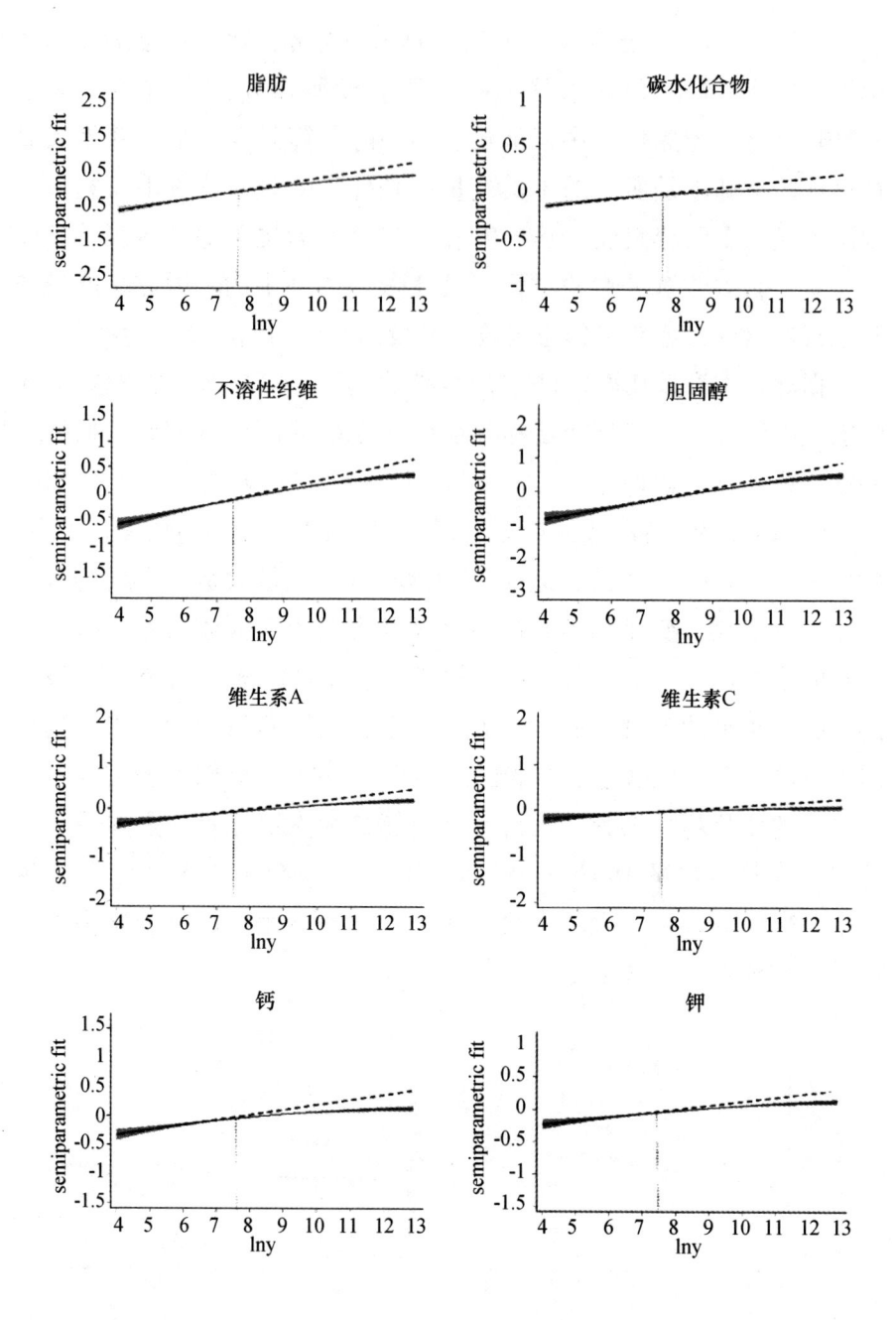

碳水化合物

不溶性纤维

胆固醇

维生系A

维生素C

钙

钾

图 6-2　营养素摄入量与人均收入的关系（2004—2011 年）

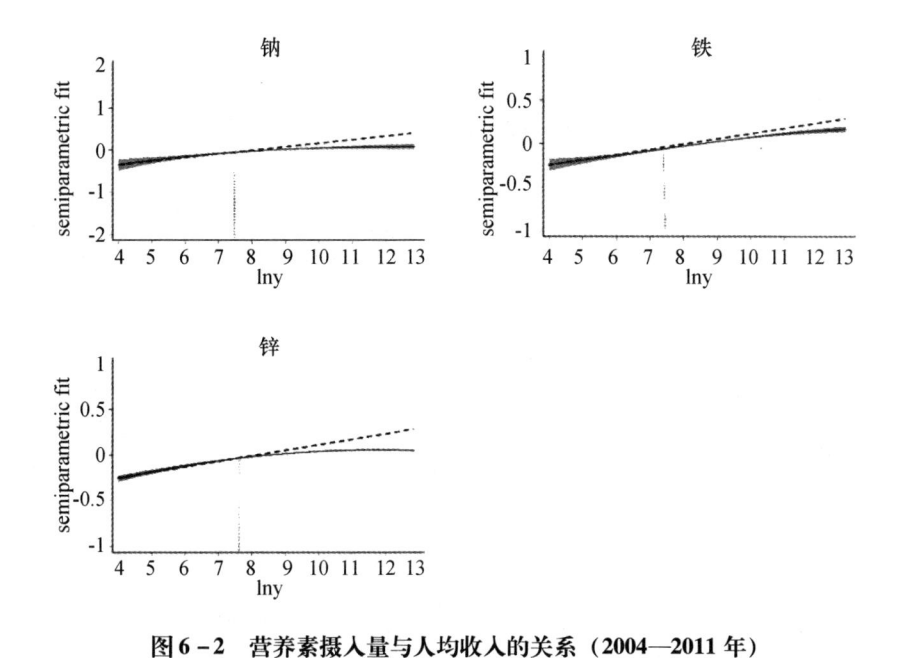

注：①横坐标为人均收入对数，纵坐标为营养素摄入量对数。②实线为营养素的半参数回归拟合曲线，虚线为贫困家庭拟合曲线的切线，阴影部分为其95%的置信区间。

进一步，基于 2021 年 TAFSS 数据，本书采用半参数模型测算了农村家庭各类营养素摄入量与收入的关系。控制变量的选择与 2004—2011 年相同，但由于 2021 年数据不包含资产的拥有情况、家庭工作人数比例、家庭中有第二职业的人数变量，因此本书采用村级全年人均纯收入、粮食作物播种面积比例作为工具变量。另外，由于 TAFSS 数据为截面数据，因此，仅使用截面数据的半参数模型进行估计，即不包含时间和家庭固定效应。同时，由于样本较少，为避免自由度损失，不再加入村级食物价格，而是加入本村快递收发点个数、本村菜市场个数、饮用水类型、本村企业数、村里是否有电商服务中心等变量控制村级经济发展水平、食物环境等对于贫困家庭食物与营养摄入的影响。图 6-3 展示了 2021 年农村家庭营养素半参数回归结果。

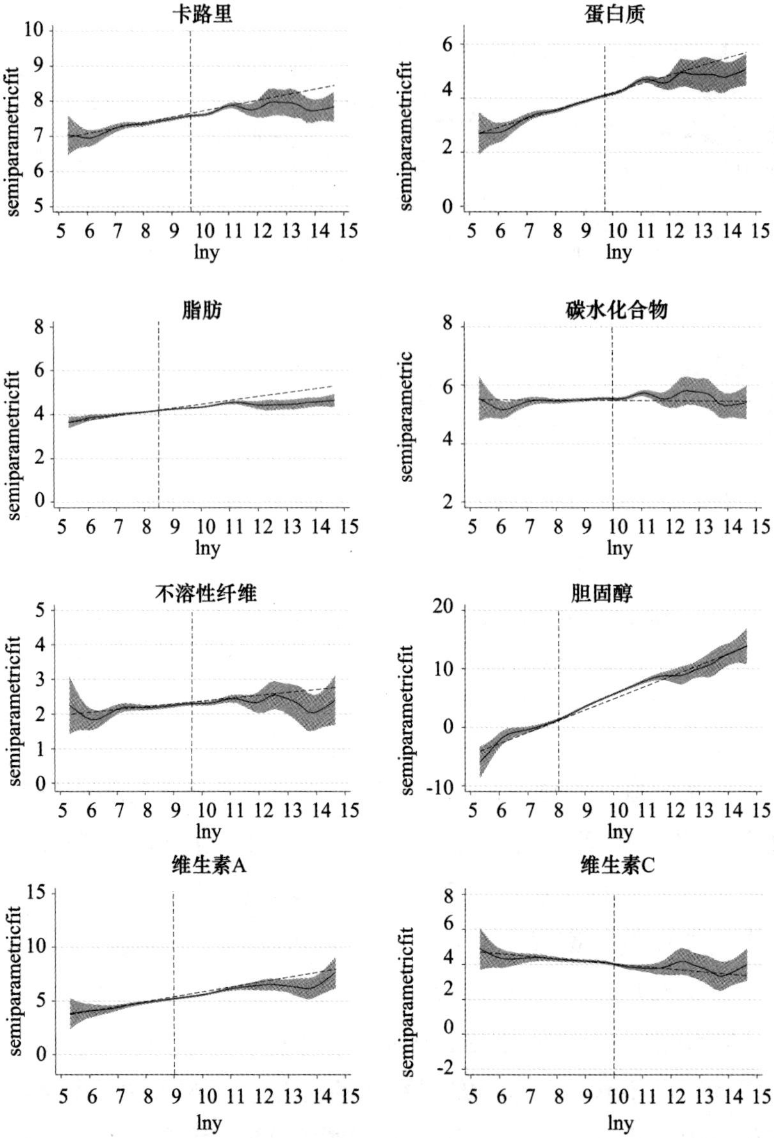
卡路里
semiparametricfit
lny
蛋白质
semiparametricfit
lny
脂肪
semiparametricfit
lny
碳水化合物
semiparametric
lny
不溶性纤维
semiparametricfit
lny
胆固醇
semiparametricfit
lny
维生素A
semiparametricfit
lny
维生素C
semiparametricfit
lny

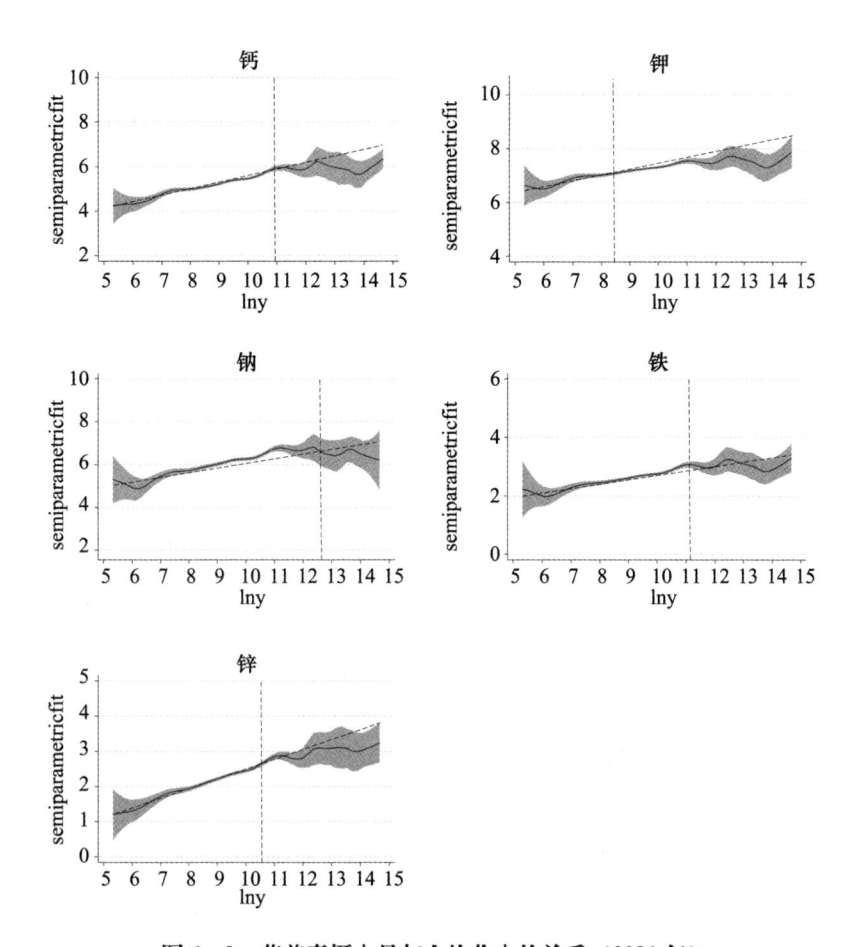

图 6-3　营养素摄入量与人均收入的关系（2021 年）

注：①横坐标为人均收入对数，纵坐标为营养素摄入量对数。②实线为营养素的半参数回归拟合曲线，虚线为贫困家庭拟合曲线的平均值，阴影部分为其95%的置信区间。

图 6-3 显示，2021 年农村家庭的营养素与收入的关系呈现更为复杂的变动，尤其是在收入较高处，曲线波动较为剧烈，这可能与样本量，尤其是高收入农村家庭样本量偏少有关。比较 2021 年与 2004—2011 年的图像可以发现，2021 年曲线变动的转折点对应的收入有所提高，基本都处在收入对数大于 8 的位置。但相同的是，能量、蛋白质、脂肪、不溶性纤维、维生素 A、钙、钾、锌等大部分营养素的收入弹性仍然呈现由高转低的情形，意味着收入水平上升

对贫困家庭营养素摄入状况的影响要大于非贫困家庭。

二 营养素—收入弹性的直接估计

基于农村家庭营养素摄入量与收入关系的估计结果,本书采用双向固定效应模型,分别估计农村非贫困家庭和(相对)贫困家庭的营养素收入弹性。双向固定效应模型的设定为:

$$\ln NUT_{hct} = \beta_0 + \beta_1 \ln I_{hct} + \delta Z_{hct} + FE_t + \alpha_c + \varepsilon_{hct} \quad (6-2)$$

其中,c 表示村庄,α_c 表示村庄固定效应,FE_t 表示年份固定效应,用以控制地域食物消费习惯和偏好随时间的变化;其他变量与半参数模型(6-1)的变量相同。出于纠正收入内生性问题的考虑,本书采用工具变量法(两阶段最小二乘)估计双向固定效应模型(6-2)(简记为 IV-FE)。为了比较 IV-FE 结果与未纠正内生性问题的 FE 估计结果的差异,本书同时报告了直接估算的双向固定效应模型的结果。为了纠正异方差或者序列自相关导致的模型参数估值标准误偏误,所有参数估值标准误均通过聚类到村庄的稳健标准误法(Cluster-Robust standard errors)加以纠正。

表6-3报告了 FE 和 IV-FE 估计的2004—2011年农村非贫困与贫困家庭的能量、宏量营养素和关键微量营养素的收入弹性结果,模型其他变量的结果见附表-9—附表-12。将直接估计的营养素—收入弹性(表6-3中 IV-FE 估计结果)与间接估计结果(表5-6后两列)相比较可以发现,间接估计的营养素—收入弹性普遍高于直接估计结果,与文献中的结果一致。从营养素—收入弹性的数值大小次序来看,非贫困家庭的估计结果差别较大,例如,间接估计结果中,能量、锌、蛋白质的收入弹性很低,钾和维生素 A 的弹性比较高,直接估计结果刚好相反;贫困家庭不同类型的估计结果则较为类似,碳水化合物、能量、铁、锌元素的弹性相对较小,而维生素 A、维生素 C、钙、钾、胆固醇等营养素的弹性则相对较高,但直接估计与间接估计的不溶性纤维及钠元素的收入弹性差别较大,间接估计得到的钠元素的收入弹性为各类营养素中最高的,不溶性

纤维的收入弹性则相对较低，直接估计结果则刚好相反。这与理论预期是相符合的，随着收入的增长，非贫困家庭将会消费更多高质量的食物，其不同种类与同种类之间的食物替代更为多样，因而间接估计结果与直接估计结果差异较大，而对于贫困家庭，其食物间的替代则相对较少，因而其测算的营养素弹性的次序与直接计算的更为相近，这也印证了文献中的观点，在测算营养素的收入弹性时，直接估计方法比间接估计方法更为合理。

表6-3 2004—2011年非贫困家庭和贫困家庭的营养素收入弹性估计结果

	非贫困家庭				贫困家庭			
	FE	IV-FE	DM-test	Sargan-test	FE	IV-FE	DM-test	Sargan-test
能量	0.021***	0.126***	0.000	9.448	0.009	0.151*	0.043	14.938
	(0.005)	(0.020)			(0.007)	(0.086)		
蛋白质	0.034***	0.198***	0.000	0.074	0.019**	0.216**	0.001	1.691
	(0.006)	(0.022)			(0.008)	(0.099)		
脂肪	0.048***	0.283***	0.000	0.485	0.023*	0.277*	0.062	0.607
	(0.010)	(0.035)			(0.013)	(0.147)		
碳水化合物	0.001	0.018	0.273	7.097	0.010	0.141	0.052	1.137
	(0.003)	(0.019)			(0.007)	(0.090)		
不溶性纤维	0.011*	0.043	0.139	1.290	0.002	0.330**	0.000	0.550
	(0.007)	(0.026)			(0.009)	(0.136)		
胆固醇	0.092***	0.479***	0.000	36.749	0.035*	0.501*	0.000	16.916
	(0.016)	(0.059)			(0.020)	(0.300)		
维生素A	0.025***	0.113***	0.002	12.260	0.035**	0.225	0.177	6.776
	(0.010)	(0.037)			(0.016)	(0.167)		
维生素C	-0.010	-0.060*	0.077	0.574	0.019	0.216	0.128	0.057
	(0.010)	(0.036)			(0.016)	(0.149)		
钙	0.023***	0.128***	0.000	21.794	0.016	0.305**	0.003	8.795
	(0.008)	(0.029)			(0.011)	(0.128)		

续表

	非贫困家庭				贫困家庭			
	FE	IV-FE	DM-test	Sargan-test	FE	IV-FE	DM-test	Sargan-test
钾	0.022***	0.107***	0.000	7.328	0.017**	0.259**	0.004	4.991
	(0.006)	(0.023)			(0.008)	(0.114)		
钠	0.010	0.044	0.321	2.323	0.017	-0.015	0.858	6.242
	(0.010)	(0.041)			(0.015)	(0.159)		
铁	0.024***	0.100***	0.000	0.899	0.019**	0.182*	0.038	2.600
	(0.006)	(0.023)			(0.009)	(0.095)		
锌	0.026***	0.145***	0.000	20.540	0.017**	0.175**	0.025	19.242
	(0.005)	(0.021)			(0.007)	(0.086)		
弱工具变量检验F值	158.70				9.213			
样本量	10085				2364			

注：①括号内为聚类为村庄的稳健标准误。②"*""**"和"***"分别表示在10%、5%、1%的水平上显著。③双向固定效应控制到社区，部分社区的样本由于无重复数据而被剔除，因此样本量小于总样本量。

表6-3结果显示，除维生素A、维生素C和钠元素在10%水平上不显著外，贫困家庭的能量、宏量营养素和其他微量营养素的收入弹性估值均至少在10%水平上显著，同时这些弹性估值普遍高于非贫困家庭，意味着收入增长对贫困家庭营养素摄入量的影响明显大于对非贫困家庭的影响，验证了假说一。贫困家庭的能量收入弹性（0.151）虽然大于非贫困家庭（0.126），但依然处于较低水平，意味着收入对贫困家庭能量的摄入影响较小。贫困家庭的碳水化合物和蛋白质弹性分别为0.141和0.216，而非贫困家庭则略低，且碳水化合物的弹性接近于零。因此，随着农村经济的发展和扶贫力度的强化，非贫困家庭碳水化合物摄入量基本不会发生变化，蛋白质摄入量将小幅提升，但贫困家庭的蛋白质和碳水化合物摄入状况会

有相对较大幅度的改善。值得注意的是，农村贫困家庭与非贫困家庭的脂肪弹性接近，非贫困家庭的弹性略高于贫困家庭，表明随着收入的增长，农村家庭的脂肪摄入量都将显著增加，其中，非贫困家庭的能量摄入量充足，脂肪供能比已超过30%，同时其碳水化合物弹性接近于零，因而收入的提高可能会导致非贫困家庭的脂肪供能比进一步提高，增加肥胖的风险。

其他营养素中，胆固醇弹性最高，贫困家庭的弹性为0.501，该结果与表6-1的描述性统计结果相一致。胆固醇的主要食物来源由食用油、畜肉和鸡蛋、禽肉、水产品等构成，这些食物的消费量随着收入的增长均呈上升趋势，进而推高胆固醇的摄入量。与脂肪类似，非贫困家庭的胆固醇弹性也很高，为0.479，仅略低于贫困家庭，而其目前的摄入量已接近250毫克/日，因而随着收入的增长，其胆固醇也面临摄入过量的风险。[①] 摄入量充足程度最低的不溶性纤维，收入弹性仅次于胆固醇，贫困家庭的弹性为0.330，非贫困家庭只有0.043；摄入充足程度同样较低的钙元素和维生素A，贫困家庭的弹性分别为0.305和0.225，非贫困家庭则均不超过0.13；钾元素的充足程度在74%—82%，贫困家庭的弹性为0.259，非贫困家庭仅为0.107；维生素C摄入量充足程度为90%左右，贫困家庭的弹性超过0.2，非贫困家庭则为负值。可以预见，随着收入水平的提高，贫困家庭的不溶性纤维、胆固醇、钙、维生素A、维生素C和钾元素的摄入量不足问题会得到极大的改善。铁元素和锌元素是摄入量比较充足的营养素，钠元素则是摄入量严重超标的营养素。本书结果显示，贫困家庭的铁、锌、钠元素的弹性分别为0.182、

---

① 胆固醇存在较多的零值，其中，15.4%的贫困家庭在接受访问的三天内未消费过含有胆固醇的食物，非贫困居民的零值比例则只有5.4%。为避免贫困居民的零值导致胆固醇弹性估值偏误，本书首先使用Tobit模型模拟农村家庭的胆固醇消费行为，预测零值家庭的实际消费情况，并以预测的消费值代替零值。表6-3结果显示，经过处理的贫困家庭和农村家庭的胆固醇弹性估值均高于未处理数据求得的弹性（0.369和0.241）。

0.175、−0.015，而非贫困家庭则分别为 0.100、0.145、0.044，因此，收入水平的提升对贫困和非贫困家庭的钠元素摄入量影响不大，无法改变其钠元素摄入量过高的问题，还会导致贫困家庭铁、锌元素摄入水平继续提升。概括起来，虽然收入增长对贫困家庭的能量摄入量影响较小，会带来贫困家庭的碳水化合物、铁等营养素的摄入过量问题，同时也不会改变钠元素摄入量过多问题，但会显著改善贫困家庭的蛋白质、不溶性纤维、胆固醇、钙、维生素 A、维生素 C、钾等营养素摄入量不足状况。据此，假说二及假说三均得到了验证。

如何理解收入显著改善微量营养素缺乏状况，但对能量摄入影响微弱且同时带来已足量营养素过量摄入的研究结果？相关的研究结果表明（Jensen 和 Miller，2011；张车伟、蔡昉，2002），以谷薯类食物作为能量主要来源的贫困家庭，随着收入水平的提升，会减少价格相对低廉的谷薯类食物消费转而增加价格相对昂贵的动物性食物、水果、在外食物消费以及非食品类项目的消费。笔者依据 CHNS 2004—2011 年数据的粗略统计发现，随着收入的增长，谷物提供的能量、蛋白质、碳水化合物和不溶性纤维所占比例皆呈下降趋势，同样，蔬菜、谷物等植物类食物提供的维生素 A、维生素 C、钙和钾等营养素所占比例也呈下降趋势，而肉、蛋、奶、水产品等提供的各类营养素的比例则不断提高。因此，收入增长带来的饮食结构变化不会显著提升贫困家庭的能量摄入量，但会显著提高优质食物的摄入量及食用频率，改善贫困家庭营养素缺乏状况。此外，第六章的研究结果显示，收入的增长可能会带来调味品、食用油等食物摄入量的提高，而这些食物是中国农村居民脂肪、钠元素等的主要来源，因此收入的增长也会增加已足量营养素的过量摄入。

蛋白质、不溶性纤维、胆固醇、钙、维生素 A、维生素 C、钾等摄入量不足，往往带来贫困人口的生长发育迟缓、骨质疏松、视力不佳等营养健康问题。脂肪摄入过量会增加体重，容易导致肥胖，从而引发糖尿病、胆结石、高血压等疾病；铁过量会导致急性或慢性铁中毒；过量的钠元素摄入是高血压等疾病的重要诱因，同时会影响人体对钙元素的吸收。因此，虽然收入增长会带来某些营养素的过量摄入引致的潜在健康问题，但收入增长会显著提高贫困人口摄入不足的人体必需营养素的摄入水平，在当前贫困人口仍然主要面临摄入不足问题的背景下，收入增长会显著改善贫困人口的营养健康状况。本书研究结果的政策含义是，发展农村贫困地区经济、提高贫困人口的收入水平无疑是提高贫困人口能量水平、消除其宏量和微量营养素缺乏问题、改善其营养结构的重要手段，同时，需要结合营养干预政策和营养知识传播等方式来改变贫困人口的饮食行为，进而改善贫困人口的营养均衡状况。

双向固定效应模型估计的农村非贫困家庭和贫困家庭营养素弹性结果，与半参数模型估计的营养素弹性随收入水平变动趋势基本一致。本章估计的农村贫困家庭能量弹性结果高于 Guo 等（2000）、Bishop 等（2010）、You 等（2016）、Zhong 等（2012）和 Nie 和 Sousa-Poza（2016）等估计的接近于零的能量弹性,[①] 低于 Tian 和 Yu（2013）和 Meng 等（2009）的估计结果，但与张车伟、蔡昉（2002）估计的贫困农户弹性值基本相同，落入国际文献有关贫困家庭能量弹性结果范围内（即 0.1—0.3）。此外，本章估计的贫困家庭的宏量和微量营养素弹性结果，部分与 Tian 和 Yu（2013）的估计结果类似，例如，蛋白质、脂肪、铁、锌和钙元素的弹性都为 0.2 左右，但也有部分结果不同，Tian 和 Yu（2013）估计的碳水化合物、不溶性纤维、维生素 A、钾等营养素弹性都比本书的估计结果高 0.1 左右，

[①] 采用 CHNS 数据，Guo 等（2000）估算的 1989—1993 年的能量弹性小于 0.02；Bishop 等（2010）估算的城市和农村居民 1989—2004 年的能量弹性都为 0；You 等（2016）估计的城乡居民 1989—2009 年的能量弹性分别为 0.097 和 0.051；Zhong 等（2012）、Nie 和 Sousa-Poza（2016）估计的中国居民 1991—2009 年的能量弹性分别为 0.039—0.045、0.015—0.022。Tian 和 Yu（2013）估算的中国居民和贫困居民的能量弹性分别为 0.164 和 0.322，Meng 等（2009）估算的城市居民 1986—2000 年的能量弹性为 0.039—0.527。

而本章估计的胆固醇收入弹性（0.501）则高于 Tian 和 Yu（2013）的估计结果（0.309）。造成差异的原因可能与采用的数据类型及其年份、食物和营养素数据的处理方式以及收入内生性问题的解决办法有关。

需要指出的是，本书采用 IV-FE 估计的营养素弹性全部大于 FE 的估计结果，与 Subramanian 和 Deaton（1996）、Bouis 和 Haddad（1992）的说法相悖。Subramanian 和 Deaton（1996）指出，由于自变量与因变量测量误差的相关性导致的向上偏差大于自变量测量误差导致的向下偏差，因此 FE 估计结果一般会偏大。本书使用的因变量为个人三天内食物消费量转化而来的营养素摄入量，收入变量则是调查的各项收入加总而来的全年家庭人均收入，自变量与因变量的测量偏差不存在直接的相关关系，因此未解决收入内生性问题的 FE 估计结果存在向下偏差。综上所述，在营养素收入弹性的估计过程中，收入内生性问题是影响结果的重要因素，同时，数据的准确性、食物和营养素数据的处理方式也是保证结果合理的必要条件。

基于 2021 年调研的 TAFSS 数据，本书同样分别采用 OLS 和解决内生性问题的 2SLS 模型测算了农村非贫困与相对贫困家庭的能量、宏量营养素和关键微量营养素的收入弹性，以验证经济发展、膳食知识宣传力度加大等条件下，农村家庭，尤其是相对贫困农村家庭营养素弹性的变动情况。与模型（6-2）中对非贫困家庭和相对贫困家庭分开测算不同的是，2021 年数据采用在模型中加入是否相对贫困家庭的虚拟变量与收入的交叉项的形式，在同一个模型中测算相对贫困家庭与非贫困家庭的营养素弹性，以避免相对贫困家庭样本量太少导致的估计偏差。自变量的选择与 2004—2011 年相同，但由于 TAFSS 数据为截面数据，为防止加入村级虚拟变量占用过高自由度，选取本村快递收发点个数、本村菜市场个数、饮用水类型、本村企业数、村里是否有电商服务中心等变量控制村级经济发展水平、食物环境等对于相对贫困家庭食物与营养摄入的影响。此外，由于 2021 年数据不包含资产的拥有情况、家庭工作人数比例、家庭中有第二职业的人数变量，因此本书采用村级全年人均纯收入、粮食作物播种面积比例作为工具变量。模型的估计结果如表 6-4 所示（其他变量的估计结果见附表-13—附表-14）。

表 6-4　　2021 年非贫困家庭和（相对）贫困家庭的营养素收入弹性估计结果

	非贫困家庭		（相对）贫困家庭		DM-test
	OLS	2SLS	OLS	2SLS	
能量	0.012	0.142**	0.015	0.153*	0.029
	(0.018)	(0.062)	(0.048)	(0.079)	
蛋白质	0.055**	0.329***	0.039	0.332***	0.001
	(0.024)	(0.084)	(0.064)	(0.107)	
脂肪	0.016	0.106**	0.026	0.122*	0.071
	(0.015)	(0.052)	(0.040)	(0.066)	
碳水化合物	-0.008	0.068	-0.019	0.062	0.339
	(0.024)	(0.083)	(0.063)	(0.105)	
不溶性纤维	-0.003	0.082	-0.011	0.079	0.320
	(0.026)	(0.089)	(0.068)	(0.113)	
胆固醇	0.371***	2.068***	-0.034	1.760***	0.000
	(0.091)	(0.308)	(0.230)	(0.385)	
维生素 A	0.120**	0.429***	0.169	0.498**	0.051
	(0.048)	(0.165)	(0.126)	(0.210)	
维生素 C	0.005	-0.155	0.069	-0.102	0.259
	(0.043)	(0.148)	(0.113)	(0.189)	
钙	0.086***	0.291***	0.091	0.310***	0.015
	(0.026)	(0.088)	(0.067)	(0.112)	
钾	0.046*	0.164**	0.065	0.190*	0.139
	(0.024)	(0.083)	(0.064)	(0.106)	
钠	0.042	0.267**	0.100	0.340**	0.039
	(0.033)	(0.114)	(0.087)	(0.145)	
铁	0.031	0.183**	0.016	0.178*	0.051
	(0.024)	(0.081)	(0.062)	(0.104)	

续表

	非贫困家庭		（相对）贫困家庭		DM-test
	OLS	2SLS	OLS	2SLS	
锌	0.041*	0.268***	0.024	0.265***	0.002
	(0.022)	(0.075)	(0.058)	(0.096)	
弱工具变量检验F值	26.67				
样本量	1164				

注：①括号内为聚类为村庄的稳健标准误。②"*""**"和"***"分别表示在10%、5%、1%的水平上显著。③2021年贫困家庭为收入最低20%的相对贫困家庭。

表6-4显示，除碳水化合物、不溶性纤维、维生素C、钾元素外，大部分模型可通过内生性检验，且第一阶段F值大于10，[①] 因此2021年的营养素收入弹性结果同样以解决了内生性问题的2SLS模型为准，除了碳水化合物和不溶性纤维以及贫困家庭的维生素C外，农村非贫困家庭和相对贫困家庭的能量、宏量营养素和其他微量营养素的收入弹性估值均至少在10%的水平上显著。表6-4中相对贫困家庭与非贫困家庭的营养素收入弹性的比较，除不溶性纤维与锌外，能量、蛋白质、脂肪、维生素A、钙、钾等均与图6-3一致，即随着收入的提高，收入弹性有所下降。比较2021年与2004—2011年结果可以发现，第一，从数值上看，无论是绝对贫困还是相对贫困家庭，营养素的收入弹性均普遍大于非贫困家庭，即随着社会的发展和贫困家庭收入的整体提高，假说一仍然成立。第二，随着时间的推移，能量的收入弹性仍然较低，胆固醇的弹性是各类营养素中最高的，摄入量充足程度较低的维生素A、钙、蛋白质等关键营养素的收入弹性同样相对较高，铁、锌等较为充足的营养素的收入弹性虽然略低于维生素A、蛋白质、钙等营养素，但仍然在

---

① 2SLS模型中有2个内生变量和2个工具变量，无须进行工具变量的外生性检验。

0.178—0.265之间，即对于相对贫困家庭，收入增长仍然可以有效解决部分营养素的摄入不足问题，但无法全面解决部分营养素摄入过剩及微量营养素严重缺乏的问题，全面脱贫后，对于相对贫困家庭，假说二与假说三同样成立。

关于2021年的估计结果，仍有以下几点值得注意：第一，2021年数据估计的部分营养素收入弹性高于2004—2011年，但这并不能说明随着时间的推移这些营养素的收入弹性提升了，而是受到样本地域选择及劳动强度测量偏差导致的营养素摄入状况的测量偏差的影响。一方面，不同地区的饮食偏好不同，其食物消费结构对于收入增长的反应可能存在较大差异；另一方面，受到劳动强度偏差的影响，2021年测算的农村家庭，尤其是相对贫困农村家庭部分营养素的摄入量低于2004—2011年，即从数据来看面临更为严重的摄入不足的情况，因此其弹性相对更大一些。第二，相对贫困家庭钠元素摄入量的收入弹性高达0.340，这主要是由于2021年数据未统计食盐等调味品，导致钠元素摄入量远小于实际摄入量。

三　膳食均衡指数—收入弹性的直接估计

贫困家庭膳食均衡指数与收入的关系类似于营养素摄入量与收入的关系吗？为了回答这一问题，本书基于模型（6-1）和工具变量法估计了农村家庭膳食质量指数—膳食质量矩DBI_DQD与收入变化的关系。由于2021年的TAFSS数据未调查食用油及盐等重要调味品，无法计算其膳食均衡水平，因此，仅测算了2004—2011年农村家庭膳食均衡指数与收入的关系。图6-4显示，膳食质量矩随着收入的增加而呈现缓慢下降的趋势，表明随着收入的增加，农村家庭食物摄入量不足程度将会下降。从曲线的变化趋势来看，与图6-2有关营养素摄入量与收入的关系类似，农村家庭的膳食质量矩弹性（虚线部分）在收入对数为7.5—8（收入为1808—2981元）之间时发生转折，意味着转折点前后的膳食质量指数弹性不同，转折点前的弹性绝对值大于转折点后的弹性绝对值。

DBI_DQD

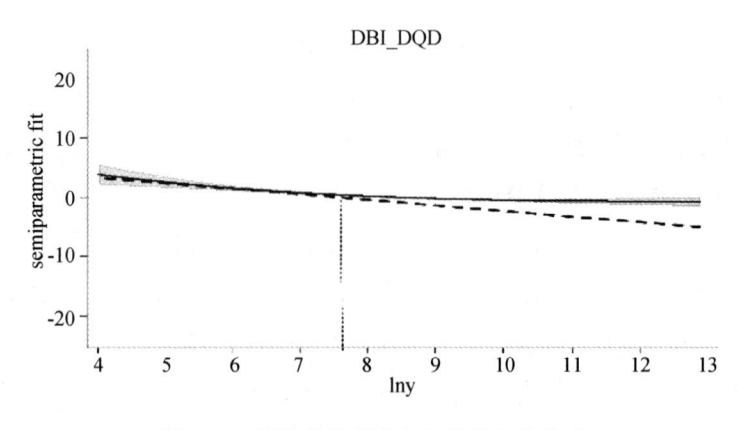

图 6-4　膳食均衡指数与人均收入的关系

为了进一步确定收入对营养均衡的影响，本书采用固定效应模型对膳食均衡指数 DBI_HBS（负端分）、DBI_LBS（正端分）和 DBI_DQD（膳食质量矩）分别进行了 FE 和 IV-FE 回归，模型的设定及自变量的选取均与模型（6-2）相同，模型其他变量的结果见附表-15—附表-16。表 6-5 的 DM-test 结果显示大部分膳食均衡指数模型中的收入存在内生性问题，同时，Sargan-test 结果显示选取的工具变量可通过外生性检验，因此以 IV-FE 回归结果为准展开讨论。

表 6-5　农村非贫困家庭和贫困家庭的膳食均衡指数收入弹性估计结果

	非贫困家庭				贫困家庭			
	FE	IV-FE	DM-test	Sargan-test	FE	IV-FE	DM-test	Sargan-test
DBI_HBS	0.016**	0.010***	0.010	0.101	0.034*	0.042*	0.022	0.064
	(0.008)	(0.003)			(0.019)	(0.019)		
DBI_LBS	-0.023**	-0.032***	0.000	0.015	-0.010**	-0.063***	0.013	4.829
	(0.005)	(0.005)			(0.005)	(0.020)		
DBI_DQD	-0.011***	-0.022***	0.000	0.440	-0.019	-0.022	0.493	4.205
	(0.003)	(0.004)			(0.022)	(0.023)		

注：①括号内为聚类为村庄的稳健标准误。②"*""**"和"***"分别表示在 10%、5%、1% 的水平下显著。

表 6-5 显示，贫困家庭和非贫困家庭的膳食均衡指数负端分 DBI_LBS 弹性分别为 -0.063 和 -0.032，意味着收入增长不仅会改善贫困家庭对水产品、奶制品、豆制品、水果等食物摄入量不足问题，而且对于改善贫困家庭食物摄入量不足问题的幅度要大于非贫困家庭；贫困家庭和非贫困家庭的膳食均衡指数正端分 DBI_HBS 弹性分别为 0.042 和 0.010，意味着收入增长会提高贫困家庭的谷薯类、食用油、畜禽肉、酒类等摄入过量食物的消费量，加重这些食物的摄入过量问题，同样，对贫困家庭的影响更大；虽然贫困家庭的膳食指数综合指标 DBI_DQD 弹性估值统计上不显著，但由 DBI_LBS 弹性和 DBI_HBS 弹性绝对值的比较可以看出，收入对于改善贫困家庭食物短缺状况的正面效果要大于收入加重某些食物摄入过量问题的负面效果。综合起来看，虽然收入会提高过量食物的摄入量，但收入增长可显著改善贫困家庭对水产品、奶制品、豆制品、水果等食物的消费量不足问题，促进贫困家庭的膳食结构的均衡。

第三节　现金转移支付与实物转移支付营养改善效果的模拟

现金转移支付与实物转移支付是发达国家和发展中国家广泛使用的扶贫和收入再分配工具。Southworth（1945）最先研究了实物转移支付（即美国的食物券制度）与现金转移支付对于促进食物消费效果的差异。假设食物补贴受助者的偏好仅取决于食物与其他复合消费品，那么其食物消费与其他复合品消费的关系可以用图 6-5 刻画。直线 I_0 与 I_1 分别为受助者获得食物补贴（价值 B_F）前后的预算线，假设补贴前后食物与其他复合品的相对价格不变（即预算线斜率相同），那么获得补贴后的受助者可以在更高的收入水平上进行消费选择。对于领取补贴前食物支出较少、非食物支出较高的受助者来说（原始均衡点为 B_0^*），由于实物转移支付限制了消费品种类，因此其消费支出无

法提高至 B_2^*，而只能限制于折点 B_1^* 处，因此，相较于现金转移支付，实物转移支付带来了更多的食物消费量。对于领取补贴前食物支出较高或者有特殊偏好（如烟酒、口味）或非食物消费优先（如优先交学费）的受助者来说，受助者用于食物和其他复合品的总支出均增加，其购买选择由 A_0^* 变为 A_1^*，虽然获得的食物补贴仅能全部用于购买食物，但受助者会相应减少其自费的食物消费支出，并将其减少的食物支出额用于非食品支出，从而导致食品支出仅增加 F_0F_1，少于食物补贴总额 B_F。不仅如此，上述情况甚至有仅使受助者家庭消费总支出增加，但食物消费支出不发生变化的可能。

Southworth（1945）认为，当食物补贴受助者为食物支出预算高于补贴金额的消费者（Infra-marginal consumer）时，实物转移支付与现金转移支付对于低收入居民的食物保障效果是相同的，因此，只有当低收入居民的非食物偏好非常低或者补贴金额高于食物支出预算时，实物转移支付的食物保障效果才会高于现金转移支付。Southworth（1945）根据相关统计资料对食物补贴金额进行了测算，结果表明只有食物补贴金额相当于低收入居民家庭未领取补贴的食品支出总额的 1.5 倍以上，食物补贴才能比现金补贴更为有效。

作为食物补贴研究领域的经典理论，Southworth（1945）的研究结论一经面世立即引起了广泛讨论。由于大多数国家不可能实施发放显著高于低收入居民食物消费支出额的食物补贴政策，学术界的讨论主要集中于食物补贴额低于受助者食物支出额的情形。虽然部分研究结果认证了 Southworth（1945）的研究结论（Breunig 和 Dasgupta，2005；Hoynes 和 Schanzenbach，2009），但也有部分研究发现，相同金额食物补贴的食物消费倾向高于现金补贴（Wilde 等，2009；Hastings 和 Shapiro，2018）。对此，Thaler（1980，1985）提出的"心理账户"理论认为，来源不同的收入会分配到用于特定消费支出的特定标签的"心理账户"中，食物补贴受助者会由于食物补贴的特定使用功能而将其与其他现金收入进行区分，进而致使实物转移支付的食物消费倾向高于现金。

由此可知，含有约束条件的实物转移支付，因其可替代性（Fungibility）缺乏的特点，具有至少与现金补贴相同的食物与营养保障效果。虽然中国绝大部分地区没有针对贫困家庭的实物转移支付制度实践，但可基于农村贫困家庭的食物与营养消费状况及其营养收入弹性，模拟各种情境下，实物转移支付与现金转移支付对中国农村贫困家庭食物安全与营养水平的影响差异，间接评估实物转移支付对农村贫困家庭食物安全的保障效果。

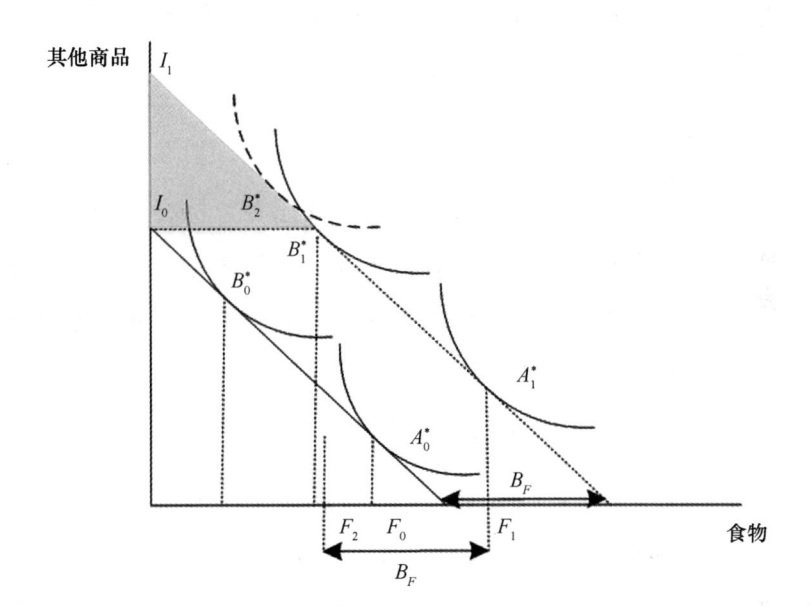

图 6-5 现金转移支付与实物转移支付补助效果

农村贫困家庭大部分营养素的收入弹性为正值，其中，当前摄入量较低的营养素弹性相对较高，表明收入增长有助于提高贫困家庭缺乏的营养素摄入量，但部分营养素的收入弹性仍然偏小，同时，部分已充足或过量摄入的营养素的摄入量也会随着收入水平的提高而进一步上升，意味着贫困家庭可能无法将有限的收入合理分配于不同的食物以保证其营养均衡。

进入后扶贫时代，如何以最为经济有效的方式为低收入居民提供基础性救助，防止大量低收入居民因病返贫，是新时期救助政策所需解决的关键问题。为比较现金转移支付与实物转移支付对于改善农村贫困家庭食物安全的差异，基于2004—2011年和2021年数据测算的农村（相对）贫困家庭营养摄入状况及营养素收入弹性，本研究提出不同类型的现金转移支付（以下简称现金补贴）与实物转移支付（食物补贴）方案，模拟实现相同的营养目标所需的补贴金额，或在相同补贴金额的条件下不同补贴方式的营养改善效果，评估现金转移支付与实物转移支付对家庭食物安全保障效果的差异，为出台营养健康干预政策提供依据。

一 现金转移支付模拟

首先，利用表6-3和表6-4中估算的营养弹性结果，假定低收入家庭的饮食偏好在收入小幅度变动时保持不变，在食物相对价格水平不变的前提下，估算了补足不同营养素所需的年度现金补贴数额。具体的估算方式如下式：

$$\Delta I = \frac{\Delta NUT}{NUT} \times \frac{1}{e} \times I \qquad (6-3)$$

其中，ΔI 表示年度现金补贴额，ΔNUT 为需要补充的营养素摄入量，即摄入量与推荐量的差异，e 为（相对）贫困家庭的营养素弹性，NUT、I 为目前的营养素摄入量及收入［2004—2011年、2021年（相对）贫困家庭的平均收入分别为1361.1元、2222.2元，见表5-1］。估算结果见表6-6（2004—2011年的倒数第三行、2021年的倒数第一行）。[①] 表6-6显示，2004—2011年，若以现金方式进行补贴，则每年需要补贴759.2元才能提高贫困家庭的能量摄入量至推荐量，由于蛋白质的收入弹性较高，且充足程度略高于能量，

---

① 贫困居民脂肪、碳水化合物的供能比都维持在合理范围内，胆固醇没有推荐的最低摄入量，而钠、铁、锌的充足程度都高于100%，因此在计算补贴时不考虑这几个营养素。

因此需要的补贴金额略低于能量，为494.1元。常量及微量营养素中，钙元素的补贴金额最高，若贫困居民的食物偏好不发生变化，那么，每年需要补贴8788.8元才能补足贫困居民钙元素的摄入量。不溶性纤维及维生素A的充足程度也很低，虽然弹性较高，仍然需要高额的补贴，年度所需现金补贴金额分别为7659.3元、7567.1元。此外，补足维生素C及钾元素所需的补贴金额相对较低，分别为778.8元、1891.7元。因此，若以现金方式，想要补足所有的关键营养素，每个标准人每年需要补贴的金额高达8788.8元；若仅需要补足能量及蛋白质，则仅需759.2元。虽然2021年TAFSS数据测算的部分营养素的弹性更高，但由于其测算的贫困家庭营养素摄入量偏低，且收入普遍较高，因此根据式（6-3）测算的年度补贴数据数额均远高于2004—2011年，其中，TAFSS数据测算的不溶性纤维的收入弹性很低，因此所需年度补贴金额很高，而维生素C的弹性为负值，收入的提高无法改善其摄入状况。

表6-6 达到营养推荐量所需的标准人年度现金补贴金额——以营养弹性计算　　（单位：元/标准人）

		能量	蛋白质	不溶性纤维	维生素A	维生素C	钙	钾
2004—2011	弹性-2SLS（e）	0.151	0.216	0.330	0.225	0.216	0.305	0.259
	贫困家庭摄入量（NUT）	2075.2	60.3	10.5	355.4	89.0	269.4	1470.6
	推荐摄入量	2250.0	65.0	30.0	800.0	100.0	800.0	2000.0
	与推荐量差异（ΔNUT）	174.8	4.7	19.5	444.6	11.0	530.6	529.4
	年度现金补贴数额（ΔI）	759.2	491.1	7659.3	7567.1	778.8	8788.8	1891.7
	年度食物补贴数额（ΔI_{rf1}）①	474.5	306.9	4787.1	4729.4	486.8	5493.0	1182.3
	年度食物补贴数额（ΔI_{rf2}）	284.7	184.2	2872.2	2837.7	292.1	3295.8	709.4

续表

		能量	蛋白质	不溶性纤维	维生素A	维生素C	钙	钾
2021	弹性-2SLS（e）	0.153	0.332	0.079	0.498	-0.102	0.310	0.190
	贫困家庭摄入量（NUT）②	1998.2	55.1	11.6	291.2	83.6	210.5	1447.0
	推荐摄入量	2250.0	65.0	30.0	800.0	100.0	800.0	2000.0
	与推荐量差异（ΔNUT）	251.8	9.9	18.4	508.8	16.4	589.5	553.0
	年度现金补贴数额（ΔI）	1830.2	1202.6	44618.6	7796.7	—	20074.9	4469.8

注：①ΔI_{rf1} 和 ΔI_{rf2} 分别为假设边际食物消费倾向等于0.600和1.000时，限制于食物消费的补贴所需的年度补贴数额。②2021年贫困家庭为收入最低20%的相对贫困家庭。

二　实物转移支付模拟

那么，若将贫困居民的补助方式由现金补贴改为发放食物补贴，结果又会如何呢？本书进一步模拟了不同的营养目标下，以实物转移支付（食物补贴）方式提高贫困居民营养素摄入量所需要的补贴金额。

（一）限定于食物消费的补贴

限定于食物消费的补贴是指低收入居民仅能将获得的补贴用于食物消费，但不限制食物消费的种类。根据 Thaler（1980，1985）的"心理账户"理论，此类补贴与非限制性现金补贴的区别就在于其"心理账户"的差异导致的食物边际消费倾向的差异。据此，这类补贴的模拟只需在现金补贴模拟结果上进行相应的调整，据此，补足不同营养素摄入量所需的年度食物补贴数额为：

$$\Delta I_{rf} = (\Delta I / MPCF_f) \times MPCF_c \qquad (6-4)$$

式中：$MPCF_c$、$MPCF_f$ 分别为现金补贴与食物补贴的食物边际消费倾向（Marginal Propensity to Consume Food，MPCF）。基于估计的食物消费收入弹性，本书基于2004—2011年CHNS数据测算出的

贫困家庭 $MPCF_c$ 为 0.375，① 2021 年相对贫困家庭的收入显著提高，恩格尔系数下滑，基于 TAFSS 数据测算出的 $MPCF_c$ 下降为 0.199，但由于贫困家庭样本量较少，并不显著；另外，由于 2021 年测算的营养摄入量数据偏差较大，如表 6-6 所示，以 TAFSS 数据测算的现金转移支付所需金额远高于 2004 年，同时，由于以 TAFSS 数据估算的 $MPCF_c$ 更低，虽然部分营养素的弹性更高，但仍然无法改变现金转移支付营养补充效果更低的现状，以 TAFSS 数据模拟结果与 CHNS 数据模拟结果一致，即实现相同的营养目标所需的现金转移支付金额同样远高于实物转移支付。据此，实物转移支付的模拟仍然以更加准确的 CHNS 数据为例。由于中国并未实行贫困居民的食物补贴政策，无法实际测算其 MPCF 值，因此，对食物补贴的模拟采用以下两种方案，一是假设现金补贴与食物补贴的食物边际消费倾向相同，即取 $MPCF_f$ 为 0.375；借鉴 Hastings 和 Shapiro（2018）的研究结果（线性模型估算结果为 0.5—0.6），取 $MPCF_f$ 为 0.600。二是假设食物补贴完全缺乏替代性，即令 $MPCF_f$ 等于 1.000。

表 6-6 的模拟结果（2004—2011 年的最后两行 ΔI_{f1}、ΔI_{f2}）显示，若食物补贴可全部应用于食物消费（$MPCF_f = 1.000$）且不对已有消费产生挤出效应，则实现相同的营养目标所需实物转移支付金额仅为现金的 37.5%；若 $MPCF_f = 0.600$，则实物转移支付也仅需现金补贴的 62.5%。因此，若与已有研究类似，农村居民食物补贴的 $MPCF$ 大于现金补贴，则限定于食物消费的补贴将比现金补贴更为经济。②

---

① 边际消费倾向指价格恒定情况下，人均消费支出每增加 1 单位对某一类消费品支出的增加额，反映了增加的支出将用于各类消费品的比例，其估计值等于支出弹性与支出份额的乘积，本书采用 2004—2011 年测算的食物边际消费倾向、食物支出的收入弹性与食物支出份额分别为 0.464 和 0.808。

② 若以 2021 年 TAFSS 数据测算的 $MPCF_c = 0.199$ 来计算，则当 $MPCF_f$ 分别为 1.000 和 0.600 时，实现相同的营养目标所需限制于食物消费的补贴金额分别仅为现金的 19.9%、33.2%，即以 2021 年数据测算的实物现金转移支付的差距将会更大。

(二) 限定于单一食物的补贴

将补贴限制于特定食物，是指补贴仅能用于购买特定种类的食物。从模拟结果看，谷物、蛋类、奶类、调味品等均为提供等量营养素所需补贴成本较低的食物。① 因此，本书重点关注将食物补贴限定于上述某一类食物的情形。具体地说，依据每种食物 m 的营养素 k 含量 N_{mk}，首先计算补足营养素 k 所需的食物 m 的消费量 $F_{mk} = \Delta NUT_k / N_{mk}$，然后计算若仅补充该类食物来实现营养素摄入充足所需的补贴金额 Sup（消费量乘实际价格②）。

假设食物消费补贴不改变受助者原有的食物消费偏好，按照食物补贴项目的边际食物消费倾向系数分别为 0.375、0.600 和 1.000 的情形，本小节测算了所需的补贴金额 $\Delta I_{rsf} = Sup / MPCF_f$。表 6-7 结果显示，若仅补贴单一食物来补足低收入居民的卡路里和蛋白质摄入量，那么最经济的方式是补贴于稻米和小麦。如果以解决微量营养素缺乏为目标，则补充维生素 A、维生素 C、不溶性纤维、钾元素和钙元素最为经济的方式分别为补充蛋类、水果、粗粮（其他谷物）、调味品和奶类。因此，以补贴单一食物的方式提高低收入居民的营养素摄入量，可以有针对性地改善特定营养素的摄入状况。不仅如此，达到相同的营养素补充效果，单一食物补贴所需金额远低于现金补贴，同时，若单一食物补贴的 $MPCF$ 与限定于食物消费的补贴相同，则实现同样的营养目标，特定食物补贴的金额同样低了很多。

---

① 其他食物的补贴结果见附表 -17。

② 采用 CHNS 数据中食物的自由市场价格，稻米、小麦、其他谷物、干豆类及制品、蔬菜类及制品、水果类及制品、猪肉、牛肉、羊肉、禽肉、乳类及制品、蛋类及制品、鱼虾蟹贝类、油脂类、调味品的实际价格（以 2011 年 CPI 平减）每千克分别为 3.857 元、3.894 元、5.358 元、15.464 元、5.239 元、2.607 元、5.868 元、18.383 元、32.130 元、21.345 元、14.271 元、6.917 元、36.571 元、13.492 元、9.755 元。

表6-7　达到营养推荐量所需的标准人年度实物转移支付金额——
以单一食物补充营养素的结果　　　　　　　　（单位：元）

	食物种类	卡路里	蛋白质	不溶性纤维	维生素A	维生素C	钙	钾
$MPCF_f =$ 0.375	稻米	<u>245.1</u>	307.7	13234.4	—	—	19047.7	2537.3
	小麦	246.4	<u>222.7</u>	6219.2	—	—	8971.7	1421.6
	其他谷物	308.0	349.1	<u>3023.2</u>	40944.0	—	8696.3	1466.1
	水果	1515.5	4138.4	8139.2	6600.8	<u>289.3</u>	23731.7	1838.7
	奶类及制品	2654.4	1492.8	—	16604.8	10709.1	<u>4336.0</u>	4246.9
	蛋类及制品	1097.6	325.6	—	<u>1758.1</u>	62356.5	8034.7	2215.5
	调味品	2874.9	1081.6	8468.8	10270.9	2239.7	5470.7	<u>1386.4</u>
$MPCF_f =$ 0.600	稻米	<u>153.2</u>	192.3	8271.5	—	—	11904.8	1585.8
	小麦	154.0	<u>139.2</u>	3887.0	—	—	5607.3	888.5
	其他谷物	192.5	218.2	<u>1889.5</u>	25590.0	—	5435.2	916.3
	水果	947.2	2586.5	5087.0	4125.5	<u>180.8</u>	14832.3	1149.2
	奶类及制品	1659.0	933.0	—	10378.0	6693.2	<u>2710.0</u>	2654.3
	蛋类及制品	686.0	203.5	—	<u>1098.8</u>	38972.8	5021.7	1384.7
	调味品	1796.8	676.0	5293.0	6419.3	1399.8	3419.2	<u>866.5</u>
$MPCF_f =$ 1.000	稻米	<u>91.9</u>	115.4	4962.9	—	—	7142.9	951.5
	小麦	92.4	<u>83.5</u>	2332.2	—	—	3364.4	533.1
	其他谷物	115.5	130.9	<u>1133.7</u>	15354.0	—	3261.1	549.8
	水果	568.3	1551.9	3052.2	2475.3	<u>108.5</u>	8899.4	689.5
	奶类及制品	995.4	559.8	—	6226.8	4015.9	<u>1626.0</u>	1592.6
	蛋类及制品	411.6	122.1	—	<u>659.3</u>	23383.7	3013.0	830.8
	调味品	1078.1	405.6	3175.8	3851.6	839.9	2051.5	<u>519.9</u>

注：①下划线表示利用该食物补足营养素所需补贴金额最低。②"—"表示食物无法提供此类营养素。③限于篇幅，仅保留了提供某种营养素金额最低的食物，其他食物的补贴金额见附表-17。

（三）限定于食物组合的补贴

限定于单一食物的补贴，虽然对于营养素的改善具有针对性，但也因此无法均衡地改善其他营养素的摄入状况，甚至会导致部分营养素摄入过量，例如，若以调味品补充钾元素，会进一步加重钠的过量问题。因此，有必要考虑限定于食物组合的补贴方式。通常情况下，为了节省行政成本，政府施行食物补贴时会将补贴限定于低成本、易储存食物，例如，印度以补贴大米、小麦及黍类等谷物为主，中国北京、上海等地区则施行过针对低收入居民的粮油补贴政策，而上海市目前仍施行"粮油帮困"项目，因此本次模拟也仅以易于储存运输的食物为例。从表6-7中的测算结果看，谷物、蛋类、奶类、调味品、水果等均为提供等量营养素所需补贴成本较低的食物，但目前我国低收入家庭调味品摄入已严重过量，而水果的运输及储存成本均相对较高，不适宜对其补贴。因此，限定于食物组合的补贴分别以谷物、蛋类及奶类组合的方式，测算同时补足基本营养素卡路里与蛋白质所需的补贴成本（见表6-8）。其中，食物补贴数量基于限定于单一食物的补贴，依据不同的条件进行调整求得，进一步，基于食物补贴数量求得所需补贴金额。

表6-8　达到卡路里和蛋白质推荐量的食物组合方式及补贴金额

食物种类	主粮补贴（1）	主粮补贴（2）	副食补贴（1）	副食补贴（2）	主副食补贴（1）	主副食补贴（2）	主副食补贴（3）	主副食补贴（4）
小麦	[24] 248 155 93	— — — —	— — — —	— — — —	[12] 125 78 47	— — — —	[12] 125 78 47	— — — —
稻米	— — — —	[30] 309 193 116	— — — —	— — — —	— — — —	[15] 155 97 58	— — — —	[15] 155 97 58
蛋类	— — — —	— — — —	[60] 1107 692 415	— — — —	[30] 555 347 208	[30] 555 347 208	[15] 277 173 104	[15] 277 173 104

续表

食物种类	主粮补贴（1）	主粮补贴（2）	副食补贴（1）	副食补贴（2）	主副食补贴（1）	主副食补贴（2）	主副食补贴（3）	主副食补贴（4）
奶类	—	—	—	[70]	—	—	[17.5]	[17.5]
	—	—	—	2664	—	—	667	667
	—	—	—	1665	—	—	417	417
	—	—	—	999	—	—	250	250
补贴加总数额（元）	248	309	1107	2664	680	709	1069	1099
	155	193	692	1665	425	444	668	687
	93	116	415	999	255	266	401	412

注：①数据中中括号内为食物需求量，单位为千克/标准人。②每一个栏目中后三行分别表示边际食物消费倾向为 0.375、0.600 与 1.000 时所需的补贴金额，单位为元/标准人。③"—"表示该方案中不包含此类食物。

表 6-8 显示，若要同时实现卡路里及蛋白质摄入量的充足，则每人每年分别需要单独补贴 24 千克小麦、30 千克稻米、60 千克蛋类或 70 千克奶类，现行价格水平下所需的补贴金额分别为 93—248 元、116—309 元、415—1107 元、999—2664 元。① 因此，若仅补贴于主粮，则补贴金额很低，但若补贴于蛋类或奶类，补贴所需金额则相对较高。若实施 50% 的主粮补贴与 50% 的蛋类补贴组合的"主粮+蛋类"的补贴模式（12 千克小麦/15 千克稻米+30 千克蛋类），那么所需补贴金额为每人每年 255—709 元；若实施 50% 的主食补贴、25% 的蛋类补贴与 25% 的奶类补贴组合的"主粮+蛋类+奶类"的补贴方式（12 千克小麦/15 千克稻米+15 千克蛋类+17.5 千克奶类），那么所需补贴金额为每人每年 401—1099 元。

表 6-9 展示了表 6-8 中不同食物组合方式的营养补充效果。由于补贴模拟以实现卡路里与蛋白质充足为目标，因此获得不同类型的补贴后，卡路里与蛋白质摄入量的充足程度均接近或超过

---

① 消费量等于对应表 6-7 中的补贴金额/食物价格，为便于计算，取近似整数，因此表 6-8 中测算的补贴金额与表 6-7 中略有差异。

100%，其中，由于蛋类的蛋白质含量较高，因此仅补贴蛋类，在满足能量摄入量充足的同时，蛋白质摄入量的充足程度将达到推荐量的122.5%，而与蛋类相组合的其他方式，蛋白质摄入量的充足程度也相对较高。不同补贴方式对于其他营养素摄入量的影响存在较大差异。若仅补贴主食，则低收入家庭的维生素A将无法得到改善，钙、钾元素的改善程度也较低；若仅补贴副食，则在满足卡路里摄入量的同时，可以有效提高维生素A、钙及钾元素的摄入水平，但补贴费用相对较高，同时也无法改善不溶性纤维及维生素C的摄入状况。若同时补贴主粮与鸡蛋，则在满足卡路里与蛋白质需求的情况下，可将维生素A的充足程度提高20.0%以上，钙与钾元素的充足程度将分别提高6.1%—6.5%、9.8%—10.5%，此方案所需的补贴金额为每人每年255—709元；而若同时补贴主粮、蛋类与奶类，则可同时将维生素A、钙元素的充足程度提高12%以上，钾元素的充足程度提高10%左右，此方案所需的补贴金额为每人每年401—1099元。因此，主副食补贴方式相对于单一食物补贴能更为均衡地改善营养状况，同时相较于副食补贴所需金额更低。

若直接对低收入居民进行现金补贴，按照同时使卡路里与蛋白质摄入量的充足程度达到100%，那么每人每年需要补贴现金759元，[①] 此时，不溶性纤维、维生素C的充足程度将分别提高至41.4%、99.7%，高于设定的食物补贴方式，但维生素A、钙元素的改善程度则均显著低于主副食补贴方式。同时，现金补贴方案仅在食物补贴的边际食物消费倾向与现金补贴相等时，才低于部分主副食补贴所需的补贴金额，而在$MPCF_f = 0.600$或$MPCF_f = 1.000$的情况下，这一金额（759元）则高于所有的主副食补贴方案。若是提供限定于食物消费的补贴，则使卡路里与蛋白质摄入充足所需的补贴金额分别为474.5元、284.7元（$MPCF_f$分别为0.600、1.000），同样略低于主食+蛋类+奶类的补贴方式，但对于维生素A与钙元素等关键

---

① 见表6-6。

营养素的改善程度较低。若以主副食补贴方式的最高金额（主副食补贴1099元）进行现金补贴，虽然对不溶性纤维、维生素C及钾元素的改善程度略高于主副食补贴方式，但对于贫困家庭最为缺乏的维生素A与钙元素的改善程度则相对较低。另外，若食物补贴额$MPCF$值高于现金补贴，则食物补贴所需成本也更低，例如当$MPCF_f$为0.600和1.000时，主副食补贴（4）分别仅需687元、412元。因此，在$MPCF$值相同的条件下，相对于现金补贴，同样金额的主副食补贴能更有效地改善低收入家庭的营养均衡状况，而若食物补贴的$MPCF$值更高，则主副食补贴在实现更好的营养改善效果的同时，还具有显著的成本优势。

表6-9　　　　　　　不同食物组合方式达到的营养素充足程度　　　（单位：%）

补贴类型	卡路里	蛋白质	不溶性纤维	维生素A	维生素C	钙	钾
补贴前	92.2	92.8	35.0	44.4	89.0	33.7	73.5
主粮补贴（1）	100.9	101.7	37.9	44.4	89.0	35.7	78.7
主粮补贴（2）	103.1	100.8	36.7	44.4	89.0	34.9	77.1
副食补贴（1）	101.6	122.3	35.0	86.4	89.3	44.6	89.4
副食补贴（2）	99.0	103.9	35.0	52.1	91.3	68.7	87.8
主副食补贴（1）	101.3	112.0	36.4	65.4	89.2	40.2	84.0
主副食补贴（2）	102.4	111.5	35.8	65.4	89.2	39.8	83.3
主副食补贴（3）	100.6	107.4	36.4	56.8	89.7	46.2	83.6
主副食补贴（4）	101.7	106.9	35.8	56.8	89.7	45.8	82.9
现金补贴（759元）	100.0	103.9	41.4	50.0	99.7	39.4	84.2
现金补贴（1099元）	103.5	108.9	44.3	52.5	104.5	42.0	88.9

由于国内尚未有大范围实行食物补贴的经验，无法直接评估食物补贴与现金补贴营养改善效果的差异。为避免模拟偏差，本书基于不同的$MPCF$值，模拟实现特定营养目标的现金补贴与食物补贴金额。其中，营养素收入弹性估计的准确性是模拟准确性的基础。

虽然利用数据估计的部分营养素收入弹性高于CHNS，但除胆固醇外，基本处于同一范围内，同时，与高杨、郑志浩（2020）采用2012—2015年中国农业科学院全国农村微观经济数据（China's Rural Microeconomic Data，CRMD）估计的弹性也基本处于同一范围内，且基于三个数据库测算的营养素收入弹性均呈现卡路里弹性较低而较为缺乏的微量营养素较高的情形。因此，模拟所用的贫困家庭的营养素收入弹性结果是可靠的。

此外，尽管本书是基于贫困家庭的食物消费偏好于食物补贴前后不发生变化的假设下进行的模拟研究，并且用国外研究结果中的食物边际消费倾向系数测算实物转移支付，但一方面，本书基于农村贫困家庭的食物与营养消费状况及其营养收入弹性的模拟结果，能有效反映现金转移支付的营养改善效果；另一方面，本书采用不同的食物边际消费倾向进行模拟，使得实物转移支付的模拟结果更加稳健。另外，本书的研究结果表明，即使实物转移支付的食物边际消费倾向与现金转移支付相同，部分实物转移支付方式的营养改善结果也优于现金，这一结果直接验证了实物转移支付相对于现金转移支付对改善贫困家庭营养状况的优势。未来对于食物补贴的研究，可考虑采用发放食物券等实验方式，直接研究实物转移支付与现金转移支付对于改善贫困家庭营养效果的差异，并进一步讨论项目的实际操作过程中可能产生的行政费用等其他问题，以为社会救助制度的建立提供更为直接、翔实的参考依据。

第四节 本章小结

本章利用半参数估计方法探究了农村（相对）贫困和非贫困家庭营养素摄入量与收入的关系，采用双向固定效应模型估计了农村非贫困家庭和（相对）贫困家庭能量、宏量营养素和关键微量营养素的收入弹性。基于2004—2011年CHNS数据的研究结果显示，贫困家庭的能量弹性为 0.151，不溶性纤维弹性为 0.330，胆固醇弹性为 0.501，蛋白质、脂肪、维生素 A、维生素 C、钙和钾元素的弹性在 0.21—0.31 之间，碳水化合物、铁和锌元素的弹性在 0.14—0.18 之间，钠元素的弹性为 -0.015；同时贫困家庭的能量、宏量和关键微量营养素弹性值均明显大于非贫困家庭。因此，虽然收入增长对能量摄入水平影响较小，会带来碳水化合物、脂肪、铁等营养素的摄入过量问题，同时也不会改变钠元素摄入量过多问题，但收入增长总体上对于提高贫困人口的能量摄入量水平特别是消除营养素缺乏问题具有积极意义。基于 2021 年 TAFSS 数据对相对贫困家庭的研究结果显示，收入增长仍然可以有效解决部分营养素的摄入不足问题，但同样无法全面解决部分营养素摄入过剩及微量营养素严重缺乏的问题。膳食均衡指数的收入弹性结果显示，收入对于改善贫困家庭食物短缺状况的正面效果要大于收入加重某些食物摄入过量问题的负面效果，有助于改善贫困家庭膳食结构的均衡状况。发展农村低收入地区经济、提高低收入人口的收入水平无疑是提高低收入人口能量水平、消除其宏量和微量营养素缺乏问题、改善其营养结构的重要手段，同时，需要结合其他相关政策干预等方式来改变低收入人口的饮食行为，进而改善低收入人口的营养均衡状况。

对补贴政策的模拟结果表明，若实物转移支付的食物边际消费倾向值高于现金，则实现相同的营养目标，其所需金额显著低于现金转移支付。从限定于具体食物品种的补贴来看，单一食物补贴方式可以更有针对性地改善低收入家庭特定营养素的缺乏状况；然而，单一副食补贴所需金额偏高，且无法改善当前较为缺乏的钙、维生素 A 等营养素的摄入状况。主副食补贴方式补贴金额相对较低，对于营养的补充也更为全面。与现金转移支付相比，若实物转移支付的食物边际消费倾向值更高，则主副食补贴方式不仅对于微量营养素的改善程度更高，同时所需补贴金额更低。因此，从成本收益的角度来看，主副食相结合的补贴方式最为合理。进入后扶贫时代，中国可以考虑建立当前许多国家（如美国、印度、埃及等）实施的食物补贴制度，通过实物转移支付方式有针对性地改善低收入人群的营养均衡状况，保障其食物和营养安全。基于当前不均衡的地区食物供给条件，可优先考虑主副食补贴结合方式，优化农村低收入居民的营养均衡状况。

第 七 章

收入增长对农村贫困家庭内部营养分配的影响

目前，中国的扶贫标准以及相关扶贫政策的制定，大多都以家庭为单位，以提高家庭收入、改善家庭生活水平为目标，是以，过去对农村居民食物消费与营养的相关研究也大都将家庭视为决策和偏好单位。本书前面章节的主要目的是了解收入增长对于改善农村贫困家庭整体食物与营养消费水平的影响，进而明晰以提高贫困家庭收入为目的的扶贫政策对于改善食物与营养安全的政策效果，因此同样以家庭为研究单位。

然而以往研究的理论及实证分析表明，营养不良并不会平等地影响人口的所有阶层，而且家庭食物的充足供应并不一定能保证每个家庭成员的营养和健康状况（Graham，1997），以家庭为单位的政策干预措施从而无法有效地改善个人福利。在此情况下，扶贫补贴或相关扶贫政策应在关注贫困家庭的基础上，进一步关注家庭内弱势群体的状况。前面的研究表明，收入的提高可以改善中国农村贫困家庭的食物消费模式，进而改善其营养状况，那么农村贫困家庭是否存在资源分配严重不公平的现象？收入的提高是否会改善所有成员的营养水平？又会对家庭内食物与营养分配的不公平程度产生什么影响？

为了解答上述问题，本章节将农村贫困家庭成员依据年龄分为儿童（18岁以下）、中青年（18—60岁）及老年群体（60岁以上），首先采用描述统计的方法比较了目前农村贫困家庭内部不同成员食物及营养素摄入量的差异，并进一步采用不同的模型，从不同的角度了解家庭内部食物与营养分配状况及其对收入变动的反应。为避免由于个体异质性导致的对于不同家庭成员营养素摄入量的错误估计，本章节将不同性别、年龄及劳动强度的家庭成员个人食物、营养素摄入量转化为标准人食物、营养素摄入量（样本摄入量/样本的标准人系数，体重为60千克、从事轻体力活动的成年男子标准人系数为1），作为统计分析与计量模型的基本单位。此外，由于TAF-SS数据对于家庭内部不同成员食物摄入量的调查，仅以家庭成员的"食用比例"粗略计量，而大部分家庭的"食用比例"均以家庭成员平均分配计量，无法以该数据进一步测算家庭内部的营养分配问题，因此，本章仅采用2004—2011年CHNS数据进行测算。

第一节 农村贫困家庭内部的食物与营养分配

一 农村贫困人口特征的描述统计

表7-1列出了农村非贫困居民与贫困居民性别及年龄分布状况。数据显示，非贫困居民中，男童及女童比例分别为8.7%、6.9%，从数量上看，女童的数量仅有男童的80.0%；然而中青年及老年人中，女性的比例皆高于男性，分别高出2.3个、0.5个百分点。贫困居民的性别及年龄构成与非贫困居民略有区别，其儿童比例相对较高，女童比例低于男童，分别占比9.6%和11.4%；贫困居民中老年居民占比也高于非贫困居民，男性及女性老年人口分别占比10.5%和13.8%，分别比非贫困居民高出0.8个、3.6个百分点；相应地，贫困居民中青年比例较低，尤其是男性中青年，仅占全部贫困居民的24.9%，远低于非贫困居民中的占比（31.1%），中青年女性居民在

贫困居民中占比29.8%，相比非贫困居民的对应比例，低了3.6%；与非贫困居民相同，贫困居民的女性比例在18—60岁及60岁以上的年龄组中高于男性，但其性别比例的差异高于非贫困居民。因此，总体来看，相对于农村非贫困居民，贫困居民面临儿童及老年人口抚养比例较高且适龄人口中男性比例过低的状况。

表7-1 农村非贫困居民和贫困居民基本情况

	年龄组	非贫困居民				贫困居民			
		比例（%）	平均年龄（岁）	受教育程度	劳动强度	比例（%）	平均年龄（岁）	受教育程度	劳动强度
男	1—17岁	8.7	9.8	1.0	2.4	11.4	9.1	0.7	2.3
	18—60岁	31.1	42.9	2.2	3.0	24.9	42.7	1.7	3.4
	60岁以上	9.7	68.7	1.3	2.4	10.5	69.8	0.7	2.5
女	1—17岁	6.9	9.8	1.0	2.4	9.6	9.6	0.8	2.5
	18—60岁	33.4	43.0	1.7	2.8	29.8	42.7	1.3	3.2
	60岁以上	10.2	69.3	0.5	2.2	13.8	71.3	0.3	2.1
样本量（个）		26077				6061			

表7-1同时列出了不同类型居民的平均年龄、受教育程度及劳动强度。表中数据显示，非贫困居民与贫困居民各组内的年龄差别不大，只有老年群体中，非贫困居民与贫困居民的年龄差距超过1岁。农村非贫困居民的受教育程度整体高于贫困居民，而劳动强度则整体低于贫困居民。不同年龄阶段的居民受教育程度及劳动强度差别较大，受到年龄限制，儿童的受教育程度普遍低于中青年，而老年人口受到过去教育环境的影响，其平均受教育程度也较低；无论处于哪个年龄阶段，非贫困居民的受教育程度都要高于贫困居民，但中青年的差别最大。从性别角度来看，我们发现男女之间受教育程度的差异随时间的推移而呈下降趋势，无论是贫困居民还是非贫困居民，男性与女性老年居民受教育程度的差异皆为不同年龄段中最高的，非贫困及贫困居民的差异分别为0.8和0.4，非贫困居民中

青年居民的差异略有下降，为 0.5，贫困居民的差异则仍然保持在 0.4，而男童与女童的平均受教育程度差别不大，非贫困居民的男童与女童的平均受教育程度相同，贫困居民的女童受教育程度略高于男童，这主要是由于受访女童的平均年龄较高。

毫无意外，中青年的劳动强度显著高于儿童和老年人；对于男性，儿童的劳动强度等于或略低于老年人，女性则相反，儿童的劳动强度高于老年人。比较非贫困与贫困不同年龄段居民的劳动强度可以发现，贫困中青年的劳动强度整体高于非贫困青壮年，但儿童与老年人则差别较小。从劳动强度的性别差异来看，无论是贫困家庭还是非贫困家庭，男性中青年与老年人的劳动强度均大于女性，但儿童的情况有所区别，非贫困家庭内，男童与女童的劳动强度相同，但贫困家庭内则是女童的劳动强度更高。

二　不同类型农村贫困人口的食物消费状况

表 7-2 列出了不同性别农村非贫困居民和贫困居民食物消费量（标准人食物消费量）的差异，表中的第三列及最后一列列出了女性与男性食物消费量的差异及基于 Δ 相等检验方法的 t 值估算结果。表 7-2 显示，无论是贫困居民还是非贫困居民，女性居民大部分食物的消费量高于男性居民，例如，谷薯类、干豆类及坚果、蔬菜类、水果类、蛋类、油脂类、调味品等，女性居民的消费量均显著高于男性居民；其中，水果、油脂及调味品消费量的性别差异均接近或超过 20%，谷薯、干豆类、蔬菜、蛋类的差异则相对较小，基本不超过 15%。所有食物中，只有饮料及酒类的消费量，男性高于女性；畜禽肉类、奶类、水产品、快餐食品及其他食物的消费量，男性与女性则差别不大。总体来看，贫困居民食物消费量的性别差异，除谷薯类食物外，基本都小于非贫困居民。

表7-2　　农村非贫困居民和贫困居民食物消费量的男女差异

（单位：克/标准人）

食物种类	非贫困居民			贫困居民		
	女性	男性	女—男差值	女性	男性	女—男差值
谷薯类	458.4	434.0	24.4***	473.1	444.9	28.2***
干豆类及坚果	58.7	53.4	5.3***	44.9	40.3	4.6***
蔬菜及菌菇类	345.0	302.0	43.0***	334.0	292.8	41.2***
水果类及制品	58.6	44.1	14.5***	30.2	21.5	8.7***
畜肉类及制品	71.3	71.3	0.0	46.7	45.5	1.2
禽肉类及制品	14.6	14.6	0.0	7.5	6.6	0.9
奶类及制品	11.6	10.8	0.7	5.1	4.6	0.5
蛋类及制品	31.8	27.6	4.1***	23.1	20.6	2.5***
水产品	29.5	28.5	1.0	14.3	13.0	1.3
快餐食品	15.5	15.3	0.2	10.1	9.3	0.8
饮料及酒类	5.5	32.9	-27.4***	2.2	13.6	-11.4***
油脂类	48.1	39.3	8.8***	45.3	37.8	7.5***
调味品	48.2	40.3	7.9***	45.0	38.9	6.2***
其他	11.4	10.7	0.7	7.4	6.0	1.4
样本量	13190	12887		3226	2835	

注：①差值采用 Δ 相等检验。②"*""**"和"***"分别表示在10%、5%、1%的水平下拒绝相等假设。

表7-3列出了农村非贫困和贫困不同年龄阶段居民食物消费量的性别差异。数据显示，中青年群体食物消费量的性别差异最大，老年群体次之，儿童最小，例如，非贫困与贫困中青年女性比男性谷薯类消费量分别高25.5克、38.6克，老年群体的差异分别为17.0克、14.2克，儿童的差异则分别仅有11.3克、-3.0克，其中，贫困儿童和老年人群谷薯类消费量的性别差异均不显著。贫困家庭中，儿童的食物消费量基本上不存在显著的性别差异；非贫困家庭中则除干豆类及坚果、水果类、奶类、水产品和快餐食品外，均存在显著的性别差异，其中，谷薯类、蔬菜及菌菇类、蛋类、油脂类及调味品的摄入量为男童高于女童，畜禽肉、饮料及酒类的消

费量则是女童更高。老年群体中，无论贫困还是非贫困家庭，蔬菜及菌菇类、水果类、蛋类、油脂类及调味品的消费量均是男性高于女性，仅饮料及酒类的消费量为女性高于男性，此外，非贫困家庭中，老年女性谷薯类、干豆类及坚果的消费量也显著高于男性。

表7-3　　农村非贫困和贫困儿童、中青年及老年居民食物消费量的男女差异　　（单位：克/标准人）

食物种类	儿童		中青年		老年	
	非贫困	贫困	非贫困	贫困	非贫困	贫困
谷薯类	11.3**	-3.0	25.5***	38.6***	17.0***	14.2
干豆类及坚果	1.6	2.5	5.2***	4.6**	6.3***	4.1
蔬菜及菌菇类	19.8***	12.8	47.2***	47.9***	33.5***	36.6***
水果类及制品	1.0	-2.8	20.7***	13.1***	8.7***	12.5***
畜肉类及制品	-4.1*	3.2	0.4	0.2	1.7	1.5
禽肉类及制品	-2.1*	0	0.5	0.8	-0.2	1.8
奶类及制品	-1.5	2.8	2.9***	0.6	-0.1	0.4
蛋类及制品	3.6*	-3.2	5.1***	3.0***	2.3**	7.0***
水产品	-2.2	-0.4	1.9**	2.4*	-0.8	-0.4
快餐食品	0.6	1.8	0.8	1.2	0.1	0
饮料及酒类	-5.3**	-3.1	-32.3***	-14.3***	-29.3***	-12.5***
油脂类	5.9***	2.3	9.3***	8.4***	10.4***	10.9***
调味品	4.0**	4.3	8.7***	6.9***	8.4***	7.0**
其他	-1.0	1.2	0.9	2.7**	1.7*	-0.9

注：①表中数值为女性消费量—男性消费量。②差值采用Δ相等检验。③"*""**"和"***"分别表示在10%、5%、1%的水平下拒绝相等假设。

不同性别中青年群体的食物消费差异，不仅显著的数量更多，消费差异的绝对值也更大，贫困家庭与非贫困家庭中，谷薯类、干豆类及坚果、蔬菜及菌菇类、水果类、蛋类、水产品、油脂类及调味品的消费量均为女性高于男性，中青年男性仅饮料及酒类的消费量显著高于女性。综上，从食物的平均消费水平来看，女性食物消费量高于男性的数量较多,但畜禽肉、奶类、水产品等动物性食物消费量的性别差异较小或没有显著差异;男性饮料及酒类的消费量普遍高于女性,中青年及老年群体的性别差异更多体现在酒类的消费上,儿童则更多集中于饮料消费的差异。

表7-4列出了农村不同年龄阶段非贫困居民的食物消费量及差异。数据显示,不同年龄阶段居民对不同食物的消费量存在较大差异。中青年及老年群体谷薯类消费量都很高,老年人干豆类及坚果、蔬菜及菌菇类的消费量最高,而其水果类消费量则为三个群体中最低,相比而言,对于上述几大类食物,儿童的消费量均是最低的。儿童及老年群体畜禽肉类、水产品、饮料及酒类食物的消费量略低于中青年群体,其奶类的消费量则高于中青年群体,尤其是儿童,其每天奶类消费30.1克,远高于中青年及老年群体;此外,儿童及老年群体的蛋类及油脂类的消费量也高于中青年群体。值得注意的是,儿童对快餐食品的消费量显著高于中青年群体,老年群体快餐食品的消费量也较低,但其调味品的消费量则高于其他年龄群体。

表7-4　　　农村非贫困居民食物消费量的年龄差异　　（单位：克/标准人）

食物种类	儿童	中青年	老年人	儿童—中青年差值	老年—中青年差值
谷薯类	382.6	458.6	456.3	-76.0***	-2.3
干豆类及坚果	45.9	57.3	59.8	-11.4***	2.5**
蔬菜及菌菇类	258.4	329.6	356.1	-71.2***	26.6***
水果类及制品	67.7	50.7	41.1	17.0***	-9.6***
畜肉类及制品	70.4	72.4	68.2	-2.0	-4.2***
禽肉类及制品	15.2	15.3	11.9	0.0	-3.3***
奶类及制品	30.1	7.0	10.2	23.2***	3.2***
蛋类及制品	33.4	28.7	30.0	4.7***	1.3**
水产品	23.1	30.5	29.0	-7.4***	-1.5*
快餐食品	23.5	14.2	12.7	9.3***	-1.6**
饮料及酒类	17.1	19.6	18.6	-2.5	-1.1
油脂类	48.0	41.5	47.9	6.5***	6.5***

续表

食物种类	儿童	中青年	老年人	儿童—中青年差值	老年—中青年差值
调味品	43.7	43.8	46.0	-0.2	2.2**
其他	12.5	11.3	9.1	1.3*	-2.2***
样本量	4054	16832	5191		

注：①差值采用Δ相等检验。②"*""**"和"***"分别表示在10%、5%、1%的水平下拒绝相等假设。

农村不同年龄阶段贫困居民的食物消费量及差异列于表7-5。表中数据显示，不同年龄阶段贫困居民的食物消费模式与非贫困居民基本一致，例如，中青年及老年群体的谷薯类消费量都很高，老年群体的干豆类及坚果、蔬菜及菌菇类的消费量最高，中青年群体的畜禽肉类、水产品、饮料及酒类的消费量最高，水果类、乳类、快餐食品的消费量，则是儿童最高，此外，儿童及老年群体的蛋类消费量也都很高。比较表7-4与表7-5，可以发现，除谷薯类、油脂类及调味品等食物，不同年龄阶段的贫困居民对其他食物的消费量整体远低于非贫困居民，尤其是水果类、畜禽肉类、奶类、水产品、快餐食品及饮料酒类等食物，同时，除蛋类、油脂类及调味品外，不同年龄组贫困居民食物消费量的差异皆小于非贫困居民。

表7-5　　　　农村贫困居民食物消费量的年龄差异　　（单位：克/标准人）

食物种类	儿童	中青年	老年	儿童—中青年差值	老年—中青年差值
谷薯类	405.1	473.9	475.7	-68.7***	1.8
干豆类及坚果	36.6	41.6	50.5	-5.0**	8.9***
蔬菜及菌菇类	274.1	318.2	341.9	-44.1***	23.7***
水果类及制品	36.0	24.2	21.9	11.8***	-2.3
畜肉类及制品	45.0	47.5	44.1	-2.4	-3.3
禽肉类及制品	6.4	7.7	6.4	-1.3	-1.3
奶类及制品	12.3	2.0	4.8	10.2***	-.8***
蛋类及制品	24.3	19.9	24.4	4.4***	4.4***

续表

食物种类	儿童	中青年	老年	儿童—中青年差值	老年—中青年差值
水产品	11.5	14.3	14.3	-2.8**	0.0
快餐食品	12.8	8.9	9.1	3.9***	-0.2
饮料及酒类	6.5	8.1	7.3	-1.6	-0.8
油脂类	45.3	38.4	46.4	6.9***	8.0***
调味品	44.5	40.5	43.8	4.0*	3.3
其他	7.0	7.2	5.6	-0.2	-1.6
样本量	1271	3321	1469		

注：①差值采用Δ相等检验。②"*""**"和"***"分别表示在10%、5%、1%的水平下拒绝相等假设。

表7-6进一步列出了农村非贫困和贫困男性及女性不同年龄组之间食物消费量的差异。如表7-6所示，非贫困家庭中男童与中青年男性之间、老年男性与青年男性之间的食物消费差异普遍高于贫困家庭，非贫困家庭中女童与中青年女性之间的食物消费差异也高于贫困家庭，老年女性与中青年女性的差异，也有类似的趋势，但是非贫困家庭与贫困家庭之间的差异相对较小。比较男性不同年龄群体与女性不同年龄群体之间的差异幅度，对于谷薯类、干豆类及坚果、蔬菜及菌菇类、水产品等食物，无论是非贫困家庭还是贫困家庭，女童与女性中青年群体食物消费量的差异高于男童与男性中青年居民的差异，水果类、蛋类、饮料及酒类、油脂类等则是男性之间差异较大。老年群体与中青年群体蔬菜及菌菇类、奶类的消费差异为男性高于女性，油脂类的消费差异则是女性高于男性，其他食物在贫困家庭与非贫困家庭间不存在一致的差异趋势。综上，同性之间，非贫困家庭不同年龄组之间的差异普遍高于贫困家庭，尤其是男性；不同性别食物消费的年龄差异则在不同收入的家庭中具有不同的趋势。

表7-6 农村非贫困和贫困男性、女性食物消费量的年龄差异

(单位:克/标准人)

食物种类	非贫困男性		贫困男性		非贫困女性		贫困女性	
	儿童	老年	儿童	老年	儿童	老年	儿童	老年
谷薯类	-67.8***	2.1	-46.3***	14.8*	-82.0***	-6.3	-88.0***	-9.6
干豆类及坚果	-9.4***	2.0	-3.6	9.1***	-13.0***	3.0*	-5.8*	8.6***
蔬菜及菌菇类	-55.5***	33.8***	-23.9***	29.0***	-82.9***	20.1***	-58.9***	17.7**
水果类及制品	27.3***	-3.3	20.2***	-2.2	7.6**	-15.4***	4.3	-2.9
畜肉类及制品	0.0	-4.9***	-3.8	-4.0	-4.5**	-3.6**	-0.8	-2.8
禽肉类及制品	1.2	-2.9**	-0.9	-1.9	-1.5	-3.7***	-1.7	-0.9
奶类及制品	25.4***	4.8***	9.3***	2.9**	20.9***	1.8*	11.5***	2.6**
蛋类及制品	5.7***	2.8***	7.5***	2.1	4.2***	-0.1	1.3	6.1***
水产品	-5.5***	-0.1	-1.2	1.6	-9.6***	-2.8***	-4.1***	-1.3
快餐食品	9.4***	-1.2	3.7**	0.9	9.3***	-1.9*	4.3**	-0.3
饮料及酒类	-16.9***	-2.7	-7.9***	-1.5	10.1***	0.2	3.3***	0.4
油脂类	8.7***	5.9***	10.4***	6.4***	5.2***	7.0***	4.3***	8.8***
调味品	2.6*	2.4*	5.8*	3.1	-2.1	2.1	3.2	3.2
其他	2.2**	-2.6***	0.7	0.4	0.3	1.8**	-0.8	-3.2**

注:①表中数值为儿童/老年消费量—中青年消费量。②差值采用 Δ 相等检验。③"*""**"和"***"分别表示在10%、5%、1%的水平下拒绝相等假设。

三 不同类型农村贫困人口的营养素摄入状况

不同年龄段、不同性别农村居民的食物消费量存在显著差异,那么其能量及其他营养素的摄入量差异如何?本小节进一步衡量了农村非贫困居民与贫困居民营养素摄入量的性别差异及年龄差异。表7-7列出了农村非贫困居民与贫困居民男性及女性的营养素摄入量及其差值。数据显示,无论是非贫困居民还是贫困居民,女性的能量、脂肪、碳水化合物、不溶性纤维、胆固醇、维生素 A 及锌元素的摄入量都显著高于男性,而其蛋白质、维生素 C、钙、钾、钠、铁元素的摄入量则显著低于男性。结合女性大部分食物消费量均接

近或超过男性的事实,可以判断以食物大类来衡量不同群体间的食物消费情况,忽略了不同类型食物组内的替代性,具有一定偏差,而采用食物细类转换的营养素摄入量,则更能反映出不同群体间的食物与营养摄入差异。比较不同性别贫困居民与非贫困居民的营养素摄入量可以发现,非贫困家庭男性及女性除钠元素外所有营养素的摄入量均高于贫困家庭对应性别的营养素摄入量,其中,蛋白质、脂肪、胆固醇、维生素 A、钙、钾、锌元素的摄入量差异均为 10%。比较贫困居民与非贫困居民营养素摄入量的性别差异可以发现,贫困居民的能量、碳水化合物、维生素 C 及钠元素的性别差异高于非贫困居民,其他营养素的差异则低于非贫困居民。

表 7-8 列出了不同年龄阶段农村非贫困居民和贫困居民营养素摄入量的性别差异。比较不同年龄阶段营养素摄入量的性别差异,可以发现,中青年群体营养素摄入量的性别差异最大,老年群体次之,儿童最小,例如,非贫困与贫困中青年女性比男性能量摄入量分别高 150.6 千卡、193.5 千卡,老年居民的差异分别为 117.2 千卡、141.6 千卡,儿童的差异则分别仅有 58.2 千卡、11.5 千卡,其中贫困儿童的性别差异并不显著。

表 7-7　农村非贫困居民和贫困居民营养素摄入量的性别差异

(单位:克/标准人)

食物种类	非贫困居民			贫困居民		
	女性	男性	女—男差值	女性	男性	女—男差值
能量 (kcal)	2288.2	2152.5	135.7***	2107.9	1952.7	155.2***
蛋白质 (g)	67.2	68.1	-0.9***	60.4	60.6	-0.2
脂肪 (g)	87.2	77.2	10.0***	72.7	63.3	9.4***
碳水化合物 (g)	328.7	309.5	19.2***	325.4	302.9	22.6***
不溶性纤维 (g)	11.2	10.1	1.2***	10.7	9.6	1.1***
胆固醇 (mg)	260.9	237.7	23.2***	179.7	163.6	16.1***

续表

食物种类	非贫困居民			贫困居民		
	女性	男性	女—男差值	女性	男性	女—男差值
维生素 A（mg）	412.2	402.4	9.834***	362.9	355.9	7.0
维生素 C（mg）	89.3	96.4	-7.1***	86.1	94.2	-8.1***
钙（mg）	300.7	335.0	-34.3***	257.8	284.4	-26.5***
钾（mg）	1528.4	1730.6	-202.2***	1389.5	1566.3	-176.8***
钠（mg）	5629.9	5785.9	-156.0***	5592.9	5849.3	-256.4**
铁（mg）	15.3	21.7	-6.4***	14.5	19.6	-5.1***
锌（mg）	16.8	12.6	4.2***	15.0	11.3	3.7***
样本量	13190	12887		3226	2835	

注：①差值采用 Δ 相等检验。②"*""**"和"***"分别表示在10%、5%、1%的水平下拒绝相等假设。

对于中青年及老年群体，无论是贫困还是非贫困，女性能量、脂肪、碳水化合物、不溶性纤维、胆固醇、锌元素的摄入量均显著高于男性，非贫困家庭女性维生素 A 的摄入量也显著高于男性，但这些营养素除不溶性纤维及维生素 A 外，其余均是目前农村家庭相对充足的营养素；相反，维生素 C、钙、钾、铁等营养素的摄入量，则是男性高于女性，并且，这些差异在儿童中也存在相同趋势；此外，中青年及老年群体中，蛋白质和钠元素之间的性别差异均相对较小，仅非贫困的中青年群体中男性摄入量显著高于女性，且差异幅度较小。

非贫困家庭中儿童的性别差异较贫困家庭更大，除维生素 C、钙、钾和铁元素存在显著的性别差异外，非贫困儿童能量、蛋白质、碳水化合物、不溶性纤维也存在显著的性别差异，其中，蛋白质的摄入量为男童高于女童，其他营养素的摄入量则是女童高于男童；贫困家庭中，从数值上看，女童仅有能量、脂肪、碳水化合物和不溶性纤维的摄入量高于男童，其他营养素的摄入量则均低于男童，且蛋白质、维生素 C、钙、钾、铁的差异均是显著的。由此可见，不同年龄群体的营养素摄入量均存在显著的性别差异，贫困家庭中，女性摄入量高于男性的营养素大都是目前摄入量较为充足的营养素，而对于当前较为缺乏的营养素，则是男性摄入量较高，尤其是贫困儿童群体，性别差异显著的营养素摄入量均为男性高于女性。

表 7-8 农村非贫困和贫困儿童、中青年及老年居民营养素摄入量的性别差异 （单位：克/标准人）

食物种类	儿童		中青年		老年	
	非贫困	贫困	非贫困	贫困	非贫困	贫困
能量（kcal）	58.2**	11.5	150.6***	193.5***	117.2***	141.6***
蛋白质（g）	-3.6***	-3.7***	-0.7*	1.2	0.3	-0.6
脂肪（g）	2.3	3.4	11.2***	9.6***	11.5***	12.6***
碳水化合物（g）	7.3**	2.4	20.7***	30.3***	15.8***	12.5*
不溶性纤维（g）	0.3**	0.1	1.3***	1.5***	1.0***	0.8**
胆固醇（mg）	12.7	-11.7	30.2***	18.6***	14.0**	38.5***
维生素 A（mg）	-8.8	-1.1	16.6***	12.0	14.3*	19.0
维生素 C（mg）	-5.4***	-7.4**	-7.0***	-7.2**	-9.1***	-9.5***
钙（mg）	-25.5***	-19.9***	-43.2***	-33.3***	-29.7***	-35.1***
钾（mg）	-159.9***	-165.3***	-216.1***	-171.4***	-210.7***	-209.5***
钠（mg）	-242.5	-242.4	-126.4*	-249.0	-102.1	-167.4
铁（mg）	-2.2***	-2.2***	-8.9***	-7.8***	-2.6***	-2.8***
锌（mg）	-0.2	-0.3	5.1***	5.0***	4.8***	4.1***

注：①表中数值为女性消费量—男性消费量。②差值采用 Δ 相等检验。③"*""**"和"***"分别表示在10%、5%、1%的水平下拒绝相等假设。

表 7-9 列出了农村不同年龄阶段非贫困居民的营养素摄入量及差异。数据显示，不同年龄阶段居民的营养素摄入量存在较大差异。不同年龄阶段的农村非贫困居民中，老年群体的能量摄入量最高，平均每天摄入 2275.8 千卡，中青年群体的摄入量次之，平均每天摄入 2238.8 千卡，儿童的能量摄入量最低，平均每天摄入量为 2077.7 千卡。三大宏量营养素中，中青年群体蛋白质摄入量最高，平均每

天摄入70.1克，老年群体的脂肪摄入量最高，平均每天摄入87.3克，中青年与老年群体碳水化合物的摄入量一致；儿童三大营养素摄入量均显著低于中青年群体，其脂肪和碳水化合物的摄入量同时显著低于老年群体。

微量营养素中，儿童与老年群体维生素C、钙、钾、锌元素的摄入量均显著低于中青年群体，其中，当前较为缺乏的钙元素的摄入量差异尤为突出，儿童与老年群体摄入量分别比中青年群体低29.2%和21.4%；此外，儿童的不溶性纤维、铁元素及老年群体的维生素A摄入量也显著低于中青年群体。微量营养素中，仅儿童的胆固醇、维生素A和钠元素摄入量及老年群体的不溶性纤维、铁元素摄入量高于中青年群体。比较儿童与老年群体的微量营养素摄入量可以发现，老年群体除钙、铁元素的摄入量其余均低于儿童。由此可见，农村非贫困家庭中，儿童及老年群体的营养状况均相对较差，其中，老年群体的营养分配问题尤为突出。

表7-9　　　　　农村非贫困居民营养素摄入量的年龄差异

营养素	儿童	中青年	老年	儿童—中青年差值	老年—中青年差值
能量（kcal）	2077.7	2238.8	2275.8	-161.0***	37.0***
蛋白质（g）	65.9	70.1	61.3	-4.1***	-8.8***
脂肪（g）	78.8	81.6	87.3	-2.9***	5.7***
碳水化合物（g）	284.7	325.4	325.8	-40.8***	0.4
不溶性纤维（g）	9.1	10.9	11.1	-1.8***	0.2**
胆固醇（mg）	271.8	244.5	247.8	27.3***	3.3
维生素A（mg）	461.1	402.9	379.7	58.2***	-23.1***
维生素C（mg）	92.2	94.6	87.3	-2.4***	-7.2***
钙（mg）	246.6	348.3	273.6	-101.7***	-74.8***
钾（mg）	1557.8	1688.4	1488.3	-130.6***	-200.1***
钠（mg）	6077.6	5617.7	5707.2	459.9***	89.5
铁（mg）	14.1	19.2	19.5	-5.1***	0.3**

续表

营养素	儿童	中青年	老年	儿童—中青年差值	老年—中青年差值
锌（mg）	14.2	15.2	13.5	-1.0***	-1.7***
样本量	4054	16832	5191		

注：①差值采用 Δ 相等检验。②"*""**"和"***"分别表示在10%、5%、1%的水平下拒绝相等假设。

农村不同年龄阶段贫困居民的营养素摄入量及差异列于表7-10。表中数据显示，农村贫困居民不同年龄阶段营养素的摄入状况与非贫困居民基本一致，例如，儿童、中青年及老年人的能量摄入量依次递增，中青年群体蛋白质、维生素C、钙、钾及锌元素的摄入量为三组中最高，儿童的胆固醇、维生素A与钠元素以及老年群体脂肪、碳水化合物、不溶性纤维和铁元素也分别为三组中最高。不同之处在于，农村贫困儿童营养素摄入量显著低于中青年群体的数量少于非贫困居民（贫困儿童与中青年群体脂肪和维生素C的差异不再显著），即从分配不均的营养素数量来看，贫困家庭儿童营养分配不均的程度略好于非贫困家庭。

比较表7-9与表7-10可以发现，除碳水化合物、不溶性纤维、维生素C及钠元素，不同年龄阶段的贫困居民大部分营养素的摄入量远低于非贫困居民，尤其是蛋白质、脂肪、胆固醇、维生素A及钙、钾元素等营养素，非贫困家庭各年龄段群体的摄入量均比贫困家庭高8%以上，其中，对于儿童和老年群体，贫困家庭与非贫困家庭的差异均在10%以上，胆固醇的差异则在35.5%—50.9%之间。此外，从营养素摄入量年龄差异的绝对值来看，贫困家庭儿童摄入量较少的能量、蛋白质、钙、钾、锌等营养素的年龄差异均更大一些，同时儿童摄入量较高的胆固醇与维生素A等营养素的年龄差异则更大一些；老年群体摄入较低的营养素中，贫困家庭老年群体仅蛋白质、维生素C及钾元素与中青年群体的差异略大于非贫困家庭，维生素A、钙等关键营养素的摄入量，贫困家庭老年与中青年群体的差异更低，此外，老年群体摄入较高的营养素，如能量、脂肪、不溶性纤维、胆固醇等，贫困家庭老年群体与中青年群体的差异均更大。因此，从营养素分配不均的程度来看，贫困家庭中儿童营养分配所受歧视较非贫困家庭更高，而老年群体所受歧视则略低于非贫困家庭。

表7-10　农村贫困居民标准人营养素摄入量的年龄差异

营养素	儿童	中青年	老年	儿童—中青年差值	老年—中青年差值
能量（kcal）	1884.4	2049.0	2135.1	-164.6***	86.1***
蛋白质（g）	57.8	64.1	54.8	-6.3***	-9.3***
脂肪（g）	64.4	66.8	75.1	-2.4	8.4***
碳水化合物（g）	283.1	322.3	325.6	-39.2***	3.3
不溶性纤维（g）	9.2	10.4	10.8	-1.2***	0.4**
胆固醇（mg）	186.3	162.0	182.9	24.3***	20.9***
维生素A（mg）	405.4	352.7	335.7	52.7***	-17.0**
维生素C（mg）	92.4	92.5	81.6	-0.2	-11.0***
钙（mg）	203.8	308.9	240.4	-105.0***	-68.5***
钾（mg）	1410.3	1557.0	1334.1	-146.7***	-222.9***
钠（mg）	6080.1	5630.4	5581.7	449.7***	-48.7
铁（mg）	13.0	17.9	17.9	-4.9***	0.0
锌（mg）	12.6	14.1	12.1	-1.5***	-1.9***
样本量	1271	3321	1469		

注：①差值采用Δ相等检验。②"*""**"和"***"分别表示在10%、5%、1%的水平下拒绝相等假设。

为了进一步了解不同性别营养素摄入量的年龄差异，表7-11列出了农村非贫困和贫困男性及女性不同年龄组营养素摄入量的差异。如表7-11所示，无论是贫困家庭还是非贫困家庭，无论是男性还是女性，儿童与老年群体大部分营养素摄入量均显著低于对应性别的中青年群体；同时，儿童营养素摄入量低于中青年的数量均接近或高于老年群体，其中，非贫困家庭中，儿童营养素摄入量高于中青年的数量也超过老年群体，但贫困家庭中，儿童营养素摄入量高于中青年的数量则相对较少。这意味着，中青年群体在家庭分配中的优势地位在农村不同收入家庭中是普遍的，而且是不论性别的；贫困家庭中，相对于老年群体，儿童在家庭营养分配的劣势地位更加突出。

比较同类型家庭中男性与女性营养素摄入量的年龄差异，可以发现，非贫困家庭中，不同性别的老年群体与对应性别中青年群体的营养素摄入量差异趋势类似，不存在明显的性别差别。然而，对于非贫困家庭与贫困家庭的儿童，以及贫困家庭的老年群体，其与中青年群体的差异存在较为显著的性别差异，且均表现为女性的分配劣势更加明显，或者是女性摄入量低于对应性别中青年群体的营养素数量较多，且女性摄入量高于对应性别中青年群体的营养素数量较少（如非贫困与贫困儿童），或者是女性摄入量低于对应性别中青年群体的程度较高（如贫困老年群体）。

表7-11　农村非贫困与贫困家庭男性、女性标准人营养素摄入量的年龄差异

营养素	非贫困男性		贫困男性		非贫困女性		贫困女性	
	儿童	老年	儿童	老年	儿童	老年	儿童	老年
能量（kcal）	-108.9***	54.7***	-64.5**	111.0***	-201.3***	21.4	-246.4***	59.1*
蛋白质（g）	-2.9***	-9.3***	-3.9***	-8.3***	-5.8***	-8.3***	-8.9***	-10.1***
脂肪（g）	1.9*	5.5***	1.2	6.4***	-7.0***	5.9***	-4.9**	9.4***
碳水化合物（g）	-33.3***	3.0	-23.8***	12.7**	-46.7***	-1.9	-51.7***	-5.1
不溶性纤维（g）	-1.3***	0.4***	-0.4*	0.8***	-2.3***	0.0	-1.8***	0.1
胆固醇（mg）	37.3***	11.8***	39.8***	9.1	19.8***	-4.5	9.5	29.0***
维生素A（mg）	70.7***	-21.9***	59.8***	-21.2*	45.3***	-24.2***	46.7***	-14.2

续表

营养素	非贫困男性		贫困男性		非贫困女性		贫困女性	
	儿童	老年	儿童	老年	儿童	老年	儿童	老年
维生素 C (mg)	-3.6***	-6.2***	-0.7	-9.5***	-2.1	-8.3***	-0.9	-11.8***
钙 (mg)	-112.7***	-81.9***	-114.1***	-66.7***	-95.0***	-68.3***	-100.7***	-68.5***
钾 (mg)	-171.5***	-203.6***	-164.4***	-197.2***	-115.2***	-198.2***	-158.3***	-235.2***
钠 (mg)	502.3***	76.6	425.1*	-89.1	386.1***	100.9	431.6*	-7.5
铁 (mg)	-8.7***	-2.9***	-8.1***	-2.7***	-2.0***	3.3***	-2.5***	2.3***
锌 (mg)	1.7***	-1.6***	1.4***	-1.5***	-3.6***	-1.9***	-4.0***	-2.5***

注：①表中数值为儿童/老年消费量—中青年消费量。②差值采用 Δ 相等检验。③"*""**"和"***"分别表示在10%、5%、1%的水平下拒绝相等假设。

四 农村贫困家庭内部成员营养素摄入量差异的模型估计

接下来，本小节利用双向固定效应模型，在控制了其他因素的影响后，测算了农村贫困家庭不同成员营养素摄入量的差别，模型设定如下：

$$NUT_{iht} = \alpha_0 + \alpha_1 \times G_{ih} + \alpha_2 \times C_{iht} + \alpha_3 \times O_{iht} + \alpha_4 \times G_{ih} \times C_{iht} + \alpha_5 \times G_{ih} \times O_{iht} + \beta_1 \ln I_{ht} + \delta Z_{ht} + \gamma V_{iht} + FE_t + \alpha_h + \varepsilon_{iht} \quad (7-1)$$

其中，i，h，t 分别表示个人、家庭及时间，G，C，O 为虚拟变量，$G=1$、$C=1$、$O=1$ 分别代指男性、儿童及老年人，NUT_{iht} 表示家庭 h 中个人 i 第 t 年的营养素摄入量，I_{ht} 表示以 2011 年 CPI 平减的家庭 h 第 t 年人均年收入；Z_{ht} 为家庭 h 第 t 年的家庭人口特征变量，包括家庭规模、家庭未成年人比例、平均膳食知识认知水平，同时，加入家庭成年女性平均受教育程度以控制女性在家庭中的话语权对家庭营养分配可能产生的影响；V_{iht} 为个人 i 第 t 年的人口特征变量，包括年龄、受教育程度、日常劳动强度以及过去 4 周是否生病受伤、患有慢性病或急性病。模型中加入家庭固定效应 α_h，以控制家庭的食物偏好，以家庭为单位估算不同类型家庭成员营养素摄入量的差异，并加入年份固定效应 FE_t 以控制偏好随时间的变化。此外，模型中加入以 2011 年 CPI 平减的稻米、小麦、粗粮、食用油、鸡蛋、调味品、蔬菜、水果、猪肉、牛肉、羊肉、鸡肉、奶制品、水产品、干豆类及制品、酒类、饮料共 17 种食物的实际价格。另外，为解决收入的内生性问题，与家庭营养—收入弹性的估计一致，采用 IV-FE 模型估计。为避免个体异质性导致不同类型家庭成员营养素摄入量的直接比较偏差，使用标准人营养素摄入量作为因变量。

根据公式（7-1），可以计算出不同成员营养素摄入量的差异，农村贫困与非贫困家庭营养素摄入量的性别差异及年龄差异分别列于表 7-12、表 7-13 与表 7-14，模型其他变量的估计结果见附表-18、附表-19。表 7-12 列出了农村非贫困家庭不同年龄成员之间营养素摄入量的差异，模型计算结果与表 7-11 列出的描述统计结果较为相似。表 7-12 显示，对于农村非贫困家庭中的男性成员，儿童的能量、蛋白质、碳水化合物、不溶性纤维、钙元素、钾元素及铁元素的摄入量低于中青年居民，其中钙元素的差别最高，男童比中青年男性低 159.4 毫克，相当于中青年男性摄入量的 43.0%，铁元素与钾元素的差异也较高，男童的摄入量比中青年男性分别低 21.1% 和 10.2%；[①] 相比中青年男性，男性儿童脂肪、维生素 A、钠、锌元素的摄入量较高，其中，锌元素的摄入量比中青年男性高 12.8%；而胆固醇、维生素 C 等营养素的摄入量，男童与中青年男性没有显著差异。对于女性成员，儿童与中青年之间的差异与男性略有不同，相对于中青年女性，除能量、蛋白质、碳水化合物、不溶性纤维、钙、钾及锌元素外，女童脂肪的摄入量也较低；相反，女童的钠元素及铁元素的摄入量高于中青年女性，其胆固醇、

---

① 表 7-12、表 7-13 与表 7-14 中列出的均是根据公式（7-1）测算的不同群体间的营养素摄入量的绝对差异，但由于不同营养素的摄入量差异较大，因此，进一步测算了其差异的相对值，以对不同营养素的差异进行比较。以男童与中青年男性为例，其某一类营养素摄入量差异的相对值=（男童-中青年男性的营养素摄入量）/中青年男性的营养素摄入量，其中，男童与中青年男性的营养素摄入量差值为表 7-12 中的 $\alpha_2 + \alpha_3$，不同群体的营养素摄入量见附表-20。

维生素 A、维生素 C 的摄入量与中青年女性则无显著差别。

老年群体营养素消费行为与儿童较为相似,无论男性还是女性,其能量、蛋白质、碳水化合物、不溶性纤维、维生素 C、钙、钾、锌等大部分营养素的摄入量低于中青年,但不同的是,老年男性成员的胆固醇摄入量高于中青年男性,老年女性的铁元素摄入量高于中青年女性,而老年人脂肪、维生素 A 及钠元素的摄入量与中青年并无显著差异;另外,老年人与中青年营养素摄入量的差异普遍低于儿童与中青年的差异,例如,老年人与中青年摄入量差异最大的铁元素,老年男性及老年女性的摄入量分别比中青年男性、中青年女性低 21.1%、高 11.3%,而其他营养素摄入量的差异则都在 10% 以内。

表 7 – 12　农村非贫困家庭不同年龄成员标准人营养素摄入量差异

营养素	男性		女性	
	儿童—中青年	老年—中青年	儿童—中青年	老年—中青年
	($\alpha_2 + \alpha_4$)	($\alpha_3 + \alpha_5$)	(α_2)	(α_3)
能量(kcal)	-98.691***	-43.331*	-166.176***	-75.994***
	(29.507)	(26.152)	(21.634)	(20.874)
蛋白质(g)	-5.166***	-5.384***	-7.358***	-3.796***
	(1.112)	(0.846)	(0.775)	(0.695)
脂肪(g)	2.905*	1.642	-3.793***	1.276
	(1.486)	(1.406)	(1.132)	(1.203)
碳水化合物(g)	-29.596***	-13.972***	-44.515***	-18.359***
	(4.871)	(4.301)	(3.646)	(3.341)
不溶性纤维(g)	-0.861***	-0.453**	-1.623***	-0.665***
	(0.195)	(0.188)	(0.145)	(0.154)
胆固醇(mg)	3.255	15.011**	6.319	3.391
	(15.117)	(7.412)	(8.297)	(5.839)
维生素 A(mg)	26.648*	-5.963	10.401	-12.555
	(15.323)	(10.788)	(9.792)	(9.098)
维生素 C(mg)	-1.778	-6.269***	-1.966	-6.512***
	(2.237)	(1.730)	(1.565)	(1.431)

续表

营养素	男性		女性	
	儿童—中青年	老年—中青年	儿童—中青年	老年—中青年
	($\alpha_2 + \alpha_4$)	($\alpha_3 + \alpha_5$)	(α_2)	(α_3)
钙（mg）	-159.380***	-22.765***	-137.024***	-11.175***
	(7.830)	(5.274)	(5.229)	(4.396)
钾（mg）	-183.532***	-113.232***	-109.461***	-77.432***
	(27.758)	(21.689)	(19.866)	(18.078)
钠（mg）	462.099***	74.729	583.825***	151.537
	(157.557)	(137.765)	(115.079)	(122.945)
铁（mg）	-5.040***	-5.012***	1.656***	1.684***
	(0.300)	(0.288)	(0.212)	(0.229)
锌（mg）	1.615***	-0.997***	-3.663***	-1.211***
	(0.226)	(0.188)	(0.163)	(0.154)

注：①括号内为聚类到村庄的稳健标准误。②"*""**"和"***"分别表示在10%、5%、1%的水平上显著。

表7-13列出了农村贫困家庭不同年龄成员之间营养素摄入量的差异，其趋势与非贫困家庭基本一致，但差异数值及显著程度有所区别。如表7-13显示，对于农村贫困家庭中的男性成员而言，儿童的能量、蛋白质、碳水化合物、不溶性纤维、钙、钾、铁等营养素的摄入量显著低于中青年男性，其中钙元素的摄入量差异最大，男童的摄入量比中青年男性低46.3%，铁元素次之，男童摄入量比中青年男性低24.9%，其蛋白质、碳水化合物、钾元素的摄入量则分别比中青年男性低13.0%、12.8%、15.7%，其他营养素摄入量的差异则基本在10%以下。此外，男童的胆固醇及锌元素的摄入量高于中青年男性，其中，胆固醇的摄入量比中青年男性高16.4%，而其脂肪、维生素A、维生素C及钠元素的摄入量与中青年男性没有显著差异。

表7-13　　　　　　农村贫困家庭不同成员营养素摄入量差异

营养素	男性		女性	
	儿童—中青年 $(\alpha_2+\alpha_4)$	老年—中青年 $(\alpha_3+\alpha_5)$	儿童—中青年 (α_2)	老年—中青年 (α_3)
能量（kcal）	-141.046***	-17.297	-174.653***	-52.377
	(50.458)	(54.399)	(37.634)	(44.204)
蛋白质（g）	-8.219***	-4.757***	-9.918***	-4.528***
	(1.750)	(1.676)	(1.293)	(1.402)
脂肪（g）	2.168	0.972	0.957	2.350
	(2.228)	(2.330)	(1.748)	(1.880)
碳水化合物（g）	-39.282***	-6.958	-50.379***	-17.206**
	(9.294)	(9.807)	(6.995)	(7.918)
不溶性纤维（g）	-0.840**	0.005	-1.481***	-0.411
	(0.348)	(0.361)	(0.264)	(0.302)
胆固醇（mg）	24.959*	-0.669	4.266	12.447
	(13.467)	(12.033)	(9.254)	(9.940)
维生素A（mg）	18.836	-35.043**	7.759	-28.681**
	(20.939)	(15.033)	(14.142)	(12.314)
维生素C（mg）	-5.439	-9.223**	-3.756	-8.205***
	(4.100)	(3.536)	(2.970)	(2.902)
钙（mg）	-151.348***	-17.652*	-136.661***	-16.787**
	(9.660)	(8.937)	(7.422)	(7.256)
钾（mg）	-258.362***	-72.518*	-168.200***	-63.919*
	(44.834)	(44.655)	(33.138)	(38.400)
钠（mg）	64.808	438.484*	170.758	373.832*
	(281.123)	(258.210)	(196.942)	(217.025)
铁（mg）	-5.513***	-4.406***	0.982**	1.261***
	(0.545)	(0.590)	(0.421)	(0.489)
锌（mg）	0.759*	-0.870***	-4.234***	-1.470***
	(0.391)	(0.380)	(0.297)	(0.321)

注：①括号内为聚类到村庄的稳健标准误；②"*""**"和"***"分别表示在10%、5%、1%的水平上显著。

贫困家庭内女童与中青年女性之间营养素摄入量的差异除胆固醇、钠、铁、锌元素外与男性基本一致，女童能量、蛋白质、碳水化合物、不溶性纤维、钙、钾、锌元素的摄入量显著低于中青年女性，其中，钙、锌、蛋白质、碳水化合物、不溶性纤维、钾元素的摄入量差异超过10%；同时，女童铁元素的摄入量比中青年女性高8.8%，其脂肪、胆固醇、维生素A、维生素C、钠元素的摄入量与中青年女性相比差异并不显著。

贫困家庭内部老年居民营养素消费行为与儿童较为相似，例如老年男性蛋白质、维生素A、钙、钾、铁、锌等营养素，老年女性蛋白质、碳水化合物、维生素A、维生素C、钙、钾及锌元素等营养素的摄入量分别低于中青年男性与中青年女性；另外，老年男性的钠元素显著高于中青年男性，而其能量、脂肪、碳水化合物、不溶性纤维、胆固醇等营养素的摄入量与中青年男性没有显著差异；老年女性钠元素及铁元素的摄入量显著高于中青年女性，而其能量、脂肪、不溶性纤维、胆固醇等营养素的摄入量与中青年女性无显著差异。相对于贫困家庭内部儿童与中青年营养素摄入量的差异，老年群体与中青年的差异程度更小，例如，老年男性与中青年男性营养素摄入量的差异除维生素A及铁元素外，其余都在10%以内，老年女性与中青年女性各营养素摄入量的差异也都不超过10%。

表7-14分别列出了农村非贫困家庭与贫困家庭成员营养素摄入量的性别差异，将表7-14与表7-8比较可以发现，非贫困家庭中，将营养素摄入量模型控制到家庭层面获得的估计结果与描述性统计结果类似，尤其是中青年与老年人，其估算的营养素摄入量的性别差异方向、数值及显著性程度都非常相似，儿童的估计结果则在显著性上略有差异。表中数据显示，非贫困家庭中，无论处于哪个年龄阶段，男性能量、脂肪、不溶性纤维、胆固醇等营养素的摄入量均显著低于女性，对于中青年及老年成员，男性碳水化合物、维生素A、锌元素的摄入量也显著低于女性。相反，各年龄阶段男性维生素C、钙、钾、铁等元素的摄入量皆显著高于女性，同时，

男童及中青年男性蛋白质的摄入量分别高于女童及中青年女性，而中青年与老年男性钠元素的摄入量则分别高于中青年与老年女性。

贫困家庭模型估计的营养素摄入量的性别差异与描述统计结果出入相对较大，例如，表7-8中的统计结果显示，男童与女童脂肪、碳水化合物摄入量的差异并不显著，而表7-14则显示其摄入量显著低于女童。从表7-14中我们可以看出，各年龄阶段的男性能量、脂肪、碳水化合物的摄入量皆显著低于女性，而其维生素C、钙、钾、铁等营养素的摄入量皆高于女性；此外，对于中青年及老年成员，贫困家庭中男性胆固醇、维生素A及锌元素的摄入量皆低于女性，这一差异在儿童中并不显著；儿童及中青年男性成员的不溶性纤维摄入量也低于女性；贫困家庭中各年龄阶段男性与女性蛋白质的摄入量无显著差异。

表7-14　农村非贫困与贫困家庭成员标准人营养素摄入量性别差异

营养素	非贫困家庭			贫困家庭		
	儿童	中青年	老年	儿童	中青年	老年
	($\alpha_1 + \alpha_4$)	(α_1)	($\alpha_1 + \alpha_5$)	($\alpha_1 + \alpha_4$)	(α_1)	($\alpha_1 + \alpha_5$)
能量	-57.187 **	-124.672 ***	-92.009 ***	-105.527 ***	-139.134 ***	-104.054 ***
(kcal)	(21.341)	(7.268)	(3.131)	(36.831)	(15.060)	(4.151)
蛋白质	2.719 ***	0.527 **	-1.061	1.703	0.004	-0.225
(g)	(0.835)	(0.245)	(0.782)	(1.294)	(0.534)	(1.025)
脂肪	-3.176 ***	-9.874 ***	-9.508 ***	-6.769 ***	-7.980 ***	-9.358 ***
(g)	(1.019)	(0.336)	(0.915)	(1.514)	(0.621)	(1.179)
碳水化	-3.901	-18.820 ***	-14.433 ***	-12.390 *	-23.487 ***	-13.239 ***
合物 (g)	(3.442)	(1.188)	(1.543)	(6.705)	(2.742)	(2.102)
不溶性	-0.353 **	-1.115 ***	-0.903 **	-0.515 **	-1.156 ***	-0.740
纤维 (g)	(0.138)	(0.046)	(0.423)	(0.246)	(0.094)	(0.544)
胆固醇	-22.541 *	-19.477 ***	-7.857 ***	10.509	-10.184 ***	-23.300 ***
(mg)	(12.882)	(2.507)	(1.935)	(10.284)	(3.167)	(2.237)
维生素A	-1.122	-17.369 ***	-10.777 ***	2.440	-8.637 *	-14.999 ***
(mg)	(12.066)	(2.586)	(2.094)	(16.091)	(4.524)	(2.485)

续表

营养素	非贫困家庭			贫困家庭		
	儿童	中青年	老年	儿童	中青年	老年
	($\alpha_1+\alpha_4$)	(α_1)	($\alpha_1+\alpha_5$)	($\alpha_1+\alpha_4$)	(α_1)	($\alpha_1+\alpha_5$)
维生素 C (mg)	6.838***	6.650***	6.893***	5.920**	7.603***	6.585***
	(1.667)	(0.475)	(1.032)	(2.969)	(0.910)	(1.375)
钙 (mg)	16.173**	38.529***	26.939***	15.918**	30.605***	29.740***
	(6.075)	(1.713)	(1.628)	(6.904)	(3.071)	(2.055)
钾 (mg)	138.771***	212.842***	177.042***	104.749***	194.911***	186.312***
	(20.390)	(6.316)	(2.836)	(32.881)	(13.008)	(3.695)
钠 (mg)	118.793	240.519***	163.711***	236.664	342.614***	407.266***
	(112.178)	(31.668)	(5.463)	(221.200)	(93.197)	(7.767)
铁 (mg)	2.274***	8.970***	2.274***	1.584***	8.079***	2.412***
	(0.241)	(0.114)	(0.534)	(0.404)	(0.208)	(0.687)
锌 (mg)	0.131	-5.147***	-4.933***	0.115	-4.878***	-4.278***
	(0.166)	(0.055)	(0.429)	(0.281)	(0.121)	(0.562)

注：①表格中数值为男性消费量—女性消费量。②括号内为聚类到村庄的稳健标准误。③"*""**"和"***"分别表示 t-test 结果在10%、5%和1%的水平上显著。

为比较农村非贫困与贫困家庭营养素摄入量的年龄及性别差异，依据表7-12至表7-14中的内容分别绘制了图7-1至图7-3。图7-1（a）与（b）分别为农村非贫困家庭与贫困家庭内部男性与女性儿童与中青年营养素摄入量差异百分比。图7-1显示，儿童营养素摄入量低于对应性别中青年的种类较多，非贫困家庭与贫困家庭都为8种；与非贫困家庭相比，对于儿童摄入量低于中青年摄入量的营养素，无论男性还是女性，贫困家庭儿童与中青年营养素摄入量差异普遍高于非贫困家庭，而对于儿童摄入量高于中青年的营养素则刚好相反，除胆固醇外，贫困家庭儿童与中青年营养素摄入量的差异均低于非贫困家庭。这意味着，总体来看，农村家庭内部儿童的营养素摄入状况整体较差，且对于儿童摄入量高于或低于中青年的营养素，农村贫困家庭内部的情况都较非贫困家庭更差。

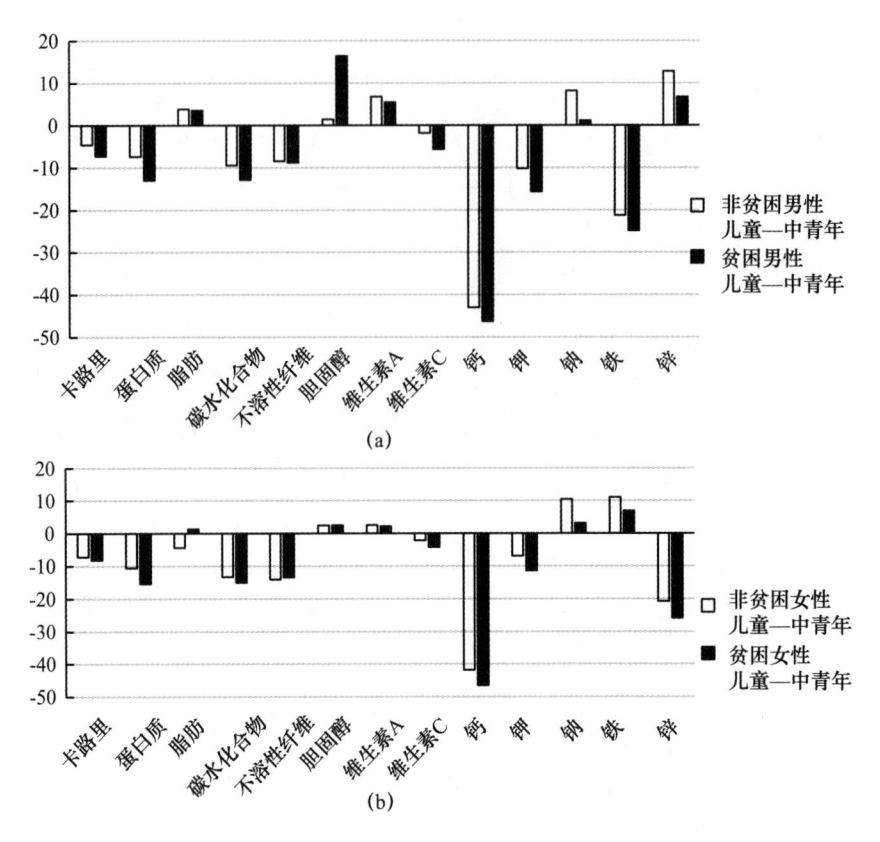

图 7-1　农村非贫困与贫困家庭男性（a）、女性（b）儿童
与中青年标准人营养素摄入量差异

注：图中所示数字为（儿童营养素摄入量－中青年营养素摄入量）/中青年营养素摄入量×100。

图 7-2（a）与（b）分别为农村非贫困家庭与贫困家庭内部男性与女性老年人与中青年营养素摄入量差异百分比。图 7-1 显示，老年成员营养素摄入量低于对应性别中青年的种类较多，能量及 12 种宏量、微量营养素中有 9—10 种营养素老年成员摄入量低于中青年。与非贫困家庭相比，对于老年人摄入量低于中青年摄入量的营养素，除维生素 A 与维生素 C 外，贫困家庭内部老年男性与中青年男性营养素摄入量的差异小于非贫困家庭；女性的状况则有所不同，在多数老年人摄入量偏低的营养素中，非贫困家庭中能量、碳水化合物、不溶性纤维及钾元素等营养素年龄差异较大，而贫困家庭中则是蛋白质、维

生素 A、维生素 C、钙、锌等营养素的年龄差异较大，值得注意的是，这些营养素都是摄入充足程度较低的营养素。因此，总体来看，农村家庭内部老年人的营养素摄入状况整体较差，且贫困家庭老年居民营养素摄入量与中青年的差距高于非贫困家庭。

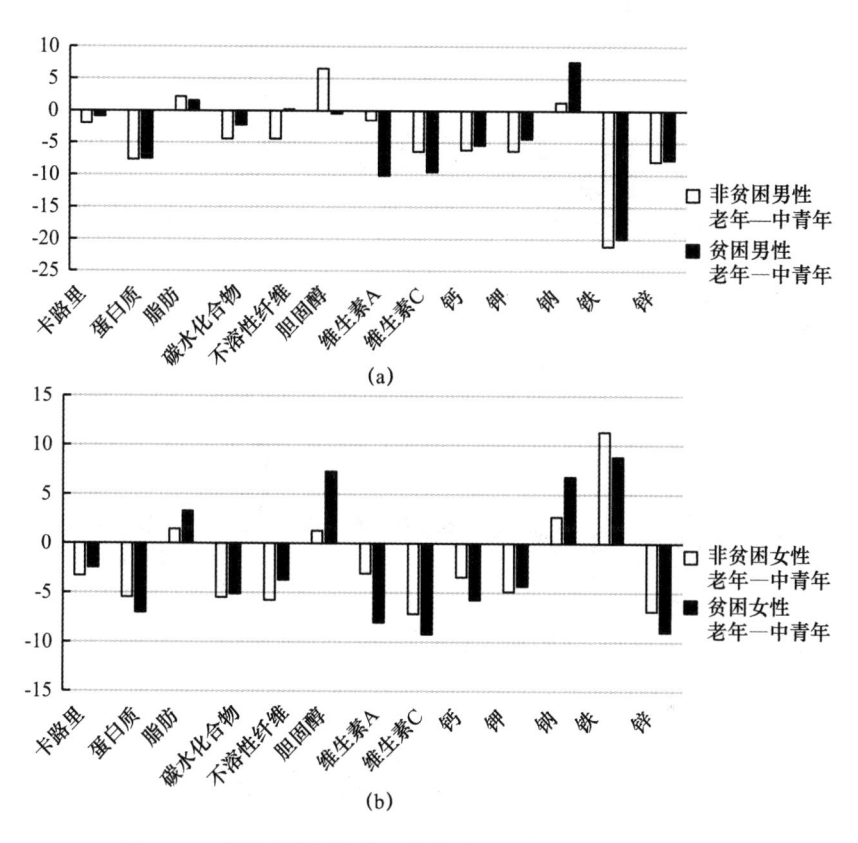

图 7-2 农村非贫困与贫困家庭男性（a）、女性（b）老年与中青年标准人营养素摄入量差异

注：图中所示数字为（老年人营养素摄入量－中青年营养素摄入量）/中青年营养素摄入量×100。

图 7-3（a）、（b）、（c）分别为农村非贫困家庭与贫困家庭儿童、中青年、老年居民营养素摄入量的性别差异。首先，对于所有年龄阶段的农村非贫困家庭及贫困家庭成员，男性钙、钾、钠、铁及维生素 C 的摄入量均高于女性，而其能量、脂肪、碳水化合物、

不溶性纤维等营养素的摄入量则低于女性。中青年与老年成员营养素摄入量的性别差异则基本一致,除能量、脂肪、碳水化合物、不溶性纤维外,男性胆固醇、维生素 A 及锌元素的摄入量也低于女性。对于儿童,男性营养素摄入量高于女性的种类较多,除上述维生素

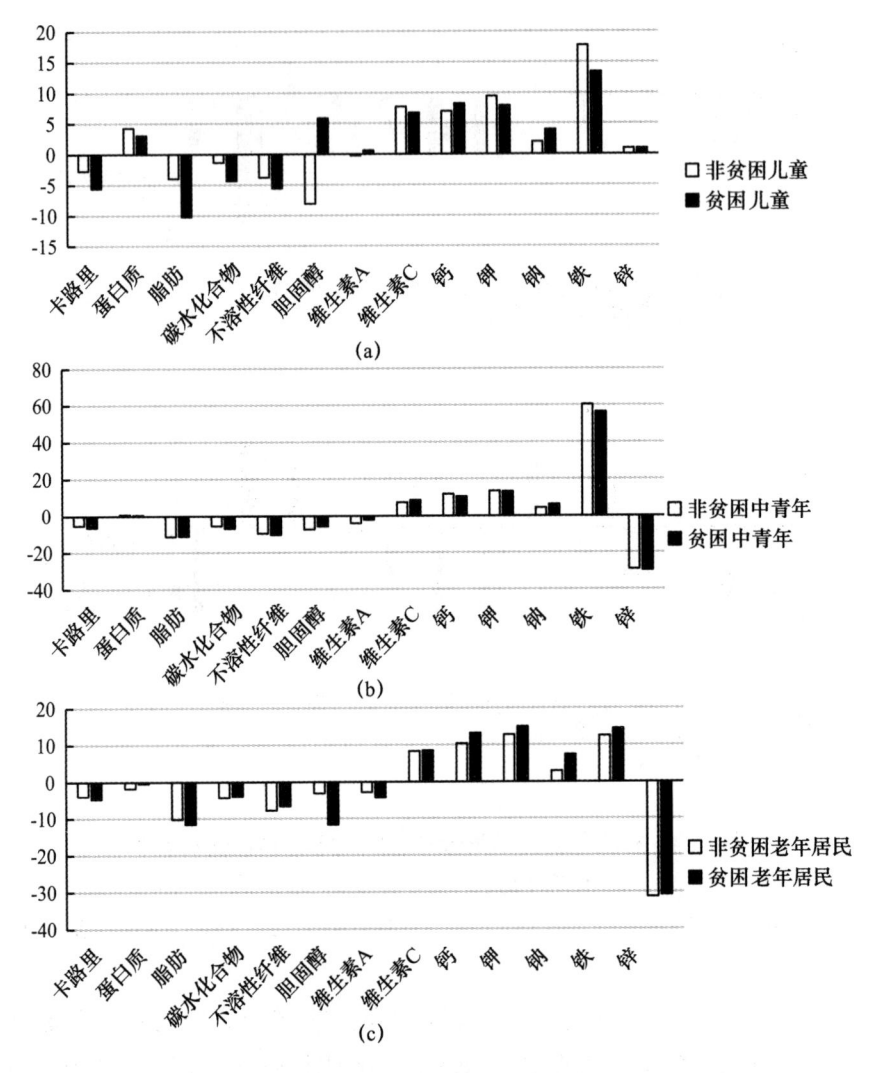

图 7-3 农村非贫困与贫困家庭儿童（a）、中青年（b）、老年（c）标准人营养素摄入量差异

注：图中所示数字为（男性营养素摄入量－女性营养素摄入量）/女性营养素摄入量×100。

C、钙、钾、钠及铁元素外,其蛋白质及锌元素的摄入量也高于女性,此外,贫困家庭中男童的胆固醇摄入量也高于女童,仅有能量、脂肪、碳水化合物及不溶性纤维的摄入量低于女性,因此无论是否贫困,在农村家庭儿童的营养分配中,仍然存在重男轻女的现象。

第二节　收入增长对农村贫困家庭内部营养分配的影响

接下来,本小节采用双向固定效应模型,分别测算了农村贫困家庭不同类型成员的营养素—收入弹性及不同成员相对营养充足率的收入弹性,衡量收入增长对于农村贫困家庭内部营养分配的影响;采用非对称模型,进一步验证了农村贫困家庭内部营养分配对于收入(支出)变动的非对称反应。

一　农村贫困家庭不同成员营养素—收入弹性的估计

了解农村非贫困家庭及贫困家庭不同类型成员的营养素摄入状况后,接下来,基于农村贫困家庭成员营养素消费数据,采用双向固定效应模型,分组估计贫困家庭不同类型成员的营养素收入弹性。双向固定效应模型的设定为:

$$\ln NUT_{ighct} = \beta_{0g} + \beta_{1g}\ln I_{ighct} + \delta_g Z_{hct} + \gamma_g V_{ighct} + FE_{gt} + \alpha_{gc} + \varepsilon_{ighct}$$

(7-2)

其中,i 表示个人,g 表示组别,$g = mc, ma, mo, fc, fa, fo$,分别指代 1—18 岁的男童、18—60 岁的中青年男性、60 岁以上的老年男性、1—18 岁的女童、18—60 岁的中青年女性、60 岁以上的老年女性;h 表示家庭,c 表示村庄,Z_{hct} 为家庭 h 第 t 年的家庭人口特征变量,V_{ighct} 为家庭 h 中个人 i 第 t 年的人口特征变量,其包含的变量除模型(7-1)中的变量外,还在老年成员的估计模型中加入

"平均每月退休金"这一变量。α_{gc} 表示村庄固定效应①，FE_t 表示年份固定效应。此外，模型中加入了以 2011 年 CPI 平减的稻米、小麦、粗粮、食用油、鸡蛋、调味品、蔬菜、水果、猪肉、牛肉、羊肉、鸡肉、奶制品、水产品、干豆类及制品、酒类、饮料共 17 种食物的实际价格。另外，为了解决收入的内生性问题，与农村家庭营养素—收入弹性的估计方式一致，对模型采用 IV-FE 方法进行估计，同时为了控制不同人口特征对营养素消费量的影响，使用标准人营养素摄入量作为因变量。

表 7 – 15 分别列出了农村非贫困家庭与贫困家庭男性及女性营养素摄入量的收入弹性，其他变量的估计结果见附表 – 21 至附表 – 24。研究结果表明，农村家庭男性和女性成员大部分营养素的收入弹性均为正值，表明随着收入的提高，其大部分营养素摄入状况将会得到改善。比较非贫困家庭与贫困家庭的弹性可以发现，非贫困家庭的弹性除女性的蛋白质、胆固醇和钠元素外，普遍低于贫困家庭，再次表明，收入的提高对于改善农村贫困家庭营养素摄入量影响更为显著。从不同性别来看，农村家庭，无论是非贫困家庭还是贫困家庭，男性对能量及大多数营养素的收入弹性都高于女性，且贫困家庭中男性与女性多数营养素弹性的差异远高于非贫困家庭。

表 7 – 15　农村非贫困家庭与贫困家庭不同性别营养素摄入量的收入弹性

营养素	非贫困家庭		贫困家庭	
	男性	女性	男性	女性
能量	0.154 ***	0.131 ***	0.329 **	0.179 **
	(0.020)	(0.020)	(0.141)	(0.075)
蛋白质	0.234 ***	0.205 ***	0.386 **	0.156 *
	(0.023)	(0.023)	(0.162)	(0.088)

---

① 由于贫困家庭中儿童及老年群体数量较少，若加入家庭固定效应，则会占用过多的自由度，影响估计的准确性，因此仅加入村庄固定效应。

续表

营养素	非贫困家庭		贫困家庭	
	男性	女性	男性	女性
脂肪	0.307***	0.302***	0.462**	0.293**
	(0.035)	(0.036)	(0.187)	(0.125)
碳水化合物	0.044**	0.029	0.217*	0.132
	(0.020)	(0.019)	(0.135)	(0.083)
不溶性纤维	0.073***	0.070**	0.340*	0.328***
	(0.025)	(0.026)	(0.180)	(0.116)
胆固醇	0.462***	0.451***	0.951**	0.245
	(0.056)	(0.051)	(0.411)	(0.256)
维生素 A	0.120***	0.121***	0.498**	0.261*
	(0.041)	(0.036)	(0.217)	(0.140)
维生素 C	0.002	-0.012	0.197	0.282**
	(0.038)	(0.037)	(0.182)	(0.137)
钙	0.198***	0.220***	0.480***	0.282***
	(0.031)	(0.029)	(0.186)	(0.109)
钾	0.154***	0.124***	0.311**	0.264***
	(0.023)	(0.023)	(0.145)	(0.099)
钠	0.068*	0.066*	0.122	0.045
	(0.038)	(0.039)	(0.210)	(0.139)
铁	0.201***	0.092***	0.382**	0.153*
	(0.024)	(0.025)	(0.151)	(0.081)
锌	0.160***	0.183***	0.287**	0.211**
	(0.021)	(0.022)	(0.134)	(0.082)
样本量	12887	13190	2823	3218

注：①括号内为聚类到村庄的稳健标准误。②"*""**"和"***"分别表示在10%、5%、1%的水平上显著。③双向固定效应控制到村庄，部分村庄的样本由于无重复数据而被剔除，因此样本量小于总样本量。

结合表7-7中列出的农村非贫困居民和贫困居民营养素摄入量的男女差异，男性蛋白质、维生素C、钙、钾、钠、铁等营养素的摄入量均高于女性，但这些营养素除维生素 C 及钠元素外，男性对其他营养素的弹性均高于女性，因而随着收入的增长男性对这些营养素的摄入量将会进一步提高，男女的差异将会进一步扩大，而对于能量、脂肪、碳水化合物、胆固醇、维生素 A 及锌元素等女性摄入量较高的营养素，随着收入的增长，男性摄入量的增长程度高于女性，因而男女对这些营养素摄入量的差异将会缩小。因此，总体来看，贫困家庭中依然是对男性更为"偏爱"，在控制了日常劳动强度、受教育程度及年龄等因素的情况下，收入提高后男性居民营养状况的改善程度要显著高于女性。

表 7-16 分别列出了农村非贫困家庭与贫困家庭儿童、中青年及老年人营养素摄入量的收入弹性，其他变量的估计结果见附表-25 至附表-30。表 7-16 显示，非贫困家庭中，除碳水化合物、不溶性纤维外，老年人其他营养素的收入弹性皆高于儿童及中青年，对于儿童，其蛋白质、钙、钾、铁元素的收入弹性高于中青年，其他营养素的收入弹性则小于或等于中青年，因而家庭收入提高后，农村非贫困家庭将会首先提高老年人的营养素摄入量。但值得注意的是，其钠元素的弹性也相对较高，且在 5% 的水平上显著，表明随着收入的提高其钠元素的摄入量将会提高，而过高的钠元素摄入量对于老年居民的健康状况有害无益；同时，儿童蛋白质及钙元素等营养素摄入量的改善程度也会高于中青年，但儿童能量、胆固醇、维生素 A 的改善程度较低，同时，其维生素 C 的摄入量将会随着家庭收入的提高而下降。

农村贫困家庭的情况则不容乐观，表 7-16 中数据显示，农村贫困家庭中中青年居民营养素的收入弹性普遍高于非贫困家庭，收入提高后，其营养素摄入量将会显著提高，但儿童及老年居民的营养素弹性则基本都很低，除脂肪、胆固醇、维生素 A、钙元素外，儿童其他营养素的弹性数值基本接近零，而其脂肪、胆固醇、钙元素的弹性虽然数值较高，但并不显著；老年居民则只有不溶性纤维的弹性较高且在 10% 的水平上显著，其维生素 A、维生素 C、钙、钾、铁等营养素的弹性虽然很高，但都不显著，表明不同家庭差异较大。因此，对于农村贫困家庭，收入提高后，大部分家庭会首先改善中青年成员的营养状况，提高其绝大多数重要营养素的摄入量，而儿童与老年的营养状况则受到轻视，尤其是儿童，即使不考虑弹性的显著性，其弹性的数值也多数低于中青年及老年，因此随着家庭收入的提高，农村贫困家庭内部原本就存在的不公平程度可能会进一步提高。

表7-17列出了农村非贫困家庭与贫困家庭内部不同性别儿童与中青年成员的营养素—收入弹性，其他变量的估计结果见附表-31至附表-38。如表7-17所示，分别比较非贫困家庭与贫困家庭男童与女童的正向营养素弹性可以发现，非贫困家庭中，男童的能量、脂肪、钙、钾及锌元素等营养素的弹性高于女童，女童则是蛋白质、胆固醇和铁元素的弹性较高；贫困家庭中，儿童营养素弹性的估算结果与表7-16类似，大部分都不显著，若仅考虑弹性数值，则男童的能量、蛋白质、脂肪、胆固醇、维生素A、钙、钠、锌元素的弹性均高于女童，且大部分弹性的差异较大，而女童则仅有不溶性纤维、维生素C、钾、铁元素的弹性较高。

表7-16　农村非贫困家庭与贫困家庭不同年龄阶段营养素摄入量的收入弹性

营养素	非贫困家庭			贫困家庭		
	儿童	中青年	老年	儿童	中青年	老年
能量	0.084**	0.100***	0.131***	0.009	0.228**	-0.035
	(0.036)	(0.017)	(0.043)	(0.090)	(0.095)	(0.153)
蛋白质	0.170***	0.146***	0.208***	0.050	0.180*	-0.025
	(0.042)	(0.019)	(0.046)	(0.116)	(0.102)	(0.186)
脂肪	0.263***	0.268***	0.407***	0.301	0.418***	-0.389
	(0.061)	(0.030)	(0.079)	(0.206)	(0.152)	(0.318)
碳水化合物	-0.048	0.001	-0.053	-0.083	0.143	0.093
	(0.040)	(0.018)	(0.038)	(0.103)	(0.093)	(0.178)

续表

营养素	非贫困家庭			贫困家庭		
	儿童	中青年	老年	儿童	中青年	老年
不溶性纤维	-0.051	0.026	0.004	-0.062	0.185*	0.648*
	(0.052)	(0.023)	(0.051)	(0.143)	(0.110)	(0.352)
胆固醇	0.338***	0.420***	0.664***	0.275	0.813**	-0.252
	(0.102)	(0.046)	(0.115)	(0.389)	(0.334)	(0.557)
维生素A	0.032	0.103***	0.110*	0.399*	0.197	0.321
	(0.078)	(0.037)	(0.065)	(0.231)	(0.172)	(0.369)
维生素C	-0.203***	-0.041	-0.036	-0.229	0.153	0.329
	(0.064)	(0.035)	(0.069)	(0.179)	(0.143)	(0.377)
钙	0.167***	0.068***	0.178***	0.250	0.103	0.299
	(0.059)	(0.025)	(0.056)	(0.178)	(0.113)	(0.236)
钾	0.080*	0.069***	0.138***	-0.080	0.196*	0.292
	(0.047)	(0.020)	(0.047)	(0.117)	(0.110)	(0.236)
钠	0.080	0.052	0.205**	-0.044	-0.044	-0.272
	(0.064)	(0.039)	(0.089)	(0.237)	(0.170)	(0.312)
铁	0.099**	0.093***	0.101**	-0.007	0.155*	0.162
	(0.042)	(0.021)	(0.046)	(0.113)	(0.090)	(0.172)
锌	0.099**	0.110***	0.156***	0.051	0.175*	-0.060
	(0.039)	(0.018)	(0.045)	(0.103)	(0.096)	(0.164)
样本量	4053	16832	5190	1249	3313	1459

注：①括号内为聚类到村庄的稳健标准误。②"*""**"和"***"分别表示在10%、5%、1%的水平上显著。③双向固定效应控制到社区，部分社区的样本由于无重复数据而被剔除，因此样本量小于总样本量。

表7-17　农村非贫困家庭与贫困家庭儿童和中青年群体营养素摄入量的收入弹性

营养素	非贫困家庭				贫困家庭			
	男童	女童	中青年男性	中青年女性	男童	女童	中青年男性	中青年女性
能量	0.080*	0.057	0.106***	0.095***	0.079	-0.037	0.368**	0.137*
	(0.041)	(0.057)	(0.019)	(0.019)	(0.160)	(0.108)	(0.152)	(0.079)

续表

营养素	非贫困家庭				贫困家庭			
	男童	女童	中青年男性	中青年女性	男童	女童	中青年男性	中青年女性
蛋白质	0.166***	0.178**	0.151***	0.139***	0.278	−0.089	0.387**	0.050
	(0.044)	(0.072)	(0.020)	(0.021)	(0.240)	(0.144)	(0.166)	(0.088)
脂肪	0.287***	0.199**	0.263***	0.275***	0.672	0.161	0.422**	0.377***
	(0.071)	(0.100)	(0.032)	(0.033)	(0.509)	(0.212)	(0.205)	(0.141)
碳水化合物	−0.045	−0.073	0.008	−0.005	−0.090	−0.076	0.293**	0.057
	(0.046)	(0.060)	(0.021)	(0.020)	(0.194)	(0.110)	(0.149)	(0.083)
不溶性纤维	−0.015	−0.056	0.029	0.028	−0.354	0.093	0.339*	0.089
	(0.065)	(0.072)	(0.025)	(0.026)	(0.305)	(0.169)	(0.175)	(0.096)
胆固醇	0.222**	0.429**	0.430***	0.411***	0.679	−0.125	1.214**	0.597**
	(0.113)	(0.168)	(0.056)	(0.047)	(0.708)	(0.450)	(0.557)	(0.287)
维生素A	0.050	0.018	0.101**	0.105***	0.769*	0.352	0.386	0.087
	(0.095)	(0.109)	(0.041)	(0.040)	(0.453)	(0.245)	(0.268)	(0.147)
维生素C	−0.129	−0.209**	−0.047	−0.037	−0.904*	0.202	0.314	0.064
	(0.085)	(0.098)	(0.037)	(0.038)	(0.522)	(0.198)	(0.233)	(0.118)
钙	0.180**	0.119	0.049*	0.085***	0.462	0.085	0.237	0.013
	(0.072)	(0.090)	(0.026)	(0.029)	(0.351)	(0.173)	(0.166)	(0.107)
钾	0.106**	0.084	0.076***	0.062***	−0.223	0.031	0.316*	0.120
	(0.052)	(0.072)	(0.021)	(0.022)	(0.239)	(0.140)	(0.168)	(0.095)
钠	0.079	0.088	0.068	0.041	0.304	0.045	0.094	−0.154
	(0.077)	(0.108)	(0.042)	(0.041)	(0.472)	(0.238)	(0.243)	(0.155)
铁	0.084*	0.115*	0.084***	0.082***	−0.036	0.026	0.258*	0.041
	(0.045)	(0.061)	(0.021)	(0.023)	(0.189)	(0.127)	(0.150)	(0.073)
锌	0.103**	0.079	0.115***	0.102***	0.334	−0.025	0.350**	0.067
	(0.044)	(0.063)	(0.020)	(0.021)	(0.227)	(0.116)	(0.153)	(0.080)
样本量	2251	1798	8115	8717	659	553	1498	1792

注：①括号内为聚类到村庄的稳健标准误。②"*""**"和"***"分别表示在10%、5%、1%的水平上显著。

总结上述现象可以发现，农村家庭中较为缺乏的维生素A、钙等营养素的收入弹性均为男性高于女性,同时,贫困家庭男童营养素弹性高于女童的数量更多,不同性别儿童之间的弹性差异更大。因此,农村家庭对于男童更为"偏爱",而贫困家庭这一现象则更为突出。中青年男性也表现出如此趋势,非贫困家庭的中青年成员中,同样是男性的营养素弹性较高的数量较高,贫困家庭内中青年男性各类营养素弹性普遍高于中青年女性及非贫困家庭的中青年成员,且大部分营养素弹性至少在10%的水平上显著,因此相对于中青年女性,贫困家庭对于中青年男性的"偏爱"程度也很高。

表7-18列出了农村非贫困家庭与贫困家庭内部老年居民的营养素—收入弹性,其他变量的估计结果见附表-39至附表-42。如表7-18所示,非贫困家庭老年成员大部分营养素的收入弹性是显著的,且其弹性数值较大,与其他年龄段的估计结果相同,老年居民中同样存在男性各类营养素的收入弹性高于女性的情况。

表7-18　农村非贫困家庭与贫困家庭老年群体营养素摄入量的收入弹性

营养素	非贫困家庭		贫困家庭	
	老年男性	老年女性	老年男性	老年女性
能量	0.175 ***	0.115 **	-0.030	-0.152
	(0.050)	(0.053)	(0.168)	(0.161)
蛋白质	0.242 ***	0.209 ***	-0.116	-0.036
	(0.051)	(0.056)	(0.190)	(0.179)
脂肪	0.420 ***	0.436 ***	-0.023	-0.583 *
	(0.086)	(0.101)	(0.307)	(0.312)
碳水化合物	-0.001	-0.100 **	-0.104	0.067
	(0.048)	(0.045)	(0.183)	(0.176)
不溶性纤维	0.060	-0.052	-0.042	0.556 *
	(0.057)	(0.063)	(0.247)	(0.309)
胆固醇	0.694 ***	0.680 ***	0.652	-0.532
	(0.130)	(0.147)	(0.554)	(0.571)

续表

营养素	非贫困家庭		贫困家庭	
	老年男性	老年女性	老年男性	老年女性
维生素 A	0.183 **	0.041	0.533	-0.028
	(0.078)	(0.077)	(0.455)	(0.343)
维生素 C	0.048	-0.112	-0.015	-0.073
	(0.083)	(0.081)	(0.333)	(0.369)
钙	0.225 ***	0.155 **	0.007	0.234
	(0.063)	(0.066)	(0.227)	(0.225)
钾	0.183 ***	0.117 **	-0.099	0.223
	(0.052)	(0.056)	(0.197)	(0.231)
钠	0.130	0.305 ***	-0.046	-0.428
	(0.093)	(0.116)	(0.274)	(0.365)
铁	0.111 **	0.106 *	-0.072	0.128
	(0.051)	(0.056)	(0.168)	(0.182)
锌	0.202 ***	0.136 **	-0.095	-0.118
	(0.050)	(0.053)	(0.176)	(0.173)
样本量	2515	2668	608	817

注：①括号内为聚类到村庄的稳健标准误。②"*""**"和"***"分别表示在10%、5%、1%的水平上显著。

贫困家庭老年居民的状况则相反，大部分营养素的收入弹性并不显著，除老年女性的不溶性纤维、钙、钾、铁元素及老年男性的胆固醇、维生素 A 外，大部分营养素的弹性数值较小或为负值，且贫困家庭中老年居民不同营养素收入弹性的性别差异并不一致，因而随着收入的提高，非贫困家庭中存在老年成员分配偏向于男性的趋势，而贫困家庭老年居民的营养素分配中并不会明显地倾向于男性。

二 收入增长对于农村贫困家庭营养素分配不公平程度的影响

营养素—收入弹性反映了收入变化1%引起的营养素摄入量变化的百分比，上一小节中测算的不同人群的弹性可以分别反映该人群营养素摄入量随收入的变化，我们可以据此预测收入增长后不同人群营养素摄入量的变化趋势，但却无法具体反映收入增长对于农村非贫困家庭与贫困家庭中营养素分配不公平程度的影响。因此，本小节将直接估算收入的变化对家庭内部营养分配不公平程度的影响。

使用家庭成员相对营养充足率（Relative Nutrient Adequacy Ratio，RNAR）来衡量家庭成员营养素摄入量的不公平程度：

$$RNAR_{i,j} = \frac{Intake_{g_i}}{Intake_{g_j}} \quad (7-3)$$

即家庭中组 i 与组 j 营养素 k 的充足率比值（g_i, $g_j = mc$, ma, mo, fc, fa, fo），为了控制人口营养素需求差异对营养素消费量的影响，使用标准人营养素摄入量进行计算。进一步，采用双向固定效应模型估算收入等关键变量对家庭分配不公平程度的影响。

$$RNAR_{htg_{i,j}} = \beta_{0g_{i,j}} + \beta_{1g_{i,j}} \ln I_{ht} + \delta_{g_{i,j}} Z_{ht} + FE_{tg_{i,j}} + \alpha_{hg_{i,j}} + \varepsilon_{htg_{i,j}} \quad (7-4)$$

其中，Z_{ht} 为家庭 h 第 t 年的家庭人口特征变量，包括家庭男性成员比例、家庭老年人及未成年人比例、平均受教育程度、平均日常劳动强度、膳食知识认知水平以及家庭规模（见表5-2）；FE_t 为时间固定效应；α_h 为家庭固定效应；ε_{ht} 为误差项。此外，模型中加入了以2011年CPI平减的稻米、小麦、粗粮、食用油、鸡蛋、调味品、蔬菜、水果、猪肉、牛肉、羊肉、鸡肉、奶制品、水产品、干豆类及制品、酒类、饮料共17种食物的实际价格。为了解决收入的内生性问题，与家庭营养素—收入弹性的估计方式一致，对模型采用IV-FE方法估计。

表7-19列出了农村非贫困与贫困家庭儿童、中青年、老年人营养素摄入量性别比的收入弹性，其他变量的估计结果见附表-43—附表-48。表7-19显示，非贫困家庭内，随着收入的提高，对于大部分营养素，女童摄入量与男童摄入量的比值不会发生显著变化，其能量与碳水化合物的比值显著提高，结合其蛋白质和脂肪比值呈下降趋势的情形，随着收入的提高，女童碳水化合物摄入量的相对提高将会带动其能量摄入量的提高，而其钾、钠元素的比值则会显著下降，即相对于男童，女童摄入量的改善程度较低。

表7-19　农村非贫困与贫困家庭不同年龄人群营养素摄入量性别比的收入弹性

营养素	非贫困家庭			贫困家庭		
	儿童	中青年	老年	儿童	中青年	老年
能量	0.166*	-0.097***	0.048	-0.174	-0.101	-0.111
	(0.097)	(0.017)	(0.121)	(0.216)	(0.084)	(0.189)
蛋白质	-0.051	-0.056***	0.137	-0.352	-0.039	0.107
	(0.115)	(0.017)	(0.127)	(0.267)	(0.083)	(0.207)
脂肪	-0.057	-0.085***	-0.017	-0.204	-0.104	-0.345
	(0.103)	(0.016)	(0.101)	(0.230)	(0.079)	(0.256)
碳水化合物	0.230*	-0.095***	0.046	-0.051	-0.147	0.145
	(0.119)	(0.020)	(0.148)	(0.221)	(0.099)	(0.201)
不溶性纤维	0.055	-0.082***	0.254*	0.402	-0.290**	0.120
	(0.123)	(0.021)	(0.142)	(0.380)	(0.117)	(0.235)
胆固醇	0.208	-0.112***	0.499	-1.359***	-0.328*	0.411
	(0.201)	(0.040)	(0.342)	(0.492)	(0.181)	(0.491)
维生素A	0.071	-0.001	0.662***	0.558	-0.254**	0.182
	(0.146)	(0.025)	(0.232)	(0.467)	(0.112)	(0.363)
维生素C	-0.052	0.020	0.594**	1.286**	-0.300**	-0.222
	(0.164)	(0.025)	(0.232)	(0.546)	(0.128)	(0.423)
钙	0.006	-0.009	0.436**	-0.290	-0.028	-0.135
	(0.126)	(0.019)	(0.165)	(0.218)	(0.087)	(0.180)
钾	-0.273**	-0.045**	0.263**	-0.060	-0.105	0.054
	(0.121)	(0.017)	(0.129)	(0.260)	(0.079)	(0.191)
钠	-0.214*	-0.010	-0.032	-0.128	-0.059	-0.194
	(0.110)	(0.012)	(0.066)	(0.088)	(0.043)	(0.157)
铁	-0.109	-0.053**	0.138	0.485	-0.333***	-0.101
	(0.109)	(0.021)	(0.116)	(0.391)	(0.120)	(0.213)
锌	-0.167	-0.040**	0.165	-0.150	-0.039	0.077
	(0.118)	(0.017)	(0.126)	(0.220)	(0.083)	(0.179)
样本量	1031	14664	1168	443	2644	256

注：①表中模型的因变量为儿童/中青年/老年女性营养素摄入量与男性营养素摄入量的比值的对数形式。②括号内为聚类到村庄的稳健标准误。③"*""**"和"***"分别表示在10%、5%、1%的水平上显著。

非贫困家庭内，中青年营养素摄入量的性别差异则更为显著，随着收入的增长，相对于中青年男性，中青年女性能量、蛋白质、脂肪、碳水化合物、不溶性纤维、胆固醇、钾、铁、锌等营养素摄入量的改善程度均较低；而女性与男性维生素A、维生素C、钙元素与钠元素的摄入量则会同步变化。老年人的情况则与儿童及中青年相反，随着收入的增长，相对于老年男性，老年女性不溶性纤维、维生素A、维生素C、钙、钾的摄入量将会上升，意味着收入增长会降低非贫困家庭老年成员营养素摄入量的性别差异。

农村贫困家庭内，从数值上看，无论是儿童还是中青年，女性与男性对大部分营养素摄入量的比值都随着收入的增长而下降，且相对于非贫困家庭，贫困家庭儿童与中青年人的性别比变动幅度更大；然而从显著性来看，仅有少数模型的系数是显著的，对于儿童，仅胆固醇的女/男比值呈显著下降趋势，维生素C的女/男比值则呈显著上升趋势；中青年群体中显著的系数较多，随着收入的增长，中青年女性与男性对不溶性纤维、胆固醇、维生素A、维生素C、铁的摄入量的比值将会显著下降。但贫困家庭中，老年人摄入量性别比的收入弹性皆不显著，表明随着收入的增长，老年成员营养素摄入量的性别差异不会发生显著变化。

表7-20列出了农村非贫困家庭与贫困家庭儿童或老年人与中青年营养素摄入量比例的收入弹性，其他变量的估计结果见附表-49—附表-52。由表7-20可以看出，无论是非贫困家庭还是贫困家庭，随着收入的增长，儿童与中青年对于能量及大部分营养素摄入量的比值将会显著下降（收入的系数为负），而比较非贫困家庭与贫困家庭可以发现，贫困家庭内部儿童与中青年营养素摄入量比值的收入弹性的绝对值较高，表明随着收入的提高，贫困家庭内部儿童受到的不公平待遇将会更为严重。

农村家庭老年居民的营养分配状况优于儿童，表7-20显示，随着收入的增长，农村非贫困家庭中老年居民对脂肪、不溶性纤维、胆固醇、维生素A、维生素C、钙、钾及锌元素的摄入量与中青年对同类营养素摄入量的比值随着收入的增长将会显著提高,而仅有钠元素呈现相反趋势,表明收入的增长带来的农村非贫困家庭老年成员营养状况的改善程度高于中青年成员。贫困家庭中老年成员面临的不公平状况同样优于儿童,虽然大部分营养素老年人与中青年营养素摄入量比值的收入弹性并不显著,但从数值上看,老年成员仅有钠元素摄入量的提高程度显著低于中青年人,同时其碳水化合物摄入量的提高程度高于中青年。因此,农村非贫困家庭内部,随着收入的增长,儿童营养状况的改善程度最低,老年人的改善程度则高于中青年成员;农村贫困家庭内部儿童营养状况的改善程度不仅显著低于中青年,且其各类营养素的不公平程度都高于非贫困家庭,老年人部分营养素摄入状况的改善程度略低于中青年,但总体差异较小。

表7-20　　　　农村非贫困与贫困家庭儿童/老年人与中青年营养素摄入量比例的收入弹性

营养素	非贫困家庭		贫困家庭	
	儿童—中青年	老年—中青年	儿童—中青年	老年—中青年
能量	-0.132***	0.070	-0.175*	0.071
	(0.035)	(0.045)	(0.096)	(0.051)
蛋白质	-0.196***	0.077	-0.267**	0.084
	(0.041)	(0.049)	(0.122)	(0.055)
脂肪	-0.030	0.106**	-0.013	0.022
	(0.033)	(0.047)	(0.065)	(0.035)
碳水化合物	-0.215***	0.028	-0.215**	0.144**
	(0.043)	(0.050)	(0.110)	(0.064)
不溶性纤维	-0.166***	0.106**	-0.193*	0.085
	(0.043)	(0.051)	(0.102)	(0.058)
胆固醇	0.015	0.210*	-0.541**	0.022
	(0.087)	(0.118)	(0.221)	(0.083)

续表

营养素	非贫困家庭		贫困家庭	
	儿童—中青年	老年—中青年	儿童—中青年	老年—中青年
维生素 A	-0.046	0.331***	-0.128	0.051
	(0.055)	(0.069)	(0.113)	(0.051)
维生素 C	-0.139**	0.391***	-0.231*	0.096
	(0.063)	(0.087)	(0.131)	(0.079)
钙	-0.094*	0.089*	-0.005	0.033
	(0.049)	(0.052)	(0.099)	(0.046)
钾	-0.134***	0.101**	-0.101	0.076
	(0.040)	(0.047)	(0.095)	(0.050)
钠	-0.101***	-0.127***	0.063	-0.067***
	(0.030)	(0.030)	(0.053)	(0.023)
铁	-0.172***	-0.050	-0.261**	0.051
	(0.040)	(0.050)	(0.117)	(0.059)
锌	-0.118***	0.201***	-0.278**	0.039
	(0.038)	(0.053)	(0.117)	(0.046)
样本量	11581	6472	2980	1600

注：①括号内为聚类到村庄的稳健标准误。②"*""**"和"***"分别表示在10%、5%、1%的水平上显著。

三 农村贫困家庭营养支出弹性的非对称性

以往的许多研究通过比较个人特定消费的收入和价格弹性来检验家庭内部不平等的存在和程度，但对于弹性大小的解释却存在争论。不成比例的高收入或价格弹性到底意味着高优先级还是低优先级，取决于收入或价格变化的方向。例如，当家庭收入增长强劲时，消费的高收入弹性对个人有利，但在不利时期则意味着更大的冲击。因此，家庭的消费行为和资源配置在压力时期和过剩时期可能不同，不考虑消费行为反应的非对称性，可能会掩盖重要的家庭内部行为。为进一步验证农村贫困家庭内部营养分配对于收入（支出）变动的非对称反应，本小节采用非对称模型对我国农村家庭的营养分配行为进行更加深入的研究。

由于采用单一营养素指标无法反映整体营养状况，而若如上文，同时估计家庭内部不同类型的成员在收入增长和收入下降时13种营养素的收入弹性，则很难取得一致的结论，因此本小节采用平均营养素充足程度指标来反映农村居民的营养摄入状况。另外，由于农村贫困家庭面临的营养不足问题更为严重，因此本小节在测算贫困家庭不同群体的营养状况时，重点关注其营养素摄入不足状况。具体地，本书测算了能量、蛋白质、不溶性纤维与6个关键微量营养素维生素A、维生素C、钙、钾、铁、锌摄入量充足程度的均值，同时，将充足程度高于100%的调整为100%。

由于收入变动对于家庭营养分配并不直接产生影响，而是通过影响食物支出进而影响家庭的营养分配。一般来说，家庭在面对收入的变动时，可能会采取不同的应对手段，以平衡家庭消费，因此，本小节以家庭食物支出变动作为收入变动的代理变量，以防止不同家庭在收入增长和下降时采取不同的策略，而对家庭营养分配不公平程度的测算产生偏差。具体地，本书借鉴 Villa 等（2011）的方法，构建线性对数模型测算不同家庭成员的营养素—支出弹性，检验不同类型的家庭成员之间营养素—支出弹性的差异，并通过加入家庭支出高于和低于平均支出的虚拟变量，检验营养素对于支出变动的非对称性反应。另外，由于 CHNS 数据中未提供总支出数据，因此，本书利用17种食物的价格和消费数量计算家庭食物支出。

首先构建对称性基准模型如下：

$$\ln SN_{ihct} = \sum_{g=1}^{g} H_{ihct}^{g} [\alpha^{g} + \beta^{g} \ln Y_{hct}] + \theta X_{ihct} + r Z_{hct} \\ + w P_{ct} + FE_{t} + \alpha_{h} + \varepsilon_{ihct} \quad (7-5)$$

其中，i 表示个体，h 为家庭，c 为村庄，t 指年份，SN 为营养素平均充足程度。Y_{ht} 表示以2011年CPI平减的家庭 h 第 t 年人均食物支出；g 表示家庭成员类型，分别为男童、女童、中青年男性、中青年女性、老年男性和老年女性，H_{ihct}^{g} 则为家庭成员类型的虚拟变量；X_{iht} 为个体的特征变量，包括劳动强度和受教育程度；Z_{ht} 为家庭特征变量，包括家庭平均膳食知识水平、家庭规模及户主的性别、年龄。另外，由于模型（7-5）不需要针对不同的人群进行单独估计，因此在模型中加入更为细致的家庭结构情况，包括家庭中男童、女童、青壮年男性、青壮年女性和老年男性的比例；P_{ct} 为以 2011 年 CPI 平减的稻米、小麦、粗粮、食用油、鸡蛋、调味品、蔬菜、水果、猪肉、牛肉、羊肉、鸡肉、奶制品、水产品、干豆类及制品、酒类、饮料 17 种食物的村级实际价格；α_h 表示家庭固定效应，E_t 表示年份固定效应，用以控制家庭食物消费偏好及偏好随时间的变化，ε_{ihct} 为误差项。

模型（7-5）在常用的对数线性模型中加入了家庭成员类型的虚拟变量与家庭人均年支出的交叉项，允许家庭中不同类型成员拥有不同的支出弹性，通过对不同类型家庭成员的系数 β^g 进行相等检验，即可判断家庭成员的支出弹性是否相等。但上述模型无法反映家庭在有利状况和受到冲击时对家庭成员摄入量分配的不对称行为。因此，接下来将模型（7-5）进一步改进，以允许家庭成员在支出增长和支出下降时拥有不同的支出弹性。非对称弹性模型构建如下：

$$\ln SN_{ihct} = \sum_{g=1}^{g} H_{ihct}^g [\alpha^g + \beta_1^g (\ln Y_{hct} - \ln \bar{Y}_{hc}) I_{hct} + \beta_2^g (\ln Y_{hct} - \ln \bar{Y}_{hc})(1 - I_{hct})] + \theta X_{ihct} + r Z_{hct} + w P_{ct} + FE_t + \alpha_h + \varepsilon_{ihct} \tag{7-6}$$

其中，$\bar{Y}_{hc}$ 为家庭 h 的预期支出，这里以家庭支出的跨期平均值为其代理变量。I_{hct} 为指示变量，其取值如下：

$$I_{hct} = \begin{cases} 1, & Y_{hct} \geq \bar{Y}_{hc} \\ 0, & Y_{hct} < \bar{Y}_{hc} \end{cases} \tag{7-7}$$

当家庭支出高于平均支出，即 $I_{hct} = 1$ 时，d 组成员营养状况的支出弹性为：

第七章　收入增长对农村贫困家庭内部营养分配的影响　243

$$\eta_d^+ = \partial \ln N_{ihct}^d / \partial \ln Y_{hct} = \beta_1^d \qquad (7-8)$$

当家庭支出低于预期支出，即 $I_{hct}=0$ 时，d 组成员营养状况的支出弹性为：

$$\eta_d^- = \partial \ln N_{ihct}^d / \partial \ln Y_{hct} = \beta_2^d \qquad (7-9)$$

依据模型（7-6），可通过以下假设检验判断不同类型家庭成员的营养状况对支出变动的反应差异：

H_0：对于所有的 $i \neq j$，均有 $\beta_1^i = \beta_1^j$ 且 $\beta_2^i = \beta_2^j$

H_A：至少存在一个 $\beta_1^i \neq \beta_1^j$ 或 $\beta_2^i \neq \beta_2^j \qquad (7-10)$

通过以下假设检验则可判断家庭群体对于高于和低于家庭平均支出的情形是否存在不对称的行为反应：

H_0：对于所有的 $i \in [1, \cdots, C]$，均有 $\beta_1^i = \beta_2^i$

H_A：至少存在一个 $\beta_1^i \neq \beta_2^i \qquad (7-11)$

若拒绝方程式（7-11），则表明家庭群体营养素摄入量对于支出变动存在不对称的行为反应，因此，应该使用模型（7-6），而非模型（7-5）进行营养支出弹性的测算。

由于非对称模型估计中，采用支出与平均支出之差作为自变量，因此仅保留参与3轮及以上调研的样本，最终采用的样本家庭为8127个，样本个体为23574人，其中，非贫困家庭6626个，样本个体19027人，贫困家庭1501个，样本个体为4547人，为了保证对称模型与非对称模型的一致性，对称模型采用相同的样本。另外，本小节用了与前文同样的方式解决食物支出的内生性问题，但无论是对称模型还是非对称模型，贫困家庭第二阶段回归模型中第一阶段残差项的系数均不显著（见表7-21和表7-23），这主要是由于农村家庭，尤其是贫困家庭在不同情形下的食物支出并不唯一决定于某一群体。同时，加入第一阶段残差项，对非贫困家庭和贫困家庭支出弹性的相等性检验结果均没有影响；FE、IV模型对联合相等检验的F检验结果均表明农村非贫困家庭和贫困家庭不同群体的弹性存在显著差异，且对不同群体营养素弹性的测算结果排序基本一致。因此，本部分的估计结果以FE模型结果为准。

表 7-21 列出了对农村非贫困家庭与贫困家庭对称模型的估计结果，其他变量的估计结果见附表-53（前四列）。结果显示，贫困家庭不同类型成员营养素充足程度的支出弹性普遍高于非贫困家庭，这与营养素收入弹性的结果一致。从数值来看，非贫困家庭不同群体营养素充足程度的支出弹性在 0.276—0.326 之间，其中，儿童的支出弹性高于其他群体，中青年的支出弹性略低于老年群体，但差异较小；性别差异在不同群体中呈现不同的趋势。贫困家庭不同群体的支出弹性在 0.334—0.98 之间，同样是中青年群体的支出弹性较低，这与上一小节中单独回归不同群体的营养素收入弹性的结果略有差异。

表 7-21　农村非贫困与贫困家庭不同群体营养素充足程度的支出弹性—对称模型

	非贫困家庭		贫困家庭	
	FE	IV-FE	FE	IV-FE
男童	0.316***	0.249***	0.398***	0.239*
	(0.015)	(0.038)	(0.026)	(0.131)
女童	0.326***	0.259***	0.382***	0.225*
	(0.013)	(0.038)	(0.025)	(0.129)
中青年男性	0.282***	0.215***	0.356***	0.198
	(0.010)	(0.037)	(0.021)	(0.128)
中青年女性	0.276***	0.209***	0.334***	0.175
	(0.011)	(0.036)	(0.020)	(0.1300)
老年男性	0.298***	0.231***	0.375***	0.216*
	(0.011)	(0.036)	(0.020)	(0.130)
老年女性	0.290***	0.223***	0.385***	0.227*
	(0.012)	(0.037)	(0.021)	(0.131)
第一阶段残差项		0.012***		0.160
		(0.002)		(0.131)

续表

	非贫困家庭		贫困家庭	
	FE	IV-FE	FE	IV-FE
样本量	19027	19027	4547	4547
R^2	0.306	0.306	0.252	0.253
联合检验 F 值①	182.308	180.577	61.546	62.453

注：①检验模型（1）中不同群体的 β 值是否相等，即检验 H_0：对所有的 $i \neq j$, $i, j \in [1, \cdots, C]$，均有 $\beta^i = \beta^j$。当有 19027 个样本、5 个限制条件时，10%、5%、1%对应的 F - 临界值分别为 1.848、2.215 和 3.018；当有 4547 个样本、5 个限制条件时，10%、5%、1%对应的 F - 临界值分别为 1.849、2.216 和 3.021。②括号内为聚类为村庄的稳健标准误。③"*""**"和"***"分别表示在 10%、5%、1%的水平上显著。

弹性估计的单一相等检验结果如表 7 - 22 所示。结果显示，非贫困家庭中，儿童的支出弹性显著高于其他年龄群体，中青年群体的弹性显著低于老年男性；不同群体中均不存在显著的性别差异。贫困家庭中不同群体的弹性差异较非贫困家庭小，儿童的支出弹性仅较中青年高，与老年群体的差异则不显著；中青年女性的弹性低于老年群体，但中青年男性的弹性则与老年群体无显著差异；然而，贫困家庭的中青年群体中存在显著的性别差异，中青年男性的弹性显著高于女性。

表 7 - 22　对称模型（FE）不同群体营养素充足程度支出弹性的相等检验结果

		男童	女童	青壮年男性	青壮年女性	老年男性	老男女性
非贫困	男童	—	-0.010	0.034 ***	0.040 ***	0.018	0.026 **
	女童		—	0.044 ***	0.050 ***	0.028 **	0.036 ***
	中青年男性			—	0.006	-0.016 *	-0.008
	中青年女性				—	-0.022 **	-0.014
	老年男性					—	0.008
	老年女性						—

续表

		男童	女童	青壮年男性	青壮年女性	老年男性	老男女性
贫困	男童	—	0.016	0.042**	0.064***	0.023	0.013
	女童	—	—	0.026	0.048**	0.007	-0.003
	中青年男性	—	—	—	0.022**	-0.019	-0.029
	中青年女性	—	—	—	—	-0.041*	-0.051**
	老年男性	—	—	—	—	—	-0.010
	老年女性	—	—	—	—	—	—

注：①表中差值为横向群体减纵向群体。②"*""**"和"***"分别表示在10%、5%、1%的水平上显著。③限于篇幅，未将 IV-FE 模型结果列出。

表 7-23 列出了对农村非贫困家庭与贫困家庭非对称模型的估计结果，控制变量的估计结果见附表-53（后四列）。以 FE 和 IV 方法估计的非对称模型中对假设 7-10 的 F 检验结果（表 7-23 倒数第二行）均表明①，不同群体的营养充足程度对食物支出变动的反应存在显著差异；同时，对假设 7-11 的 F 检验结果（表 7-23 倒数第一行）则表明②，农村家庭营养分配对于高于和低于家庭平均支出的情形存在显著的不对称行为。因此，以非对称模型估计不同群体的营养素—支出弹性是必要的。值得注意的是，贫困家庭模型的假设 7-11 的检验结果仅略高于临界值。

---

① 当有 19027 个样本、10 个限制条件时，10%、5%、1% 对应的 F-临界值分别为 1.599、1.831、2.322；当有 4547 个样本、10 个限制条件时，10%、5%、1% 对应的 F-临界值分别为 1.600、1.833、2.325。

② 当有 19027 个样本、5 个限制条件时，10%、5%、1% 对应的 F-临界值分别为 1.848、2.215 和 3.018；当有 4547 个样本、5 个限制条件时，10%、5%、1% 对应的 F-临界值分别为 1.849、2.216 和 3.021。

表7-23 农村非贫困与贫困家庭不同群体营养素充足程度的支出弹性—非对称模型

		非贫困家庭		贫困家庭	
		FE	IV-FE	FE	IV-FE
男童	高于平均支出	0.282***	0.219***	0.362***	0.212
		(0.025)	(0.043)	(0.054)	(0.133)
	低于平均支出	0.393***	0.330***	0.457***	0.303**
		(0.040)	(0.055)	(0.064)	(0.147)
女童	高于平均支出	0.280***	0.217***	0.394***	0.247*
		(0.025)	(0.047)	(0.060)	(0.139)
	低于平均支出	0.382***	0.318***	0.333***	0.183
		(0.038)	(0.046)	(0.057)	(0.143)
青壮年男性	高于平均支出	0.233***	0.170***	0.338***	0.186
		(0.017)	(0.038)	(0.039)	(0.126)
	低于平均支出	0.332***	0.269***	0.362***	0.210
		(0.022)	(0.042)	(0.037)	(0.138)
青壮年女性	高于平均支出	0.214***	0.151***	0.319***	0.169
		(0.018)	(0.039)	(0.038)	(0.130)
	低于平均支出	0.330***	0.267***	0.339***	0.186
		(0.021)	(0.041)	(0.039)	(0.138)
老年男性	高于平均支出	0.241***	0.178***	0.391***	0.238*
		(0.017)	(0.038)	(0.046)	(0.134)
	低于平均支出	0.377***	0.313***	0.422***	0.270*
		(0.026)	(0.042)	(0.044)	(0.144)
老年女性	高于平均支出	0.242***	0.180***	0.379***	0.227*
		(0.020)	(0.038)	(0.050)	(0.129)
	低于平均支出	0.329***	0.265***	0.387***	0.235
		(0.029)	(0.047)	(0.047)	(0.146)
第一阶段残差项		0.064**		0.153	
		(0.035)		(0.131)	
样本量		19027	19027	4547	4547
R^2		0.310	0.310	0.252	0.253

续表

	非贫困家庭		贫困家庭	
	FE	IV-FE	FE	IV-FE
假设检验7-10-F值	49.875	50.502	12.522	12.672
假设检验7-11-F值	32.694	32.625	5.453	5.374

注：①括号内为聚类到村庄的稳健标准误。②"*""**"和"***"分别表示在10%、5%、1%的水平上显著。

从弹性数值来看，无论是 FE 模型还是 IV-FE 模型，除贫困家庭的女童外，农村家庭不同群体在支出低于平均支出时弹性普遍较高，而在支出高于平均支出时，弹性则相对较低，表明农村家庭对于支出冲击的反应更为强烈，依据 Shimokawa（2010）的理论，这一结果意味着风险厌恶是导致不对称行为的主要原因，而非流动性约束。然而，表7-24 对不同群体在家庭"富足"（食物支出高于平均支出）时与"贫乏"（食物支出低于平均支出）时支出弹性的单一相等检验结果显示仅非贫困家庭的各类群体（表7-24 最后一列）为显著的，贫困家庭则均不显著，结合贫困家庭联合检验 F 值仅略高于临界值的情况，可以判断，非贫困家庭对于支出冲击的反应更为强烈，而贫困家庭由于长期处于支出不足状态，风险厌恶程度低于非贫困家庭。

表7-24 进一步列出了非对称模型不同群体营养素充足程度支出弹性的相等检验结果。结果显示，贫困家庭不同群体间弹性差异显著的情况较少，支出高于平均支出水平时，不同群体的弹性均无显著性差异，而支出低于平均支出水平时，仅男童和老年男性的弹性均显著高于女童和中青年女性，其他群体之间也不存在显著的差异，即支出受到冲击时，相对于男童和老年男性，女童和中青年女性的摄入量下降幅度较低，因而相对充足程度将会提高。这意味着支出增长无法改变当前贫困家庭分配不均的情形，而只有在支出下

降时，女童和中青年女性在家庭的营养分配状况会有所好转，然而支出下降时所有群体的营养摄入量均将受到负面影响，女童和中青年女性由于当前摄入量偏低因而遭受冲击时下降空间也较低。

表7-24　非对称模型（FE）不同群体营养素充足程度支出弹性的相等检验结果

		男童	女童	中青年男性	中青年女性	老年男性	老年女性	差值
非贫困	男童	—	0.002	0.049**	0.068***	0.041*	0.04*	-0.111**
	女童	0.011	—	0.047**	0.066***	0.039	0.038	-0.102*
	中青年男性	0.061*	0.050	—	0.019**	-0.008	-0.028	-0.099***
	中青年女性	0.063*	0.052	0.002	—	-0.027*	-0.028*	-0.116***
	老年男性	0.016	0.005	-0.045*	-0.047*	—	-0.001	-0.136***
	老年女性	0.064	0.053	0.003	0.001	0.048*	—	-0.087**
贫困	男童	—	-0.032	0.024	0.043	-0.029	-0.017	-0.095
	女童	0.124*	—	0.056	0.075	0.003	0.015	0.061
	中青年男性	0.095	-0.029	—	0.019	-0.053	-0.060	-0.024
	中青年女性	0.118*	-0.006	0.023	—	-0.072	-0.060	-0.020
	老年男性	0.035	-0.089*	-0.060	-0.083*	—	0.012	-0.031
	老年女性	0.070	-0.054	-0.025	-0.048	0.035	—	-0.008

注：①表中最后一列差值为同一群体支出高于平均支出与低于平均支出时弹性差值。②除最后一列外，表格右上部分的差值为横向群体减纵向群体，左下部分的差值为纵向群体减横向群体。③"*""**"和"***"分别表示在10%、5%、1%的水平上显著。

非贫困家庭中不同群体间弹性差异显著的情况则较多，支出高于平均支出水平时，儿童的支出弹性显著高于中青年群体，男童的弹性还同时高于老年群体；老年群体的弹性高于中青年女性；此外，中青年群体间存在显著的性别差异，中青年男性的支出弹性显著高于中青年女性。支出低于平均支出水平时，男童的支出弹性同样较高，且其与中青年群体间的差异是显著的，老年男性的支出弹性同样显著高于中青年群体与老年女性。这一结果意味着，支出提高时，儿童的营养状况将得到较高水平的改善，而中青年女性的改善水平则显著低于其他群体；而支出水平受到冲击时，男童与老年男性的营养状况也将受到较大冲击。

值得注意的是，本小节对平均营养充足程度—支出弹性的估计结果与上一小节各类营养素—收入弹性的估计结果存在较大差异，一是由于本小节关注的是营养素较为缺乏的弹性，因而对因变量进行了调整；二是为了检验不同群体之间弹性的差异，将其置于同一个模型下，这与单独估计模型中不同群体具有特定偏好的假设不同，综合估计假设所有群体均具有相同的偏好，仅对于支出变动具有不同的反应，因而模型的设置存在较大差异；三是加入支出高于/低于平均支出的虚拟变量，对结果的估计造成了影响。然而，无论采用哪种方法，我们都可以得到相同的结论，即收入/支出的增长，无法改变当前贫困家庭分配不均的现状。

第三节 本章小结

基于 CHNS 2004—2011 年的数据分析结果，总体来看，农村家庭内部儿童及老年人的营养素摄入状况整体较差，同时农村家庭对儿童的营养分配中，仍然存在重男轻女的现象，贫困家庭营养素摄入量分配的不公平程度高于非贫困家庭。不同类型人群的营养素—收入弹性结果显示，非贫困家庭各类人群大部分营养素的收入弹性均为正值，而贫困家庭中除老年群体外其他各类人群的营养素—收入弹性也基本都是正值，表明收入增长可以改善除贫困老年居民外其他各类人群大部分营养素的摄入状况。农村贫困家庭中中青年居民营养素的收入弹性普遍高于非贫困家庭，收入提高后，其营养素摄入量将会显著提高，但儿童及老年居民的营养素弹性则基本都很低，因此对于农村贫困家庭，收入提高后，中青年居民大部分营养素的改善程度要高于老人与儿童，因而农村贫困家庭内部原本就存在的年龄分配不公平可能会进一步提高。从性别差异来看，对于儿童与中青年，男性大部分营养素弹性高于女性，因此，收入提高后，贫困家庭内部性别分配不公平也将会进一步提高。贫困家庭中老年人的大部分营养素收入弹性不显著，且不存在一致的性别差异。相较贫困家庭，非贫困家庭的性别及年龄偏好程度均较低。

家庭公平程度的度量结果验证了上述结论，无论是儿童还是中青年，收入提高后，相对于男性成员，女性成员的营养素摄入状况的改善程度较低，非贫困家庭中也存在类似的现象，但"偏爱"程度较低。从不同年龄阶段来看，农村非贫困家庭内部，随着收入的增长，儿童营养状况的改善程度最低，老年人的改善程度则高于中青年成员；农村贫困家庭内部儿童营养状况的改善程度不仅显著低于中青年，且其各类营养素的不公平程度都高于非贫困家庭，老年人部分营养素摄入状况的改善程度略低于中青年，但总体差异较小。

对农村贫困家庭内部营养分配对于食物支出变动的非对称反应的研究发现，贫困家庭的非对称反应相对较弱，非贫困家庭则是对支出冲击的反应较支出增加的反应更为强烈。贫困家庭内，食物支出高于平均支出水平时，不同群体的弹性均无显著性差异，而支出低于平均支出水平时，仅男童和老年男性的弹性均显著高于女童和中青年女性，其他群体之间也不存在显著的差异，即支出受到冲击时，相对于男童和老年男性，女童和中青年女性的相对充足程度将会提高。综上所述，无论采用哪种方法，我们都可以得到相同的结论，即收入/支出增长，无法改变当前贫困家庭分配不均的现状。

第八章

研究结论和政策建议

收入增长能否改善农村贫困人口食物与营养保障状况？围绕这一核心问题，基于历史数据，本书深入探究了收入增长对于农村贫困人口食物消费结构、营养摄入状况及家庭内部食物及营养素分配的影响。研究结果表明，收入增长有助于改善农村贫困家庭食物消费结构及营养均衡状况，但可能会加重家庭成员营养素分配不均状况。

第一节 研究结论

以宏观数据为基础，本书首先梳理了中国农村贫困人口的时空演变及现状、农村贫困家庭食物及营养消费的变迁。然后，基于CHNS 2004—2011年个人数据与TAFSS 2021年家庭数据构建的家庭标准人人均食物消费量及营养摄入量数据，采用因子分析与聚类分析相结合的方式将农村家庭按照食物消费模式进行分类，并分析不同膳食偏好人群的营养摄入状况、食物均衡状况及膳食偏好的影响因素。将膳食模式分类结果的虚拟变量纳入食物需求系统模型中，以控制偏好对于食物消费行为的影响，利用解决零消费问题的AIDS模型估计了农村贫困家庭17种食物的收入弹性，并间接估计了能量、三大宏量营养素及不溶性纤维、胆固醇、维生素 A、维生素 C、钙、钾、钠、铁、锌等常量及微量营养素的收入弹性。接下来，利用半参数模型测算了农村家庭人均营养素摄入量、膳食均衡指数与收入的非线性关系，并采用双向固定效应模型直接估计了上述 13 种营养素的收入弹性与膳食均衡指数的收入弹性；进一步，利用营养素的收入弹性及食物与营养素的转换关系模拟并比较了实现相同的营养目标所需的现金转移支付与实物转移支付金额。最后，分别采用虚拟变量模型、家庭成员营养素弹性估计及家庭成员营养素分配不公平程度的弹性估计测算家庭内部营养素分配状况及其对收入增长的影响程度；进一步，采用非对称模型测算验证农村家庭内部营养分配对于食物支出变动的非对称反应。本书的具体研究结论如下。

第一，1978 年以来，中国贫困人口及贫困发生率显著下降。按照"2010 年标准"测算，2020 年，中国农村居民已全部脱贫。但是，相对贫困仍将长期存在，实现共同富裕任重道远。同时，中国低收入人口的营养不良发生率很高，数据显示，中国农村低收入居民仍然面临能量摄入不足，膳食纤维、维生素 A 及钙元素等微量营养素严重缺乏，钠元素摄入过量的问题，低收入人口的营养状况亟待改善。

第二，农村家庭的膳食模式可以分为四至五种（不同年份分类结果不同），不同膳食模式的营养状况差异很大，提高收入、提高家庭平均膳食知识水平都是改善家庭膳食模式的重要方式。基于 CHNS 2004—2011 年数据，利用需求系统模型估算的贫困家庭的食物支出/收入弹性及营养支出/收入弹性普遍高于非贫困家庭。贫困家庭不同食物的收入弹性则在 0.342—0.703 之间，其中，贫困家庭饮料的收入弹性最高，超过 0.7，羊肉、调味品、禽肉的收入弹性次之，均接近或超过 0.6，蛋类、水果、干豆类、食用油的弹性在 0.50—0.60 之间，水产品、牛肉、稻米、小麦、蔬菜、奶类、酒类、粗粮及猪肉的收入弹性皆低于 0.5，其中粗粮及猪肉的收入弹性不超过 0.4。弹性的估计结果表明，贫困家庭无法将提高的有限收入合理地分配于各类食物，在解决食物短缺问题的同时，可能会加重薯类、食用油、调味品等食物的过量问题，而其严重缺乏的奶类、水产品等食物也可能囿于其固有的食物消费习惯而得不到明显改善。利用食物收入弹性间接估算的贫困家庭不同营养素的收入弹性在 0.430—0.578 之间，其中，能量的收入弹性为 0.449，为非贫困家庭的 2 倍多；其碳水化合物、脂肪、蛋白质的弹性在 0.4—0.5 之间；常量及微量营养素中，贫困家庭维生素 A、钙元素、钠元素及胆固醇的收入弹性较高，维生素 C、不溶性纤维、钾、铁、锌的收入弹性相对较低。从不同食物对于营养素—收入弹性的贡献来看，收入的提高带来的大部分营养素摄入量的提高仍然主要依赖于粮油、蔬菜、蛋类及调味品等食品消费量的提高。

第三，半参数估计结果显示农村家庭营养素摄入状况与收入呈现非线性关系，低收入家庭的营养素—收入弹性高于高收入家庭。采用双向固定效应模型估算的营养素—收入弹性显著低于间接估算结果。基于 2004—2011 年 CHNS 数据的研究结果显示，贫困家庭的能量弹性为 0.151，不溶性纤维弹性为 0.330，胆固醇弹性为 0.501，蛋白质、脂肪、维生素 A、维生素 C、钙和钾元素的弹性在 0.21—0.31 之间，碳水化合物、铁和锌元素的弹性在 0.14—0.2 之间，钠元素的弹性则接近于零。因此，虽然收入增长对能量摄入水平影响较小，会带来碳水化合物、脂肪、铁等营养素的摄入过量问题，同时也不会改变钠元素摄入量过多问题，但显著提高了贫困居民缺乏的蛋白质、不溶性纤维、胆固醇、钙、维生素 A、维生素 C 和钾等营养素摄入量，改善了贫困居民的营养均衡状况。2021 年 TAFSS 数据对相对贫困家庭的研究结果显示，收入增长仍然可以有效解决部分营养素的摄入不足问题，但同样无法全面解决部分营养素摄入过剩及微量营养素严重缺乏的问题。膳食均衡指数的收入弹性结果显示，收入对于改善贫困家庭食物短缺状况的正面效果要大于收入加重某些食物摄入过量问题的负面效果，有助于改善贫困家庭膳食结构的均衡状况。

第四，对补贴政策的模拟结果表明，若实物转移支付的食物边际消费倾向值高于现金，则实现相同的营养目标，其所需金额显著低于现金转移支付。从限定于具体食物品种的补贴来看，单一食物补贴方式可以更有针对性地改善低收入家庭特定营养素的缺乏状况，但部分情形下所需金额偏高，且无法改善当前较为缺乏的钙、维生素 A 等营养素的摄入状况。主副食补贴方式补贴金额相对较低，对于营养的补充也更为全面。因此，从成本收益的角度来看，主副食相结合的补贴方式最为合理。

第五，基于 CHNS 2004—2011 年数据的估计结果，总体来看，农村家庭内部儿童及老年人的营养素摄入状况整体较差，且贫困家庭儿童及老年居民营养素摄入量的不公平程度高于非贫困家庭。同时，在农村家庭的营养分配中，仍然存在重男轻女的现象。农村贫困家庭中中青年居民营养素的收入弹性普遍高于儿童及老年居民的营养素—收入弹性，同时，儿童与中青年男性各类营养素—收入弹性普遍高于女性，因而随着收入的提高，农村贫困家庭内部原本就存在的营养素年龄及性别分配不公平可能会进一步提高。家庭不同成员营养素分配不公平程度的直接度量结果也证明了这一结论。对农村贫困家庭内部营养分配对于食物支出变动的非对称反应的研究发现，贫困家庭的非对称反应相对较弱，非贫困家庭则是对支出冲击的反应较支出增加的反应更为强烈。贫困家庭内，食物支出高于平均支出水平时，不同群体的弹性均无显著性差异，而支出低于平均支出水平时，仅男童和老年男性的弹性均显著高于女童和中青年女性，其他群体之间也不存在显著的差异，即支出受到冲击时，相对于男童和老年男性，女童和中青年女性的相对充足程度将会提高。无论采用哪种方法，我们都可以得到相同的结论，即收入/支出增长，无法改变当前贫困家庭分配不均的现状。

第二节　政策建议

针对上述结论，本书提出如下政策建议：

第一，2020年"脱贫攻坚"完成后，政府应在防止返贫的基础上解决相对贫困问题，将扶贫对象由一般贫困群体聚焦到特殊群体、扶贫标准由单维贫困拓展至多维贫困。更为重要的是，应提高对低收入居民营养健康状况的关注程度，保障低收入居民的最基本权益，巩固脱贫成果。

第二，虽然收入增长对能量摄入水平影响较小，会带来碳水化合物、脂肪、铁等营养素的摄入过量问题，同时也不会改变钠元素摄入量过多问题，但收入增长总体上对于提高低收入人口的能量摄入量水平特别是消除营养素缺乏问题具有积极意义。因此，发展农村低收入地区经济、提高贫困人口的收入水平无疑是提高贫困人口能量水平、消除其宏量和微量营养素缺乏问题、改善其营养结构的重要手段。但也应注意到，钠元素等营养素摄入不合理的状况不会随收入的提高而改善。同时，第四章对于膳食模式选择的影响因素分析结果显示，膳食知识水平的提高会提高农村家庭选择更为均衡的膳食模式的概率。因此，政府应同时加强营养健康教育与科学知识宣传力度，并结合其他干预手段，引导农村居民合理膳食，改善营养均衡状况。

第三，对补贴政策的模拟结果表明，相对于现金转移支付，实现相同的营养目标，实物转移支付所需补贴金额更低，对于改善低收入居民营养状况的效果更有优势。进入后扶贫时代，中国可以考虑建立当前许多国家（如美国、印度、埃及等）实施的食物补贴制度，通过实物转移支付方式有针对性地改善低收入人群的营养均衡状况，保障其食物和营养安全。基于当前不均衡的地区食物供给条件，可优先考虑主副食补贴结合方式，提高农村低收入居民的营养均衡状况。

第四，对农村家庭食物营养分配的研究结果表明，收入增长会改善农村家庭大部分营养素的摄入状况，但同时会加重贫困家庭内部营养素分配的不均衡程度。贫困家庭收入的提高，会显著改善家庭内部中青年成员的营养状况，但对于改善儿童及老年人的营养摄入状况的影响则相对较小；与此同时，贫困家庭更偏爱于男性，尤其是中青年男性，收入的提高会进一步加剧农村家庭内男女营养分配不均的状况。据此，政府在提高低收入家庭收入的基础上，应同时施行有针对性的食品与营养保障计划，以改善家庭内弱势群体的营养状况。

第三节　研究展望

如前文所述，中国的共同富裕仍然有很长的路要走，从营养健康的角度制定保障政策，仍然需要深入的学术探索、广泛的社会实践作为基础。基于历史数据，本书研究了贫困家庭整体的营养均衡状况及家庭内部成员的营养分配状况，并以家庭收入与食物消费及营养摄入的关系为切入点，研究了提高家庭收入的方式对于改善贫困家庭整体营养状况的影响及对于家庭内部营养分配的影响，以期为缓解相对贫困、保障农村家庭的食物安全与营养健康提供参考。但在以下几个方面，还有待进一步完善。

第一，本书的主要研究对象为脱贫前的农村贫困家庭，其食物偏好变化较为缓慢，因而使用 2004—2011 年数据基本可以反映收入对贫困家庭食物消费结构及营养摄入状况的影响及变化趋势，但是其实际的食物消费量与营养摄入量可能有所不同，现有数据无法反映当前贫困家庭的食物消费与营养均衡状况，特别是要了解全面脱贫后相对贫困家庭的营养状况。2021 年 TAFSS 数据虽然具有较强的时效性，但由于样本量较少、覆盖省份较少以及疫情影响等原因，亦无法准确反映后扶贫时代相对贫困家庭的食物与营养摄入状况。另外，本书主要研究了贫困家庭对于收入增长的行为反应，而未关注其行为反应的原因，未来可进行进一步的研究，同时可结合长期历史数据，关注贫困家庭食物消费行为的动态变化过程，研究贫困家庭如何适应环境改善生存策略，同时应关注教育水平、膳食知识水平、市场环境等因素在这一动态变化过程中所起的作用。

第二，本书以家庭为单位研究收入增长对农村贫困人口食物消费与营养均衡状况的影响，然而无论是 CHNS 数据还是 TAFSS 数据，其样本均不包括西北、西南等偏远农村地区样本，而这些地区低收入人口数量更多，而且有更为独特的地理条件和饮食模式。因此，未来有必要收集这类地区的数据，对低收入人口营养状况进行相关的研究，并可将研究视角进一步扩展到食物可及性的研究。另外，不同类型的低收入家庭可能对于收入的提高具有不同的行为反应，例如，部分低收入人口可能会将有限的收入用于烟酒、住房等方面，但限于样本量，本书未对农村低收入家庭进行分类研究，未来有必要进一步关注低收入家庭中的特殊行为主体。

第三，由于国内尚未有大范围实行食物补贴的经验，无法直接评估现金转移支付与实物转移支付营养改善效果的差异，本书是基于贫困家庭的食物消费偏好于实物转移支付前后不发生变化的假设下进行的模拟研究，为避免模拟偏差，本书基于不同的 MPCF 值，模拟实现特定营养目标的现金补贴与食物补贴金额，但仍然无法准确反映现金转移支付与实物转移支付营养改善效果的差异。因此，未来对于食物补贴的研究，可考虑采用发放食物券等实验方式，直接研究实物转移支付与现金转移支付对于改善低收入人群营养效果的差异，并进一步讨论项目的实际操作过程中可能产生的行政费用等其他问题，以为社会救助制度的建立提供更为直接、翔实的参考依据。

第四，由于本书的关注点为贫困家庭及内部不同类型成员的营养状况，并聚焦于家庭对于收入变化的食物消费行为反应及其带来的营养素摄入量的变化，因此本书对于家庭内部食物与营养分配研究以"一致型模型"为基础，即将家庭看作一个整体，决策者拥有相同的效用函数，在控制家庭异质性（家庭固定效应）的基础上研究了收入这一变量的影响。虽然为了控制不同类型的家庭结构及家庭成员的话语权差异等因素对于家庭内部食物与营养分配决策的影响，在模型中加入了家庭中女性的平均受教育强度变量作为女性家庭话语权的代理变量，但不同家庭成员的营养分配偏好差异仍有待进一步研究。因此，未来对于贫困家庭内部营养分配状况的研究应予以扩展，以"非一致模型"为基础进一步关注其他因素对于农村低收入家庭内部食物与营养分配的影响。

参考文献

一 中文文献
（一）著作

常继乐、王宇主编:《中国居民营养与健康状况监测（2010—2013年综合报告）》，北京大学医学出版社2016年版。

葛可佑主编:《90年代中国人群的膳食与营养状况——1992年全国营养调查》，人民卫生出版社1996年版。

世界银行:《1990年世界发展报告》，中国财政经济出版社1990年版。

世界银行:《2000/2001年世界发展报告》，中国财政经济出版社2001年版。

杨月欣、王光亚、潘兴昌主编:《中国食物成分表（第一册第二版）》，北京大学医学出版社2009年版。

杨月欣主编:《中国食物成分表（2004第二册）》，北京大学医学出版社2005年版。

翟凤英、杨晓光主编:《中国居民营养与健康状况调查报告之二——2002膳食与营养素摄入状况》，人民卫生出版社2006年版。

中国营养学会主编:《我国的膳食指南（1989）》，人民卫生出版社1989年版。

中国营养学会主编:《中国居民膳食指南（1997）》，人民卫生出版社1997年版。

中国营养学会主编:《中国居民膳食营养素参考摄入量》，中国轻工业出版社 2000 年版。

中国营养学会主编:《中国居民膳食指南（2007）》,人民卫生出版社 2007 年版。

中国营养学会主编:《中国居民膳食营养素参考摄入量（2013 版)》,科学出版社 2014 年版。

中国营养学会主编:《中国居民膳食指南（2016）》,人民卫生出版社 2016 年版。

中国营养学会主编:《中国居民膳食指南（2022）》,人民卫生出版社 2022 年版。

（二）论文

毕洁颖:《中国农村贫困人口食物消费研究》,硕士学位论文,中国农业科学院,2010 年。

陈永伟、侯升万、符大海:《我国农村相对贫困标准估计与贫困动态》,《统计研究》2022 年第 5 期。

程名望、Yanhong Jin、盖庆恩、史清华:《农村减贫:应该更关注教育还是健康?——基于收入增长和差距缩小双重视角的实证》,《经济研究》2014 年第 11 期。

董国新:《我国粮食供求区域均衡状况及其变化趋势研究》,博士学位论文,浙江大学,2007 年。

高梦滔:《西方经济学界对于性别视角的家庭内部资源分配研究评述》,《中国人口科学》2005 年第 2 期。

高帅:《贫困地区农户食物安全研究》,博士学位论文,西北农林科技大学,2013 年。

高杨:《消费者对转基因大米的购买意愿——基于价格反应的消费者分类研究》,《华南理工大学学报》（社会科学版）2017 年第 1 期。

高杨、郑志浩:《不同补贴方式对中国农村低收入家庭食物安全改善效果比较》,《资源科学》2021 年第 10 期。

何秀荣:《改革 40 年的农村反贫困认识与后脱贫战略前瞻》,《中国农业文摘—农业工程》2019 年第 2 期。

何宇纳、翟凤英、葛可佑:《建立中国膳食平衡指数》,《卫生研究》2005年第2期。

何宇纳、张晓勇、Hans Dagevos、Ivovander Lans、翟凤英:《食物消费与肥胖——基于食物特点的消费者分层研究》,《中国农村观察》2008年第4期。

胡发刚:《中国农村居民食品消费行为与消费结构分析——基于二阶段需求系统模型与二次几乎完美需求系统模型》,《财经科学》2016年第2期。

黄佳琦:《中国西部贫困地区农户食物消费与营养研究》,硕士学位论文,中国农业科学院,2014年。

姜百臣:《中国农村居民食品消费需求实证分析——基于吉林省的微观消费数据》,《中国农村经济》2007年第7期。

雷明:《论习近平扶贫攻坚战略思想》,《南京农业大学学报》(社会科学版)2018年第1期。

黎东升:《城乡居民食物消费需求的实证研究》,博士学位论文,浙江大学,2005年。

黎东升、杨义群:《城乡居民食物消费需求的ELES模型》,《武汉理工大学学报》2001年第7期。

李瑞锋、肖海峰:《我国贫困农村地区居民的家庭食物安全影响因素分析》,《农业技术经济》2007年第3期。

李小云:《全面建成小康社会后贫困治理进入新阶段》,《中国党政干部论坛》2020年第2期。

李志强、王东杰、喻闻、吴建寨、张玉梅:《不同收入农村居民消费需求比较研究》,《系统科学与数学》2013年第1期。

罗巍、翟凤英、金水高、于文涛、马林茂、杜树发:《中国成人家庭内部食物分配及影响因素》,《营养学报》2001年第4期。

马双、臧文斌、甘犁:《新型农村合作医疗保险对农村居民食物消费的影响分析》,《经济学》(季刊)2010年第1期。

屈小博、霍学喜:《农户消费行为两阶段LES-AIDS模型分析——基于陕西省农村住户的微观实证》，《中国人口科学》2007 年第 5 期。

孙梦瑶：《多重冲击对中国贫困地区农户食物安全的影响及应对策略研究》，博士学位论文，中国农业科学院，2017 年。

王智勇：《家庭讨价还价能力与子女教育投资研究》，《中国劳动经济学》2006 年第 2 期。

吴晓瑜、李力行：《母以子贵：性别偏好与妇女的家庭地位——来自中国营养健康调查的证据》，《经济学》（季刊）2011 年第 3 期。

鲜祖德、王萍萍、吴伟：《中国农村贫困标准与贫困监测》，《统计研究》2016 年第 9 期。

徐玮：《农村女性家庭地位与贫困代际缓解》，博士学位论文，中南财经政法大学，2018 年。

徐振宇、梁佳、李冰倩：《我国城乡居民食用农产品消费需求弹性比较——基于 2003—2012 年省级面板数据》，《商业经济与管理》2016 年第 5 期。

张车伟：《营养、健康与效率——来自中国贫困农村的证据》，《经济研究》2003 年第 1 期。

张车伟、蔡昉：《中国贫困农村的食物需求与营养弹性》，《经济学》（季刊）2002 年第 4 期。

张雪梅：《农产品价格上涨背景下我国农村贫困居民食物消费与营养研究》，硕士学位论文，中国农业科学院，2013 年。

张玉梅、喻闻、李志强：《中国农村居民食物消费需求弹性研究》，《江西农业大学学报》（社会科学版）2012 年第 2 期。

郑磊：《同胞性别结构、家庭内部资源分配与教育获得》，《社会学研究》2013 年第 5 期。

郑筱婷、陆小慧：《有兄弟对女性是好消息吗？——家庭人力资本投资中的性别歧视研究》，《经济学》（季刊）2018 年第 1 期。

郑志浩、高颖、赵殷钰：《收入增长对城镇居民食物消费模式的影响》，《经济学》（季刊）2015 年第 1 期。

周津春：《农村居民食物消费的 AIDS 模型研究》，《中国农村观察》

2006年第6期。

（三）网站

联合国：《2010年人类发展报告》，2023年1月30日，http://undp.org/publications/human-development-report-2010，2010年。

二　外文文献

（一）著作

Davidson, Russell, and James G. MacKinnon, 1993, *Estimation and Inference in Econometrics*, Oxford, UK: Oxford University Press.

Oppenheim, Carey, 1988, *Poverty, the Facts*, London, UK: Child Poverty Action Group.

Rowntree, Seebohm, 1901, *Poverty: A Study of Town Life*, Bristol, UK: The Policy Press.

Sen, Amartya., 1981, *Poverty and Famines: An Essay on Entitlement and Deprivation*, Oxford, UK: Clarendon Press.

Smith, Adam, 1776, *An Inquiry into the Nature and Causes of the Wealth of Nations*, London, UK: Methuen & Co., Ltd.

Timmer, C. Peter, Walter P. Falcon, and Scott R. Pearson, 1983, *Food Policy Analysis*, Baltimore, MD: The Johns Hopkins University Press.

Townsend, Peter, 1979, *Poverty in the United Kingdom: A Survey of Household Resources and Standards of Living*, Oakland, CA: University of California Press.

（二）论文

Abdulai, Awudu, and Dominique Aubert, 2004, "Nonparametric and Parametric Analysis of Calorie Consumption in Tanzania", *Food Policy*, Vol. 29, No. 2.

Abdulai, Awudu, Devendra K. Jain, and Ashok K. Sharma, 1999, "Household Food Demand Analysis in India", *Journal of Agricultural*

Economics, Vol. 50, No. 2.

Adam, Drewnowski, and Darmon Nicole, 2005, "The Economics of Obesity: Dietary Energy Density and Energy Cost", *American Journal of Clinical Nutrition*, Vol. 82, No. 1 Suppl.

Alderman, Harold, and Paul Gertler, 1997, "Family Resources and Gender Differences in Human Capital Investments: The Demand for Children's Medical Care in Pakistan", in Lawrence Haddad, John Hoddinott, and Harold Alderman, eds., *Intrahousehold Resource Allocation in Developing Countries: Models, Methods, and Policy*, Baltimore, MD: Johns Hopkins University Press.

Alexandri, Cecilia, Bianca Păuna, and Lucian Luca, 2015, "An Estimation of Food Demand System in Romania-Implications for Population's Food Security", *Procedia Economics & Finance*, Vol. 22, No. 1.

Anderson, Michael L., and David A. Matsa, 2011, "Are Restaurants Really Supersizing America?", *American Economic Journal Applied Economics*, Vol. 3, No. 1.

Aurino, Elisabetta, 2017, "Do Boys Eat Better Than Girls in India? Longitudinal Evidence on Dietary Diversity and food Consumption Disparities Among Children and Adolescents", *Economics & Human Biology*, Vol. 25.

Backstrand, Jeffrey R., Lindsay H. Allen, Gretel H. Pelto, and Adolfo Chávez, 1997, "Examining the Gender Gap in Nutrition: An Example from Rural Mexico", *Social Science & Medicine*, Vol. 44, No. 11.

Baltagi, Badi H., and Dong Li, 2002, "Series Estimation of Partially Linear Panel Data Models with Fixed Effects", Annals of Economics and Finance, Vol. 3, No. 1.

Banks, James, Richard Blundell, and Arthur Lewbel, 1997, "Quadratic Engel Curves and Consumer Demand", *Review of Economics & Statistics*, Vol. 79, No. 4.

Barten, Anton P., 1969, "Maximum Likelihood Estimation of A Complete System of Demand Equations", *European Economic Review*, Vol. 1, No. 1.

Becker, Gary S., and Nigel Tomes, 1976, "Child Endowments and the Quantity and Quality of Children", *Journal of Political Economy*, Vol. 84, No. 4.

Behrman, Jere R., 1988, "Intrahousehold Allocation of Nutrients in Rural India: Are Boys Favored? Do Parents Exhibit Inequality Aversion?", *Oxford Economic Papers*, Vol. 40, No. 1.

Behrman, Jere R., and Anil B. Deolalikar, 1987, "Will Developing Country Nutrition Improve with Income? A Case Study for Rural South India", *Journal of Political Economy*, Vol. 95, No. 3.

Behrman, Jere R., and Anil B. Deolalikar, 1990, "The Intrahousehold Demand for Nutrients in Rural South India: Individual Estimates, Fixed Effects, and Permanent Income", *Journal of Human Resources*, Vol. 25, No. 4.

Behrman, Jere R., and Barbara L. Wolfe, 1984, "More evidence on Nutrition Demand: Income Seems Overrated and Women's Schooling Underemphasized", *Journal of Development Economics*, Vol. 14, No. 1.

Behrman, Jere R., Robert A. Pollak, and Paul Taubman, 1982, "Parental Preferences and Provision for Progeny", *Journal of Political Economy*, Vol. 90, No. 1.

Berti, Peter R., 2012, "Intrahousehold Distribution of Food: A Review of the Literature and Discussion of the Implications for Food Fortification Programs", *Food & Nutrition Bulletin*, Vol. 33, No. 3 Suppl.

Bilgic, Abdulbaki, and Steven T. Yen, 2014, "Demand for Meat and Dairy Products by Turkish Households: A Bayesian Censored System Approach", *Agricultural Economics*, Vol. 45, No. 2.

Bishop, John A., Liu, Haiyong and Zheng, Buhong, 2010, "Chapter

11 Rising Incomes and Nutritional Inequality in China", in John A. Bishop, eds., *Studies in Applied Welfare Analysis: Papers from the Third ECINEQ Meeting. Research on Economic Inequality*, Vol. 18, Bingley, UK: Emerald Group Publishing Limited.

Bouis, Howarth E., 1994, "The Effect of Income on Demand for Food in Poor Countries: Are Our Food Consumption Databases Giving Us Reliable Estimates?", *Journal of Development Economics*, Vol. 44, No. 1.

Bouis, Howarth E., and Lawrence J. Haddad, 1992, "Are Estimates of Calorie-Income Elasticities Too High? A Recalibration of the Plausible Range", *Journal of Development Economics*, Vol. 39, No. 2.

Bouis, Howarth E., and Mary J. G. Novenario-Reese, 1997, *The Determinants of Demand for Micronutrients: An Analysis of Rural Households in Bangladesh*, Food Consumption and Nutrition Division Discussion Paper No. 32, Washington, DC.: International Food Policy Research Institute.

Breuning, Robert, and Indraneel Dasgupta, 2005, "Do Intra-Household Effects Generate the Food Stamp Cash-out Puzzle?", American Journal of Agricultural Economics, Vol. 87, No. 3.

Chernichovsky, Dov, and Oey A. Meesook, 1984, *Patterns of Food Consumption and Nutrition in Indonesia: An Analysis of the National Socioeconomic Survey*, 1978, World Bank Staff Working Paper No. SWP 670, Washington, DC.: World Bank.

Coates, Jennifer, Bryan N. Patenaude, Beatrice Lorge Rogers, Alemzewed Challa Roba, Yitbarek Kidane Woldetensay, Addisalem Fikre Tilahun, and Kathryn L. Spielman, 2018, "Intra-household Nutrient Inequity in Rural Ethiopia", *Food Policy*, Vol. 81.

Cranfield, John A. L., James S. Eales, Thomas W. Hertel, and Paul V. Preckel, 2003, "Model Selection When Estimating and Predicting Consumer Demands using International, Cross Section Data", *Empirical Economics, Vol. 28, No. 2.

Deaton, Angus, and Jean Drèze, 2010, "Nutrition, Poverty and Calorie Fundamentalism: Response to Utsa Patnaik", *Economic & Political Weekly*, Vol. 45, No. 14.

Deaton, Angus, and John Muellbauer, 1980, "An Almost Ideal Demand System", *The American Economic Review*, Vol. 70, No. 3.

Dercon, Stefan, and Abhijeet Singh, 2013, "From Nutrition to Aspirations and Self-Efficacy: Gender Bias over Time among Children in Four Countries", *World Development*, Vol. 45, No. 5.

Dong, Diansheng, Brian W. Gould, and Harry M. Kaiser, 2004, "Food Demand in Mexico: An Application of the Amemiya-Tobin Approach to the Estimation of a Censored Food System", *American Journal of Agricultural Economics*, Vol. 86, No. 4.

Drewnowski, Adam, 2003, "The Role of Energy Density", *Lipids*, Vol. 38, No. 2.

Ecker, Olivier, and Matin Qaim, 2011, "Analyzing Nutritional Impacts of Policies: An Empirical Study for Malawi", *World Development*, Vol. 39, No. 3.

Fan, Shenggen, Gail Cramer, and Eric Wailes, 1994, "Food Demand in Rural China: Evidence from Rural Household Survey", *Agricultural Economics of Agricultural Economists*, Vol. 11, No. 1.

Filmer, Deon, and Lant H. Pritchett, 2001, "Estimating Wealth Effects Without Expenditure Data—Or Tears: An Application To Educational Enrollments In States Of India", *Demography*, Vol. 38, No. 1.

Gao, Zhifeng, Xiaohua Yu, and Jonq-Ying Lee, 2013, "Consumer Demand for Diet Quality: Evidence from the Healthy Eating Index", *Australian Journal of Agricultural & Resource Economics*, Vol. 57, No. 3.

García-Enríquez, Javier, and Cruz A. Echevarría, 2016, "Consistent Estimation of a Censored Demand System and Welfare Analysis: The 2012

VAT Reform in Spain", *Journal of Agricultural Economics*, Vol. 67, No. 2.

Gibson, John, and Bonggeun Kim, 2013, "Do the Urban Poor Face Higher Food Prices? Evidence from Vietnam", *Food Policy*, Vol. 41.

Gibson, John, and Scott Rozelle, 2002, "How Elastic is Calorie Demand? Parametric, Nonparametric, and Semiparametric Results for Urban Papua New Guinea", *Journal of Development Studies*, Vol. 38, No. 6.

Gittelsohn, Joel, Meera Thapa, and Laura T. Landman, 1997, "Cultural Factors, Caloric Intake and Micronutrient Sufficiency in Rural Nepali Households", *Social Science & Medicine*, Vol. 44, No. 11.

Graham, Margaret A., 1997, "Food Allocation in Rural Peruvian Households: Concepts and Behavior Regarding Children", *Social Science & Medicine*, Vol. 44, No. 11.

Guo, Xuguang, Thomas A. Mroz, Barry M. Popkin, and Fengying Zhai, 2000, "Structural Change in the Impact of Income on Food Consumption in China, 1989", *Economic Development and Cultural Change*, Vol. 48, No. 4.

Haddad, Lawrence, and Ravi Kanbur, 1990, "How Serious is the Neglect of Intra-Household Inequality?", *Economic Journal*, Vol. 100, No. 402.

Han, Tong, Gail L. Cramer, and Thomas I. Wahl, 1997, "Rural Household Food Consumption in China: Evidence from the Rural Household Survey", *Thomas Wahl*, Vol. 22, No. 2.

Harris-Fry, Helen, Niva Shrestha, Anthony Costello, and Naomi M. Saville, 2017, "Determinants of Intra-household Food Allocation between Adults in South Asia-A Systematic Review", *International Journal for Equity in Health*, Vol. 16, No. 1.

Hastings, Justine, and Jesse M. Shapiro, 2018, "How Are SNAP Benefits Spent? Evidence from a Retail Panel", *The American Economic Review*, *Vol.* 108, No. 12.

Hoddinott, John, and Emmanuel Skoufias, 2004, "The Impact of PROGRESA on Food Consumption", *Economic Development & Cultural Change*, Vol. 53, No. 1.

Hoynes, Hilary W., and Diane W. Schanzenbach, 2009, "Consumption Responses to In-Kind Transfers: Evidence from the Introduction of the Food Stamp Program", *American Economic Journal: Applied Economics*, Vol. 1, No. 4.

Huang, Jikun, and Scott Rozelle, 1998, "Market Development and Food Demand in Rural China", *China Economic Review*, Vol. 9, No. 1.

Huang, Kuo S., 1996, "Nutrient Elasticities in a Complete Food Demand System", *American Journal of Agricultural Economics*, Vol. 78, No. 1.

Huang, Kuo S., 1999, "Effects of Food Prices and Consumer Income on Nutrient Availability", *Applied Economics*, Vol. 31, No. 3.

Huang, Kuo S., and Fred Gale, 2009, "Food demand in China: Income, Quality, and Nutrient Effects", *China Agricultural Economic Review*, Vol. 1, No. 4.

Jensen, Robert T., and Nolan H. Miller, 2010, "The Impact of Food Price Increases on Caloric Intake in China", *Agricultural Economics*, Vol. 39, No. s1.

Jensen, Robert T., and Nolan H. Miller, 2011, "Do Consumer Price Subsidies Really Improve Nutrition?", *Review of Economics and Statistics*, Vol. 93, No. 4.

Jha, Raghbendra, Raghav Gaiha, and Anurag Sharma, 2009, "Calorie and Micronutrient Deprivation and Poverty Nutrition Traps in Rural India", *World Development*, Vol. 37, No. 5.

Kasteridis, Panagiotis, Steven T. Yen, and Cheng Fang, 2011, "Bayesian Estimation of a Censored Linear Almost Ideal Demand System: Food

Demand in Pakistan", *American Journal of Agricultural Economics*, Vol. 93, No. 5.

Kramer, Ellen M., Karen E. Peterson, Beatrice L. Rogers, and Mike D. Hughes, 1997, "Intrahousehold Allocation of Energy Intake among Children under Five Years and Their Parents in Rural Bangladesh", *European Journal of Clinical Nutrition*, Vol. 51, No. 11.

Lee, Yiu-fai Daniel, 2008, "Do Families Spend More on Boys than on Girls? Empirical Evidence from Rural China", *China Economic Review*, Vol. 19, No. 1.

Leser, Conrad E. V., 1963, "Forms of Engel Functions", *Econometrica*, Vol. 31, No. 4.

Leser, Conrad E. V., 1976, "Income, Household Size and Price Changes 1953 – 1973", *Oxford Bulletin of Economics & Statistics*, Vol. 38, No. 1.

Lewbel, Arthur, and Krishna Pendakur, 2009, "Tricks with Hicks: The EASI Demand System", *The American Economic Review*, Vol. 99, No. 3.

Libais, François, and Vincenzo Verardi, 2013, "Semiparametric Fixed-Effects Estimator", *The Stata Journal*, Vol. 13, No. 2.

Libois, François, and Vincenzo Verardi, 2013, "Semiparametric Fixed-Effects" Lluch, Constantino, 1973, "The Extended Linear Expenditure System", *European Economic Review*, Vol. 4, No. 1.

Logan, Trevon D., 2006, "Nutrition and Well-Being in the Late Nineteenth Century", *Journal of Economic History*, Vol. 66, No. 2.

Luo, Wei, Fengying Zhai, Shuigao Jin, and Keyou Ge, 2001, "Intrahousehold Food Distribution: A Case Study of Eight Provinces in China", *Asia Pacific Journal of Clinical Nutrition*, Vol. 10, No. s1.

Mangyo, Eiji, 2008, "Who Benefits More from Higher Household Consumption? The Intra-household Allocation of Nutrients in China", *Journal of Development Economics*, Vol. 86, No. 2.

Meng, Xin, Xiaodong Gong, and Youjuan Wang, 2009, "Impact of Income Growth and Economic Reform on Nutrition Availability in Urban China: 1986 - 2000", *Economic Development and Cultural Change*, Vol. 57, No. 2.

Nie, Peng, and Alfonso Sousa-Poza, 2016, "A Fresh Look at Calorie-Income Elasticities in China", *China Agricultural Economic Review*, Vol. 8, No. 1.

Ogundari, Kolawole, and Awudu Abdulai, 2013, "Examining the Heterogeneity in Calorie-Income Elasticities: A Meta-analysis", *Food Policy*, Vol. 40.

Oordt, Marius, and Van Louis, 2016, "A Nutritional Goods and A Complete Consumer Demand System Estimation for South Africa using Actual Price Data", *South African Journal of Economic & Management Sciences*, Vol. 19, No. 4.

Philipson, Tomas, 2001, "The World wide Growth in Obesity: An Economic Research Agenda", *Health Economics*, Vol. 10, No. 1.

Pitt, Mark M., and Mark R. Rosenzweig, 1985, "Health and Nutrient Consumption Across and Within Farm Households", *Review of Economics Statistics*, Vol. 67, No. 2.

Pitt, Mark M., and Mark R. Rosenzweig, 1990, "Productivity, Health, and Inequality in the Intrahousehold Distribution of Food in Low-Income Countries", *The American Economic Review*, Vol. 80, No. 5.

Popkin, Barry M., and Penny Gordon-Larsen, 2004, "The Nutrition Transition: Worldwide Obesity Dynamics and their Determinants", *International Journal Of Obesity*, Vol. 28, No. S3.

Pradhan, Manas R., Fiona C. Taylor, Sutapa Agrawal, Dorairaj Prabhakaran, and Sadeghi Ebrahim, 2013, "Food Acquisition and Intrahousehold Consumption Patterns: A Study of Low and Middle Income Urban Households in Delhi, India", *Indian Journal of Community*

Health, Vol. 25, No. 4.

Ralston, Katherine, 1997, "Children's Health as an Input to Labor: Intrahousehold Food Distribution in Rural Indonesia", *Journal of Policy Modeling*, Vol. 19, No. 5.

Ren, Weiwei, Anu Rammohan, and Yanrui Wu, 2014, "Is There A Gender Gap in Child Nutritional Outcomes in Rural China?", *China Economic Review*, Vol. 31,

Rickertsen, Kyrre, 1998, "The Demand for Food and Beverages in Norway", *Agricultural Economics*, Vol. 18, No. 1.

Roemling, Cornelia, and Matin Qaim, 2013, "Dual Burden Households and Intra-household Nutritional Inequality in Indonesia", *Economics & Human Biology*, Vol. 11, No. 4.

Rosenzweig, Mark R., and T. Paul Schultz, 1982, "Market Opportunities, Genetic Endowments, and Intrafamily Resource Distribution: Child Survival in Rural India", *The American Economic Review*, Vol. 72, No. 4.

Sahn, David E., 1988, "The Effect of Price and Income Changes on Food-Energy Intake in Sri Lanka", *Economic Development & Cultural Change*, Vol. 36, No. 2.

Salois, Matthew J., Richard Tiffin, and Kelvin G. Balcombe, 2012, "Impact of Income on Nutrient Intakes: Implications for Undernourishment and Obesity", *Journal of Development Studies*, Vol. 48, No. 12.

Sengul, Seda, and İsmail Tuncer, 2005, "Poverty Levels and Food Demand of the Poor in Turkey", *Agribusiness*, Vol. 21, No. 3.

Shimokawa, Satoru, 2010, "Asymmetric Intrahousehold Allocation of Calories in China", *American Journal of Agricultural Economics*, Vol. 92, No. 3.

Shonkwiler, J. Scott, and Steven T. Yen, 1999, "Two-Step Estimation of a Censored System of Equations", *American Journal of Agricultural*

Economics, Vol. 81, No. 4.

Skoufias, Emmanuel, 2003, "Is the Calorie-Income Elasticity Sensitive to Price Changes? Evidence from Indonesia", *World Development*, Vol. 31, No. 7.

Skoufias, Emmanuel, Vincenzo Di Maro, Teresa González - Cossío, and Sonia R. Ramirez, 2009, "Nutrient Consumption and Household Income in Rural Mexico", *Agricultural Economics*, Vol. 40, No. 6.

Skoufias, Emmanuel, Vincenzo Di Maro, Teresa González-Cossío, and Sonia R. Ramirez, 2011, "Food Quality, Calories and Household Income", *Applied Economics*, Vol. 43, No. 28.

Southworth, Herman M., 1945, "The Economics of Public Measures to Subsidize Food Consumption", *Journal of Farm Economics*, Vol. 27, No. 1.

Stone, Richard, 1954, "Linear Expenditure Systems and Demand Analysis: An Application to the Pattern of British Demand", *Economic Journal*, Vol. 64, No. 255.

Subramanian, Shankar, and Angus Deaton, 1996, "The Demand for Food and Calories", *Journal of Political Economy*, Vol. 104, No. 1.

Thaler, Richard H., 1980, "Toward a Positive Theory of Consumer Choice", *Journal of Economic Behavior & Organization*, Vol. 1, No. 1.

Thaler, Richard H., 1985, "Mental Accounting and Consumer Choice", *Marketing Science*, Vol. 4, No. 3.

Theil, Henri, 1965, "The Information Approach to Demand Analysis", *Econometrica*, Vol. 33, No. 1.

Tian, Xu, and Xiaohua Yu, 2013, "The Demand for Nutrients in China", *Frontiers of Economics in China*, Vol. 8, No. 2.

Vijayaraghavan, Kamasamudram, B. Surya Prakasam, and Avula Laxmaiah, 2002, "Time Trends in the Intrafamily Distribution of Dietary Energy in rural India", *Food Nutrition Bulletin*, Vol. 23, No. 4.

Villa, Kira M., Christopher B. Barrett, and David R. Just, 2011, "Whose Fast and Whose Feast? Intrahousehold Asymmetries in Dietary Diversity Response among East African Pastoralists", *American Journal of Agricultural Economics*, Vol. 93, No. 4.

Wang, Hai, Shufa Du, Fengying Zhai, and Baryy M. Popkin, 2007, "Trends in the Distribution of Body Mass Index among Chinese Adults, Aged 20 – 45 years. 1989 – 2000", *International Journal of Obesity*, Vol. 31, No. 2.

Welch, Ross M., and Robin D. Graham, 2004, "Breeding for Micronutrients in Staple Food Crops from A Human Nutrition Perspective", *Journal of Experimental Botany*, Vol. 55, No. 396.

Wilde, Parke E., Lisa M. Troy, and Beatrice L. Rogers, 2009, "Food Stamps and Food Spending: An Engel Function Approach", *American Journal of Agricultural Economics*, Vol. 91, No. 2.

Working, Holbrook, 1943, "Statistical Laws of Family Expenditure", *Journal of the American Statistical Association*, Vol. 38, No. 221.

Yen, Steven T., and Biing H. Lin, 2004, "A Sample Selection Approach to Censored Demand Systems", *American Journal of Agricultural Economics*, Vol. 88, No. 3.

Yen, Steven T., Kamhon Kan, and Shew J. Su, 2002, "Household Demand for Fats and Oils: Two-Step Estimation of A Censored Demand System", *Applied Economics*, Vol. 34, No. 14.

Ye, Xiao, and J. Edward Taylor, 1995, "The Impact of Income Growth on Farm Household Nutrient Intake: A Case Study of a Prosperous Rural Area in Northern China", *Economic Development and Cultural Change*, Vol. 43, No. 4.

You, Jing, Katsushi S. Imai, and Raghav Gaiha, 2016, "Declining Nutrient Intake in a Growing China: Does Household Heterogeneity Matter?", *World Development*, Vol. 77.

Yu, Xiaohua, and David Abler, 2009, "The Demand for Food Quality in Rural China", *American Journal of Agricultural Economics*, Vol. 91, No. 1.

Zhang, Xiaoyong, Jikun Huang, Huanguang Qiu, and Zhurong Huang, 2010, "A Consumer Segmentation Study with regards to Genetically Modified Food in Urban China", *Food Policy*, Vol. 35, No. 5.

Zheng, Zhihao, and Shida R. Henneberry, 2010, "The Impact of Changes in Income Distribution on Current and Future Food Demand in Urban China", *Journal of Agricultural & Resource Economics*, Vol. 35, No. 1.

Zhong, Funing, Xiang Jing, and Zhu Jing, 2012, "Impact of Demographic Dynamics on Food Consumption—A case Study of Energy Intake in China", *China Economic Review*, Vol. 23, No. 4.

Zhou, De, Xiaohua Yu, and Thomas Herzfeld, 2014, "Dynamic Food Demand in Urban China", *China Agricultural Economic Review*, Vol. 7, No. 1.

Zhou, Li, Xiaohong Chen, and Lei Lei, 2018, "Intra-Household Allocation of Nutrients in an Opening China", *International Journal Environment Research Public Health*, Vol. 15, No. 4.

（三）网站

IFPRI, 2016, *Global Nutrition Report* 2016: *From promise to impact: Ending malnutrition by* 2030, Washington, DC.: International Food Policy Research Institute, https://global nutritionreport. org/reports/2016 – global-nutrition-report.

附　　录

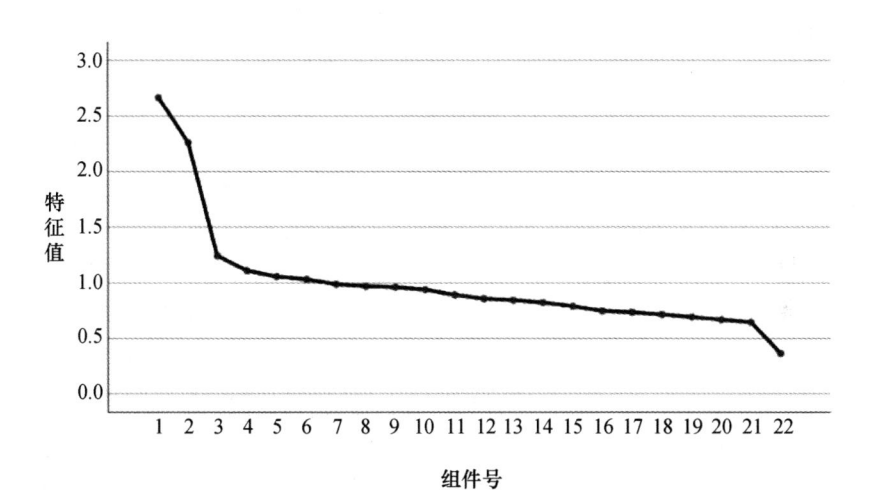

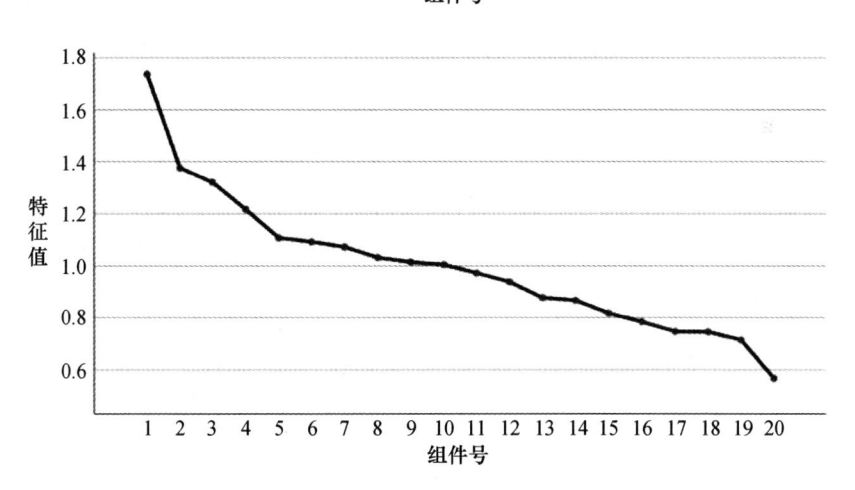

附图-1　2004—2011年（上）、2021年（下）因子分析碎石图

附表 -1　　　　　　　　　　　DBI 的分数构成

构成	分数	亚类	分数	单位	取值方法
C1 - 谷物	-12—12	谷物	-12—12	克	[0, 100) = -12[1], [350, 400) = 0, [650, +∞) = 12
C2 - 蔬菜和水果	-12—0	蔬菜	-6—0	克	0 = -6, (0, 200) = -4, [200, 400) = -2, [400, +∞) = 0
		水果	-6—0	克	0 = -6, (0, 50) = -4, [50, 100) = -2, [100, +∞) = 0
C3 - 奶类及豆制品	-12—0	奶制品	-6—0	克	0 = -6, (0, 50) = -4, [50, 100) = -2, [100, +∞) = 0
		豆制品	-6—0	克	0 = -6, (0, 40) = -3, [40, +∞) = 0
C4 - 动物性食物	-12—8	畜禽肉	-4—4	克	0 = -4, (0—50) = -2, [50—100) = 0, [100—150) = 2, [150, +∞) = 4
		水产品	-4—0	克	0 = -4, (0—50) = -2, [50, +∞) = 0
		蛋类	-4—4	克	0 = -4, (0—25) = -2, [25—50) = 0, [50—75) = 2, [75, +∞) = 4
C5 - 调味品及酒类	0—12	食用油	0—4	克	[0, 25) = 0, [25, 50) = 3, [50, +∞) = 6
		食盐	0—6	克	[0, 6] = 0, (6, 12] = 3, [12, +∞) = 6
		酒类饮品	0—4	克	[0, 9.5) = 0 (20 毫升 55 度白酒, 100 毫升 12 度葡萄酒, 250 毫升啤酒), [9.5, 18) = 3, [18, +∞) = 6 (40 毫升 55 度白酒, 200 毫升 12 度葡萄酒, 500 毫升啤酒)
C6 - 食物多样性	-12—0	食物多样性	-10—0		13 小类食物[2]取值分数加总, 其中: 每类食物摄入量均小于 25 克, 则加总值为 0; 每类食物摄入量均大于 25 克, 则加总值为 10

注：[1]摄入量每增加 50g，分数增加 1 分。[2]13 小类食物及其取值方法见附表 -2。

附表-2　　　　　　　　食物多样性的食物构成

食物种类	分数	食物种类	分数
F1-米及制品	-0.5, 0	F8-豆	-1, 0
F2-面及制品	-0.5, 0	F9-奶及奶制品	-1, 0
F3-粗粮	-0.5, 0	F10-畜肉	-0.5, 0
F4-薯类	-0.5, 0	F11-禽肉	-0.5, 0
F5-深色蔬菜	-1.5, 0	F12-蛋类	-0.5, 0
F6-浅色蔬菜	-1, 0	F13-鱼及水产品	-0.5, 0
F7-水果	-1.5, 0		

附表-3　　　　　　　　2004—2011年家庭人均收入估计

	家庭人均收入		家庭人均收入
资产指数	1359.669***	家庭18岁以下人口比例	-1727.983***
	(144.772)		(556.364)
家庭中有第二职业的人数	585.184**	家庭60岁以上人口比例	301.337
	(251.161)		(476.232)
家庭工作人数	1426.605***	2006年	786.129***
	(177.627)		(289.801)
家庭规模	-1660.528***	2009年	3108.381***
	(118.220)		(346.303)
家庭平均日常劳动强度	-243.351*	2011年	4079.484***
	(131.605)		(465.205)
家庭平均受教育程度	1662.524***	截距项	6829.347***
	(303.228)		(867.848)
家庭男性比例	3184.084***		
	(706.348)		
样本量		12287	
F		42.919	
R^2		0.109	

注：①括号内为聚类到村庄的稳健标准误。②"*""**"和"***"分别表示在10%、5%、1%的水平上显著。

附表-4 2004—2011年贫困家庭CTS模型第一阶段——Probit模型估计

	大米	小麦	粗粮	牛奶	鸡蛋	水果	猪肉	鸡肉	牛肉	羊肉	水产品	豆类	酒类	饮料
大米价格	-1.366***	0.226	0.660***	0.153	-0.379***	0.149	-0.036	0.136	0.215	0.390	0.043	0.167	-0.198	-0.342*
	(0.203)	(0.168)	(0.144)	(0.188)	(0.126)	(0.158)	(0.120)	(0.158)	(0.186)	(0.265)	(0.131)	(0.117)	(0.148)	(0.194)
小麦价格	0.255**	-0.175*	-0.350***	0.018	-0.082	-0.184*	-0.191**	-0.026	-0.169	0.318**	-0.141	-0.206**	-0.372***	0.639***
	(0.127)	(0.100)	(0.123)	(0.204)	(0.087)	(0.109)	(0.089)	(0.112)	(0.117)	(0.139)	(0.089)	(0.087)	(0.132)	(0.188)
粗粮价格	0.005	-0.084	-0.136	-0.333**	0.299***	0.269**	0.100	0.452***	0.366**	0.346	-0.022	0.065	0.204	-0.050
	(0.129)	(0.134)	(0.117)	(0.168)	(0.104)	(0.113)	(0.107)	(0.137)	(0.155)	(0.229)	(0.126)	(0.103)	(0.157)	(0.213)
食用油价格	0.227*	-0.154	0.276***	-0.246	0.048	-0.153	0.235**	0.093	0.245	0.710**	0.179*	0.197**	-0.140	-0.370**
	(0.123)	(0.134)	(0.098)	(0.163)	(0.093)	(0.093)	(0.096)	(0.139)	(0.169)	(0.305)	(0.102)	(0.085)	(0.140)	(0.175)
牛奶价格	-0.174*	-0.112	0.040	0.066	-0.101	-0.447***	-0.146*	0.043	0.075	-0.278	0.205**	-0.047	-0.270**	-0.068
	(0.102)	(0.092)	(0.087)	(0.146)	(0.075)	(0.094)	(0.076)	(0.120)	(0.105)	(0.213)	(0.091)	(0.074)	(0.119)	(0.166)
鸡蛋价格	0.215**	-0.042	-0.313***	-0.105	-0.069	0.046	0.022	-0.150	0.083	-0.162	-0.238***	0.070	0.026	-0.086
	(0.103)	(0.078)	(0.078)	(0.105)	(0.072)	(0.088)	(0.075)	(0.118)	(0.155)	(0.225)	(0.081)	(0.073)	(0.099)	(0.169)
调味品价格	0.046	0.271***	-0.177**	-0.148	-0.038	-0.122**	0.039	-0.044	0.001	-0.164	0.204***	-0.062	0.028	-0.077
	(0.066)	(0.063)	(0.058)	(0.091)	(0.049)	(0.055)	(0.050)	(0.071)	(0.081)	(0.120)	(0.055)	(0.049)	(0.072)	(0.132)
蔬菜价格	-0.269***	-0.110	-0.018	0.436***	0.092	0.130*	0.168***	0.301***	-0.238**	-0.289*	0.093	0.112*	0.278***	0.350***
	(0.075)	(0.073)	(0.077)	(0.100)	(0.060)	(0.067)	(0.064)	(0.081)	(0.113)	(0.158)	(0.082)	(0.059)	(0.079)	(0.120)
水果价格	0.622***	-0.267***	0.060	-0.160	-0.013	0.119	-0.011	-0.259**	-0.281*	-0.441**	-0.083	-0.068	-0.135	-0.175
	(0.100)	(0.099)	(0.081)	(0.131)	(0.073)	(0.082)	(0.074)	(0.107)	(0.148)	(0.193)	(0.095)	(0.072)	(0.114)	(0.170)

续表

	大米	小麦	粗粮	牛奶	鸡蛋	水果	猪肉	鸡肉	牛肉	羊肉	水产品	豆类	酒类	饮料
猪肉价格	0.119	0.199	0.774***	0.033	0.007	-0.008	0.271**	-0.006	0.608***	1.296***	0.062	0.165	0.338**	1.104***
	(0.143)	(0.154)	(0.140)	(0.183)	(0.112)	(0.129)	(0.113)	(0.155)	(0.209)	(0.321)	(0.117)	(0.110)	(0.156)	(0.242)
鸡肉价格	0.132	-0.307***	-0.622***	-0.298**	-0.127	-0.010	0.189**	-0.053	0.252*	0.039	0.038	0.003	-0.257**	-0.359**
	(0.106)	(0.108)	(0.090)	(0.136)	(0.078)	(0.085)	(0.079)	(0.106)	(0.145)	(0.222)	(0.094)	(0.077)	(0.106)	(0.172)
牛肉价格	-0.676***	0.208	0.783***	0.076	-0.153	0.167	-0.051	-0.361**	0.433***	-0.157	-0.133	0.198*	-0.114	0.049
	(0.186)	(0.129)	(0.158)	(0.212)	(0.111)	(0.141)	(0.107)	(0.158)	(0.168)	(0.274)	(0.120)	(0.108)	(0.183)	(0.275)
羊肉价格	-0.151	-0.049	-0.135	0.391**	-0.030	-0.109	0.246**	0.359***	-0.253*	0.131	0.133	-0.004	0.163	-0.474***
	(0.146)	(0.111)	(0.125)	(0.183)	(0.099)	(0.113)	(0.097)	(0.135)	(0.136)	(0.244)	(0.109)	(0.094)	(0.129)	(0.176)
水产品价格	0.551***	-0.578***	-0.250**	-0.686***	-0.382***	-0.019	-0.299***	-0.652***	-0.225	-0.671**	-0.248*	-0.147	-0.278*	0.075
	(0.145)	(0.124)	(0.122)	(0.197)	(0.104)	(0.121)	(0.109)	(0.162)	(0.177)	(0.327)	(0.140)	(0.099)	(0.146)	(0.189)
豆类价格	0.417***	-0.401**	-0.196**	0.247	0.256***	-0.085	0.111	-0.054	-0.083	-0.252	0.110	-0.051	0.134	-0.054
	(0.140)	(0.107)	(0.096)	(0.152)	(0.097)	(0.100)	(0.092)	(0.128)	(0.138)	(0.199)	(0.106)	(0.090)	(0.123)	(0.173)
酒类价格	-0.229***	0.051	0.005	0.069	0.103**	-0.040	-0.048	0.011	0.040	0.115	0.097**	0.092**	0.063	-0.042
	(0.056)	(0.060)	(0.050)	(0.075)	(0.044)	(0.048)	(0.044)	(0.059)	(0.068)	(0.107)	(0.049)	(0.043)	(0.063)	(0.098)
饮料价格	0.119	0.019	-0.285***	-0.185	-0.215**	-0.135	0.199**	-0.203	0.115	-0.012	-0.145	0.073	-0.464***	-0.222
	(0.110)	(0.102)	(0.095)	(0.160)	(0.082)	(0.095)	(0.084)	(0.130)	(0.130)	(0.197)	(0.109)	(0.081)	(0.137)	(0.177)
家庭人均	0.029	-0.050	0.007	-0.018	0.016	-0.037	0.061*	-0.014	0.026	0.086	0.005	0.041	0.068	-0.071
收入对数	(0.043)	(0.042)	(0.037)	(0.055)	(0.032)	(0.035)	(0.033)	(0.043)	(0.048)	(0.080)	(0.037)	(0.032)	(0.051)	(0.071)

续表

	大米	小麦	粗粮	牛奶	鸡蛋	水果	猪肉	鸡肉	牛肉	羊肉	水产品	豆类	酒类	饮料
膳食模式1	-0.701	1.466***	-0.190	1.080***	1.242***	0.721***	0.523***	-0.187	0.930***	0.116	0.221*	1.132***	-0.007	-0.416
	(0.431)	(0.167)	(0.156)	(0.218)	(0.143)	(0.141)	(0.179)	(0.139)	(0.160)	(0.256)	(0.134)	(0.136)	(0.191)	(0.281)
膳食模式2	-0.752*	0.914***	-0.746***	0.159	1.363***	0.145	-0.165	-1.129***	-0.091	-0.563**	-0.087	1.114***	-0.167	-0.712***
	(0.395)	(0.104)	(0.129)	(0.206)	(0.107)	(0.117)	(0.106)	(0.129)	(0.139)	(0.284)	(0.101)	(0.102)	(0.145)	(0.260)
膳食模式3	-1.087***	0.815***	-0.115	-0.304	0.096	-0.351***	-0.700***	-1.036***	-0.433***	-0.307	-0.790***	1.319***	0.404***	0.009
	(0.389)	(0.102)	(0.111)	(0.227)	(0.105)	(0.121)	(0.103)	(0.121)	(0.151)	(0.222)	(0.110)	(0.101)	(0.132)	(0.194)
膳食模式4	-2.044***	1.992***	0.486***	-0.129	0.783***	0.174	-1.086***	-1.365***	-0.769***	-0.324	-1.013***	0.316***	-0.877***	-0.655***
	(0.392)	(0.139)	(0.114)	(0.227)	(0.109)	(0.118)	(0.109)	(0.144)	(0.191)	(0.237)	(0.126)	(0.107)	(0.182)	(0.234)
年份——2004, 2006	0.274*	0.371***	-0.159	-0.087	0.311***	0.362***	-0.118	0.333**	-0.063	-0.032	-0.227*	-0.127	-0.228	0.799***
	(0.159)	(0.137)	(0.134)	(0.197)	(0.108)	(0.119)	(0.107)	(0.154)	(0.165)	(0.227)	(0.127)	(0.106)	(0.158)	(0.263)
家庭规模	0.018	0.008	0.010	-0.049	-0.018	-0.013	0.048**	0.073***	0.078***	0.048	0.006	0.043**	0.016	0.006
	(0.025)	(0.021)	(0.020)	(0.033)	(0.018)	(0.020)	(0.019)	(0.023)	(0.025)	(0.044)	(0.020)	(0.018)	(0.025)	(0.043)
家庭平均劳动强度	-0.114***	0.001	0.001	-0.077	-0.025	-0.063**	-0.093***	-0.036	-0.163***	-0.148**	-0.089***	-0.073***	0.070*	-0.077
	(0.036)	(0.033)	(0.029)	(0.049)	(0.027)	(0.031)	(0.027)	(0.040)	(0.048)	(0.069)	(0.031)	(0.026)	(0.036)	(0.065)
家庭男性比例	-0.276*	0.013	-0.089	-0.323	-0.048	-0.287**	0.111	-0.029	-0.224	0.051	0.089	0.144	0.853***	0.140
	(0.147)	(0.131)	(0.115)	(0.199)	(0.108)	(0.120)	(0.110)	(0.135)	(0.160)	(0.267)	(0.116)	(0.103)	(0.141)	(0.252)
18岁以下	0.240	0.704***	-0.141	1.111***	0.301**	0.668***	0.255*	0.099	-0.018	0.387	0.023	0.223	-0.756***	1.245***
人口比例	(0.201)	(0.179)	(0.165)	(0.209)	(0.140)	(0.150)	(0.144)	(0.184)	(0.210)	(0.326)	(0.159)	(0.140)	(0.215)	(0.266)

续表

	大米	小麦	粗粮	牛奶	鸡蛋	水果	猪肉	鸡肉	牛肉	羊肉	水产品	豆类	酒类	饮料
60岁以上	-0.084	-0.166	0.072	-0.048	-0.024	0.065	0.007	-0.152	-0.402**	-0.182	-0.091	0.016	-0.029	-0.365*
	(0.121)	(0.109)	(0.104)	(0.168)	(0.093)	(0.105)	(0.096)	(0.139)	(0.175)	(0.218)	(0.109)	(0.090)	(0.129)	(0.219)
人口比例	0.025	0.018	0.107**	0.182**	0.164***	0.130***	0.201***	0.157***	0.209***	0.271***	0.176***	0.015	0.088	0.068
家庭平均受教育程度	(0.058)	(0.050)	(0.048)	(0.077)	(0.043)	(0.047)	(0.045)	(0.057)	(0.064)	(0.084)	(0.046)	(0.041)	(0.055)	(0.100)
家庭平均膳食知识水平	0.000	0.017***	0.003	0.008	0.017***	0.026***	0.017***	0.018**	-0.002	0.045**	0.015**	0.002	0.006	0.040**
	(0.007)	(0.006)	(0.006)	(0.010)	(0.006)	(0.007)	(0.005)	(0.009)	(0.010)	(0.021)	(0.006)	(0.005)	(0.008)	(0.016)
截距项	2.713***	0.986	-2.271***	-0.310	0.017	-1.075	-1.953***	-0.093	-4.181***	-7.439***	-0.927	-2.219***	-1.309	-2.953**
	(0.842)	(0.709)	(0.650)	(1.078)	(0.552)	(0.654)	(0.556)	(0.849)	(0.867)	(1.640)	(0.634)	(0.542)	(0.851)	(1.334)
样本量	2377	2377	2377	2377	2377	2377	2377	2377	2377	2377	2377	2377	2377	2377
Wald chi2	578.908	582.859	508.263	176.409	481.935	252.955	481.522	285.548	215.393	119.763	330.741	387.469	171.724	150.065
Pseudo R²	0.357	0.281	0.225	0.213	0.163	0.118	0.178	0.204	0.221	0.191	0.168	0.121	0.163	0.258

注：①括号内为聚类到村庄的稳健标准误。②"*""**"和"***"分别表示10%、5%、1%的水平上显著。

附表-5 2004—2011年非贫困家庭 CTS 模型第一阶段——Probit 模型估计

	大米	小麦	粗粮	牛奶	鸡蛋	水果	猪肉	鸡肉	牛肉	羊肉	水产品	豆类	酒类	饮料
大米价格	-0.578***	0.308***	0.168***	-0.144***	0.015	0.024	0.016	0.031	-0.086	0.111	-0.239***	-0.084*	0.039	-0.153*
	(0.063)	(0.058)	(0.051)	(0.052)	(0.052)	(0.090)	(0.055)	(0.056)	(0.066)	(0.075)	(0.053)	(0.051)	(0.057)	(0.082)

续表

	大米	小麦	粗粮	牛奶	鸡蛋	水果	猪肉	鸡肉	牛肉	羊肉	水产品	豆类	酒类	饮料
小麦价格	0.240*** (0.079)	-0.375*** (0.062)	-0.434*** (0.065)	0.186** (0.091)	-0.100** (0.051)	0.298* (0.171)	-0.063 (0.058)	-0.109* (0.058)	-0.160** (0.065)	0.069 (0.084)	0.107** (0.053)	-0.181*** (0.050)	-0.361*** (0.066)	0.034 (0.081)
粗粮价格	0.051 (0.071)	0.019 (0.062)	-0.027 (0.059)	-0.066 (0.093)	0.043 (0.048)	-0.184 (0.184)	0.085 (0.055)	0.326*** (0.055)	0.293*** (0.064)	0.135* (0.078)	0.057 (0.049)	-0.005 (0.047)	0.230*** (0.059)	-0.023 (0.079)
食用油价格	0.606*** (0.111)	-0.087 (0.068)	-0.020 (0.078)	0.048 (0.099)	0.126** (0.059)	-0.017 (0.177)	0.251*** (0.066)	-0.087 (0.065)	0.179** (0.072)	-0.197 (0.113)	0.074 (0.056)	0.122** (0.057)	-0.114 (0.069)	-0.012 (0.088)
牛奶价格	-0.240*** (0.049)	0.095** (0.045)	0.030 (0.041)	-0.222*** (0.066)	-0.045 (0.038)	-0.009 (0.121)	-0.137*** (0.040)	0.035 (0.044)	0.152*** (0.044)	0.037 (0.068)	0.080** (0.039)	-0.064* (0.037)	-0.277*** (0.055)	-0.185** (0.076)
鸡蛋价格	0.162*** (0.054)	0.122*** (0.043)	-0.563*** (0.056)	0.117* (0.063)	-0.253*** (0.042)	0.014 (0.134)	0.134*** (0.043)	-0.285*** (0.045)	-0.204*** (0.049)	-0.006 (0.076)	-0.246*** (0.041)	-0.008 (0.040)	0.015 (0.045)	-0.103 (0.096)
调味品价格	0.187*** (0.041)	0.083** (0.031)	-0.329*** (0.030)	-0.022 (0.050)	0.017 (0.026)	-0.079 (0.084)	0.037 (0.029)	0.070** (0.029)	-0.071* (0.033)	-0.106** (0.051)	0.233*** (0.026)	-0.058** (0.025)	0.109*** (0.030)	0.115*** (0.041)
蔬菜价格	-0.164*** (0.043)	-0.096*** (0.031)	-0.018 (0.035)	0.147** (0.069)	0.067** (0.028)	0.093 (0.083)	0.157*** (0.032)	0.098** (0.035)	-0.104** (0.040)	-0.082 (0.069)	0.161*** (0.029)	0.063** (0.029)	0.114*** (0.034)	0.075 (0.048)
水果价格	0.781*** (0.061)	-0.072* (0.040)	0.003 (0.040)	-0.011 (0.066)	0.138*** (0.035)	0.242** (0.111)	0.058 (0.038)	-0.138*** (0.043)	-0.006 (0.049)	-0.182** (0.075)	-0.092** (0.037)	0.000 (0.035)	-0.234*** (0.045)	0.209*** (0.058)
猪肉价格	-0.214** (0.095)	-0.046 (0.079)	0.635*** (0.077)	-0.022 (0.097)	-0.044 (0.060)	-0.195 (0.173)	-0.012 (0.064)	0.291*** (0.073)	0.501*** (0.090)	1.135*** (0.122)	0.274*** (0.061)	0.156** (0.063)	0.262*** (0.080)	0.283*** (0.108)

续表

	大米	小麦	粗粮	牛奶	鸡蛋	水果	猪肉	鸡肉	牛肉	羊肉	水产品	豆类	酒类	饮料
鸡肉价格	0.574***	-0.138***	-0.570***	0.218***	-0.051	0.058	0.067*	-0.074*	0.187***	-0.318***	-0.095***	-0.008	-0.126***	-0.027
	(0.050)	(0.048)	(0.040)	(0.067)	(0.037)	(0.080)	(0.039)	(0.041)	(0.049)	(0.065)	(0.036)	(0.036)	(0.043)	(0.060)
牛肉价格	0.064	0.366***	0.766***	-0.236	-0.091	-0.238	0.268***	0.333***	0.241***	0.156	0.105*	0.409***	0.143**	0.272**
	(0.111)	(0.064)	(0.088)	(0.164)	(0.058)	(0.194)	(0.058)	(0.072)	(0.074)	(0.110)	(0.059)	(0.060)	(0.072)	(0.120)
羊肉价格	-0.719***	-0.067	0.166***	-0.028	-0.062	-0.215*	0.062	0.173***	-0.091	0.064	0.130***	-0.158***	0.026	-0.272***
	(0.074)	(0.053)	(0.059)	(0.086)	(0.047)	(0.124)	(0.052)	(0.055)	(0.058)	(0.081)	(0.047)	(0.047)	(0.058)	(0.086)
水产品价格	0.749***	-0.376***	-0.285***	-0.253***	-0.185***	-0.020	-0.157***	-0.101*	0.029	-0.039	-0.160***	-0.126**	-0.185***	-0.022
	(0.097)	(0.062)	(0.064)	(0.098)	(0.053)	(0.157)	(0.057)	(0.059)	(0.069)	(0.103)	(0.053)	(0.053)	(0.064)	(0.086)
豆类价格	0.013	-0.222***	-0.322***	0.204**	0.068*	0.318***	-0.036	-0.078*	-0.093**	0.130**	-0.094**	0.031	0.027	-0.056
	(0.056)	(0.042)	(0.045)	(0.080)	(0.039)	(0.111)	(0.042)	(0.041)	(0.045)	(0.057)	(0.038)	(0.038)	(0.042)	(0.058)
酒类价格	-0.316***	0.043*	0.030	-0.070*	0.118***	0.040	-0.021	0.063***	0.011	0.008	0.168***	0.035*	0.055**	0.058*
	(0.032)	(0.026)	(0.023)	(0.038)	(0.021)	(0.058)	(0.022)	(0.022)	(0.025)	(0.038)	(0.020)	(0.020)	(0.024)	(0.034)
饮料价格	0.251***	-0.041	-0.412***	0.131*	-0.148***	0.036	-0.013	-0.376***	-0.160***	-0.141*	-0.102**	-0.192***	-0.139***	0.024
	(0.072)	(0.044)	(0.047)	(0.074)	(0.037)	(0.107)	(0.041)	(0.051)	(0.051)	(0.079)	(0.040)	(0.037)	(0.047)	(0.067)
家庭人均收入对数	0.086**	0.055**	0.118***	-0.056	0.118***	-0.067	0.197***	0.198***	0.112***	0.125***	0.154***	0.084***	0.195***	0.223***
	(0.038)	(0.026)	(0.024)	(0.043)	(0.023)	(0.066)	(0.025)	(0.025)	(0.028)	(0.040)	(0.022)	(0.022)	(0.026)	(0.035)
膳食模式1	-1.128***	0.868***	-0.145**	-0.141	1.112***	-0.385***	0.179**	-0.624***	0.416***	0.322***	0.240***	1.297***	-0.071	-0.846***
	(0.248)	(0.057)	(0.059)	(0.095)	(0.056)	(0.145)	(0.075)	(0.053)	(0.059)	(0.102)	(0.052)	(0.055)	(0.062)	(0.092)

续表

	大米	小麦	粗粮	牛奶	鸡蛋	水果	猪肉	鸡肉	牛肉	羊肉	水产品	豆类	酒类	饮料
膳食模式2	-0.954 ***	0.680 ***	-0.484 ***	0.659 ***	1.059 ***	0.756 ***	-0.216 ***	-1.400 ***	-0.165 ***	-0.208 *	-0.168 ***	1.044 ***	-0.334 ***	-0.657 ***
	(0.244)	(0.046)	(0.055)	(0.112)	(0.047)	(0.223)	(0.058)	(0.051)	(0.056)	(0.107)	(0.045)	(0.047)	(0.056)	(0.078)
膳食模式3	-1.326 ***	0.757 ***	0.149 ***	-0.130	0.136 ***	-0.098	-0.580 ***	-1.117 ***	-0.436 ***	0.102	-0.677 ***	1.388 ***	0.439 ***	-0.035
	(0.243)	(0.050)	(0.053)	(0.092)	(0.047)	(0.153)	(0.059)	(0.051)	(0.063)	(0.103)	(0.048)	(0.050)	(0.055)	(0.070)
膳食模式4	-1.850 ***	1.885 ***	0.484 ***	0.101	0.761 ***	0.131	-1.040 ***	-1.583 ***	-0.638 ***	0.005	-1.016 ***	0.283 ***	-0.872 ***	-0.383 ***
	(0.242)	(0.079)	(0.056)	(0.101)	(0.051)	(0.175)	(0.061)	(0.060)	(0.073)	(0.111)	(0.054)	(0.051)	(0.072)	(0.081)
年份——2004、2006	0.074	0.173 ***	0.018	0.125	0.085 *	-0.066	-0.216 ***	-0.177 ***	-0.384 ***	-0.334 ***	-0.300 ***	-0.096 *	-0.117 **	0.287 ***
	(0.077)	(0.057)	(0.057)	(0.102)	(0.049)	(0.143)	(0.052)	(0.056)	(0.061)	(0.097)	(0.049)	(0.049)	(0.057)	(0.090)
家庭规模	-0.070 ***	0.039 ***	0.044 ***	0.006	0.037 ***	0.053	0.070 ***	0.104 ***	0.096 ***	0.081 ***	0.031 ***	0.077 ***	0.037 ***	0.107 ***
	(0.017)	(0.012)	(0.012)	(0.023)	(0.011)	(0.039)	(0.012)	(0.012)	(0.013)	(0.018)	(0.010)	(0.011)	(0.012)	(0.016)
家庭平均劳动强度	0.054 **	-0.097 ***	-0.044 ***	0.089 ***	-0.085 ***	0.163 ***	-0.139 ***	-0.078 ***	-0.179 ***	-0.183 ***	-0.057 ***	-0.068 ***	0.072 ***	-0.032
	(0.023)	(0.017)	(0.016)	(0.029)	(0.014)	(0.049)	(0.016)	(0.017)	(0.020)	(0.032)	(0.014)	(0.014)	(0.017)	(0.026)
家庭男性比例	-0.466 ***	0.139 *	-0.020	-0.091	0.029	-0.641 ***	0.278 ***	0.173 **	0.085	0.267 **	0.109 *	0.093	0.863 ***	0.063
	(0.104)	(0.074)	(0.066)	(0.138)	(0.062)	(0.242)	(0.069)	(0.071)	(0.078)	(0.104)	(0.060)	(0.060)	(0.068)	(0.101)
18岁以下人口比例	0.630 ***	0.255 **	0.220 **	0.403 **	0.271 ***	0.525	0.363 ***	0.288 ***	0.369 ***	0.555 ***	-0.069	0.301 ***	-0.734 ***	1.651 ***
	(0.148)	(0.100)	(0.093)	(0.193)	(0.084)	(0.384)	(0.098)	(0.093)	(0.102)	(0.154)	(0.084)	(0.086)	(0.104)	(0.120)
60岁以上人口比例	0.110	-0.144 ***	0.230 ***	0.195 **	-0.120 ***	0.343 **	-0.139 ***	-0.148 ***	-0.259 ***	-0.146	-0.108 **	0.041	-0.003	-0.157 *
	(0.072)	(0.050)	(0.048)	(0.087)	(0.044)	(0.145)	(0.048)	(0.052)	(0.062)	(0.096)	(0.044)	(0.043)	(0.051)	(0.086)

续表

	大米	小麦	粗粮	牛奶	鸡蛋	水果	猪肉	鸡肉	牛肉	羊肉	水产品	豆类	酒类	饮料
家庭平均受教育程度	0.116***	0.032*	0.050***	0.039	0.071***	0.039	0.143***	0.083***	0.101***	0.150***	0.052***	0.071***	0.002	0.032
	(0.027)	(0.020)	(0.017)	(0.033)	(0.017)	(0.052)	(0.019)	(0.018)	(0.020)	(0.028)	(0.016)	(0.016)	(0.019)	(0.025)
家庭平均膳食知识水平	0.012***	-0.002	-0.002	0.005	0.015***	-0.001	0.006**	0.013***	0.005	0.006	0.012***	-0.006**	0.005	0.040***
	(0.004)	(0.003)	(0.003)	(0.006)	(0.003)	(0.011)	(0.003)	(0.004)	(0.004)	(0.006)	(0.003)	(0.003)	(0.004)	(0.006)
截距项	0.003	0.097	-2.248***	2.422***	-0.918***	3.776***	-2.139***	-3.381***	-4.163***	-5.505***	-2.545***	-1.745***	-3.309***	-6.281***
	(0.584)	(0.386)	(0.375)	(0.655)	(0.317)	(1.110)	(0.349)	(0.376)	(0.424)	(0.639)	(0.324)	(0.321)	(0.388)	(0.591)
样本量	10085	10085	10085	10085	10085	10085	10085	10085	10085	10085	10085	10085	10085	10085
Wald chi2	1630.850	1202.594	1852.081	189.205	1624.029	133.891	1640.347	1758.355	1044.717	374.151	1871.494	1682.034	997.974	627.562
Pseudo R^2	0.376	0.171	0.221	0.075	0.139	0.131	0.181	0.206	0.158	0.145	0.159	0.139	0.132	0.196

注：①括号内为聚类到村庄的稳健标准误。②"*""**"和"***"分别表示在10%、5%、1%的水平上显著。

附表-6　　　　2004—2011 年 AIDS 模型收入对数的系数

食物种类	直接估计		工具变量法		食物种类	直接估计		工具变量法	
	贫困家庭	非贫困家庭	贫困家庭	非贫困家庭		贫困家庭	非贫困家庭	贫困家庭	非贫困家庭
大米	-0.015***	-0.037***	-0.009***	-0.038***	猪肉	-0.014***	0.053***	-0.041***	0.085***
	(0.003)	(0.001)	(0.004)	(0.002)		(0.004)	(0.003)	(0.007)	(0.004)
小麦	-0.017***	-0.013***	-0.030***	-0.036***	鸡肉	0.013***	-0.030***	0.050***	-0.011***
	(0.003)	(0.002)	(0.004)	(0.003)		(0.006)	(0.003)	(0.009)	(0.004)
粗粮	-0.018***	-0.003***	-0.024***	0.004***	牛肉	-0.004***	-0.004***	-0.007***	-0.055***
	(0.003)	(0.002)	(0.005)	(0.003)		(0.007)	(0.004)	(0.010)	(0.007)
食用油	0.017***	0.004***	0.018***	-0.008***	羊肉	0.081***	0.041***	0.078***	0.079***
	(0.004)	(0.002)	(0.005)	(0.002)		(0.021)	(0.007)	(0.031)	(0.012)
牛奶	-0.023***	-0.008***	-0.011***	-0.013***	水产品	0.003***	-0.003***	-0.002***	-0.006***
	(0.008)	(0.003)	(0.012)	(0.005)		(0.006)	(0.002)	(0.008)	(0.004)
鸡蛋	0.003***	0.002***	0.022***	0.023***	豆类	0.010***	-0.015***	0.012***	-0.013***
	(0.003)	(0.002)	(0.004)	(0.003)		(0.003)	(0.001)	(0.005)	(0.002)
调味品	0.010***	0.011***	0.012***	0.012***	酒类	-0.009***	0.028***	-0.018***	0.009***
	(0.002)	(0.001)	(0.003)	(0.002)		(0.005)	(0.003)	(0.008)	(0.004)
蔬菜	-0.001***	-0.008***	0.004***	-0.011***	饮料	0.009***	0.023***	0.033***	0.026***
	(0.003)	(0.001)	(0.005)	(0.002)		(0.007)	(0.003)	(0.011)	(0.005)
水果	0.026***	0.022***	0.023***	0.019***					
	(0.005)	(0.002)	(0.008)	(0.003)					

注：①括号内为标准差。②"*""**"和"***"分别表示在 10%、5%、1% 的水平上显著。

附表-7　　2004—2011年工具变量两步法估计AIDS模型第一阶段残差项的系数

食物种类	非贫困家庭	贫困家庭	食物种类	非贫困家庭	贫困家庭
稻米及制品	0.00255	-0.00907*	猪肉	-0.04716***	0.04032***
	(0.00274)	(0.00521)		(0.00476)	(0.00827)
小麦及制品	0.03410***	0.01929***	禽肉	-0.02925***	-0.06020***
	(0.00328)	(0.00540)		(0.00515)	(0.01153)
粗粮	-0.01049***	0.01008*	牛肉	0.07308***	-0.00156
	(0.00310)	(0.00585)		(0.00762)	(0.01262)
食用油	0.01706***	-0.00067	羊肉	-0.05301***	0.01025
	(0.00289)	(0.00660)		(0.01400)	(0.03679)
奶类及制品	0.00795	-0.01460	水产品	0.00803*	0.01351
	(0.00562)	(0.01370)		(0.00443)	(0.00965)
蛋类及制品	-0.03315***	-0.02879***	干豆类	-0.00550**	-0.00474
	(0.00307)	(0.00529)		(0.00275)	(0.00535)
调味品	-0.00166	-0.00370	酒类	0.02814***	0.01799*
	(0.00193)	(0.00418)		(0.00493)	(0.00994)
蔬菜	0.00552**	-0.00901	饮料	-0.00454	-0.03305***
	(0.00260)	(0.00568)		(0.00619)	(0.01224)
水果	0.00687*	0.00461			
	(0.00410)	(0.00934)			

注：①括号内为标准差。②"*""**"和"***"分别表示在10%、5%、1%的水平上显著。

附表-8 2004—2011年营养—收入弹性的间接估计结果（不同食物的贡献）

	食物类型	能量	蛋白质	脂肪	碳水化合物	不溶性纤维	胆固醇	维生素A	维生素C	钙	钾	钠	铁	锌
非贫困家庭	稻米	0.064	0.049	0.004	0.102	0.029	0.000	0.000	0.000	0.015	0.027	0.001	0.047	0.065
	小麦	0.035	0.038	0.006	0.051	0.034	0.000	0.000	0.000	0.017	0.026	0.011	0.036	0.028
	粗粮	0.007	0.006	0.002	0.010	0.017	0.000	0.001	0.000	0.004	0.006	0.000	0.008	0.006
	油脂类	0.038	0.000	0.123	0.000	0.000	0.003	0.001	0.000	0.003	0.000	0.000	0.009	0.009
	乳类及制品	0.001	0.001	0.001	0.000	0.000	0.001	0.002	0.000	0.008	0.002	0.000	0.000	0.001
	蛋类及制品	0.006	0.018	0.009	0.001	0.000	0.195	0.051	0.000	0.014	0.012	0.004	0.008	0.013
	调味品	0.004	0.011	0.002	0.005	0.036	0.000	0.018	0.009	0.041	0.039	0.272	0.036	0.013
	蔬菜类及制品	0.007	0.016	0.002	0.010	0.077	0.000	0.145	0.194	0.070	0.058	0.008	0.031	0.020
	水果类及制品	0.003	0.001	0.000	0.005	0.012	0.000	0.009	0.022	0.003	0.009	0.000	0.002	0.002
	猪	0.037	0.045	0.093	0.002	0.000	0.066	0.010	0.000	0.003	0.027	0.005	0.016	0.039
	禽肉类及制品	0.002	0.006	0.003	0.000	0.000	0.008	0.003	0.000	0.000	0.003	0.001	0.002	0.002
	牛	0.000	0.002	0.000	0.000	0.000	0.002	0.000	0.000	0.000	0.001	0.000	0.001	0.003
	羊	0.000	0.001	0.001	0.000	0.000	0.002	0.000	0.000	0.000	0.001	0.000	0.000	0.001
	鱼虾蟹贝类	0.002	0.012	0.002	0.000	0.000	0.024	0.003	0.000	0.011	0.008	0.001	0.004	0.006
	干豆类及制品	0.005	0.014	0.003	0.004	0.014	0.000	0.001	0.000	0.033	0.012	0.000	0.017	0.010
	含酒精饮料	0.004	0.000	0.000	0.000	0.000	0.000	0.000	0.001	0.001	0.001	0.000	0.000	0.001
	饮料类	0.000	0.001	0.000	0.000	0.001	0.000	0.003	0.001	0.002	0.003	0.000	0.001	0.000
	加总	0.215	0.222	0.251	0.191	0.219	0.301	0.246	0.227	0.226	0.234	0.305	0.219	0.220

续表

	食物类型	能量	蛋白质	脂肪	碳水化合物	不溶性纤维	胆固醇	维生素A	维生素C	钙	钾	钠	铁	锌
贫困家庭	稻米	0.152	0.123	0.010	0.226	0.065	0.000	0.000	0.000	0.036	0.065	0.002	0.110	0.160
	小麦	0.104	0.117	0.021	0.142	0.095	0.000	0.000	0.000	0.053	0.080	0.034	0.105	0.085
	粗粮	0.010	0.009	0.003	0.015	0.025	0.000	0.001	0.000	0.007	0.010	0.000	0.011	0.010
	油脂类	0.095	0.000	0.329	0.000	0.000	0.010	0.001	0.000	0.008	0.000	0.000	0.022	0.023
	乳类及制品	0.001	0.001	0.001	0.000	0.000	0.002	0.002	0.000	0.008	0.002	0.000	0.000	0.001
	蛋类及制品	0.008	0.029	0.015	0.001	0.000	0.389	0.081	0.000	0.022	0.019	0.007	0.012	0.020
	调味品	0.008	0.022	0.004	0.009	0.065	0.000	0.036	0.017	0.081	0.076	0.509	0.067	0.026
	蔬菜类及制品	0.016	0.038	0.005	0.022	0.167	0.000	0.345	0.442	0.168	0.138	0.019	0.070	0.048
	水果类及制品	0.003	0.001	0.000	0.005	0.013	0.000	0.011	0.026	0.004	0.011	0.000	0.003	0.003
	猪	0.031	0.040	0.085	0.001	0.000	0.073	0.009	0.000	0.003	0.024	0.004	0.013	0.034
	禽肉类及制品	0.002	0.008	0.004	0.000	0.000	0.014	0.004	0.000	0.001	0.004	0.001	0.002	0.003
	牛	0.001	0.006	0.001	0.000	0.000	0.007	0.000	0.000	0.001	0.002	0.000	0.002	0.006
	羊	0.000	0.001	0.001	0.000	0.000	0.001	0.000	0.000	0.000	0.000	0.000	0.000	0.001
	鱼虾蟹贝类	0.002	0.013	0.002	0.008	0.033	0.032	0.004	0.000	0.012	0.008	0.001	0.004	0.007
	干豆类及制品	0.011	0.037	0.009	0.000	0.001	0.000	0.003	0.000	0.087	0.030	0.001	0.042	0.025
	含酒精饮料	0.003	0.000	0.000	0.000	0.000	0.000	0.000	0.000	0.001	0.000	0.000	0.000	0.000
	饮料类	0.000	0.001	0.000	0.000	0.001	0.000	0.003	0.001	0.002	0.003	0.000	0.001	0.000
	加总	0.449	0.448	0.490	0.430	0.464	0.529	0.500	0.485	0.493	0.473	0.578	0.465	0.452

附表-9　2004—2011年非贫困家庭营养素摄入量（对数形式）的影响因素（FE）

	能量	蛋白质	脂肪	碳水化合物	不溶性纤维	胆固醇	维生素A	维生素C	钙	钾	钠	铁	锌
家庭平均劳动强度	-0.059*** (0.005)	0.028*** (0.005)	-0.084*** (0.008)	-0.038*** (0.005)	-0.046*** (0.007)	-0.140*** (0.013)	0.028*** (0.008)	0.056*** (0.008)	0.029*** (0.006)	0.037*** (0.006)	0.022** (0.009)	0.032*** (0.005)	0.028*** (0.005)
家庭平均受教育程度	0.004 (0.004)	0.012*** (0.004)	0.022*** (0.008)	-0.004 (0.004)	0.001 (0.006)	0.041*** (0.012)	0.023*** (0.007)	0.011 (0.007)	0.041*** (0.005)	0.011** (0.005)	-0.017** (0.008)	-0.023*** (0.005)	0.006 (0.004)
家庭男性比例	0.000 (0.014)	0.055*** (0.016)	-0.048* (0.026)	-0.018 (0.014)	-0.074*** (0.020)	0.017 (0.039)	-0.056** (0.025)	0.063** (0.027)	0.137*** (0.020)	0.146*** (0.017)	0.021 (0.031)	0.357*** (0.017)	-0.268*** (0.015)
18岁以下人口比例	-0.089*** (0.021)	-0.041** (0.020)	-0.098*** (0.033)	-0.097*** (0.020)	-0.179*** (0.026)	0.067 (0.062)	0.066* (0.034)	-0.075** (0.032)	-0.252*** (0.027)	-0.084*** (0.022)	-0.079* (0.043)	-0.349*** (0.024)	0.011 (0.020)
60岁以上人口比例	-0.032*** (0.011)	-0.124*** (0.011)	-0.031 (0.020)	-0.024** (0.011)	-0.023 (0.016)	-0.012 (0.030)	-0.058*** (0.017)	-0.070*** (0.018)	-0.185*** (0.014)	-0.110*** (0.013)	0.000 (0.021)	0.037*** (0.012)	-0.121*** (0.010)
家庭规模	-0.012*** (0.003)	0.002 (0.003)	-0.030*** (0.005)	-0.001 (0.003)	0.003 (0.004)	-0.031*** (0.009)	-0.009 (0.005)	0.008 (0.006)	-0.003 (0.004)	0.005 (0.004)	-0.021*** (0.006)	-0.009*** (0.003)	-0.009*** (0.003)
家庭平均膳食知识水平	0.003*** (0.001)	0.004*** (0.001)	0.005*** (0.002)	0.002** (0.001)	0.002** (0.001)	0.005** (0.002)	0.005*** (0.002)	0.006*** (0.002)	0.004*** (0.001)	0.004*** (0.001)	0.002 (0.002)	0.002** (0.001)	0.003*** (0.001)
2006年	-0.015 (0.017)	-0.030* (0.018)	0.021 (0.031)	-0.043*** (0.016)	-0.037 (0.023)	0.032 (0.051)	-0.043 (0.035)	-0.056 (0.035)	-0.084*** (0.026)	-0.024 (0.021)	0.004 (0.039)	-0.029* (0.018)	-0.033* (0.017)
2009年	-0.054** (0.024)	-0.042* (0.025)	0.004 (0.035)	-0.074*** (0.026)	-0.041 (0.031)	0.081 (0.056)	-0.020 (0.044)	-0.065 (0.041)	-0.063* (0.034)	-0.023 (0.029)	-0.094** (0.041)	-0.035 (0.027)	-0.065*** (0.025)

续表

	能量	蛋白质	脂肪	碳水化合物	不溶性纤维	胆固醇	维生素A	维生素C	钙	钾	钠	铁	锌
2011年	-0.040	-0.044	-0.034	-0.025	0.029	-0.011	-0.043	-0.031	-0.074	0.045	-0.103*	-0.002	-0.065*
	(0.032)	(0.035)	(0.052)	(0.033)	(0.041)	(0.076)	(0.060)	(0.056)	(0.051)	(0.040)	(0.059)	(0.037)	(0.036)
大米价格	-0.001	-0.001*	-0.002	-0.000	-0.001	-0.002	-0.004***	0.001	-0.001**	-0.002***	-0.004***	-0.001*	-0.000
	(0.001)	(0.000)	(0.002)	(0.000)	(0.001)	(0.001)	(0.001)	(0.001)	(0.001)	(0.001)	(0.001)	(0.001)	(0.000)
小麦价格	0.005	0.002	0.021*	-0.002	-0.000	0.002	-0.009	0.005	-0.011	-0.002	-0.018**	-0.008	-0.000
	(0.008)	(0.008)	(0.012)	(0.010)	(0.011)	(0.013)	(0.014)	(0.016)	(0.014)	(0.012)	(0.008)	(0.009)	(0.009)
粗粮价格	-0.011	-0.007	-0.021*	-0.010	-0.006	0.003	-0.005	0.010	0.001	0.001	0.006	-0.008	-0.008
	(0.007)	(0.007)	(0.012)	(0.008)	(0.010)	(0.019)	(0.014)	(0.013)	(0.010)	(0.009)	(0.012)	(0.008)	(0.007)
食用油价格	0.006*	0.006	0.017***	0.004	0.006	0.010	0.014**	-0.002	0.009**	0.003	-0.000	0.008**	0.006
	(0.003)	(0.003)	(0.006)	(0.004)	(0.004)	(0.008)	(0.006)	(0.005)	(0.005)	(0.004)	(0.006)	(0.004)	(0.003)
牛奶价格	0.003	0.001	0.001	0.002	0.005	0.002	0.010*	0.002	0.004	0.003	0.001	0.006	-0.000
	(0.003)	(0.004)	(0.005)	(0.004)	(0.008)	(0.008)	(0.006)	(0.007)	(0.005)	(0.005)	(0.009)	(0.005)	(0.004)
鸡蛋价格	-0.000	-0.000	0.000	-0.001	-0.000	0.002	-0.000	-0.001	-0.001	0.001	-0.002	-0.001*	0.001
	(0.001)	(0.001)	(0.001)	(0.001)	(0.001)	(0.002)	(0.001)	(0.001)	(0.001)	(0.001)	(0.002)	(0.001)	(0.001)
调味品价格	0.006	0.004	0.012	0.001	0.007	0.017	0.003	0.012	0.005	0.006	-0.000	0.001	0.006
	(0.006)	(0.007)	(0.008)	(0.006)	(0.009)	(0.014)	(0.011)	(0.009)	(0.009)	(0.008)	(0.009)	(0.007)	(0.006)
蔬菜价格	-0.000	0.002	0.003	-0.003**	-0.002	0.007	0.002	0.003	0.002	0.001	0.009	-0.001	0.001
	(0.002)	(0.002)	(0.004)	(0.001)	(0.004)	(0.005)	(0.002)	(0.005)	(0.004)	(0.004)	(0.005)	(0.002)	(0.001)

续表

	能量	蛋白质	脂肪	碳水化合物	不溶性纤维	胆固醇	维生素A	维生素C	钙	钾	钠	铁	锌
水果价格	0.015***	0.022***	0.006	0.017***	0.010	0.031***	0.028***	-0.002	0.025***	0.015**	0.037***	0.023***	0.022***
	(0.005)	(0.006)	(0.006)	(0.006)	(0.007)	(0.011)	(0.010)	(0.007)	(0.008)	(0.006)	(0.009)	(0.006)	(0.006)
猪肉价格	-0.004	-0.008**	-0.005	-0.005**	-0.010***	-0.012	-0.008	-0.004	-0.009*	-0.013***	-0.008	-0.008***	-0.005*
	(0.003)	(0.003)	(0.007)	(0.002)	(0.004)	(0.011)	(0.005)	(0.007)	(0.004)	(0.003)	(0.006)	(0.002)	(0.003)
鸡肉价格	0.002	-0.003	0.002	0.001	-0.004	-0.001	-0.011***	-0.008**	-0.010***	-0.006**	-0.010**	-0.005**	-0.002
	(0.002)	(0.002)	(0.004)	(0.002)	(0.003)	(0.005)	(0.004)	(0.003)	(0.003)	(0.003)	(0.005)	(0.002)	(0.002)
牛肉价格	0.005**	0.004*	0.006**	0.004	0.004	0.005	0.002	0.000	0.005	0.004	-0.004	0.003	0.003
	(0.002)	(0.002)	(0.003)	(0.002)	(0.003)	(0.005)	(0.004)	(0.003)	(0.003)	(0.003)	(0.004)	(0.002)	(0.002)
羊肉价格	0.001	0.001	0.001	0.001	0.003**	-0.001	0.003**	0.004**	0.002	0.002	0.002	0.002	0.001
	(0.001)	(0.001)	(0.001)	(0.002)	(0.001)	(0.002)	(0.001)	(0.001)	(0.002)	(0.002)	(0.002)	(0.002)	(0.002)
水产品价格	-0.001	-0.004	-0.013***	0.003	-0.004	-0.027***	-0.017***	-0.009*	-0.012***	-0.005	-0.001	-0.004	-0.002
	(0.003)	(0.003)	(0.004)	(0.003)	(0.004)	(0.012)	(0.005)	(0.005)	(0.004)	(0.004)	(0.005)	(0.003)	(0.003)
豆类价格	-0.006	-0.003	-0.003	-0.006	-0.001	-0.002	0.003	0.006	-0.004	-0.003	-0.017	-0.007	-0.004
	(0.006)	(0.005)	(0.013)	(0.003)	(0.006)	(0.016)	(0.009)	(0.007)	(0.007)	(0.006)	(0.010)	(0.005)	(0.005)
酒类价格	-0.002**	-0.002	-0.003**	-0.002	-0.002	0.002	-0.001	-0.003	-0.001	-0.002	-0.001	-0.002	-0.002
	(0.001)	(0.001)	(0.001)	(0.001)	(0.002)	(0.002)	(0.002)	(0.002)	(0.002)	(0.001)	(0.003)	(0.001)	(0.001)
饮料价格	0.005**	0.005**	0.012***	0.001	0.002	0.015**	0.007**	0.005	0.007**	0.003	0.004	0.005*	0.005**
	(0.002)	(0.003)	(0.004)	(0.002)	(0.005)	(0.006)	(0.003)	(0.004)	(0.003)	(0.004)	(0.005)	(0.003)	(0.002)

续表

	能量	蛋白质	脂肪	碳水化合物	不溶性纤维	胆固醇	维生素A	维生素C	钙	钾	钠	铁	锌
截距项	7.468***	3.585***	3.838***	5.743***	2.254***	4.538***	5.405***	4.149***	5.232***	6.844***	8.523***	2.347***	2.286***
	(0.073)	(0.074)	(0.134)	(0.070)	(0.086)	(0.212)	(0.131)	(0.124)	(0.096)	(0.077)	(0.149)	(0.069)	(0.072)
样本量	10085	10085	10085	10085	10085	9540	10085	10079	10085	10085	10085	10085	10085
F	14.519	22.282	17.220	9.051	9.539	17.503	16.825	6.637	31.462	23.876	8.898	47.238	30.365
R^2	0.063	0.078	0.055	0.041	0.037	0.046	0.032	0.027	0.098	0.079	0.024	0.139	0.105

注：①括号内为聚类到村庄的稳健标准误。②"*""**"和"***"分别表示在10%、5%、1%的水平上显著。

附表-10　2004—2011年贫困家庭营养素摄入量（对数形式）的影响因素（FE）

	能量	蛋白质	脂肪	碳水化合物	不溶性纤维	胆固醇	维生素A	维生素C	钙	钾	钠	铁	锌
家庭平均劳动强度	-0.044***	0.035***	-0.069***	-0.032***	-0.037***	-0.107***	-0.002	0.022	0.031***	0.030***	0.012	0.032***	0.032***
	(0.009)	(0.009)	(0.017)	(0.008)	(0.011)	(0.028)	(0.017)	(0.016)	(0.012)	(0.012)	(0.020)	(0.010)	(0.009)
家庭平均受教育程度	0.019*	0.019	0.045**	0.003	0.002	0.050	0.014	-0.004	0.044***	0.013	-0.031	-0.017	0.011
	(0.012)	(0.012)	(0.019)	(0.011)	(0.013)	(0.037)	(0.018)	(0.018)	(0.014)	(0.014)	(0.025)	(0.013)	(0.011)
家庭男性比例	-0.028	0.003	-0.066	-0.035	-0.091**	-0.137*	-0.050	0.032	0.084**	0.130***	0.043	0.299***	-0.299***
	(0.029)	(0.033)	(0.050)	(0.028)	(0.036)	(0.079)	(0.055)	(0.052)	(0.035)	(0.031)	(0.067)	(0.035)	(0.030)

续表

	能量	蛋白质	脂肪	碳水化合物	不溶性纤维	胆固醇	维生素A	维生素C	钙	钾	钠	铁	锌
18岁以下人口比例	-0.139***	-0.105***	-0.149**	-0.156***	-0.172***	0.004	-0.058	-0.134**	-0.356***	-0.122***	-0.118	-0.360***	-0.039
	(0.034)	(0.037)	(0.072)	(0.031)	(0.039)	(0.113)	(0.061)	(0.053)	(0.043)	(0.038)	(0.087)	(0.036)	(0.035)
60岁以上人口比例	-0.055***	-0.166***	-0.028	-0.071***	-0.078***	0.028	-0.199***	-0.185***	-0.244***	-0.174***	-0.118***	-0.014	-0.167***
	(0.021)	(0.022)	(0.043)	(0.019)	(0.027)	(0.078)	(0.044)	(0.042)	(0.030)	(0.025)	(0.045)	(0.024)	(0.021)
家庭规模	-0.020***	-0.008	-0.049***	-0.006	-0.013	-0.063***	-0.021	0.009	-0.005	-0.005	-0.020	-0.018**	-0.015**
	(0.007)	(0.007)	(0.014)	(0.006)	(0.009)	(0.024)	(0.014)	(0.013)	(0.009)	(0.009)	(0.015)	(0.007)	(0.007)
家庭平均膳食知识水平	0.004***	0.006***	0.008***	0.002	0.003	0.004	0.005*	0.006**	0.003	0.005***	0.001	0.005***	0.005***
	(0.001)	(0.002)	(0.003)	(0.001)	(0.002)	(0.004)	(0.003)	(0.002)	(0.002)	(0.002)	(0.004)	(0.002)	(0.002)
2006年	0.002	-0.014	0.086*	-0.034	-0.049*	0.445***	-0.069	-0.106**	-0.082**	-0.026	-0.003	-0.015	-0.017
	(0.022)	(0.026)	(0.046)	(0.023)	(0.029)	(0.080)	(0.051)	(0.046)	(0.038)	(0.028)	(0.058)	(0.026)	(0.024)
2009年	-0.032	-0.027	0.155***	-0.083***	-0.106**	0.541***	-0.074	-0.248***	-0.113**	-0.048	0.053	-0.053	-0.051*
	(0.030)	(0.032)	(0.059)	(0.030)	(0.046)	(0.112)	(0.072)	(0.056)	(0.045)	(0.042)	(0.066)	(0.035)	(0.029)
2011年	-0.040	-0.045	0.061	-0.066	-0.091	0.440**	-0.050	-0.276***	-0.120	-0.046	0.048	-0.051	-0.054
	(0.044)	(0.051)	(0.080)	(0.044)	(0.061)	(0.188)	(0.103)	(0.085)	(0.076)	(0.057)	(0.111)	(0.058)	(0.049)
大米价格	-0.017**	-0.016**	0.025	-0.024***	-0.009	-0.021	-0.028	-0.029	-0.019*	-0.005	0.004	-0.003	-0.023***
	(0.008)	(0.007)	(0.019)	(0.007)	(0.011)	(0.032)	(0.018)	(0.019)	(0.011)	(0.009)	(0.022)	(0.008)	(0.007)
小麦价格	0.008	0.009*	0.009	0.010*	0.008	0.007	0.007	0.017	-0.003	0.006	-0.013	0.002	0.007
	(0.006)	(0.005)	(0.009)	(0.005)	(0.006)	(0.023)	(0.012)	(0.012)	(0.007)	(0.007)	(0.009)	(0.006)	(0.005)

续表

	能量	蛋白质	脂肪	碳水化合物	不溶性纤维	胆固醇	维生素A	维生素C	钙	钾	钠	铁	锌
粗粮价格	0.007	0.007	-0.015	0.013	0.012	0.009	0.039*	0.045**	0.018	0.017*	0.032	0.005	0.016**
	(0.008)	(0.008)	(0.018)	(0.008)	(0.011)	(0.028)	(0.021)	(0.021)	(0.012)	(0.010)	(0.020)	(0.007)	(0.008)
食用油价格	-0.012***	-0.013***	0.004	-0.016***	-0.017***	0.000	-0.022**	-0.026***	-0.015**	-0.019***	-0.021*	-0.010***	-0.016***
	(0.004)	(0.004)	(0.009)	(0.004)	(0.006)	(0.015)	(0.010)	(0.010)	(0.006)	(0.004)	(0.012)	(0.004)	(0.004)
牛奶价格	0.002	-0.005	0.011	-0.003	0.013	-0.020*	0.008	0.015	0.004	0.005	-0.010	0.003	-0.007
	(0.005)	(0.006)	(0.009)	(0.006)	(0.009)	(0.011)	(0.010)	(0.015)	(0.010)	(0.008)	(0.015)	(0.005)	(0.006)
鸡蛋价格	-0.003	-0.001	-0.009	-0.000	0.007	-0.010	0.001	-0.004	0.006	0.001	0.008	0.003	-0.001
	(0.003)	(0.003)	(0.011)	(0.003)	(0.005)	(0.008)	(0.005)	(0.005)	(0.005)	(0.003)	(0.008)	(0.003)	(0.003)
调味品价格	-0.002	-0.012	0.001	-0.007	0.006	-0.025	0.012	0.031**	0.004	0.000	-0.043**	-0.007	-0.006
	(0.009)	(0.009)	(0.015)	(0.008)	(0.010)	(0.029)	(0.023)	(0.016)	(0.011)	(0.009)	(0.020)	(0.011)	(0.008)
蔬菜价格	0.002	0.007	-0.006	-0.002	0.009	-0.005	0.020***	0.019**	0.026***	0.006	0.011	0.006	0.004
	(0.005)	(0.007)	(0.015)	(0.007)	(0.008)	(0.015)	(0.006)	(0.008)	(0.006)	(0.007)	(0.013)	(0.006)	(0.004)
水果价格	0.015**	0.029***	-0.002	0.016**	0.017*	-0.009	0.006	0.006	0.021	0.029***	0.031**	0.018**	0.021**
	(0.006)	(0.008)	(0.012)	(0.007)	(0.009)	(0.037)	(0.020)	(0.015)	(0.013)	(0.009)	(0.015)	(0.008)	(0.009)
猪肉价格	0.001	-0.004	-0.001	0.001	-0.004	0.007	0.006	0.018***	0.002	-0.003	0.003	-0.000	0.002
	(0.005)	(0.005)	(0.006)	(0.005)	(0.006)	(0.009)	(0.007)	(0.005)	(0.007)	(0.004)	(0.008)	(0.004)	(0.005)
鸡肉价格	0.008**	0.004	0.020***	0.005	-0.001	-0.017	-0.009	-0.017***	-0.009	-0.004	0.000	0.004	0.002
	(0.003)	(0.004)	(0.007)	(0.003)	(0.005)	(0.011)	(0.008)	(0.006)	(0.005)	(0.005)	(0.009)	(0.004)	(0.003)

续表

	能量	蛋白质	脂肪	碳水化合物	不溶性纤维	胆固醇	维生素A	维生素C	钙	钾	钠	铁	锌
牛肉价格	-0.002	-0.003	-0.009	-0.000	-0.001	-0.001	-0.001	-0.000	0.000	-0.003	-0.014**	-0.002	-0.004
	(0.003)	(0.003)	(0.005)	(0.003)	(0.004)	(0.011)	(0.006)	(0.005)	(0.004)	(0.004)	(0.007)	(0.003)	(0.003)
羊肉价格	0.002	0.001	0.008**	0.000	0.001	-0.001	-0.001	0.004	0.001	0.003*	-0.005	0.001	0.002
	(0.002)	(0.002)	(0.003)	(0.002)	(0.002)	(0.006)	(0.004)	(0.003)	(0.004)	(0.002)	(0.004)	(0.002)	(0.002)
水产品价格	0.004	0.002	-0.007	0.005	-0.001	-0.042***	-0.019***	-0.017***	-0.009*	-0.000	0.010	-0.002	0.001
	(0.004)	(0.005)	(0.006)	(0.005)	(0.006)	(0.016)	(0.006)	(0.005)	(0.005)	(0.005)	(0.007)	(0.005)	(0.003)
豆类价格	0.009	0.010	0.022	0.002	0.001	0.062**	0.006	0.004	-0.000	-0.003	-0.010	0.004	0.006
	(0.006)	(0.007)	(0.013)	(0.007)	(0.007)	(0.025)	(0.018)	(0.021)	(0.011)	(0.010)	(0.020)	(0.010)	(0.007)
酒类价格	0.002	0.003	-0.006*	0.005**	0.004	-0.002	0.004	0.002	0.003	0.003	-0.000	0.002	0.002
	(0.002)	(0.002)	(0.003)	(0.002)	(0.003)	(0.006)	(0.004)	(0.004)	(0.002)	(0.002)	(0.005)	(0.002)	(0.002)
饮料价格	0.006*	0.002	0.015***	0.001	-0.001	-0.015	-0.005	0.002	-0.003	-0.001	-0.006	0.004	0.003
	(0.004)	(0.003)	(0.005)	(0.004)	(0.004)	(0.012)	(0.007)	(0.005)	(0.004)	(0.004)	(0.008)	(0.004)	(0.003)
截距项	7.446***	3.681***	3.633***	5.715***	2.376***	5.235***	5.578***	4.030***	5.352***	6.876***	8.644***	2.299***	2.349***
	(0.112)	(0.127)	(0.215)	(0.109)	(0.151)	(0.384)	(0.230)	(0.210)	(0.172)	(0.130)	(0.257)	(0.140)	(0.117)
样本量	2377	2377	2377	2377	2377	2013	2377	2375	2377	2377	2377	2377	2377
F	7.829	11.214	8.183	8.211	7.976	6.064	4.109	7.587	14.756	15.234	4.133	17.748	18.591
R^2	0.065	0.107	0.088	0.047	0.040	0.089	0.036	0.071	0.126	0.103	0.025	0.135	0.154

注：①括号内为聚类到村庄的稳健标准误。②"*""**"和"***"分别表示在10%、5%、1%的水平上显著。

附表-11　2004—2011年非贫困家庭营养素摄入量（对数形式）的影响因素（IV-FE）

	能量	蛋白质	脂肪	碳水化合物	不溶性纤维	胆固醇	维生素A	维生素C	钙	钾	钠	铁	锌
家庭平均劳动强度	-0.056***	0.034***	-0.076***	-0.038***	-0.045***	-0.128***	0.031***	0.054***	0.032***	0.040***	0.023**	0.034***	0.032***
	(0.005)	(0.005)	(0.008)	(0.005)	(0.007)	(0.013)	(0.008)	(0.008)	(0.006)	(0.005)	(0.009)	(0.005)	(0.005)
家庭平均受教育程度	-0.011**	-0.011**	-0.012	-0.007	-0.003	-0.014	0.010	0.018**	0.026***	-0.001	-0.022**	-0.033***	-0.011**
	(0.005)	(0.005)	(0.009)	(0.005)	(0.007)	(0.015)	(0.008)	(0.009)	(0.006)	(0.005)	(0.009)	(0.006)	(0.005)
家庭男性比例	-0.028**	0.011	-0.111***	-0.022	-0.083***	-0.088**	-0.079***	0.076***	0.109***	0.123***	0.011	0.337***	-0.300***
	(0.014)	(0.016)	(0.027)	(0.014)	(0.019)	(0.044)	(0.027)	(0.029)	(0.020)	(0.017)	(0.032)	(0.017)	(0.015)
18岁以下人口比例	-0.054**	0.015	-0.018	-0.091***	-0.168***	0.208***	0.096***	-0.092***	-0.216***	-0.055**	-0.067	-0.323***	0.052**
	(0.022)	(0.023)	(0.036)	(0.020)	(0.028)	(0.069)	(0.036)	(0.033)	(0.029)	(0.024)	(0.046)	(0.027)	(0.022)
60岁以上人口比例	-0.024**	-0.111***	-0.012	-0.023**	-0.021	0.017	-0.051***	-0.074***	-0.176***	-0.104***	0.003	0.043***	-0.111***
	(0.012)	(0.012)	(0.021)	(0.011)	(0.016)	(0.033)	(0.018)	(0.018)	(0.014)	(0.013)	(0.021)	(0.012)	(0.011)
家庭规模	-0.011***	0.004	-0.027***	-0.000	0.004	-0.027***	-0.008	0.007	-0.002	0.006*	-0.021***	-0.008**	-0.008***
	(0.003)	(0.003)	(0.005)	(0.003)	(0.004)	(0.009)	(0.005)	(0.006)	(0.005)	(0.004)	(0.006)	(0.004)	(0.003)
家庭平均膳食知识水平	0.002***	0.003***	0.004**	0.002**	0.002**	0.003	0.004***	0.006***	0.003***	0.004***	0.001	0.002**	0.003***
	(0.001)	(0.001)	(0.002)	(0.001)	(0.001)	(0.002)	(0.002)	(0.002)	(0.001)	(0.001)	(0.002)	(0.001)	(0.001)
2006年	-0.020	-0.039**	0.008	-0.044***	-0.038*	0.011	-0.048	-0.053	-0.090***	-0.028	0.002	-0.034*	-0.039**
	(0.017)	(0.018)	(0.031)	(0.016)	(0.023)	(0.052)	(0.035)	(0.035)	(0.026)	(0.021)	(0.039)	(0.017)	(0.017)
2009年	-0.085***	-0.091***	-0.066*	-0.079***	-0.050	-0.033	-0.046	-0.050	-0.095***	-0.048	-0.105**	-0.057**	-0.101***
	(0.025)	(0.026)	(0.037)	(0.026)	(0.032)	(0.060)	(0.043)	(0.042)	(0.034)	(0.030)	(0.042)	(0.027)	(0.025)

续表

	能量	蛋白质	脂肪	碳水化合物	不溶性纤维	胆固醇	维生素A	维生素C	钙	钾	钠	铁	锌
2011年	-0.082**	-0.109***	-0.127**	-0.032	0.017	-0.158**	-0.077	-0.011	-0.115**	0.012	-0.117**	-0.032	-0.112***
	(0.033)	(0.034)	(0.053)	(0.033)	(0.042)	(0.079)	(0.061)	(0.058)	(0.050)	(0.041)	(0.059)	(0.037)	(0.035)
大米价格	-0.001	-0.001***	-0.002	-0.000	-0.001	-0.003***	-0.004***	0.001	-0.002***	-0.002***	-0.004***	-0.001**	-0.001*
	(0.001)	(0.000)	(0.002)	(0.000)	(0.001)	(0.001)	(0.001)	(0.001)	(0.001)	(0.001)	(0.001)	(0.001)	(0.000)
小麦价格	0.005	0.001	0.020	-0.002	-0.001	0.000	-0.009	0.005	-0.012	-0.002	-0.018**	-0.008	-0.001
	(0.008)	(0.009)	(0.012)	(0.010)	(0.011)	(0.013)	(0.014)	(0.015)	(0.014)	(0.012)	(0.008)	(0.009)	(0.010)
粗粮价格	-0.011	-0.008	-0.022*	-0.010	-0.006	0.000	-0.005	0.010	0.001	0.001	0.005	-0.009	-0.009
	(0.007)	(0.008)	(0.013)	(0.008)	(0.010)	(0.020)	(0.014)	(0.013)	(0.010)	(0.009)	(0.012)	(0.008)	(0.007)
食用油价格	0.006	0.005	0.016***	0.004	0.006	0.009	0.014**	-0.002	0.009*	0.003	-0.001	0.008**	0.005
	(0.003)	(0.004)	(0.006)	(0.004)	(0.004)	(0.008)	(0.006)	(0.005)	(0.005)	(0.004)	(0.006)	(0.004)	(0.004)
牛奶价格	0.004	0.002	0.002	0.002	0.005	0.004	0.010*	0.002	0.004	0.004	0.001	0.007	0.001
	(0.004)	(0.004)	(0.005)	(0.004)	(0.008)	(0.009)	(0.006)	(0.007)	(0.005)	(0.005)	(0.009)	(0.005)	(0.004)
鸡蛋价格	-0.000	-0.000	0.000	-0.001	-0.000	0.003	0.000	-0.001	-0.001	0.001	-0.002	-0.001	0.001
	(0.001)	(0.001)	(0.001)	(0.001)	(0.001)	(0.002)	(0.001)	(0.001)	(0.001)	(0.001)	(0.002)	(0.001)	(0.001)
调味品价格	0.004	0.001	0.008	0.001	0.006	0.010	0.001	0.013	0.003	0.005	-0.001	0.000	0.004
	(0.006)	(0.007)	(0.008)	(0.006)	(0.009)	(0.014)	(0.011)	(0.009)	(0.009)	(0.008)	(0.009)	(0.007)	(0.006)
蔬菜价格	-0.000	0.002	0.003	-0.003**	-0.001	0.008	0.003	0.003	0.002	0.001	0.009*	-0.001	0.001
	(0.001)	(0.003)	(0.003)	(0.001)	(0.004)	(0.006)	(0.002)	(0.005)	(0.004)	(0.004)	(0.005)	(0.002)	(0.002)

续表

	能量	蛋白质	脂肪	碳水化合物	不溶性纤维	胆固醇	维生素A	维生素C	钙	钾	钠	铁	锌
水果价格	0.015***	0.021***	0.005	0.016***	0.009	0.029**	0.028***	-0.002	0.025***	0.015**	0.037***	0.023***	0.021***
	(0.005)	(0.006)	(0.006)	(0.006)	(0.007)	(0.012)	(0.010)	(0.007)	(0.008)	(0.006)	(0.009)	(0.006)	(0.006)
猪肉价格	-0.005	-0.008**	-0.006	-0.005**	-0.010***	-0.013	-0.008	-0.004	-0.009**	-0.014***	-0.008	-0.008***	-0.006*
	(0.004)	(0.003)	(0.007)	(0.002)	(0.004)	(0.011)	(0.005)	(0.007)	(0.005)	(0.003)	(0.006)	(0.002)	(0.003)
鸡肉价格	0.001	-0.004*	0.000	0.001	-0.005	-0.005	-0.011**	-0.008**	-0.011***	-0.007**	-0.010**	-0.006**	-0.003
	(0.002)	(0.002)	(0.004)	(0.002)	(0.003)	(0.005)	(0.004)	(0.003)	(0.003)	(0.003)	(0.005)	(0.002)	(0.002)
牛肉价格	0.004**	0.004	0.005*	0.004	0.004	0.005	0.002	0.000	0.005	0.004	-0.004	0.003	0.003
	(0.002)	(0.003)	(0.003)	(0.002)	(0.003)	(0.005)	(0.004)	(0.003)	(0.003)	(0.003)	(0.004)	(0.002)	(0.002)
羊肉价格	0.001	0.001	0.001	0.001	0.003**	-0.001	0.003**	0.004**	0.002	0.002	0.002	0.002	0.001
	(0.001)	(0.001)	(0.001)	(0.002)	(0.001)	(0.002)	(0.001)	(0.001)	(0.002)	(0.002)	(0.002)	(0.002)	(0.002)
水产品价格	-0.001	-0.003	-0.011***	0.003	-0.004	-0.024*	-0.016***	-0.010*	-0.011***	-0.005	-0.001	-0.004	-0.001
	(0.003)	(0.003)	(0.004)	(0.003)	(0.004)	(0.012)	(0.005)	(0.005)	(0.004)	(0.003)	(0.005)	(0.003)	(0.003)
豆类价格	-0.005	-0.002	-0.001	-0.005	-0.001	0.002	0.004	0.006	-0.003	-0.003	-0.017	-0.006	-0.004
	(0.006)	(0.005)	(0.013)	(0.003)	(0.006)	(0.016)	(0.009)	(0.007)	(0.007)	(0.006)	(0.010)	(0.005)	(0.005)
酒类价格	-0.002**	-0.002*	-0.004***	-0.002	-0.002	0.000	-0.002	-0.003	-0.001	-0.002*	-0.001	-0.002*	-0.002*
	(0.001)	(0.001)	(0.001)	(0.001)	(0.002)	(0.002)	(0.002)	(0.002)	(0.002)	(0.001)	(0.003)	(0.001)	(0.001)
饮料价格	0.005**	0.004	0.011***	0.001	0.002	0.014**	0.006**	0.005	0.006*	0.003	0.003	0.005*	0.005**
	(0.002)	(0.003)	(0.004)	(0.002)	(0.005)	(0.006)	(0.003)	(0.004)	(0.003)	(0.004)	(0.005)	(0.003)	(0.002)

续表

	能量	蛋白质	脂肪	碳水化合物	不溶性纤维	胆固醇	维生素A	维生素C	钙	钾	钠	铁	锌
样本量	10085	10085	10085	10085	10085	9540	10085	10079	10085	10085	10085	10085	10085
F	14.000	21.090	16.913	9.044	9.300	18.097	17.475	7.121	30.560	23.488	9.070	50.089	34.772
R^2	0.007	−0.036	−0.035	0.040	0.034	−0.032	0.021	0.023	0.073	0.054	0.023	0.120	0.039

注：①括号内为聚类到村庄的稳健标准误。②"*""**"和"***"分别表示在10%、5%、1%的水平上显著。

附表−12　2004—2011年贫困家庭营养素摄入量（对数形式）的影响因素（IV-FE）

	能量	蛋白质	脂肪	碳水化合物	不溶性纤维	胆固醇	维生素A	维生素C	钙	钾	钠	铁	锌
家庭平均劳动强度	−0.052***	0.025**	−0.072***	−0.040***	−0.059***	−0.102***	−0.012	0.009	0.015	0.015	0.019	0.023**	0.024**
	(0.011)	(0.012)	(0.020)	(0.010)	(0.016)	(0.033)	(0.021)	(0.020)	(0.015)	(0.015)	(0.023)	(0.011)	(0.011)
家庭平均受教育程度	0.016	0.015	0.044**	0.000	−0.005	0.051	0.011	−0.008	0.039**	0.008	−0.029	−0.020	0.008
	(0.013)	(0.014)	(0.019)	(0.012)	(0.019)	(0.037)	(0.019)	(0.019)	(0.017)	(0.017)	(0.025)	(0.015)	(0.013)
家庭男性比例	−0.034	−0.005	−0.068	−0.041	−0.106**	−0.132	−0.056	0.023	0.073*	0.120***	0.048	0.293***	−0.305***
	(0.031)	(0.036)	(0.051)	(0.031)	(0.044)	(0.081)	(0.057)	(0.054)	(0.041)	(0.035)	(0.067)	(0.038)	(0.032)
18岁以下人口比例	−0.124***	−0.085**	−0.144*	−0.141***	−0.132**	−0.006	−0.039	−0.110*	−0.327***	−0.095*	−0.131	−0.343***	−0.023
	(0.038)	(0.041)	(0.075)	(0.034)	(0.058)	(0.108)	(0.067)	(0.062)	(0.057)	(0.050)	(0.089)	(0.042)	(0.039)

续表

	能量	蛋白质	脂肪	碳水化合物	不溶性纤维	胆固醇	维生素A	维生素C	钙	钾	钠	铁	锌
60岁以上人口比例	-0.065***	-0.179***	-0.031	-0.080***	-0.103***	0.032	-0.211***	-0.201***	-0.262***	-0.192***	-0.110**	-0.025	-0.177***
	(0.022)	(0.026)	(0.044)	(0.021)	(0.036)	(0.080)	(0.047)	(0.043)	(0.033)	(0.029)	(0.045)	(0.025)	(0.023)
家庭规模	-0.030***	-0.020**	-0.053***	-0.015*	-0.038***	-0.057*	-0.033*	-0.006	-0.022*	-0.023*	-0.012	-0.029***	-0.024**
	(0.009)	(0.010)	(0.019)	(0.008)	(0.013)	(0.034)	(0.019)	(0.017)	(0.013)	(0.012)	(0.018)	(0.010)	(0.010)
家庭平均膳食知识水平	0.004***	0.006***	0.008***	0.002	0.003	0.004	0.005*	0.006**	0.003	0.005***	0.001	0.005**	0.005***
	(0.002)	(0.002)	(0.003)	(0.002)	(0.002)	(0.004)	(0.003)	(0.002)	(0.003)	(0.002)	(0.004)	(0.002)	(0.002)
2006年	0.001	-0.016	0.085*	-0.035	-0.052	0.444***	-0.071	-0.108**	-0.085**	-0.028	-0.002	-0.016	-0.018
	(0.024)	(0.029)	(0.046)	(0.024)	(0.037)	(0.080)	(0.052)	(0.047)	(0.041)	(0.031)	(0.058)	(0.027)	(0.027)
2009年	-0.035	-0.031	0.154***	-0.086***	-0.115**	0.545***	-0.078	-0.253***	-0.119***	-0.054	0.056	-0.057	-0.054*
	(0.030)	(0.033)	(0.058)	(0.030)	(0.046)	(0.114)	(0.070)	(0.053)	(0.046)	(0.042)	(0.067)	(0.037)	(0.030)
2011年	-0.051	-0.059	0.057	-0.076	-0.120	0.453**	-0.063	-0.294***	-0.140	-0.065	0.057	-0.063	-0.065
	(0.048)	(0.058)	(0.082)	(0.048)	(0.076)	(0.198)	(0.105)	(0.083)	(0.086)	(0.065)	(0.111)	(0.063)	(0.054)
大米价格	-0.017*	-0.015*	0.025	-0.024***	-0.008	-0.021	-0.027	-0.028	-0.018	-0.004	0.004	-0.003	-0.022***
	(0.009)	(0.008)	(0.019)	(0.008)	(0.013)	(0.032)	(0.019)	(0.021)	(0.013)	(0.011)	(0.022)	(0.009)	(0.008)
小麦价格	0.009	0.011*	0.009	0.012*	0.013	0.006	0.009	0.020	-0.000	0.009	-0.015	0.004	0.009
	(0.007)	(0.006)	(0.010)	(0.007)	(0.009)	(0.024)	(0.014)	(0.014)	(0.010)	(0.010)	(0.010)	(0.007)	(0.006)
粗粮价格	0.009	0.009	-0.014	0.015*	0.016	0.008	0.041**	0.048**	0.021	0.020*	0.030	0.007	0.018**
	(0.008)	(0.008)	(0.018)	(0.008)	(0.012)	(0.028)	(0.021)	(0.021)	(0.013)	(0.010)	(0.021)	(0.008)	(0.008)

续表

	能量	蛋白质	脂肪	碳水化合物	不溶性纤维	胆固醇	维生素A	维生素C	钙	钾	钠	铁	锌
食用油价格	-0.012***	-0.013***	0.005	-0.015***	-0.015**	-0.000	-0.021**	-0.025**	-0.014**	-0.018***	-0.022*	-0.009**	-0.015***
	(0.004)	(0.004)	(0.009)	(0.004)	(0.006)	(0.015)	(0.010)	(0.010)	(0.006)	(0.005)	(0.013)	(0.004)	(0.004)
牛奶价格	0.003	-0.004	0.011	-0.002	0.016*	-0.021*	0.009	0.017	0.006	0.007	-0.011	0.005	-0.006
	(0.005)	(0.005)	(0.009)	(0.005)	(0.009)	(0.011)	(0.009)	(0.014)	(0.009)	(0.008)	(0.015)	(0.005)	(0.006)
鸡蛋价格	-0.005	-0.003	-0.010	-0.002	0.002	-0.009	-0.001	-0.007	0.003	-0.002	0.009	0.001	-0.003
	(0.003)	(0.003)	(0.011)	(0.003)	(0.006)	(0.009)	(0.005)	(0.006)	(0.005)	(0.004)	(0.008)	(0.004)	(0.003)
调味品价格	0.000	-0.009	0.001	-0.005	0.012	-0.026	0.015	0.035**	0.008	0.004	-0.045**	-0.005	-0.004
	(0.009)	(0.010)	(0.015)	(0.009)	(0.013)	(0.028)	(0.024)	(0.017)	(0.013)	(0.010)	(0.021)	(0.012)	(0.009)
蔬菜价格	0.003	0.008	-0.006	-0.001	0.011	-0.005	0.021***	0.020***	0.027***	0.007	0.011	0.006	0.005
	(0.006)	(0.007)	(0.016)	(0.006)	(0.010)	(0.015)	(0.005)	(0.007)	(0.007)	(0.006)	(0.014)	(0.006)	(0.004)
水果价格	0.016**	0.030***	-0.001	0.017**	0.019*	-0.009	0.007	0.008	0.022*	0.031***	0.031*	0.019**	0.022**
	(0.006)	(0.008)	(0.012)	(0.007)	(0.010)	(0.036)	(0.020)	(0.014)	(0.013)	(0.009)	(0.016)	(0.008)	(0.009)
猪肉价格	0.001	-0.004	-0.001	0.001	-0.005	0.007	0.005	0.018***	0.002	-0.003	0.004	-0.000	0.002
	(0.006)	(0.007)	(0.006)	(0.006)	(0.010)	(0.009)	(0.008)	(0.006)	(0.010)	(0.006)	(0.007)	(0.006)	(0.006)
鸡肉价格	0.010***	0.005	0.021***	0.006*	0.002	-0.019	-0.008	-0.016**	-0.007	-0.002	-0.001	0.006	0.003
	(0.004)	(0.004)	(0.007)	(0.003)	(0.006)	(0.011)	(0.008)	(0.006)	(0.006)	(0.005)	(0.009)	(0.005)	(0.004)
牛肉价格	-0.002	-0.003	-0.009	-0.000	-0.001	-0.001	-0.001	-0.000	0.000	-0.003	-0.014**	-0.002	-0.004
	(0.003)	(0.003)	(0.005)	(0.003)	(0.005)	(0.011)	(0.006)	(0.005)	(0.004)	(0.004)	(0.007)	(0.004)	(0.003)

续表

	能量	蛋白质	脂肪	碳水化合物	不溶性纤维	胆固醇	维生素A	维生素C	钙	钾	钠	铁	锌
羊肉价格	0.003	0.002	0.009**	0.001	0.003	-0.001	-0.000	0.005	0.002	0.004**	-0.006	0.001	0.002
	(0.002)	(0.002)	(0.004)	(0.002)	(0.002)	(0.006)	(0.004)	(0.003)	(0.002)	(0.002)	(0.004)	(0.002)	(0.002)
水产品价格	0.003	0.002	-0.007	0.004	-0.002	-0.041***	-0.020***	-0.018***	-0.010**	-0.002	0.010	-0.003	0.001
	(0.004)	(0.004)	(0.006)	(0.004)	(0.005)	(0.016)	(0.007)	(0.006)	(0.005)	(0.004)	(0.007)	(0.004)	(0.003)
豆类价格	0.012**	0.014*	0.023*	0.005	0.009	0.060**	0.010	0.009	0.005	0.002	-0.013	0.008	0.009
	(0.006)	(0.008)	(0.013)	(0.007)	(0.009)	(0.026)	(0.017)	(0.020)	(0.011)	(0.011)	(0.020)	(0.010)	(0.007)
酒类价格	0.002	0.004	-0.006*	0.005**	0.005	-0.002	0.005	0.003	0.003	0.004	-0.001	0.003	0.003
	(0.002)	(0.003)	(0.003)	(0.002)	(0.003)	(0.006)	(0.004)	(0.004)	(0.002)	(0.003)	(0.005)	(0.002)	(0.002)
饮料价格	0.006*	0.001	0.014***	0.001	-0.003	-0.015	-0.005	0.001	-0.004	-0.002	-0.005	0.003	0.003
	(0.003)	(0.004)	(0.005)	(0.004)	(0.004)	(0.011)	(0.008)	(0.005)	(0.004)	(0.005)	(0.008)	(0.004)	(0.003)
样本量	2364	2364	2364	2364	2364	2000	2364	2362	2364	2364	2364	2364	2364
F	6.384	11.472	8.064	6.237	5.594	5.890	4.275	7.678	12.987	14.927	4.020	16.862	18.042
R^2	-0.076	-0.083	0.083	-0.108	-0.554	0.084	-0.016	-0.030	-0.112	-0.200	0.004	-0.001	0.017

注：①括号内为聚类到村庄的稳健标准误。②"*""**"和"***"分别表示在10%、5%、1%的水平上显著。

附表 - 13　2021 年农村家庭营养素摄入量（对数形式）的影响因素（OLS）

	能量	蛋白质	脂肪	碳水化合物	不溶性纤维	胆固醇	维生素A	维生素C	钙	钾	钠	铁	锌
家庭平均劳动强度	-0.036 (0.025)	0.076** (0.034)	0.002 (0.021)	-0.038 (0.033)	-0.020 (0.036)	-0.038 (0.123)	-0.076 (0.066)	0.045 (0.060)	0.071** (0.036)	0.072** (0.034)	0.122*** (0.046)	0.083** (0.033)	0.065** (0.030)
家庭平均受教育程度	-0.006 (0.006)	-0.007 (0.008)	0.001 (0.005)	-0.011 (0.007)	-0.008 (0.008)	0.030 (0.028)	-0.001 (0.015)	0.005 (0.013)	-0.005 (0.008)	-0.005 (0.008)	-0.009 (0.010)	-0.002 (0.007)	-0.008 (0.007)
家庭男性比例	-0.126* (0.071)	-0.095 (0.096)	-0.054 (0.059)	-0.154 (0.094)	-0.116 (0.102)	-0.117 (0.348)	-0.029 (0.189)	-0.025 (0.169)	0.097 (0.100)	-0.007 (0.095)	0.191 (0.130)	0.350*** (0.093)	-0.355*** (0.086)
18岁以下人口比例	0.031 (0.051)	-0.049 (0.069)	-0.048 (0.043)	0.079 (0.067)	0.115 (0.073)	-0.836*** (0.251)	-0.230* (0.135)	0.162 (0.125)	-0.296*** (0.072)	-0.008 (0.068)	-0.181* (0.093)	0.057 (0.066)	0.053 (0.061)
60岁以上人口比例	0.069 (0.082)	-0.085 (0.110)	0.126* (0.068)	0.047 (0.108)	-0.105 (0.117)	0.636 (0.405)	-0.143 (0.216)	-0.512*** (0.194)	-0.264** (0.116)	-0.143 (0.109)	0.018 (0.149)	0.153 (0.107)	-0.083 (0.099)
家庭规模	-0.044*** (0.010)	-0.054*** (0.014)	-0.017** (0.008)	-0.060*** (0.013)	-0.055*** (0.014)	-0.064 (0.049)	-0.062** (0.027)	-0.032 (0.024)	-0.070*** (0.014)	-0.057*** (0.013)	-0.059*** (0.018)	-0.049*** (0.013)	-0.052*** (0.012)
家庭平均膳食知识水平	0.005* (0.003)	0.009*** (0.003)	0.004** (0.002)	0.005 (0.003)	0.008** (0.004)	0.043*** (0.013)	0.026*** (0.007)	0.010 (0.006)	0.008** (0.004)	0.009*** (0.003)	0.011** (0.005)	0.006* (0.003)	0.008** (0.003)
本村快递收发点个数	-0.007 (0.013)	-0.022 (0.017)	-0.003 (0.010)	-0.004 (0.017)	0.005 (0.018)	-0.068 (0.063)	-0.014 (0.033)	0.003 (0.030)	-0.010 (0.018)	-0.013 (0.017)	-0.039* (0.023)	-0.008 (0.016)	-0.015 (0.015)
本村菜市场个数	-0.000 (0.007)	-0.001 (0.010)	-0.013** (0.006)	0.009 (0.010)	0.009 (0.011)	-0.004 (0.043)	0.009 (0.020)	0.016 (0.018)	0.007 (0.010)	-0.004 (0.010)	0.014 (0.013)	0.002 (0.010)	-0.002 (0.009)

续表

	能量	蛋白质	脂肪	碳水化合物	不溶性纤维	胆固醇	维生素A	维生素C	钙	钾	钠	铁	锌
本村常用饮用水类型	-0.021 (0.047)	-0.040 (0.063)	-0.016 (0.039)	-0.049 (0.062)	0.019 (0.067)	0.263 (0.228)	0.267** (0.124)	0.091 (0.114)	0.055 (0.066)	0.043 (0.063)	-0.052 (0.086)	0.026 (0.061)	-0.026 (0.057)
本村企业数	0.003 (0.004)	0.003 (0.006)	0.007* (0.004)	0.001 (0.006)	0.002 (0.006)	0.030 (0.021)	0.020* (0.012)	0.013 (0.011)	0.010 (0.006)	0.003 (0.006)	-0.003 (0.008)	0.005 (0.006)	0.005 (0.005)
村里是否有电商服务中心	-0.006 (0.029)	-0.014 (0.040)	-0.006 (0.025)	0.006 (0.039)	-0.052 (0.042)	-0.230 (0.146)	0.013 (0.078)	0.039 (0.070)	-0.032 (0.042)	-0.019 (0.040)	-0.031 (0.054)	-0.017 (0.039)	0.004 (0.036)
样本量	1164	1164	1164	1164	1164	1061	1160	1112	1164	1164	1164	1164	1164
F	2.789	6.848	2.060	2.801	3.446	7.694	4.264	2.883	12.384	7.626	5.485	4.562	7.553
R²	0.035	0.082	0.026	0.035	0.043	0.099	0.053	0.038	0.139	0.091	0.067	0.056	0.090

注：①括号内为聚类到村庄的稳健标准误。②"*""**"和"***"分别表示在10%、5%、1%的水平上显著。

附表-14　2021年农村家庭营养素摄入量（对数形式）的影响因素（2SLS）

	能量	蛋白质	脂肪	碳水化合物	不溶性纤维	胆固醇	维生素A	维生素C	钙	钾	钠	铁	锌
家庭平均劳动强度	-0.084** (0.033)	-0.025 (0.045)	-0.032 (0.028)	-0.066 (0.044)	-0.052 (0.048)	-0.652*** (0.162)	-0.189** (0.088)	0.105 (0.080)	-0.004 (0.047)	0.028 (0.045)	0.039 (0.061)	0.027 (0.043)	-0.018 (0.040)

续表

	能量	蛋白质	脂肪	碳水化合物	不溶性纤维	胆固醇	维生素A	维生素C	钙	钾	钠	铁	锌
家庭平均受教育程度	-0.012* (0.006)	-0.019** (0.008)	-0.003 (0.005)	-0.014* (0.008)	-0.012 (0.009)	-0.049 (0.031)	-0.016 (0.017)	0.013 (0.015)	-0.015* (0.009)	-0.010 (0.008)	-0.019* (0.011)	-0.009 (0.008)	-0.019** (0.008)
家庭男性比例	-0.103 (0.071)	-0.047 (0.096)	-0.038 (0.060)	-0.141 (0.095)	-0.102 (0.103)	0.188 (0.347)	0.025 (0.191)	-0.054 (0.171)	0.132 (0.101)	0.014 (0.096)	0.230* (0.131)	0.376*** (0.093)	-0.316*** (0.086)
18岁以下人口比例	0.133* (0.069)	0.166* (0.093)	0.023 (0.058)	0.138 (0.092)	0.181* (0.099)	0.491 (0.338)	0.012 (0.183)	0.038 (0.166)	-0.135 (0.098)	0.085 (0.093)	-0.004 (0.126)	0.177* (0.090)	0.231*** (0.083)
60岁以上人口比例	0.134 (0.087)	0.053 (0.117)	0.171** (0.073)	0.085 (0.115)	-0.062 (0.125)	1.498*** (0.426)	0.012 (0.230)	-0.592*** (0.206)	-0.161 (0.123)	-0.083 (0.117)	0.132 (0.159)	0.229** (0.114)	0.031 (0.105)
家庭规模	-0.029** (0.012)	-0.021 (0.017)	-0.006 (0.010)	-0.051*** (0.016)	-0.045** (0.018)	0.138** (0.060)	-0.025 (0.033)	-0.051* (0.029)	-0.046*** (0.017)	-0.043** (0.017)	-0.032 (0.023)	-0.031* (0.016)	-0.025* (0.015)
家庭平均膳食知识水平	0.002 (0.003)	0.002 (0.004)	0.002 (0.002)	0.003 (0.004)	0.005 (0.004)	0.001 (0.015)	0.018** (0.008)	0.014* (0.007)	0.003 (0.004)	0.006 (0.004)	0.005 (0.005)	0.002 (0.004)	0.002 (0.004)
本村快递收发点个数	0.001 (0.013)	-0.004 (0.018)	0.003 (0.011)	0.001 (0.017)	0.010 (0.019)	0.037 (0.064)	0.005 (0.035)	-0.007 (0.032)	0.003 (0.018)	-0.006 (0.018)	-0.024 (0.024)	0.002 (0.017)	-0.000 (0.016)
本村菜市场个数	-0.014 (0.010)	-0.031** (0.013)	-0.023*** (0.008)	0.001 (0.013)	-0.000 (0.014)	-0.188*** (0.053)	-0.025 (0.026)	0.033 (0.023)	-0.016 (0.014)	-0.017 (0.013)	-0.011 (0.018)	-0.014 (0.013)	-0.027** (0.012)
本村常用饮用水类型	-0.013 (0.047)	-0.023 (0.063)	-0.010 (0.039)	-0.044 (0.062)	0.025 (0.067)	0.375* (0.226)	0.286** (0.124)	0.081 (0.114)	0.068 (0.066)	0.051 (0.063)	-0.037 (0.086)	0.036 (0.061)	-0.012 (0.056)

续表

	能量	蛋白质	脂肪	碳水化合物	不溶性纤维	胆固醇	维生素A	维生素C	钙	钾	钠	铁	锌
本村企业数	0.002	0.003	0.007*	0.001	0.002	0.027	0.019	0.013	0.009	0.003	-0.003	0.005	0.004
	(0.004)	(0.006)	(0.004)	(0.006)	(0.006)	(0.021)	(0.012)	(0.011)	(0.006)	(0.006)	(0.008)	(0.006)	(0.005)
村里是否有电商服务中心	0.024	0.049	0.015	0.023	-0.033	0.141	0.083	0.002	0.015	0.008	0.021	0.018	0.056
	(0.032)	(0.044)	(0.027)	(0.043)	(0.047)	(0.157)	(0.086)	(0.077)	(0.046)	(0.043)	(0.059)	(0.042)	(0.039)
N	1164	1164	1164	1164	1164	1061	1160	1112	1164	1164	1164	1164	1164
F	2.921	7.213	2.140	2.683	3.292	9.506	4.246	2.783	12.032	7.294	5.425	4.526	7.761
R^2	0.039	0.091	0.029	0.036	0.044	0.127	0.056	0.039	0.144	0.092	0.070	0.059	0.098

注：①括号内为聚类到村庄的稳健标准误。②"*""**"和"***"分别表示在10%、5%、1%的水平上显著。

附表-15　2004—2011 年农村家庭膳食均衡指数（对数形式）的影响因素（FE）

	非贫困家庭			贫困家庭		
	DBI_LBS	DBI_HBS	DBI_DQD	DBI_LBS	DBI_HBS	DBI_DQD
家庭平均劳动强度	0.032***	-0.077***	-0.000	0.022***	-0.064***	-0.002
	(0.003)	(0.008)	(0.003)	(0.005)	(0.015)	(0.004)
家庭平均受教育程度	-0.017***	0.003	-0.010***	-0.022***	-0.002	-0.018***
	(0.003)	(0.007)	(0.002)	(0.007)	(0.017)	(0.005)
家庭男性比例	-0.018	-0.031	-0.026***	0.022	0.019	0.015
	(0.012)	(0.022)	(0.008)	(0.016)	(0.048)	(0.013)
18 岁以下人口比例	-0.013	-0.187***	-0.068***	-0.004	-0.219***	-0.068***
	(0.018)	(0.035)	(0.013)	(0.023)	(0.063)	(0.019)
60 岁以上人口比例	0.042***	-0.032**	0.018***	0.023*	-0.096***	-0.010
	(0.008)	(0.016)	(0.006)	(0.014)	(0.031)	(0.011)
家庭规模	-0.016***	-0.023***	-0.018***	-0.006	-0.029***	-0.010***
	(0.003)	(0.005)	(0.002)	(0.005)	(0.010)	(0.003)
家庭平均膳食知识水平	-0.002***	0.004***	-0.001*	-0.003***	0.005*	-0.001*
	(0.001)	(0.001)	(0.000)	(0.001)	(0.002)	(0.001)
2006 年	0.001	-0.058**	-0.010	-0.002	0.003	-0.005
	(0.013)	(0.025)	(0.010)	(0.016)	(0.036)	(0.011)
2009 年	-0.010	-0.090**	-0.030***	-0.008	-0.080	-0.027**
	(0.017)	(0.037)	(0.011)	(0.019)	(0.055)	(0.014)
2011 年	0.001	-0.090*	-0.029*	0.013	-0.063	-0.018
	(0.025)	(0.049)	(0.017)	(0.031)	(0.077)	(0.020)
大米价格	0.001**	-0.002***	-0.000**	0.015**	-0.026*	0.004
	(0.000)	(0.001)	(0.000)	(0.006)	(0.013)	(0.004)
小麦价格	0.003	-0.006	0.001	0.001	0.012	0.004**
	(0.005)	(0.017)	(0.003)	(0.003)	(0.012)	(0.002)
粗粮价格	-0.004	-0.004	-0.006*	-0.012**	0.022	-0.003
	(0.004)	(0.011)	(0.003)	(0.006)	(0.014)	(0.005)
食用油价格	-0.003	0.003	-0.000	0.008**	-0.020***	0.001
	(0.002)	(0.005)	(0.002)	(0.003)	(0.007)	(0.003)

续表

	非贫困家庭			贫困家庭		
	DBI_LBS	DBI_HBS	DBI_DQD	DBI_LBS	DBI_HBS	DBI_DQD
牛奶价格	-0.001	0.004	-0.000	-0.003	-0.010	-0.004 *
	(0.003)	(0.006)	(0.002)	(0.003)	(0.010)	(0.002)
鸡蛋价格	-0.001 **	-0.003 **	-0.002 ***	-0.003	-0.001	-0.002
	(0.000)	(0.001)	(0.000)	(0.002)	(0.004)	(0.001)
调味品价格	-0.002	0.007	-0.000	-0.009	-0.018	-0.007 *
	(0.005)	(0.008)	(0.003)	(0.006)	(0.015)	(0.004)
蔬菜价格	-0.003	0.001	-0.001	-0.011 ***	-0.007	-0.010 **
	(0.003)	(0.002)	(0.002)	(0.004)	(0.008)	(0.005)
水果价格	-0.020 ***	0.024 ***	-0.004	-0.011	0.005	-0.004
	(0.004)	(0.007)	(0.003)	(0.009)	(0.013)	(0.006)
猪肉价格	0.002	-0.008 **	-0.000	-0.004	0.006	-0.001
	(0.003)	(0.004)	(0.002)	(0.002)	(0.008)	(0.001)
鸡肉价格	-0.000	0.002	0.001	0.001	0.016 ***	0.003
	(0.001)	(0.003)	(0.001)	(0.002)	(0.006)	(0.002)
牛肉价格	-0.003 *	-0.001	-0.002 *	-0.000	-0.002	-0.000
	(0.002)	(0.003)	(0.001)	(0.002)	(0.005)	(0.001)
羊肉价格	0.000	0.001	0.000	-0.000	0.001	0.000
	(0.001)	(0.002)	(0.001)	(0.001)	(0.003)	(0.001)
水产价格	0.006 ***	-0.002	0.004 ***	0.004 *	-0.000	0.003 **
	(0.002)	(0.004)	(0.001)	(0.002)	(0.005)	(0.002)
豆类价格	0.005	-0.005	0.001	-0.008 **	0.014	-0.004
	(0.004)	(0.008)	(0.002)	(0.004)	(0.014)	(0.003)
酒类价格	0.000	-0.001	-0.000	-0.001	0.003	0.000
	(0.001)	(0.001)	(0.000)	(0.001)	(0.003)	(0.001)
饮料价格	-0.001	0.005	0.001	-0.003	0.001	-0.002
	(0.002)	(0.004)	(0.001)	(0.002)	(0.005)	(0.002)
常数项	3.657 ***	2.450 ***	3.930 ***	3.675 ***	2.320 ***	3.933 ***
	(0.061)	(0.110)	(0.043)	(0.071)	(0.177)	(0.052)
N	10085	10048	10085	2377	2365	2377
F	22.749	15.809	15.140	6.273	3.200	6.353
R^2	0.092	0.038	0.071	0.080	0.043	0.065

注：①括号内为聚类到村庄的稳健标准误。②"*""**"和"***"分别表示在10%、5%、1%的水平上显著。

附表 – 16　2004—2011 年农村家庭膳食均衡指数（对数形式）的影响因素（IV-FE）

	非贫困家庭			贫困家庭		
	DBI_LBS	DBI_HBS	DBI_DQD	DBI_LBS	DBI_HBS	DBI_DQD
家庭平均劳动强度	0.028 ***	-0.075 ***	-0.002	0.025 ***	-0.076 ***	-0.001
	(0.003)	(0.008)	(0.003)	(0.006)	(0.016)	(0.004)
家庭平均受教育程度	0.000	-0.007	-0.002	-0.021 ***	-0.006	-0.018 ***
	(0.004)	(0.007)	(0.003)	(0.007)	(0.018)	(0.005)
家庭男性比例	0.014	-0.048 **	-0.010	0.024	0.012	0.015
	(0.013)	(0.024)	(0.009)	(0.016)	(0.051)	(0.012)
18 岁以下人口比例	-0.054 ***	-0.165 ***	-0.089 ***	-0.010	-0.198 ***	-0.069 ***
	(0.019)	(0.036)	(0.014)	(0.025)	(0.058)	(0.019)
60 岁以上人口比例	0.032 ***	-0.027	0.013 **	0.027 *	-0.110 ***	-0.010
	(0.009)	(0.017)	(0.007)	(0.014)	(0.035)	(0.011)
家庭规模	-0.018 ***	-0.022 ***	-0.019 ***	-0.002	-0.043 ***	-0.010 **
	(0.003)	(0.005)	(0.002)	(0.006)	(0.014)	(0.004)
家庭平均膳食知识水平	-0.002 ***	0.004 ***	-0.000	-0.003 ***	0.005 *	-0.001 *
	(0.001)	(0.001)	(0.000)	(0.001)	(0.003)	(0.001)
2006 年	0.008	-0.062 **	-0.007	-0.001	0.001	-0.005
	(0.013)	(0.025)	(0.010)	(0.016)	(0.038)	(0.011)
2009 年	0.025	-0.110 ***	-0.012	-0.007	-0.085	-0.027 **
	(0.017)	(0.038)	(0.011)	(0.019)	(0.052)	(0.013)
2011 年	0.048 **	-0.115 **	-0.005	0.017	-0.080	-0.017
	(0.024)	(0.049)	(0.016)	(0.033)	(0.079)	(0.020)
大米价格	0.001 ***	-0.002 ***	-0.000	0.015 **	-0.025 *	0.004
	(0.000)	(0.001)	(0.000)	(0.006)	(0.014)	(0.004)
小麦价格	0.003	-0.006	0.001	0.001	0.014	0.004 **
	(0.005)	(0.017)	(0.003)	(0.004)	(0.014)	(0.002)
粗粮价格	-0.004	-0.005	-0.006 *	-0.013 **	0.024 *	-0.003
	(0.005)	(0.011)	(0.003)	(0.006)	(0.014)	(0.005)
食用油价格	-0.003	0.003	-0.000	0.008 **	-0.019 ***	0.001
	(0.002)	(0.005)	(0.002)	(0.003)	(0.007)	(0.003)
牛奶价格	-0.002	0.004	-0.001	-0.003	-0.009	-0.004 *
	(0.003)	(0.006)	(0.003)	(0.003)	(0.009)	(0.002)

续表

	非贫困家庭			贫困家庭		
	DBI_LBS	DBI_HBS	DBI_DQD	DBI_LBS	DBI_HBS	DBI_DQD
鸡蛋价格	-0.001***	-0.003**	-0.002***	-0.003	-0.003	-0.002
	(0.000)	(0.001)	(0.000)	(0.002)	(0.005)	(0.001)
调味品价格	0.000	0.005	0.001	-0.010*	-0.016	-0.007*
	(0.005)	(0.008)	(0.003)	(0.006)	(0.014)	(0.004)
蔬菜价格	-0.003	0.001	-0.001	-0.012***	-0.006	-0.010**
	(0.003)	(0.002)	(0.002)	(0.004)	(0.009)	(0.005)
水果价格	-0.019***	0.024***	-0.004	-0.012	0.006	-0.004
	(0.004)	(0.007)	(0.003)	(0.009)	(0.013)	(0.006)
猪肉价格	0.002	-0.008**	-0.000	-0.004	0.006	-0.001
	(0.003)	(0.004)	(0.002)	(0.003)	(0.009)	(0.001)
鸡肉价格	0.001	0.001	0.001	0.000	0.017***	0.003*
	(0.002)	(0.003)	(0.001)	(0.002)	(0.006)	(0.002)
牛肉价格	-0.003*	-0.001	-0.002*	-0.000	-0.001	-0.000
	(0.002)	(0.003)	(0.001)	(0.002)	(0.005)	(0.001)
羊肉价格	0.000	0.001	0.000	-0.000	0.001	0.000
	(0.001)	(0.002)	(0.001)	(0.001)	(0.003)	(0.001)
水产价格	0.005***	-0.002	0.004***	0.005**	-0.001	0.003**
	(0.002)	(0.004)	(0.001)	(0.002)	(0.005)	(0.001)
豆类价格	0.004	-0.004	0.001	-0.010**	0.018	-0.004
	(0.004)	(0.008)	(0.002)	(0.004)	(0.013)	(0.003)
酒类价格	0.000	-0.001	-0.000	-0.001	0.003	0.000
	(0.001)	(0.001)	(0.000)	(0.001)	(0.004)	(0.001)
饮料价格	-0.001	0.004	0.001	-0.003	0.001	-0.002
	(0.002)	(0.004)	(0.001)	(0.003)	(0.006)	(0.002)
常数项	3.657***	2.450***	3.930***	3.675***	2.320***	3.933***
	(0.061)	(0.110)	(0.043)	(0.071)	(0.177)	(0.052)
N	10085	10048	10085	2364	2352	2364
F	21.540	15.750	15.943	6.712	3.011	6.340
R^2	0.007	0.030	0.024	0.034	0.057	0.065

注：①括号内为聚类到村庄的稳健标准误。②"*""**"和"***"分别表示在10%、5%、1%的水平上显著。

附表-17　　2004—2011年达到营养推荐量所需的标准人年度实物转移支付金额——以单一食物补充营养素的结果　　（单位：元）

	食物种类	卡路里	蛋白质	纤维	维生素A	维生素C	钙	钾
$MPCF_f$ = 0.375	稻米	245.1	307.7	13234.4	—	—	19047.7	2537.3
	小麦	246.4	222.7	6219.2	—	—	8971.7	1421.6
	其他谷物	308.0	349.1	3023.2	40944.0	—	8696.3	1466.1
	干豆类	3109.6	969.9	25021.1	159159.7	4118777.6	7609.9	5307.7
	蔬菜	5064.8	2230.1	11637.9	3731.5	299.2	9273.9	2698.9
	水果	1515.5	4138.4	8139.2	6600.8	289.3	23731.7	1838.7
	猪肉	440.5	354.4	—	24589.3	—	88036.8	2583.5
	牛肉	3179.2	537.1	—	144398.1	—	63489.9	5546.4
	羊肉	388390.1	1115.7	—	91152.8	—	398876.8	10292.5
	禽肉	4006.1	1108.8	—	39172.3	—	278917.3	9695.2
	乳类	2654.4	1492.8	—	16604.8	10709.1	4336.0	4246.9
	蛋类	1097.6	325.6	—	1758.1	62356.5	8034.7	2215.5
	鱼虾蟹贝类	12553.9	2113.3	—	120233.6	—	42244.3	14738.7
	油脂类	314.7	—	—	308473.1	—	66648.0	288155.2
	调味品	2874.9	1081.6	8468.8	10270.9	2239.7	5470.7	1386.4
$MPCF_f$ = 0.6	稻米	153.2	192.3	8271.5	—	—	11904.8	1585.8
	小麦	154.0	139.2	3887.0	—	—	5607.3	888.5
	其他谷物	192.5	218.2	1889.5	25590.0	—	5435.2	916.3
	干豆类	1943.5	606.2	15638.2	99474.8	2574236.0	4756.2	3317.3
	蔬菜	3165.5	1393.8	7273.7	2332.2	187.0	5796.2	1686.8
	水果	947.2	2586.5	5087.0	4125.5	180.8	14832.3	1149.2
	猪肉	275.3	221.5	—	15368.3	—	55023.0	1614.7
	牛肉	1987	335.7	—	90248.7	—	39681.2	3466.5

续表

	食物种类	卡路里	蛋白质	纤维	维生素 A	维生素 C	钙	钾
$MPCF_f =$ 0.6	羊肉	242743.8	697.3	—	56970.5	—	249298.0	6432.8
	禽肉	2503.8	693.0		24482.7	—	174323.3	6059.5
	乳类	1659.0	933.0		10378.0	6693.2	<u>2710.0</u>	2654.3
	蛋类	686.0	203.5		<u>1098.8</u>	38972.8	5021.7	1384.7
	鱼虾蟹贝类	7846.2	1320.8	—	75146.0	—	26402.7	9211.7
	油脂类	196.7	—	—	192795.7	—	41655.0	180097.0
	调味品	1796.8	676.0	5293.0	6419.3	1399.8	3419.2	<u>866.5</u>
$MPCF_f =$ 1	稻米	<u>91.9</u>	115.4	4962.9	—	—	7142.9	951.5
	小麦	92.4	<u>83.5</u>	2332.2	—	—	3364.4	533.1
	其他谷物	115.5	130.9	<u>1133.7</u>	15354.0	—	3261.1	549.8
	干豆类	1166.1	363.7	9382.9	59684.9	1544541.6	2853.7	1990.4
	蔬菜	1899.3	836.3	4364.2	1399.3	112.2	3477.7	1012.1
	水果	568.3	1551.9	3052.2	2475.3	<u>108.5</u>	8899.4	689.5
	猪肉	165.2	132.9	—	9221.0	—	33013.8	968.8
	牛肉	1192.2	201.4	—	54149.3	—	23808.7	2079.9
	羊肉	145646.3	418.4	—	34182.3	—	149578.8	3859.7
	禽肉	1502.3	415.8	—	14689.6	—	104594.0	3635.7
	乳类	995.4	559.8	—	6226.8	4015.9	<u>1626.0</u>	1592.6
	蛋类	411.6	122.1	—	<u>659.3</u>	23383.7	3013.0	830.8
	鱼虾蟹贝类	4707.7	792.5	—	45087.6	—	15841.6	5527.0
	油脂类	118.0	—	—	115677.4	—	24993.0	108058.2
	调味品	1078.1	405.6	3175.8	3851.6	839.9	2051.5	<u>519.9</u>

附表-18　2004—2011年农村非贫困家庭成员营养素摄入量的差异模型估计（IV-FE）

	能量	蛋白质	脂肪	碳水化合物	不溶性纤维	胆固醇	维生素A	维生素C	钙	钾	钠	铁	锌
家庭人均收入对数	167.994**	7.767***	10.875**	8.882	0.630	72.430***	27.526	-1.894	15.187	153.916***	972.576**	1.949***	1.324***
	(65.838)	(2.058)	(4.495)	(9.990)	(0.454)	(19.319)	(25.319)	(4.473)	(12.692)	(55.426)	(480.356)	(0.690)	(0.436)
家庭平均劳动强度	-137.345***	1.540***	-6.166***	-14.554***	-0.576***	-28.193***	5.767**	2.427***	7.490***	41.798***	-104.594***	0.578***	0.347***
	(5.615)	(0.178)	(0.327)	(0.907)	(0.039)	(1.761)	(2.342)	(0.376)	(1.114)	(4.651)	(34.777)	(0.054)	(0.038)
家庭平均受教育程度	-14.010***	-1.139***	-0.780***	-0.763	-0.040	-6.566***	-7.080***	-0.751**	2.560***	-15.831***	-149.598***	-0.308***	-0.184***
	(4.242)	(0.153)	(0.223)	(0.703)	(0.029)	(2.165)	(1.925)	(0.294)	(0.979)	(3.782)	(22.354)	(0.056)	(0.030)
年龄	0.872*	-0.119***	-0.013	0.362***	0.014***	-0.899***	-1.036***	-0.011	-1.844***	-2.418***	-7.304***	0.083***	-0.014***
	(0.501)	(0.018)	(0.027)	(0.084)	(0.004)	(0.223)	(0.226)	(0.035)	(0.111)	(0.469)	(2.833)	(0.006)	(0.004)
家庭规模	-38.274***	-0.695*	-3.883***	-0.352	-0.115	-7.793*	-8.184	0.293	-4.630**	-7.597	-190.626***	-0.177	-0.178**
	(10.817)	(0.376)	(0.619)	(1.750)	(0.070)	(4.584)	(5.326)	(0.685)	(1.958)	(9.441)	(71.350)	(0.118)	(0.076)
家庭平均膳食知识水平	3.472	0.167**	0.036	0.678**	0.032**	-0.076	-0.261	0.106	0.876**	3.897*	8.919	0.058**	0.029*
	(2.390)	(0.072)	(0.161)	(0.341)	(0.014)	(0.606)	(0.942)	(0.147)	(0.447)	(2.005)	(17.884)	(0.024)	(0.016)
18岁以下人口比例	-19.066	-0.662	-1.379	-1.093	-0.235**	-5.573	-1.548	-1.239	-2.063	-15.983	-45.359	-0.295*	-0.041
	(16.114)	(0.499)	(0.987)	(2.538)	(0.105)	(4.328)	(6.177)	(0.996)	(2.832)	(14.392)	(110.516)	(0.153)	(0.107)
2006年	-10.629	-2.244***	7.418***	-16.951***	-0.404**	11.822	-13.810	-2.442	-21.316***	-35.691	564.516***	-0.418	-0.491***
	(27.245)	(0.836)	(1.918)	(3.766)	(0.175)	(7.599)	(9.530)	(1.884)	(5.345)	(23.029)	(211.469)	(0.267)	(0.176)
2009年	-157.338***	-4.174***	-1.037	-34.065***	-0.677**	14.435	5.387	-5.871**	-16.799**	-68.061*	-765.980***	-1.081***	-1.392***
	(40.772)	(1.287)	(2.567)	(6.128)	(0.284)	(11.475)	(17.347)	(2.921)	(7.987)	(35.440)	(282.985)	(0.407)	(0.272)

续表

	能量	蛋白质	脂肪	碳水化合物	不溶性纤维	胆固醇	维生素A	维生素C	钙	钾	钠	铁	锌
2011年	-117.188**	-3.886**	-7.382**	-9.774	0.263	-21.002	40.493*	-0.812	-14.091	55.108	-764.549**	-0.217	-1.287***
	(51.706)	(1.674)	(3.410)	(7.912)	(0.374)	(15.197)	(22.624)	(3.783)	(10.512)	(47.354)	(366.661)	(0.537)	(0.352)
过去4周是否生病	-9.930	-0.201	0.969	-4.170**	-0.049	-0.751	6.022	0.068	-1.193	11.603	101.597	-0.041	0.084
	(14.041)	(0.442)	(0.910)	(2.060)	(0.097)	(4.451)	(6.422)	(0.974)	(2.934)	(11.946)	(95.524)	(0.155)	(0.096)
成年女性平均受教育程度	6.682	0.074	1.426	-1.757	0.054	-2.624	-1.693	0.684	-1.333	14.150	74.130	-0.037	0.058
	(16.383)	(0.547)	(1.110)	(2.520)	(0.114)	(7.173)	(7.143)	(1.096)	(3.155)	(14.682)	(116.061)	(0.171)	(0.110)
大米价格	-1.212	-0.022	-0.091	-0.063	-0.018	-0.556	-0.547	0.264	-0.179	-2.483	-33.511***	-0.034	-0.002
	(1.402)	(0.054)	(0.089)	(0.236)	(0.016)	(0.386)	(0.533)	(0.184)	(0.425)	(1.607)	(10.323)	(0.024)	(0.011)
小麦价格	15.824**	0.118	1.890***	-0.083	-0.019	-4.038**	-3.431	0.402	-2.799*	-0.930	-47.128	-0.181*	0.014
	(6.914)	(0.253)	(0.499)	(1.473)	(0.067)	(1.873)	(2.471)	(0.742)	(1.663)	(8.803)	(62.683)	(0.093)	(0.058)
粗粮价格	-36.633***	-0.777***	-1.788**	-5.473***	-0.083	-1.121	-1.305	0.640	-0.357	-5.387	72.429	-0.193**	-0.174***
	(8.217)	(0.271)	(0.616)	(1.252)	(0.063)	(2.397)	(3.682)	(0.636)	(1.735)	(7.509)	(59.291)	(0.080)	(0.057)
食用油价格	18.673***	0.447***	1.167***	2.348***	0.053*	1.207	6.859***	-0.145	2.721***	4.912	-19.100	0.156***	0.082***
	(4.033)	(0.139)	(0.293)	(0.609)	(0.029)	(1.217)	(1.634)	(0.306)	(0.857)	(3.446)	(30.967)	(0.040)	(0.029)
牛奶价格	5.300	-0.147	0.350	0.286	0.055	-0.613	6.143**	-0.206	-0.393	-0.616	55.187	0.159**	-0.017
	(5.836)	(0.174)	(0.483)	(0.693)	(0.048)	(1.673)	(3.007)	(0.322)	(1.030)	(4.456)	(41.663)	(0.074)	(0.033)
鸡蛋价格	1.176	0.003	0.115	-0.009	0.002	0.115	0.116	-0.216	-0.480	2.138	-13.997*	-0.016	0.027
	(2.651)	(0.077)	(0.113)	(0.432)	(0.010)	(0.701)	(0.647)	(0.142)	(0.347)	(1.869)	(8.322)	(0.018)	(0.022)

续表

	能量	蛋白质	脂肪	碳水化合物	不溶性纤维	胆固醇	维生素A	维生素C	钙	钾	钠	铁	锌
调味品价格	10.193 (7.140)	0.209 (0.238)	0.978* (0.502)	-0.533 (1.028)	0.057 (0.051)	6.959*** (2.059)	-5.197* (2.941)	1.213** (0.487)	0.557 (1.520)	5.981 (6.633)	-8.500 (50.968)	-0.039 (0.077)	0.073 (0.050)
蔬菜价格	-1.125 (3.134)	0.016 (0.110)	0.302 (0.251)	-1.295** (0.543)	-0.043* (0.025)	-0.313 (1.804)	3.304** (1.624)	0.201 (0.384)	0.769 (1.132)	-1.166 (3.230)	68.512 (46.442)	-0.024 (0.033)	-0.007 (0.021)
水果价格	36.745*** (5.574)	1.542*** (0.186)	0.349 (0.326)	6.726*** (0.962)	0.145*** (0.041)	5.608*** (1.800)	12.330*** (2.211)	0.223 (0.425)	9.088*** (1.278)	38.191*** (5.474)	194.127*** (38.911)	0.477*** (0.059)	0.381*** (0.045)
猪肉价格	-8.499*** (3.525)	-0.444*** (0.120)	0.133 (0.241)	-2.182*** (0.551)	-0.091*** (0.025)	-0.858 (1.194)	-4.970*** (1.354)	-0.540** (0.265)	-2.567*** (0.702)	-21.968*** (3.222)	-86.214*** (25.596)	-0.125*** (0.036)	-0.080*** (0.024)
鸡肉价格	0.900 (3.070)	-0.279*** (0.098)	0.156 (0.224)	-0.002 (0.438)	-0.070*** (0.022)	0.163 (1.037)	-8.916*** (1.287)	-1.105*** (0.210)	-4.140*** (0.600)	-14.352*** (2.577)	-59.481*** (22.033)	-0.177*** (0.031)	-0.040** (0.020)
牛肉价格	15.348*** (2.935)	0.425*** (0.093)	0.577*** (0.197)	2.242*** (0.436)	0.073*** (0.021)	0.784 (0.784)	3.444*** (1.168)	0.432** (0.192)	2.644*** (0.594)	10.864*** (2.486)	29.702 (22.840)	0.088*** (0.030)	0.086*** (0.019)
羊肉价格	-3.043** (1.511)	-0.079 (0.049)	-0.165 (0.107)	-0.366* (0.221)	0.013 (0.011)	-0.331 (0.405)	0.427 (0.471)	0.303*** (0.089)	0.073 (0.325)	1.177 (1.224)	-19.243* (10.911)	-0.003 (0.014)	-0.004 (0.010)
水产品价格	2.196 (3.784)	-0.065 (0.132)	-0.434* (0.257)	1.238** (0.558)	-0.008 (0.030)	-1.516 (1.181)	-9.178*** (1.731)	-0.873*** (0.275)	-2.574*** (0.787)	-5.127 (3.389)	34.577 (24.925)	-0.033 (0.041)	0.018 (0.026)
豆类价格	-20.901*** (6.409)	-0.378* (0.195)	-1.162** (0.539)	-2.109*** (0.733)	-0.028 (0.040)	-2.902* (1.563)	-2.147 (2.365)	0.321 (0.456)	-2.720* (1.511)	-6.206 (6.250)	-257.921*** (64.467)	-0.132** (0.061)	-0.115*** (0.041)

续表

	能量	蛋白质	脂肪	碳水化合物	不溶性纤维	胆固醇	维生素A	维生素C	钙	钾	钠	铁	锌
酒类价格	-5.479***	-0.152***	-0.273***	-0.765***	-0.040***	0.573	-1.757***	-0.187*	-0.842***	-5.013***	-12.912	-0.061***	-0.034***
	(1.418)	(0.047)	(0.101)	(0.208)	(0.011)	(0.438)	(0.530)	(0.098)	(0.320)	(1.284)	(11.220)	(0.015)	(0.010)
饮料价格	9.819***	0.337***	0.712***	0.558	0.068***	2.336***	0.879	0.777***	2.336***	10.360***	40.989	0.124***	0.088***
	(3.091)	(0.110)	(0.196)	(0.460)	(0.026)	(0.848)	(1.138)	(0.234)	(0.659)	(3.100)	(28.858)	(0.036)	(0.022)
男性	-124.672***	0.527**	-9.874***	-18.820***	-1.115***	-19.477***	-17.369***	6.650***	38.529***	212.842***	240.519***	8.970***	-5.147***
	(7.268)	(0.245)	(0.336)	(1.188)	(0.046)	(2.507)	(2.586)	(0.475)	(1.713)	(6.316)	(31.668)	(0.114)	(0.055)
儿童	-166.176***	-7.358***	-3.793***	-44.515***	-1.623***	6.319	10.401	-1.966	-137.024***	-109.461***	583.825***	1.656***	-3.663***
	(21.634)	(0.775)	(1.132)	(3.646)	(0.145)	(8.297)	(9.792)	(1.565)	(5.229)	(19.866)	(115.079)	(0.212)	(0.163)
老年人	-75.994***	-3.796***	1.276	-18.359***	-0.665***	3.391	-12.555	-6.512***	-11.175***	-77.432***	151.537	1.684***	-1.211***
	(20.874)	(0.695)	(1.203)	(3.341)	(0.154)	(5.839)	(9.108)	(1.431)	(4.396)	(18.078)	(122.945)	(0.229)	(0.154)
男性/儿童	67.485***	2.192***	6.698***	14.919***	0.762***	-3.064	16.247	0.188	-22.356***	-74.071***	-121.726	-6.696***	5.278***
	(20.065)	(0.798)	(0.962)	(3.230)	(0.130)	(12.636)	(11.786)	(1.598)	(5.828)	(19.387)	(107.615)	(0.212)	(0.157)
男性/老年人	32.663**	-1.588***	0.366	4.387	0.212**	11.620**	6.592	0.243	-11.590***	-35.800***	-76.808	-6.696***	0.214**
	(15.754)	(0.482)	(0.727)	(2.709)	(0.107)	(4.565)	(5.797)	(0.973)	(2.914)	(11.984)	(62.158)	(0.175)	(0.107)
N	29917	29917	29917	29917	29917	29917	29917	29917	29917	29917	29917	29917	29917
F	49.388	20.420	68.026	48.175	53.534	23.510	11.514	17.334	78.500	64.570	13.854	283.634	391.261
R^2	0.070	0.021	0.049	0.083	0.070	0.015	0.031	0.023	0.117	0.070	0.025	0.299	0.271

注：①括号内为聚类到家庭的稳健标准误。② "*" "**" 和 "***" 分别表示在10%、5%、1%的水平上显著。

附表-19 2004—2011年农村贫困家庭成员营养素摄入量的差异模型估计（IV-FE）

	能量	蛋白质	脂肪	碳水化合物	不溶性纤维	胆固醇	维生素A	维生素C	钙	钾	钠	铁	锌
家庭人均对人对数	56.924	1.890	0.034	6.662	0.924	19.931	36.470	19.266	22.667	112.454	245.704	1.057	0.056
收入对数	(166.688)	(5.455)	(11.119)	(26.931)	(1.246)	(43.283)	(65.319)	(13.037)	(28.192)	(144.864)	(1373.222)	(1.549)	(1.062)
家庭平均劳动强度	-97.744***	1.718***	-4.751***	-9.186***	-0.396***	-25.841***	0.488	2.168***	10.465***	47.186***	-231.890***	0.645***	0.356***
	(10.827)	(0.327)	(0.616)	(1.751)	(0.075)	(3.462)	(4.298)	(0.793)	(1.839)	(8.859)	(65.359)	(0.101)	(0.071)
家庭平均受教育程度	-27.777***	-1.612***	-1.317***	-3.229*	-0.124**	1.627	-6.844**	-1.976***	3.705**	-25.830***	-202.548***	-0.407***	-0.281***
	(9.443)	(0.312)	(0.401)	(1.708)	(0.059)	(2.235)	(2.846)	(0.684)	(1.605)	(8.063)	(53.896)	(0.097)	(0.067)
年龄	0.404	-0.152***	0.022	0.156	0.003	-0.342	-0.740**	-0.081	-1.702*	-3.635***	-17.705***	0.058***	-0.024***
	(0.969)	(0.033)	(0.041)	(0.176)	(0.007)	(0.226)	(0.297)	(0.070)	(0.179)	(0.859)	(4.944)	(0.013)	(0.007)
家庭规模	-8.877	-0.572	-0.454	-0.521	-0.178	-11.498**	-24.195**	-1.653	-4.661	-11.808	-255.914	-0.220	-0.053
	(21.340)	(0.629)	(1.510)	(2.863)	(0.127)	(5.846)	(12.162)	(1.659)	(3.594)	(20.152)	(164.210)	(0.201)	(0.145)
家庭平均膳食知识水平	0.343	-0.004	0.078	-0.528	0.034	0.646	1.977	0.882**	-0.023	3.451	6.770	0.008	0.007
	(5.396)	(0.173)	(0.325)	(0.874)	(0.035)	(1.315)	(3.712)	(0.403)	(0.968)	(4.934)	(34.874)	(0.050)	(0.035)
18岁以下人口比例	-1.105	0.359	-1.237	2.114	0.373*	-7.225	1.347	4.981*	10.145**	52.071**	-66.295	0.389	0.087
	(32.752)	(1.033)	(2.181)	(5.105)	(0.210)	(6.842)	(15.409)	(2.704)	(5.320)	(25.346)	(253.118)	(0.285)	(0.205)
2006年	19.238	0.798	6.002	-4.303	-0.558	48.534***	-62.103*	-22.309***	-24.358*	-81.685	441.960	-0.044	-0.092
	(67.845)	(2.215)	(4.300)	(10.807)	(0.414)	(15.167)	(33.676)	(5.490)	(13.034)	(57.857)	(502.726)	(0.621)	(0.427)
2009年	-38.749	0.609	4.340	-16.898	-0.540	33.781	2.450	-31.383***	-27.827*	-12.699	239.198	0.122	-0.261
	(84.107)	(2.891)	(5.497)	(12.871)	(0.612)	(23.241)	(40.904)	(6.875)	(15.645)	(82.143)	(634.433)	(0.949)	(0.587)

续表

	能量	蛋白质	脂肪	碳水化合物	不溶性纤维	胆固醇	维生素A	维生素C	钙	钾	钠	铁	锌
2011年	-11.602	0.260	3.600	-9.304	-0.547	-0.497	10.228	-29.444***	-30.714	50.698	-70.210	0.889	-0.453
	(120.031)	(3.995)	(8.111)	(18.527)	(0.933)	(31.660)	(64.564)	(10.560)	(24.919)	(113.100)	(915.233)	(1.302)	(0.824)
过去4周是否生病	-2.921	0.409	1.614	-5.335	-0.073	2.547	16.957	1.475	3.055	16.908	192.850	0.130	0.039
	(31.783)	(0.892)	(1.995)	(4.695)	(0.193)	(7.898)	(12.605)	(2.085)	(5.206)	(25.056)	(204.000)	(0.307)	(0.190)
成年女性平均受教育程度	36.045	1.176	1.259	4.027	0.005	2.961	9.283	-0.290	3.101	27.435	166.277	0.263	0.277
	(44.444)	(1.463)	(2.749)	(7.226)	(0.290)	(12.737)	(20.989)	(3.381)	(7.848)	(38.902)	(394.336)	(0.458)	(0.295)
大米价格	1.577	0.824	2.012	-2.436	0.036	5.634	10.833	-0.637	-1.129	33.840	-145.074	0.155	0.175
	(25.284)	(0.746)	(1.792)	(3.180)	(0.158)	(8.330)	(12.212)	(2.179)	(4.629)	(24.195)	(150.605)	(0.190)	(0.202)
小麦价格	2.064	0.179	-0.503	2.164	0.100	-6.013**	-2.925	-1.004	-0.688	-0.088	-8.411	0.020	0.020
	(11.687)	(0.450)	(0.837)	(1.785)	(0.116)	(2.736)	(4.642)	(1.109)	(2.103)	(15.729)	(81.695)	(0.097)	(0.077)
粗粮价格	17.831	0.352	0.440	2.734	-0.018	8.447	8.872	4.004**	4.967	21.610	306.074*	0.189	0.234
	(22.147)	(0.729)	(1.477)	(3.306)	(0.172)	(5.737)	(10.191)	(1.973)	(3.829)	(21.107)	(162.461)	(0.201)	(0.144)
食用油价格	-9.483	-0.239	0.562	-3.017**	-0.090	-6.664**	-4.640	-1.223	-1.196	-12.711	-153.094*	-0.079	-0.097
	(10.304)	(0.340)	(0.687)	(1.522)	(0.081)	(2.870)	(4.729)	(0.984)	(1.867)	(9.838)	(83.058)	(0.087)	(0.069)
牛奶价格	4.313	-0.329	0.784	-1.799	0.041	-1.444	-2.528	0.284	1.393	-3.817	122.183	-0.051	-0.095
	(15.042)	(0.461)	(1.032)	(2.167)	(0.100)	(4.621)	(5.669)	(1.358)	(2.375)	(11.140)	(139.515)	(0.124)	(0.096)
鸡蛋价格	-18.176	-0.373	-2.277	0.303	0.053	-1.853	0.901	-3.732**	1.848	-18.024	150.759	0.050	0.009
	(17.472)	(0.520)	(1.394)	(2.287)	(0.117)	(4.199)	(8.139)	(1.496)	(3.106)	(14.175)	(153.617)	(0.139)	(0.104)

续表

	能量	蛋白质	脂肪	碳水化合物	不溶性纤维	胆固醇	维生素A	维生素C	钙	钾	钠	铁	锌
调味品价格	8.124	-0.223	2.818*	-5.369*	-0.029	3.024	12.904	4.636**	2.682	-0.640	-177.071	-0.224	-0.054
	(22.102)	(0.729)	(1.443)	(3.091)	(0.157)	(6.052)	(9.306)	(1.631)	(3.984)	(18.366)	(152.464)	(0.203)	(0.136)
蔬菜价格	19.111	0.504	0.961	2.108	-0.019	2.407	9.435*	1.956**	9.901***	16.997	175.543**	0.043	0.147*
	(17.269)	(0.560)	(0.966)	(2.440)	(0.162)	(7.367)	(5.286)	(0.917)	(2.866)	(16.001)	(77.764)	(0.120)	(0.077)
水果价格	17.446	1.306**	-0.946	3.267	0.139	5.513	14.836	0.026	3.334	32.633*	101.147	0.130	0.145
	(19.128)	(0.652)	(1.107)	(3.288)	(0.150)	(8.418)	(9.524)	(1.510)	(3.681)	(19.442)	(157.466)	(0.211)	(0.131)
猪肉价格	0.325	-0.003	-0.404	1.206	-0.013	2.444	2.229	0.370	1.993	-14.524	55.751	0.013	0.068
	(10.176)	(0.358)	(0.573)	(1.563)	(0.110)	(2.522)	(7.716)	(1.149)	(2.617)	(10.332)	(70.976)	(0.113)	(0.082)
鸡肉价格	16.727**	0.421	1.371***	1.543	0.060	1.486	-6.526	-0.443	-2.177	5.572	-2.587	0.105	0.057
	(8.311)	(0.261)	(0.525)	(1.235)	(0.065)	(2.274)	(5.079)	(0.786)	(1.558)	(8.048)	(63.620)	(0.081)	(0.052)
牛肉价格	-1.316	-0.130	0.060	0.157	-0.059	-0.028	-2.197	-0.403	1.697	-3.405	-39.540	-0.004	-0.022
	(5.906)	(0.201)	(0.373)	(0.930)	(0.049)	(1.813)	(4.162)	(0.597)	(1.306)	(7.085)	(46.838)	(0.065)	(0.043)
羊肉价格	3.219	-0.033	0.566**	-0.622	-0.016	0.604	-0.766	0.773**	-0.429	2.550	-48.035	-0.031	-0.001
	(3.470)	(0.144)	(0.247)	(0.604)	(0.026)	(0.985)	(2.153)	(0.376)	(1.087)	(4.267)	(34.428)	(0.033)	(0.027)
水产品价格	0.748	0.029	-0.983*	1.997	0.067	-3.244	-12.359***	-2.367***	-3.468**	-4.834	43.513	-0.016	-0.022
	(8.201)	(0.265)	(0.527)	(1.421)	(0.064)	(2.157)	(3.380)	(0.681)	(1.664)	(7.474)	(62.136)	(0.078)	(0.053)
豆类价格	-21.744	-1.128	-0.153	-4.459	-0.116	16.963**	-33.365**	-2.050	-13.073***	-57.118**	-362.086**	-0.586**	-0.338
	(27.193)	(0.913)	(1.960)	(3.757)	(0.125)	(6.884)	(13.986)	(1.853)	(4.215)	(26.228)	(184.066)	(0.264)	(0.221)

续表

	能量	蛋白质	脂肪	碳水化合物	不溶性纤维	胆固醇	维生素A	维生素C	钙	钾	钠	铁	锌
酒类价格	7.010*	0.370***	0.045	1.280**	0.056**	0.790	2.303*	0.251	0.863	6.298*	-7.540	0.078**	0.048*
	(4.242)	(0.141)	(0.253)	(0.636)	(0.026)	(1.216)	(1.353)	(0.286)	(0.804)	(3.520)	(28.632)	(0.035)	(0.026)
饮料价格	13.261	0.184	1.296**	-0.116	-0.032	-1.791	-0.311	0.037	0.225	-3.153	-19.419	0.025	0.070
	(8.462)	(0.296)	(0.594)	(1.217)	(0.060)	(2.033)	(3.768)	(0.614)	(1.711)	(7.072)	(60.279)	(0.071)	(0.053)
男性	-139.134***	0.004	-7.980***	-23.487***	-1.156***	-10.184***	-8.637*	7.603***	30.605***	194.911***	342.614***	8.079***	-4.878***
	(15.060)	(0.534)	(0.621)	(2.742)	(0.094)	(3.167)	(4.524)	(0.910)	(3.071)	(13.008)	(93.197)	(0.208)	(0.121)
儿童	-174.653***	-9.918***	0.957	-50.379***	-1.481***	4.266	7.759	-3.756	-136.661***	-168.200***	170.758	0.982**	-4.234***
	(37.634)	(1.293)	(1.748)	(6.995)	(0.264)	(9.254)	(14.142)	(2.970)	(7.422)	(33.138)	(196.942)	(0.421)	(0.297)
老年人	-52.377	-4.528***	2.350	-17.206**	-0.411	12.447	-28.681**	-8.205***	-16.787**	-63.919*	373.832*	1.261***	-1.470***
	(44.204)	(1.402)	(1.880)	(7.918)	(0.302)	(9.940)	(12.314)	(2.902)	(7.256)	(38.400)	(217.025)	(0.489)	(0.321)
男性/儿童	33.607	1.699	1.211	11.097*	0.641***	20.693**	11.077	-1.683	-14.687**	-90.162***	-105.950	-6.495***	4.993***
	(33.611)	(1.179)	(1.381)	(6.119)	(0.227)	(9.784)	(15.442)	(2.826)	(6.183)	(30.199)	(200.609)	(0.346)	(0.254)
男性/老年人	35.080	-0.229	-1.378	10.248*	0.416**	-13.116*	-6.362	-1.018	-0.865	-8.599	64.652	-5.667***	0.600***
	(31.705)	(0.919)	(1.377)	(5.787)	(0.197)	(6.781)	(8.623)	(2.021)	(5.217)	(22.792)	(139.902)	(0.331)	(0.204)
N	5895	5895	5895	5895	5895	5895	5895	5895	5895	5895	5895	5895	5895
F	11.055	6.778	18.880	11.005	12.464	6.739	5.437	7.338	32.671	15.804	6.548	75.359	74.694
R^2	0.066	0.061	0.099	0.069	0.037	0.095	0.049	0.016	0.218	0.083	0.049	0.339	0.313

注：①括号内为聚类到家庭的稳健标准误。②"*""**"和"***"分别表示在10%、5%、1%的水平上显著。

附表-20　　2004—2011年非贫困与贫困家庭不同群体标准人营养素摄入量

营养素	非贫困家庭男性			非贫困家庭女性		
	儿童	中青年	老年	儿童	中青年	老年
能量（kcal）	2051.9	2160.8	2215.5	2110.1	2311.4	2332.7
蛋白质（g）	67.6	70.4	61.1	63.9	69.7	61.4
脂肪（g）	77.7	75.8	81.3	80.0	87.0	92.9
碳水化合物（g）	281.4	314.7	317.7	288.7	335.4	333.5
不溶性纤维（g）	8.9	10.2	10.6	9.3	11.5	11.6
胆固醇（mg）	266.1	228.8	240.6	278.8	259.1	254.6
维生素A（mg）	465.0	394.3	372.4	456.2	410.9	386.7
维生素C（mg）	94.6	98.2	92.0	89.1	91.2	82.9
钙（mg）	258.0	370.7	288.8	232.5	327.5	259.2
钾（mg）	1628.9	1800.4	1596.7	1469.0	1584.2	1386.1
钠（mg）	6185.4	5683.2	5759.7	5942.9	5556.7	5657.6
铁（mg）	15.1	23.8	20.9	12.8	14.9	18.2
锌（mg）	14.3	12.6	11.0	14.1	17.7	15.8
样本量	2252	8115	2520	1802	8717	2671
营养素	贫困家庭男性			贫困家庭女性		
	儿童	中青年	老年	儿童	中青年	老年
能量（kcal）	1879.1	1943.6	2054.6	1890.7	2137.1	2196.2
蛋白质（g）	59.5	63.4	55.1	55.8	64.6	54.5
脂肪（g）	62.8	61.6	68.0	66.2	71.1	80.6
碳水化合物（g）	282.0	305.8	318.5	284.4	336.1	331.0
不溶性纤维（g）	9.2	9.6	10.3	9.2	11.1	11.1
胆固醇（mg）	191.7	151.9	161.0	180.0	170.5	199.5
维生素A（mg）	405.9	346.1	324.9	404.8	358.2	343.9
维生素C（mg）	95.8	96.5	87.0	88.4	89.3	77.5
钙（mg）	212.9	327.0	260.3	193.1	293.7	225.2
钾（mg）	1486.0	1650.4	1453.2	1320.7	1479.0	1243.7
钠（mg）	6191.1	5766.0	5676.8	5948.6	5517.0	5509.5
铁（mg）	14.1	22.1	19.5	11.8	14.3	16.7
锌（mg）	12.7	11.3	9.8	12.4	16.4	13.9
样本量	689	1512	634	582	1809	835

附表-21 2004—2011年非贫困男性营养素摄入量（对数形式）的影响因素（IV-FE）

	能量	蛋白质	脂肪	碳水化合物	不溶性纤维	胆固醇	维生素A	维生素C	钙	钾	钠	铁	锌
家庭平均劳动强度	-0.050***	0.040***	-0.077***	-0.024***	-0.032***	-0.129***	0.016***	0.054***	0.078***	0.048***	-0.011	0.076***	0.028***
	(0.004)	(0.004)	(0.005)	(0.004)	(0.005)	(0.008)	(0.006)	(0.006)	(0.005)	(0.004)	(0.006)	(0.004)	(0.004)
受教育程度	-0.002	-0.002	-0.019***	0.012***	0.009**	-0.034***	-0.008*	0.018***	0.072***	0.011***	-0.031***	0.044***	-0.014***
	(0.003)	(0.003)	(0.004)	(0.003)	(0.004)	(0.008)	(0.005)	(0.005)	(0.005)	(0.003)	(0.005)	(0.003)	(0.003)
年龄	0.001***	-0.002***	-0.000	0.002***	0.003***	-0.002***	-0.003***	0.000	0.001***	-0.001***	-0.001***	0.004***	-0.004***
	(0.000)	(0.000)	(0.000)	(0.000)	(0.000)	(0.000)	(0.000)	(0.000)	(0.000)	(0.000)	(0.000)	(0.000)	(0.000)
家庭规模	-0.009***	0.001	-0.030***	-0.001	0.000	-0.024***	-0.009	0.003	-0.003	0.001	-0.029***	-0.001	-0.005
	(0.003)	(0.004)	(0.006)	(0.003)	(0.004)	(0.009)	(0.006)	(0.006)	(0.005)	(0.004)	(0.007)	(0.004)	(0.003)
家庭平均膳食知识水平	0.001	0.002*	0.001	-0.000	0.000	0.004*	0.004**	0.004***	0.002	0.002*	0.001	0.000	0.002**
	(0.001)	(0.001)	(0.002)	(0.001)	(0.001)	(0.002)	(0.002)	(0.001)	(0.001)	(0.001)	(0.002)	(0.001)	(0.001)
18岁以下人口比例	0.007	0.015***	0.008	0.006	0.009	0.022*	0.009	0.002	0.010*	0.012**	0.010	0.015***	0.011***
	(0.005)	(0.005)	(0.008)	(0.005)	(0.005)	(0.013)	(0.008)	(0.006)	(0.006)	(0.005)	(0.008)	(0.005)	(0.005)
2006年	-0.015	-0.050**	0.027	-0.043**	-0.034	0.044	-0.042	-0.050	-0.096***	-0.033	0.027	-0.048**	-0.042**
	(0.020)	(0.021)	(0.032)	(0.019)	(0.025)	(0.048)	(0.039)	(0.036)	(0.028)	(0.023)	(0.040)	(0.020)	(0.019)
2009年	-0.087***	-0.091***	-0.071*	-0.078***	-0.043	0.006	-0.032	-0.075*	-0.106***	-0.046	-0.087**	-0.093***	-0.096***
	(0.028)	(0.029)	(0.039)	(0.029)	(0.033)	(0.061)	(0.045)	(0.040)	(0.035)	(0.030)	(0.042)	(0.029)	(0.028)
2011年	-0.070**	-0.097***	-0.125**	-0.011	0.039	-0.094	-0.027	-0.012	-0.128**	0.025	-0.064	-0.075*	-0.092**
	(0.035)	(0.037)	(0.054)	(0.037)	(0.044)	(0.085)	(0.066)	(0.057)	(0.052)	(0.042)	(0.066)	(0.040)	(0.037)

续表

	能量	蛋白质	脂肪	碳水化合物	不溶性纤维	胆固醇	维生素A	维生素C	钙	钾	钠	铁	锌
过去4周是否生病	-0.014 (0.009)	-0.014 (0.010)	0.009 (0.016)	-0.020** (0.010)	-0.009 (0.012)	-0.025 (0.027)	-0.004 (0.016)	-0.012 (0.016)	-0.026** (0.013)	-0.008 (0.011)	0.019 (0.019)	-0.026** (0.011)	-0.008 (0.009)
成年女性平均受教育程度	-0.003 (0.004)	0.001 (0.005)	0.006 (0.006)	-0.003 (0.004)	-0.001 (0.005)	0.010 (0.010)	0.005 (0.007)	-0.005 (0.007)	0.004 (0.006)	-0.001 (0.005)	-0.018** (0.009)	-0.003 (0.005)	0.002 (0.004)
大米价格	-0.000 (0.001)	-0.000 (0.001)	0.000 (0.003)	0.000 (0.001)	0.000 (0.001)	-0.000 (0.002)	-0.002* (0.001)	0.002** (0.001)	-0.001 (0.001)	-0.001 (0.001)	-0.004*** (0.001)	-0.001 (0.001)	-0.000 (0.001)
小麦价格	0.001 (0.008)	-0.004 (0.009)	0.018 (0.013)	-0.006 (0.010)	-0.007 (0.012)	0.001 (0.011)	-0.014 (0.016)	-0.004 (0.019)	-0.021 (0.015)	-0.010 (0.014)	-0.020** (0.008)	-0.011 (0.009)	-0.004 (0.010)
粗粮价格	-0.008 (0.007)	-0.006 (0.007)	-0.014 (0.012)	-0.010 (0.008)	-0.009 (0.010)	0.002 (0.018)	-0.005 (0.015)	0.013 (0.013)	0.002 (0.011)	0.003 (0.009)	0.015 (0.012)	-0.006 (0.008)	-0.007 (0.007)
食用油价格	0.005 (0.003)	0.005 (0.003)	0.014*** (0.005)	0.004 (0.004)	0.005 (0.004)	0.012 (0.008)	0.014** (0.006)	-0.005 (0.005)	0.006 (0.005)	0.001 (0.004)	-0.002 (0.006)	0.006* (0.003)	0.005 (0.003)
牛奶价格	0.001 (0.004)	-0.001 (0.004)	-0.001 (0.006)	0.001 (0.003)	0.005 (0.007)	0.007 (0.008)	0.011* (0.006)	0.001 (0.006)	0.003 (0.006)	0.001 (0.005)	-0.004 (0.009)	0.007 (0.006)	-0.002 (0.004)
鸡蛋价格	0.000 (0.001)	0.000 (0.001)	0.002 (0.001)	0.000 (0.001)	0.001 (0.001)	0.000 (0.002)	0.000 (0.001)	-0.000 (0.001)	-0.001 (0.001)	0.001 (0.001)	-0.003 (0.002)	-0.000 (0.001)	0.001 (0.001)
调味品价格	0.005 (0.006)	0.002 (0.008)	0.013 (0.008)	0.002 (0.006)	0.008 (0.009)	0.020 (0.014)	-0.000 (0.012)	0.015* (0.009)	0.000 (0.001)	0.006 (0.009)	-0.001 (0.009)	-0.000 (0.008)	0.006 (0.007)

续表

	能量	蛋白质	脂肪	碳水化合物	不溶性纤维	胆固醇	维生素A	维生素C	钙	钾	钠	铁	锌
蔬菜价格	-0.001 (0.002)	0.001 (0.002)	0.002 (0.004)	-0.004** (0.002)	-0.003 (0.002)	0.015*** (0.005)	0.002 (0.002)	-0.003 (0.006)	0.000 (0.002)	0.000 (0.002)	0.011* (0.006)	-0.000 (0.002)	0.000 (0.002)
水果价格	0.017*** (0.005)	0.022*** (0.006)	0.003 (0.007)	0.019*** (0.006)	0.011 (0.007)	0.021** (0.010)	0.029*** (0.011)	0.001 (0.007)	0.027*** (0.008)	0.018*** (0.006)	0.033*** (0.008)	0.024*** (0.006)	0.023*** (0.006)
猪肉价格	-0.005 (0.004)	-0.007** (0.004)	-0.005 (0.006)	-0.006** (0.003)	-0.008** (0.004)	-0.012 (0.011)	-0.007 (0.006)	-0.004 (0.007)	-0.007 (0.005)	-0.013*** (0.003)	-0.011 (0.007)	-0.007** (0.003)	-0.004 (0.003)
鸡肉价格	-0.002 (0.003)	-0.007** (0.003)	-0.002 (0.004)	-0.001 (0.003)	-0.007** (0.003)	-0.006 (0.005)	-0.014*** (0.004)	-0.010*** (0.003)	-0.012*** (0.003)	-0.011*** (0.003)	-0.011** (0.005)	-0.009*** (0.003)	-0.005** (0.002)
牛肉价格	0.005** (0.002)	0.004 (0.003)	0.006** (0.003)	0.005* (0.003)	0.003 (0.003)	0.003 (0.005)	0.001 (0.004)	0.001 (0.003)	0.004 (0.003)	0.003 (0.003)	-0.005 (0.004)	0.002 (0.003)	0.004 (0.003)
羊肉价格	0.000 (0.001)	0.001 (0.001)	0.001 (0.001)	0.000 (0.002)	0.003* (0.002)	-0.000 (0.003)	0.004*** (0.001)	0.004** (0.001)	0.002 (0.002)	0.002 (0.001)	0.003 (0.002)	0.001 (0.002)	0.001 (0.002)
水产品价格	-0.000 (0.003)	-0.003 (0.003)	-0.014*** (0.004)	0.004 (0.003)	-0.002 (0.005)	-0.030*** (0.011)	-0.019*** (0.006)	-0.010** (0.005)	-0.008** (0.004)	-0.005 (0.004)	-0.003 (0.006)	-0.003 (0.003)	-0.001 (0.003)
豆类价格	-0.004 (0.006)	-0.000 (0.005)	-0.003 (0.014)	-0.003 (0.004)	0.005 (0.004)	0.002 (0.013)	0.002 (0.009)	0.008 (0.006)	-0.000 (0.008)	0.000 (0.005)	-0.022 (0.014)	-0.002 (0.006)	-0.002 (0.005)
酒类价格	-0.002** (0.001)	-0.002 (0.001)	-0.004** (0.001)	-0.002 (0.001)	-0.002 (0.002)	0.002 (0.002)	-0.001 (0.002)	-0.002 (0.002)	-0.001 (0.002)	-0.002 (0.001)	-0.000 (0.003)	-0.002 (0.001)	-0.002 (0.001)

续表

	能量	蛋白质	脂肪	碳水化合物	不溶性纤维	胆固醇	维生素A	维生素C	钙	钾	钠	铁	锌
饮料价格	0.002	0.002	0.008*	-0.002	0.000	0.011**	0.006*	0.003	0.004	0.001	0.002	0.002	0.003
	(0.003)	(0.004)	(0.004)	(0.003)	(0.005)	(0.005)	(0.004)	(0.004)	(0.004)	(0.005)	(0.005)	(0.003)	(0.003)
样本量	12887	12887	12887	12887	12887	12885	12886	12868	12887	12887	12887	12887	12887
F	22.126	17.678	21.720	12.329	12.221	18.150	9.422	8.496	31.324	11.850	8.192	53.237	34.222
R²	-0.003	-0.068	-0.035	0.043	0.038	0.004	0.025	0.021	0.053	0.008	0.024	0.076	0.028

注：①括号内为聚类到村庄的稳健标准误。②"*""**"和"***"分别表示10%、5%、1%的水平上显著。

附表-22　2004—2011年非贫困女性营养素摄入量（对数形式）的影响因素（IV-FE）

	能量	蛋白质	脂肪	碳水化合物	不溶性纤维	胆固醇	维生素A	维生素C	钙	钾	钠	铁	锌
家庭平均劳动强度	-0.058***	0.039***	-0.084***	-0.032***	-0.037***	-0.145***	0.019***	0.053***	0.058***	0.040***	-0.012*	0.021***	0.047***
	(0.003)	(0.004)	(0.005)	(0.004)	(0.005)	(0.009)	(0.006)	(0.006)	(0.005)	(0.004)	(0.006)	(0.004)	(0.004)
受教育程度	0.002	-0.007*	-0.005	0.016***	0.022***	-0.038***	-0.022***	-0.005	0.086***	-0.004	-0.042***	-0.076***	0.020***
	(0.004)	(0.004)	(0.004)	(0.004)	(0.004)	(0.009)	(0.006)	(0.005)	(0.005)	(0.004)	(0.005)	(0.004)	(0.004)
年龄	0.001***	-0.001***	0.001*	0.002***	0.003***	-0.002*	-0.002***	-0.000	0.001***	-0.001***	-0.002***	0.007***	0.002***
	(0.000)	(0.000)	(0.000)	(0.000)	(0.000)	(0.001)	(0.000)	(0.000)	(0.000)	(0.000)	(0.000)	(0.000)	(0.000)

续表

	能量	蛋白质	脂肪	碳水化合物	不溶性纤维	胆固醇	维生素A	维生素C	钙	钾	钠	铁	锌
家庭规模	-0.014***	-0.009**	-0.032***	-0.005*	-0.004	-0.029***	-0.022***	-0.012**	-0.012***	-0.008**	-0.033***	-0.010***	-0.012***
	(0.003)	(0.004)	(0.005)	(0.003)	(0.004)	(0.009)	(0.006)	(0.006)	(0.004)	(0.004)	(0.007)	(0.003)	(0.003)
家庭平均膳食知识水平	0.002***	0.003**	0.003	0.002**	0.003**	-0.001	0.004**	0.007***	0.004***	0.004***	0.001	0.003**	0.003**
	(0.001)	(0.001)	(0.002)	(0.001)	(0.001)	(0.002)	(0.002)	(0.002)	(0.001)	(0.001)	(0.002)	(0.001)	(0.001)
18岁以下人口比例	0.008*	0.015***	0.009	0.009**	0.010*	0.013	0.002	0.005	0.016**	0.013**	0.010	0.015***	0.015***
	(0.004)	(0.005)	(0.007)	(0.005)	(0.005)	(0.012)	(0.008)	(0.007)	(0.006)	(0.005)	(0.007)	(0.005)	(0.005)
2006年	-0.026	-0.050**	0.020	-0.061***	-0.060**	0.056	-0.058	-0.073**	-0.115***	-0.040*	0.024	-0.042**	-0.053***
	(0.019)	(0.020)	(0.034)	(0.017)	(0.024)	(0.046)	(0.038)	(0.036)	(0.028)	(0.023)	(0.039)	(0.019)	(0.019)
2009年	-0.106***	-0.103***	-0.097**	-0.106***	-0.069**	-0.007	-0.055	-0.066	-0.139***	-0.056*	-0.102**	-0.069**	-0.135***
	(0.026)	(0.027)	(0.036)	(0.028)	(0.032)	(0.055)	(0.047)	(0.044)	(0.035)	(0.030)	(0.044)	(0.030)	(0.026)
2011年	-0.092***	-0.106***	-0.178***	-0.030	0.038	-0.178**	-0.069	-0.003	-0.162***	0.022	-0.128**	-0.025	-0.141***
	(0.033)	(0.036)	(0.058)	(0.036)	(0.043)	(0.073)	(0.067)	(0.057)	(0.053)	(0.043)	(0.061)	(0.039)	(0.035)
过去4周是否生病	-0.012	-0.023**	0.015	-0.029***	-0.011	-0.039	-0.003	-0.004	-0.007	0.000	0.026*	0.012	-0.016*
	(0.009)	(0.010)	(0.014)	(0.010)	(0.012)	(0.026)	(0.016)	(0.016)	(0.012)	(0.011)	(0.015)	(0.011)	(0.009)
成年女性平均受教育程度	-0.003	0.008	0.004	-0.012**	-0.010	0.035**	0.025***	0.013*	-0.040***	0.006	0.006	0.027***	-0.010*
	(0.005)	(0.006)	(0.007)	(0.005)	(0.007)	(0.014)	(0.009)	(0.008)	(0.008)	(0.006)	(0.010)	(0.006)	(0.006)
大米价格	-0.001	-0.001	-0.002	-0.000	-0.001	-0.002**	-0.003***	0.002**	-0.001***	-0.002***	-0.005***	-0.001	-0.000
	(0.001)	(0.000)	(0.002)	(0.001)	(0.001)	(0.001)	(0.001)	(0.001)	(0.001)	(0.001)	(0.001)	(0.001)	(0.001)

续表

	能量	蛋白质	脂肪	碳水化合物	不溶性纤维	胆固醇	维生素A	维生素C	钙	钾	钠	铁	锌
小麦价格	0.009 (0.007)	0.003 (0.008)	0.022* (0.012)	0.002 (0.008)	0.003 (0.011)	-0.000 (0.010)	-0.011 (0.015)	0.003 (0.016)	-0.009 (0.014)	0.001 (0.012)	-0.017* (0.009)	-0.003 (0.009)	0.002 (0.008)
粗粮价格	-0.013* (0.007)	-0.010 (0.008)	-0.021* (0.013)	-0.010 (0.008)	-0.003 (0.010)	-0.004 (0.018)	-0.008 (0.015)	0.015 (0.013)	-0.005 (0.011)	-0.000 (0.010)	0.008 (0.012)	-0.010 (0.008)	-0.009 (0.008)
食用油价格	0.006* (0.004)	0.005 (0.004)	0.015** (0.006)	0.004 (0.003)	0.005 (0.004)	0.012 (0.008)	0.017*** (0.006)	-0.002 (0.005)	0.011** (0.005)	0.003 (0.004)	-0.003 (0.006)	0.008** (0.004)	0.005 (0.004)
牛奶价格	0.005* (0.003)	0.004 (0.003)	0.004 (0.005)	0.003 (0.003)	0.005 (0.006)	0.006 (0.008)	0.008* (0.005)	0.002 (0.006)	0.008* (0.004)	0.004 (0.004)	-0.004 (0.009)	0.008* (0.004)	0.003 (0.003)
鸡蛋价格	-0.001 (0.001)	-0.000 (0.001)	0.000 (0.001)	-0.001 (0.001)	-0.001 (0.001)	0.002 (0.002)	-0.001 (0.001)	-0.002* (0.001)	-0.000 (0.001)	0.001 (0.001)	-0.002 (0.002)	-0.002* (0.001)	0.001* (0.001)
调味品价格	0.005 (0.006)	0.002 (0.007)	0.013 (0.009)	0.001 (0.006)	0.007 (0.009)	0.023* (0.014)	0.003 (0.013)	0.018* (0.011)	0.002 (0.009)	0.005 (0.008)	-0.002 (0.010)	0.001 (0.007)	0.004 (0.006)
蔬菜价格	-0.002 (0.001)	-0.001 (0.003)	0.002 (0.003)	-0.005*** (0.002)	-0.003 (0.003)	0.011* (0.006)	0.003 (0.004)	0.002 (0.006)	-0.001 (0.005)	-0.002 (0.005)	0.011** (0.005)	-0.002 (0.002)	-0.002 (0.002)
水果价格	0.012*** (0.004)	0.018*** (0.006)	0.005 (0.006)	0.011* (0.006)	0.005 (0.007)	0.029*** (0.011)	0.021* (0.012)	-0.006 (0.009)	0.020** (0.008)	0.012* (0.007)	0.038*** (0.008)	0.020*** (0.006)	0.018*** (0.006)
猪肉价格	-0.004 (0.004)	-0.008** (0.003)	-0.002 (0.009)	-0.006** (0.003)	-0.012*** (0.003)	-0.009 (0.008)	-0.009** (0.004)	-0.005 (0.005)	-0.010** (0.004)	-0.014*** (0.002)	-0.008 (0.006)	-0.008*** (0.003)	-0.006* (0.003)

续表

	能量	蛋白质	脂肪	碳水化合物	不溶性纤维	胆固醇	维生素A	维生素C	钙	钾	钠	铁	锌
鸡肉价格	0.002 (0.002)	-0.002 (0.002)	0.001 (0.004)	0.002 (0.002)	-0.006** (0.003)	-0.002 (0.005)	-0.010** (0.004)	-0.009*** (0.003)	-0.011*** (0.003)	-0.007** (0.003)	-0.009* (0.005)	-0.005** (0.002)	-0.001 (0.002)
牛肉价格	0.005** (0.002)	0.004 (0.003)	0.005* (0.003)	0.004* (0.003)	0.004 (0.003)	0.002 (0.005)	0.003 (0.004)	0.002 (0.004)	0.006* (0.003)	0.004 (0.003)	-0.004 (0.004)	0.003 (0.003)	0.004 (0.002)
羊肉价格	0.000 (0.001)	0.000 (0.001)	0.002 (0.001)	-0.000 (0.002)	0.003** (0.001)	-0.000 (0.002)	0.004** (0.002)	0.004** (0.002)	0.002 (0.002)	0.002 (0.002)	0.002 (0.002)	0.001 (0.002)	0.001 (0.002)
水产品价格	0.001 (0.003)	-0.001 (0.004)	-0.010** (0.005)	0.004 (0.004)	-0.004 (0.004)	-0.025* (0.014)	-0.017*** (0.005)	-0.012** (0.005)	-0.010** (0.004)	-0.004 (0.004)	0.002 (0.005)	-0.002 (0.004)	0.001 (0.004)
豆类价格	-0.008 (0.007)	-0.006 (0.005)	-0.002 (0.015)	-0.008** (0.004)	-0.003 (0.007)	-0.004 (0.013)	-0.003 (0.009)	-0.000 (0.008)	-0.005 (0.008)	-0.005 (0.007)	-0.020 (0.013)	-0.010 (0.006)	-0.007 (0.005)
酒类价格	-0.002** (0.001)	-0.002* (0.001)	-0.004** (0.002)	-0.002 (0.001)	-0.002 (0.002)	0.003 (0.002)	-0.002 (0.002)	-0.003 (0.002)	-0.002 (0.002)	-0.003* (0.002)	-0.001 (0.003)	-0.003** (0.001)	-0.002* (0.001)
饮料价格	0.006*** (0.002)	0.004* (0.002)	0.011*** (0.004)	0.002 (0.002)	0.003 (0.004)	0.009 (0.006)	0.006 (0.003)	0.007** (0.004)	0.005 (0.003)	0.004 (0.003)	0.001 (0.004)	0.005* (0.002)	0.006*** (0.002)
样本量	13190	13190	13190	13190	13190	13190	13190	13182	13190	13190	13190	13190	13190
F	25.888	16.285	21.312	23.891	17.397	19.071	10.866	6.329	33.727	15.147	14.124	67.385	23.903
R^2	0.023	-0.044	-0.029	0.048	0.042	-0.004	0.018	0.021	0.015	0.020	0.027	0.173	-0.015

注：①括号内为聚类到村庄的稳健标准误。②"*""**"和"***"分别表示在10%、5%、1%的水平上显著。

附表-23　2004—2011年贫困男性营养素摄入量（对数形式）的影响因素（IV-FE）

	能量	蛋白质	脂肪	碳水化合物	不溶性纤维	胆固醇	维生素A	维生素C	钙	钾	钠	铁	锌
家庭平均劳动强度	-0.044***	0.039***	-0.082***	-0.021***	-0.027**	-0.178***	0.012	0.051***	0.085***	0.052***	-0.025	0.078***	0.026***
	(0.009)	(0.010)	(0.013)	(0.008)	(0.012)	(0.026)	(0.016)	(0.014)	(0.013)	(0.010)	(0.011)	(0.010)	(0.008)
受教育程度	0.004	0.011	-0.005	0.011	0.004	-0.016	-0.004	0.017	0.086***	0.025**	-0.018	0.067***	-0.008
	(0.013)	(0.013)	(0.019)	(0.010)	(0.014)	(0.029)	(0.020)	(0.015)	(0.015)	(0.013)	(0.012)	(0.013)	(0.011)
年龄	0.001	-0.002***	-0.001	0.002***	0.001**	-0.006***	-0.004***	-0.001**	0.001*	-0.001***	-0.002**	0.004***	-0.005***
	(0.000)	(0.000)	(0.001)	(0.001)	(0.001)	(0.001)	(0.001)	(0.001)	(0.001)	(0.000)	(0.001)	(0.000)	(0.000)
家庭规模	-0.038***	-0.034**	-0.078***	-0.019*	-0.035**	-0.113***	-0.060***	-0.016	-0.042**	-0.032**	-0.028	-0.035**	-0.032***
	(0.012)	(0.014)	(0.019)	(0.011)	(0.016)	(0.035)	(0.021)	(0.017)	(0.018)	(0.014)	(0.018)	(0.014)	(0.012)
家庭平均膳食知识水平	0.005**	0.006**	0.011**	0.001	0.000	0.007	0.004	0.002	0.002	0.003	0.002	0.004	0.005**
	(0.002)	(0.002)	(0.004)	(0.002)	(0.003)	(0.006)	(0.005)	(0.003)	(0.004)	(0.003)	(0.004)	(0.003)	(0.002)
18岁以下人口比例	-0.001	0.006	0.003	0.007	0.015	-0.017	0.011	0.012	0.004	0.018*	0.009	0.015	0.008
	(0.008)	(0.009)	(0.015)	(0.007)	(0.011)	(0.024)	(0.015)	(0.014)	(0.011)	(0.010)	(0.017)	(0.010)	(0.008)
2006年	0.038	0.028	0.129**	0.003	0.007	0.437***	-0.002	-0.065	-0.022	0.017	0.032	0.023	0.016
	(0.033)	(0.039)	(0.063)	(0.030)	(0.042)	(0.104)	(0.074)	(0.055)	(0.053)	(0.039)	(0.066)	(0.038)	(0.034)
2009年	-0.080**	-0.087**	0.106	-0.128***	-0.175***	0.447***	-0.141	-0.338***	-0.195***	-0.106**	0.036	-0.119***	-0.082**
	(0.036)	(0.043)	(0.066)	(0.036)	(0.052)	(0.114)	(0.095)	(0.069)	(0.058)	(0.050)	(0.074)	(0.045)	(0.037)
2011年	-0.106*	-0.117*	-0.005	-0.111**	-0.195**	0.071	-0.166	-0.363***	-0.291***	-0.091	0.027	-0.152**	-0.103
	(0.058)	(0.067)	(0.102)	(0.052)	(0.077)	(0.185)	(0.127)	(0.098)	(0.104)	(0.071)	(0.120)	(0.068)	(0.064)

续表

	能量	蛋白质	脂肪	碳水化合物	不溶性纤维	胆固醇	维生素A	维生素C	钙	钾	钠	铁	锌
过去4周是否生病	0.014	0.009	0.042	-0.008	0.017	0.093	0.050	0.062*	0.015	0.028	-0.016	0.001	0.020
	(0.026)	(0.029)	(0.043)	(0.023)	(0.032)	(0.068)	(0.048)	(0.036)	(0.037)	(0.029)	(0.038)	(0.029)	(0.023)
成年女性平均受教育程度	-0.013	-0.016	-0.019	-0.013	-0.043**	-0.024	-0.038	-0.045**	-0.020	-0.033**	-0.040	-0.031*	-0.011
	(0.014)	(0.016)	(0.022)	(0.012)	(0.017)	(0.045)	(0.026)	(0.022)	(0.021)	(0.016)	(0.027)	(0.017)	(0.013)
大米价格	0.004	-0.007	0.055	-0.002	0.020	-0.067	-0.007	0.007	0.011	0.009	-0.036	0.013	-0.010
	(0.014)	(0.014)	(0.035)	(0.013)	(0.020)	(0.068)	(0.037)	(0.032)	(0.018)	(0.018)	(0.029)	(0.016)	(0.013)
小麦价格	0.003	0.006	0.012	0.000	0.001	0.043**	0.004	0.003	-0.006	-0.000	-0.000	0.000	0.001
	(0.011)	(0.011)	(0.016)	(0.011)	(0.016)	(0.019)	(0.022)	(0.023)	(0.013)	(0.014)	(0.018)	(0.012)	(0.011)
粗粮价格	0.013	0.015	-0.004	0.012	0.011	-0.001	0.042	0.043	0.018	0.018	0.018	0.011	0.022**
	(0.011)	(0.012)	(0.025)	(0.009)	(0.016)	(0.040)	(0.028)	(0.031)	(0.018)	(0.015)	(0.022)	(0.011)	(0.011)
食用油价格	-0.011*	-0.010*	-0.000	-0.010**	-0.014*	0.015	-0.015	-0.020	-0.008	-0.012*	-0.018	-0.006	-0.011**
	(0.006)	(0.006)	(0.011)	(0.005)	(0.008)	(0.017)	(0.013)	(0.014)	(0.008)	(0.007)	(0.013)	(0.006)	(0.005)
牛奶价格	-0.000	-0.005	0.012	-0.005	0.012	-0.031	0.003	0.013	0.002	0.004	-0.020	-0.004	-0.009
	(0.007)	(0.007)	(0.013)	(0.005)	(0.008)	(0.022)	(0.016)	(0.018)	(0.010)	(0.009)	(0.019)	(0.007)	(0.006)
鸡蛋价格	-0.010**	-0.009	-0.017	-0.006*	-0.004	-0.023*	-0.008	-0.013	-0.003	-0.008	0.001	-0.007	-0.006
	(0.005)	(0.005)	(0.013)	(0.004)	(0.005)	(0.012)	(0.009)	(0.009)	(0.005)	(0.005)	(0.010)	(0.004)	(0.004)
调味品价格	0.004	-0.004	0.000	0.001	0.011	0.013	0.025	0.040*	0.011	-0.000	-0.045*	0.004	0.002
	(0.013)	(0.015)	(0.021)	(0.011)	(0.014)	(0.044)	(0.032)	(0.022)	(0.017)	(0.014)	(0.023)	(0.016)	(0.012)

续表

	能量	蛋白质	脂肪	碳水化合物	不溶性纤维	胆固醇	维生素A	维生素C	钙	钾	钠	铁	锌
蔬菜价格	0.003	0.006	-0.001	-0.002	-0.004	-0.016	0.014*	-0.001	0.026***	0.004	0.015	0.003	0.004
	(0.004)	(0.005)	(0.017)	(0.006)	(0.006)	(0.030)	(0.008)	(0.008)	(0.007)	(0.005)	(0.013)	(0.006)	(0.003)
水果价格	0.008	0.016	-0.010	0.007	0.015	0.053	0.011	0.009	0.012	0.020	0.040**	0.017	0.011
	(0.012)	(0.015)	(0.019)	(0.011)	(0.017)	(0.040)	(0.023)	(0.018)	(0.020)	(0.015)	(0.016)	(0.012)	(0.013)
猪肉价格	0.011*	0.008	0.010	0.007	0.006	0.030*	0.023*	0.019**	0.019	0.002	0.007	0.011	0.012*
	(0.006)	(0.007)	(0.011)	(0.005)	(0.009)	(0.017)	(0.012)	(0.009)	(0.013)	(0.007)	(0.013)	(0.007)	(0.007)
鸡肉价格	0.009**	0.003	0.019**	0.006	0.003	-0.001	-0.006	-0.008	-0.002	-0.000	-0.012	0.005	0.002
	(0.005)	(0.005)	(0.009)	(0.004)	(0.006)	(0.011)	(0.010)	(0.007)	(0.007)	(0.005)	(0.010)	(0.005)	(0.004)
牛肉价格	-0.001	0.002	-0.010*	0.004	0.004	0.003	0.005	0.011*	0.007	0.002	-0.012	0.001	-0.001
	(0.004)	(0.004)	(0.006)	(0.003)	(0.006)	(0.011)	(0.009)	(0.006)	(0.005)	(0.005)	(0.009)	(0.004)	(0.003)
羊肉价格	0.005**	0.004	0.010**	0.004	0.004	-0.002	-0.000	0.003	0.004	0.007***	-0.006	0.005*	0.005*
	(0.003)	(0.003)	(0.005)	(0.002)	(0.003)	(0.006)	(0.005)	(0.004)	(0.003)	(0.003)	(0.005)	(0.003)	(0.002)
水产品价格	-0.001	-0.002	-0.010	0.001	-0.004	-0.048***	-0.028***	-0.021**	-0.015**	-0.006	0.002	-0.009	-0.005
	(0.004)	(0.004)	(0.010)	(0.004)	(0.006)	(0.012)	(0.010)	(0.008)	(0.007)	(0.006)	(0.009)	(0.006)	(0.004)
豆类价格	0.017*	0.019	0.040**	0.005	0.011	0.070**	0.006	0.009	-0.002	0.002	-0.007	0.008	0.013
	(0.010)	(0.014)	(0.016)	(0.012)	(0.014)	(0.030)	(0.024)	(0.026)	(0.017)	(0.014)	(0.021)	(0.013)	(0.012)
酒类价格	0.004*	0.005*	-0.000	0.005**	0.004	0.007	0.006	0.001	0.005**	0.003	-0.002	0.003	0.004
	(0.002)	(0.003)	(0.003)	(0.002)	(0.003)	(0.007)	(0.005)	(0.003)	(0.003)	(0.003)	(0.006)	(0.002)	(0.002)

续表

	能量	蛋白质	脂肪	碳水化合物	不溶性纤维	胆固醇	维生素A	维生素C	钙	钾	钠	铁	锌
饮料价格	0.004	-0.001	0.009	0.001	-0.009	-0.017	-0.012	-0.005	-0.007	-0.005	-0.016	-0.000	0.002
	(0.005)	(0.008)	(0.009)	(0.005)	(0.006)	(0.018)	(0.014)	(0.007)	(0.008)	(0.008)	(0.014)	(0.007)	(0.007)
样本量	2823	2823	2823	2823	2823	2806	2823	2818	2823	2823	2823	2823	2823
F	4.346	4.603	6.659	4.131	3.763	7.984	3.403	4.073	14.442	4.159	4.536	21.544	9.049
R^2	-0.568	-0.607	-0.322	-0.208	-0.379	-0.391	-0.338	-0.004	-0.437	-0.287	0.020	-0.333	-0.302

注：① 括号内为聚类到村庄的稳健标准误。② "*""**"和"***"分别表示在10%、5%、1%的水平上显著。

附表-24 2004—2011年贫困女性营养素摄入量（对数形式）的影响因素（IV-FE）

	能量	蛋白质	脂肪	碳水化合物	不溶性纤维	胆固醇	维生素A	维生素C	钙	钾	钠	铁	锌
家庭平均劳动强度	-0.043***	0.052***	-0.080***	-0.014*	-0.035***	-0.177***	0.003	0.045***	0.072***	0.040***	-0.008	0.027***	0.059***
	(0.008)	(0.009)	(0.013)	(0.008)	(0.011)	(0.026)	(0.012)	(0.011)	(0.010)	(0.009)	(0.010)	(0.007)	(0.009)
受教育程度	0.013	0.001	0.016	0.021*	0.026	0.026	0.012	0.007	0.130***	0.004	-0.035**	-0.080***	0.037***
	(0.010)	(0.011)	(0.017)	(0.011)	(0.017)	(0.026)	(0.016)	(0.017)	(0.015)	(0.013)	(0.016)	(0.013)	(0.011)
年龄	0.001***	-0.000	0.002***	0.002***	0.002***	-0.001	-0.002***	-0.002***	0.002***	-0.001***	-0.002***	0.006***	0.002***
	(0.000)	(0.000)	(0.001)	(0.000)	(0.000)	(0.001)	(0.001)	(0.001)	(0.001)	(0.000)	(0.001)	(0.000)	(0.000)

续表

	能量	蛋白质	脂肪	碳水化合物	不溶性纤维	胆固醇	维生素A	维生素C	钙	钾	钠	铁	锌
家庭规模	-0.027***	-0.025***	-0.057***	-0.014*	-0.035***	-0.070***	-0.042***	-0.029*	-0.030**	-0.029**	-0.024*	-0.025***	-0.024**
	(0.009)	(0.009)	(0.018)	(0.008)	(0.013)	(0.024)	(0.016)	(0.015)	(0.013)	(0.012)	(0.014)	(0.009)	(0.009)
家庭平均膳食知识水平	0.005**	0.007***	0.008**	0.003	0.005*	0.003	0.008*	0.008***	0.005*	0.007***	0.004	0.007***	0.007***
	(0.002)	(0.003)	(0.004)	(0.002)	(0.003)	(0.004)	(0.004)	(0.003)	(0.003)	(0.002)	(0.004)	(0.002)	(0.002)
18岁以下人口比例	-0.006	0.003	-0.006	0.003	0.011	-0.004	0.006	0.001	0.002	0.013	0.017	0.008	0.006
	(0.008)	(0.008)	(0.015)	(0.008)	(0.010)	(0.023)	(0.013)	(0.013)	(0.010)	(0.010)	(0.016)	(0.008)	(0.008)
2006年	-0.021	-0.043	0.069	-0.066**	-0.105**	0.333***	-0.118**	-0.157***	-0.117**	-0.068*	0.020	-0.046	-0.053
	(0.030)	(0.032)	(0.057)	(0.027)	(0.040)	(0.062)	(0.058)	(0.052)	(0.045)	(0.036)	(0.060)	(0.031)	(0.033)
2009年	-0.034	-0.029	0.161**	-0.099***	-0.129**	0.390***	-0.054	-0.261***	-0.125**	-0.051	0.066	-0.046	-0.071**
	(0.030)	(0.034)	(0.069)	(0.029)	(0.046)	(0.091)	(0.077)	(0.065)	(0.052)	(0.042)	(0.074)	(0.039)	(0.035)
2011年	-0.062	-0.068	0.024	-0.083	-0.107	0.169	-0.000	-0.294***	-0.145*	-0.079	0.046	-0.032	-0.116*
	(0.054)	(0.060)	(0.099)	(0.051)	(0.074)	(0.135)	(0.097)	(0.087)	(0.085)	(0.060)	(0.116)	(0.064)	(0.060)
过去4周是否生病	-0.029	-0.036**	-0.020	-0.045**	-0.051*	-0.000	-0.025	-0.007	-0.032	-0.026	0.054	-0.011	-0.041**
	(0.020)	(0.018)	(0.035)	(0.019)	(0.029)	(0.051)	(0.033)	(0.038)	(0.026)	(0.024)	(0.033)	(0.021)	(0.018)
成年女性平均受教育程度	0.010	0.022	0.011	0.002	-0.011	-0.010	-0.011	-0.023	-0.040**	0.003	-0.014	0.031*	0.002
	(0.013)	(0.014)	(0.027)	(0.013)	(0.022)	(0.035)	(0.023)	(0.023)	(0.019)	(0.018)	(0.029)	(0.016)	(0.014)
大米价格	-0.016	-0.013	0.036	-0.029***	-0.021	0.021	-0.015	-0.028	-0.024	-0.007	0.001	-0.008	-0.015
	(0.013)	(0.012)	(0.025)	(0.010)	(0.017)	(0.029)	(0.022)	(0.024)	(0.017)	(0.016)	(0.023)	(0.012)	(0.012)

续表

	能量	蛋白质	脂肪	碳水化合物	不溶性纤维	胆固醇	维生素A	维生素C	钙	钾	钠	铁	锌
小麦价格	0.011 (0.011)	0.013 (0.011)	0.013 (0.016)	0.015 (0.010)	0.020 (0.013)	-0.009 (0.014)	0.000 (0.017)	0.013 (0.018)	0.003 (0.016)	0.010 (0.015)	-0.010 (0.010)	0.006 (0.011)	0.012 (0.011)
粗粮价格	0.012 (0.010)	0.009 (0.010)	-0.013 (0.024)	0.019* (0.010)	0.037** (0.015)	0.002 (0.030)	0.059** (0.024)	0.066*** (0.024)	0.037** (0.015)	0.033** (0.014)	0.048** (0.021)	0.017 (0.011)	0.019* (0.010)
食用油价格	-0.013** (0.005)	-0.015*** (0.005)	0.007 (0.011)	-0.016*** (0.005)	-0.021*** (0.007)	0.015 (0.014)	-0.023** (0.011)	-0.028** (0.011)	-0.015** (0.007)	-0.023*** (0.006)	-0.027** (0.012)	-0.014** (0.006)	-0.014*** (0.006)
牛奶价格	0.004 (0.006)	-0.003 (0.007)	0.013 (0.011)	-0.004 (0.008)	0.012 (0.011)	-0.000 (0.016)	0.007 (0.011)	0.016 (0.015)	0.009 (0.012)	0.008 (0.010)	-0.008 (0.014)	0.005 (0.006)	-0.004 (0.007)
鸡蛋价格	-0.006* (0.003)	-0.004 (0.003)	-0.013 (0.011)	-0.004 (0.003)	0.002 (0.005)	-0.018* (0.009)	-0.005 (0.006)	-0.008 (0.007)	0.003 (0.005)	-0.003 (0.004)	0.013 (0.010)	0.001 (0.004)	-0.004 (0.004)
调味品价格	0.003 (0.011)	-0.004 (0.011)	0.009 (0.019)	-0.005 (0.010)	0.017 (0.014)	0.009 (0.025)	0.022 (0.023)	0.042*** (0.016)	0.007 (0.013)	0.010 (0.012)	-0.050*** (0.019)	-0.004 (0.013)	-0.003 (0.011)
蔬菜价格	0.006 (0.006)	0.012** (0.005)	-0.002 (0.020)	0.005 (0.005)	0.015 (0.009)	0.020** (0.010)	0.031*** (0.007)	0.025*** (0.005)	0.032*** (0.006)	0.011* (0.006)	0.018 (0.013)	0.009* (0.005)	0.009** (0.004)
水果价格	0.016* (0.008)	0.031*** (0.010)	-0.005 (0.016)	0.019** (0.010)	0.010 (0.013)	0.015 (0.034)	-0.017 (0.021)	-0.010 (0.015)	0.017 (0.013)	0.029*** (0.011)	0.025 (0.017)	0.017* (0.010)	0.023** (0.010)
猪肉价格	-0.001 (0.008)	-0.005 (0.008)	-0.004 (0.008)	-0.000 (0.007)	-0.005 (0.010)	0.001 (0.009)	0.005 (0.008)	0.018*** (0.006)	0.001 (0.011)	-0.004 (0.006)	0.001 (0.005)	-0.001 (0.007)	0.002 (0.008)

续表

	能量	蛋白质	脂肪	碳水化合物	不溶性纤维	胆固醇	维生素A	维生素C	钙	钾	钠	铁	锌
鸡肉价格	0.011***	0.005	0.029***	0.006	0.001	−0.001	−0.011	−0.015**	−0.009	−0.003	0.000	0.004	0.005
	(0.004)	(0.004)	(0.009)	(0.004)	(0.006)	(0.011)	(0.008)	(0.007)	(0.006)	(0.004)	(0.009)	(0.004)	(0.004)
牛肉价格	−0.002	−0.004	−0.008	−0.001	−0.003	0.000	−0.005	−0.001	0.002	−0.004	−0.015**	−0.003	−0.004
	(0.003)	(0.003)	(0.006)	(0.003)	(0.004)	(0.009)	(0.006)	(0.005)	(0.004)	(0.003)	(0.007)	(0.003)	(0.003)
羊肉价格	0.002	0.001	0.008*	−0.001	0.001	0.003	−0.002	0.001	−0.000	0.003	−0.006	−0.001	0.001
	(0.002)	(0.002)	(0.004)	(0.002)	(0.002)	(0.005)	(0.004)	(0.003)	(0.003)	(0.002)	(0.005)	(0.002)	(0.002)
水产品价格	−0.001	−0.004	−0.010	0.000	−0.011**	−0.046***	−0.028***	−0.025***	−0.019*	−0.008*	0.002	−0.007	−0.005
	(0.004)	(0.005)	(0.008)	(0.004)	(0.005)	(0.013)	(0.010)	(0.008)	(0.006)	(0.005)	(0.007)	(0.005)	(0.004)
豆类价格	0.007	0.005	0.017	0.001	0.011	0.043*	0.012	0.013	0.003	−0.002	−0.018	0.000	0.007
	(0.009)	(0.009)	(0.021)	(0.009)	(0.012)	(0.023)	(0.020)	(0.018)	(0.015)	(0.012)	(0.023)	(0.013)	(0.009)
酒类价格	0.003	0.003	−0.002	0.005**	0.003	0.000	0.005	0.001	0.003	0.003	0.002	0.003	0.002
	(0.002)	(0.002)	(0.003)	(0.002)	(0.003)	(0.006)	(0.004)	(0.004)	(0.003)	(0.003)	(0.005)	(0.002)	(0.002)
饮料价格	0.002	−0.002	0.011*	−0.004	−0.006	−0.013	−0.005	−0.000	−0.006	−0.005	−0.003	0.001	0.000
	(0.003)	(0.003)	(0.006)	(0.003)	(0.004)	(0.010)	(0.010)	(0.005)	(0.004)	(0.005)	(0.008)	(0.005)	(0.004)
样本量	3218	3218	3218	3218	3218	3207	3218	3212	3218	3218	3218	3218	3218
F	5.979	6.311	6.260	5.515	4.103	7.792	3.293	8.128	15.815	7.434	4.626	27.805	11.685
R^2	−0.117	−0.011	−0.053	−0.039	−0.378	0.076	−0.053	−0.080	−0.091	−0.220	0.041	0.096	−0.105

注：①括号内为聚类到村庄的稳健标准误。②"*""**"和"***"分别表示在10%、5%、1%的水平上显著。

附表-25　　　2004—2011年非贫困儿童营养素摄入量（对数形式）的影响因素（IV-FE）

	能量	蛋白质	脂肪	碳水化合物	不溶性纤维	胆固醇	维生素A	维生素C	钙	钾	钠	铁	锌
家庭平均劳动强度	-0.023***	0.037***	0.000	-0.012	-0.013	-0.040**	0.037***	0.072***	0.012	0.044***	0.006	0.031***	0.032***
	(0.008)	(0.009)	(0.012)	(0.009)	(0.011)	(0.017)	(0.013)	(0.016)	(0.011)	(0.009)	(0.015)	(0.008)	(0.008)
受教育程度	-0.013*	-0.012	-0.054***	-0.021**	-0.033***	0.000	0.028**	-0.000	0.087***	0.005	0.036***	-0.007	0.010
	(0.007)	(0.008)	(0.009)	(0.009)	(0.012)	(0.017)	(0.014)	(0.014)	(0.011)	(0.008)	(0.010)	(0.008)	(0.007)
性别	-0.037***	0.034***	-0.056***	-0.022*	-0.053***	-0.004	0.004	0.053***	0.072***	0.079***	0.019	0.147***	-0.006
	(0.010)	(0.011)	(0.014)	(0.011)	(0.014)	(0.027)	(0.020)	(0.019)	(0.015)	(0.011)	(0.016)	(0.011)	(0.011)
年龄	-0.009***	-0.021***	-0.006**	0.006**	0.010***	-0.039***	-0.029***	-0.005	-0.005	-0.017***	-0.047***	0.001	-0.019***
	(0.002)	(0.002)	(0.003)	(0.003)	(0.003)	(0.005)	(0.004)	(0.004)	(0.003)	(0.003)	(0.004)	(0.002)	(0.002)
家庭规模	-0.006	0.001	-0.025***	0.001	-0.000	-0.003	0.003	0.008	-0.006	0.002	-0.026**	-0.009	-0.001
	(0.006)	(0.006)	(0.009)	(0.007)	(0.008)	(0.017)	(0.009)	(0.010)	(0.008)	(0.006)	(0.012)	(0.006)	(0.005)
家庭平均膳食知识水平	0.000	0.001	-0.000	-0.000	0.000	-0.000	0.005	0.004	0.005*	0.001	0.000	0.000	0.002
	(0.002)	(0.002)	(0.002)	(0.002)	(0.003)	(0.004)	(0.004)	(0.004)	(0.003)	(0.002)	(0.004)	(0.002)	(0.002)
18岁以下人口比例	-0.020**	-0.009	-0.027**	-0.009	-0.009	-0.030*	-0.021	-0.032**	-0.002	-0.017	-0.001	-0.013	-0.013
	(0.009)	(0.009)	(0.013)	(0.010)	(0.010)	(0.018)	(0.016)	(0.013)	(0.013)	(0.011)	(0.015)	(0.008)	(0.009)
2006年	-0.000	-0.056*	0.076	-0.049*	-0.035	0.097	0.004	-0.007	-0.126***	-0.032	0.054	-0.053*	-0.044
	(0.031)	(0.033)	(0.049)	(0.028)	(0.034)	(0.068)	(0.053)	(0.052)	(0.046)	(0.032)	(0.050)	(0.027)	(0.030)
2009年	-0.066	-0.060	-0.037	-0.069	-0.010	0.174**	0.020	-0.015	-0.093*	-0.021	-0.092	-0.054	-0.093**
	(0.040)	(0.041)	(0.050)	(0.047)	(0.050)	(0.082)	(0.066)	(0.066)	(0.051)	(0.042)	(0.058)	(0.042)	(0.040)

续表

	能量	蛋白质	脂肪	碳水化合物	不溶性纤维	胆固醇	维生素A	维生素C	钙	钾	钠	铁	锌
2011年	-0.008	-0.006	-0.107	0.084	0.160**	0.135	0.021	0.103	-0.108	0.107*	-0.086	0.031	-0.047
	(0.055)	(0.058)	(0.086)	(0.060)	(0.068)	(0.130)	(0.097)	(0.080)	(0.079)	(0.057)	(0.085)	(0.055)	(0.053)
过去4周是否生病	0.038*	0.019	0.047	0.006	0.035	-0.016	0.005	0.001	0.041	0.038	0.017	0.049**	0.029
	(0.020)	(0.021)	(0.031)	(0.023)	(0.029)	(0.055)	(0.035)	(0.035)	(0.029)	(0.024)	(0.034)	(0.022)	(0.018)
成年女性平均受教育程度	0.001	0.002	0.006	-0.000	0.004	0.031	0.006	0.007	-0.012	-0.001	-0.010	-0.002	0.001
	(0.008)	(0.009)	(0.012)	(0.008)	(0.011)	(0.023)	(0.015)	(0.013)	(0.013)	(0.011)	(0.013)	(0.009)	(0.009)
大米价格	0.001	0.001	0.000	0.001	0.002	0.001	-0.002*	0.005***	0.002*	0.001	-0.009***	0.001	0.002
	(0.002)	(0.001)	(0.004)	(0.001)	(0.001)	(0.002)	(0.001)	(0.002)	(0.001)	(0.001)	(0.001)	(0.002)	(0.001)
小麦价格	0.008	-0.003	0.031**	-0.004	-0.004	0.018	-0.008	-0.004	-0.014	-0.007	-0.008	-0.008	-0.002
	(0.008)	(0.007)	(0.015)	(0.006)	(0.011)	(0.014)	(0.016)	(0.021)	(0.014)	(0.011)	(0.008)	(0.007)	(0.007)
粗粮价格	-0.006	-0.003	-0.023	-0.000	0.002	-0.000	-0.012	0.018	0.003	0.012	0.013	-0.007	-0.003
	(0.010)	(0.010)	(0.016)	(0.009)	(0.012)	(0.024)	(0.020)	(0.018)	(0.015)	(0.012)	(0.015)	(0.010)	(0.010)
食用油价格	-0.000	-0.001	0.013*	-0.004	-0.002	0.015	0.014	-0.013*	0.002	-0.006	-0.006	0.003	-0.002
	(0.005)	(0.004)	(0.007)	(0.004)	(0.005)	(0.010)	(0.008)	(0.007)	(0.007)	(0.005)	(0.007)	(0.005)	(0.004)
牛奶价格	0.006	-0.002	0.007	0.004	0.006	-0.008	0.009	-0.004	0.006	-0.000	-0.005	0.010	-0.001
	(0.005)	(0.005)	(0.009)	(0.006)	(0.007)	(0.014)	(0.008)	(0.008)	(0.008)	(0.005)	(0.013)	(0.007)	(0.005)
鸡蛋价格	0.001	0.001	0.004***	-0.001	-0.000	0.002	-0.000	-0.003*	0.001	0.000	-0.002	-0.000	0.001
	(0.001)	(0.001)	(0.002)	(0.001)	(0.001)	(0.002)	(0.002)	(0.002)	(0.002)	(0.001)	(0.003)	(0.001)	(0.001)

续表

	能量	蛋白质	脂肪	碳水化合物	不溶性纤维	胆固醇	维生素A	维生素C	钙	钾	钠	铁	锌
调味品价格	0.004	0.002	0.007	0.009	0.020*	0.031	0.008	0.025*	0.006	0.009	-0.027**	0.002	0.005
	(0.007)	(0.009)	(0.011)	(0.007)	(0.011)	(0.019)	(0.015)	(0.014)	(0.011)	(0.010)	(0.013)	(0.008)	(0.007)
蔬菜价格	0.004	0.005**	0.014**	-0.005**	0.001	0.013	0.002	-0.016***	-0.004	0.002	0.029***	0.004	0.006**
	(0.003)	(0.002)	(0.006)	(0.002)	(0.005)	(0.008)	(0.008)	(0.006)	(0.005)	(0.004)	(0.007)	(0.004)	(0.003)
水果价格	0.014***	0.021***	-0.000	0.018**	0.013	0.022*	0.029**	0.020*	0.036***	0.026***	0.025**	0.024***	0.022***
	(0.005)	(0.006)	(0.009)	(0.007)	(0.009)	(0.012)	(0.014)	(0.012)	(0.010)	(0.007)	(0.011)	(0.007)	(0.006)
猪肉价格	-0.002	-0.007	0.004	-0.006	-0.012**	-0.024**	-0.002	-0.008	-0.006	-0.014***	-0.007	-0.008*	-0.004
	(0.006)	(0.006)	(0.013)	(0.005)	(0.005)	(0.011)	(0.008)	(0.007)	(0.008)	(0.005)	(0.007)	(0.005)	(0.005)
鸡肉价格	-0.000	-0.008**	0.001	-0.002	-0.013***	0.002	-0.017***	-0.016***	-0.015***	-0.013***	-0.013*	-0.011***	-0.005
	(0.004)	(0.004)	(0.006)	(0.004)	(0.004)	(0.008)	(0.006)	(0.005)	(0.005)	(0.004)	(0.007)	(0.004)	(0.004)
牛肉价格	0.006*	0.004	0.006	0.004	0.002	0.002	0.002	0.003	0.003	0.003	-0.006	0.003	0.004
	(0.003)	(0.004)	(0.004)	(0.004)	(0.005)	(0.007)	(0.006)	(0.005)	(0.004)	(0.004)	(0.005)	(0.004)	(0.003)
羊肉价格	-0.002	-0.001	-0.001	-0.001	0.002	-0.006	0.003	0.006**	0.000	0.002	0.001	-0.000	-0.000
	(0.001)	(0.002)	(0.002)	(0.002)	(0.002)	(0.004)	(0.002)	(0.002)	(0.003)	(0.002)	(0.003)	(0.002)	(0.002)
水产品价格	0.008	0.007	-0.005	0.010*	0.006	-0.027	-0.004	0.006	0.001	0.002	0.005	0.005	0.008
	(0.006)	(0.006)	(0.008)	(0.006)	(0.007)	(0.022)	(0.010)	(0.008)	(0.007)	(0.005)	(0.008)	(0.006)	(0.005)
豆类价格	-0.013	-0.011	-0.006	-0.012**	-0.006	-0.022*	-0.017	-0.007	-0.012	-0.010	-0.024	-0.014	-0.010
	(0.011)	(0.007)	(0.021)	(0.006)	(0.010)	(0.013)	(0.013)	(0.013)	(0.012)	(0.010)	(0.023)	(0.009)	(0.007)

续表

	能量	蛋白质	脂肪	碳水化合物	不溶性纤维	胆固醇	维生素A	维生素C	钙	钾	钠	铁	锌
酒类价格	-0.003*	-0.003	-0.002	-0.004***	-0.002	0.006	0.001	-0.002	-0.001	-0.002	-0.001	-0.002	-0.003*
	(0.001)	(0.002)	(0.003)	(0.001)	(0.002)	(0.004)	(0.003)	(0.003)	(0.002)	(0.002)	(0.004)	(0.002)	(0.001)
饮料价格	0.004	0.005	0.007	0.000	0.002	0.007	0.011**	0.016***	0.007	0.005	-0.005	0.004	0.005*
	(0.003)	(0.003)	(0.007)	(0.003)	(0.004)	(0.005)	(0.006)	(0.005)	(0.005)	(0.004)	(0.006)	(0.003)	(0.003)
样本量	4053	4053	4053	4053	4053	4053	4053	4044	4053	4053	4053	4053	4053
F	14.138	12.703	6.379	6.034	3.842	13.197	7.813	5.406	9.053	10.974	22.190	14.632	9.657
R^2	0.059	0.048	-0.016	0.030	0.026	0.061	0.053	-0.013	0.049	0.076	0.113	0.078	0.054

注：① 括号内为聚类到村庄的稳健标准误。② "*"、"**" 和 "***" 分别表示在 10%、5%、1% 的水平上显著。

附表-26　2004—2011 年贫困儿童营养素摄入量（对数形式）的影响因素（IV-FE）

	能量	蛋白质	脂肪	碳水化合物	不溶性纤维	胆固醇	维生素A	维生素C	钙	钾	钠	铁	锌
家庭平均劳动强度	-0.029**	0.000	0.014	-0.024	-0.045**	-0.166***	-0.020	0.054*	-0.014	0.003	-0.012	0.000	-0.005
	(0.015)	(0.018)	(0.026)	(0.017)	(0.022)	(0.038)	(0.027)	(0.029)	(0.021)	(0.021)	(0.028)	(0.019)	(0.016)
受教育程度	-0.021	-0.040**	-0.030	-0.050**	-0.069***	-0.018	-0.025	-0.063***	0.068***	-0.031*	0.089***	-0.029	-0.014
	(0.016)	(0.018)	(0.027)	(0.021)	(0.021)	(0.044)	(0.032)	(0.024)	(0.026)	(0.016)	(0.030)	(0.018)	(0.015)

续表

	能量	蛋白质	脂肪	碳水化合物	不溶性纤维	胆固醇	维生素A	维生素C	钙	钾	钠	铁	锌
性别	-0.027*	0.049***	-0.027	-0.018	-0.026	0.022	0.028	0.087***	0.095***	0.098***	0.034	0.156***	0.014
	(0.015)	(0.017)	(0.030)	(0.018)	(0.022)	(0.047)	(0.035)	(0.031)	(0.025)	(0.020)	(0.038)	(0.018)	(0.016)
年龄	-0.002	-0.003	-0.014*	0.016***	0.021***	-0.015	-0.007	0.004	0.012**	0.003	-0.051***	0.016***	-0.005
	(0.004)	(0.005)	(0.007)	(0.004)	(0.005)	(0.010)	(0.007)	(0.007)	(0.006)	(0.005)	(0.007)	(0.004)	(0.004)
家庭规模	-0.008	-0.006	-0.033	-0.000	-0.013	-0.015	-0.045*	-0.001	-0.048**	-0.001	-0.036	-0.017	-0.003
	(0.013)	(0.013)	(0.028)	(0.012)	(0.015)	(0.035)	(0.026)	(0.020)	(0.020)	(0.016)	(0.024)	(0.013)	(0.012)
家庭平均膳食知识水平	0.003	0.006	0.010	-0.001	-0.000	0.011	0.003	0.000	0.005	0.003	0.007	0.003	0.005
	(0.003)	(0.004)	(0.007)	(0.003)	(0.005)	(0.009)	(0.008)	(0.006)	(0.005)	(0.005)	(0.006)	(0.003)	(0.003)
18岁以下人口比例	-0.024**	-0.020*	-0.049*	-0.018*	0.009	0.065	0.015	-0.017	-0.014	0.002	0.016	-0.016	-0.015
	(0.010)	(0.011)	(0.028)	(0.010)	(0.016)	(0.044)	(0.022)	(0.030)	(0.013)	(0.020)	(0.027)	(0.013)	(0.010)
2006年	0.039	0.033	0.114	0.042	0.040	0.372***	0.033	-0.027	-0.030	0.063	0.062	0.093**	0.030
	(0.038)	(0.032)	(0.094)	(0.039)	(0.057)	(0.117)	(0.115)	(0.083)	(0.062)	(0.045)	(0.082)	(0.042)	(0.037)
2009年	-0.030	-0.047	0.163	-0.063	-0.086	0.262*	-0.088	-0.234*	-0.194**	-0.055	-0.034	-0.044	-0.051
	(0.044)	(0.045)	(0.131)	(0.044)	(0.074)	(0.138)	(0.129)	(0.138)	(0.076)	(0.064)	(0.127)	(0.047)	(0.045)
2011年	-0.148*	-0.177**	0.011	-0.160**	-0.194*	0.009	-0.061	-0.297	-0.391***	-0.181**	-0.226	-0.202**	-0.175**
	(0.081)	(0.079)	(0.234)	(0.079)	(0.109)	(0.264)	(0.196)	(0.208)	(0.122)	(0.084)	(0.216)	(0.089)	(0.079)
过去4周是否生病	-0.009	-0.024	-0.020	-0.011	-0.040	0.012	0.039	0.038	-0.028	-0.006	0.072	-0.023	-0.005
	(0.045)	(0.042)	(0.069)	(0.041)	(0.051)	(0.087)	(0.091)	(0.085)	(0.070)	(0.047)	(0.068)	(0.044)	(0.035)

续表

	能量	蛋白质	脂肪	碳水化合物	不溶性纤维	胆固醇	维生素A	维生素C	钙	钾	钠	铁	锌
成年女性平均受教育程度	0.017 (0.016)	0.019 (0.019)	-0.014 (0.039)	0.021 (0.017)	0.013 (0.022)	-0.019 (0.059)	-0.044 (0.043)	0.011 (0.031)	-0.027 (0.026)	0.010 (0.017)	-0.058 (0.042)	0.001 (0.018)	0.015 (0.017)
大米价格	0.022 (0.022)	0.014 (0.019)	0.065 (0.049)	0.032 (0.020)	0.038 (0.030)	0.015 (0.048)	0.026 (0.053)	0.027 (0.036)	-0.007 (0.026)	0.046* (0.024)	0.008 (0.053)	0.043** (0.021)	0.023 (0.017)
小麦价格	-0.011 (0.012)	-0.006 (0.011)	0.004 (0.031)	-0.008 (0.009)	-0.005 (0.015)	-0.026 (0.025)	-0.008 (0.023)	-0.027 (0.017)	-0.010 (0.018)	-0.020** (0.010)	-0.013 (0.027)	-0.010 (0.010)	-0.013 (0.011)
粗粮价格	-0.023 (0.025)	-0.015 (0.028)	-0.041 (0.057)	-0.043* (0.026)	-0.007 (0.041)	0.115 (0.072)	0.070 (0.060)	0.044 (0.053)	0.023 (0.038)	0.000 (0.037)	0.030 (0.066)	-0.026 (0.031)	0.011 (0.026)
食用油价格	-0.011 (0.008)	-0.009 (0.011)	0.020 (0.025)	-0.016* (0.009)	-0.023 (0.015)	0.032 (0.026)	-0.016 (0.024)	-0.034 (0.024)	-0.013 (0.017)	-0.015 (0.013)	-0.032 (0.023)	-0.009 (0.010)	-0.010 (0.009)
牛奶价格	0.005 (0.009)	-0.001 (0.010)	-0.005 (0.024)	0.005 (0.009)	0.012 (0.014)	-0.014 (0.034)	-0.012 (0.035)	0.013 (0.020)	0.011 (0.018)	0.011 (0.012)	0.001 (0.037)	0.007 (0.010)	-0.007 (0.009)
鸡蛋价格	-0.018 (0.012)	-0.018 (0.011)	-0.042* (0.022)	-0.018 (0.012)	-0.001 (0.016)	0.014 (0.034)	-0.016 (0.040)	-0.047* (0.025)	-0.004 (0.017)	-0.011 (0.014)	-0.026 (0.028)	0.002 (0.013)	-0.010 (0.011)
调味品价格	0.004 (0.012)	-0.004 (0.017)	-0.010 (0.024)	0.000 (0.014)	0.004 (0.015)	0.015 (0.042)	0.040 (0.037)	0.030 (0.025)	0.019 (0.018)	0.003 (0.019)	-0.063** (0.026)	0.002 (0.016)	-0.003 (0.013)
蔬菜价格	0.069** (0.028)	0.080*** (0.023)	-0.007 (0.082)	0.077*** (0.024)	0.117** (0.049)	-0.189 (0.143)	0.046 (0.072)	0.138* (0.071)	0.157*** (0.049)	0.128*** (0.039)	0.255** (0.117)	0.089*** (0.034)	0.061*** (0.023)

续表

	能量	蛋白质	脂肪	碳水化合物	不溶性纤维	胆固醇	维生素A	维生素C	钙	钾	钠	铁	锌
水果价格	0.020 (0.013)	0.040** (0.019)	-0.004 (0.031)	0.015 (0.014)	-0.011 (0.025)	0.052 (0.039)	-0.032 (0.030)	-0.047 (0.034)	0.015 (0.020)	0.017 (0.019)	0.024 (0.035)	0.023 (0.018)	0.024 (0.015)
猪肉价格	0.011 (0.009)	0.008 (0.009)	-0.007 (0.012)	0.016* (0.008)	0.014 (0.011)	0.010 (0.018)	0.030* (0.016)	0.045*** (0.012)	0.019* (0.011)	0.011 (0.008)	0.011 (0.012)	0.017* (0.009)	0.015* (0.008)
鸡肉价格	0.008 (0.006)	0.001 (0.007)	0.048*** (0.011)	-0.002 (0.007)	-0.003 (0.008)	0.004 (0.016)	-0.012 (0.012)	-0.015 (0.012)	-0.009 (0.007)	-0.003 (0.008)	-0.018 (0.016)	0.002 (0.007)	-0.001 (0.006)
牛肉价格	-0.003 (0.004)	0.000 (0.006)	-0.012 (0.010)	-0.002 (0.005)	0.000 (0.008)	0.027** (0.011)	0.004 (0.013)	0.004 (0.010)	0.011* (0.006)	0.001 (0.006)	-0.025* (0.015)	-0.003 (0.006)	-0.003 (0.004)
羊肉价格	0.006* (0.004)	0.002 (0.003)	0.013 (0.009)	0.003 (0.004)	0.000 (0.004)	0.005 (0.009)	-0.001 (0.009)	-0.002 (0.007)	0.001 (0.004)	0.008** (0.004)	-0.004 (0.010)	0.005 (0.003)	0.005* (0.003)
水产品价格	-0.002 (0.005)	-0.005 (0.005)	-0.005 (0.018)	0.000 (0.006)	-0.013 (0.008)	-0.050*** (0.017)	-0.039** (0.017)	-0.029** (0.013)	-0.028** (0.010)	-0.017* (0.009)	-0.020 (0.015)	-0.012* (0.006)	-0.010** (0.005)
豆类价格	-0.018 (0.027)	-0.013 (0.019)	0.022 (0.056)	-0.032* (0.017)	-0.037 (0.024)	-0.019 (0.066)	-0.067 (0.066)	-0.048 (0.041)	-0.045 (0.031)	-0.059** (0.024)	-0.039 (0.041)	-0.039* (0.023)	-0.027 (0.020)
酒类价格	0.002 (0.003)	0.004 (0.004)	-0.008 (0.007)	0.005 (0.003)	0.003 (0.004)	-0.000 (0.010)	0.011* (0.006)	0.016** (0.006)	0.005 (0.005)	0.005 (0.004)	-0.002 (0.010)	-0.000 (0.004)	0.001 (0.003)
饮料价格	0.006* (0.004)	0.003 (0.005)	0.011 (0.010)	-0.001 (0.004)	-0.013* (0.008)	0.003 (0.013)	-0.016 (0.022)	-0.014 (0.011)	-0.004 (0.009)	-0.005 (0.007)	-0.020 (0.012)	-0.001 (0.006)	0.008* (0.005)

续表

	能量	蛋白质	脂肪	碳水化合物	不溶性纤维	胆固醇	维生素A	维生素C	钙	钾	钠	铁	锌
样本量	1249	1249	1249	1249	1249	1247	1249	1244	1249	1249	1249	1249	1249
F	6.189	4.950	3.908	3.231	4.904	8.471	2.814	4.079	6.019	7.444	13.772	12.211	4.203
R^2	0.069	0.072	0.007	-0.004	0.039	0.102	-0.097	-0.035	0.002	0.027	0.180	0.102	0.058

注：①括号内为聚类到村庄的稳健标准误。②"*"、"**"和"***"分别表示在10%、5%、1%的水平上显著。

附表-27　2004—2011年非贫困中青年居民营养素摄入量（对数形式）的影响因素（IV-FE）

	能量	蛋白质	脂肪	碳水化合物	不溶性纤维	胆固醇	维生素A	维生素C	钙	钾	钠	铁	锌
家庭平均劳动强度	-0.082***	0.023***	-0.103***	-0.067***	-0.080***	-0.134***	0.012*	0.024***	0.023***	0.021***	0.014	0.015***	0.025***
	(0.004)	(0.004)	(0.006)	(0.004)	(0.005)	(0.010)	(0.007)	(0.006)	(0.005)	(0.004)	(0.009)	(0.004)	(0.004)
受教育程度	-0.001	-0.005	0.000	-0.004	-0.003	-0.006	0.000	0.005	-0.003	-0.002	-0.003	-0.022***	-0.005*
	(0.003)	(0.003)	(0.004)	(0.003)	(0.004)	(0.008)	(0.005)	(0.005)	(0.004)	(0.003)	(0.006)	(0.004)	(0.003)
性别	-0.053***	0.002	-0.123***	-0.050***	-0.098***	-0.087***	-0.048***	0.073***	0.118***	0.123***	0.017**	0.504***	-0.346***
	(0.005)	(0.005)	(0.006)	(0.005)	(0.006)	(0.010)	(0.007)	(0.007)	(0.006)	(0.005)	(0.007)	(0.006)	(0.005)
年龄	0.002***	0.001*	0.001**	0.002***	0.003***	0.000	0.002***	0.003***	-0.006***	0.001***	0.003***	0.009***	0.001***
	(0.000)	(0.000)	(0.000)	(0.000)	(0.000)	(0.001)	(0.001)	(0.000)	(0.000)	(0.000)	(0.001)	(0.000)	(0.000)

续表

	能量	蛋白质	脂肪	碳水化合物	不溶性纤维	胆固醇	维生素A	维生素C	钙	钾	钠	铁	锌
家庭规模	-0.013***	-0.005	-0.036***	-0.001	-0.002	-0.026***	-0.016**	-0.005	-0.015***	-0.005	-0.031***	-0.003	-0.009***
	(0.003)	(0.003)	(0.006)	(0.003)	(0.004)	(0.009)	(0.007)	(0.006)	(0.005)	(0.004)	(0.007)	(0.003)	(0.003)
家庭平均膳食知识水平	0.000	0.001	0.000	-0.000	0.000	0.000	0.003*	0.004***	0.002**	0.002**	0.001	-0.000	0.001
	(0.001)	(0.001)	(0.002)	(0.001)	(0.001)	(0.003)	(0.002)	(0.002)	(0.001)	(0.001)	(0.002)	(0.001)	(0.001)
18岁以下人口比例	0.010**	0.014***	0.017**	0.006	0.008	0.038***	0.007	-0.003	0.008	0.010*	0.008	0.011**	0.011**
	(0.005)	(0.005)	(0.008)	(0.005)	(0.006)	(0.014)	(0.008)	(0.007)	(0.006)	(0.005)	(0.009)	(0.005)	(0.005)
2006年	-0.013	-0.028	0.019	-0.032*	-0.021	0.048	-0.049	-0.061*	-0.071**	-0.016	0.016	-0.019	-0.031
	(0.018)	(0.021)	(0.032)	(0.018)	(0.024)	(0.048)	(0.038)	(0.036)	(0.027)	(0.023)	(0.038)	(0.019)	(0.019)
2009年	-0.072***	-0.058**	-0.069*	-0.063**	-0.026	0.007	-0.048	-0.066	-0.064*	-0.018	-0.110**	-0.043	-0.084***
	(0.024)	(0.026)	(0.038)	(0.027)	(0.029)	(0.061)	(0.046)	(0.042)	(0.034)	(0.027)	(0.044)	(0.028)	(0.025)
2011年	-0.045	-0.054	-0.109**	0.009	0.072	-0.116	-0.037	0.013	-0.045	0.066	-0.114*	-0.003	-0.079**
	(0.032)	(0.035)	(0.053)	(0.037)	(0.044)	(0.077)	(0.066)	(0.060)	(0.052)	(0.042)	(0.064)	(0.039)	(0.036)
过去4周是否生病	-0.006	-0.014	0.029**	-0.011	0.004	-0.033	0.012	0.029**	-0.004	0.007	0.011	0.002	-0.004
	(0.008)	(0.009)	(0.012)	(0.009)	(0.010)	(0.024)	(0.014)	(0.014)	(0.010)	(0.010)	(0.016)	(0.010)	(0.008)
成年女性平均受教育程度	-0.002	0.007*	0.005	-0.004	-0.001	0.026**	0.011	0.000	0.020***	0.005	-0.015*	-0.004	0.005
	(0.003)	(0.004)	(0.005)	(0.004)	(0.005)	(0.011)	(0.007)	(0.008)	(0.005)	(0.005)	(0.009)	(0.005)	(0.004)
大米价格	-0.000	-0.001	-0.000	-0.000	0.000	-0.000	-0.003*	0.004***	-0.001	-0.001	-0.006***	-0.001	-0.000
	(0.001)	(0.001)	(0.003)	(0.001)	(0.001)	(0.001)	(0.001)	(0.001)	(0.001)	(0.001)	(0.001)	(0.001)	(0.001)

续表

	能量	蛋白质	脂肪	碳水化合物	不溶性纤维	胆固醇	维生素A	维生素C	钙	钾	钠	铁	锌
小麦价格	0.005 (0.008)	0.000 (0.009)	0.016 (0.014)	0.001 (0.010)	-0.002 (0.012)	-0.001 (0.011)	-0.016 (0.016)	-0.005 (0.018)	-0.017 (0.015)	-0.004 (0.013)	-0.024*** (0.009)	-0.007 (0.010)	-0.001 (0.010)
粗粮价格	-0.012* (0.007)	-0.010 (0.008)	-0.018 (0.013)	-0.013 (0.008)	-0.008 (0.010)	-0.005 (0.021)	-0.006 (0.015)	0.018 (0.013)	-0.004 (0.011)	-0.000 (0.009)	0.020 (0.012)	-0.008 (0.008)	-0.010 (0.007)
食用油价格	0.005 (0.003)	0.005 (0.004)	0.015** (0.006)	0.004 (0.003)	0.005 (0.004)	0.014 (0.009)	0.014** (0.006)	-0.005 (0.005)	0.010** (0.004)	0.001 (0.004)	-0.006 (0.006)	0.006* (0.004)	0.004 (0.003)
牛奶价格	0.002 (0.004)	0.000 (0.004)	-0.001 (0.006)	0.001 (0.004)	0.002 (0.006)	0.007 (0.008)	0.003 (0.005)	-0.003 (0.007)	0.003 (0.005)	0.000 (0.005)	-0.005 (0.009)	0.006 (0.006)	-0.001 (0.004)
鸡蛋价格	-0.001 (0.001)	-0.000 (0.001)	-0.000 (0.001)	-0.001 (0.001)	-0.001 (0.001)	0.001 (0.002)	-0.000 (0.001)	-0.001 (0.001)	-0.001 (0.001)	0.001 (0.001)	-0.003* (0.002)	-0.001* (0.001)	0.001 (0.001)
调味品价格	0.004 (0.006)	0.003 (0.007)	0.013 (0.008)	-0.001 (0.006)	0.006 (0.009)	0.020 (0.015)	0.005 (0.013)	0.023** (0.010)	0.004 (0.009)	0.009 (0.008)	0.002 (0.010)	-0.001 (0.007)	0.005 (0.007)
蔬菜价格	-0.002 (0.001)	0.000 (0.002)	0.000 (0.003)	-0.004*** (0.001)	-0.005* (0.003)	0.017*** (0.005)	0.006 (0.004)	-0.000 (0.006)	0.001 (0.005)	-0.001 (0.004)	0.010*** (0.004)	-0.002 (0.002)	-0.002 (0.001)
水果价格	0.016*** (0.005)	0.022*** (0.006)	0.004 (0.006)	0.017*** (0.006)	0.012* (0.007)	0.021* (0.012)	0.027** (0.012)	0.001 (0.008)	0.025*** (0.009)	0.017** (0.007)	0.036*** (0.009)	0.024*** (0.006)	0.023*** (0.007)
猪肉价格	-0.007** (0.003)	-0.010*** (0.003)	-0.008 (0.006)	-0.007*** (0.002)	-0.011*** (0.003)	-0.014*** (0.008)	-0.011** (0.005)	-0.007 (0.006)	-0.011*** (0.004)	-0.015*** (0.002)	-0.009 (0.006)	-0.009*** (0.002)	-0.007** (0.003)

续表

	能量	蛋白质	脂肪	碳水化合物	不溶性纤维	胆固醇	维生素A	维生素C	钙	钾	钠	铁	锌
鸡肉价格	-0.000	-0.004	-0.002	0.001	-0.006*	-0.003	-0.009**	-0.007**	-0.010***	-0.008***	-0.011**	-0.007***	-0.003
	(0.002)	(0.003)	(0.004)	(0.002)	(0.003)	(0.005)	(0.004)	(0.003)	(0.003)	(0.003)	(0.005)	(0.002)	(0.002)
牛肉价格	0.004*	0.004	0.005*	0.004*	0.003	0.002	0.003	0.002	0.006*	0.004	-0.005	0.003	0.003
	(0.002)	(0.003)	(0.003)	(0.002)	(0.003)	(0.006)	(0.004)	(0.003)	(0.003)	(0.003)	(0.004)	(0.002)	(0.002)
羊肉价格	0.001	0.000	0.002*	0.000	0.003*	0.001	0.003***	0.003*	0.001	0.002	0.004**	0.001	0.001
	(0.001)	(0.001)	(0.001)	(0.002)	(0.002)	(0.003)	(0.001)	(0.001)	(0.002)	(0.002)	(0.002)	(0.002)	(0.002)
水产品价格	0.001	-0.001	-0.011**	0.004	-0.003	-0.029*	-0.019**	-0.012**	-0.009**	-0.004	-0.003	-0.002	0.001
	(0.003)	(0.003)	(0.005)	(0.003)	(0.004)	(0.015)	(0.006)	(0.005)	(0.004)	(0.003)	(0.006)	(0.003)	(0.003)
豆类价格	-0.003	0.001	0.001	-0.002	0.005	0.002	0.007	0.007	0.001	0.002	-0.017	-0.001	-0.000
	(0.005)	(0.005)	(0.013)	(0.003)	(0.005)	(0.013)	(0.008)	(0.007)	(0.007)	(0.005)	(0.011)	(0.005)	(0.004)
酒类价格	-0.002**	-0.001	-0.004***	-0.002	-0.002	0.003	-0.002	-0.003	-0.001	-0.002	-0.001	-0.002*	-0.001
	(0.001)	(0.001)	(0.001)	(0.001)	(0.002)	(0.002)	(0.002)	(0.002)	(0.002)	(0.001)	(0.003)	(0.001)	(0.001)
饮料价格	0.003	0.003	0.008*	0.000	0.003	0.007	0.006*	0.006*	0.005	0.002	0.003	0.003	0.004
	(0.003)	(0.003)	(0.004)	(0.003)	(0.005)	(0.006)	(0.003)	(0.003)	(0.004)	(0.004)	(0.004)	(0.003)	(0.003)
样本量	16832	16832	16832	16832	16832	16831	16831	16817	16832	16832	16832	16832	16832
F	57.844	9.319	76.774	34.648	37.442	23.045	8.719	13.915	43.036	42.663	11.922	421.078	294.449
R^2	0.084	-0.017	0.027	0.077	0.083	0.013	0.023	0.020	0.068	0.065	0.031	0.393	0.260

注：①括号内为聚类到村庄的稳健标准误。②"*""**"和"***"分别表示在10%、5%、1%的水平上显著。

附表-28　2004—2011 年贫困中青年居民营养素摄入量（对数形式）的影响因素（IV-FE）

	能量	蛋白质	脂肪	碳水化合物	不溶性纤维	胆固醇	维生素A	维生素C	钙	钾	钠	铁	锌
家庭平均劳动强度	-0.097***	0.011	-0.133***	-0.081***	-0.095***	-0.184***	-0.003	0.018	0.019*	0.007	0.013	-0.003	0.015
	(0.010)	(0.010)	(0.016)	(0.009)	(0.012)	(0.038)	(0.019)	(0.015)	(0.011)	(0.012)	(0.015)	(0.010)	(0.009)
受教育程度	0.006	0.003	0.035**	-0.009	0.001	0.006	0.022	0.015	0.011	0.010	0.001	-0.014	0.003
	(0.010)	(0.010)	(0.018)	(0.009)	(0.011)	(0.027)	(0.015)	(0.014)	(0.009)	(0.011)	(0.016)	(0.009)	(0.009)
性别	-0.078***	-0.020	-0.135***	-0.072***	-0.118***	-0.078**	-0.047***	0.052***	0.094***	0.107***	0.022	0.471***	-0.369***
	(0.012)	(0.014)	(0.017)	(0.012)	(0.014)	(0.032)	(0.016)	(0.016)	(0.013)	(0.013)	(0.016)	(0.016)	(0.013)
年龄	0.002*	0.001	0.001	0.002**	0.002**	-0.005*	0.002	0.002**	-0.006***	0.000	0.003**	0.008***	0.001
	(0.001)	(0.001)	(0.001)	(0.001)	(0.001)	(0.003)	(0.001)	(0.001)	(0.001)	(0.001)	(0.001)	(0.001)	(0.001)
家庭规模	-0.033***	-0.024**	-0.075***	-0.014	-0.026**	-0.102***	-0.039***	-0.011	-0.025**	-0.026**	-0.016	-0.020*	-0.024**
	(0.011)	(0.010)	(0.019)	(0.009)	(0.013)	(0.032)	(0.018)	(0.015)	(0.012)	(0.012)	(0.017)	(0.010)	(0.010)
家庭平均膳食知识水平	0.004	0.003	0.013***	-0.001	-0.001	0.012	0.002	0.004	-0.001	0.001	-0.003	0.001	0.002
	(0.002)	(0.003)	(0.005)	(0.002)	(0.003)	(0.008)	(0.004)	(0.004)	(0.003)	(0.003)	(0.004)	(0.002)	(0.003)
18 岁以下人口比例	-0.001	0.004	0.004	0.006	0.015	-0.026	0.009	0.013	0.001	0.015	0.030	0.009	0.006
	(0.009)	(0.008)	(0.018)	(0.008)	(0.011)	(0.032)	(0.015)	(0.012)	(0.011)	(0.011)	(0.019)	(0.009)	(0.009)
2006 年	0.011	0.008	0.074	-0.019	-0.026	0.397***	-0.005	-0.086*	-0.032	-0.009	0.002	-0.002	0.003
	(0.035)	(0.037)	(0.065)	(0.032)	(0.043)	(0.100)	(0.060)	(0.051)	(0.046)	(0.041)	(0.072)	(0.037)	(0.036)
2009 年	-0.051	-0.026	0.159**	-0.110***	-0.124**	0.520***	-0.038	-0.250***	-0.102*	-0.050	0.061	-0.060	-0.049
	(0.037)	(0.046)	(0.073)	(0.039)	(0.050)	(0.138)	(0.091)	(0.070)	(0.059)	(0.050)	(0.073)	(0.044)	(0.043)

续表

	能量	蛋白质	脂肪	碳水化合物	不溶性纤维	胆固醇	维生素A	维生素C	钙	钾	钠	铁	锌
2011年	-0.074	-0.035	0.056	-0.090	-0.116	0.278	0.020	-0.322***	-0.085	-0.060	0.118	-0.046	-0.065
	(0.070)	(0.079)	(0.114)	(0.068)	(0.084)	(0.224)	(0.110)	(0.105)	(0.097)	(0.079)	(0.129)	(0.077)	(0.078)
过去4周是否生病	-0.023	-0.031	-0.001	-0.032	-0.000	0.018	0.039	0.055	0.000	-0.012	-0.039	-0.029	-0.021
	(0.022)	(0.022)	(0.037)	(0.020)	(0.025)	(0.061)	(0.037)	(0.035)	(0.025)	(0.023)	(0.035)	(0.022)	(0.020)
成年女性平均受教育程度	0.002	0.003	-0.011	-0.001	-0.018	0.015	-0.022	-0.039**	0.003	-0.019	-0.036	-0.020*	0.000
	(0.011)	(0.011)	(0.023)	(0.009)	(0.013)	(0.043)	(0.020)	(0.018)	(0.013)	(0.013)	(0.024)	(0.012)	(0.010)
大米价格	-0.007	-0.001	0.047	-0.011	-0.016	-0.011	-0.015	-0.031	-0.003	0.000	0.013	-0.000	-0.009
	(0.015)	(0.015)	(0.032)	(0.014)	(0.017)	(0.050)	(0.029)	(0.029)	(0.019)	(0.019)	(0.029)	(0.015)	(0.014)
小麦价格	0.010	0.011	0.015	0.010	0.013	0.029*	0.008	0.013	-0.000	0.008	-0.000	0.006	0.009
	(0.011)	(0.010)	(0.016)	(0.011)	(0.012)	(0.017)	(0.017)	(0.017)	(0.015)	(0.014)	(0.014)	(0.011)	(0.010)
粗粮价格	0.017	0.012	-0.017	0.018	0.027	0.014	0.063*	0.069*	0.020	0.023	-0.015	0.017	0.024
	(0.016)	(0.017)	(0.038)	(0.016)	(0.021)	(0.064)	(0.037)	(0.041)	(0.025)	(0.023)	(0.036)	(0.016)	(0.017)
食用油价格	-0.012	-0.011	0.005	-0.018**	-0.017	0.027	-0.009	-0.011	-0.013	-0.021*	-0.017	-0.016	-0.012
	(0.009)	(0.011)	(0.014)	(0.009)	(0.011)	(0.026)	(0.016)	(0.016)	(0.011)	(0.011)	(0.017)	(0.010)	(0.010)
牛奶价格	0.002	-0.002	0.011	-0.002	0.013	-0.026	0.000	0.016	0.008	0.008	-0.018	0.005	-0.004
	(0.008)	(0.008)	(0.013)	(0.008)	(0.009)	(0.021)	(0.014)	(0.018)	(0.011)	(0.010)	(0.014)	(0.006)	(0.008)
鸡蛋价格	-0.007**	-0.005*	-0.008	-0.006**	-0.001	-0.024***	-0.004	-0.006	0.003	-0.003	0.009	-0.004	-0.004
	(0.003)	(0.003)	(0.009)	(0.003)	(0.003)	(0.009)	(0.005)	(0.005)	(0.004)	(0.003)	(0.007)	(0.003)	(0.003)

续表

	能量	蛋白质	脂肪	碳水化合物	不溶性纤维	胆固醇	维生素A	维生素C	钙	钾	钠	铁	锌
调味品价格	0.004	-0.005	0.008	0.002	0.009	-0.006	0.008	0.036*	0.001	0.007	-0.044**	0.004	-0.001
	(0.014)	(0.014)	(0.024)	(0.011)	(0.013)	(0.036)	(0.025)	(0.019)	(0.014)	(0.013)	(0.022)	(0.014)	(0.012)
蔬菜价格	-0.006	0.006	-0.033***	0.003	0.000	-0.013	0.022**	0.015	0.024***	0.004	0.029*	0.007	0.002
	(0.005)	(0.005)	(0.008)	(0.005)	(0.010)	(0.027)	(0.009)	(0.011)	(0.007)	(0.006)	(0.017)	(0.004)	(0.005)
水果价格	0.015	0.024*	-0.006	0.017	0.014	0.045	0.002	-0.002	0.011	0.027**	0.014	0.014	0.014
	(0.011)	(0.013)	(0.018)	(0.012)	(0.013)	(0.043)	(0.019)	(0.017)	(0.015)	(0.013)	(0.021)	(0.012)	(0.014)
猪肉价格	0.001	-0.003	0.001	-0.001	-0.002	0.002	0.009	0.016**	0.005	-0.002	0.006	0.001	0.003
	(0.008)	(0.007)	(0.012)	(0.006)	(0.010)	(0.014)	(0.010)	(0.007)	(0.010)	(0.006)	(0.007)	(0.007)	(0.007)
鸡肉价格	0.010**	0.003	0.023**	0.006	0.003	-0.003	-0.011	-0.009	-0.008	-0.003	-0.010	0.004	0.005
	(0.005)	(0.005)	(0.010)	(0.005)	(0.006)	(0.014)	(0.009)	(0.007)	(0.006)	(0.006)	(0.012)	(0.005)	(0.005)
牛肉价格	-0.001	-0.001	-0.013**	0.004	0.001	-0.009	-0.001	0.004	0.006	-0.003	-0.005	0.001	-0.001
	(0.003)	(0.004)	(0.006)	(0.003)	(0.004)	(0.011)	(0.007)	(0.006)	(0.005)	(0.004)	(0.007)	(0.003)	(0.003)
羊肉价格	0.004*	0.003	0.010**	0.002	0.002	0.001	0.001	0.003	0.001	0.005**	-0.009	0.002	0.003
	(0.002)	(0.002)	(0.005)	(0.002)	(0.002)	(0.006)	(0.004)	(0.003)	(0.003)	(0.002)	(0.006)	(0.002)	(0.002)
水产品价格	-0.004	-0.005	-0.016*	-0.003	-0.010	-0.043***	-0.028***	-0.021***	-0.016***	-0.008	-0.006	-0.013***	-0.006*
	(0.003)	(0.004)	(0.009)	(0.004)	(0.006)	(0.012)	(0.009)	(0.008)	(0.005)	(0.005)	(0.010)	(0.004)	(0.003)
豆类价格	0.013*	-0.002	0.031	-0.003	0.020**	0.055	-0.003	0.013	-0.008	0.002	0.005	0.003	0.005
	(0.007)	(0.011)	(0.020)	(0.010)	(0.010)	(0.040)	(0.021)	(0.020)	(0.012)	(0.010)	(0.019)	(0.013)	(0.008)

续表

	能量	蛋白质	脂肪	碳水化合物	不溶性纤维	胆固醇	维生素A	维生素C	钙	钾	钠	铁	锌
酒类价格	0.005**	0.005**	0.002	0.005**	0.004	0.006	0.003	0.003	0.003	0.004*	0.005	0.005**	0.004*
	(0.002)	(0.002)	(0.003)	(0.002)	(0.003)	(0.008)	(0.004)	(0.003)	(0.003)	(0.003)	(0.005)	(0.002)	(0.002)
饮料价格	0.001	-0.006	0.011	-0.003	-0.011***	-0.017	-0.007	-0.004	-0.011***	-0.009	-0.014	-0.003	-0.002
	(0.004)	(0.004)	(0.008)	(0.004)	(0.004)	(0.017)	(0.009)	(0.005)	(0.004)	(0.006)	(0.010)	(0.005)	(0.005)
样本量	3313	3313	3313	3313	3313	3292	3313	3312	3313	3313	3313	3313	3313
F	10.910	2.355	11.515	9.936	13.803	10.442	2.487	5.775	12.511	8.063	3.498	80.027	46.423
R^2	-0.204	-0.138	-0.228	-0.028	-0.048	-0.304	-0.032	0.007	0.038	-0.117	0.028	0.313	0.156

注：①括号内为聚类到村庄的稳健标准误。②"*""**"和"***"分别表示在10%、5%、1%的水平上显著。

附表-29　2004—2011年非贫困老年居民营养素摄入量（对数形式）的影响因素（IV-FE）

	能量	蛋白质	脂肪	碳水化合物	不溶性纤维	胆固醇	维生素A	维生素C	钙	钾	钠	铁	锌
家庭平均	-0.043***	0.025***	-0.078***	-0.026***	-0.021***	-0.146***	0.034***	0.052***	0.035***	0.035***	0.006	0.034***	0.025***
	(0.006)	(0.007)	(0.010)	(0.006)	(0.008)	(0.017)	(0.010)	(0.010)	(0.007)	(0.007)	(0.010)	(0.006)	(0.006)
劳动强度	-0.003	-0.002	0.005	-0.011*	-0.003	0.017	0.019**	0.013	0.019**	0.002	-0.006	-0.002	-0.005
	(0.006)	(0.006)	(0.009)	(0.006)	(0.007)	(0.017)	(0.009)	(0.009)	(0.007)	(0.006)	(0.010)	(0.006)	(0.006)
受教育程度													

续表

	能量	蛋白质	脂肪	碳水化合物	不溶性纤维	胆固醇	维生素A	维生素C	钙	钾	钠	铁	锌
性别	-0.039***	-0.016*	-0.101***	-0.046***	-0.091***	-0.057***	-0.056***	0.080***	0.093***	0.119***	0.018	0.119***	-0.366***
	(0.009)	(0.008)	(0.013)	(0.009)	(0.011)	(0.022)	(0.012)	(0.014)	(0.010)	(0.009)	(0.012)	(0.008)	(0.008)
年龄	-0.004***	-0.010***	0.002	-0.006***	-0.007***	0.001	-0.007***	-0.012***	-0.006***	-0.010***	-0.004**	-0.011***	-0.011***
	(0.001)	(0.001)	(0.002)	(0.001)	(0.001)	(0.003)	(0.002)	(0.002)	(0.001)	(0.001)	(0.002)	(0.001)	(0.001)
家庭规模	-0.007	0.001	-0.020**	-0.002	0.009	-0.041***	-0.016*	0.007	-0.008	0.004	-0.028***	-0.003	-0.002
	(0.005)	(0.005)	(0.009)	(0.005)	(0.006)	(0.012)	(0.009)	(0.009)	(0.006)	(0.005)	(0.009)	(0.005)	(0.005)
家庭平均膳食知识水平	0.004***	0.003***	0.005**	0.004***	0.004**	0.003	0.006***	0.006***	0.004***	0.003**	0.000	0.004***	0.003**
	(0.001)	(0.001)	(0.002)	(0.001)	(0.002)	(0.003)	(0.002)	(0.002)	(0.001)	(0.001)	(0.003)	(0.001)	(0.001)
18岁以下人口比例	-0.000	0.004	0.002	-0.002	-0.000	0.015	0.007	-0.000	0.007	0.007	0.013	0.003	0.002
	(0.006)	(0.007)	(0.010)	(0.006)	(0.008)	(0.017)	(0.009)	(0.009)	(0.008)	(0.007)	(0.011)	(0.006)	(0.006)
2006年	-0.012	-0.065**	0.065	-0.057**	-0.094***	0.004	-0.094**	-0.045	-0.118***	-0.065**	0.028	-0.060**	-0.041
	(0.029)	(0.027)	(0.048)	(0.025)	(0.033)	(0.068)	(0.044)	(0.048)	(0.035)	(0.032)	(0.064)	(0.028)	(0.026)
2009年	-0.094**	-0.117***	-0.087*	-0.065	-0.062	-0.188**	-0.049	0.002	-0.073	-0.058	-0.086	-0.078*	-0.093**
	(0.039)	(0.043)	(0.050)	(0.042)	(0.052)	(0.076)	(0.061)	(0.065)	(0.050)	(0.047)	(0.071)	(0.040)	(0.040)
2011年	-0.122***	-0.153***	-0.243***	-0.011	0.013	-0.456***	-0.097	0.024	-0.110*	-0.007	-0.128	-0.073	-0.111**
	(0.047)	(0.054)	(0.071)	(0.049)	(0.062)	(0.109)	(0.083)	(0.085)	(0.064)	(0.059)	(0.090)	(0.051)	(0.050)
平均每月退休金	-0.000*	-0.000***	-0.000**	0.000*	0.000	-0.000***	-0.000	0.000	-0.000	-0.000	-0.000	-0.000	-0.000*
	(0.000)	(0.000)	(0.000)	(0.000)	(0.000)	(0.000)	(0.000)	(0.000)	(0.000)	(0.000)	(0.000)	(0.000)	(0.000)

续表

	能量	蛋白质	脂肪	碳水化合物	不溶性纤维	胆固醇	维生素A	维生素C	钙	钾	钠	铁	锌
过去4周是否生病	-0.038***	-0.037***	-0.031	-0.038***	-0.028	-0.072**	-0.044**	-0.056**	-0.020	-0.029**	0.015	-0.019	-0.034***
	(0.013)	(0.014)	(0.021)	(0.012)	(0.017)	(0.032)	(0.021)	(0.022)	(0.017)	(0.014)	(0.022)	(0.012)	(0.012)
成年女性平均受教育程度	-0.005	-0.010	-0.016	0.006	0.002	-0.038*	0.001	-0.008	-0.015	-0.011	-0.027*	-0.002	-0.010
	(0.008)	(0.009)	(0.014)	(0.008)	(0.011)	(0.022)	(0.014)	(0.015)	(0.011)	(0.010)	(0.016)	(0.009)	(0.008)
大米价格	-0.000	-0.001	-0.002***	0.000	-0.001**	-0.002**	-0.003***	0.000	-0.001**	-0.002***	-0.003***	-0.002**	-0.000
	(0.000)	(0.000)	(0.001)	(0.000)	(0.000)	(0.001)	(0.001)	(0.001)	(0.001)	(0.001)	(0.001)	(0.000)	(0.000)
小麦价格	-0.007	-0.007	0.017	-0.020	-0.007	-0.006	0.001	0.030**	-0.007	0.001	-0.006	-0.014	-0.010
	(0.014)	(0.013)	(0.014)	(0.017)	(0.018)	(0.023)	(0.014)	(0.015)	(0.016)	(0.016)	(0.021)	(0.015)	(0.014)
粗粮价格	-0.011	-0.003	-0.019	-0.011	-0.004	0.016	-0.003	-0.009	0.003	-0.002	-0.009	-0.008	-0.007
	(0.008)	(0.010)	(0.014)	(0.009)	(0.015)	(0.022)	(0.018)	(0.018)	(0.013)	(0.012)	(0.017)	(0.009)	(0.008)
食用油价格	0.013***	0.010**	0.022***	0.011***	0.011	0.001	0.016*	0.010	0.014*	0.010*	0.007	0.014***	0.012***
	(0.004)	(0.005)	(0.007)	(0.004)	(0.007)	(0.012)	(0.009)	(0.009)	(0.007)	(0.006)	(0.009)	(0.005)	(0.004)
牛奶价格	0.003	0.004	0.005	0.002	0.012	0.009	0.025***	0.013*	0.006	0.009	0.003	0.009**	0.003
	(0.004)	(0.005)	(0.006)	(0.004)	(0.011)	(0.011)	(0.008)	(0.007)	(0.005)	(0.006)	(0.010)	(0.004)	(0.004)
鸡蛋价格	0.003	0.001	0.002	0.002	0.003	-0.002	0.005	0.001	-0.003	0.002	0.010	0.002	0.000
	(0.004)	(0.004)	(0.009)	(0.005)	(0.004)	(0.010)	(0.006)	(0.005)	(0.005)	(0.004)	(0.011)	(0.004)	(0.004)
调味品价格	0.010	0.008	0.012	0.009	0.010	0.012	-0.016	-0.006	0.002	-0.000	0.000	0.007	0.009
	(0.008)	(0.008)	(0.012)	(0.008)	(0.010)	(0.017)	(0.013)	(0.013)	(0.010)	(0.010)	(0.016)	(0.008)	(0.008)

续表

	能量	蛋白质	脂肪	碳水化合物	不溶性纤维	胆固醇	维生素A	维生素C	钙	钾	钠	铁	锌
蔬菜价格	-0.005*	-0.004	-0.001	-0.007***	-0.001	0.005	-0.007*	0.007	-0.002	-0.001	0.002	-0.004	-0.003
	(0.003)	(0.003)	(0.004)	(0.003)	(0.004)	(0.011)	(0.004)	(0.005)	(0.003)	(0.004)	(0.008)	(0.002)	(0.003)
水果价格	0.006	0.011	-0.001	0.005	-0.006	0.036**	0.015	-0.029**	0.007	0.001	0.036***	0.011	0.008
	(0.006)	(0.008)	(0.009)	(0.007)	(0.009)	(0.015)	(0.013)	(0.012)	(0.009)	(0.008)	(0.010)	(0.007)	(0.007)
猪肉价格	0.006	-0.000	0.010	0.002	-0.003	0.015	0.003	0.007	-0.002	-0.008	-0.011	0.001	0.003
	(0.006)	(0.007)	(0.009)	(0.005)	(0.006)	(0.016)	(0.007)	(0.008)	(0.005)	(0.006)	(0.009)	(0.005)	(0.006)
鸡肉价格	0.005	-0.002	0.008	0.002	-0.003	-0.013*	-0.017***	-0.008*	-0.011**	-0.006	-0.003	-0.003	-0.001
	(0.003)	(0.003)	(0.005)	(0.003)	(0.004)	(0.008)	(0.006)	(0.005)	(0.004)	(0.004)	(0.006)	(0.003)	(0.003)
牛肉价格	0.006*	0.006	0.009**	0.004	0.004	0.010*	-0.000	-0.004	0.003	0.005	-0.004	0.003	0.004
	(0.003)	(0.004)	(0.004)	(0.004)	(0.005)	(0.005)	(0.005)	(0.006)	(0.004)	(0.004)	(0.005)	(0.004)	(0.004)
羊肉价格	-0.001	0.001	0.001	-0.001	0.002	0.000	0.005**	0.004**	0.003*	0.002	-0.003	0.001	0.001
	(0.001)	(0.002)	(0.003)	(0.001)	(0.002)	(0.003)	(0.002)	(0.002)	(0.002)	(0.002)	(0.002)	(0.001)	(0.002)
水产品价格	-0.005	-0.009*	-0.015**	-0.000	-0.008	-0.023***	-0.020***	-0.014**	-0.020***	-0.010**	0.002	-0.009**	-0.007
	(0.004)	(0.005)	(0.007)	(0.004)	(0.006)	(0.008)	(0.006)	(0.007)	(0.006)	(0.005)	(0.008)	(0.004)	(0.005)
豆类价格	-0.018**	-0.016**	-0.020	-0.017***	-0.014*	0.004	-0.016	-0.004	-0.023***	-0.017***	-0.031	-0.020***	-0.017***
	(0.008)	(0.007)	(0.017)	(0.005)	(0.008)	(0.016)	(0.013)	(0.010)	(0.009)	(0.007)	(0.020)	(0.007)	(0.006)
酒类价格	-0.002	-0.002	-0.004	-0.001	-0.003	-0.001	-0.001	-0.002	-0.000	-0.003	-0.001	-0.002	-0.002
	(0.001)	(0.002)	(0.003)	(0.002)	(0.002)	(0.004)	(0.002)	(0.002)	(0.002)	(0.002)	(0.004)	(0.002)	(0.002)

续表

	能量	蛋白质	脂肪	碳水化合物	不溶性纤维	胆固醇	维生素A	维生素C	钙	钾	钠	铁	锌
饮料价格	0.008***	0.005	0.014***	0.001	-0.002	0.019***	0.001	-0.003	0.004	0.001	-0.002	0.005	0.006**
	(0.002)	(0.004)	(0.005)	(0.002)	(0.005)	(0.006)	(0.004)	(0.004)	(0.004)	(0.005)	(0.008)	(0.003)	(0.003)
样本量	5190	5190	5190	5190	5190	5189	5190	5187	5190	5190	5190	5190	5190
F	8.464	16.278	13.745	9.987	18.179	11.906	14.998	13.439	23.679	28.955	3.907	37.848	169.499
R^2	0.015	0.019	-0.077	0.043	0.041	-0.070	0.041	0.073	0.043	0.095	-0.006	0.123	0.281

注：①括号内为聚类到村庄的稳健标准误。② "*" "**" 和 "***" 分别表示在10%、5%、1%的水平上显著。

附表-30 2004—2011年贫困老年居民营养素摄入量（对数形式）的影响因素（IV-FE）

	能量	蛋白质	脂肪	碳水化合物	不溶性纤维	胆固醇	维生素A	维生素C	钙	钾	钠	铁	锌
家庭平均劳动强度	-0.019*	0.045***	-0.026	-0.020	-0.040*	-0.109***	0.013	-0.012	0.038**	0.029*	0.033	0.038***	0.045***
	(0.010)	(0.012)	(0.025)	(0.012)	(0.023)	(0.042)	(0.024)	(0.027)	(0.015)	(0.016)	(0.024)	(0.011)	(0.011)
受教育程度	-0.003	0.016	-0.001	0.006	-0.001	0.067	0.035	0.015	0.008	0.003	0.005	0.010	0.001
	(0.014)	(0.016)	(0.027)	(0.015)	(0.031)	(0.045)	(0.032)	(0.032)	(0.021)	(0.018)	(0.024)	(0.014)	(0.014)
性别	-0.057***	-0.031	-0.132***	-0.054***	-0.061*	-0.206***	-0.061**	0.117***	0.118***	0.128***	0.031	0.125***	-0.379***
	(0.017)	(0.019)	(0.032)	(0.019)	(0.033)	(0.042)	(0.030)	(0.030)	(0.023)	(0.021)	(0.031)	(0.017)	(0.016)

续表

	能量	蛋白质	脂肪	碳水化合物	不溶性纤维	胆固醇	维生素A	维生素C	钙	钾	钠	铁	锌
年龄	-0.005**	-0.013***	-0.005	-0.006**	-0.002	-0.007	-0.006	-0.012*	-0.007*	-0.009**	-0.007	-0.011***	-0.013***
	(0.002)	(0.003)	(0.005)	(0.003)	(0.006)	(0.008)	(0.006)	(0.007)	(0.004)	(0.004)	(0.004)	(0.003)	(0.003)
家庭规模	-0.015	-0.013	-0.011	-0.016	-0.051**	-0.075	-0.044*	-0.018	-0.033*	-0.029*	-0.004	-0.026*	-0.010
	(0.012)	(0.014)	(0.029)	(0.011)	(0.024)	(0.047)	(0.027)	(0.027)	(0.017)	(0.016)	(0.024)	(0.013)	(0.012)
家庭平均膳食知识水平	0.007***	0.007***	0.008*	0.004**	0.005	0.001	0.009*	0.005	0.006	0.007***	0.003	0.006***	0.006***
	(0.002)	(0.002)	(0.004)	(0.002)	(0.004)	(0.005)	(0.005)	(0.004)	(0.003)	(0.003)	(0.004)	(0.002)	(0.002)
18岁以下人口比例	-0.003	-0.000	0.010	-0.001	0.004	-0.008	-0.005	-0.022	0.006	0.010	0.008	0.009	0.005
	(0.011)	(0.011)	(0.020)	(0.012)	(0.022)	(0.031)	(0.022)	(0.023)	(0.015)	(0.015)	(0.018)	(0.013)	(0.011)
2006年	-0.022	-0.071	0.202*	-0.114**	-0.248**	0.338**	-0.265**	-0.245**	-0.222***	-0.164**	-0.006	-0.120**	-0.064
	(0.048)	(0.062)	(0.108)	(0.048)	(0.098)	(0.161)	(0.121)	(0.112)	(0.074)	(0.070)	(0.100)	(0.055)	(0.052)
2009年	-0.062	-0.053	0.128	-0.123***	-0.250**	0.460***	-0.142	-0.315***	-0.220**	-0.111	0.053	-0.113*	-0.062
	(0.048)	(0.049)	(0.106)	(0.047)	(0.118)	(0.176)	(0.116)	(0.107)	(0.081)	(0.077)	(0.101)	(0.062)	(0.043)
2011年	-0.032	-0.069	0.120	-0.096	-0.322*	0.204	-0.108	-0.286*	-0.232*	-0.130	0.069	-0.116	-0.054
	(0.075)	(0.075)	(0.155)	(0.077)	(0.176)	(0.312)	(0.198)	(0.155)	(0.121)	(0.114)	(0.166)	(0.096)	(0.069)
平均每月退休金	-0.000	-0.000	0.000	-0.000	-0.000*	-0.000	-0.000	-0.000	-0.000	-0.000	0.000	-0.000	0.000
	(0.000)	(0.000)	(0.000)	(0.000)	(0.000)	(0.000)	(0.000)	(0.000)	(0.000)	(0.000)	(0.000)	(0.000)	(0.000)
过去4周是否生病	0.019	0.006	0.049	-0.010	-0.003	0.049	-0.045	0.024	0.014	0.032	0.059	0.021	0.010
	(0.024)	(0.025)	(0.044)	(0.023)	(0.045)	(0.067)	(0.055)	(0.049)	(0.032)	(0.030)	(0.048)	(0.023)	(0.024)

续表

	能量	蛋白质	脂肪	碳水化合物	不溶性纤维	胆固醇	维生素A	维生素C	钙	钾	钠	铁	锌
成年女性平均受教育程度	0.001 (0.021)	-0.017 (0.024)	0.035 (0.039)	-0.002 (0.022)	-0.075* (0.043)	-0.003 (0.062)	-0.036 (0.038)	-0.065* (0.039)	-0.016 (0.032)	-0.046 (0.029)	-0.002 (0.052)	-0.034 (0.025)	-0.000 (0.021)
大米价格	-0.012 (0.023)	-0.023 (0.025)	0.081* (0.045)	-0.033* (0.020)	0.003 (0.040)	-0.065 (0.102)	-0.038 (0.048)	0.022 (0.041)	-0.038 (0.034)	-0.008 (0.029)	0.056 (0.042)	-0.011 (0.023)	-0.024 (0.023)
小麦价格	0.010 (0.007)	0.012 (0.009)	0.024 (0.015)	0.009 (0.007)	-0.015 (0.018)	0.017 (0.030)	-0.008 (0.019)	-0.000 (0.018)	-0.012 (0.012)	-0.005 (0.011)	-0.013 (0.017)	-0.001 (0.009)	0.012* (0.007)
粗粮价格	-0.001 (0.011)	0.008 (0.012)	-0.025 (0.022)	0.010 (0.013)	0.026 (0.024)	-0.009 (0.032)	0.029 (0.024)	0.057** (0.024)	0.018 (0.017)	0.023 (0.016)	0.078*** (0.028)	0.008 (0.012)	0.007 (0.011)
食用油价格	-0.014** (0.007)	-0.019*** (0.006)	0.001 (0.013)	-0.019*** (0.006)	-0.019* (0.012)	0.004 (0.019)	-0.022* (0.012)	-0.036*** (0.013)	-0.014 (0.009)	-0.024*** (0.008)	-0.046** (0.018)	-0.013** (0.006)	-0.017*** (0.006)
牛奶价格	-0.005 (0.011)	-0.009 (0.012)	-0.008 (0.023)	-0.008 (0.010)	0.032 (0.020)	-0.016 (0.028)	0.018 (0.023)	0.010 (0.025)	0.010 (0.016)	0.008 (0.014)	-0.010 (0.025)	0.005 (0.010)	-0.016 (0.011)
鸡蛋价格	0.012 (0.013)	0.017 (0.013)	0.006 (0.027)	0.016 (0.011)	0.007 (0.023)	0.024 (0.037)	0.000 (0.026)	-0.022 (0.023)	0.021 (0.015)	0.001 (0.015)	0.035 (0.029)	0.019 (0.013)	0.019 (0.012)
调味品价格	-0.006 (0.015)	-0.003 (0.016)	-0.032 (0.029)	-0.000 (0.016)	0.050 (0.039)	0.020 (0.041)	0.048 (0.042)	0.064* (0.036)	0.026 (0.027)	0.014 (0.021)	-0.078** (0.031)	0.004 (0.019)	-0.008 (0.014)
蔬菜价格	0.000 (0.011)	0.002 (0.013)	0.002 (0.008)	-0.008 (0.015)	0.014 (0.013)	-0.024 (0.022)	0.000 (0.013)	0.002 (0.010)	0.025 (0.016)	0.008 (0.013)	0.008 (0.016)	-0.001 (0.010)	0.001 (0.010)

续表

	能量	蛋白质	脂肪	碳水化合物	不溶性纤维	胆固醇	维生素A	维生素C	钙	钾	钠	铁	锌
水果价格	0.017*	0.025**	-0.002	0.026***	0.044**	-0.008	0.013	0.037*	0.038**	0.047***	0.066**	0.036***	0.030***
	(0.009)	(0.011)	(0.022)	(0.009)	(0.021)	(0.045)	(0.032)	(0.022)	(0.019)	(0.017)	(0.028)	(0.013)	(0.011)
猪肉价格	0.003	0.003	0.002	0.004	-0.003	0.023*	-0.007	0.003	0.005	-0.004	-0.011	0.001	0.005
	(0.005)	(0.005)	(0.010)	(0.004)	(0.010)	(0.012)	(0.016)	(0.009)	(0.007)	(0.007)	(0.009)	(0.006)	(0.004)
鸡肉价格	0.001	-0.002	0.004	0.002	-0.004	-0.003	-0.003	-0.018	-0.014*	-0.007	0.001	-0.001	-0.006
	(0.005)	(0.005)	(0.009)	(0.005)	(0.010)	(0.013)	(0.013)	(0.012)	(0.009)	(0.007)	(0.012)	(0.006)	(0.005)
牛肉价格	-0.004	-0.005	-0.001	-0.005	-0.002	-0.010	-0.001	0.003	-0.002	-0.002	-0.021**	-0.004	-0.006
	(0.004)	(0.004)	(0.007)	(0.004)	(0.009)	(0.015)	(0.008)	(0.008)	(0.006)	(0.007)	(0.010)	(0.005)	(0.004)
羊肉价格	-0.001	-0.002	0.005	-0.002	0.002	-0.004	-0.008	-0.002	-0.002	0.001	-0.003	-0.001	-0.002
	(0.003)	(0.003)	(0.004)	(0.003)	(0.004)	(0.006)	(0.006)	(0.005)	(0.004)	(0.003)	(0.005)	(0.003)	(0.003)
水产品价格	0.009*	0.004	-0.003	0.010*	-0.000	-0.051**	-0.022**	-0.009	-0.011	0.003	0.017	0.003	0.006
	(0.005)	(0.006)	(0.011)	(0.006)	(0.012)	(0.023)	(0.011)	(0.010)	(0.009)	(0.008)	(0.011)	(0.006)	(0.005)
豆类价格	0.018**	0.029***	0.032	0.017**	0.004	0.093***	0.038	0.007	0.010	0.002	-0.053*	0.005	0.018**
	(0.008)	(0.009)	(0.020)	(0.008)	(0.016)	(0.024)	(0.024)	(0.030)	(0.018)	(0.013)	(0.028)	(0.011)	(0.008)
酒类价格	0.000	0.002	-0.011*	0.005	0.009	0.004	0.008	-0.003	0.002	0.003	-0.009	0.003	0.001
	(0.003)	(0.004)	(0.006)	(0.003)	(0.006)	(0.009)	(0.006)	(0.006)	(0.004)	(0.005)	(0.007)	(0.004)	(0.003)
饮料价格	0.002	0.002	0.011	-0.002	0.005	-0.005	-0.002	0.008	-0.003	0.000	-0.010	0.007	0.000
	(0.010)	(0.010)	(0.015)	(0.010)	(0.013)	(0.020)	(0.011)	(0.009)	(0.009)	(0.010)	(0.013)	(0.009)	(0.008)

续表

	能量	蛋白质	脂肪	碳水化合物	不溶性纤维	胆固醇	维生素A	维生素C	钙	钾	钠	铁	锌
样本量	1459	1459	1459	1459	1459	1454	1459	1454	1459	1459	1459	1459	1459
F	4.973	7.187	3.372	7.623	2.146	4.808	3.931	8.767	5.847	5.563	3.094	7.803	47.477
R^2	0.049	0.135	-0.223	0.039	-1.360	0.054	-0.074	-0.071	-0.160	-0.163	-0.025	0.066	0.317

注：①括号内为聚类到村庄的稳健标准误。② "*" "**" 和 "***" 分别表示在10%、5%、1%的水平上显著。

附表-31　2004—2011年非贫困男童营养素摄入量（对数形式）的影响因素（IV-FE）

	能量	蛋白质	脂肪	碳水化合物	不溶性纤维	胆固醇	维生素A	维生素C	钙	钾	钠	铁	锌
家庭平均劳动强度	-0.024**	0.034***	0.013	-0.016	-0.020	-0.040*	0.039*	0.067***	0.005	0.039***	0.011	0.018*	0.038***
	(0.009)	(0.010)	(0.015)	(0.011)	(0.015)	(0.022)	(0.020)	(0.022)	(0.015)	(0.011)	(0.019)	(0.011)	(0.010)
受教育程度	-0.009	-0.009	-0.055***	-0.008	-0.027	-0.008	0.025	0.017	0.099***	0.021*	0.020	0.008	0.007
	(0.009)	(0.009)	(0.013)	(0.011)	(0.017)	(0.023)	(0.019)	(0.021)	(0.016)	(0.012)	(0.015)	(0.011)	(0.010)
年龄	-0.010***	-0.023***	-0.011***	0.005	0.007	-0.031***	-0.032***	-0.005	-0.003	-0.015***	-0.048***	0.010***	-0.026***
	(0.003)	(0.003)	(0.004)	(0.003)	(0.004)	(0.006)	(0.006)	(0.006)	(0.004)	(0.003)	(0.005)	(0.003)	(0.003)
家庭规模	-0.003	0.006	-0.023**	0.005	-0.000	0.016	0.003	0.008	-0.003	0.001	-0.039***	-0.006	0.003
	(0.008)	(0.008)	(0.012)	(0.009)	(0.010)	(0.017)	(0.014)	(0.016)	(0.012)	(0.009)	(0.015)	(0.008)	(0.007)

续表

	能量	蛋白质	脂肪	碳水化合物	不溶性纤维	胆固醇	维生素A	维生素C	钙	钾	钠	铁	锌
家庭平均膳食知识水平	−0.001 (0.002)	−0.000 (0.002)	−0.003 (0.003)	−0.001 (0.002)	−0.002 (0.003)	0.003 (0.005)	0.002 (0.005)	0.007 (0.004)	0.003 (0.003)	0.000 (0.002)	−0.004 (0.004)	−0.002 (0.002)	0.000 (0.002)
18岁以下人口比例	−0.014 (0.011)	−0.005 (0.010)	−0.016 (0.016)	−0.010 (0.011)	−0.012 (0.013)	0.006 (0.020)	−0.015 (0.020)	−0.047** (0.018)	−0.007 (0.016)	−0.016 (0.013)	−0.002 (0.020)	−0.008 (0.010)	−0.008 (0.009)
2006年	−0.009 (0.036)	−0.068* (0.041)	0.057 (0.055)	−0.050 (0.037)	−0.031 (0.044)	0.081 (0.081)	0.011 (0.067)	−0.031 (0.062)	−0.141*** (0.055)	−0.055 (0.042)	0.074 (0.058)	−0.059* (0.035)	−0.055 (0.037)
2009年	−0.037 (0.047)	−0.036 (0.051)	0.010 (0.069)	−0.052 (0.050)	0.006 (0.054)	0.314*** (0.095)	0.083 (0.084)	−0.045 (0.076)	−0.079 (0.065)	−0.001 (0.051)	−0.060 (0.073)	−0.020 (0.049)	−0.064 (0.047)
2011年	−0.007 (0.060)	−0.024 (0.070)	−0.025 (0.091)	0.036 (0.066)	0.105 (0.079)	0.350** (0.152)	0.053 (0.125)	0.061 (0.101)	−0.104 (0.090)	0.093 (0.071)	0.006 (0.097)	0.033 (0.069)	−0.069 (0.065)
过去4周是否生病	0.045* (0.027)	0.019 (0.027)	0.086** (0.041)	−0.011 (0.030)	0.020 (0.037)	0.092 (0.072)	−0.022 (0.052)	−0.037 (0.049)	0.016 (0.033)	0.017 (0.029)	0.043 (0.050)	0.041 (0.030)	0.020 (0.022)
成年女性平均受教育程度	0.013 (0.010)	0.010 (0.010)	0.018 (0.016)	0.009 (0.009)	0.005 (0.014)	0.047* (0.024)	−0.005 (0.018)	−0.011 (0.016)	−0.010 (0.015)	0.003 (0.011)	−0.001 (0.018)	0.007 (0.010)	0.012 (0.009)
大米价格	0.006 (0.004)	0.004 (0.004)	0.003 (0.008)	0.009*** (0.002)	0.011*** (0.002)	0.015** (0.008)	0.010*** (0.002)	0.007* (0.003)	0.004 (0.002)	0.004 (0.003)	−0.005* (0.003)	0.007** (0.003)	0.005 (0.004)
小麦价格	0.003 (0.007)	−0.008 (0.007)	0.024* (0.014)	−0.008 (0.007)	−0.012 (0.009)	0.017 (0.016)	−0.014 (0.020)	−0.005 (0.022)	−0.026* (0.015)	−0.015 (0.012)	−0.021*** (0.008)	−0.015* (0.008)	−0.004 (0.007)

续表

	能量	蛋白质	脂肪	碳水化合物	不溶性纤维	胆固醇	维生素A	维生素C	钙	钾	钠	铁	锌
粗粮价格	-0.012	-0.005	-0.023	-0.011	-0.018	-0.001	-0.028	-0.009	0.005	0.001	0.014	-0.014	-0.008
	(0.012)	(0.011)	(0.018)	(0.012)	(0.014)	(0.024)	(0.026)	(0.023)	(0.019)	(0.014)	(0.017)	(0.012)	(0.012)
食用油价格	0.001	0.000	0.014*	-0.002	0.001	0.011	0.018*	-0.011	-0.000	-0.003	-0.007	0.006	-0.001
	(0.005)	(0.005)	(0.008)	(0.005)	(0.006)	(0.010)	(0.010)	(0.008)	(0.008)	(0.006)	(0.007)	(0.006)	(0.005)
牛奶价格	0.009	0.006	-0.009	0.016*	0.028**	-0.008	0.037***	0.021*	0.016	0.012	0.008	0.022*	0.007
	(0.008)	(0.008)	(0.012)	(0.009)	(0.012)	(0.018)	(0.011)	(0.013)	(0.010)	(0.008)	(0.016)	(0.012)	(0.008)
鸡蛋价格	0.000	0.001	0.004**	-0.001	0.002	-0.005**	0.001	-0.001	0.001	0.001	-0.006**	-0.001	-0.001
	(0.001)	(0.001)	(0.002)	(0.001)	(0.002)	(0.003)	(0.002)	(0.002)	(0.002)	(0.001)	(0.003)	(0.001)	(0.001)
调味品价格	0.004	0.003	0.004	0.007	0.021*	0.018	-0.002	0.019	0.008	0.009	-0.019	0.005	0.003
	(0.008)	(0.010)	(0.012)	(0.009)	(0.012)	(0.019)	(0.017)	(0.016)	(0.012)	(0.010)	(0.013)	(0.009)	(0.009)
蔬菜价格	-0.001	0.005*	0.005	-0.007**	-0.001	0.001	-0.004	-0.024***	-0.004	0.001	0.025***	0.000	0.003
	(0.003)	(0.003)	(0.006)	(0.003)	(0.006)	(0.007)	(0.008)	(0.008)	(0.005)	(0.005)	(0.008)	(0.004)	(0.003)
水果价格	0.014**	0.019***	-0.002	0.021***	0.012	0.018	0.032**	0.015	0.034***	0.023***	0.012	0.021***	0.023***
	(0.006)	(0.007)	(0.010)	(0.007)	(0.009)	(0.013)	(0.015)	(0.011)	(0.011)	(0.008)	(0.011)	(0.007)	(0.008)
猪肉价格	0.004	0.001	-0.000	0.003	-0.003	-0.032*	0.003	-0.005	-0.003	-0.009	-0.004	-0.001	0.004
	(0.006)	(0.007)	(0.010)	(0.007)	(0.008)	(0.017)	(0.013)	(0.010)	(0.009)	(0.007)	(0.009)	(0.007)	(0.007)
鸡肉价格	-0.004	-0.010**	-0.001	-0.005	-0.011**	0.007	-0.016**	-0.014**	-0.015***	-0.015***	-0.013**	-0.013***	-0.007
	(0.004)	(0.005)	(0.006)	(0.005)	(0.005)	(0.009)	(0.007)	(0.006)	(0.006)	(0.005)	(0.007)	(0.004)	(0.004)

续表

	能量	蛋白质	脂肪	碳水化合物	不溶性纤维	胆固醇	维生素A	维生素C	钙	钾	钠	铁	锌
牛肉价格	0.004 (0.003)	0.002 (0.004)	0.005 (0.005)	0.003 (0.004)	-0.001 (0.005)	-0.002 (0.007)	-0.004 (0.006)	-0.001 (0.006)	0.000 (0.005)	0.001 (0.004)	-0.010* (0.006)	-0.000 (0.004)	0.002 (0.004)
羊肉价格	-0.004** (0.002)	-0.002 (0.002)	-0.003 (0.002)	-0.003 (0.002)	0.001 (0.003)	-0.011** (0.004)	0.002 (0.003)	0.004 (0.003)	-0.001 (0.003)	0.000 (0.002)	0.002 (0.004)	-0.002 (0.002)	-0.002 (0.002)
水产品价格	0.012* (0.007)	0.008 (0.007)	-0.007 (0.011)	0.019*** (0.007)	0.014 (0.010)	-0.016 (0.015)	0.001 (0.014)	0.021** (0.010)	0.002 (0.009)	0.006 (0.008)	0.008 (0.011)	0.009 (0.008)	0.013* (0.007)
豆类价格	-0.008 (0.010)	-0.007 (0.008)	-0.003 (0.019)	-0.008 (0.007)	0.007 (0.008)	-0.019 (0.017)	-0.008 (0.015)	0.010 (0.013)	-0.007 (0.011)	-0.008 (0.008)	-0.030 (0.025)	-0.011 (0.009)	-0.008 (0.007)
酒类价格	-0.002 (0.002)	-0.001 (0.002)	-0.002 (0.003)	-0.003* (0.002)	-0.001 (0.003)	0.008** (0.004)	0.003 (0.003)	-0.001 (0.003)	-0.000 (0.002)	-0.001 (0.002)	0.001 (0.004)	-0.001 (0.002)	-0.001 (0.002)
饮料价格	0.001 (0.004)	0.006 (0.004)	0.004 (0.006)	-0.003 (0.005)	0.001 (0.006)	0.021*** (0.006)	0.015** (0.007)	0.009 (0.007)	0.010 (0.006)	0.006 (0.005)	-0.004 (0.010)	0.003 (0.004)	0.005 (0.004)
样本量	2251	2251	2251	2251	2251	2251	2251	2244	2251	2251	2251	2251	2251
F	6.318	9.431	4.755	5.216	3.797	9.340	5.775	3.498	5.513	4.793	11.764	5.723	9.642
R^2	0.062	0.072	-0.016	0.038	0.034	0.089	0.073	0.012	0.061	0.057	0.114	0.070	0.098

注：①括号内为聚类到村庄的稳健标准误。②"*""**"和"***"分别表示在10%、5%、1%的水平上显著。

附表-32 2004—2011年非贫困女童营养素摄入量（对数形式）的影响因素（IV-FE）

	能量	蛋白质	脂肪	碳水化合物	不溶性纤维	胆固醇	维生素A	维生素C	钙	钾	钠	铁	锌
家庭平均劳动强度	-0.023*	0.037***	-0.013	-0.010	-0.013	-0.042	0.025	0.068***	0.017	0.048***	-0.002	0.041***	0.026**
	(0.013)	(0.014)	(0.019)	(0.014)	(0.015)	(0.030)	(0.018)	(0.023)	(0.015)	(0.012)	(0.022)	(0.012)	(0.013)
受教育程度	-0.011	-0.009	-0.046***	-0.029***	-0.040**	-0.000	0.028	-0.030	0.069***	-0.014	0.043**	-0.025**	0.021*
	(0.009)	(0.013)	(0.015)	(0.011)	(0.016)	(0.029)	(0.018)	(0.020)	(0.019)	(0.012)	(0.017)	(0.011)	(0.011)
年龄	-0.010***	-0.019***	-0.000	0.006*	0.013***	-0.047***	-0.024***	-0.006	-0.009*	-0.019***	-0.042***	-0.010***	-0.011***
	(0.003)	(0.004)	(0.004)	(0.004)	(0.004)	(0.009)	(0.005)	(0.006)	(0.005)	(0.004)	(0.006)	(0.003)	(0.003)
家庭规模	-0.011	-0.007	-0.028**	-0.005	-0.007	-0.016	0.003	0.004	-0.011	0.001	-0.015	-0.012	-0.009
	(0.008)	(0.008)	(0.013)	(0.008)	(0.011)	(0.027)	(0.014)	(0.015)	(0.011)	(0.009)	(0.014)	(0.008)	(0.007)
家庭平均膳食知识水平	0.002	0.003	0.002	0.001	0.003	-0.005	0.008	0.001	0.008*	0.002	0.005	0.004	0.004
	(0.003)	(0.003)	(0.003)	(0.004)	(0.004)	(0.007)	(0.005)	(0.005)	(0.004)	(0.004)	(0.005)	(0.004)	(0.003)
18岁以下人口比例	-0.031**	-0.020*	-0.036**	-0.017	-0.010	-0.077***	-0.028	-0.009	0.004	-0.019	-0.008	-0.021*	-0.025**
	(0.012)	(0.012)	(0.017)	(0.014)	(0.014)	(0.025)	(0.019)	(0.019)	(0.015)	(0.014)	(0.019)	(0.012)	(0.012)
2006年	0.007	-0.043	0.089	-0.055	-0.049	0.132	-0.008	0.016	-0.108**	-0.000	0.047	-0.038	-0.041
	(0.037)	(0.041)	(0.061)	(0.034)	(0.041)	(0.091)	(0.058)	(0.063)	(0.052)	(0.037)	(0.060)	(0.036)	(0.036)
2009年	-0.102**	-0.094*	-0.099**	-0.086	-0.037	0.030	-0.054	0.008	-0.108	-0.055	-0.128**	-0.105*	-0.125**
	(0.050)	(0.051)	(0.051)	(0.062)	(0.066)	(0.114)	(0.075)	(0.082)	(0.067)	(0.051)	(0.072)	(0.057)	(0.051)
2011年	0.000	0.013	-0.190	0.158**	0.234***	-0.060	-0.004	0.158	-0.082	0.121*	-0.205*	0.028	-0.013
	(0.070)	(0.073)	(0.118)	(0.077)	(0.084)	(0.180)	(0.113)	(0.098)	(0.115)	(0.070)	(0.110)	(0.070)	(0.065)

续表

	能量	蛋白质	脂肪	碳水化合物	不溶性纤维	胆固醇	维生素A	维生素C	钙	钾	钠	铁	锌
过去4周是否生病	0.017 (0.029)	0.006 (0.035)	0.003 (0.043)	0.001 (0.032)	0.033 (0.038)	-0.134 (0.092)	0.013 (0.048)	0.027 (0.048)	0.070 (0.048)	0.058* (0.035)	0.009 (0.045)	0.049* (0.029)	0.022 (0.029)
成年女性平均受教育程度	-0.011 (0.012)	-0.007 (0.015)	-0.006 (0.018)	-0.013 (0.013)	-0.004 (0.016)	0.020 (0.037)	0.017 (0.022)	0.011 (0.021)	-0.005 (0.018)	-0.010 (0.016)	-0.022 (0.021)	-0.014 (0.014)	-0.010 (0.013)
大米价格	-0.002 (0.001)	-0.001 (0.001)	-0.000 (0.003)	-0.002** (0.001)	-0.003*** (0.001)	-0.006*** (0.002)	-0.007*** (0.001)	0.005** (0.002)	-0.001 (0.001)	-0.002** (0.001)	-0.012*** (0.002)	-0.002 (0.001)	0.000 (0.001)
小麦价格	0.015* (0.009)	0.005 (0.010)	0.036** (0.017)	0.001 (0.007)	0.008 (0.013)	0.020 (0.017)	0.001 (0.014)	-0.000 (0.020)	0.003 (0.015)	0.003 (0.011)	0.007 (0.012)	0.004 (0.009)	0.001 (0.008)
粗粮价格	0.002 (0.011)	-0.002 (0.013)	-0.019 (0.018)	0.011 (0.011)	0.023 (0.016)	-0.011 (0.034)	0.005 (0.019)	0.046** (0.020)	0.000 (0.016)	0.022 (0.014)	0.010 (0.019)	-0.001 (0.013)	0.003 (0.011)
食用油价格	-0.002 (0.005)	-0.001 (0.006)	0.010 (0.008)	-0.005 (0.005)	-0.006 (0.006)	0.029* (0.015)	0.013 (0.009)	-0.015* (0.009)	0.006 (0.007)	-0.009 (0.006)	-0.006 (0.009)	0.002 (0.006)	-0.001 (0.005)
牛奶价格	0.006 (0.005)	-0.006 (0.007)	0.022** (0.009)	-0.005 (0.005)	-0.012 (0.007)	-0.001 (0.019)	-0.012 (0.011)	-0.028*** (0.010)	-0.005 (0.010)	-0.010* (0.006)	-0.016 (0.017)	0.001 (0.005)	-0.005 (0.007)
鸡蛋价格	0.002* (0.001)	0.002 (0.001)	0.004** (0.002)	0.000 (0.001)	-0.002 (0.001)	0.008*** (0.002)	-0.001 (0.002)	-0.005* (0.003)	-0.000 (0.002)	0.000 (0.001)	0.001 (0.003)	0.000 (0.001)	0.003*** (0.001)
调味品价格	0.002 (0.009)	-0.003 (0.012)	0.010 (0.015)	0.007 (0.010)	0.015 (0.017)	0.047 (0.029)	0.023 (0.017)	0.029 (0.022)	0.005 (0.013)	0.006 (0.014)	-0.036* (0.019)	-0.005 (0.012)	0.006 (0.010)

续表

	能量	蛋白质	脂肪	碳水化合物	不溶性纤维	胆固醇	维生素A	维生素C	钙	钾	钠	铁	锌
蔬菜价格	0.011***	0.006*	0.027***	-0.003	0.005	0.030**	0.009	-0.007	-0.004	0.004	0.035***	0.010**	0.009***
	(0.003)	(0.004)	(0.005)	(0.003)	(0.006)	(0.013)	(0.008)	(0.006)	(0.007)	(0.006)	(0.007)	(0.005)	(0.003)
水果价格	0.010	0.019**	0.003	0.005	0.004	0.024	0.015	0.021	0.031**	0.025**	0.049**	0.020*	0.018**
	(0.008)	(0.009)	(0.012)	(0.011)	(0.014)	(0.025)	(0.017)	(0.018)	(0.014)	(0.010)	(0.014)	(0.012)	(0.009)
猪肉价格	-0.008	-0.016**	0.008	-0.016**	-0.022**	-0.021*	-0.004	-0.011	-0.010	-0.018***	-0.009	-0.014**	-0.013**
	(0.008)	(0.008)	(0.021)	(0.007)	(0.005)	(0.012)	(0.007)	(0.007)	(0.009)	(0.005)	(0.008)	(0.006)	(0.006)
鸡肉价格	0.004	-0.004	0.005	0.002	-0.017***	-0.001	-0.021***	-0.023***	-0.013**	-0.012**	-0.016*	-0.009*	-0.002
	(0.004)	(0.005)	(0.008)	(0.004)	(0.006)	(0.015)	(0.007)	(0.007)	(0.006)	(0.005)	(0.009)	(0.005)	(0.004)
牛肉价格	0.007	0.005	0.007	0.006	0.006	0.006	0.007	0.007	0.006	0.005	-0.002	0.007	0.005
	(0.005)	(0.005)	(0.005)	(0.006)	(0.007)	(0.011)	(0.008)	(0.007)	(0.006)	(0.005)	(0.007)	(0.005)	(0.005)
羊肉价格	0.001	0.002	0.001	0.000	0.004*	-0.000	0.004	0.009***	0.003	0.005**	-0.000	0.002	0.002
	(0.002)	(0.003)	(0.003)	(0.002)	(0.002)	(0.005)	(0.003)	(0.003)	(0.004)	(0.002)	(0.003)	(0.002)	(0.002)
水产品价格	0.005	0.007	-0.002	0.002	-0.003	-0.039	-0.014*	-0.010	-0.003	-0.001	0.002	0.002	0.004
	(0.007)	(0.009)	(0.009)	(0.007)	(0.007)	(0.036)	(0.008)	(0.008)	(0.007)	(0.006)	(0.009)	(0.007)	(0.007)
豆类价格	-0.021	-0.019*	-0.012	-0.019**	-0.023	-0.030*	-0.032**	-0.028	-0.020	-0.012	-0.018	-0.019	-0.015
	(0.014)	(0.010)	(0.025)	(0.008)	(0.018)	(0.017)	(0.016)	(0.018)	(0.018)	(0.015)	(0.027)	(0.013)	(0.009)
酒类价格	-0.004*	-0.005*	-0.003	-0.005**	-0.002	0.002	-0.000	-0.003	-0.002	-0.005*	-0.003	-0.005**	-0.005**
	(0.002)	(0.003)	(0.003)	(0.002)	(0.003)	(0.006)	(0.004)	(0.003)	(0.003)	(0.003)	(0.004)	(0.003)	(0.002)

续表

	能量	蛋白质	脂肪	碳水化合物	不溶性纤维	胆固醇	维生素A	维生素C	钙	钾	钠	铁	锌
饮料价格	0.008***	0.004	0.013	0.003	0.003	-0.004	0.009	0.022***	0.005	0.005	-0.008	0.006*	0.006**
	(0.003)	(0.003)	(0.008)	(0.003)	(0.005)	(0.008)	(0.007)	(0.007)	(0.004)	(0.004)	(0.009)	(0.004)	(0.003)
样本量	1798	1798	1798	1798	1798	1798	1798	1796	1798	1798	1798	1798	1798
F	17.591	8.077	4.089	8.920	4.527	11.255	12.605	4.542	2.895	8.860	20.472	7.487	6.765
R^2	0.083	0.026	0.011	0.035	0.040	0.047	0.046	-0.006	0.040	0.088	0.115	0.049	0.043

注：①括号内为聚类到村庄的稳健标准误。②"*""**"和"***"分别表示10%、5%、1%的水平上显著。

附表-33　2004—2011年非贫困中青年男性营养素摄入量（对数形式）的影响因素（IV-FE）

	能量	蛋白质	脂肪	碳水化合物	不溶性纤维	胆固醇	维生素A	维生素C	钙	钾	钠	铁	锌
家庭平均劳动强度	-0.075***	0.028***	-0.098***	-0.061***	-0.071***	-0.118***	0.020**	0.029***	0.028***	0.028***	0.028***	0.027***	0.029***
	(0.005)	(0.005)	(0.008)	(0.005)	(0.006)	(0.013)	(0.008)	(0.008)	(0.006)	(0.006)	(0.011)	(0.005)	(0.005)
受教育程度	0.001	0.001	0.002	0.002	-0.003	-0.003	0.005	0.009	0.002	0.001	-0.006	-0.003	0.001
	(0.004)	(0.004)	(0.007)	(0.004)	(0.005)	(0.011)	(0.007)	(0.006)	(0.005)	(0.005)	(0.008)	(0.005)	(0.004)
年龄	0.002***	-0.001**	0.001***	0.001***	0.002***	0.001	0.000	0.001**	-0.007***	-0.000	0.003***	-0.000	-0.001**
	(0.000)	(0.000)	(0.000)	(0.000)	(0.000)	(0.001)	(0.001)	(0.001)	(0.000)	(0.000)	(0.001)	(0.000)	(0.000)

续表

	能量	蛋白质	脂肪	碳水化合物	不溶性纤维	胆固醇	维生素A	维生素C	钙	钾	钠	铁	锌
家庭规模	-0.011***	-0.004	-0.033***	0.001	-0.001	-0.029***	-0.014**	-0.003	-0.015***	-0.004	-0.029***	-0.007*	-0.007**
	(0.004)	(0.004)	(0.006)	(0.004)	(0.005)	(0.011)	(0.007)	(0.006)	(0.005)	(0.004)	(0.008)	(0.004)	(0.003)
家庭平均膳食知识水平	0.000	0.001	0.001	-0.001	-0.000	0.004	0.003*	0.003*	0.002	0.002	0.002	-0.000	0.001
	(0.001)	(0.001)	(0.002)	(0.001)	(0.001)	(0.003)	(0.002)	(0.002)	(0.001)	(0.001)	(0.002)	(0.001)	(0.001)
18岁以下人口比例	0.011*	0.017***	0.018**	0.008	0.011*	0.043***	0.015*	0.000	0.011*	0.014**	0.010	0.015***	0.015***
	(0.006)	(0.006)	(0.009)	(0.005)	(0.006)	(0.016)	(0.009)	(0.008)	(0.006)	(0.006)	(0.010)	(0.005)	(0.005)
2006年	-0.003	-0.026	0.022	-0.019	-0.008	0.027	-0.056	-0.055	-0.061**	-0.010	0.007	-0.011	-0.028
	(0.020)	(0.021)	(0.032)	(0.020)	(0.025)	(0.051)	(0.039)	(0.036)	(0.027)	(0.023)	(0.041)	(0.020)	(0.020)
2009年	-0.057**	-0.047*	-0.061	-0.043	-0.018	0.003	-0.055	-0.060	-0.049	-0.011	-0.117**	-0.029	-0.074***
	(0.027)	(0.028)	(0.040)	(0.029)	(0.032)	(0.065)	(0.046)	(0.041)	(0.036)	(0.028)	(0.046)	(0.028)	(0.027)
2011年	-0.030	-0.036	-0.100*	0.034	0.080*	-0.096	-0.028	0.025	-0.023	0.079*	-0.104	0.023	-0.061
	(0.036)	(0.037)	(0.057)	(0.039)	(0.047)	(0.090)	(0.069)	(0.062)	(0.054)	(0.042)	(0.071)	(0.040)	(0.038)
过去4周是否生病	-0.016	-0.017	0.005	-0.014	-0.020	-0.042	-0.018	0.007	-0.029*	-0.011	-0.007	-0.030***	-0.012
	(0.011)	(0.012)	(0.017)	(0.011)	(0.013)	(0.033)	(0.020)	(0.019)	(0.015)	(0.013)	(0.023)	(0.012)	(0.011)
成年女性平均受教育程度	-0.003	0.007*	0.008	-0.004	0.000	0.024**	0.014*	0.001	0.023***	0.006	-0.018**	0.007	0.005
	(0.004)	(0.004)	(0.006)	(0.004)	(0.005)	(0.011)	(0.008)	(0.008)	(0.006)	(0.005)	(0.009)	(0.004)	(0.004)
大米价格	-0.001	-0.001	-0.001	-0.001	0.001	0.001	-0.003	0.003*	-0.000	-0.002	-0.005***	-0.001	-0.001
	(0.001)	(0.001)	(0.004)	(0.001)	(0.001)	(0.002)	(0.002)	(0.001)	(0.001)	(0.001)	(0.001)	(0.001)	(0.001)

续表

	能量	蛋白质	脂肪	碳水化合物	不溶性纤维	胆固醇	维生素A	维生素C	钙	钾	钠	铁	锌
小麦价格	0.003	-0.003	0.017	-0.002	-0.005	-0.005	-0.019	-0.011	-0.021	-0.009	-0.025***	-0.010	-0.004
	(0.009)	(0.011)	(0.014)	(0.011)	(0.013)	(0.013)	(0.018)	(0.020)	(0.016)	(0.015)	(0.009)	(0.011)	(0.011)
粗粮价格	-0.011	-0.009	-0.014	-0.013	-0.008	-0.003	0.002	0.022*	0.000	0.003	0.024*	-0.005	-0.010
	(0.007)	(0.008)	(0.013)	(0.008)	(0.010)	(0.022)	(0.016)	(0.013)	(0.011)	(0.009)	(0.013)	(0.008)	(0.008)
食用油价格	0.005	0.005	0.014**	0.004	0.004	0.015*	0.010	-0.007	0.008*	0.000	-0.005	0.006	0.005
	(0.004)	(0.004)	(0.006)	(0.004)	(0.004)	(0.009)	(0.007)	(0.005)	(0.004)	(0.004)	(0.006)	(0.004)	(0.004)
牛奶价格	-0.000	-0.003	-0.001	-0.003	-0.002	0.013	0.001	-0.007	-0.002	-0.003	-0.006	0.003	-0.004
	(0.004)	(0.004)	(0.006)	(0.004)	(0.006)	(0.009)	(0.006)	(0.007)	(0.006)	(0.005)	(0.009)	(0.007)	(0.004)
鸡蛋价格	-0.000	0.000	0.001	-0.000	-0.000	0.001	0.000	-0.000	-0.001	0.001	-0.002	-0.001	0.001
	(0.001)	(0.001)	(0.001)	(0.001)	(0.001)	(0.002)	(0.001)	(0.001)	(0.001)	(0.001)	(0.002)	(0.001)	(0.001)
调味品价格	0.004	0.003	0.016*	-0.002	0.005	0.017	0.001	0.021**	0.002	0.008	0.003	0.001	0.005
	(0.006)	(0.008)	(0.009)	(0.007)	(0.009)	(0.015)	(0.013)	(0.010)	(0.009)	(0.009)	(0.010)	(0.008)	(0.007)
蔬菜价格	0.000	0.002	0.001	-0.002	-0.003	0.022***	0.008**	-0.001	0.002	0.001	0.010***	0.001	0.001
	(0.001)	(0.002)	(0.003)	(0.001)	(0.004)	(0.004)	(0.004)	(0.005)	(0.005)	(0.004)	(0.004)	(0.002)	(0.001)
水果价格	0.019***	0.025***	0.005	0.022***	0.015**	0.015	0.033***	0.007	0.030***	0.021***	0.038***	0.028***	0.027***
	(0.005)	(0.006)	(0.007)	(0.006)	(0.007)	(0.012)	(0.011)	(0.008)	(0.009)	(0.006)	(0.009)	(0.006)	(0.007)
猪肉价格	-0.008***	-0.011***	-0.009	-0.009***	-0.011**	-0.012	-0.011*	-0.008	-0.011**	-0.015***	-0.011	-0.010***	-0.008**
	(0.003)	(0.003)	(0.006)	(0.002)	(0.004)	(0.011)	(0.006)	(0.008)	(0.005)	(0.003)	(0.007)	(0.003)	(0.003)

续表

	能量	蛋白质	脂肪	碳水化合物	不溶性纤维	胆固醇	维生素A	维生素C	钙	钾	钠	铁	锌
鸡肉价格	-0.002	-0.006*	-0.003	0.000	-0.007*	-0.006	-0.012***	-0.009**	-0.011***	-0.010***	-0.012**	-0.008***	-0.004
	(0.003)	(0.003)	(0.004)	(0.003)	(0.004)	(0.005)	(0.004)	(0.004)	(0.003)	(0.003)	(0.006)	(0.003)	(0.003)
牛肉价格	0.004	0.003	0.005*	0.004	0.004	0.001	0.002	0.002	0.005*	0.003	-0.005	0.002	0.003
	(0.002)	(0.003)	(0.003)	(0.003)	(0.003)	(0.006)	(0.004)	(0.003)	(0.003)	(0.003)	(0.004)	(0.003)	(0.003)
羊肉价格	0.001	0.001	0.002*	0.001	0.003*	0.001	0.004***	0.003**	0.001	0.002	0.004**	0.002	0.001
	(0.001)	(0.001)	(0.001)	(0.002)	(0.002)	(0.003)	(0.001)	(0.001)	(0.002)	(0.002)	(0.002)	(0.002)	(0.002)
水产品价格	0.000	-0.002	-0.013**	0.003	-0.004	-0.031**	-0.021***	-0.013***	-0.009**	-0.005	-0.007	-0.004	-0.001
	(0.003)	(0.003)	(0.005)	(0.003)	(0.004)	(0.014)	(0.006)	(0.005)	(0.004)	(0.003)	(0.006)	(0.003)	(0.003)
豆类价格	-0.002	0.003	0.000	-0.001	0.007	0.006	0.006	0.006	0.001	0.004	-0.019	-0.001	0.002
	(0.006)	(0.005)	(0.013)	(0.003)	(0.005)	(0.014)	(0.008)	(0.007)	(0.008)	(0.005)	(0.012)	(0.005)	(0.004)
酒类价格	-0.002	-0.001	-0.003**	-0.001	-0.002	0.003	-0.001	-0.002	-0.001	-0.002	-0.000	-0.002	-0.001
	(0.001)	(0.001)	(0.001)	(0.001)	(0.002)	(0.002)	(0.002)	(0.002)	(0.002)	(0.001)	(0.003)	(0.001)	(0.001)
饮料价格	0.001	0.002	0.008	-0.001	0.002	0.004	0.005	0.004	0.004	0.001	0.004	0.003	0.003
	(0.003)	(0.004)	(0.005)	(0.003)	(0.005)	(0.006)	(0.004)	(0.003)	(0.004)	(0.004)	(0.005)	(0.004)	(0.003)
样本量	8115	8115	8115	8115	8115	8114	8114	8106	8115	8115	8115	8115	8115
F	26.700	7.617	20.986	14.905	11.186	12.411	5.315	6.494	21.553	5.992	8.649	7.686	5.614
R^2	0.066	-0.008	0.010	0.066	0.059	0.010	0.026	0.012	0.065	0.037	0.031	0.032	0.007

注：①括号内为聚类到村庄的稳健标准误。②"*""**"和"***"分别表示在10%、5%、1%的水平上显著。

附表-34　2004—2011 年非贫困中青年女性营养素摄入量（对数形式）的影响因素（IV-FE）

	能量	蛋白质	脂肪	碳水化合物	不溶性纤维	胆固醇	维生素A	维生素C	钙	钾	钠	铁	锌
家庭平均劳动强度	-0.088*** (0.004)	0.017*** (0.004)	-0.109*** (0.007)	-0.075*** (0.005)	-0.090*** (0.006)	-0.146*** (0.011)	0.002 (0.008)	0.018** (0.007)	0.017*** (0.006)	0.014*** (0.005)	-0.000 (0.010)	-0.003 (0.005)	0.019*** (0.005)
受教育程度	-0.011** (0.005)	-0.014*** (0.005)	-0.003 (0.008)	-0.012** (0.006)	0.000 (0.006)	-0.024 (0.015)	-0.004 (0.008)	0.004 (0.008)	-0.007 (0.007)	-0.006 (0.005)	-0.001 (0.011)	-0.008 (0.006)	-0.013*** (0.005)
年龄	0.002*** (0.000)	0.002*** (0.000)	0.000 (0.001)	0.003*** (0.000)	0.004*** (0.000)	-0.001 (0.001)	0.003*** (0.001)	0.005*** (0.001)	-0.005*** (0.001)	0.002*** (0.000)	0.003*** (0.001)	0.019*** (0.001)	0.002*** (0.000)
家庭规模	-0.015*** (0.003)	-0.006 (0.004)	-0.038*** (0.006)	-0.003 (0.003)	-0.003 (0.004)	-0.025*** (0.009)	-0.017** (0.007)	-0.007 (0.007)	-0.015*** (0.005)	-0.006 (0.004)	-0.032*** (0.007)	0.004 (0.004)	-0.012*** (0.003)
家庭平均膳食知识水平	0.000 (0.001)	0.001 (0.001)	-0.001 (0.002)	-0.003 (0.001)	0.001 (0.001)	-0.003 (0.003)	0.002 (0.002)	0.006*** (0.002)	0.002* (0.001)	0.003* (0.001)	0.000 (0.002)	-0.000 (0.001)	0.001 (0.001)
18岁以下人口比例	0.009* (0.005)	0.011** (0.005)	0.017** (0.008)	0.004 (0.005)	0.005 (0.006)	0.035** (0.014)	0.001 (0.009)	-0.007 (0.008)	0.006 (0.006)	0.007 (0.006)	0.005 (0.009)	0.009 (0.006)	0.007 (0.005)
2006 年	-0.022 (0.019)	-0.032 (0.022)	0.015 (0.034)	-0.046** (0.019)	-0.037 (0.025)	0.065 (0.050)	-0.047 (0.040)	-0.071* (0.039)	-0.082*** (0.029)	-0.025 (0.024)	0.021 (0.038)	-0.034* (0.020)	-0.037* (0.020)
2009 年	-0.087*** (0.024)	-0.070*** (0.026)	-0.079** (0.040)	-0.084*** (0.027)	-0.039 (0.030)	0.009 (0.063)	-0.046 (0.049)	-0.074 (0.046)	-0.082** (0.034)	-0.029 (0.029)	-0.108** (0.047)	-0.061** (0.029)	-0.096*** (0.025)
2011 年	-0.063** (0.031)	-0.073** (0.035)	-0.123** (0.054)	-0.017 (0.037)	0.058 (0.044)	-0.137* (0.076)	-0.055 (0.068)	-0.005 (0.062)	-0.073 (0.053)	0.049 (0.044)	-0.127** (0.062)	-0.034 (0.041)	-0.099*** (0.036)

续表

	能量	蛋白质	脂肪	碳水化合物	不溶性纤维	胆固醇	维生素A	维生素C	钙	钾	钠	铁	锌
过去4周是否生病	0.005	-0.009	0.052***	-0.010	0.024*	-0.015	0.038**	0.044**	0.017	0.022*	0.027	0.015	0.003
	(0.010)	(0.011)	(0.017)	(0.011)	(0.013)	(0.031)	(0.017)	(0.019)	(0.014)	(0.012)	(0.020)	(0.011)	(0.010)
成年女性平均受教育程度	0.006	0.015**	0.004	0.002	-0.004	0.042**	0.012	0.003	0.021**	0.009	-0.013	-0.018**	0.011*
	(0.006)	(0.006)	(0.009)	(0.007)	(0.008)	(0.017)	(0.010)	(0.011)	(0.008)	(0.007)	(0.013)	(0.007)	(0.006)
大米价格	0.000	-0.001	0.000	0.000	0.000	-0.001	-0.002**	0.004***	-0.002*	-0.001	-0.006***	-0.000	0.000
	(0.001)	(0.001)	(0.003)	(0.001)	(0.001)	(0.001)	(0.001)	(0.001)	(0.001)	(0.001)	(0.001)	(0.001)	(0.001)
小麦价格	0.006	0.002	0.015	0.002	0.000	0.001	-0.014	-0.001	-0.014	-0.001	-0.024***	-0.005	0.000
	(0.008)	(0.008)	(0.014)	(0.010)	(0.011)	(0.011)	(0.015)	(0.016)	(0.014)	(0.012)	(0.009)	(0.011)	(0.009)
粗粮价格	-0.014*	-0.011	-0.021	-0.012	-0.007	-0.006	-0.012	0.016	-0.006	-0.002	0.015	-0.009	-0.009
	(0.008)	(0.008)	(0.014)	(0.008)	(0.010)	(0.021)	(0.015)	(0.014)	(0.011)	(0.010)	(0.013)	(0.009)	(0.008)
食用油价格	0.006	0.005	0.015**	0.003	0.005	0.012	0.017***	-0.004	0.012**	0.002	-0.007	0.007*	0.004
	(0.004)	(0.004)	(0.006)	(0.004)	(0.004)	(0.009)	(0.007)	(0.005)	(0.005)	(0.004)	(0.006)	(0.004)	(0.004)
牛奶价格	0.004	0.004	-0.001	0.004	0.006	0.002	0.006	0.001	0.007	0.003	-0.005	0.009*	0.002
	(0.003)	(0.004)	(0.005)	(0.004)	(0.006)	(0.009)	(0.006)	(0.006)	(0.005)	(0.004)	(0.009)	(0.005)	(0.003)
鸡蛋价格	-0.001**	-0.001	-0.001	-0.002**	-0.001	0.001	-0.001	-0.001	-0.001	0.001	-0.003**	-0.001*	0.001*
	(0.001)	(0.001)	(0.001)	(0.001)	(0.001)	(0.002)	(0.001)	(0.001)	(0.001)	(0.001)	(0.002)	(0.001)	(0.001)
调味品价格	0.004	0.004	0.011	0.000	0.008	0.023	0.008	0.026**	0.007	0.010	0.000	-0.001	0.006
	(0.005)	(0.007)	(0.008)	(0.006)	(0.009)	(0.016)	(0.013)	(0.011)	(0.009)	(0.008)	(0.010)	(0.007)	(0.006)

续表

	能量	蛋白质	脂肪	碳水化合物	不溶性纤维	胆固醇	维生素A	维生素C	钙	钾	钠	铁	锌
蔬菜价格	-0.004*** (0.001)	-0.002 (0.002)	-0.001 (0.004)	-0.006*** (0.001)	-0.006** (0.002)	0.013** (0.005)	0.005 (0.005)	0.001 (0.007)	-0.001 (0.005)	-0.003 (0.004)	0.010** (0.004)	-0.004** (0.002)	-0.004** (0.002)
水果价格	0.013*** (0.005)	0.020*** (0.006)	0.004 (0.006)	0.013** (0.007)	0.009 (0.007)	0.028** (0.012)	0.022* (0.012)	-0.004 (0.009)	0.020** (0.009)	0.013* (0.007)	0.036*** (0.009)	0.022*** (0.006)	0.020*** (0.007)
猪肉价格	-0.006** (0.003)	-0.009*** (0.002)	-0.007 (0.007)	-0.006** (0.002)	-0.012*** (0.003)	-0.014** (0.006)	-0.011*** (0.004)	-0.006 (0.005)	-0.010** (0.004)	-0.015*** (0.002)	-0.007 (0.005)	-0.009*** (0.002)	-0.006*** (0.002)
鸡肉价格	0.001 (0.002)	-0.002 (0.003)	-0.001 (0.004)	0.003 (0.002)	-0.004 (0.003)	-0.001 (0.006)	-0.007* (0.004)	-0.005 (0.003)	-0.009*** (0.003)	-0.006** (0.003)	-0.010* (0.005)	-0.007*** (0.002)	-0.001 (0.002)
牛肉价格	0.005** (0.002)	0.004 (0.003)	0.004 (0.003)	0.005* (0.002)	0.003 (0.003)	0.003 (0.006)	0.003 (0.004)	0.002 (0.004)	0.006* (0.003)	0.004 (0.003)	-0.005 (0.004)	0.003 (0.002)	0.003 (0.002)
羊肉价格	0.000 (0.001)	-0.000 (0.001)	0.002 (0.001)	-0.001 (0.001)	0.002 (0.002)	0.000 (0.003)	0.003* (0.002)	0.002 (0.002)	0.001 (0.002)	0.001 (0.002)	0.004** (0.002)	0.001 (0.002)	0.000 (0.002)
水产品价格	0.001 (0.003)	-0.001 (0.004)	-0.010** (0.005)	0.005 (0.003)	-0.002 (0.004)	-0.027 (0.017)	-0.016*** (0.006)	-0.011** (0.005)	-0.009** (0.004)	-0.003 (0.004)	0.001 (0.006)	-0.002 (0.004)	0.002 (0.004)
豆类价格	-0.004 (0.006)	-0.001 (0.005)	0.002 (0.012)	-0.004 (0.004)	0.003 (0.005)	-0.002 (0.013)	0.007 (0.009)	0.007 (0.008)	0.000 (0.007)	0.001 (0.005)	-0.014 (0.010)	-0.003 (0.005)	-0.002 (0.005)
酒类价格	-0.002** (0.001)	-0.002 (0.001)	-0.004** (0.001)	-0.002 (0.001)	-0.002 (0.002)	0.003 (0.003)	-0.002 (0.002)	-0.003 (0.002)	-0.002 (0.001)	-0.002 (0.001)	-0.001 (0.003)	-0.003* (0.001)	-0.002 (0.001)

续表

	能量	蛋白质	脂肪	碳水化合物	不溶性纤维	胆固醇	维生素A	维生素C	钙	钾	钠	铁	锌
饮料价格	0.004*	0.004	0.009**	0.001	0.004	0.009	0.008**	0.009***	0.006*	0.004	0.003	0.003	0.005*
	(0.002)	(0.003)	(0.004)	(0.002)	(0.004)	(0.007)	(0.003)	(0.003)	(0.003)	(0.003)	(0.004)	(0.003)	(0.003)
样本量	8717	8717	8717	8717	8717	8717	8717	8711	8717	8717	8717	8717	8717
F	32.085	11.207	18.845	25.065	25.343	17.040	9.567	6.324	11.823	8.363	14.617	112.045	10.702
R^2	0.076	-0.016	0.000	0.074	0.068	0.010	0.023	0.021	0.030	0.027	0.031	0.262	0.011

注：①括号内为聚类到村庄的稳健标准误。② "*" "**" 和 "***" 分别表示在10%、5%、1%的水平上显著。

附表 -35　2004—2011 年贫困男童营养素摄入量（对数形式）的影响因素（IV-FE）

	能量	蛋白质	脂肪	碳水化合物	不溶性纤维	胆固醇	维生素A	维生素C	钙	钾	钠	铁	锌
家庭平均劳动强度	-0.032	0.001	0.044	-0.054**	-0.079**	-0.091	0.039	-0.002	-0.007	-0.028	-0.035	-0.031	0.003
	(0.025)	(0.032)	(0.040)	(0.027)	(0.040)	(0.061)	(0.049)	(0.061)	(0.037)	(0.036)	(0.044)	(0.034)	(0.032)
受教育程度	-0.022	-0.043	-0.034	-0.046	-0.079**	-0.012	-0.052	-0.101*	0.039	-0.025	0.122***	-0.010	-0.030
	(0.024)	(0.031)	(0.047)	(0.029)	(0.036)	(0.072)	(0.049)	(0.055)	(0.036)	(0.029)	(0.041)	(0.024)	(0.028)
年龄	0.000	-0.005	-0.031*	0.026***	0.034***	-0.043*	-0.027*	0.034*	0.014	0.019*	-0.053***	0.035***	-0.012
	(0.007)	(0.010)	(0.016)	(0.008)	(0.011)	(0.023)	(0.016)	(0.020)	(0.011)	(0.010)	(0.018)	(0.009)	(0.009)

续表

	能量	蛋白质	脂肪	碳水化合物	不溶性纤维	胆固醇	维生素A	维生素C	钙	钾	钠	铁	锌
家庭规模	-0.008 (0.023)	-0.022 (0.028)	-0.063 (0.053)	0.006 (0.020)	0.012 (0.028)	-0.066 (0.074)	-0.104* (0.056)	0.049 (0.043)	-0.081* (0.043)	0.005 (0.026)	-0.086 (0.060)	-0.015 (0.024)	-0.031 (0.029)
家庭平均膳食知识水平	0.005 (0.005)	0.006 (0.006)	0.009 (0.011)	0.001 (0.004)	-0.004 (0.007)	0.012 (0.013)	-0.004 (0.013)	-0.006 (0.010)	0.006 (0.009)	-0.001 (0.005)	0.006 (0.007)	0.004 (0.004)	0.004 (0.006)
18岁以下人口比例	-0.020 (0.018)	-0.016 (0.020)	-0.040 (0.033)	-0.006 (0.017)	0.018 (0.024)	0.062 (0.040)	0.028 (0.036)	-0.009 (0.050)	-0.009 (0.022)	0.013 (0.028)	-0.000 (0.033)	-0.001 (0.019)	-0.013 (0.021)
2006年	0.106** (0.051)	0.129** (0.058)	0.240 (0.172)	0.097* (0.056)	0.047 (0.105)	0.526** (0.207)	0.222 (0.173)	-0.139 (0.190)	0.103 (0.106)	0.043 (0.080)	0.151 (0.157)	0.108* (0.056)	0.144** (0.065)
2009年	-0.045 (0.062)	-0.082 (0.076)	0.165 (0.161)	-0.110* (0.063)	-0.179* (0.103)	0.306 (0.213)	-0.323* (0.192)	-0.405** (0.172)	-0.297** (0.118)	-0.132 (0.082)	0.026 (0.151)	-0.136** (0.067)	-0.068 (0.081)
2011年	-0.161 (0.122)	-0.140 (0.131)	-0.042 (0.299)	-0.167 (0.107)	-0.172 (0.177)	-0.173 (0.334)	-0.439* (0.257)	-0.190 (0.306)	-0.556*** (0.164)	0.016 (0.151)	-0.015 (0.290)	-0.220* (0.113)	-0.206 (0.128)
过去4周是否生病	0.046 (0.044)	0.050 (0.050)	0.032 (0.108)	0.032 (0.041)	0.045 (0.066)	0.129 (0.132)	0.157 (0.132)	0.134 (0.133)	0.037 (0.090)	0.111* (0.062)	0.117 (0.087)	0.046 (0.052)	0.062 (0.048)
成年女性平均受教育程度	-0.006 (0.028)	-0.029 (0.036)	-0.114 (0.085)	0.016 (0.029)	0.027 (0.042)	-0.049 (0.103)	-0.087 (0.072)	0.096 (0.075)	-0.078* (0.043)	0.001 (0.032)	-0.114 (0.086)	-0.015 (0.029)	-0.035 (0.035)
大米价格	-0.018 (0.091)	0.001 (0.105)	0.265 (0.237)	-0.094 (0.082)	-0.049 (0.109)	0.224 (0.284)	0.351* (0.208)	-0.066 (0.208)	0.006 (0.126)	-0.077 (0.102)	-0.220 (0.182)	-0.047 (0.083)	0.075 (0.106)

续表

	能量	蛋白质	脂肪	碳水化合物	不溶性纤维	胆固醇	维生素A	维生素C	钙	钾	钠	铁	锌
小麦价格	-0.015 (0.013)	-0.011 (0.018)	0.010 (0.044)	-0.024** (0.010)	-0.039*** (0.014)	0.011 (0.032)	0.009 (0.034)	-0.053* (0.027)	-0.011 (0.021)	-0.036*** (0.012)	0.017 (0.025)	-0.027** (0.010)	-0.011 (0.021)
粗粮价格	-0.009 (0.028)	0.001 (0.034)	0.047 (0.079)	-0.045 (0.029)	-0.018 (0.052)	0.135 (0.098)	0.085 (0.096)	0.046 (0.099)	0.005 (0.051)	-0.014 (0.040)	-0.022 (0.082)	-0.019 (0.031)	0.025 (0.036)
食用油价格	-0.007 (0.012)	0.003 (0.016)	0.011 (0.029)	-0.009 (0.013)	-0.010 (0.023)	0.030 (0.034)	-0.011 (0.030)	-0.026 (0.038)	-0.006 (0.022)	0.006 (0.018)	-0.016 (0.025)	0.001 (0.013)	-0.005 (0.015)
牛奶价格	0.004 (0.012)	-0.002 (0.014)	-0.009 (0.033)	0.013 (0.011)	0.036* (0.021)	-0.029 (0.039)	-0.005 (0.040)	0.022 (0.030)	0.005 (0.020)	0.012 (0.015)	-0.021 (0.036)	0.008 (0.012)	-0.009 (0.013)
鸡蛋价格	-0.028* (0.015)	-0.028 (0.017)	-0.063* (0.034)	-0.026 (0.017)	0.001 (0.021)	0.044 (0.044)	-0.028 (0.045)	-0.049 (0.041)	-0.020 (0.026)	-0.012 (0.020)	-0.040 (0.042)	0.005 (0.019)	-0.031** (0.016)
调味品价格	-0.001 (0.015)	-0.008 (0.024)	-0.034 (0.040)	0.016 (0.015)	0.016 (0.024)	-0.037 (0.059)	0.027 (0.051)	0.040 (0.048)	0.025 (0.026)	0.002 (0.025)	-0.048 (0.033)	0.012 (0.018)	-0.004 (0.020)
蔬菜价格	0.044 (0.028)	0.039 (0.024)	-0.045 (0.108)	0.040 (0.026)	0.061 (0.045)	-0.319** (0.127)	-0.057 (0.066)	0.114 (0.079)	0.089* (0.047)	0.099** (0.039)	0.191 (0.132)	0.045* (0.026)	0.019 (0.025)
水果价格	0.006 (0.022)	0.004 (0.031)	-0.041 (0.054)	0.008 (0.022)	-0.000 (0.035)	0.057 (0.070)	-0.018 (0.050)	0.019 (0.055)	-0.005 (0.035)	0.014 (0.025)	0.009 (0.051)	0.020 (0.024)	-0.003 (0.027)
猪肉价格	0.019 (0.016)	0.014 (0.016)	0.015 (0.038)	0.022 (0.014)	-0.001 (0.027)	0.047 (0.051)	0.059* (0.031)	0.001 (0.042)	0.045* (0.019)	-0.017 (0.022)	0.018 (0.034)	0.014 (0.015)	0.029* (0.015)

续表

	能量	蛋白质	脂肪	碳水化合物	不溶性纤维	胆固醇	维生素A	维生素C	钙	钾	钠	铁	锌
鸡肉价格	0.009	0.004	0.045***	-0.005	-0.005	0.027	0.006	-0.031	0.006	-0.002	-0.018	0.001	0.003
	(0.008)	(0.010)	(0.017)	(0.008)	(0.011)	(0.024)	(0.020)	(0.020)	(0.012)	(0.010)	(0.020)	(0.009)	(0.010)
牛肉价格	-0.002	0.006	-0.016	0.003	0.010	0.027**	0.025*	0.018	0.019**	0.009	-0.014	0.000	-0.002
	(0.006)	(0.007)	(0.012)	(0.006)	(0.011)	(0.014)	(0.015)	(0.014)	(0.009)	(0.008)	(0.016)	(0.007)	(0.006)
羊肉价格	0.009**	0.006	0.014	0.007*	-0.000	-0.008	-0.005	-0.005	0.005	0.008	-0.011	0.008*	0.009**
	(0.005)	(0.004)	(0.010)	(0.004)	(0.006)	(0.010)	(0.009)	(0.010)	(0.005)	(0.005)	(0.009)	(0.004)	(0.004)
水产品价格	0.003	0.003	-0.002	0.007	-0.003	-0.028	-0.024	-0.023	-0.015	-0.008	-0.014	0.000	-0.000
	(0.007)	(0.009)	(0.025)	(0.006)	(0.010)	(0.023)	(0.020)	(0.021)	(0.015)	(0.009)	(0.021)	(0.006)	(0.010)
豆类价格	-0.004	-0.005	0.030	-0.021	-0.037	0.021	-0.056	-0.024	-0.040	-0.057**	-0.070	-0.031	-0.021
	(0.027)	(0.023)	(0.067)	(0.020)	(0.030)	(0.060)	(0.076)	(0.062)	(0.034)	(0.029)	(0.043)	(0.022)	(0.024)
酒类价格	0.001	0.004	-0.006	0.004	0.003	0.004	0.007	0.012	0.007	0.003	-0.001	-0.002	0.000
	(0.004)	(0.005)	(0.009)	(0.003)	(0.005)	(0.011)	(0.009)	(0.009)	(0.006)	(0.004)	(0.009)	(0.004)	(0.005)
饮料价格	0.011*	0.011	0.009	0.004	-0.017	-0.007	-0.027	-0.021	-0.003	0.001	-0.026	0.002	0.013
	(0.007)	(0.010)	(0.018)	(0.005)	(0.011)	(0.020)	(0.027)	(0.016)	(0.013)	(0.010)	(0.021)	(0.009)	(0.009)
样本量	659	659	659	659	659	658	659	656	659	659	659	659	659
F	2.141	2.740	1.885	2.860	2.574	4.915	2.537	1.997	3.672	3.080	9.614	5.459	2.297
R²	0.032	-0.286	-0.776	0.039	-0.294	-0.135	-0.643	-1.482	-0.392	-0.130	0.143	0.133	-0.455

注：①括号内为聚类到村庄的稳健标准误。②"*""**"和"***"分别表示10%、5%、1%的水平上显著。

附表-36 2004—2011年贫困女童营养素摄入量（对数形式）的影响因素（IV-FE）

	能量	蛋白质	脂肪	碳水化合物	不溶性纤维	胆固醇	维生素A	维生素C	钙	钾	钠	铁	锌
家庭平均劳动强度	-0.029 (0.024)	0.009 (0.027)	-0.005 (0.045)	-0.009 (0.025)	-0.047 (0.029)	-0.190*** (0.056)	-0.069* (0.038)	0.060* (0.031)	-0.000 (0.026)	0.009 (0.023)	0.034 (0.041)	0.008 (0.023)	-0.002 (0.023)
受教育程度	-0.019 (0.030)	-0.038 (0.029)	-0.020 (0.052)	-0.052 (0.033)	-0.049 (0.036)	0.008 (0.093)	0.050 (0.065)	0.012 (0.041)	0.103** (0.044)	-0.024 (0.025)	0.080 (0.058)	-0.041 (0.030)	0.013 (0.026)
年龄	-0.007 (0.006)	-0.009 (0.007)	-0.007 (0.010)	0.009 (0.007)	0.016* (0.009)	-0.018 (0.016)	-0.003 (0.012)	-0.009 (0.009)	0.002 (0.009)	-0.009 (0.007)	-0.055*** (0.010)	-0.002 (0.006)	-0.005 (0.006)
家庭规模	-0.006 (0.016)	0.003 (0.017)	-0.029 (0.033)	0.005 (0.014)	-0.007 (0.016)	0.012 (0.044)	-0.004 (0.020)	0.003 (0.024)	-0.021 (0.016)	0.011 (0.019)	-0.025 (0.029)	-0.013 (0.012)	0.008 (0.014)
家庭平均膳食知识水平	0.002 (0.004)	0.009 (0.006)	0.005 (0.010)	0.000 (0.004)	0.011* (0.006)	0.009 (0.016)	0.015 (0.012)	0.014 (0.011)	0.008 (0.005)	0.014** (0.007)	0.022** (0.009)	0.010** (0.004)	0.009* (0.005)
18岁以下人口比例	-0.032** (0.013)	-0.030* (0.016)	-0.087** (0.041)	-0.030** (0.013)	0.006 (0.019)	0.047 (0.070)	-0.010 (0.026)	-0.019 (0.039)	-0.028* (0.016)	-0.006 (0.019)	0.021 (0.040)	-0.022 (0.014)	-0.028* (0.015)
2006年	-0.043 (0.067)	-0.040 (0.062)	0.082 (0.153)	-0.048 (0.060)	-0.133* (0.070)	0.382** (0.161)	-0.063 (0.143)	-0.201 (0.124)	-0.139* (0.077)	-0.043 (0.064)	0.024 (0.112)	-0.015 (0.055)	-0.031 (0.056)
2009年	-0.039 (0.063)	-0.014 (0.065)	0.167 (0.212)	-0.075 (0.062)	-0.097 (0.095)	0.251 (0.174)	0.128 (0.194)	-0.277 (0.219)	-0.083 (0.082)	-0.051 (0.083)	-0.170 (0.174)	-0.004 (0.064)	-0.056 (0.061)
2011年	-0.127 (0.117)	-0.189 (0.137)	0.017 (0.363)	-0.103 (0.131)	-0.062 (0.136)	-0.071 (0.395)	0.261 (0.298)	-0.148 (0.381)	-0.266* (0.147)	-0.181 (0.116)	-0.487 (0.298)	-0.065 (0.145)	-0.211* (0.113)

续表

	能量	蛋白质	脂肪	碳水化合物	不溶性纤维	胆固醇	维生素A	维生素C	钙	钾	钠	铁	锌
过去4周是否生病	-0.053	-0.081	-0.064	-0.050	-0.115	-0.120	-0.163	-0.111	-0.088	-0.123	0.101	-0.067	-0.090
	(0.075)	(0.081)	(0.109)	(0.081)	(0.100)	(0.187)	(0.131)	(0.105)	(0.095)	(0.089)	(0.092)	(0.066)	(0.069)
成年女性平均受教育程度	0.046**	0.051**	0.075*	0.026	0.048	0.014	-0.003	0.024	0.013	0.049**	-0.026	0.041*	0.043**
	(0.018)	(0.023)	(0.043)	(0.021)	(0.031)	(0.068)	(0.048)	(0.040)	(0.028)	(0.022)	(0.039)	(0.022)	(0.017)
大米价格	0.049	0.040	0.142**	0.045	0.010	0.113	0.015	-0.005	-0.003	0.026	0.032	0.051	0.040
	(0.032)	(0.035)	(0.056)	(0.030)	(0.043)	(0.089)	(0.065)	(0.057)	(0.044)	(0.038)	(0.067)	(0.032)	(0.027)
小麦价格	-0.001	0.009	-0.009	0.021	0.039	-0.067	-0.008	-0.011	-0.013	0.007	-0.047*	0.011	-0.003
	(0.028)	(0.030)	(0.039)	(0.024)	(0.028)	(0.047)	(0.038)	(0.035)	(0.035)	(0.029)	(0.025)	(0.023)	(0.022)
粗粮价格	-0.067**	-0.070*	-0.145*	-0.080**	-0.004	0.021	0.093	0.106	0.010	0.007	0.039	-0.045	-0.024
	(0.034)	(0.040)	(0.075)	(0.035)	(0.047)	(0.146)	(0.083)	(0.071)	(0.052)	(0.046)	(0.089)	(0.037)	(0.034)
食用油价格	-0.025**	-0.025*	0.022	-0.029**	-0.041**	0.017	-0.035	-0.048*	-0.026	-0.035**	-0.033	-0.021	-0.018*
	(0.011)	(0.013)	(0.030)	(0.013)	(0.018)	(0.038)	(0.033)	(0.027)	(0.020)	(0.015)	(0.035)	(0.013)	(0.011)
牛奶价格	0.006	-0.004	0.003	-0.009	-0.010	0.017	-0.013	0.009	0.016	0.001	-0.001	-0.003	-0.007
	(0.012)	(0.012)	(0.023)	(0.010)	(0.018)	(0.037)	(0.040)	(0.023)	(0.021)	(0.015)	(0.041)	(0.013)	(0.012)
鸡蛋价格	-0.012	-0.015	-0.047*	-0.011	-0.003	-0.019	-0.024	-0.033	-0.002	-0.003	0.018	0.002	0.000
	(0.016)	(0.017)	(0.028)	(0.014)	(0.018)	(0.034)	(0.042)	(0.024)	(0.019)	(0.016)	(0.037)	(0.014)	(0.015)
调味品价格	0.012	0.008	0.001	-0.003	-0.001	0.056	0.040	0.033	0.009	0.015	-0.070**	-0.012	0.002
	(0.020)	(0.024)	(0.032)	(0.021)	(0.021)	(0.060)	(0.044)	(0.022)	(0.025)	(0.020)	(0.034)	(0.022)	(0.019)

续表

	能量	蛋白质	脂肪	碳水化合物	不溶性纤维	胆固醇	维生素A	维生素C	钙	钾	钠	铁	锌
蔬菜价格	0.140***	0.154**	0.091	0.161***	0.270***	0.143	0.208**	0.261***	0.317***	0.219***	0.398***	0.192***	0.135**
	(0.052)	(0.061)	(0.110)	(0.052)	(0.060)	(0.212)	(0.102)	(0.081)	(0.069)	(0.056)	(0.118)	(0.052)	(0.053)
水果价格	0.031**	0.066***	-0.001	0.022	-0.021	0.018	-0.101**	-0.117*	0.022	0.014	0.048	0.016	0.033**
	(0.015)	(0.019)	(0.047)	(0.019)	(0.029)	(0.052)	(0.047)	(0.061)	(0.022)	(0.022)	(0.042)	(0.023)	(0.016)
猪肉价格	-0.000	-0.003	-0.019*	0.002	-0.001	0.012	0.029*	0.041**	0.005	0.005	0.004	0.005	0.007
	(0.011)	(0.014)	(0.011)	(0.011)	(0.015)	(0.023)	(0.017)	(0.017)	(0.014)	(0.010)	(0.015)	(0.012)	(0.012)
鸡肉价格	0.008	0.003	0.071***	-0.000	-0.014	-0.019	-0.032*	-0.027**	-0.027**	-0.014	-0.005	-0.003	0.001
	(0.008)	(0.011)	(0.017)	(0.009)	(0.011)	(0.020)	(0.017)	(0.013)	(0.012)	(0.009)	(0.022)	(0.009)	(0.009)
牛肉价格	-0.006	-0.009	-0.017	-0.007	-0.010	0.011	-0.017	-0.007	0.002	-0.007	-0.039*	-0.008	-0.006
	(0.007)	(0.009)	(0.018)	(0.007)	(0.008)	(0.019)	(0.017)	(0.018)	(0.009)	(0.007)	(0.021)	(0.007)	(0.008)
羊肉价格	0.006	0.005	0.015	0.003	-0.000	0.023	-0.002	-0.004	-0.003	0.008**	0.007	0.002	0.005
	(0.005)	(0.006)	(0.014)	(0.005)	(0.004)	(0.015)	(0.011)	(0.010)	(0.006)	(0.004)	(0.012)	(0.004)	(0.004)
水产品价格	-0.008	-0.013	-0.004	-0.009	-0.033***	-0.076***	-0.050**	-0.053***	-0.047***	-0.032***	-0.020	-0.016*	-0.019***
	(0.007)	(0.009)	(0.019)	(0.009)	(0.010)	(0.023)	(0.025)	(0.019)	(0.011)	(0.009)	(0.015)	(0.008)	(0.007)
豆类价格	-0.045	-0.030	0.003	-0.057**	-0.056*	-0.070	-0.104	-0.084**	-0.067*	-0.064**	0.005	-0.070**	-0.045
	(0.033)	(0.037)	(0.074)	(0.024)	(0.030)	(0.090)	(0.071)	(0.039)	(0.040)	(0.029)	(0.077)	(0.031)	(0.029)
酒类价格	0.005	0.007	-0.014	0.010	0.001	0.004	0.010	0.011	0.004	0.006	-0.009	0.001	0.003
	(0.007)	(0.009)	(0.014)	(0.008)	(0.007)	(0.025)	(0.012)	(0.011)	(0.010)	(0.007)	(0.020)	(0.007)	(0.007)

续表

	能量	蛋白质	脂肪	碳水化合物	不溶性纤维	胆固醇	维生素A	维生素C	钙	钾	钠	铁	锌
饮料价格	-0.000	-0.003	0.007	-0.007	-0.011*	-0.006	-0.014	-0.006	-0.011	-0.007	-0.007	-0.005	0.003
	(0.004)	(0.005)	(0.010)	(0.005)	(0.006)	(0.015)	(0.018)	(0.009)	(0.008)	(0.007)	(0.008)	(0.005)	(0.005)
样本量	553	553	553	553	553	552	553	551	553	553	553	553	553
F	4.763	3.134	9.253	3.832	4.723	5.020	2.980	3.866	7.280	5.760	11.945	4.640	4.147
R^2	0.069	0.009	0.189	0.005	0.102	0.112	0.033	0.107	0.143	0.131	0.203	0.123	0.060

注:①括号内为聚类到村庄的稳健标准误。②"*""**"和"***"分别表示在10%、5%、1%的水平上显著。

附表-37　2004—2011年贫困中青年男性营养素摄入量(对数形式)的影响因素(IV-FE)

	能量	蛋白质	脂肪	碳水化合物	不溶性纤维	胆固醇	维生素A	维生素C	钙	钾	钠	铁	锌
家庭平均劳动强度	-0.111***	-0.008	-0.149***	-0.097***	-0.105***	-0.207***	-0.012	0.004	0.007	-0.001	0.004	-0.003	-0.000
	(0.015)	(0.018)	(0.022)	(0.015)	(0.019)	(0.051)	(0.028)	(0.026)	(0.017)	(0.017)	(0.021)	(0.015)	(0.016)
受教育程度	0.006	0.010	0.036	-0.008	-0.004	0.009	0.026	0.026	0.020	0.016	-0.006	0.006	0.009
	(0.018)	(0.020)	(0.025)	(0.017)	(0.021)	(0.052)	(0.026)	(0.025)	(0.016)	(0.020)	(0.021)	(0.016)	(0.018)
年龄	0.002*	-0.000	0.002	0.002*	0.003**	-0.003	0.000	0.003**	-0.007***	0.001	0.003**	-0.000	-0.000
	(0.001)	(0.001)	(0.002)	(0.001)	(0.001)	(0.003)	(0.001)	(0.001)	(0.001)	(0.001)	(0.001)	(0.001)	(0.001)

续表

	能量	蛋白质	脂肪	碳水化合物	不溶性纤维	胆固醇	维生素A	维生素C	钙	钾	钠	铁	锌
家庭规模	-0.034***	-0.025**	-0.081***	-0.012	-0.025*	-0.098**	-0.039**	-0.006	-0.026**	-0.025**	-0.021	-0.025**	-0.024**
	(0.011)	(0.012)	(0.020)	(0.010)	(0.014)	(0.039)	(0.019)	(0.017)	(0.013)	(0.012)	(0.017)	(0.011)	(0.011)
家庭平均膳食知识水平	0.005*	0.005	0.013***	0.001	-0.000	0.013	0.003	0.005	-0.000	0.003	-0.002	0.002	0.004
	(0.003)	(0.003)	(0.005)	(0.003)	(0.004)	(0.010)	(0.005)	(0.005)	(0.004)	(0.004)	(0.005)	(0.003)	(0.003)
18岁以下人口比例	-0.003	-0.002	0.003	0.002	0.017	-0.059	0.009	0.017	-0.003	0.015	0.030	0.007	0.001
	(0.013)	(0.014)	(0.021)	(0.011)	(0.015)	(0.045)	(0.022)	(0.017)	(0.015)	(0.014)	(0.023)	(0.012)	(0.014)
2006年	0.008	0.009	0.085	-0.017	-0.010	0.425***	0.025	-0.075	-0.014	-0.005	0.013	0.010	0.000
	(0.044)	(0.050)	(0.071)	(0.040)	(0.056)	(0.149)	(0.076)	(0.070)	(0.055)	(0.050)	(0.076)	(0.042)	(0.046)
2009年	-0.100**	-0.067	0.110	-0.143***	-0.154**	0.566***	-0.080	-0.321***	-0.161**	-0.085	0.072	-0.107**	-0.076
	(0.048)	(0.060)	(0.078)	(0.052)	(0.066)	(0.186)	(0.106)	(0.094)	(0.063)	(0.063)	(0.074)	(0.052)	(0.054)
2011年	-0.108	-0.048	0.006	-0.108	-0.157	0.313	-0.144	-0.452***	-0.180	-0.087	0.102	-0.086	-0.058
	(0.098)	(0.114)	(0.136)	(0.096)	(0.116)	(0.323)	(0.161)	(0.152)	(0.118)	(0.106)	(0.144)	(0.094)	(0.106)
过去4周是否生病	-0.003	-0.014	0.026	-0.020	0.024	0.127	0.039	0.053	-0.001	-0.006	-0.096*	-0.025	0.004
	(0.043)	(0.044)	(0.055)	(0.038)	(0.045)	(0.113)	(0.066)	(0.059)	(0.047)	(0.041)	(0.053)	(0.038)	(0.041)
成年女性平均受教育程度	0.002	-0.002	-0.001	-0.007	-0.022	0.009	-0.024	-0.038	0.001	-0.023	-0.048*	-0.012	-0.005
	(0.014)	(0.015)	(0.023)	(0.012)	(0.016)	(0.055)	(0.025)	(0.023)	(0.016)	(0.015)	(0.027)	(0.013)	(0.013)
大米价格	0.013	0.010	0.076*	0.007	-0.006	-0.031	-0.002	-0.015	0.017	0.003	0.001	0.007	0.005
	(0.019)	(0.021)	(0.040)	(0.018)	(0.023)	(0.083)	(0.039)	(0.037)	(0.023)	(0.023)	(0.031)	(0.018)	(0.018)

续表

	能量	蛋白质	脂肪	碳水化合物	不溶性纤维	胆固醇	维生素A	维生素C	钙	钾	钠	铁	锌
小麦价格	0.009 (0.009)	0.013 (0.010)	0.021 (0.015)	0.006 (0.009)	0.016 (0.013)	0.051** (0.024)	0.007 (0.021)	0.015 (0.019)	−0.000 (0.017)	0.011 (0.015)	0.004 (0.016)	0.007 (0.011)	0.007 (0.009)
粗粮价格	0.020 (0.020)	0.016 (0.022)	−0.049 (0.042)	0.025 (0.018)	0.033 (0.025)	−0.025 (0.093)	0.048 (0.044)	0.062 (0.047)	0.008 (0.030)	0.021 (0.026)	−0.029 (0.038)	0.017 (0.019)	0.026 (0.020)
食用油价格	−0.011 (0.011)	−0.010 (0.013)	−0.006 (0.017)	−0.013 (0.010)	−0.015 (0.014)	0.006 (0.037)	−0.014 (0.021)	−0.016 (0.022)	−0.008 (0.014)	−0.022* (0.013)	−0.012 (0.021)	−0.011 (0.011)	−0.009 (0.012)
牛奶价格	−0.001 (0.010)	−0.005 (0.010)	0.012 (0.015)	−0.007 (0.009)	0.007 (0.011)	−0.044 (0.031)	−0.006 (0.018)	0.011 (0.020)	0.005 (0.011)	0.004 (0.011)	−0.029* (0.016)	−0.003 (0.008)	−0.008 (0.009)
鸡蛋价格	−0.007* (0.004)	−0.006 (0.004)	−0.007 (0.009)	−0.006 (0.004)	−0.005 (0.004)	−0.028** (0.013)	−0.006 (0.006)	−0.010 (0.007)	0.000 (0.004)	−0.005 (0.004)	0.005 (0.007)	−0.004 (0.003)	−0.004 (0.004)
调味品价格	0.016 (0.019)	0.008 (0.020)	0.011 (0.029)	0.012 (0.016)	0.018 (0.018)	0.032 (0.055)	0.022 (0.033)	0.053* (0.028)	0.015 (0.017)	0.013 (0.018)	−0.038 (0.026)	0.013 (0.017)	0.013 (0.017)
蔬菜价格	−0.016** (0.007)	−0.004 (0.007)	−0.030*** (0.010)	−0.011 (0.007)	−0.019 (0.012)	−0.036 (0.027)	0.015 (0.012)	0.003 (0.011)	0.018 (0.011)	−0.006 (0.008)	0.028 (0.019)	−0.004 (0.006)	−0.006 (0.006)
水果价格	0.016 (0.016)	0.019 (0.018)	0.003 (0.022)	0.015 (0.016)	0.024 (0.018)	0.063 (0.062)	0.024 (0.022)	0.010 (0.023)	0.010 (0.018)	0.031* (0.017)	0.028 (0.023)	0.018 (0.013)	0.008 (0.017)
猪肉价格	0.009 (0.009)	0.006 (0.009)	0.013 (0.013)	0.004 (0.007)	0.008 (0.013)	0.027 (0.025)	0.027* (0.016)	0.024 (0.015)	0.017 (0.013)	0.006 (0.010)	0.016 (0.014)	0.011 (0.008)	0.009 (0.008)

续表

	能量	蛋白质	脂肪	碳水化合物	不溶性纤维	胆固醇	维生素A	维生素C	钙	钾	钠	铁	锌
鸡肉价格	0.003	-0.005	0.011	0.001	-0.003	-0.022	-0.012	-0.008	-0.008	-0.008	-0.014	-0.002	-0.001
	(0.006)	(0.007)	(0.011)	(0.006)	(0.009)	(0.022)	(0.012)	(0.010)	(0.008)	(0.008)	(0.012)	(0.007)	(0.007)
牛肉价格	-0.001	-0.000	-0.015**	0.006	0.002	-0.018	-0.002	0.003	0.009	-0.003	-0.008	0.002	-0.001
	(0.005)	(0.005)	(0.006)	(0.005)	(0.006)	(0.016)	(0.008)	(0.008)	(0.006)	(0.005)	(0.008)	(0.004)	(0.005)
羊肉价格	0.006	0.005	0.009	0.005	0.004	-0.004	0.003	0.007	0.002	0.008**	-0.007	0.005	0.005
	(0.004)	(0.004)	(0.007)	(0.004)	(0.004)	(0.012)	(0.006)	(0.005)	(0.004)	(0.004)	(0.007)	(0.004)	(0.004)
水产品价格	-0.008*	-0.009*	-0.015	-0.007	-0.011	-0.047***	-0.027***	-0.023**	-0.016***	-0.010	-0.003	-0.013**	-0.010**
	(0.005)	(0.005)	(0.010)	(0.005)	(0.008)	(0.016)	(0.010)	(0.010)	(0.005)	(0.006)	(0.010)	(0.005)	(0.005)
豆类价格	0.018*	0.007	0.049***	-0.003	0.020	0.084	-0.003	0.015	-0.008	0.007	0.011	0.009	0.010
	(0.011)	(0.016)	(0.016)	(0.011)	(0.014)	(0.062)	(0.025)	(0.024)	(0.014)	(0.014)	(0.021)	(0.017)	(0.012)
酒类价格	0.007**	0.007**	0.004	0.007**	0.006*	0.008	0.002	0.002	0.004	0.006*	0.005	0.005*	0.006**
	(0.003)	(0.003)	(0.004)	(0.003)	(0.004)	(0.010)	(0.005)	(0.004)	(0.003)	(0.003)	(0.006)	(0.003)	(0.003)
饮料价格	0.001	-0.006	0.010	-0.000	-0.011*	-0.027	-0.011	-0.006	-0.014**	-0.008	-0.019	-0.004	-0.002
	(0.006)	(0.007)	(0.010)	(0.006)	(0.006)	(0.020)	(0.011)	(0.008)	(0.006)	(0.007)	(0.012)	(0.006)	(0.007)
样本量	1498	1498	1498	1498	1498	1485	1498	1498	1498	1498	1498	1498	1498
F	6.592	1.253	8.112	4.057	3.785	4.162	1.389	2.117	5.027	1.357	2.678	2.367	1.393
R²	-0.672	-0.701	-0.220	-0.396	-0.373	-0.782	-0.231	-0.127	-0.114	-0.372	0.029	-0.330	-0.681

注：①括号内为聚类到村庄的稳健标准误。②"*""**"和"***"分别表示在10%、5%、1%的水平上显著。

附表 -38 2004—2011 年贫困中青年女性营养素摄入量（对数形式）的影响因素（IV-FE）

	能量	蛋白质	脂肪	碳水化合物	不溶性纤维	胆固醇	维生素A	维生素C	钙	钾	钠	铁	锌
家庭平均劳动强度	-0.087***	0.021*	-0.119***	-0.074***	-0.091***	-0.177***	-0.008	0.019	0.024**	0.008	0.016	-0.009	0.022**
	(0.011)	(0.011)	(0.018)	(0.010)	(0.013)	(0.045)	(0.021)	(0.015)	(0.012)	(0.013)	(0.019)	(0.011)	(0.010)
受教育程度	-0.011	-0.025	0.029	-0.023	-0.019	-0.034	0.008	-0.020	-0.015	-0.025	0.007	-0.004	-0.016
	(0.016)	(0.016)	(0.031)	(0.014)	(0.020)	(0.052)	(0.024)	(0.024)	(0.018)	(0.019)	(0.026)	(0.018)	(0.016)
年龄	0.001	0.001	0.001	0.002*	0.001	-0.007*	0.003*	0.002	-0.006***	-0.000	0.004**	0.017***	0.002*
	(0.001)	(0.001)	(0.002)	(0.001)	(0.001)	(0.004)	(0.002)	(0.001)	(0.001)	(0.001)	(0.002)	(0.001)	(0.001)
家庭规模	-0.027**	-0.019	-0.068***	-0.011	-0.025**	-0.101***	-0.033*	-0.013	-0.020	-0.025*	-0.005	-0.006	-0.019*
	(0.011)	(0.012)	(0.020)	(0.010)	(0.013)	(0.032)	(0.020)	(0.015)	(0.014)	(0.014)	(0.020)	(0.011)	(0.011)
家庭平均膳食知识水平	0.003	0.001	0.012**	-0.002	-0.003	0.010	-0.001	0.002	-0.003	-0.000	-0.004	0.000	0.001
	(0.003)	(0.003)	(0.005)	(0.002)	(0.003)	(0.009)	(0.004)	(0.004)	(0.003)	(0.003)	(0.004)	(0.003)	(0.003)
18岁以下人口比例	-0.004	0.002	0.003	0.005	0.009	-0.013	0.002	0.005	-0.001	0.011	0.029	0.003	0.003
	(0.009)	(0.009)	(0.018)	(0.009)	(0.011)	(0.031)	(0.015)	(0.012)	(0.011)	(0.011)	(0.019)	(0.010)	(0.008)
2006年	0.014	0.012	0.067	-0.021	-0.036	0.395***	-0.012	-0.094*	-0.034	-0.011	-0.000	0.002	0.008
	(0.035)	(0.035)	(0.064)	(0.033)	(0.041)	(0.092)	(0.059)	(0.049)	(0.045)	(0.041)	(0.076)	(0.037)	(0.036)
2009年	-0.022	-0.010	0.197**	-0.095**	-0.107**	0.472***	-0.021	-0.211***	-0.071	-0.031	0.045	-0.046	-0.041
	(0.037)	(0.044)	(0.080)	(0.038)	(0.048)	(0.131)	(0.092)	(0.064)	(0.064)	(0.046)	(0.082)	(0.046)	(0.043)
2011年	-0.046	-0.019	0.095	-0.069	-0.069	0.265	0.132	-0.244**	-0.018	-0.038	0.133	-0.029	-0.061
	(0.068)	(0.076)	(0.114)	(0.069)	(0.079)	(0.204)	(0.106)	(0.098)	(0.102)	(0.076)	(0.156)	(0.081)	(0.077)

续表

	能量	蛋白质	脂肪	碳水化合物	不溶性纤维	胆固醇	维生素A	维生素C	钙	钾	钠	铁	锌
过去4周是否生病	-0.026	-0.022	-0.023	-0.028	-0.000	-0.031	0.062	0.083**	0.017	-0.001	0.009	-0.012	-0.024
	(0.022)	(0.020)	(0.049)	(0.021)	(0.030)	(0.077)	(0.039)	(0.040)	(0.029)	(0.027)	(0.052)	(0.024)	(0.018)
成年女性平均受教育程度	0.014	0.031*	-0.014	0.014	0.003	0.036	-0.005	-0.010	0.029	0.014	-0.031	-0.023	0.021
	(0.018)	(0.018)	(0.037)	(0.016)	(0.021)	(0.059)	(0.028)	(0.025)	(0.019)	(0.021)	(0.029)	(0.019)	(0.018)
大米价格	-0.013	-0.001	0.034	-0.020	-0.020	0.003	-0.021	-0.036	-0.013	0.001	0.009	0.002	-0.013
	(0.015)	(0.015)	(0.031)	(0.015)	(0.017)	(0.039)	(0.028)	(0.029)	(0.019)	(0.020)	(0.032)	(0.015)	(0.015)
小麦价格	0.007	0.004	0.011	0.008	0.008	0.007	0.002	0.007	-0.005	0.001	-0.003	-0.000	0.005
	(0.012)	(0.010)	(0.018)	(0.011)	(0.011)	(0.017)	(0.014)	(0.014)	(0.013)	(0.014)	(0.016)	(0.010)	(0.009)
粗粮价格	0.018	0.009	0.010	0.017	0.027	0.047	0.078**	0.073*	0.033	0.026	-0.004	0.011	0.024
	(0.017)	(0.017)	(0.038)	(0.018)	(0.023)	(0.052)	(0.036)	(0.042)	(0.024)	(0.025)	(0.040)	(0.017)	(0.018)
食用油价格	-0.014	-0.013	0.013	-0.023**	-0.022**	0.043*	-0.010	-0.011	-0.019*	-0.022**	-0.028	-0.022**	-0.016
	(0.009)	(0.011)	(0.015)	(0.009)	(0.011)	(0.026)	(0.015)	(0.014)	(0.011)	(0.011)	(0.017)	(0.010)	(0.010)
牛奶价格	0.007	0.002	0.012	0.003	0.020**	-0.013	0.007	0.022	0.012	0.013	-0.009	0.012*	0.001
	(0.008)	(0.008)	(0.012)	(0.009)	(0.009)	(0.019)	(0.011)	(0.016)	(0.012)	(0.009)	(0.013)	(0.006)	(0.008)
鸡蛋价格	-0.006*	-0.005*	-0.007	-0.006**	0.002	-0.022***	-0.003	-0.003	0.004	-0.002	0.011	-0.005**	-0.004
	(0.003)	(0.003)	(0.009)	(0.003)	(0.004)	(0.008)	(0.005)	(0.005)	(0.004)	(0.003)	(0.008)	(0.002)	(0.003)
调味品价格	-0.002	-0.011	0.003	-0.002	0.008	-0.021	0.005	0.028*	-0.008	0.004	-0.045**	-0.003	-0.008
	(0.013)	(0.013)	(0.023)	(0.012)	(0.013)	(0.034)	(0.024)	(0.016)	(0.015)	(0.013)	(0.020)	(0.014)	(0.012)

续表

	能量	蛋白质	脂肪	碳水化合物	不溶性纤维	胆固醇	维生素A	维生素C	钙	钾	钠	铁	锌
蔬菜价格	-0.000	0.009	-0.035***	0.011**	0.013	-0.007	0.018*	0.022	0.026***	0.008	0.028*	0.008*	0.005
	(0.005)	(0.005)	(0.009)	(0.005)	(0.008)	(0.032)	(0.011)	(0.015)	(0.006)	(0.006)	(0.015)	(0.004)	(0.006)
水果价格	0.013	0.027*	-0.013	0.016	0.003	0.038	-0.019	-0.011	0.007	0.023*	0.001	0.011	0.015
	(0.011)	(0.014)	(0.019)	(0.013)	(0.014)	(0.041)	(0.024)	(0.018)	(0.017)	(0.013)	(0.025)	(0.013)	(0.015)
猪肉价格	-0.002	-0.007	-0.007	-0.003	-0.007	-0.010	0.001	0.013**	0.000	-0.005	0.005	-0.001	0.002
	(0.008)	(0.007)	(0.010)	(0.007)	(0.009)	(0.012)	(0.007)	(0.005)	(0.009)	(0.006)	(0.006)	(0.006)	(0.007)
鸡肉价格	0.014***	0.006	0.034***	0.007	0.005	0.009	-0.012	-0.011*	-0.008	0.000	-0.010	0.006	0.008*
	(0.004)	(0.005)	(0.010)	(0.004)	(0.006)	(0.014)	(0.009)	(0.006)	(0.007)	(0.006)	(0.013)	(0.005)	(0.004)
牛肉价格	-0.001	-0.002	-0.013*	0.003	0.001	-0.003	0.000	0.004	0.004	-0.002	-0.004	0.003	-0.001
	(0.003)	(0.004)	(0.007)	(0.003)	(0.004)	(0.011)	(0.008)	(0.005)	(0.005)	(0.003)	(0.008)	(0.003)	(0.003)
羊肉价格	0.002	0.001	0.009*	-0.000	0.000	0.001	-0.002	-0.000	0.000	0.002	-0.010	-0.000	0.001
	(0.002)	(0.002)	(0.005)	(0.002)	(0.002)	(0.006)	(0.003)	(0.003)	(0.003)	(0.002)	(0.007)	(0.002)	(0.002)
水产品价格	-0.003	-0.003	-0.018**	-0.001	-0.010*	-0.039***	-0.031***	-0.022***	-0.017***	-0.008	-0.011	-0.012***	-0.004
	(0.004)	(0.005)	(0.008)	(0.004)	(0.006)	(0.014)	(0.010)	(0.007)	(0.005)	(0.005)	(0.011)	(0.004)	(0.004)
豆类价格	0.008	-0.010	0.017	-0.005	0.020***	0.036	0.000	0.014	-0.006	-0.003	-0.003	-0.004	-0.000
	(0.008)	(0.012)	(0.026)	(0.011)	(0.008)	(0.032)	(0.023)	(0.021)	(0.014)	(0.010)	(0.021)	(0.012)	(0.008)
酒类价格	0.004*	0.004*	0.001	0.005**	0.003	0.004	0.002	0.003	0.003	0.004	0.005	0.004**	0.003
	(0.002)	(0.002)	(0.004)	(0.002)	(0.002)	(0.007)	(0.004)	(0.003)	(0.003)	(0.002)	(0.005)	(0.002)	(0.002)

续表

	能量	蛋白质	脂肪	碳水化合物	不溶性纤维	胆固醇	维生素A	维生素C	钙	钾	钠	铁	锌
饮料价格	-0.000	-0.006*	0.011	-0.006*	-0.012***	-0.013	-0.006	-0.003	-0.010**	-0.010*	-0.012	-0.004	-0.003
	(0.003)	(0.004)	(0.007)	(0.003)	(0.004)	(0.017)	(0.009)	(0.005)	(0.004)	(0.006)	(0.009)	(0.005)	(0.003)
样本量	1792	1792	1792	1792	1792	1784	1792	1791	1792	1792	1792	1792	1792
F	7.208	2.987	5.540	6.555	7.109	7.500	3.210	4.499	4.766	2.823	2.969	37.889	3.206
R²	-0.041	0.027	-0.208	0.056	0.035	-0.126	0.030	0.045	0.049	-0.046	-0.014	0.286	0.009

注：①括号内为聚类到村庄的稳健标准误。②"*""**"和"***"分别表示在10%、5%、1%的水平上显著。

附表-39　2004—2011年非贫困老年男性营养素摄入量（对数形式）的影响因素（IV-FE）

	能量	蛋白质	脂肪	碳水化合物	不溶性纤维	胆固醇	维生素A	维生素C	钙	钾	钠	铁	锌
家庭平均劳动强度	-0.040***	0.026***	-0.073***	-0.024***	-0.018**	-0.140***	0.039***	0.057***	0.037***	0.036***	0.011	0.035***	0.026***
	(0.007)	(0.008)	(0.012)	(0.007)	(0.009)	(0.020)	(0.012)	(0.011)	(0.008)	(0.008)	(0.014)	(0.007)	(0.007)
受教育程度	-0.012	-0.014*	-0.002	-0.018**	-0.005	-0.001	0.022**	0.019*	0.017*	-0.004	-0.001	-0.006	-0.013*
	(0.007)	(0.008)	(0.010)	(0.007)	(0.008)	(0.021)	(0.011)	(0.011)	(0.009)	(0.007)	(0.011)	(0.007)	(0.007)
年龄	-0.003*	-0.010***	0.004	-0.006***	-0.005***	0.001	-0.003	-0.007***	-0.004**	-0.009***	-0.003	-0.010***	-0.010***
	(0.001)	(0.001)	(0.003)	(0.001)	(0.002)	(0.004)	(0.002)	(0.002)	(0.002)	(0.001)	(0.002)	(0.001)	(0.001)

续表

	能量	蛋白质	脂肪	碳水化合物	不溶性纤维	胆固醇	维生素A	维生素C	钙	钾	钠	铁	锌
家庭规模	-0.008 (0.006)	0.001 (0.007)	-0.020* (0.010)	-0.004 (0.006)	0.008 (0.007)	-0.039*** (0.015)	-0.010 (0.010)	0.019* (0.011)	-0.006 (0.007)	0.007 (0.007)	-0.026*** (0.009)	-0.005 (0.006)	-0.002 (0.006)
家庭平均膳食知识水平	0.003** (0.001)	0.005*** (0.002)	0.003 (0.002)	0.004*** (0.002)	0.004** (0.002)	0.004 (0.004)	0.005* (0.003)	0.004* (0.002)	0.004** (0.002)	0.003** (0.002)	0.001 (0.003)	0.005*** (0.001)	0.004** (0.002)
18岁以下人口比例	-0.003 (0.008)	0.002 (0.008)	-0.000 (0.013)	-0.005 (0.007)	-0.002 (0.009)	0.005 (0.020)	0.004 (0.011)	0.002 (0.011)	0.003 (0.009)	0.003 (0.008)	0.011 (0.012)	0.002 (0.007)	-0.002 (0.007)
2006年	-0.042 (0.031)	-0.102*** (0.031)	0.043 (0.050)	-0.083*** (0.028)	-0.108*** (0.038)	-0.011 (0.075)	-0.082 (0.052)	-0.024 (0.053)	-0.145*** (0.041)	-0.077** (0.036)	0.021 (0.067)	-0.088*** (0.030)	-0.075** (0.030)
2009年	-0.140*** (0.049)	-0.174*** (0.051)	-0.120* (0.067)	-0.109** (0.049)	-0.079 (0.058)	-0.283*** (0.099)	-0.070 (0.076)	-0.045 (0.073)	-0.118** (0.059)	-0.092* (0.052)	-0.067 (0.077)	-0.110** (0.046)	-0.140*** (0.047)
2011年	-0.145** (0.057)	-0.210*** (0.062)	-0.242*** (0.089)	-0.043 (0.057)	-0.005 (0.069)	-0.484*** (0.127)	-0.096 (0.094)	-0.011 (0.092)	-0.156** (0.074)	-0.048 (0.066)	-0.108 (0.098)	-0.098* (0.058)	-0.150*** (0.058)
平均每月退休金	-0.000** (0.000)	-0.000*** (0.000)	-0.000*** (0.000)	0.000 (0.000)	0.000 (0.000)	-0.000*** (0.000)	-0.000 (0.000)	-0.000 (0.000)	-0.000* (0.000)	-0.000 (0.000)	-0.000 (0.000)	-0.000 (0.000)	-0.000** (0.000)
过去4周是否生病	-0.036** (0.017)	-0.029 (0.018)	-0.028 (0.030)	-0.024 (0.016)	0.012 (0.020)	-0.077 (0.050)	0.006 (0.030)	-0.010 (0.031)	-0.014 (0.021)	-0.013 (0.018)	0.038 (0.035)	-0.015 (0.016)	-0.032* (0.017)
成年女性平均受教育程度	-0.008 (0.009)	-0.016 (0.011)	-0.014 (0.014)	0.001 (0.009)	-0.009 (0.012)	-0.046** (0.023)	-0.012 (0.016)	-0.020 (0.018)	-0.015 (0.012)	-0.017 (0.011)	-0.020 (0.017)	-0.005 (0.010)	-0.014 (0.010)

续表

	能量	蛋白质	脂肪	碳水化合物	不溶性纤维	胆固醇	维生素A	维生素C	钙	钾	钠	铁	锌
大米价格	0.000 (0.000)	-0.001** (0.001)	0.001 (0.001)	-0.000 (0.000)	-0.002*** (0.001)	-0.004** (0.001)	-0.004*** (0.001)	0.000 (0.001)	-0.002*** (0.001)	-0.002*** (0.001)	-0.004*** (0.001)	-0.002*** (0.000)	-0.001 (0.000)
小麦价格	-0.013 (0.016)	-0.002 (0.015)	0.008 (0.016)	-0.024 (0.021)	-0.008 (0.018)	0.009 (0.029)	0.010 (0.016)	0.038*** (0.014)	-0.003 (0.016)	0.003 (0.015)	-0.002 (0.022)	-0.014 (0.016)	-0.007 (0.015)
粗粮价格	-0.001 (0.009)	0.003 (0.010)	-0.011 (0.014)	-0.005 (0.009)	-0.009 (0.016)	0.019 (0.023)	-0.007 (0.019)	-0.006 (0.019)	0.009 (0.014)	0.003 (0.012)	-0.014 (0.019)	-0.001 (0.010)	0.001 (0.009)
食用油价格	0.009* (0.005)	0.008 (0.006)	0.021*** (0.008)	0.009* (0.005)	0.013 (0.008)	0.003 (0.013)	0.016 (0.010)	0.006 (0.009)	0.012 (0.008)	0.008 (0.006)	0.010 (0.010)	0.011** (0.005)	0.008 (0.005)
牛奶价格	0.001 (0.005)	0.002 (0.006)	0.003 (0.008)	0.003 (0.005)	0.014 (0.012)	0.003 (0.012)	0.026*** (0.009)	0.012* (0.007)	0.004 (0.006)	0.005 (0.008)	-0.000 (0.010)	0.006 (0.005)	0.002 (0.005)
鸡蛋价格	0.002 (0.003)	0.000 (0.003)	0.001 (0.007)	0.003 (0.004)	0.003 (0.003)	-0.001 (0.007)	-0.000 (0.004)	-0.001 (0.004)	-0.005 (0.004)	0.001 (0.003)	0.004 (0.008)	0.002 (0.003)	-0.000 (0.003)
调味品价格	0.010 (0.009)	0.008 (0.010)	0.007 (0.013)	0.010 (0.009)	0.009 (0.011)	0.016 (0.020)	-0.013 (0.014)	-0.007 (0.014)	0.003 (0.011)	0.001 (0.011)	0.000 (0.017)	0.007 (0.008)	0.010 (0.009)
蔬菜价格	-0.005 (0.006)	-0.007 (0.006)	0.000 (0.007)	-0.009** (0.004)	-0.002 (0.004)	0.010 (0.010)	-0.011* (0.006)	0.008** (0.004)	-0.002 (0.006)	-0.001 (0.004)	0.004 (0.012)	-0.004 (0.004)	-0.004 (0.005)
水果价格	0.006 (0.007)	0.012 (0.008)	-0.004 (0.010)	0.006 (0.008)	-0.007 (0.010)	0.037** (0.015)	0.010 (0.014)	-0.033** (0.013)	0.003 (0.011)	0.002 (0.009)	0.037*** (0.011)	0.010 (0.009)	0.009 (0.008)

续表

	能量	蛋白质	脂肪	碳水化合物	不溶性纤维	胆固醇	维生素A	维生素C	钙	钾	钠	铁	锌
猪肉价格	0.001 (0.005)	-0.002 (0.006)	0.007 (0.007)	-0.002 (0.005)	-0.004 (0.005)	0.001 (0.014)	-0.000 (0.006)	0.004 (0.007)	-0.000 (0.005)	-0.009* (0.005)	-0.013 (0.009)	-0.001 (0.004)	0.001 (0.005)
鸡肉价格	0.002 (0.004)	-0.005 (0.004)	0.008 (0.006)	-0.001 (0.003)	-0.005 (0.004)	-0.015 (0.010)	-0.017*** (0.006)	-0.007 (0.005)	-0.013*** (0.004)	-0.008** (0.004)	-0.002 (0.007)	-0.005 (0.004)	-0.005 (0.004)
牛肉价格	0.010*** (0.003)	0.010** (0.004)	0.014*** (0.005)	0.008** (0.004)	0.005 (0.005)	0.022*** (0.006)	0.001 (0.006)	-0.002 (0.006)	0.004 (0.005)	0.006 (0.004)	-0.002 (0.006)	0.005 (0.004)	0.007* (0.004)
羊肉价格	-0.001 (0.002)	0.002 (0.002)	0.001 (0.003)	-0.001 (0.002)	0.000 (0.002)	0.003 (0.003)	0.003 (0.003)	0.004* (0.002)	0.004* (0.002)	0.003 (0.002)	-0.000 (0.003)	0.002 (0.002)	0.002 (0.002)
水产品价格	-0.009* (0.005)	-0.014** (0.006)	-0.023*** (0.008)	-0.003 (0.005)	-0.010 (0.007)	-0.035*** (0.010)	-0.023*** (0.008)	-0.016** (0.007)	-0.024*** (0.007)	-0.012** (0.006)	-0.000 (0.010)	-0.013*** (0.005)	-0.011** (0.005)
豆类价格	-0.017** (0.008)	-0.011 (0.007)	-0.019 (0.019)	-0.014** (0.006)	-0.008 (0.008)	0.004 (0.017)	-0.010 (0.014)	0.006 (0.011)	-0.017* (0.010)	-0.013 (0.008)	-0.025 (0.022)	-0.013* (0.007)	-0.012* (0.007)
酒类价格	-0.003** (0.001)	-0.004** (0.002)	-0.004 (0.003)	-0.003** (0.002)	-0.003 (0.002)	-0.006 (0.004)	-0.002 (0.003)	-0.003 (0.003)	-0.002 (0.002)	-0.004** (0.002)	-0.001 (0.004)	-0.003* (0.002)	-0.003* (0.002)
饮料价格	0.005** (0.002)	0.001 (0.004)	0.011** (0.005)	-0.002 (0.002)	-0.004 (0.005)	0.025*** (0.008)	0.004 (0.005)	-0.005 (0.005)	0.003 (0.005)	-0.002 (0.005)	-0.003 (0.007)	0.001 (0.003)	0.002 (0.003)

续表

	能量	蛋白质	脂肪	碳水化合物	不溶性纤维	胆固醇	维生素A	维生素C	钙	钾	钠	铁	锌
样本量	2515	2515	2515	2515	2515	2514	2515	2512	2515	2515	2515	2515	2515
F	4.540	10.732	5.477	4.868	14.621	10.700	13.520	7.441	17.513	11.408	3.470	17.279	9.165
R^2	-0.038	-0.041	-0.103	0.043	0.016	-0.072	0.005	0.042	-0.015	0.003	0.008	0.057	-0.021

注：①括号内为聚类到村庄的稳健标准误。②"*""**"和"***"分别表示在10%、5%、1%的水平上显著。

附表-40　　2004—2011年非贫困老年女性营养素摄入量（对数形式）的影响因素（Ⅳ-FE）

	能量	蛋白质	脂肪	碳水化合物	不溶性纤维	胆固醇	维生素A	维生素C	钙	钾	钠	铁	锌
家庭平均劳动强度	-0.046***	0.027***	-0.082***	-0.026***	-0.023**	-0.151***	0.034***	0.048***	0.037***	0.037***	-0.000	0.033***	0.027***
	(0.007)	(0.008)	(0.013)	(0.007)	(0.010)	(0.020)	(0.013)	(0.012)	(0.009)	(0.009)	(0.012)	(0.008)	(0.007)
受教育程度	0.025	0.036**	0.032	0.009	-0.011	0.076	-0.049*	-0.039	0.018	0.018	-0.013	0.013	0.020
	(0.015)	(0.018)	(0.029)	(0.016)	(0.020)	(0.048)	(0.028)	(0.024)	(0.024)	(0.019)	(0.038)	(0.017)	(0.016)
年龄	-0.004***	-0.010***	0.001	-0.006***	-0.008***	0.003	-0.010***	-0.016***	-0.007**	-0.011***	-0.004*	-0.011***	-0.011***
	(0.001)	(0.001)	(0.002)	(0.001)	(0.001)	(0.004)	(0.002)	(0.002)	(0.002)	(0.001)	(0.002)	(0.001)	(0.001)
家庭规模	-0.002	0.006	-0.015	0.002	0.008	-0.030*	-0.032***	-0.010	-0.010	0.003	-0.030**	0.001	0.002
	(0.006)	(0.007)	(0.011)	(0.006)	(0.008)	(0.017)	(0.012)	(0.012)	(0.009)	(0.007)	(0.012)	(0.006)	(0.006)

续表

	能量	蛋白质	脂肪	碳水化合物	不溶性纤维	胆固醇	维生素A	维生素C	钙	钾	钠	铁	锌
家庭平均膳食知识水平	0.004*** (0.001)	0.003* (0.002)	0.006** (0.003)	0.003** (0.001)	0.003* (0.002)	0.003 (0.004)	0.005** (0.003)	0.007*** (0.003)	0.004* (0.002)	0.003* (0.002)	−0.001 (0.003)	0.003** (0.002)	0.003* (0.001)
18岁以下人口比例	0.002 (0.007)	0.007 (0.007)	0.004 (0.010)	0.000 (0.007)	0.001 (0.009)	0.023 (0.019)	0.009 (0.010)	−0.003 (0.010)	0.011 (0.009)	0.010 (0.008)	0.015 (0.012)	0.005 (0.007)	0.005 (0.006)
2006年	0.018 (0.033)	−0.036 (0.031)	0.086 (0.055)	−0.032 (0.029)	−0.077** (0.037)	0.021 (0.075)	−0.100** (0.048)	−0.055 (0.054)	−0.096** (0.038)	−0.054 (0.036)	0.037 (0.069)	−0.034 (0.033)	−0.013 (0.030)
2009年	−0.066* (0.039)	−0.088** (0.044)	−0.071 (0.053)	−0.035 (0.044)	−0.046 (0.059)	−0.133 (0.090)	−0.041 (0.065)	0.039 (0.074)	−0.046 (0.055)	−0.039 (0.051)	−0.113 (0.079)	−0.059 (0.042)	−0.068* (0.041)
2011年	−0.124*** (0.046)	−0.129** (0.057)	−0.276*** (0.075)	0.007 (0.052)	0.028 (0.069)	−0.494*** (0.129)	−0.117 (0.095)	0.041 (0.094)	−0.082 (0.073)	0.014 (0.065)	−0.183* (0.105)	−0.064 (0.053)	−0.099* (0.051)
平均每月退休金	−0.000 (0.000)	−0.000** (0.000)	−0.000** (0.000)	0.000* (0.000)	0.000** (0.000)	−0.000*** (0.000)	−0.000 (0.000)	0.000 (0.000)	−0.000 (0.000)	−0.000 (0.000)	−0.000 (0.000)	0.000 (0.000)	−0.000 (0.000)
过去4周是否生病	−0.038** (0.017)	−0.046** (0.018)	−0.026 (0.029)	−0.051*** (0.015)	−0.060** (0.026)	−0.064 (0.046)	−0.083*** (0.028)	−0.086*** (0.030)	−0.023 (0.023)	−0.043** (0.020)	0.005 (0.031)	−0.026 (0.018)	−0.036** (0.016)
成年女性平均受教育程度	−0.024 (0.017)	−0.032* (0.018)	−0.042 (0.032)	−0.005 (0.016)	0.018 (0.022)	−0.076 (0.047)	0.073** (0.029)	0.047* (0.027)	−0.015 (0.024)	−0.017 (0.019)	−0.030 (0.038)	−0.012 (0.018)	−0.024 (0.016)
大米价格	−0.001** (0.000)	−0.001 (0.001)	−0.005*** (0.001)	0.000 (0.001)	−0.001 (0.001)	−0.002* (0.001)	−0.003*** (0.001)	−0.001 (0.001)	−0.000 (0.001)	−0.002*** (0.001)	−0.002* (0.001)	−0.001*** (0.001)	−0.001 (0.000)

续表

	能量	蛋白质	脂肪	碳水化合物	不溶性纤维	胆固醇	维生素A	维生素C	钙	钾	钠	铁	锌
小麦价格	-0.001	-0.013	0.026*	-0.014	-0.004	-0.027	-0.002	0.027	-0.010	0.000	-0.015	-0.016	-0.014
	(0.013)	(0.014)	(0.015)	(0.014)	(0.019)	(0.028)	(0.017)	(0.020)	(0.019)	(0.019)	(0.030)	(0.017)	(0.015)
粗粮价格	-0.019**	-0.007	-0.026	-0.014	0.003	0.014	0.001	-0.011	-0.002	-0.006	-0.003	-0.013	-0.014
	(0.009)	(0.011)	(0.016)	(0.010)	(0.015)	(0.027)	(0.020)	(0.020)	(0.014)	(0.014)	(0.018)	(0.011)	(0.010)
食用油价格	0.015***	0.012**	0.022**	0.013***	0.008	-0.000	0.016	0.014	0.016**	0.012*	0.003	0.016***	0.015***
	(0.004)	(0.006)	(0.009)	(0.005)	(0.007)	(0.014)	(0.010)	(0.010)	(0.008)	(0.007)	(0.009)	(0.005)	(0.005)
牛奶价格	0.005	0.007	0.009	0.001	0.011	0.016	0.025***	0.015*	0.009*	0.013**	0.009	0.012***	0.005
	(0.004)	(0.005)	(0.007)	(0.004)	(0.010)	(0.012)	(0.008)	(0.008)	(0.006)	(0.006)	(0.011)	(0.004)	(0.004)
鸡蛋价格	0.007	0.005	0.012	-0.001	0.005	-0.001	0.018	0.005	0.003	0.008	0.033**	0.003	0.001
	(0.008)	(0.008)	(0.014)	(0.009)	(0.008)	(0.022)	(0.011)	(0.012)	(0.011)	(0.009)	(0.015)	(0.007)	(0.008)
调味品价格	0.010	0.007	0.016	0.007	0.011	0.008	-0.019	-0.006	0.001	-0.002	-0.000	0.008	0.009
	(0.009)	(0.009)	(0.013)	(0.008)	(0.012)	(0.018)	(0.014)	(0.013)	(0.012)	(0.011)	(0.016)	(0.009)	(0.008)
蔬菜价格	-0.005	-0.002	-0.002	-0.005*	-0.000	0.000	-0.004	0.005	-0.003	-0.001	0.002	-0.004	-0.003
	(0.005)	(0.007)	(0.007)	(0.003)	(0.006)	(0.016)	(0.004)	(0.005)	(0.007)	(0.008)	(0.004)	(0.006)	(0.006)
水果价格	0.005	0.010	0.003	0.004	-0.006	0.035**	0.018	-0.027**	0.011	0.000	0.039***	0.012	0.008
	(0.006)	(0.009)	(0.010)	(0.008)	(0.010)	(0.018)	(0.013)	(0.013)	(0.011)	(0.009)	(0.012)	(0.007)	(0.007)
猪肉价格	0.011	0.001	0.015	0.007	-0.001	0.036**	0.008	0.013	-0.004	-0.008	-0.011	0.003	0.007
	(0.007)	(0.008)	(0.011)	(0.006)	(0.007)	(0.017)	(0.008)	(0.009)	(0.007)	(0.007)	(0.012)	(0.006)	(0.008)

续表

	能量	蛋白质	脂肪	碳水化合物	不溶性纤维	胆固醇	维生素A	维生素C	钙	钾	钠	铁	锌
鸡肉价格	0.006**	-0.001	0.007	0.004	-0.003	-0.013	-0.018***	-0.011*	-0.010**	-0.006	-0.004	-0.002	0.001
	(0.003)	(0.004)	(0.006)	(0.003)	(0.005)	(0.009)	(0.006)	(0.006)	(0.005)	(0.004)	(0.007)	(0.004)	(0.003)
牛肉价格	0.003	0.003	0.003	0.002	0.003	-0.001	-0.001	-0.004	0.002	0.003	-0.007	0.002	0.002
	(0.004)	(0.004)	(0.004)	(0.003)	(0.005)	(0.007)	(0.005)	(0.006)	(0.005)	(0.004)	(0.006)	(0.004)	(0.004)
羊肉价格	-0.001	0.001	0.000	-0.001	0.003*	-0.002	0.006***	0.004**	0.002	0.002	-0.003	0.001	0.000
	(0.002)	(0.002)	(0.002)	(0.001)	(0.002)	(0.004)	(0.002)	(0.002)	(0.002)	(0.002)	(0.002)	(0.001)	(0.002)
水产品价格	-0.002	-0.006	-0.010	0.001	-0.008	-0.015*	-0.019***	-0.015*	-0.017***	-0.009*	0.004	-0.006	-0.005
	(0.005)	(0.005)	(0.008)	(0.005)	(0.006)	(0.008)	(0.006)	(0.008)	(0.006)	(0.005)	(0.008)	(0.005)	(0.005)
豆类价格	-0.018**	-0.017**	-0.018	-0.018***	-0.019**	0.007	-0.021	-0.012	-0.028***	-0.021***	-0.034*	-0.024***	-0.020***
	(0.008)	(0.008)	(0.016)	(0.006)	(0.009)	(0.019)	(0.014)	(0.012)	(0.010)	(0.008)	(0.020)	(0.008)	(0.007)
酒类价格	-0.000	-0.001	-0.003	0.000	-0.002	0.003	-0.000	-0.002	0.001	-0.002	-0.000	-0.002	-0.000
	(0.002)	(0.002)	(0.003)	(0.002)	(0.002)	(0.004)	(0.003)	(0.002)	(0.002)	(0.002)	(0.004)	(0.002)	(0.002)
饮料价格	0.010***	0.008**	0.016***	0.004*	0.000	0.012**	-0.001	-0.002	0.004	0.005	-0.001	0.008**	0.010***
	(0.003)	(0.004)	(0.006)	(0.003)	(0.005)	(0.006)	(0.004)	(0.004)	(0.004)	(0.004)	(0.008)	(0.004)	(0.003)
样本量	2668	2668	2668	2668	2668	2668	2668	2668	2668	2668	2668	2668	2668
F	12.495	11.930	19.769	3.934	11.297	10.478	17.371	9.324	9.403	17.438	2.994	24.814	13.128
R^2	0.032	0.038	-0.109	0.021	0.034	-0.086	0.070	0.072	0.040	0.091	-0.032	0.103	0.090

注：①括号内为聚类到村庄的稳健标准误。②"*""**"和"***"分别表示在10%、5%、1%的水平上显著。

附表-41　　2004—2011 年贫困老年男性营养素摄入量（对数形式）的影响因素（IV-FE）

	能量	蛋白质	脂肪	碳水化合物	不溶性纤维	胆固醇	维生素 A	维生素 C	钙	钾	钠	铁	锌
家庭平均劳动强度	-0.019	0.048***	-0.039	-0.022*	-0.010	-0.143***	0.020	0.016	0.056***	0.054***	0.030	0.048***	0.043***
	(0.012)	(0.015)	(0.025)	(0.013)	(0.016)	(0.055)	(0.031)	(0.028)	(0.019)	(0.015)	(0.026)	(0.014)	(0.013)
受教育程度	-0.009	0.014	-0.009	0.006	-0.015	0.063	0.029	0.035	-0.003	-0.007	0.022	0.007	-0.001
	(0.015)	(0.017)	(0.029)	(0.016)	(0.021)	(0.058)	(0.043)	(0.031)	(0.022)	(0.019)	(0.029)	(0.015)	(0.017)
年龄	-0.005*	-0.014***	0.003	-0.008***	-0.009**	-0.002	-0.007	-0.015**	-0.013***	-0.014***	-0.007	-0.014***	-0.013***
	(0.002)	(0.003)	(0.005)	(0.003)	(0.004)	(0.013)	(0.008)	(0.006)	(0.004)	(0.003)	(0.005)	(0.003)	(0.003)
家庭规模	-0.014	-0.006	-0.034	-0.001	-0.011	-0.130**	-0.063	0.014	-0.012	-0.001	0.002	-0.009	-0.006
	(0.018)	(0.019)	(0.039)	(0.018)	(0.023)	(0.061)	(0.044)	(0.033)	(0.022)	(0.020)	(0.033)	(0.019)	(0.017)
家庭平均膳食知识水平	0.008***	0.007**	0.010**	0.004	0.004	-0.001	0.005	0.001	0.004	0.005	0.001	0.005*	0.005**
	(0.002)	(0.003)	(0.005)	(0.003)	(0.003)	(0.009)	(0.007)	(0.004)	(0.004)	(0.003)	(0.005)	(0.003)	(0.003)
18 岁以下人口比例	-0.005	-0.006	0.028	-0.010	-0.021	0.015	-0.023	-0.044*	-0.006	-0.004	-0.009	-0.002	0.002
	(0.012)	(0.014)	(0.021)	(0.013)	(0.015)	(0.044)	(0.029)	(0.026)	(0.015)	(0.015)	(0.021)	(0.014)	(0.012)
2006 年	0.005	-0.038	0.140	-0.056	-0.067	0.286	-0.176	-0.142	-0.119*	-0.049	0.014	-0.036	-0.030
	(0.049)	(0.065)	(0.095)	(0.048)	(0.057)	(0.185)	(0.129)	(0.088)	(0.070)	(0.064)	(0.103)	(0.052)	(0.055)
2009 年	-0.076	-0.051	0.065	-0.112*	-0.099	0.341	0.082	-0.197	-0.093	-0.055	0.066	-0.055	-0.051
	(0.055)	(0.062)	(0.114)	(0.058)	(0.076)	(0.211)	(0.141)	(0.130)	(0.079)	(0.076)	(0.127)	(0.059)	(0.057)
2011 年	0.025	0.019	0.142	-0.000	-0.071	-0.101	0.118	-0.073	-0.061	0.022	0.116	0.023	0.026
	(0.089)	(0.097)	(0.177)	(0.091)	(0.126)	(0.387)	(0.245)	(0.169)	(0.119)	(0.102)	(0.182)	(0.106)	(0.084)

续表

	能量	蛋白质	脂肪	碳水化合物	不溶性纤维	胆固醇	维生素A	维生素C	钙	钾	钠	铁	锌
平均每月退休金	-0.000 (0.000)	0.000 (0.000)	-0.000 (0.000)	0.000 (0.000)	0.000 (0.000)	-0.000 (0.001)	-0.000 (0.000)	0.000 (0.000)	0.000 (0.000)	0.000 (0.000)	0.000 (0.000)	0.000 (0.000)	0.000 (0.000)
过去4周是否生病	0.044 (0.037)	0.027 (0.046)	0.077 (0.075)	0.010 (0.038)	0.025 (0.051)	0.008 (0.122)	-0.045 (0.104)	0.081 (0.067)	0.004 (0.048)	0.056 (0.050)	0.034 (0.078)	0.042 (0.042)	0.022 (0.039)
成年女性平均受教育程度	0.007 (0.023)	0.005 (0.027)	0.026 (0.039)	0.011 (0.024)	-0.032 (0.030)	-0.017 (0.075)	-0.036 (0.050)	-0.052 (0.044)	0.007 (0.028)	-0.013 (0.031)	-0.005 (0.050)	-0.016 (0.027)	0.011 (0.025)
大米价格	-0.037* (0.020)	-0.049** (0.025)	0.017 (0.033)	-0.040** (0.020)	0.043* (0.026)	-0.222** (0.092)	-0.084* (0.047)	0.033 (0.033)	-0.049* (0.028)	-0.007 (0.023)	0.021 (0.042)	-0.018 (0.022)	-0.057** (0.023)
小麦价格	-0.001 (0.010)	0.003 (0.016)	0.011 (0.020)	0.002 (0.010)	-0.029** (0.011)	0.034 (0.040)	-0.011 (0.023)	-0.018 (0.016)	-0.018 (0.012)	-0.018 (0.011)	-0.024 (0.019)	-0.004 (0.010)	0.004 (0.010)
粗粮价格	0.011 (0.016)	0.023 (0.019)	0.004 (0.025)	0.011 (0.020)	0.006 (0.024)	0.001 (0.052)	0.029 (0.037)	0.055 (0.036)	0.025 (0.019)	0.016 (0.022)	0.056 (0.036)	0.012 (0.017)	0.021 (0.016)
食用油价格	-0.020** (0.009)	-0.024** (0.010)	-0.005 (0.015)	-0.023** (0.011)	-0.018 (0.013)	0.017 (0.033)	-0.022 (0.017)	-0.038** (0.018)	-0.021* (0.011)	-0.020* (0.011)	-0.036* (0.022)	-0.017* (0.010)	-0.022*** (0.008)
牛奶价格	-0.009 (0.012)	-0.011 (0.014)	0.009 (0.019)	-0.020* (0.010)	0.002 (0.015)	0.017 (0.030)	0.038 (0.023)	-0.000 (0.024)	-0.005 (0.018)	-0.007 (0.016)	-0.004 (0.033)	-0.009 (0.012)	-0.019 (0.013)
鸡蛋价格	0.010 (0.015)	0.017 (0.015)	-0.012 (0.032)	0.024* (0.014)	0.042** (0.017)	0.002 (0.053)	-0.002 (0.042)	-0.028 (0.028)	0.040** (0.018)	0.019 (0.016)	0.003 (0.039)	0.031** (0.015)	0.018 (0.013)

续表

	能量	蛋白质	脂肪	碳水化合物	不溶性纤维	胆固醇	维生素A	维生素C	钙	钾	钠	铁	锌
调味品价格	-0.009 (0.016)	-0.006 (0.018)	0.002 (0.031)	-0.014 (0.014)	-0.005 (0.019)	0.039 (0.048)	0.038 (0.046)	0.056* (0.030)	-0.009 (0.020)	-0.019 (0.020)	-0.059* (0.035)	-0.014 (0.017)	-0.010 (0.016)
蔬菜价格	0.014** (0.007)	0.022** (0.009)	-0.027 (0.030)	0.023*** (0.008)	0.024** (0.010)	-0.057 (0.074)	-0.007 (0.026)	-0.019 (0.015)	0.046*** (0.010)	0.031*** (0.009)	0.023* (0.012)	0.014* (0.008)	0.018** (0.007)
水果价格	0.019 (0.019)	0.024 (0.022)	-0.007 (0.032)	0.026 (0.021)	0.047* (0.025)	0.054 (0.069)	0.004 (0.047)	0.062* (0.038)	0.033 (0.026)	0.057** (0.027)	0.061 (0.039)	0.039 (0.026)	0.032 (0.021)
猪肉价格	0.001 (0.006)	-0.003 (0.006)	-0.001 (0.008)	0.000 (0.006)	-0.007 (0.010)	0.020 (0.016)	-0.016 (0.021)	-0.008 (0.013)	0.002 (0.007)	-0.011 (0.010)	-0.015 (0.010)	-0.003 (0.008)	0.001 (0.005)
鸡肉价格	0.000 (0.007)	-0.006 (0.009)	0.007 (0.013)	0.001 (0.007)	-0.011 (0.010)	0.011 (0.028)	0.008 (0.020)	-0.019 (0.013)	-0.020* (0.011)	-0.014 (0.009)	-0.007 (0.015)	-0.006 (0.008)	-0.008 (0.008)
牛肉价格	-0.005 (0.005)	-0.008 (0.006)	0.003 (0.008)	-0.010* (0.005)	-0.011 (0.009)	0.003 (0.018)	-0.009 (0.014)	0.001 (0.010)	-0.009 (0.008)	-0.006 (0.008)	-0.012 (0.011)	-0.007 (0.006)	-0.008 (0.005)
羊肉价格	0.000 (0.003)	-0.000 (0.003)	0.007** (0.003)	-0.000 (0.003)	0.003 (0.003)	-0.002 (0.007)	-0.006 (0.007)	0.001 (0.004)	0.001 (0.004)	0.003 (0.002)	-0.001 (0.005)	0.000 (0.003)	-0.000 (0.003)
水产品价格	0.019*** (0.007)	0.012 (0.009)	0.000 (0.011)	0.019** (0.009)	0.015 (0.011)	-0.068** (0.028)	-0.027 (0.017)	-0.004 (0.015)	-0.002 (0.011)	0.009 (0.010)	0.014 (0.016)	0.012 (0.009)	0.013 (0.009)
豆类价格	0.014 (0.013)	0.032** (0.014)	0.010 (0.020)	0.021 (0.014)	-0.001 (0.026)	0.083** (0.036)	0.039 (0.034)	0.002 (0.048)	-0.001 (0.018)	0.009 (0.023)	-0.039* (0.024)	-0.004 (0.017)	0.020 (0.018)

续表

	能量	蛋白质	脂肪	碳水化合物	不溶性纤维	胆固醇	维生素A	维生素C	钙	钾	钠	铁	锌
酒类价格	-0.001	0.000	-0.009	0.003	0.001	0.017	0.015	-0.008	-0.002	-0.004	-0.015	-0.000	-0.000
	(0.004)	(0.005)	(0.007)	(0.004)	(0.005)	(0.014)	(0.009)	(0.007)	(0.005)	(0.005)	(0.009)	(0.004)	(0.004)
饮料价格	0.004	-0.004	0.030	-0.010	-0.012	-0.010	0.011	0.028	-0.011	-0.015	-0.052	-0.002	0.003
	(0.015)	(0.019)	(0.031)	(0.013)	(0.017)	(0.046)	(0.041)	(0.023)	(0.022)	(0.018)	(0.033)	(0.016)	(0.015)
样本量	608	608	608	608	608	605	608	606	608	608	608	608	608
F	3.304	7.988	3.058	4.137	4.987	4.159	3.031	5.302	11.542	4.105	2.926	5.604	6.798
R^2	0.071	0.078	0.084	0.050	0.077	-0.056	-0.286	0.088	0.148	0.106	0.067	0.147	0.114

注：①括号内为聚类到村庄的稳健标准误。②"*""**"和"***"分别表示在10%、5%、1%的水平上显著。

附表-42　2004—2011年贫困老年女性营养素摄入量（对数形式）的影响因素（IV-FE）

	能量	蛋白质	脂肪	碳水化合物	不溶性纤维	胆固醇	维生素A	维生素C	钙	钾	钠	铁	锌
家庭平均劳动强度	-0.013	0.035**	-0.001	-0.019	-0.057*	-0.083	0.006	-0.005	0.016	0.012	0.041	0.028*	0.043***
	(0.016)	(0.015)	(0.036)	(0.017)	(0.031)	(0.053)	(0.033)	(0.037)	(0.019)	(0.022)	(0.038)	(0.016)	(0.015)
受教育程度	0.013	0.061	-0.039	0.043	0.005	0.218	0.096	-0.053	0.045	0.030	0.011	0.008	0.034
	(0.054)	(0.059)	(0.097)	(0.060)	(0.119)	(0.141)	(0.087)	(0.120)	(0.069)	(0.067)	(0.083)	(0.065)	(0.050)

续表

	能量	蛋白质	脂肪	碳水化合物	不溶性纤维	胆固醇	维生素A	维生素C	钙	钾	钠	铁	锌
年龄	-0.007**	-0.013***	-0.006	-0.007**	-0.003	-0.008	-0.009	-0.018***	-0.006*	-0.009**	-0.007	-0.011***	-0.014***
	(0.003)	(0.003)	(0.006)	(0.003)	(0.006)	(0.009)	(0.006)	(0.007)	(0.004)	(0.004)	(0.005)	(0.003)	(0.003)
家庭规模	-0.013	-0.009	-0.019	-0.010	-0.031	-0.057	-0.019	-0.010	-0.022	-0.017	-0.014	-0.020	-0.007
	(0.013)	(0.014)	(0.032)	(0.012)	(0.021)	(0.044)	(0.027)	(0.026)	(0.017)	(0.016)	(0.027)	(0.013)	(0.013)
家庭平均膳食知识水平	0.007***	0.007**	0.006	0.005**	0.006	-0.002	0.008	0.008	0.006	0.008***	0.004	0.007**	0.007***
	(0.002)	(0.003)	(0.006)	(0.002)	(0.005)	(0.006)	(0.006)	(0.006)	(0.004)	(0.003)	(0.005)	(0.003)	(0.002)
18岁以下人口比例	-0.004	0.002	0.002	0.002	0.004	-0.010	-0.003	-0.024	0.007	0.009	0.018	0.010	0.006
	(0.013)	(0.013)	(0.025)	(0.014)	(0.024)	(0.035)	(0.022)	(0.023)	(0.018)	(0.018)	(0.021)	(0.015)	(0.013)
2006年	-0.018	-0.100	0.264*	-0.154**	-0.331***	0.453**	-0.246*	-0.195	-0.290***	-0.225**	0.011	-0.167**	-0.085
	(0.064)	(0.071)	(0.136)	(0.062)	(0.118)	(0.203)	(0.133)	(0.140)	(0.087)	(0.088)	(0.135)	(0.070)	(0.065)
2009年	-0.022	-0.057	0.272	-0.159**	-0.382***	0.709**	-0.108	-0.253*	-0.291***	-0.155	0.101	-0.150*	-0.046
	(0.076)	(0.074)	(0.170)	(0.074)	(0.147)	(0.290)	(0.150)	(0.141)	(0.101)	(0.103)	(0.154)	(0.086)	(0.070)
2011年	-0.082	-0.150*	0.092	-0.194*	-0.429**	0.249	-0.145	-0.215	-0.325**	-0.190	0.063	-0.184	-0.113
	(0.093)	(0.090)	(0.207)	(0.103)	(0.207)	(0.419)	(0.234)	(0.202)	(0.139)	(0.139)	(0.223)	(0.120)	(0.087)
平均每月退休金	0.000	-0.000	0.000	-0.000	-0.001	-0.001	-0.001	-0.000	-0.001	-0.000	0.001	-0.000	-0.000
	(0.000)	(0.000)	(0.001)	(0.000)	(0.000)	(0.001)	(0.001)	(0.001)	(0.000)	(0.000)	(0.001)	(0.000)	(0.000)
过去4周是否生病	0.012	-0.010	0.027	-0.007	-0.007	0.041	-0.065	0.008	0.010	0.014	0.063	0.018	0.002
	(0.033)	(0.033)	(0.064)	(0.031)	(0.057)	(0.096)	(0.065)	(0.057)	(0.042)	(0.040)	(0.067)	(0.032)	(0.031)

续表

	能量	蛋白质	脂肪	碳水化合物	不溶性纤维	胆固醇	维生素A	维生素C	钙	钾	钠	铁	锌
成年女性平均受教育程度	-0.008 (0.045)	-0.072* (0.042)	0.100 (0.092)	-0.049 (0.049)	-0.105 (0.103)	-0.077 (0.147)	-0.058 (0.074)	0.005 (0.094)	-0.052 (0.055)	-0.087 (0.060)	-0.002 (0.090)	-0.047 (0.050)	-0.030 (0.038)
大米价格	0.109 (0.071)	0.074 (0.073)	0.348*** (0.130)	0.036 (0.068)	0.083 (0.121)	0.412 (0.263)	0.123 (0.154)	0.156 (0.163)	0.057 (0.084)	0.073 (0.084)	0.201 (0.126)	0.034 (0.075)	0.075 (0.065)
小麦价格	0.021** (0.009)	0.017* (0.010)	0.041** (0.017)	0.014 (0.009)	-0.005 (0.017)	0.017 (0.033)	0.006 (0.018)	0.023 (0.018)	-0.004 (0.013)	0.003 (0.012)	-0.001 (0.021)	0.004 (0.010)	0.019** (0.009)
粗粮价格	-0.012 (0.016)	-0.004 (0.015)	-0.044 (0.036)	0.008 (0.015)	0.049 (0.031)	-0.031 (0.049)	0.028 (0.033)	0.051* (0.027)	0.018 (0.022)	0.028 (0.020)	0.081** (0.038)	0.006 (0.017)	-0.006 (0.015)
食用油价格	-0.012 (0.009)	-0.017** (0.007)	-0.004 (0.019)	-0.015** (0.007)	-0.023 (0.016)	-0.003 (0.023)	-0.026* (0.014)	-0.038*** (0.013)	-0.011 (0.011)	-0.028*** (0.010)	-0.051** (0.022)	-0.011 (0.008)	-0.015* (0.008)
牛奶价格	-0.009 (0.015)	-0.009 (0.015)	-0.032 (0.030)	0.001 (0.012)	0.043 (0.028)	-0.041 (0.052)	-0.010 (0.028)	-0.010 (0.028)	0.017 (0.018)	0.011 (0.018)	-0.021 (0.031)	0.013 (0.014)	-0.017 (0.015)
鸡蛋价格	0.015 (0.012)	0.017 (0.011)	0.011 (0.028)	0.016 (0.010)	0.011 (0.025)	0.020 (0.042)	0.001 (0.022)	-0.004 (0.018)	0.022 (0.016)	0.004 (0.014)	0.046* (0.027)	0.020* (0.012)	0.019* (0.011)
调味品价格	-0.013 (0.020)	-0.002 (0.019)	-0.072* (0.039)	0.006 (0.019)	0.068* (0.038)	-0.039 (0.067)	0.029 (0.047)	0.038 (0.049)	0.043 (0.030)	0.025 (0.025)	-0.110*** (0.041)	0.014 (0.022)	-0.009 (0.019)
蔬菜价格	-0.003 (0.010)	-0.000 (0.012)	0.010 (0.014)	-0.013 (0.010)	0.014 (0.014)	-0.011 (0.032)	0.002 (0.018)	0.008 (0.011)	0.022 (0.015)	0.002 (0.012)	0.005 (0.019)	-0.004 (0.009)	-0.002 (0.009)

续表

	能量	蛋白质	脂肪	碳水化合物	不溶性纤维	胆固醇	维生素A	维生素C	钙	钾	钠	铁	锌
水果价格	0.020**	0.028**	0.016	0.025**	0.027	-0.027	0.026	0.014	0.034*	0.038***	0.074**	0.030***	0.032***
	(0.010)	(0.011)	(0.024)	(0.010)	(0.021)	(0.057)	(0.034)	(0.025)	(0.019)	(0.015)	(0.030)	(0.011)	(0.011)
猪肉价格	0.004	0.006	-0.007	0.009	0.001	0.027	-0.007	0.009	0.007	-0.001	-0.018	0.003	0.007
	(0.007)	(0.007)	(0.012)	(0.006)	(0.011)	(0.018)	(0.020)	(0.011)	(0.010)	(0.008)	(0.014)	(0.007)	(0.006)
鸡肉价格	0.002	0.000	0.009	-0.001	-0.007	0.005	0.000	-0.024*	-0.014	-0.007	0.017	0.001	-0.005
	(0.006)	(0.006)	(0.012)	(0.006)	(0.012)	(0.019)	(0.015)	(0.014)	(0.010)	(0.008)	(0.013)	(0.007)	(0.006)
牛肉价格	-0.005	-0.006	-0.007	-0.003	0.001	-0.018	-0.000	-0.002	0.001	-0.002	-0.028**	-0.003	-0.006
	(0.005)	(0.005)	(0.010)	(0.005)	(0.010)	(0.020)	(0.008)	(0.009)	(0.007)	(0.007)	(0.011)	(0.006)	(0.005)
羊肉价格	-0.003	-0.004	0.002	-0.006	-0.001	-0.011	-0.012	-0.005	-0.007	-0.002	-0.006	-0.003	-0.005
	(0.004)	(0.004)	(0.006)	(0.004)	(0.006)	(0.010)	(0.008)	(0.007)	(0.006)	(0.004)	(0.006)	(0.004)	(0.004)
水产品价格	0.006	-0.000	0.001	0.005	-0.008	-0.037	-0.017	-0.008	-0.015	0.001	0.020*	-0.001	0.003
	(0.006)	(0.007)	(0.014)	(0.007)	(0.013)	(0.026)	(0.011)	(0.010)	(0.009)	(0.008)	(0.011)	(0.007)	(0.006)
豆类价格	0.016	0.026**	0.030	0.015*	0.010	0.088***	0.029	0.003	0.016	-0.001	-0.063*	0.009	0.015
	(0.010)	(0.012)	(0.023)	(0.009)	(0.017)	(0.030)	(0.024)	(0.027)	(0.020)	(0.014)	(0.034)	(0.015)	(0.009)
酒类价格	0.001	0.003	-0.008	0.004	0.005	0.003	0.009	-0.004	0.003	0.003	-0.004	0.003	0.001
	(0.003)	(0.004)	(0.006)	(0.004)	(0.006)	(0.010)	(0.006)	(0.007)	(0.004)	(0.005)	(0.008)	(0.004)	(0.004)
饮料价格	-0.000	0.001	0.004	-0.004	0.007	-0.014	-0.005	0.009	-0.001	0.005	-0.002	0.007	-0.002
	(0.011)	(0.010)	(0.014)	(0.009)	(0.011)	(0.023)	(0.011)	(0.009)	(0.007)	(0.008)	(0.011)	(0.008)	(0.009)

续表

	能量	蛋白质	脂肪	碳水化合物	不溶性纤维	胆固醇	维生素A	维生素C	钙	钾	钠	铁	锌
样本量	817	817	817	817	817	815	817	813	817	817	817	817	817
F	8.568	13.081	2.480	5.642	1.545	3.237	4.468	5.662	5.817	5.780	2.142	6.246	10.266
R^2	-0.069	0.145	-0.556	0.078	-0.976	-0.078	0.056	0.076	-0.097	-0.060	-0.169	0.064	0.081

注：①括号内为聚类到村庄的稳健标准误。②"*""**"和"***"分别表示10%、5%、1%的水平上显著。

附表-43　2004—2011年非贫困儿童营养素摄入量性别比（对数形式）的影响因素（IV-FE）

	能量	蛋白质	脂肪	碳水化合物	不溶性纤维	胆固醇	维生素A	维生素C	钙	钾	钠	铁	锌
家庭平均劳动强度	0.017	0.061**	-0.046*	0.071**	0.091***	-0.035	0.148***	0.018	0.145***	0.083***	0.030	0.089***	0.063**
	(0.024)	(0.029)	(0.026)	(0.030)	(0.031)	(0.048)	(0.037)	(0.042)	(0.033)	(0.031)	(0.034)	(0.029)	(0.030)
家庭平均受教育程度	0.042	0.107	0.021	-0.000	0.094	-0.105	-0.056	0.128	0.117	0.194**	0.034	0.095	0.213**
	(0.074)	(0.083)	(0.069)	(0.096)	(0.093)	(0.118)	(0.116)	(0.134)	(0.109)	(0.090)	(0.086)	(0.077)	(0.092)
家庭规模	0.005	0.011	0.018	-0.025	-0.034	0.074*	-0.115**	-0.117*	-0.048	-0.008	-0.018	-0.024	0.000
	(0.019)	(0.023)	(0.016)	(0.025)	(0.031)	(0.039)	(0.056)	(0.063)	(0.037)	(0.028)	(0.020)	(0.022)	(0.026)
家庭平均膳食知识水平	-0.008	0.001	-0.002	-0.012**	0.003	-0.029*	-0.017	-0.019	0.002	0.013*	0.006	0.012	0.005
	(0.005)	(0.007)	(0.005)	(0.006)	(0.008)	(0.015)	(0.012)	(0.012)	(0.008)	(0.007)	(0.006)	(0.008)	(0.007)

续表

	能量	蛋白质	脂肪	碳水化合物	不溶性纤维	胆固醇	维生素A	维生素C	钙	钾	钠	铁	锌
家庭男性比例	0.042	0.033	0.258*	0.214	0.186	0.328	0.293	−0.419	−0.064	−0.136	−0.243	0.157	0.020
	(0.162)	(0.185)	(0.156)	(0.206)	(0.196)	(0.372)	(0.229)	(0.265)	(0.208)	(0.179)	(0.160)	(0.158)	(0.173)
家庭18岁以下人口比例	0.422**	0.576***	0.171	0.362	0.218	1.209***	−0.043	−0.053	0.042	0.340	−0.146	0.450**	0.569**
	(0.173)	(0.199)	(0.156)	(0.229)	(0.260)	(0.423)	(0.347)	(0.416)	(0.338)	(0.247)	(0.171)	(0.217)	(0.225)
家庭60岁以上人口比例	0.289	0.183	0.384*	0.409*	0.231	0.315	0.332	0.541	0.573*	0.224	0.348	0.061	0.174
	(0.190)	(0.196)	(0.203)	(0.220)	(0.289)	(0.358)	(0.355)	(0.337)	(0.295)	(0.273)	(0.308)	(0.254)	(0.228)
2006年	−0.011	−0.156**	−0.133**	0.024	−0.155*	0.039	0.075	0.002	−0.129	−0.295***	−0.041	−0.234***	−0.125
	(0.058)	(0.077)	(0.063)	(0.071)	(0.080)	(0.174)	(0.103)	(0.104)	(0.098)	(0.085)	(0.073)	(0.090)	(0.086)
2009年	−0.137*	−0.127	0.021	−0.198**	−0.176*	−0.099	0.063	0.004	−0.251**	−0.187**	0.077	−0.273***	−0.054
	(0.071)	(0.084)	(0.072)	(0.083)	(0.091)	(0.166)	(0.110)	(0.123)	(0.108)	(0.085)	(0.067)	(0.084)	(0.089)
2011年	−0.050	0.150	0.271**	−0.119	0.119	0.052	0.168	−0.073	−0.055	0.150	0.192	−0.016	0.232
	(0.127)	(0.139)	(0.118)	(0.144)	(0.154)	(0.293)	(0.193)	(0.194)	(0.178)	(0.148)	(0.145)	(0.173)	(0.149)
成年女性平均受教育程度	−0.075**	−0.118***	−0.033	−0.076	−0.116**	−0.172**	−0.116*	−0.132*	−0.053	−0.123**	0.050	−0.095**	−0.159***
	(0.038)	(0.039)	(0.041)	(0.050)	(0.050)	(0.069)	(0.061)	(0.072)	(0.059)	(0.053)	(0.044)	(0.044)	(0.049)
大米价格	−0.019	−0.123	−0.150**	−0.011	−0.055	−0.085	0.175*	0.202*	0.041	−0.193**	−0.139	−0.144*	−0.192**
	(0.066)	(0.080)	(0.066)	(0.086)	(0.084)	(0.216)	(0.104)	(0.107)	(0.088)	(0.081)	(0.094)	(0.076)	(0.084)
小麦价格	−0.027***	−0.033***	−0.015***	−0.040***	−0.028***	−0.005	−0.021**	−0.017	−0.024***	−0.025***	−0.000	−0.033***	−0.033***
	(0.005)	(0.006)	(0.005)	(0.008)	(0.008)	(0.011)	(0.010)	(0.012)	(0.009)	(0.007)	(0.008)	(0.006)	(0.006)

续表

	能量	蛋白质	脂肪	碳水化合物	不溶性纤维	胆固醇	维生素A	维生素C	钙	钾	钠	铁	锌
粗粮价格	0.005 (0.013)	0.018 (0.015)	-0.003 (0.015)	0.021 (0.017)	0.044** (0.020)	-0.002 (0.026)	0.027 (0.021)	0.073*** (0.024)	0.017 (0.020)	0.018 (0.017)	-0.049*** (0.017)	0.022 (0.016)	0.010 (0.017)
食用油价格	0.008 (0.006)	-0.003 (0.007)	-0.007 (0.006)	0.009 (0.008)	0.002 (0.009)	0.012 (0.012)	-0.006 (0.009)	-0.012 (0.010)	0.010 (0.008)	-0.002 (0.008)	0.005 (0.007)	-0.001 (0.006)	0.000 (0.007)
牛奶价格	-0.031** (0.014)	-0.055*** (0.015)	-0.045*** (0.011)	-0.022 (0.016)	-0.029* (0.016)	-0.066* (0.037)	-0.027 (0.019)	-0.058*** (0.019)	0.006 (0.016)	-0.029** (0.013)	0.021* (0.012)	-0.023* (0.013)	-0.045*** (0.013)
鸡蛋价格	-0.006*** (0.001)	-0.006*** (0.001)	-0.001 (0.001)	-0.009*** (0.001)	-0.005*** (0.001)	-0.005*** (0.002)	-0.001 (0.001)	-0.003 (0.002)	-0.003** (0.002)	-0.004** (0.002)	0.002* (0.001)	-0.003** (0.001)	-0.004 (0.003)
调味品价格	0.027** (0.011)	0.040*** (0.013)	0.028** (0.010)	0.021 (0.013)	0.033** (0.014)	0.032 (0.030)	0.024 (0.017)	0.023 (0.017)	0.063*** (0.016)	0.051*** (0.014)	-0.009 (0.013)	0.047*** (0.014)	0.051*** (0.013)
蔬菜价格	0.022 (0.020)	-0.012 (0.024)	-0.046** (0.021)	0.044* (0.023)	0.026 (0.021)	0.036 (0.050)	-0.029 (0.032)	-0.057* (0.034)	0.058** (0.026)	-0.029 (0.025)	-0.008 (0.022)	-0.004 (0.023)	-0.019 (0.026)
水果价格	-0.046*** (0.017)	-0.076*** (0.016)	-0.023* (0.013)	-0.043*** (0.020)	-0.096*** (0.019)	-0.098** (0.038)	-0.118*** (0.024)	-0.058*** (0.024)	-0.060*** (0.023)	-0.076*** (0.018)	-0.031 (0.020)	-0.082*** (0.017)	-0.061*** (0.017)
猪肉价格	-0.017 (0.015)	-0.025* (0.013)	-0.029** (0.013)	-0.018 (0.017)	-0.026 (0.017)	-0.040 (0.032)	0.001 (0.021)	0.001 (0.020)	-0.027 (0.017)	-0.035** (0.015)	-0.006 (0.015)	-0.027* (0.016)	-0.024* (0.013)
鸡肉价格	-0.002 (0.006)	0.012 (0.008)	0.018*** (0.006)	-0.010 (0.008)	0.004 (0.009)	0.034** (0.014)	0.019 (0.012)	0.002 (0.013)	0.008 (0.010)	0.017* (0.009)	0.015** (0.007)	0.007 (0.008)	0.012 (0.008)

续表

	能量	蛋白质	脂肪	碳水化合物	不溶性纤维	胆固醇	维生素A	维生素C	钙	钾	钠	铁	锌
牛肉价格	0.007*	0.002	0.004	0.004	0.003	0.014	0.011*	0.020***	0.000	0.006	0.001	0.004	0.005
	(0.004)	(0.005)	(0.004)	(0.005)	(0.006)	(0.009)	(0.006)	(0.008)	(0.006)	(0.006)	(0.004)	(0.006)	(0.006)
羊肉价格	0.010***	0.006	-0.009**	0.019***	0.008**	0.007	0.002	-0.000	0.013***	-0.001	-0.006	0.011***	0.007
	(0.004)	(0.004)	(0.004)	(0.005)	(0.004)	(0.008)	(0.005)	(0.006)	(0.004)	(0.004)	(0.004)	(0.004)	(0.005)
水产品价格	-0.017	-0.009	0.019**	-0.036***	-0.034**	-0.031	-0.008	-0.030**	-0.028**	-0.006	0.019	-0.011	-0.004
	(0.010)	(0.011)	(0.010)	(0.012)	(0.014)	(0.023)	(0.016)	(0.015)	(0.014)	(0.012)	(0.013)	(0.012)	(0.012)
豆类价格	0.008	0.003	-0.011	0.021	-0.009	0.041*	-0.003	-0.036*	0.003	-0.019	0.054***	-0.010	-0.005
	(0.011)	(0.012)	(0.011)	(0.014)	(0.013)	(0.024)	(0.017)	(0.021)	(0.015)	(0.013)	(0.012)	(0.012)	(0.014)
酒类价格	0.001	0.006	0.005*	0.002	0.009**	0.018**	0.007	0.010*	0.005	0.012***	0.008*	0.006	0.007*
	(0.003)	(0.004)	(0.003)	(0.004)	(0.004)	(0.008)	(0.005)	(0.006)	(0.005)	(0.004)	(0.004)	(0.005)	(0.004)
饮料价格	0.021***	0.033***	0.019***	0.026***	0.025**	-0.013	0.061***	0.053***	0.051***	0.044***	0.005	0.050***	0.052***
	(0.006)	(0.008)	(0.006)	(0.008)	(0.009)	(0.014)	(0.011)	(0.012)	(0.016)	(0.010)	(0.006)	(0.010)	(0.009)
样本量	1031	1031	1031	1031	1031	1031	1031	1029	1031	1031	1031	1031	1031
F	7.257	9.529	7.703	6.941	5.153	3.967	4.753	3.959	4.738	7.442	4.678	9.137	10.371
R^2	0.130	0.302	0.222	0.130	0.201	0.152	0.266	0.210	0.240	0.160	0.111	0.297	0.291

注：①括号内为聚类到家庭的稳健标准误。②"*""**"和"***"分别表示在10%、5%、1%的水平上显著。

附表-44　2004—2011年贫困儿童营养素摄入量性别比（对数形式）的影响因素（IV-FE）

	能量	蛋白质	脂肪	碳水化合物	不溶性纤维	胆固醇	维生素A	维生素C	钙	钾	钠	铁	锌
家庭平均劳动强度	-0.084 (0.237)	-0.715** (0.300)	0.079 (0.271)	0.020 (0.239)	0.413 (0.456)	-1.586*** (0.612)	0.969* (0.559)	1.236* (0.746)	0.163 (0.246)	0.153 (0.301)	0.121 (0.120)	0.329 (0.466)	-0.218 (0.239)
家庭平均受教育程度	-0.059 (0.174)	0.053 (0.228)	-0.267* (0.140)	0.136 (0.181)	0.345 (0.240)	-0.623 (0.400)	-0.701** (0.304)	0.437 (0.377)	-0.584*** (0.178)	-0.404** (0.188)	-0.186* (0.103)	0.392* (0.219)	-0.140 (0.178)
家庭规模	-0.035 (0.040)	-0.149*** (0.048)	0.020 (0.040)	-0.036 (0.042)	0.018 (0.067)	-0.323*** (0.085)	0.035 (0.085)	0.062 (0.112)	-0.009 (0.036)	-0.058 (0.044)	-0.029 (0.019)	-0.039 (0.074)	-0.107*** (0.040)
家庭平均膳食知识水平	-0.032** (0.014)	-0.006 (0.016)	-0.031*** (0.010)	-0.028** (0.014)	-0.043** (0.020)	0.045* (0.024)	-0.051** (0.020)	-0.081*** (0.021)	-0.025 (0.017)	-0.044** (0.018)	-0.008 (0.005)	-0.039*** (0.015)	-0.020 (0.013)
家庭男性比例	1.242* (0.736)	3.087*** (0.906)	-0.322 (0.835)	1.311* (0.750)	0.435 (1.406)	5.938*** (1.741)	-1.914 (1.788)	-2.805 (2.347)	-0.148 (0.728)	0.374 (0.908)	-0.074 (0.337)	0.366 (1.558)	1.145 (0.814)
家庭18岁以下人口比例	0.028 (0.804)	1.304 (1.033)	-0.741 (0.775)	-0.280 (0.841)	-1.716 (1.369)	3.802** (1.869)	-6.189*** (1.774)	-5.395** (2.566)	-2.195** (0.876)	-2.181** (1.021)	-0.625 (0.392)	-0.929 (1.454)	-1.046 (0.873)
家庭60岁以上人口比例	0.484 (0.546)	2.011*** (0.698)	-0.434 (0.599)	0.465 (0.557)	-0.461 (0.950)	2.079 (1.366)	-2.280* (1.167)	-0.989 (1.566)	-1.111* (0.645)	-0.062 (0.712)	-0.454 (0.307)	1.005 (0.918)	1.146** (0.540)
2006年	0.219* (0.116)	0.374** (0.149)	0.281** (0.115)	0.168 (0.116)	0.260 (0.174)	0.970*** (0.277)	0.202 (0.222)	0.039 (0.242)	0.227** (0.105)	0.329** (0.136)	0.083 (0.080)	0.099 (0.167)	0.268** (0.117)
2009年	-0.156 (0.151)	-0.308** (0.186)	0.266** (0.120)	-0.345** (0.152)	-0.467*** (0.181)	0.167 (0.276)	0.214 (0.168)	-0.978*** (0.177)	0.406*** (0.143)	-0.318* (0.162)	0.117* (0.063)	-0.886*** (0.133)	-0.183 (0.145)

续表

	能量	蛋白质	脂肪	碳水化合物	不溶性纤维	胆固醇	维生素A	维生素C	钙	钾	钠	铁	锌
2011年	-1.223**	-2.335***	0.013	-1.362***	-0.920	-3.907***	1.241	-0.407	0.198	-1.417**	-0.024	-1.814**	-1.245**
	(0.507)	(0.622)	(0.529)	(0.523)	(0.854)	(1.107)	(1.106)	(1.393)	(0.457)	(0.604)	(0.250)	(0.913)	(0.532)
成年女性平均受教育程度	-0.101	0.206	0.100	-0.319	-0.873***	1.262***	-0.801*	-1.551***	-0.139	-0.318	0.078	-0.656*	-0.002
	(0.188)	(0.245)	(0.190)	(0.196)	(0.338)	(0.451)	(0.435)	(0.566)	(0.187)	(0.231)	(0.090)	(0.362)	(0.200)
大米价格	-0.099	-0.409	-0.077	0.094	0.875*	-0.802	1.252**	1.973**	-0.165	0.199	-0.114	0.685	-0.296
	(0.263)	(0.359)	(0.284)	(0.274)	(0.477)	(0.685)	(0.616)	(0.909)	(0.249)	(0.341)	(0.136)	(0.498)	(0.268)
小麦价格	0.109**	0.186***	-0.001	0.177***	0.038	-0.001	-0.202	-0.178	-0.240***	-0.034	-0.105**	0.117	0.127**
	(0.055)	(0.071)	(0.050)	(0.057)	(0.101)	(0.145)	(0.151)	(0.168)	(0.063)	(0.069)	(0.050)	(0.094)	(0.055)
粗粮价格	-0.215*	-0.453***	-0.115	-0.203*	0.002	-0.808***	0.449*	0.442	0.138	-0.119	0.045	-0.109	-0.214*
	(0.113)	(0.135)	(0.117)	(0.113)	(0.189)	(0.254)	(0.271)	(0.290)	(0.116)	(0.129)	(0.067)	(0.191)	(0.111)
食用油价格	-0.112***	-0.163***	-0.064***	-0.133***	-0.098***	-0.160***	-0.049	-0.089	-0.047**	-0.116***	0.008	-0.125***	-0.127***
	(0.022)	(0.029)	(0.024)	(0.023)	(0.038)	(0.058)	(0.047)	(0.058)	(0.020)	(0.027)	(0.017)	(0.036)	(0.023)
牛奶价格	0.061	0.266*	-0.022	-0.012	-0.214	0.736***	-0.453*	-0.653**	-0.078	0.001	0.029	-0.127	0.093
	(0.119)	(0.146)	(0.121)	(0.122)	(0.209)	(0.268)	(0.260)	(0.324)	(0.118)	(0.144)	(0.052)	(0.213)	(0.117)
鸡蛋价格	0.049**	0.101***	-0.030	0.057**	0.032	0.154**	0.013	0.014	0.059**	0.081***	0.019*	0.025	0.082***
	(0.023)	(0.028)	(0.028)	(0.023)	(0.050)	(0.060)	(0.071)	(0.086)	(0.023)	(0.028)	(0.012)	(0.053)	(0.022)
调味品价格	-0.037	-0.089**	-0.048*	-0.035	-0.070*	-0.274***	-0.145***	-0.119**	-0.007	-0.064	-0.022	-0.063*	-0.070**
	(0.030)	(0.037)	(0.025)	(0.032)	(0.037)	(0.051)	(0.042)	(0.054)	(0.038)	(0.042)	(0.015)	(0.038)	(0.036)

续表

	能量	蛋白质	脂肪	碳水化合物	不溶性纤维	胆固醇	维生素A	维生素C	钙	钾	钠	铁	锌
蔬菜价格	-0.210	-0.447**	-0.045	-0.157	0.030	-1.072**	0.646	0.551	0.095	0.012	-0.054	0.103	-0.049
	(0.159)	(0.199)	(0.192)	(0.158)	(0.325)	(0.427)	(0.449)	(0.613)	(0.173)	(0.199)	(0.081)	(0.344)	(0.161)
水果价格	0.310***	0.441***	0.069	0.343***	0.288***	0.545***	-0.016	0.151	0.064	0.301***	0.034	0.309**	0.282***
	(0.061)	(0.075)	(0.064)	(0.063)	(0.108)	(0.133)	(0.144)	(0.169)	(0.056)	(0.077)	(0.025)	(0.121)	(0.069)
猪肉价格	0.111*	0.226***	0.063	0.083	-0.002	0.582***	-0.133	-0.170	0.069	0.100	0.019	0.011	0.099
	(0.060)	(0.075)	(0.073)	(0.060)	(0.119)	(0.154)	(0.161)	(0.211)	(0.056)	(0.074)	(0.032)	(0.130)	(0.061)
鸡肉价格	-0.034***	-0.038***	-0.012	-0.035***	-0.023	-0.106***	-0.031	0.003	-0.057***	-0.048***	-0.003	-0.021	-0.021*
	(0.012)	(0.014)	(0.011)	(0.012)	(0.018)	(0.024)	(0.024)	(0.027)	(0.013)	(0.014)	(0.005)	(0.018)	(0.011)
牛肉价格	-0.076***	-0.104***	-0.010	-0.070***	-0.024	-0.107**	0.035	0.064	-0.032*	-0.047**	-0.021**	-0.036	-0.072***
	(0.017)	(0.022)	(0.020)	(0.017)	(0.036)	(0.044)	(0.053)	(0.070)	(0.019)	(0.024)	(0.009)	(0.041)	(0.019)
羊肉价格	0.032**	0.055***	0.006	0.027	0.001	0.081**	-0.073**	-0.067	-0.011	0.014	0.005	0.010	0.029*
	(0.016)	(0.021)	(0.016)	(0.017)	(0.029)	(0.038)	(0.037)	(0.050)	(0.016)	(0.021)	(0.008)	(0.030)	(0.017)
水产品价格	0.008	0.017	-0.019	0.031	0.083**	0.087	-0.007	0.085**	-0.006	-0.006	-0.010	0.066**	-0.034
	(0.036)	(0.043)	(0.027)	(0.037)	(0.041)	(0.061)	(0.042)	(0.041)	(0.034)	(0.037)	(0.015)	(0.032)	(0.034)
豆类价格	0.147**	0.333***	-0.016	0.123*	0.040	0.501***	-0.065	-0.026	0.093	0.261***	0.078**	0.156	0.281***
	(0.068)	(0.088)	(0.072)	(0.071)	(0.130)	(0.164)	(0.188)	(0.233)	(0.072)	(0.094)	(0.033)	(0.144)	(0.075)
酒类价格	-0.008	-0.024**	0.023**	-0.009	0.001	0.021	-0.002	0.003	0.029**	-0.003	-0.014**	-0.031*	-0.046***
	(0.009)	(0.012)	(0.009)	(0.010)	(0.018)	(0.023)	(0.026)	(0.033)	(0.013)	(0.012)	(0.007)	(0.017)	(0.011)

续表

	能量	蛋白质	脂肪	碳水化合物	不溶性纤维	胆固醇	维生素A	维生素C	钙	钾	钠	铁	锌
饮料价格	-0.030***	-0.044***	-0.015**	-0.035***	-0.038***	-0.037**	-0.075***	-0.077***	-0.026***	-0.059***	0.003	-0.052***	-0.049***
	(0.007)	(0.010)	(0.006)	(0.008)	(0.011)	(0.018)	(0.016)	(0.019)	(0.010)	(0.009)	(0.005)	(0.008)	(0.008)
样本量	443	443	443	443	443	441	443	439	443	443	443	443	443
F	13.457	11.899	41.707	25.689	8.553	9.232	16.649	21.732	17.745	14.230	23.296	14.106	13.594
R^2	0.610	0.558	0.671	0.687	0.570	0.096	0.551	0.398	0.644	0.619	0.607	0.679	0.629

注：①括号内为聚类到家庭的稳健标准误。②"*""**"和"***"分别表示在10%、5%、1%的水平上显著。

附表-45　2004—2011年非贫困中青年营养素摄入量性别比（对数形式）的影响因素（IV-FE）

	能量	蛋白质	脂肪	碳水化合物	不溶性纤维	胆固醇	维生素A	维生素C	钙	钾	钠	铁	锌
家庭平均劳动强度	-0.016***	-0.006	-0.011***	-0.015***	-0.027***	-0.012	-0.033***	-0.024***	-0.006	-0.010**	-0.003	-0.015***	-0.006
	(0.004)	(0.004)	(0.003)	(0.005)	(0.005)	(0.008)	(0.006)	(0.006)	(0.005)	(0.004)	(0.003)	(0.005)	(0.004)
家庭平均受教育程度	-0.012	-0.006	-0.019**	-0.017*	-0.009	0.022	0.008	0.012	-0.021**	-0.003	-0.004	-0.024***	-0.008
	(0.008)	(0.008)	(0.007)	(0.009)	(0.010)	(0.016)	(0.011)	(0.010)	(0.009)	(0.009)	(0.005)	(0.009)	(0.008)
家庭规模	-0.002	-0.019***	0.000	-0.003	-0.000	0.010	-0.008	-0.018***	-0.013***	-0.013***	-0.004**	-0.039***	-0.025***
	(0.003)	(0.003)	(0.003)	(0.004)	(0.004)	(0.007)	(0.005)	(0.004)	(0.003)	(0.003)	(0.002)	(0.004)	(0.003)

续表

	能量	蛋白质	脂肪	碳水化合物	不溶性纤维	胆固醇	维生素A	维生素C	钙	钾	钠	铁	锌
家庭平均膳食知识水平	-0.001	-0.001	-0.000	-0.000	-0.000	-0.004***	-0.001	0.001	0.001	-0.000	0.000	-0.002**	-0.001
	(0.001)	(0.001)	(0.001)	(0.001)	(0.001)	(0.001)	(0.001)	(0.001)	(0.001)	(0.001)	(0.000)	(0.001)	(0.001)
家庭男性比例	0.109***	0.130***	0.065**	0.127***	0.082**	-0.182***	0.010	0.009	-0.004	0.067**	0.040**	0.161***	0.160***
	(0.027)	(0.029)	(0.026)	(0.033)	(0.033)	(0.061)	(0.041)	(0.041)	(0.032)	(0.027)	(0.019)	(0.034)	(0.028)
家庭18岁以下人口比例	-0.095***	0.008	-0.082***	-0.094***	-0.066**	-0.075	0.007	0.127***	0.010	0.007	0.022	0.012	0.045*
	(0.023)	(0.025)	(0.022)	(0.027)	(0.029)	(0.054)	(0.034)	(0.036)	(0.027)	(0.023)	(0.017)	(0.028)	(0.023)
家庭60岁以上人口比例	-0.058	-0.025	-0.049	-0.035	-0.003	-0.132*	-0.127***	-0.030	-0.046	-0.013	0.029	-0.413***	-0.007
	(0.038)	(0.038)	(0.038)	(0.045)	(0.046)	(0.073)	(0.047)	(0.048)	(0.039)	(0.035)	(0.026)	(0.048)	(0.037)
2006年	0.006	0.009	0.032***	-0.008	-0.002	0.078***	0.019*	0.008	-0.012	-0.001	-0.007	0.043***	0.004
	(0.007)	(0.007)	(0.006)	(0.009)	(0.008)	(0.017)	(0.010)	(0.009)	(0.008)	(0.007)	(0.004)	(0.008)	(0.007)
2009年	0.006	0.001	0.025**	-0.006	0.021	0.058**	0.017	-0.008	-0.021	0.007	0.001	0.077***	-0.006
	(0.011)	(0.012)	(0.011)	(0.013)	(0.013)	(0.026)	(0.015)	(0.015)	(0.013)	(0.011)	(0.008)	(0.013)	(0.011)
2011年	0.029*	0.007	0.049***	0.013	0.042**	0.055	0.025	0.001	-0.019	0.022	-0.015	0.101***	-0.006
	(0.015)	(0.016)	(0.015)	(0.018)	(0.018)	(0.037)	(0.020)	(0.021)	(0.017)	(0.015)	(0.011)	(0.019)	(0.016)
成年女性平均受教育程度	0.017***	0.004	0.020***	0.014**	0.011	0.003	-0.017**	-0.014*	0.021***	0.009	0.006	-0.027***	0.004
	(0.006)	(0.006)	(0.005)	(0.007)	(0.007)	(0.011)	(0.008)	(0.008)	(0.006)	(0.006)	(0.004)	(0.007)	(0.006)
大米价格	0.002***	0.001*	0.000	0.002***	0.002***	0.000	0.001	0.004***	0.001**	0.002**	-0.000	0.002**	0.002**
	(0.001)	(0.001)	(0.000)	(0.001)	(0.001)	(0.001)	(0.001)	(0.001)	(0.000)	(0.001)	(0.000)	(0.001)	(0.001)

续表

	能量	蛋白质	脂肪	碳水化合物	不溶性纤维	胆固醇	维生素A	维生素C	钙	钾	钠	铁	锌
小麦价格	0.003	-0.002	0.003	0.001	0.002	0.009**	-0.003	-0.003	-0.003	-0.000	-0.000	-0.003	-0.002
	(0.002)	(0.002)	(0.002)	(0.003)	(0.002)	(0.004)	(0.003)	(0.002)	(0.002)	(0.002)	(0.001)	(0.002)	(0.002)
粗粮价格	0.004	0.004	-0.002	0.008***	0.004	-0.016***	-0.006*	0.002	0.002	0.000	0.001	-0.001	0.007***
	(0.003)	(0.003)	(0.002)	(0.003)	(0.003)	(0.005)	(0.004)	(0.003)	(0.003)	(0.002)	(0.002)	(0.003)	(0.003)
食用油价格	-0.002*	-0.002*	0.001	-0.004***	-0.001	0.003	0.005**	0.003	0.000	-0.000	-0.001*	-0.000	-0.003***
	(0.001)	(0.001)	(0.001)	(0.001)	(0.001)	(0.003)	(0.002)	(0.002)	(0.001)	(0.001)	(0.001)	(0.001)	(0.001)
牛奶价格	0.006***	0.006***	0.003**	0.008***	0.006***	0.002	0.002	0.005***	0.005***	0.005***	0.001	0.009***	0.006***
	(0.001)	(0.001)	(0.001)	(0.001)	(0.002)	(0.003)	(0.002)	(0.002)	(0.002)	(0.001)	(0.001)	(0.002)	(0.001)
鸡蛋价格	-0.000	0.000	-0.002**	0.000	0.000	-0.003***	0.000	0.001*	0.001*	0.001*	0.000*	0.001*	0.000
	(0.001)	(0.001)	(0.000)	(0.001)	(0.001)	(0.001)	(0.001)	(0.000)	(0.000)	(0.000)	(0.000)	(0.000)	(0.001)
调味品价格	0.002	0.001	-0.002	0.002	-0.002	0.006	0.004	0.006**	0.002	0.001	0.001	0.001	0.002
	(0.002)	(0.002)	(0.001)	(0.002)	(0.002)	(0.005)	(0.003)	(0.003)	(0.002)	(0.002)	(0.001)	(0.002)	(0.002)
蔬菜价格	-0.002	-0.004***	-0.001	-0.003*	-0.003*	-0.013***	-0.004	0.001	-0.002	-0.003**	0.002	-0.004**	-0.004**
	(0.001)	(0.001)	(0.001)	(0.002)	(0.002)	(0.004)	(0.003)	(0.003)	(0.002)	(0.001)	(0.001)	(0.002)	(0.001)
水果价格	-0.010***	-0.003*	-0.007***	-0.009***	-0.009***	-0.003	-0.005***	-0.007***	-0.003	-0.005***	-0.002	-0.006***	-0.002
	(0.002)	(0.002)	(0.001)	(0.002)	(0.002)	(0.004)	(0.002)	(0.002)	(0.002)	(0.002)	(0.001)	(0.002)	(0.002)
猪肉价格	0.001	0.000	0.001	0.001	-0.001	0.001	-0.002	0.001	-0.002	-0.002	0.001	0.003*	0.000
	(0.001)	(0.001)	(0.001)	(0.002)	(0.001)	(0.003)	(0.001)	(0.001)	(0.001)	(0.001)	(0.001)	(0.001)	(0.001)

续表

	能量	蛋白质	脂肪	碳水化合物	不溶性纤维	胆固醇	维生素A	维生素C	钙	钾	钠	铁	锌
鸡肉价格	0.003***	0.005***	0.001*	0.004***	0.003***	0.001	0.004***	0.003***	0.004***	0.004***	0.002***	0.004***	0.004***
	(0.001)	(0.001)	(0.001)	(0.001)	(0.001)	(0.002)	(0.001)	(0.001)	(0.001)	(0.001)	(0.001)	(0.001)	(0.001)
牛肉价格	0.002***	0.001	0.001	0.002***	0.002**	0.001	0.002	0.002*	0.001*	0.001**	-0.000	0.002*	0.001
	(0.001)	(0.001)	(0.001)	(0.001)	(0.001)	(0.002)	(0.001)	(0.001)	(0.001)	(0.001)	(0.001)	(0.001)	(0.001)
羊肉价格	-0.001***	-0.001***	-0.000	-0.001***	-0.001**	0.000	-0.002***	-0.002***	-0.000	-0.001**	-0.000	-0.001**	-0.001***
	(0.000)	(0.000)	(0.000)	(0.000)	(0.000)	(0.001)	(0.001)	(0.001)	(0.000)	(0.000)	(0.000)	(0.000)	(0.000)
水产品价格	0.001	0.003**	-0.001	0.003	0.002	0.003	0.004**	0.002	0.002	0.003***	0.001**	0.005***	0.003**
	(0.001)	(0.002)	(0.001)	(0.002)	(0.001)	(0.003)	(0.002)	(0.002)	(0.001)	(0.001)	(0.001)	(0.002)	(0.001)
豆类价格	-0.006***	-0.004***	-0.003*	-0.007***	-0.004**	-0.006	0.001	-0.001	-0.002	-0.002	0.001	-0.002	-0.005***
	(0.001)	(0.001)	(0.001)	(0.002)	(0.002)	(0.003)	(0.002)	(0.002)	(0.001)	(0.001)	(0.001)	(0.002)	(0.001)
酒类价格	-0.000	-0.001	-0.000	-0.000	-0.001**	0.001	-0.001*	-0.001	-0.001**	-0.001**	-0.000	-0.001	-0.000
	(0.000)	(0.001)	(0.000)	(0.001)	(0.001)	(0.002)	(0.001)	(0.001)	(0.000)	(0.001)	(0.000)	(0.001)	(0.000)
饮料价格	0.002*	0.002*	-0.001*	0.002*	-0.000	0.000	0.000	0.003***	0.002**	0.001	-0.001**	-0.001	0.002**
	(0.001)	(0.001)	(0.001)	(0.001)	(0.001)	(0.002)	(0.002)	(0.001)	(0.001)	(0.001)	(0.000)	(0.001)	(0.001)
样本量	14664	14664	14664	14664	14664	14662	14662	14651	14664	14664	14664	14664	14664
F	8.665	7.590	5.671	8.380	6.106	4.379	3.635	5.881	4.146	5.455	3.345	21.733	10.701
R^2	-0.030	0.005	-0.037	-0.016	-0.012	-0.002	0.015	0.018	0.012	0.003	0.007	0.055	0.020

注：①括号内为聚类到家庭的稳健标准误。②"*""**"和"***"分别表示在10%、5%、1%的水平上显著。

附表-46 2004—2011年贫困中青年营养素摄入量性别比（对数形式）的影响因素（IV-FE）

	能量	蛋白质	脂肪	碳水化合物	不溶性纤维	胆固醇	维生素A	维生素C	钙	钾	钠	铁	锌
家庭平均劳动强度	-0.045*	-0.061**	-0.038**	-0.055*	-0.028	-0.030	-0.051*	-0.044	-0.045*	-0.051**	-0.019	-0.022	-0.058**
	(0.025)	(0.025)	(0.016)	(0.030)	(0.034)	(0.047)	(0.026)	(0.032)	(0.024)	(0.025)	(0.014)	(0.034)	(0.025)
家庭平均受教育程度	0.026	-0.062	0.043	-0.011	0.065	0.041	0.093*	0.059	-0.013	-0.015	0.022	-0.079	-0.098**
	(0.039)	(0.041)	(0.030)	(0.046)	(0.054)	(0.076)	(0.047)	(0.056)	(0.036)	(0.037)	(0.022)	(0.055)	(0.041)
家庭规模	-0.016	0.009	0.009	-0.024	-0.028	-0.025	-0.017	-0.021	0.004	0.005	-0.023**	-0.065***	0.024*
	(0.014)	(0.013)	(0.011)	(0.017)	(0.022)	(0.029)	(0.018)	(0.023)	(0.013)	(0.012)	(0.010)	(0.019)	(0.013)
家庭平均膳食知识水平	-0.004	0.001	-0.007*	-0.003	-0.006	-0.003	-0.005	-0.004	-0.001	-0.002	0.001	-0.002	0.000
	(0.004)	(0.004)	(0.004)	(0.004)	(0.005)	(0.007)	(0.004)	(0.006)	(0.003)	(0.003)	(0.002)	(0.005)	(0.004)
家庭男性比例	-0.159	0.081	-0.164	-0.161	-0.412**	-0.184	0.052	-0.505**	-0.005	-0.054	0.040	-0.198	0.080
	(0.144)	(0.156)	(0.110)	(0.183)	(0.208)	(0.282)	(0.194)	(0.220)	(0.158)	(0.137)	(0.072)	(0.212)	(0.145)
家庭18岁以下人口比例	0.196*	0.019	-0.116	0.257**	0.324**	-0.375	0.271**	0.376**	0.128	0.125	0.166***	0.454***	0.046
	(0.103)	(0.094)	(0.077)	(0.125)	(0.159)	(0.246)	(0.124)	(0.161)	(0.091)	(0.088)	(0.063)	(0.141)	(0.094)
家庭60岁以上人口比例	-0.171	0.055	-0.030	-0.252	-0.339*	-0.147	-0.263	-0.323	-0.122	-0.129	0.021	-0.286	0.071
	(0.145)	(0.165)	(0.139)	(0.164)	(0.182)	(0.394)	(0.204)	(0.202)	(0.145)	(0.138)	(0.067)	(0.232)	(0.149)
2006年	0.009	-0.003	-0.018	0.005	-0.012	-0.235***	0.009	0.015	0.031	0.002	-0.007	0.058	0.018
	(0.027)	(0.027)	(0.019)	(0.032)	(0.035)	(0.053)	(0.033)	(0.038)	(0.024)	(0.025)	(0.013)	(0.036)	(0.026)
2009年	-0.021	-0.012	0.033	-0.034	-0.012	-0.043	0.005	-0.016	-0.085**	-0.031	-0.020	0.157***	-0.030
	(0.040)	(0.040)	(0.033)	(0.047)	(0.054)	(0.102)	(0.054)	(0.060)	(0.039)	(0.038)	(0.022)	(0.057)	(0.040)

续表

	能量	蛋白质	脂肪	碳水化合物	不溶性纤维	胆固醇	维生素A	维生素C	钙	钾	钠	铁	锌
2011年	-0.042 (0.057)	-0.027 (0.057)	0.091** (0.045)	-0.111* (0.067)	-0.117 (0.079)	0.158 (0.157)	-0.043 (0.080)	-0.138 (0.091)	-0.058 (0.053)	-0.047 (0.054)	-0.043* (0.026)	-0.038 (0.081)	-0.100* (0.055)
成年女性平均受教育程度	-0.048* (0.025)	-0.012 (0.027)	-0.044** (0.019)	-0.022 (0.032)	-0.018 (0.034)	-0.088* (0.051)	-0.065** (0.033)	-0.054 (0.036)	-0.030 (0.026)	-0.007 (0.022)	-0.010 (0.013)	0.017 (0.033)	0.008 (0.025)
大米价格	0.032** (0.014)	0.023* (0.014)	0.011 (0.011)	0.035** (0.015)	0.020 (0.017)	0.030 (0.027)	0.016 (0.018)	0.044** (0.021)	0.015 (0.014)	0.033*** (0.012)	-0.019** (0.009)	0.051*** (0.017)	0.042*** (0.013)
小麦价格	0.009* (0.005)	0.010** (0.005)	0.006* (0.004)	0.010* (0.006)	0.009* (0.005)	0.017* (0.010)	0.008 (0.006)	-0.008 (0.007)	0.007* (0.004)	0.003 (0.004)	0.003* (0.002)	0.002 (0.006)	0.008 (0.005)
粗粮价格	-0.075*** (0.021)	-0.057*** (0.020)	-0.028* (0.017)	-0.094*** (0.024)	-0.093*** (0.027)	-0.061* (0.035)	-0.054** (0.025)	-0.064** (0.028)	-0.058*** (0.021)	-0.049*** (0.018)	-0.011 (0.010)	-0.101*** (0.028)	-0.056*** (0.019)
食用油价格	-0.009 (0.008)	-0.004 (0.008)	-0.006 (0.006)	-0.016 (0.009)	-0.017 (0.011)	-0.070*** (0.017)	-0.021** (0.010)	-0.007 (0.011)	-0.008 (0.008)	-0.007 (0.007)	0.002 (0.004)	-0.007 (0.010)	-0.002 (0.008)
牛奶价格	0.003 (0.006)	0.002 (0.006)	0.000 (0.004)	0.006 (0.008)	-0.001 (0.009)	0.015 (0.012)	-0.012 (0.008)	-0.012 (0.008)	-0.009 (0.007)	-0.002 (0.006)	-0.005 (0.003)	-0.005 (0.008)	-0.000 (0.006)
鸡蛋价格	-0.023** (0.010)	-0.033*** (0.010)	-0.013* (0.007)	-0.022** (0.011)	-0.004 (0.012)	-0.019 (0.021)	0.000 (0.013)	0.006 (0.015)	-0.018** (0.008)	-0.014* (0.008)	0.004 (0.004)	-0.021* (0.012)	-0.037*** (0.010)
调味品价格	-0.007 (0.011)	0.004 (0.011)	0.001 (0.008)	-0.012 (0.013)	-0.014 (0.014)	-0.027 (0.020)	-0.023* (0.014)	-0.018 (0.015)	-0.009 (0.011)	0.003 (0.009)	-0.011** (0.005)	-0.018 (0.013)	0.000 (0.010)

续表

	能量	蛋白质	脂肪	碳水化合物	不溶性纤维	胆固醇	维生素A	维生素C	钙	钾	钠	铁	锌
蔬菜价格	0.027*** (0.007)	0.007 (0.007)	-0.005 (0.007)	0.042*** (0.008)	0.042*** (0.010)	0.063*** (0.015)	0.051*** (0.009)	0.039*** (0.011)	0.004 (0.007)	0.015** (0.007)	0.015*** (0.004)	0.039*** (0.010)	0.014** (0.007)
水果价格	-0.001 (0.014)	-0.010 (0.013)	-0.008 (0.011)	0.008 (0.016)	0.016 (0.018)	-0.060* (0.031)	0.022 (0.017)	0.035* (0.019)	-0.006 (0.013)	0.003 (0.012)	0.011 (0.007)	0.034* (0.019)	-0.003 (0.013)
猪肉价格	0.008* (0.004)	0.006 (0.005)	-0.005* (0.003)	0.011** (0.005)	0.006 (0.005)	-0.002 (0.010)	0.000 (0.007)	0.006 (0.006)	0.009* (0.005)	0.004 (0.004)	0.002 (0.002)	0.006 (0.004)	0.010** (0.005)
鸡肉价格	0.011** (0.005)	0.009* (0.005)	0.010*** (0.004)	0.014** (0.006)	0.013** (0.007)	-0.015 (0.011)	0.002 (0.006)	0.013* (0.008)	0.005 (0.004)	0.008** (0.004)	-0.001 (0.002)	0.021*** (0.007)	0.012** (0.005)
牛肉价格	0.003 (0.003)	0.002 (0.003)	0.004 (0.003)	0.002 (0.004)	0.003 (0.005)	-0.007 (0.007)	-0.003 (0.005)	0.001 (0.005)	0.004 (0.003)	0.003 (0.003)	-0.002 (0.002)	0.006 (0.005)	0.003 (0.003)
羊肉价格	-0.006** (0.003)	-0.006** (0.003)	-0.006*** (0.002)	-0.006* (0.003)	-0.005 (0.004)	-0.010** (0.005)	-0.002 (0.004)	-0.000 (0.004)	-0.003 (0.003)	-0.004 (0.003)	-0.001 (0.001)	-0.008** (0.004)	-0.005* (0.003)
水产品价格	0.003 (0.003)	0.004 (0.003)	-0.002 (0.003)	0.005 (0.003)	0.006 (0.004)	-0.010 (0.010)	0.007 (0.004)	0.001 (0.005)	0.011*** (0.003)	0.002 (0.002)	0.001 (0.002)	0.011** (0.005)	0.005* (0.003)
豆类价格	0.027* (0.016)	0.036** (0.017)	-0.010 (0.013)	0.039** (0.018)	0.020 (0.021)	-0.030 (0.032)	0.017 (0.024)	0.011 (0.028)	0.053*** (0.017)	0.019 (0.016)	0.001 (0.008)	-0.007 (0.022)	0.038** (0.017)
酒类价格	0.003* (0.002)	0.005*** (0.002)	0.003** (0.001)	0.004* (0.002)	0.006** (0.002)	0.008** (0.004)	0.003 (0.003)	0.004 (0.003)	0.004* (0.002)	0.003* (0.001)	0.001* (0.001)	0.004* (0.002)	0.003** (0.002)

续表

	能量	蛋白质	脂肪	碳水化合物	不溶性纤维	胆固醇	维生素A	维生素C	钙	钾	钠	铁	锌
饮料价格	0.001	0.003	0.002	0.002	0.006	0.004	0.009	0.015**	0.003	0.004	0.003	0.017**	0.006
	(0.004)	(0.005)	(0.004)	(0.005)	(0.006)	(0.010)	(0.006)	(0.008)	(0.004)	(0.004)	(0.002)	(0.007)	(0.005)
样本量	2644	2644	2644	2644	2644	2620	2644	2644	2644	2644	2644	2644	2644
F	5.811	5.888	4.158	9.002	3.803	5.255	7.899	3.224	3.943	7.023	4.532	6.214	12.920
R^2	0.003	0.124	-0.019	-0.050	-0.480	0.051	-0.204	-0.528	0.105	-0.041	0.007	-0.377	0.139

注：①括号内为聚类到家庭类的稳健标准误。②"*""**"和"***"分别表示10%、5%、1%的水平上显著。

附表-47　2004—2011年非贫困老年成员营养素摄入量性别比（对数形式）的影响因素（IV-FE）

	能量	蛋白质	脂肪	碳水化合物	不溶性纤维	胆固醇	维生素A	维生素C	钙	钾	钠	铁	锌
家庭平均劳动强度	0.059***	0.029	0.050***	0.079***	0.093***	-0.001	0.021	0.071**	0.044	0.052**	0.013	0.035*	0.033
	(0.021)	(0.022)	(0.019)	(0.024)	(0.024)	(0.040)	(0.037)	(0.036)	(0.028)	(0.023)	(0.010)	(0.019)	(0.022)
家庭平均受教育程度	0.040	0.041	-0.021	0.038	0.107*	-0.070	0.097	0.102	0.055	0.059	-0.003	0.060	0.040
	(0.041)	(0.048)	(0.036)	(0.046)	(0.057)	(0.108)	(0.085)	(0.103)	(0.058)	(0.050)	(0.024)	(0.048)	(0.045)
家庭规模	-0.001	-0.011	-0.018	0.008	0.003	-0.023	0.016	0.003	-0.009	-0.003	-0.001	-0.008	-0.008
	(0.017)	(0.018)	(0.016)	(0.021)	(0.022)	(0.037)	(0.036)	(0.034)	(0.026)	(0.020)	(0.008)	(0.018)	(0.018)

续表

	能量	蛋白质	脂肪	碳水化合物	不溶性纤维	胆固醇	维生素A	维生素C	钙	钾	钠	铁	锌
家庭平均膳食知识水平	-0.001	-0.001	0.000	0.002	-0.001	-0.003	-0.009*	-0.004	-0.002	-0.001	-0.002	-0.000	-0.002
	(0.003)	(0.003)	(0.003)	(0.003)	(0.003)	(0.006)	(0.005)	(0.005)	(0.004)	(0.003)	(0.001)	(0.003)	(0.003)
家庭男性比例	0.151	0.128	0.009	0.323*	0.100	-0.427	-0.361	-0.329	-0.171	-0.015	-0.086	0.123	0.149
	(0.148)	(0.165)	(0.134)	(0.173)	(0.183)	(0.413)	(0.326)	(0.332)	(0.225)	(0.174)	(0.095)	(0.148)	(0.161)
家庭18岁以下人口比例	-0.004	0.132	0.331***	-0.138	0.198	0.757*	0.583*	0.406	0.335	0.274	0.031	0.058	0.109
	(0.140)	(0.161)	(0.129)	(0.169)	(0.187)	(0.393)	(0.319)	(0.300)	(0.223)	(0.173)	(0.093)	(0.148)	(0.160)
家庭60岁以上人口比例	-0.243	0.058	-0.187	-0.283	0.217	0.488	1.144**	0.641	0.468	0.252	-0.055	0.010	0.033
	(0.249)	(0.275)	(0.213)	(0.285)	(0.313)	(0.619)	(0.558)	(0.499)	(0.366)	(0.292)	(0.140)	(0.253)	(0.274)
2006年	0.030	-0.002	0.044	0.036	0.050	-0.087	0.043	0.032	0.042	0.038	0.022	0.026	0.016
	(0.038)	(0.042)	(0.036)	(0.043)	(0.045)	(0.082)	(0.066)	(0.073)	(0.051)	(0.042)	(0.018)	(0.039)	(0.041)
2009年	-0.010	-0.064	0.038	-0.024	-0.063	-0.185	-0.134	-0.204*	-0.059	-0.059	-0.008	-0.049	-0.056
	(0.060)	(0.071)	(0.055)	(0.066)	(0.065)	(0.137)	(0.108)	(0.122)	(0.081)	(0.068)	(0.026)	(0.063)	(0.068)
2011年	-0.010	-0.177*	0.048	-0.081	-0.260**	-0.294	-0.367**	-0.525**	-0.312**	-0.277***	-0.061	-0.202**	-0.192**
	(0.094)	(0.107)	(0.103)	(0.108)	(0.102)	(0.229)	(0.174)	(0.208)	(0.123)	(0.106)	(0.047)	(0.093)	(0.100)
成年女性平均受教育程度	-0.017	-0.003	0.024	-0.026	-0.036	0.054	0.019	-0.030	-0.033	-0.021	-0.013	-0.022	-0.004
	(0.030)	(0.034)	(0.026)	(0.033)	(0.036)	(0.050)	(0.054)	(0.053)	(0.040)	(0.035)	(0.017)	(0.032)	(0.032)
大米价格	-0.006***	-0.005***	-0.002**	-0.007***	-0.004***	-0.003*	-0.002	-0.001	-0.004***	-0.003***	-0.001**	-0.005***	-0.005***
	(0.001)	(0.001)	(0.001)	(0.001)	(0.001)	(0.002)	(0.002)	(0.002)	(0.001)	(0.001)	(0.000)	(0.001)	(0.001)

续表

	能量	蛋白质	脂肪	碳水化合物	不溶性纤维	胆固醇	维生素A	维生素C	钙	钾	钠	铁	锌
小麦价格	0.002	0.007	-0.008	0.011	-0.001	-0.016	0.006	0.003	0.012	0.010	0.004	0.008	0.010
	(0.010)	(0.015)	(0.006)	(0.014)	(0.014)	(0.039)	(0.018)	(0.017)	(0.014)	(0.014)	(0.006)	(0.013)	(0.014)
粗粮价格	-0.008	-0.012	-0.016	-0.012	-0.018	-0.020	-0.067**	-0.050**	-0.026	-0.026*	-0.001	-0.021	-0.013
	(0.014)	(0.016)	(0.011)	(0.018)	(0.017)	(0.031)	(0.028)	(0.025)	(0.019)	(0.015)	(0.007)	(0.015)	(0.016)
食用油价格	0.005	0.003	0.006	0.005	0.010	0.000	0.025*	0.022*	0.007	0.006	-0.005	0.005	0.006
	(0.007)	(0.008)	(0.005)	(0.009)	(0.009)	(0.015)	(0.014)	(0.013)	(0.009)	(0.008)	(0.003)	(0.008)	(0.008)
牛奶价格	0.021***	0.018**	0.010	0.021***	0.026***	0.062***	0.030**	0.012	0.012	0.014*	-0.004	0.019**	0.014*
	(0.007)	(0.008)	(0.007)	(0.008)	(0.009)	(0.016)	(0.014)	(0.014)	(0.011)	(0.008)	(0.004)	(0.008)	(0.008)
鸡蛋价格	-0.005	-0.001	0.014	-0.007	0.015	0.056***	0.005	0.011	0.005	-0.002	0.014**	-0.008	-0.013
	(0.010)	(0.013)	(0.011)	(0.013)	(0.015)	(0.021)	(0.025)	(0.022)	(0.016)	(0.014)	(0.006)	(0.014)	(0.013)
调味品价格	0.004	-0.010	0.001	-0.002	-0.008	0.010	-0.029	-0.025	-0.020	-0.016	0.005	-0.006	-0.012
	(0.011)	(0.011)	(0.009)	(0.013)	(0.014)	(0.023)	(0.020)	(0.019)	(0.016)	(0.013)	(0.005)	(0.011)	(0.011)
蔬菜价格	-0.005	-0.010	-0.012*	-0.000	-0.009	-0.027	-0.015*	0.020**	-0.007	-0.010*	-0.003	-0.008	-0.005
	(0.009)	(0.007)	(0.007)	(0.007)	(0.009)	(0.017)	(0.009)	(0.008)	(0.007)	(0.005)	(0.002)	(0.006)	(0.008)
水果价格	-0.005	0.003	-0.001	-0.011	-0.005	0.020	-0.008	-0.008	0.016	0.004	0.007	0.003	0.003
	(0.010)	(0.011)	(0.009)	(0.012)	(0.012)	(0.026)	(0.021)	(0.019)	(0.015)	(0.012)	(0.005)	(0.010)	(0.011)
猪肉价格	-0.001	0.002	0.007	0.009	0.010	-0.031*	-0.008	0.005	0.001	0.012	-0.002	0.009	0.006
	(0.011)	(0.012)	(0.013)	(0.012)	(0.012)	(0.017)	(0.018)	(0.017)	(0.016)	(0.012)	(0.004)	(0.011)	(0.012)

续表

	能量	蛋白质	脂肪	碳水化合物	不溶性纤维	胆固醇	维生素A	维生素C	钙	钾	钠	铁	锌
鸡肉价格	0.003 (0.005)	0.004 (0.005)	0.006 (0.004)	-0.002 (0.005)	-0.005 (0.005)	0.019** (0.009)	0.005 (0.008)	0.000 (0.008)	0.003 (0.006)	0.002 (0.005)	0.006** (0.002)	0.000 (0.005)	0.003 (0.005)
牛肉价格	-0.001 (0.003)	0.002 (0.004)	-0.007** (0.003)	0.005 (0.004)	0.006 (0.004)	-0.003 (0.008)	0.009 (0.006)	0.017*** (0.006)	0.001 (0.005)	0.003 (0.004)	-0.002 (0.002)	0.005 (0.004)	0.002 (0.004)
羊肉价格	-0.000 (0.003)	-0.001 (0.003)	0.003 (0.003)	-0.003 (0.003)	-0.004 (0.004)	0.003 (0.007)	-0.008 (0.006)	-0.012** (0.005)	-0.007 (0.005)	-0.003 (0.003)	0.002 (0.002)	-0.004 (0.004)	-0.000 (0.003)
水产品价格	-0.004 (0.008)	0.001 (0.007)	0.003 (0.005)	-0.001 (0.010)	-0.004 (0.008)	0.026* (0.014)	0.011 (0.014)	-0.002 (0.013)	0.001 (0.008)	0.004 (0.006)	0.004* (0.003)	0.005 (0.007)	-0.003 (0.007)
豆类价格	0.011 (0.009)	0.005 (0.010)	0.010 (0.009)	0.003 (0.011)	0.017 (0.012)	-0.017 (0.020)	0.032* (0.017)	0.041** (0.018)	0.027** (0.012)	0.021* (0.011)	0.012* (0.006)	0.010 (0.009)	0.003 (0.010)
酒类价格	0.005* (0.003)	0.005 (0.003)	-0.002 (0.003)	0.010*** (0.003)	0.008*** (0.003)	-0.010 (0.007)	-0.001 (0.005)	0.003 (0.005)	0.005 (0.004)	0.004 (0.003)	-0.002 (0.001)	0.005* (0.003)	0.006* (0.003)
饮料价格	0.006* (0.004)	0.003 (0.004)	0.000 (0.003)	0.004 (0.004)	-0.005 (0.005)	-0.008 (0.012)	-0.014* (0.007)	0.000 (0.008)	-0.003 (0.006)	0.004 (0.005)	0.000 (0.002)	0.000 (0.004)	0.004 (0.004)
样本量	1168	1168	1168	1168	1168	1168	1168	1168	1168	1168	1168	1168	1168
F	5.380	4.511	2.039	6.051	2.657	2.126	1.433	1.762	1.552	1.896	1.735	4.270	4.287
R^2	0.068	0.026	0.069	0.094	0.010	-0.044	-0.718	-0.354	-0.461	-0.105	0.056	0.049	0.024

注：①括号内为聚类到家庭的稳健标准误。②"*""**"和"***"分别表示在10%、5%、1%的水平上显著。

附表-48 2004—2011年贫困老年成年成员营养素摄入量性别比（对数形式）的影响因素（IV-FE）

	能量	蛋白质	脂肪	碳水化合物	不溶性纤维	胆固醇	维生素A	维生素C	钙	钾	钠	铁	锌
家庭平均劳动强度	-0.031 (0.047)	-0.081 (0.075)	0.026 (0.056)	-0.070 (0.080)	-0.090 (0.084)	-0.157 (0.148)	-0.033 (0.109)	-0.114 (0.120)	-0.014 (0.044)	-0.027 (0.066)	-0.014 (0.045)	-0.082 (0.057)	-0.065 (0.062)
家庭平均受教育程度	0.158 (0.114)	0.113 (0.136)	0.087 (0.149)	0.284** (0.135)	0.280** (0.137)	-0.107 (0.288)	-0.011 (0.217)	0.074 (0.206)	0.073 (0.172)	0.094 (0.136)	-0.127 (0.100)	0.048 (0.140)	0.145 (0.124)
家庭规模	-0.041 (0.060)	-0.105* (0.062)	0.084 (0.063)	-0.123** (0.060)	-0.086 (0.063)	-0.182* (0.110)	-0.166** (0.082)	-0.070 (0.109)	-0.090 (0.064)	-0.100 (0.064)	0.009 (0.038)	-0.070 (0.066)	-0.098* (0.056)
家庭平均膳食知识水平	0.024 (0.016)	0.012 (0.020)	0.050** (0.020)	0.002 (0.019)	0.016 (0.023)	-0.045 (0.050)	-0.015 (0.039)	0.072 (0.051)	0.033** (0.015)	0.029 (0.019)	0.028* (0.016)	0.031 (0.019)	0.015 (0.017)
家庭男性比例	0.502 (0.397)	0.637 (0.677)	0.287 (0.463)	0.445 (0.698)	0.077 (0.829)	1.323 (1.541)	0.003 (1.139)	0.358 (1.251)	-0.123 (0.374)	0.087 (0.582)	0.584* (0.313)	0.946** (0.474)	0.402 (0.542)
家庭18岁以下人口比例	0.406 (0.741)	-0.172 (0.743)	0.740 (0.821)	0.501 (0.757)	0.343 (0.691)	0.547 (1.301)	-0.570 (0.925)	-0.611 (1.040)	0.175 (0.704)	0.008 (0.676)	-0.035 (0.431)	0.276 (0.748)	-0.210 (0.667)
家庭60岁以上人口比例	0.308 (0.601)	-0.141 (0.659)	0.526 (0.616)	0.338 (0.700)	0.058 (0.668)	-0.799 (1.112)	-1.219 (0.900)	-1.018 (1.063)	-0.100 (0.601)	-0.085 (0.628)	-0.029 (0.443)	-0.049 (0.629)	-0.031 (0.592)
2006年	-0.271* (0.162)	-0.359** (0.170)	-0.102 (0.143)	-0.286* (0.171)	-0.376*** (0.145)	0.158 (0.228)	-0.052 (0.177)	-0.755*** (0.236)	-0.330** (0.157)	-0.491*** (0.154)	-0.252** (0.111)	-0.375** (0.173)	-0.333** (0.155)
2009年	-0.164 (0.415)	-0.470 (0.447)	0.532 (0.518)	-0.563 (0.441)	-0.202 (0.426)	0.340 (0.809)	0.468 (0.586)	0.280 (0.549)	0.095 (0.398)	-0.400 (0.387)	0.206 (0.268)	-0.159 (0.447)	-0.545 (0.396)

续表

	能量	蛋白质	脂肪	碳水化合物	不溶性纤维	胆固醇	维生素A	维生素C	钙	钾	钠	铁	锌
2011年	-0.235	-0.998	1.166	-1.353	-0.435	-0.482	0.018	1.343	0.248	-0.562	0.792	-0.155	-1.074
	(0.796)	(0.878)	(0.994)	(0.877)	(0.881)	(1.797)	(1.175)	(1.289)	(0.736)	(0.753)	(0.580)	(0.864)	(0.772)
成年女性平均受教育程度	0.008	-0.141	0.275	-0.265*	-0.218	-0.781*	-0.426	0.302	0.030	-0.054	0.307**	0.113	-0.084
	(0.158)	(0.157)	(0.212)	(0.156)	(0.185)	(0.411)	(0.291)	(0.356)	(0.159)	(0.156)	(0.144)	(0.181)	(0.145)
大米价格	-0.205	-0.125	-0.410	0.137	-0.350	0.122	-0.172	-0.895*	-0.409	-0.400	-0.392	-0.400	-0.027
	(0.315)	(0.292)	(0.359)	(0.281)	(0.275)	(0.645)	(0.394)	(0.514)	(0.346)	(0.309)	(0.309)	(0.379)	(0.289)
小麦价格	-0.018	-0.060	0.085	-0.069	-0.021	-0.081	-0.018	0.071	-0.002	-0.033	0.034	-0.015	-0.066
	(0.042)	(0.047)	(0.057)	(0.047)	(0.047)	(0.105)	(0.080)	(0.087)	(0.041)	(0.043)	(0.031)	(0.047)	(0.042)
粗粮价格	-0.063	-0.039	0.012	0.016	-0.083	-0.002	-0.187*	-0.240*	-0.165**	-0.116	-0.014	-0.055	-0.048
	(0.074)	(0.075)	(0.091)	(0.079)	(0.085)	(0.171)	(0.109)	(0.142)	(0.084)	(0.074)	(0.066)	(0.087)	(0.069)
食用油价格	0.036	-0.016	0.095*	-0.025	0.018	0.097	0.071	0.143*	0.078*	0.016	0.035	0.008	-0.018
	(0.048)	(0.062)	(0.049)	(0.063)	(0.064)	(0.108)	(0.076)	(0.087)	(0.045)	(0.054)	(0.034)	(0.054)	(0.054)
牛奶价格	0.077	0.160	-0.128	0.224*	0.124	0.034	-0.054	-0.147	-0.058	0.064	-0.061	0.063	0.144
	(0.104)	(0.124)	(0.117)	(0.120)	(0.122)	(0.240)	(0.183)	(0.198)	(0.098)	(0.108)	(0.075)	(0.115)	(0.107)
鸡蛋价格	0.015	0.129	-0.154	0.205**	0.148	0.157	0.053	-0.130	-0.036	0.084	-0.106	0.019	0.106
	(0.090)	(0.099)	(0.110)	(0.099)	(0.103)	(0.217)	(0.151)	(0.170)	(0.079)	(0.086)	(0.071)	(0.096)	(0.086)
调味品价格	-0.008	-0.115	0.064	-0.122	-0.109	-0.293*	-0.163	0.085	-0.039	-0.082	0.105*	-0.014	-0.090
	(0.072)	(0.078)	(0.088)	(0.075)	(0.074)	(0.155)	(0.102)	(0.138)	(0.068)	(0.069)	(0.060)	(0.079)	(0.069)

续表

	能量	蛋白质	脂肪	碳水化合物	不溶性纤维	胆固醇	维生素A	维生素C	钙	钾	钠	铁	锌
蔬菜价格	0.049	-0.130	0.433**	-0.239	-0.189	-0.284	-0.275	0.350	0.038	-0.036	0.200	0.082	-0.103
	(0.148)	(0.158)	(0.205)	(0.154)	(0.170)	(0.425)	(0.313)	(0.350)	(0.138)	(0.151)	(0.129)	(0.165)	(0.143)
水果价格	-0.013	0.022	-0.115	0.080	0.023	0.185	0.093	-0.274*	-0.005	-0.022	-0.126*	-0.048	0.035
	(0.092)	(0.101)	(0.115)	(0.102)	(0.097)	(0.209)	(0.135)	(0.164)	(0.087)	(0.086)	(0.071)	(0.096)	(0.087)
猪肉价格	-0.012	0.048	-0.105	0.078	0.007	0.055	0.035	-0.166	-0.035	-0.000	-0.083*	-0.025	0.048
	(0.063)	(0.072)	(0.075)	(0.072)	(0.074)	(0.159)	(0.098)	(0.111)	(0.058)	(0.062)	(0.047)	(0.069)	(0.064)
鸡肉价格	0.012	0.047*	-0.025	0.032	0.033	0.085	0.065	-0.003	0.014	0.032	-0.014	0.013	0.034
	(0.020)	(0.028)	(0.026)	(0.026)	(0.029)	(0.062)	(0.046)	(0.051)	(0.018)	(0.024)	(0.016)	(0.022)	(0.023)
牛肉价格	-0.032*	-0.040**	-0.006	-0.050**	-0.043**	-0.051	-0.031	0.004	-0.025	-0.026	0.002	-0.028	-0.038**
	(0.019)	(0.020)	(0.020)	(0.022)	(0.021)	(0.037)	(0.023)	(0.031)	(0.019)	(0.018)	(0.012)	(0.020)	(0.018)
羊肉价格	0.003	0.023	-0.047	0.023	-0.002	0.030	-0.004	-0.047	0.000	0.017	-0.013	0.004	0.029
	(0.024)	(0.029)	(0.031)	(0.030)	(0.030)	(0.059)	(0.043)	(0.045)	(0.022)	(0.025)	(0.016)	(0.026)	(0.026)
水产品价格	-0.066*	-0.066*	-0.003	-0.066*	-0.011	-0.055	-0.002	0.000	-0.022	-0.043	-0.015	-0.026	-0.065*
	(0.038)	(0.037)	(0.049)	(0.036)	(0.036)	(0.073)	(0.054)	(0.049)	(0.038)	(0.035)	(0.025)	(0.041)	(0.033)
豆类价格	0.227***	0.192**	0.148**	0.214***	0.156**	0.020	-0.003	0.180	0.158*	0.200**	0.093**	0.149*	0.194***
	(0.069)	(0.077)	(0.075)	(0.073)	(0.077)	(0.141)	(0.106)	(0.131)	(0.089)	(0.079)	(0.055)	(0.086)	(0.072)
酒类价格	-0.008	-0.008	-0.003	-0.014	-0.005	-0.002	0.015	0.025	0.007	0.003	0.009	-0.002	-0.012
	(0.009)	(0.011)	(0.011)	(0.011)	(0.012)	(0.022)	(0.014)	(0.016)	(0.010)	(0.010)	(0.009)	(0.012)	(0.010)

续表

	能量	蛋白质	脂肪	碳水化合物	不溶性纤维	胆固醇	维生素A	维生素C	钙	钾	钠	铁	锌
饮料价格	-0.062	-0.086*	0.029	-0.139***	-0.136***	0.078	-0.017	0.015	-0.004	-0.062	0.061	-0.043	-0.084*
	(0.051)	(0.050)	(0.062)	(0.047)	(0.044)	(0.102)	(0.078)	(0.086)	(0.052)	(0.047)	(0.042)	(0.057)	(0.046)
样本量	256	256	256	256	256	256	256	256	256	256	256	256	256
F	26.180	24.486	2.655	41.268	22.374	26.281	9.976	11.643	14.301	16.364	1.325	13.519	24.971
R²	0.505	0.561	-0.235	0.593	0.609	0.283	0.387	0.419	0.414	0.573	0.005	0.475	0.558

注：①括号内为聚类到家庭的稳健标准误。②"*""**"和"***"分别表示在10%、5%、1%的水平上显著。

附表-49　2004—2011年非贫困儿童/中青年营养素摄入量比值（对数形式）的影响因素（IV-FE）

	能量	蛋白质	脂肪	碳水化合物	不溶性纤维	胆固醇	维生素A	维生素C	钙	钾	钠	铁	锌
家庭平均劳动强度	0.044***	-0.025**	0.077***	0.061***	0.070***	-0.001	-0.037***	0.001	-0.016	-0.030***	-0.062***	-0.011	-0.026***
	(0.008)	(0.010)	(0.008)	(0.010)	(0.010)	(0.017)	(0.012)	(0.013)	(0.011)	(0.009)	(0.006)	(0.009)	(0.009)
家庭平均受教育程度	-0.002	-0.056***	-0.052**	-0.008	-0.034**	-0.080***	-0.056***	-0.106***	0.093***	-0.063***	-0.004	-0.024	0.004
	(0.012)	(0.014)	(0.012)	(0.015)	(0.017)	(0.031)	(0.019)	(0.021)	(0.017)	(0.014)	(0.010)	(0.015)	(0.013)
家庭规模	-0.004	-0.009*	0.005	-0.005	-0.021***	0.008	0.008	-0.016**	-0.013**	-0.011**	0.024***	-0.031***	-0.012**
	(0.004)	(0.005)	(0.004)	(0.005)	(0.006)	(0.010)	(0.007)	(0.008)	(0.006)	(0.005)	(0.004)	(0.005)	(0.005)

续表

	能量	蛋白质	脂肪	碳水化合物	不溶性纤维	胆固醇	维生素A	维生素C	钙	钾	钠	铁	锌
家庭平均膳食知识水平	-0.001 (0.001)	-0.001 (0.001)	0.000 (0.001)	-0.001 (0.001)	-0.001 (0.001)	-0.010*** (0.002)	0.001 (0.002)	0.002 (0.002)	0.000 (0.001)	-0.000 (0.001)	0.002** (0.001)	-0.000 (0.001)	-0.000 (0.001)
家庭男性比例	0.062 (0.043)	0.127*** (0.049)	0.145*** (0.038)	0.054 (0.054)	0.084 (0.057)	0.470*** (0.108)	0.051 (0.068)	-0.141* (0.078)	-0.025 (0.057)	-0.021 (0.052)	0.043 (0.038)	-0.433*** (0.053)	0.315*** (0.046)
家庭18岁以下人口比例	-0.162*** (0.049)	-0.188*** (0.055)	-0.086** (0.044)	-0.089 (0.059)	-0.070 (0.062)	0.448*** (0.111)	0.070 (0.076)	-0.204** (0.092)	0.176*** (0.063)	-0.145** (0.057)	-0.146*** (0.040)	0.042 (0.059)	-0.222*** (0.053)
家庭60岁以上人口比例	-0.100** (0.048)	0.004 (0.059)	-0.094** (0.048)	0.045 (0.059)	0.108 (0.067)	0.012 (0.117)	0.175** (0.087)	0.220** (0.107)	-0.133* (0.069)	0.052 (0.055)	-0.159*** (0.038)	0.332*** (0.058)	-0.029 (0.054)
2006年	-0.007 (0.011)	-0.042*** (0.013)	0.001 (0.011)	-0.007 (0.013)	-0.039*** (0.014)	-0.011 (0.025)	-0.038** (0.017)	-0.032 (0.020)	-0.042*** (0.016)	-0.034*** (0.013)	-0.059*** (0.009)	-0.038*** (0.013)	-0.051*** (0.012)
2009年	0.012 (0.020)	0.045* (0.024)	-0.044** (0.020)	0.095*** (0.024)	0.060** (0.025)	-0.109** (0.047)	0.018 (0.031)	0.132*** (0.035)	0.107*** (0.029)	0.058** (0.024)	-0.104*** (0.018)	0.096*** (0.024)	0.016 (0.022)
2011年	0.021 (0.027)	0.081** (0.032)	-0.052* (0.028)	0.158*** (0.033)	0.143*** (0.035)	-0.083 (0.060)	0.002 (0.041)	0.167*** (0.049)	0.110*** (0.039)	0.071** (0.032)	-0.120*** (0.023)	0.158*** (0.032)	0.028 (0.030)
成年女性平均受教育程度	-0.010 (0.008)	0.021** (0.010)	0.017** (0.008)	-0.013 (0.010)	-0.004 (0.011)	0.056*** (0.021)	-0.007 (0.015)	0.026* (0.015)	-0.065*** (0.012)	0.028*** (0.010)	-0.005 (0.007)	0.039*** (0.010)	0.003 (0.009)
大米价格	-0.000 (0.001)	-0.000 (0.001)	-0.002*** (0.000)	0.001 (0.001)	-0.000 (0.001)	-0.003*** (0.001)	-0.002*** (0.001)	-0.004*** (0.001)	-0.001 (0.001)	-0.002*** (0.001)	-0.002*** (0.000)	0.001 (0.001)	-0.000 (0.001)

续表

	能量	蛋白质	脂肪	碳水化合物	不溶性纤维	胆固醇	维生素A	维生素C	钙	钾	钠	铁	锌
小麦价格	-0.002 (0.003)	-0.009*** (0.003)	0.004 (0.002)	-0.006* (0.004)	-0.015*** (0.005)	0.002 (0.006)	-0.004 (0.004)	0.011 (0.009)	-0.017*** (0.004)	-0.010*** (0.004)	0.004** (0.002)	-0.006 (0.004)	-0.008** (0.003)
粗粮价格	0.005 (0.004)	0.005 (0.005)	-0.003 (0.003)	0.007 (0.005)	-0.000 (0.005)	-0.001 (0.008)	0.002 (0.005)	-0.003 (0.007)	0.028*** (0.006)	0.005 (0.004)	0.005* (0.003)	-0.000 (0.005)	0.009** (0.004)
食用油价格	-0.003* (0.002)	-0.004* (0.002)	-0.001 (0.002)	-0.004* (0.002)	-0.001 (0.002)	0.001 (0.004)	-0.003 (0.003)	-0.002 (0.003)	-0.014*** (0.003)	-0.005** (0.002)	-0.000 (0.001)	-0.002 (0.002)	-0.005** (0.002)
牛奶价格	0.008*** (0.002)	0.009*** (0.003)	0.005* (0.003)	0.008** (0.003)	0.012*** (0.003)	0.001 (0.005)	0.006 (0.003)	0.006 (0.004)	0.007** (0.003)	0.014*** (0.003)	0.001 (0.002)	0.014*** (0.002)	0.005** (0.003)
鸡蛋价格	0.000 (0.001)	0.001 (0.001)	0.001** (0.001)	0.000 (0.001)	0.000 (0.001)	0.001 (0.001)	-0.000 (0.001)	-0.002 (0.001)	0.001** (0.001)	-0.000 (0.001)	-0.002*** (0.000)	0.000 (0.001)	0.001** (0.001)
调味品价格	-0.000 (0.003)	-0.004 (0.003)	0.004 (0.003)	-0.001 (0.004)	0.002 (0.004)	0.005 (0.006)	0.008* (0.005)	0.003 (0.006)	0.001 (0.004)	-0.000 (0.003)	0.004* (0.002)	0.001 (0.003)	-0.004 (0.003)
蔬菜价格	0.013*** (0.002)	0.015*** (0.002)	0.009** (0.002)	0.010*** (0.002)	0.009** (0.002)	-0.007 (0.005)	-0.006** (0.003)	-0.026*** (0.007)	0.007** (0.002)	0.009*** (0.002)	0.017*** (0.003)	0.009*** (0.002)	0.016*** (0.002)
水果价格	-0.004 (0.002)	-0.001 (0.003)	-0.006** (0.002)	0.000 (0.003)	-0.000 (0.003)	-0.004 (0.006)	0.008** (0.003)	0.020*** (0.004)	0.012*** (0.003)	0.009*** (0.003)	-0.011*** (0.002)	-0.000 (0.002)	0.002 (0.003)
猪肉价格	0.004* (0.002)	0.002 (0.002)	0.011*** (0.003)	-0.001 (0.002)	-0.004 (0.003)	-0.007* (0.004)	0.005* (0.003)	-0.004 (0.003)	0.002 (0.003)	0.002 (0.002)	0.003 (0.002)	-0.002 (0.002)	-0.001 (0.002)

续表

	能量	蛋白质	脂肪	碳水化合物	不溶性纤维	胆固醇	维生素A	维生素C	钙	钾	钠	铁	锌
鸡肉价格	-0.006***	-0.009***	-0.007***	-0.005***	-0.007***	-0.011***	-0.007***	0.002	-0.005***	-0.006***	0.001	-0.006***	-0.008***
	(0.001)	(0.001)	(0.001)	(0.002)	(0.002)	(0.003)	(0.002)	(0.002)	(0.002)	(0.001)	(0.001)	(0.001)	(0.001)
牛肉价格	-0.000	-0.003**	-0.000	-0.002	-0.004**	0.002	-0.008***	-0.010***	-0.009***	-0.005***	-0.005***	-0.003**	-0.002*
	(0.001)	(0.001)	(0.001)	(0.002)	(0.001)	(0.002)	(0.002)	(0.002)	(0.001)	(0.001)	(0.001)	(0.001)	(0.001)
羊肉价格	-0.000	0.001	-0.001*	-0.000	-0.001	-0.001	0.001	0.002*	-0.001	0.000	0.002***	-0.000	0.001
	(0.001)	(0.001)	(0.001)	(0.001)	(0.001)	(0.001)	(0.001)	(0.001)	(0.001)	(0.001)	(0.001)	(0.001)	(0.001)
水产品价格	0.003	0.007***	0.003	0.003	0.003	0.001	0.005*	0.007**	0.001	0.005**	-0.003	0.008***	0.002
	(0.002)	(0.003)	(0.002)	(0.002)	(0.003)	(0.005)	(0.003)	(0.003)	(0.003)	(0.002)	(0.002)	(0.002)	(0.002)
豆类价格	-0.004*	-0.007**	-0.001	-0.006**	0.001	0.012**	-0.011**	-0.013**	-0.007*	-0.002	-0.001	-0.007**	-0.005
	(0.002)	(0.003)	(0.002)	(0.003)	(0.004)	(0.006)	(0.005)	(0.006)	(0.004)	(0.003)	(0.003)	(0.003)	(0.003)
酒类价格	-0.001*	0.001	0.000	-0.001	0.001	0.003**	0.002*	-0.002	0.002*	0.000	-0.000	0.000	-0.001
	(0.001)	(0.001)	(0.001)	(0.001)	(0.001)	(0.002)	(0.001)	(0.001)	(0.001)	(0.001)	(0.001)	(0.001)	(0.001)
饮料价格	0.001	-0.001	0.001	0.002	-0.003	0.000	0.002	0.010***	0.001	0.000	-0.005***	-0.002	0.000
	(0.002)	(0.002)	(0.002)	(0.002)	(0.002)	(0.003)	(0.002)	(0.003)	(0.003)	(0.002)	(0.001)	(0.002)	(0.002)
样本量	11581	11581	11581	11581	11581	11581	11581	11564	11581	11581	11581	11581	11581
F	8.374	10.171	14.130	6.198	8.118	10.207	6.455	6.911	9.472	8.826	43.320	15.570	10.109
R^2	-0.015	-0.063	0.061	-0.104	-0.044	0.040	0.022	0.002	0.022	-0.022	0.141	-0.003	-0.004

注：①括号内为聚类到家庭的稳健标准误。②"*""**"和"***"分别表示在10%、5%、1%的水平上显著。

附表-50 2004—2011年贫困儿童/中青年营养素摄入量比值（对数形式）的影响因素（IV-FE）

	能量	蛋白质	脂肪	碳水化合物	不溶性纤维	胆固醇	维生素A	维生素C	钙	钾	钠	铁	锌
家庭平均劳动强度	-0.031	-0.168***	0.057**	-0.018	-0.071**	-0.243***	-0.332***	-0.242***	-0.112***	-0.175***	-0.185***	-0.130***	-0.188***
	(0.031)	(0.036)	(0.024)	(0.036)	(0.036)	(0.072)	(0.040)	(0.049)	(0.037)	(0.032)	(0.022)	(0.035)	(0.036)
家庭平均受教育程度	0.055	0.024	-0.102***	0.128**	0.008	0.107	-0.178***	-0.209***	0.076	-0.034	-0.150***	0.034	0.049
	(0.052)	(0.057)	(0.030)	(0.062)	(0.055)	(0.116)	(0.062)	(0.076)	(0.058)	(0.049)	(0.032)	(0.057)	(0.059)
家庭规模	-0.041***	-0.058***	-0.025**	-0.057***	-0.060***	-0.150***	-0.089*	-0.039*	-0.046**	-0.045***	-0.014*	-0.090***	-0.033*
	(0.015)	(0.017)	(0.011)	(0.018)	(0.016)	(0.036)	(0.018)	(0.022)	(0.019)	(0.014)	(0.008)	(0.017)	(0.017)
家庭平均膳食知识水平	0.007	0.010*	0.006**	0.006	0.017***	-0.008	0.017***	0.025***	0.020***	0.023***	0.015***	0.011*	0.010*
	(0.005)	(0.006)	(0.003)	(0.006)	(0.005)	(0.011)	(0.006)	(0.007)	(0.005)	(0.005)	(0.003)	(0.006)	(0.006)
家庭男性比例	0.044	0.076	0.078	0.010	0.057	0.224	0.158	0.134	0.143	-0.011	0.118	-0.284**	0.205
	(0.129)	(0.144)	(0.096)	(0.149)	(0.135)	(0.267)	(0.137)	(0.167)	(0.146)	(0.123)	(0.084)	(0.138)	(0.144)
家庭18岁以下人口比例	-0.098	-0.460**	-0.273***	-0.031	0.058	-0.246	0.101	0.668***	0.010	0.044	-0.189**	0.297	-0.560***
	(0.159)	(0.201)	(0.101)	(0.184)	(0.173)	(0.442)	(0.205)	(0.258)	(0.173)	(0.164)	(0.092)	(0.189)	(0.200)
家庭60岁以上人口比例	-0.167	-0.303	0.068	-0.379	-0.004	-0.764	-0.506**	0.011	-0.036	0.043	0.207**	0.279	-0.396
	(0.210)	(0.271)	(0.099)	(0.249)	(0.216)	(0.472)	(0.211)	(0.285)	(0.160)	(0.178)	(0.100)	(0.216)	(0.285)
2006年	-0.022	-0.068	-0.118***	0.019	-0.041	0.067	-0.056	-0.066	-0.047	-0.041	-0.078***	0.041	-0.053
	(0.036)	(0.042)	(0.022)	(0.043)	(0.042)	(0.090)	(0.044)	(0.051)	(0.040)	(0.037)	(0.021)	(0.042)	(0.044)
2009年	-0.070	-0.098	-0.099**	-0.070	-0.131*	-0.162	0.009	0.108	-0.206***	-0.159**	-0.250***	-0.101	-0.068
	(0.060)	(0.074)	(0.042)	(0.073)	(0.068)	(0.134)	(0.076)	(0.112)	(0.075)	(0.064)	(0.043)	(0.074)	(0.075)

续表

	能量	蛋白质	脂肪	碳水化合物	不溶性纤维	胆固醇	维生素A	维生素C	钙	钾	钠	铁	锌
2011年	-0.287***	-0.285***	-0.172***	-0.322***	-0.344***	-0.813***	0.090	0.290*	-0.364***	-0.270***	-0.250***	-0.274**	-0.202*
	(0.099)	(0.108)	(0.061)	(0.117)	(0.116)	(0.226)	(0.132)	(0.171)	(0.121)	(0.097)	(0.062)	(0.110)	(0.117)
成年女性平均受教育程度	-0.085**	-0.028	-0.026	-0.113**	-0.060	-0.003	-0.001	0.035	-0.119***	-0.008	0.061**	0.027	-0.046
	(0.037)	(0.045)	(0.021)	(0.045)	(0.041)	(0.083)	(0.045)	(0.058)	(0.041)	(0.038)	(0.026)	(0.045)	(0.044)
大米价格	0.012	0.006	-0.025***	0.022	0.034*	0.133***	0.059***	0.041*	0.028	0.031**	0.003	0.012	0.009
	(0.015)	(0.019)	(0.009)	(0.019)	(0.018)	(0.036)	(0.019)	(0.024)	(0.018)	(0.016)	(0.011)	(0.019)	(0.019)
小麦价格	0.004	0.005	0.005	0.005	0.001	-0.027	0.007	-0.005	0.013	-0.003	-0.014**	-0.008	0.011
	(0.009)	(0.011)	(0.005)	(0.010)	(0.009)	(0.020)	(0.010)	(0.013)	(0.008)	(0.008)	(0.006)	(0.011)	(0.011)
粗粮价格	-0.069***	-0.062**	0.006	-0.098***	-0.088***	-0.140***	-0.046	-0.033	-0.071**	-0.045*	0.031**	-0.047*	-0.033
	(0.023)	(0.028)	(0.015)	(0.028)	(0.027)	(0.051)	(0.031)	(0.033)	(0.029)	(0.024)	(0.015)	(0.026)	(0.028)
食用油价格	-0.013	-0.017	-0.005	-0.009	-0.014	-0.013	-0.019	-0.021	-0.040***	-0.013	0.002	-0.013	-0.013
	(0.010)	(0.011)	(0.006)	(0.012)	(0.011)	(0.024)	(0.013)	(0.015)	(0.013)	(0.010)	(0.005)	(0.011)	(0.012)
牛奶价格	0.025**	0.030***	0.022***	0.019	0.011	0.071***	0.049***	0.032*	0.049***	0.039***	0.011*	0.031***	0.036***
	(0.011)	(0.011)	(0.007)	(0.014)	(0.014)	(0.017)	(0.012)	(0.017)	(0.016)	(0.013)	(0.006)	(0.011)	(0.011)
鸡蛋价格	0.040***	0.027**	0.023**	0.044**	0.047**	0.081***	0.004	0.003	0.057***	0.040***	0.014*	0.021	0.056***
	(0.015)	(0.013)	(0.009)	(0.017)	(0.015)	(0.022)	(0.013)	(0.017)	(0.013)	(0.011)	(0.008)	(0.015)	(0.015)
调味品价格	-0.007	-0.021	0.013	-0.011	-0.006	-0.012	-0.005	0.006	-0.004	-0.006	-0.012	-0.028**	-0.010
	(0.012)	(0.015)	(0.009)	(0.015)	(0.014)	(0.027)	(0.017)	(0.022)	(0.015)	(0.014)	(0.008)	(0.014)	(0.015)

续表

	能量	蛋白质	脂肪	碳水化合物	不溶性纤维	胆固醇	维生素A	维生素C	钙	钾	钠	铁	锌
蔬菜价格	0.078 ***	0.125 ***	0.072 ***	0.097 ***	0.141 ***	0.013	0.120 ***	0.169 ***	0.122 ***	0.087 ***	0.004	0.087 ***	0.088 **
	(0.030)	(0.038)	(0.021)	(0.034)	(0.032)	(0.080)	(0.031)	(0.034)	(0.036)	(0.031)	(0.011)	(0.034)	(0.038)
水果价格	0.008	0.006	0.001	0.013	-0.001	-0.068 **	-0.090 ***	-0.126 ***	-0.015	-0.035 ***	-0.015 *	-0.016	-0.031 *
	(0.014)	(0.017)	(0.009)	(0.018)	(0.019)	(0.032)	(0.015)	(0.020)	(0.014)	(0.013)	(0.008)	(0.015)	(0.016)
猪肉价格	0.007	0.008	-0.009	0.011	0.001	0.048 *	-0.007	-0.011	0.011	0.011	-0.007	0.023 **	0.001
	(0.010)	(0.011)	(0.007)	(0.012)	(0.012)	(0.025)	(0.013)	(0.014)	(0.011)	(0.010)	(0.006)	(0.011)	(0.012)
鸡肉价格	0.001	0.001	0.008 **	-0.002	0.013 **	-0.024 **	0.013 **	0.004	-0.007	0.002	-0.000	-0.005	0.007
	(0.005)	(0.006)	(0.004)	(0.006)	(0.006)	(0.010)	(0.006)	(0.007)	(0.006)	(0.005)	(0.003)	(0.006)	(0.006)
牛肉价格	-0.017 ***	-0.013 ***	-0.008 ***	-0.022 ***	-0.018 ***	0.009	-0.007	-0.012 *	-0.011 **	-0.008 *	-0.000	-0.011 **	-0.010 *
	(0.004)	(0.005)	(0.003)	(0.005)	(0.005)	(0.010)	(0.005)	(0.007)	(0.005)	(0.005)	(0.003)	(0.005)	(0.005)
羊肉价格	0.008 ***	0.008 **	0.001	0.010 ***	0.010 **	0.023 **	0.005	0.001	0.011 **	0.008 **	0.007 ***	0.011 ***	0.007 **
	(0.003)	(0.003)	(0.002)	(0.003)	(0.003)	(0.006)	(0.003)	(0.003)	(0.003)	(0.003)	(0.002)	(0.003)	(0.003)
水产品价格	0.001	0.000	-0.001	0.003	-0.006	0.045 ***	-0.014 **	-0.033 ***	0.001	-0.002	0.000	-0.000	-0.010
	(0.005)	(0.006)	(0.003)	(0.006)	(0.005)	(0.013)	(0.006)	(0.007)	(0.006)	(0.005)	(0.003)	(0.006)	(0.006)
豆类价格	0.054 ***	0.048 **	0.020	0.059 ***	0.033 *	-0.104 ***	-0.031	-0.054 **	0.045 ***	0.017	0.047 ***	0.030	0.032
	(0.017)	(0.021)	(0.014)	(0.020)	(0.019)	(0.037)	(0.021)	(0.025)	(0.017)	(0.016)	(0.009)	(0.021)	(0.020)
酒类价格	0.007 **	0.009 **	0.003	0.004	0.002	0.009	0.016 ***	0.011 **	0.006 *	0.005 *	0.003	0.002	0.009 **
	(0.003)	(0.004)	(0.002)	(0.004)	(0.004)	(0.010)	(0.004)	(0.005)	(0.003)	(0.003)	(0.002)	(0.004)	(0.004)

续表

	能量	蛋白质	脂肪	碳水化合物	不溶性纤维	胆固醇	维生素A	维生素C	钙	钾	钠	铁	锌
饮料价格	0.018***	0.027***	0.001	0.017***	0.022***	0.010	0.016***	0.022***	0.023***	0.024***	0.013***	0.025***	0.031***
	(0.004)	(0.005)	(0.003)	(0.005)	(0.005)	(0.011)	(0.005)	(0.006)	(0.005)	(0.005)	(0.003)	(0.005)	(0.005)
样本量	2980	2980	2980	2980	2980	2963	2980	2966	2980	2980	2980	2980	2980
F	8.690	9.331	6.395	8.440	7.307	8.236	8.996	9.240	7.361	8.385	18.384	11.099	9.316
R^2	-0.136	-0.289	0.144	-0.158	-0.010	-0.253	0.202	0.174	0.154	0.111	0.302	-0.157	-0.310

注：①括号内为聚类到家庭的稳健标准误。②"*""**"和"***"分别表示10%、5%、1%的水平上显著。

附表-51 2004—2011年非贫困老年/中青年营养素摄入量比值（对数形式）的影响因素（IV-FE）

	能量	蛋白质	脂肪	碳水化合物	不溶性纤维	胆固醇	维生素A	维生素C	钙	钾	钠	铁	锌
家庭平均劳动强度	0.055***	0.031***	0.046***	0.066***	0.047***	0.013	-0.000	0.021*	0.018**	0.021***	0.003	0.017**	0.039***
	(0.007)	(0.007)	(0.007)	(0.008)	(0.008)	(0.015)	(0.011)	(0.013)	(0.007)	(0.007)	(0.004)	(0.007)	(0.009)
家庭平均受教育程度	0.069***	0.041**	0.078***	0.058***	0.094***	0.079**	0.054**	0.025	-0.011	0.012	0.004	-0.018	0.132***
	(0.015)	(0.017)	(0.016)	(0.015)	(0.018)	(0.036)	(0.025)	(0.033)	(0.016)	(0.016)	(0.009)	(0.018)	(0.018)
家庭规模	-0.015***	-0.029***	-0.004	-0.015***	-0.023***	-0.023**	-0.023**	-0.031*	-0.033***	-0.029***	0.002	-0.014**	-0.019***
	(0.005)	(0.006)	(0.005)	(0.006)	(0.005)	(0.010)	(0.010)	(0.018)	(0.006)	(0.006)	(0.003)	(0.006)	(0.006)

续表

	能量	蛋白质	脂肪	碳水化合物	不溶性纤维	胆固醇	维生素A	维生素C	钙	钾	钠	铁	锌
家庭平均膳食知识水平	0.003**	0.001	0.001	0.004***	0.002*	0.005*	-0.001	0.003	0.001	0.002*	-0.001	0.003**	-0.001
	(0.001)	(0.001)	(0.001)	(0.001)	(0.001)	(0.003)	(0.002)	(0.002)	(0.001)	(0.001)	(0.001)	(0.001)	(0.001)
家庭男性比例	0.015	-0.075	0.023	0.054	0.100**	-0.402***	-0.224***	-0.166*	-0.248***	-0.149***	-0.120***	-0.682***	0.113**
	(0.038)	(0.047)	(0.043)	(0.043)	(0.045)	(0.140)	(0.075)	(0.098)	(0.049)	(0.047)	(0.036)	(0.055)	(0.052)
家庭18岁以下人口比例	0.179***	0.188***	0.311***	0.099*	0.226***	0.489***	0.369***	0.329***	0.130**	0.207***	0.002	0.229***	0.289***
	(0.050)	(0.058)	(0.051)	(0.056)	(0.056)	(0.127)	(0.088)	(0.089)	(0.058)	(0.055)	(0.036)	(0.063)	(0.064)
家庭60岁以上人口比例	0.049	0.066	0.123**	-0.012	0.106	0.161	0.427***	0.374***	0.019	0.054	-0.065	0.095	0.378***
	(0.063)	(0.069)	(0.061)	(0.070)	(0.074)	(0.159)	(0.110)	(0.120)	(0.073)	(0.066)	(0.042)	(0.074)	(0.085)
2006年	0.007	-0.025*	0.035***	-0.012	-0.009	-0.056*	-0.010	-0.010	-0.043***	-0.031**	-0.009	-0.052***	0.007
	(0.013)	(0.014)	(0.013)	(0.015)	(0.015)	(0.029)	(0.021)	(0.028)	(0.016)	(0.014)	(0.009)	(0.015)	(0.016)
2009年	-0.004	-0.066***	0.026	-0.013	-0.030	-0.112**	-0.095**	-0.123**	-0.054**	-0.052**	0.051***	-0.051**	-0.042
	(0.022)	(0.025)	(0.023)	(0.024)	(0.026)	(0.054)	(0.039)	(0.054)	(0.026)	(0.024)	(0.015)	(0.026)	(0.026)
2011年	-0.028	-0.124***	-0.046	-0.012	-0.112***	-0.250***	-0.221***	-0.280***	-0.132***	-0.130***	0.099***	-0.067	-0.146***
	(0.035)	(0.040)	(0.039)	(0.039)	(0.042)	(0.091)	(0.063)	(0.091)	(0.042)	(0.040)	(0.023)	(0.042)	(0.043)
成年女性平均受教育程度	-0.013	0.012	-0.032***	-0.007	-0.041***	-0.065***	0.009	0.039**	0.001	0.024**	-0.011	0.071***	-0.040***
	(0.009)	(0.011)	(0.009)	(0.010)	(0.011)	(0.024)	(0.015)	(0.018)	(0.011)	(0.010)	(0.007)	(0.012)	(0.012)
大米价格	-0.000	-0.000	-0.001	-0.000	-0.001	-0.003*	-0.001	-0.000	0.000	0.000	0.001***	0.001	-0.001
	(0.001)	(0.001)	(0.001)	(0.001)	(0.001)	(0.002)	(0.001)	(0.001)	(0.001)	(0.001)	(0.000)	(0.001)	(0.001)

续表

	能量	蛋白质	脂肪	碳水化合物	不溶性纤维	胆固醇	维生素A	维生素C	钙	钾	钠	铁	锌
小麦价格	0.018***	0.018**	0.013***	0.024***	0.025***	0.034***	0.023***	0.025***	0.020***	0.020***	0.001	0.009	0.024***
	(0.005)	(0.007)	(0.004)	(0.007)	(0.007)	(0.008)	(0.008)	(0.007)	(0.007)	(0.007)	(0.003)	(0.007)	(0.007)
粗粮价格	0.008	0.005	-0.010**	0.014**	0.009	-0.031***	-0.027***	-0.015*	0.004	0.000	0.008**	0.011*	0.002
	(0.005)	(0.005)	(0.004)	(0.006)	(0.006)	(0.011)	(0.008)	(0.009)	(0.005)	(0.005)	(0.003)	(0.006)	(0.006)
食用油价格	-0.004	-0.003	0.004*	-0.006*	-0.002	-0.001	0.006	0.007	-0.005	-0.001	-0.006***	-0.005	-0.003
	(0.005)	(0.003)	(0.002)	(0.003)	(0.003)	(0.006)	(0.004)	(0.005)	(0.003)	(0.003)	(0.002)	(0.003)	(0.003)
牛奶价格	0.011***	0.008***	0.014***	0.007***	0.010***	0.031***	0.017***	0.007	0.000	0.004	-0.007***	0.001	0.014***
	(0.003)	(0.003)	(0.003)	(0.003)	(0.003)	(0.006)	(0.005)	(0.005)	(0.003)	(0.003)	(0.002)	(0.003)	(0.003)
鸡蛋价格	-0.001	-0.005	0.011***	-0.004	0.000	0.012*	-0.016***	-0.013**	-0.014***	-0.010**	-0.003	-0.014***	-0.001
	(0.003)	(0.004)	(0.003)	(0.004)	(0.004)	(0.007)	(0.006)	(0.006)	(0.004)	(0.004)	(0.002)	(0.004)	(0.004)
调味品价格	-0.002	-0.002	-0.003	-0.006	-0.002	-0.012	-0.013**	-0.018**	0.001	-0.001	0.011***	0.008**	-0.006
	(0.003)	(0.004)	(0.003)	(0.004)	(0.004)	(0.008)	(0.006)	(0.007)	(0.004)	(0.004)	(0.002)	(0.004)	(0.004)
蔬菜价格	-0.005	-0.009**	-0.007**	-0.008***	-0.007*	-0.006	-0.014***	0.001	0.003	-0.005	0.010**	-0.007**	-0.004
	(0.003)	(0.004)	(0.003)	(0.003)	(0.004)	(0.007)	(0.004)	(0.003)	(0.005)	(0.004)	(0.004)	(0.004)	(0.004)
水果价格	0.008**	0.007	0.008***	0.003	0.008*	0.006	-0.002	-0.012	0.006	0.002	-0.005*	0.001	0.012***
	(0.004)	(0.004)	(0.003)	(0.004)	(0.005)	(0.009)	(0.007)	(0.009)	(0.005)	(0.004)	(0.003)	(0.004)	(0.004)
猪肉价格	0.002	0.002	0.008***	0.002	0.002	-0.001	0.004*	0.011***	0.002	0.005**	-0.001	0.003*	0.001
	(0.002)	(0.002)	(0.002)	(0.002)	(0.002)	(0.003)	(0.003)	(0.004)	(0.002)	(0.002)	(0.001)	(0.002)	(0.002)

续表

	能量	蛋白质	脂肪	碳水化合物	不溶性纤维	胆固醇	维生素A	维生素C	钙	钾	钠	铁	锌
鸡肉价格	-0.002 (0.002)	-0.002 (0.002)	-0.000 (0.002)	-0.004** (0.002)	-0.004** (0.002)	0.007** (0.003)	-0.004 (0.003)	-0.006* (0.004)	-0.004** (0.002)	-0.002 (0.002)	0.002** (0.001)	-0.004** (0.002)	-0.001 (0.002)
牛肉价格	-0.001 (0.001)	0.001 (0.001)	-0.003*** (0.001)	0.000 (0.001)	0.000 (0.001)	0.000 (0.003)	-0.001 (0.002)	0.000 (0.003)	0.000 (0.001)	-0.001 (0.001)	-0.004*** (0.001)	0.002 (0.001)	0.001 (0.001)
羊肉价格	-0.003*** (0.001)	-0.001 (0.001)	-0.000 (0.001)	-0.002** (0.001)	-0.001 (0.001)	0.003 (0.002)	-0.000 (0.002)	-0.005*** (0.002)	-0.003** (0.001)	-0.002* (0.001)	0.001 (0.001)	0.000 (0.001)	-0.002* (0.001)
水产品价格	-0.005** (0.003)	-0.004 (0.002)	-0.000 (0.002)	-0.007** (0.003)	-0.010*** (0.003)	0.023*** (0.006)	0.005 (0.005)	-0.010** (0.004)	-0.004 (0.003)	-0.003 (0.002)	0.004** (0.002)	-0.002 (0.003)	-0.005* (0.003)
豆类价格	0.006* (0.003)	0.005 (0.004)	0.004 (0.003)	0.004 (0.004)	0.005 (0.004)	0.011 (0.009)	0.015*** (0.005)	0.024*** (0.006)	0.009** (0.004)	0.004 (0.004)	-0.003 (0.003)	0.001 (0.004)	0.009** (0.004)
酒类价格	0.003*** (0.001)	0.002** (0.001)	-0.000 (0.001)	0.005*** (0.001)	0.004*** (0.001)	-0.001 (0.002)	-0.003*** (0.001)	-0.001 (0.002)	0.003*** (0.001)	0.002** (0.001)	0.000 (0.001)	-0.000 (0.001)	0.004*** (0.001)
饮料价格	0.003 (0.002)	-0.001 (0.002)	-0.001 (0.002)	0.005* (0.002)	-0.001 (0.002)	-0.007 (0.004)	-0.010*** (0.003)	-0.009*** (0.003)	-0.002 (0.002)	0.001 (0.002)	0.003*** (0.001)	-0.001 (0.002)	-0.002 (0.002)
样本量	6472	6472	6472	6472	6472	6472	6472	6465	6472	6472	6472	6472	6472
F	7.220	4.480	8.048	8.189	6.390	5.546	5.622	5.350	8.224	6.519	5.557	12.542	6.790
R^2	0.029	0.005	-0.040	0.059	0.026	-0.017	-0.224	-0.191	0.031	0.008	-0.116	0.097	-0.113

注：①括号内为聚类到家庭的稳健标准误。②"*""**"和"***"分别表示在10%、5%、1%的水平上显著。

附表-52　2004—2011年贫困老年/中青年营养素摄入量比值（对数形式）的影响因素（IV-FE）

	能量	蛋白质	脂肪	碳水化合物	不溶性纤维	胆固醇	维生素A	维生素C	钙	钾	钠	铁	锌
家庭平均劳动强度	-0.038 *	-0.041 *	0.013	-0.073 ***	-0.070 **	-0.320 ***	-0.046	-0.129 **	-0.021	-0.041 *	0.006	-0.041	-0.021
	(0.021)	(0.024)	(0.014)	(0.028)	(0.027)	(0.046)	(0.028)	(0.052)	(0.018)	(0.023)	(0.010)	(0.028)	(0.023)
家庭平均受教育程度	0.047	0.055	0.017	0.114 **	0.072	0.115	-0.105 *	0.145	-0.074 *	0.022	-0.014	-0.104 **	0.148 ***
	(0.043)	(0.043)	(0.028)	(0.055)	(0.056)	(0.082)	(0.060)	(0.101)	(0.040)	(0.044)	(0.016)	(0.047)	(0.039)
家庭规模	-0.046 **	-0.056 ***	0.004	-0.088 ***	-0.057 ***	-0.024	-0.051 **	-0.029	-0.045 **	-0.042 **	0.011	-0.059 **	-0.053 ***
	(0.020)	(0.022)	(0.014)	(0.024)	(0.022)	(0.049)	(0.025)	(0.027)	(0.018)	(0.021)	(0.007)	(0.026)	(0.019)
家庭平均膳食知识水平	0.015 ***	0.020 ***	0.017 ***	0.012 ***	0.017 ***	0.003	0.023 ***	0.011	0.018 ***	0.018 ***	0.006 ***	0.014 ***	0.024 ***
	(0.003)	(0.004)	(0.002)	(0.004)	(0.004)	(0.008)	(0.004)	(0.009)	(0.003)	(0.004)	(0.002)	(0.004)	(0.003)
家庭男性比例	-0.054	-0.309 **	0.034	-0.018	-0.101	0.110	-0.374 **	-0.739 **	-0.667 ***	-0.607 ***	-0.111 ***	-0.746 ***	-0.032
	(0.128)	(0.146)	(0.093)	(0.172)	(0.162)	(0.296)	(0.149)	(0.314)	(0.122)	(0.140)	(0.044)	(0.147)	(0.118)
家庭18岁以下人口比例	0.194	0.312	-0.048	0.387	0.240	0.339	0.089	0.287	0.112	0.398 **	-0.040	0.700 ***	0.064
	(0.189)	(0.200)	(0.125)	(0.242)	(0.190)	(0.318)	(0.150)	(0.259)	(0.153)	(0.179)	(0.060)	(0.197)	(0.168)
家庭60岁以上人口比例	0.128	0.476 **	-0.122	0.179	0.048	-0.183	0.313	0.031	0.405 **	0.495 **	0.259 ***	0.501 **	0.422 ***
	(0.189)	(0.198)	(0.120)	(0.233)	(0.191)	(0.383)	(0.195)	(0.255)	(0.170)	(0.194)	(0.084)	(0.221)	(0.153)
2006年	-0.154 ***	-0.244 ***	-0.109 ***	-0.198 ***	-0.284 ***	0.054	-0.217 ***	-0.338 ***	-0.193 ***	-0.283 ***	-0.047 **	-0.190 ***	-0.223 ***
	(0.039)	(0.046)	(0.026)	(0.051)	(0.042)	(0.079)	(0.044)	(0.054)	(0.038)	(0.041)	(0.022)	(0.051)	(0.040)
2009年	-0.167 ***	-0.223 ***	-0.111 **	-0.198 **	-0.089	0.461 ***	-0.003	-0.200 **	-0.115 **	-0.223 ***	0.021	-0.208 ***	-0.170 ***
	(0.061)	(0.065)	(0.043)	(0.077)	(0.070)	(0.111)	(0.064)	(0.097)	(0.058)	(0.061)	(0.026)	(0.071)	(0.053)

续表

	能量	蛋白质	脂肪	碳水化合物	不溶性纤维	胆固醇	维生素 A	维生素 C	钙	钾	钠	铁	锌
2011 年	-0.405***	-0.492***	-0.205***	-0.494***	-0.112	0.106	-0.225**	0.275	-0.236***	-0.356***	0.049	-0.239**	-0.450***
	(0.103)	(0.105)	(0.064)	(0.137)	(0.116)	(0.167)	(0.112)	(0.203)	(0.078)	(0.096)	(0.046)	(0.114)	(0.091)
成年女性平均受教育程度	-0.117***	-0.103***	-0.058**	-0.189***	-0.130***	-0.339***	-0.015	-0.109	0.034	-0.070**	0.055***	0.001	-0.111***
	(0.035)	(0.035)	(0.026)	(0.045)	(0.042)	(0.065)	(0.040)	(0.072)	(0.030)	(0.034)	(0.013)	(0.037)	(0.033)
大米价格	0.099*	0.128**	-0.017	0.201***	0.002	0.359***	0.088	-0.137	0.098**	0.110**	-0.032	0.080	0.025
	(0.055)	(0.053)	(0.040)	(0.068)	(0.059)	(0.101)	(0.061)	(0.093)	(0.042)	(0.050)	(0.026)	(0.060)	(0.044)
小麦价格	0.001	-0.013	0.009	-0.005	0.011	-0.047***	-0.014	0.006	-0.010	-0.008	0.006**	-0.004	-0.004
	(0.012)	(0.010)	(0.008)	(0.013)	(0.014)	(0.010)	(0.011)	(0.013)	(0.010)	(0.010)	(0.003)	(0.013)	(0.010)
粗粮价格	-0.034	0.032	-0.024	-0.001	-0.037	0.164***	-0.015	-0.121***	0.008	0.021	0.013	0.031	-0.024
	(0.024)	(0.025)	(0.018)	(0.029)	(0.026)	(0.046)	(0.031)	(0.040)	(0.020)	(0.023)	(0.010)	(0.024)	(0.021)
食用油价格	0.017*	-0.006	0.029***	0.005	0.024**	0.002	0.019*	0.040***	0.014*	-0.006	0.000	-0.015	0.012
	(0.010)	(0.009)	(0.007)	(0.012)	(0.011)	(0.019)	(0.012)	(0.015)	(0.008)	(0.009)	(0.003)	(0.010)	(0.008)
牛奶价格	0.049***	0.059***	0.026**	0.047**	-0.009	-0.065***	-0.096***	-0.107***	0.008	0.024*	0.007	0.050***	0.031**
	(0.016)	(0.017)	(0.011)	(0.019)	(0.016)	(0.025)	(0.017)	(0.021)	(0.013)	(0.015)	(0.006)	(0.017)	(0.015)
鸡蛋价格	0.076***	0.113***	0.029***	0.118***	0.084***	0.009	0.024*	0.006	0.054***	0.089***	-0.003	0.086***	0.088***
	(0.014)	(0.017)	(0.009)	(0.020)	(0.016)	(0.025)	(0.013)	(0.019)	(0.014)	(0.016)	(0.005)	(0.017)	(0.014)
调味品价格	-0.080***	-0.114***	-0.037***	-0.108***	-0.086***	-0.097***	-0.086***	-0.097***	-0.090***	-0.118***	0.001	-0.116***	-0.069***
	(0.018)	(0.017)	(0.012)	(0.021)	(0.019)	(0.031)	(0.016)	(0.025)	(0.013)	(0.016)	(0.006)	(0.019)	(0.014)

续表

	能量	蛋白质	脂肪	碳水化合物	不溶性纤维	胆固醇	维生素A	维生素C	钙	钾	钠	铁	锌
蔬菜价格	0.013***	0.005	0.004	0.016***	0.040***	-0.005	0.022***	0.022***	0.025***	0.016***	0.000	0.007	0.013***
	(0.004)	(0.004)	(0.003)	(0.005)	(0.004)	(0.007)	(0.004)	(0.005)	(0.003)	(0.004)	(0.002)	(0.005)	(0.004)
水果价格	0.036**	-0.006	0.036***	0.028	0.039**	0.012	0.010	0.006	-0.010	-0.004	-0.019**	-0.037*	0.045***
	(0.016)	(0.017)	(0.011)	(0.020)	(0.018)	(0.035)	(0.020)	(0.029)	(0.014)	(0.016)	(0.008)	(0.019)	(0.016)
猪肉价格	0.012	0.003	0.004	0.007	-0.026**	-0.021	-0.022*	-0.074***	-0.006	-0.008	-0.000	-0.000	0.002
	(0.010)	(0.011)	(0.006)	(0.013)	(0.011)	(0.018)	(0.011)	(0.018)	(0.007)	(0.009)	(0.004)	(0.012)	(0.009)
鸡肉价格	0.003	0.017**	-0.004	0.006	-0.004	0.024*	0.022***	-0.005	0.014**	0.012*	-0.006**	0.012	0.000
	(0.007)	(0.007)	(0.005)	(0.009)	(0.009)	(0.013)	(0.008)	(0.012)	(0.006)	(0.007)	(0.003)	(0.008)	(0.007)
牛肉价格	-0.020***	-0.023***	-0.012**	-0.025***	-0.029***	-0.037***	-0.014**	-0.004	-0.015***	-0.018***	-0.003**	-0.015***	-0.026***
	(0.004)	(0.004)	(0.003)	(0.005)	(0.005)	(0.007)	(0.005)	(0.007)	(0.004)	(0.004)	(0.002)	(0.005)	(0.004)
羊肉价格	0.005***	0.005***	0.001	0.006***	0.003**	0.002	0.006**	0.002	0.005***	0.005***	0.000	0.001	0.004**
	(0.001)	(0.001)	(0.001)	(0.002)	(0.001)	(0.003)	(0.001)	(0.002)	(0.001)	(0.001)	(0.001)	(0.001)	(0.001)
水产品价格	-0.014*	-0.005	-0.012*	-0.007	0.005	0.029	0.034***	0.055***	-0.004	0.003	-0.007***	0.008	-0.009
	(0.008)	(0.009)	(0.006)	(0.010)	(0.009)	(0.019)	(0.008)	(0.013)	(0.008)	(0.009)	(0.004)	(0.009)	(0.007)
豆类价格	0.059***	0.072***	0.043***	0.056***	0.066***	-0.098***	0.039**	0.141***	0.072***	0.084***	0.023***	0.071***	0.057***
	(0.019)	(0.018)	(0.014)	(0.021)	(0.017)	(0.033)	(0.016)	(0.021)	(0.015)	(0.017)	(0.007)	(0.019)	(0.013)
酒类价格	-0.004	-0.005**	-0.005***	-0.003	-0.004	-0.008*	0.004*	0.004	-0.001	-0.002	0.001	-0.001	-0.006***
	(0.002)	(0.002)	(0.002)	(0.003)	(0.003)	(0.004)	(0.002)	(0.003)	(0.002)	(0.002)	(0.001)	(0.003)	(0.002)

续表

	能量	蛋白质	脂肪	碳水化合物	不溶性纤维	胆固醇	维生素A	维生素C	钙	钾	钠	铁	锌
饮料价格	-0.022**	-0.016	-0.020**	-0.028**	-0.014	0.087***	0.018	0.027	-0.002	-0.002	0.013***	-0.008	-0.020**
	(0.010)	(0.010)	(0.008)	(0.012)	(0.013)	(0.017)	(0.012)	(0.018)	(0.008)	(0.009)	(0.004)	(0.010)	(0.008)
样本量	1600	1600	1600	1600	1600	1588	1600	1594	1600	1600	1600	1600	1600
F	10.191	13.560	9.649	9.169	26.126	10.064	25.562	13.389	18.749	12.312	5.682	15.159	15.886
R^2	0.206	0.273	0.214	0.154	0.262	0.266	0.335	0.217	0.380	0.319	0.036	0.324	0.349

注：①括号内为聚类到家庭的稳健标准误。②"*""**"和"***"分别表示在10%、5%、1%的水平上显著。

附表-53　2004—2011年农村非贫困与贫困家庭不同群体营养素充足程度的支出弹性的影响因素

	非贫困家庭（对称模型）		贫困家庭（对称模型）		非贫困家庭（对称模型）		贫困家庭（对称模型）	
	FE	IV-FE	FE	IV-FE	FE	IV-FE	FE	IV-FE
男童	-0.331***	-0.335***	-0.369**	-0.368**	-0.062***	-0.063***	-0.038*	-0.040**
	(0.093)	(0.093)	(0.154)	(0.154)	(0.009)	(0.009)	(0.020)	(0.020)
女童	-0.430***	-0.430***	-0.270	-0.279	-0.081***	-0.082***	-0.086***	-0.087***
	(0.079)	(0.079)	(0.177)	(0.177)	(0.010)	(0.010)	(0.017)	(0.018)
中青年女性	0.038	0.037	0.170**	0.168**	-0.007*	-0.007*	-0.004	-0.004
	(0.039)	(0.039)	(0.077)	(0.076)	(0.004)	(0.004)	(0.010)	(0.010)
老年男性	-0.186**	-0.186**	-0.211	-0.206	-0.055***	-0.056***	-0.065***	-0.065***
	(0.075)	(0.074)	(0.192)	(0.191)	(0.007)	(0.007)	(0.018)	(0.019)
老年女性	-0.117	-0.117	-0.284	-0.283	-0.053***	-0.054***	-0.062***	-0.062***
	(0.081)	(0.081)	(0.200)	(0.199)	(0.009)	(0.009)	(0.017)	(0.017)
劳动强度	0.013***	0.012***	0.019***	0.018***	0.014***	0.013***	0.019***	0.019***
	(0.002)	(0.002)	(0.004)	(0.004)	(0.002)	(0.002)	(0.004)	(0.004)
受教育程度	-0.005***	-0.005***	-0.010***	-0.010***	-0.006***	-0.006***	-0.011***	-0.011***
	(0.001)	(0.001)	(0.003)	(0.003)	(0.001)	(0.001)	(0.003)	(0.003)
家庭平均膳食知识水平	-0.000	-0.000	0.002	0.003	-0.000	-0.000	0.002	0.003
	(0.001)	(0.001)	(0.002)	(0.002)	(0.001)	(0.001)	(0.002)	(0.002)
家庭规模	-0.001	-0.001	-0.005	-0.008	-0.002	-0.003	-0.005	-0.008
	(0.003)	(0.002)	(0.006)	(0.007)	(0.003)	(0.003)	(0.006)	(0.007)
户主性别	0.002	0.001	-0.022	-0.031	0.001	-0.001	-0.020	-0.029
	(0.011)	(0.011)	(0.037)	(0.033)	(0.012)	(0.012)	(0.037)	(0.034)
户主年龄	-0.000	-0.000	-0.002	-0.002	-0.001	-0.001	-0.002	-0.002
	(0.000)	(0.000)	(0.001)	(0.001)	(0.000)	(0.000)	(0.001)	(0.001)
户主受教育程度	0.007**	0.008**	0.008	0.007	0.007**	0.008**	0.009	0.008
	(0.003)	(0.003)	(0.012)	(0.012)	(0.003)	(0.003)	(0.012)	(0.012)
家庭男童比例	0.074	0.069	-0.119	-0.120	0.066	0.061	-0.124	-0.125
	(0.049)	(0.049)	(0.158)	(0.156)	(0.049)	(0.049)	(0.160)	(0.159)
家庭女童比例	-0.007	-0.015	0.047	0.032	-0.014	-0.021	0.034	0.020
	(0.045)	(0.045)	(0.183)	(0.185)	(0.045)	(0.045)	(0.185)	(0.187)

续表

	非贫困家庭（对称模型）		贫困家庭（对称模型）		非贫困家庭（对称模型）		贫困家庭（对称模型）	
	FE	IV-FE	FE	IV-FE	FE	IV-FE	FE	IV-FE
家庭中青年男性比例	0.028	0.026	-0.131	-0.122	0.023	0.021	-0.126	-0.117
	(0.046)	(0.046)	(0.158)	(0.156)	(0.046)	(0.046)	(0.161)	(0.159)
家庭中青年女性比例	0.012	0.017	0.114	0.126	0.008	0.012	0.115	0.126
	(0.032)	(0.033)	(0.101)	(0.103)	(0.032)	(0.033)	(0.104)	(0.106)
家庭老年男性比例	0.078	0.083	0.010	0.052	0.067	0.072	0.011	0.051
	(0.062)	(0.062)	(0.208)	(0.204)	(0.061)	(0.061)	(0.211)	(0.207)
成年女性平均受教育程度	-0.005	-0.004	-0.020	-0.018	-0.005	-0.004	-0.020	-0.017
	(0.004)	(0.004)	(0.014)	(0.014)	(0.004)	(0.004)	(0.014)	(0.014)
过去4周是否生病	-0.003	-0.004	-0.009	-0.009	-0.003	-0.004	-0.008	-0.008
	(0.005)	(0.005)	(0.010)	(0.010)	(0.005)	(0.005)	(0.010)	(0.010)
大米价格	-0.009***	-0.007***	-0.011*	-0.006	-0.009***	-0.007***	-0.010	-0.005
	(0.000)	(0.001)	(0.007)	(0.008)	(0.001)	(0.001)	(0.007)	(0.008)
小麦价格	-0.013	-0.010	-0.006	0.001	-0.014	-0.011	-0.006*	0.001
	(0.009)	(0.009)	(0.003)	(0.006)	(0.009)	(0.010)	(0.003)	(0.006)
粗粮价格	-0.001	-0.001	-0.007	-0.000	-0.001	-0.001	-0.008	-0.001
	(0.004)	(0.004)	(0.008)	(0.008)	(0.004)	(0.004)	(0.008)	(0.009)
食用油价格	0.001	0.002	-0.020***	-0.019***	0.001	0.002	-0.021***	-0.019***
	(0.001)	(0.001)	(0.003)	(0.004)	(0.001)	(0.001)	(0.003)	(0.004)
牛奶价格	0.002	0.002	-0.005	-0.005	0.001	0.002	-0.005	-0.005
	(0.003)	(0.003)	(0.004)	(0.005)	(0.003)	(0.003)	(0.004)	(0.005)
鸡蛋价格	-0.004***	-0.003***	0.001	0.004	-0.004***	-0.003***	0.002	0.004
	(0.000)	(0.001)	(0.006)	(0.006)	(0.000)	(0.001)	(0.006)	(0.006)
调味品价格	-0.002	0.000	-0.018**	-0.012	-0.001	0.000	-0.017**	-0.012
	(0.003)	(0.003)	(0.007)	(0.008)	(0.003)	(0.003)	(0.007)	(0.008)
蔬菜价格	-0.019***	-0.014***	-0.015***	-0.003	-0.018***	-0.014***	-0.016***	-0.004
	(0.002)	(0.003)	(0.003)	(0.011)	(0.002)	(0.003)	(0.003)	(0.011)
水果价格	-0.010***	-0.006*	-0.014**	-0.003	-0.009***	-0.005	-0.013**	-0.002
	(0.002)	(0.003)	(0.006)	(0.012)	(0.002)	(0.003)	(0.007)	(0.012)

续表

	非贫困家庭 （对称模型）		贫困家庭 （对称模型）		非贫困家庭 （对称模型）		贫困家庭 （对称模型）	
	FE	IV-FE	FE	IV-FE	FE	IV-FE	FE	IV-FE
猪肉价格	-0.006***	-0.006***	-0.000	0.002	-0.007***	-0.006***	-0.001	0.002
	(0.001)	(0.001)	(0.003)	(0.003)	(0.001)	(0.001)	(0.003)	(0.003)
鸡肉价格	-0.004***	-0.004***	-0.003	-0.002	-0.004***	-0.004***	-0.003	-0.002
	(0.001)	(0.001)	(0.002)	(0.002)	(0.001)	(0.001)	(0.002)	(0.002)
牛肉价格	-0.002	-0.001	-0.004*	-0.004**	-0.001	-0.001	-0.004*	-0.004**
	(0.001)	(0.001)	(0.002)	(0.002)	(0.001)	(0.001)	(0.002)	(0.002)
羊肉价格	0.001	0.001*	0.000	0.000	0.001	0.001*	0.000	0.000
	(0.000)	(0.000)	(0.001)	(0.001)	(0.000)	(0.000)	(0.001)	(0.001)
水产品价格	-0.004**	-0.004***	-0.007***	-0.007***	-0.004**	-0.004***	-0.007***	-0.007***
	(0.002)	(0.002)	(0.002)	(0.002)	(0.002)	(0.002)	(0.002)	(0.002)
豆类价格	-0.001	-0.002	-0.003	-0.000	-0.001	-0.002	-0.003	-0.000
	(0.002)	(0.002)	(0.009)	(0.010)	(0.002)	(0.002)	(0.009)	(0.010)
酒类价格	-0.002***	-0.002***	-0.001	-0.000	-0.002***	-0.002***	-0.001	-0.000
	(0.000)	(0.001)	(0.001)	(0.001)	(0.000)	(0.001)	(0.001)	(0.001)
饮料价格	-0.002*	-0.001	0.000	0.001	-0.002*	-0.001	0.000	0.001
	(0.001)	(0.001)	(0.001)	(0.002)	(0.001)	(0.001)	(0.001)	(0.002)
2006年	-0.005	-0.006	-0.027*	-0.021	-0.006	-0.008	-0.029*	-0.022
	(0.011)	(0.011)	(0.016)	(0.016)	(0.011)	(0.011)	(0.016)	(0.016)
2009年	-0.005	-0.004	-0.054**	-0.043*	-0.011	-0.010	-0.054**	-0.044*
	(0.014)	(0.014)	(0.022)	(0.022)	(0.014)	(0.014)	(0.022)	(0.022)
2011年	0.020	0.023	-0.067**	-0.070**	0.018	0.020	-0.069**	-0.072**
	(0.018)	(0.018)	(0.031)	(0.031)	(0.019)	(0.019)	(0.032)	(0.032)
N	19027	19027	4547	4547	19027	19027	4547	4547
F	44.781	43.957	38.386	39.595	41.832	41.456	45.173	45.422
R^2	0.306	0.306	0.252	0.253	0.310	0.310	0.252	0.253

注：①括号内为聚类到家庭的稳健标准误。②"*""**"和"***"分别表示在10%、5%、1%的水平上显著。

索 引

B

标准人 26, 32, 35, 47, 93, 98, 104—107, 121, 133, 138, 150, 158—160, 165, 166, 187, 200, 202, 217, 228, 236, 252

不溶性纤维 5, 33, 34, 119, 120, 122, 133, 153, 157, 163, 166, 171—173, 175—177, 180, 187, 190, 194, 195, 197, 208, 210, 212—214, 217—219, 221, 222, 224, 226, 227, 230, 231, 235, 238, 241, 253, 254

C

CTS-AIDS 模型 28, 35, 133, 140, 154

D

胆固醇 5, 12, 33, 34, 44, 46, 117, 118, 120—122, 131, 133, 152, 153, 155, 157, 163, 167, 172, 175, 176, 178, 180, 196, 197, 208—210, 212—214, 217—219, 221—223, 226—228, 230, 231, 235, 238, 253, 254

单一食物补贴 190, 194, 197, 255

多元统计分析 125

E

儿童 2—4, 6, 12, 19—21, 23, 31, 34, 35, 46—48, 104, 105, 200—203, 205, 206, 209—219, 221—223, 225—227, 230, 231, 234,

236, 238, 239, 244, 245, 249—251, 255, 257

F

非对称行为 6
非线性关系 16, 17, 165, 253, 254

H

宏量营养素 5, 15, 25, 26, 33, 34, 46, 47, 93, 98, 116—118, 120, 133, 152, 153, 155, 157, 158, 160, 166, 172, 174, 178, 180, 196, 211, 253

J

家庭内部营养分配 5, 6, 20, 21, 24, 29, 227, 236, 240, 251, 253, 255, 257, 259
家庭营养分配不公平程度 6, 27, 241
间接估计 13, 16, 28, 33, 133, 150—153, 157, 172, 173, 252
聚类分析 28, 29, 108, 110, 113, 115, 129, 252

L

老年 23—26, 35, 47, 127, 165, 200—207, 209—216, 218, 221, 222, 224—227, 230, 231, 234—236, 238, 239, 241, 242, 244, 245, 248—251, 255, 257

M

面板半参数模型 165
模拟 5, 26—28, 34, 175, 183, 185, 186, 188—190, 192, 193, 195—197, 253, 255, 256, 258

N

内生性问题 14, 17, 25, 26, 35, 133, 141, 158, 166, 167, 172, 178, 180, 182, 217, 228, 236, 243
能量 3—5, 13—17, 19—23, 25, 26, 32—35, 38, 44, 46—49, 53, 87, 89, 92—96, 98—102, 104, 116, 118, 120, 121, 133, 150, 152, 153, 155, 157—160, 163, 166, 167, 171, 172, 174—178, 180, 186, 187, 194,

196，197，208—211，213，214，217—219，221，222，224—228，230，231，236，238，241，252—254，256

年龄差异 207，208，213—215，217，224，225

农村低收入家庭 58，69，74，75，86，99，100，137，258，259

农村贫困家庭 5，6，12，16，17，26—35，58，75，82，96，101—104，132，133，142，152，157—159，163，175，177，185，186，196，199，200，216，219，223，227，228，230，231，235，238—241，250—252，255，257

S

膳食均衡指数 107，164，181—183，197，253，254

膳食均衡状况 28，106，116，119，157，163

膳食模式 5，26—28，35，44，102，103，108，110，113—123，126—131，141，252，253，256

食物安全 6，11，50，185，186，257

食物边际消费倾向 188，189，196，197，255

食物偏好 5，28，30，49，103，123，184，187，216，257

食物摄入不足 107，164，165

食物摄入过量 183，197，254

食物收入弹性 12，34，133，144，254

食物消费结构 2—6，11，25，26，28，29，34，50，53，54，58，75，82，83，89，100，102，132，133，149，150，156，163，181，252，257

食物与营养的转换关系 34

食物支出 6—10，13，14，26，28，30，35，38，53，56，66，69，135—138，144，146，147，150，151，155，156，166，183，184，241，243，246，248，251，253，255

实物转移支付 5，26—28，34，183—186，188，189，196—198，253，255，256，258

收入增长 4—6，11，13—15，24—29，31，33，34，40，49，50，53，54，56—58，71，74，98，99，102，103，

132，133，147，149，150，153，155—158，174，176，177，181，183，185，197，199，227，235，236，238，240，241，250，252—254，256—258

双向固定效应模型　29，35，158，172，177，196，216，227，236，253，254

W

微量营养素　2，3，5，15—17，20，21，25，26，33，34，44，46—48，53，93，98，116，118，121，122，133，152，153，155，157，158，160，162，166，172，174，176—178，180，181，187，190，196，197，212，224，241，253，254，256

X

限定于食物消费的补贴　188—190，194

现金转移支付　26—28，34，183—186，189，196，197，253，255，256，258

相对贫困家庭　31，103，122，138—140，142，160，163，178，180，181，189，197，254，257，258

性别差异　19，20，22，202，203，205，208—211，215，217，221—223，225，226，235，238，244，245，249，251

需求系统模型　5，7，8，103，152，252，253

Y

因子分析　28，29，108，110，111，129，252

营养改善效果　27，186，195，196，258

营养均衡状况　5，13，14，25，27，28，33，34，44，54，130，157，158，177，195，197，198，252，254，256—258

营养摄入状况　6，21，25—28，30，31，34，50，52，57，58，100，103，116，156，159，166，186，241，252，257，258

营养素摄入充足程度　19，121

营养素收入弹性　13，26，28，34，54，152，158，165，167，172，178，180，181，

186, 195, 196, 227, 235, 244, 251

Z

直接估计 13, 17, 26, 29, 33, 34, 146, 152, 157, 165, 172, 173, 181, 253

中青年 35, 46, 55, 200—207, 209—215, 217—219, 221—227, 230, 231, 234, 236, 238, 239, 241, 244, 245, 248—251, 255, 257

主副食补贴 194, 195, 197, 198, 255, 256